Wiley's
English-Spanish
Spanish-English
Business Dictionary

Wiley's
English-Spanish
Spanish-English
Business Dictionary

Steven M. Kaplan

John Wiley & Sons, Inc.

New York • Chichester • Brisbane • Toronto • Singapore

Library of Congress Cataloging-in-Publication Data
Kaplan, Steven M.
  Wiley's English-Spanish, Spanish-English business dictionary =
Diccionario de negocios inglés-español, español-inglés Wiley /
Steven M. Kaplan.
    p. cm.
  ISBN 0-471-12664-0 (cloth : alk. paper). — ISBN 0-471-12665-9
(pbk. : alk. paper)
    1. Economics—Dictionaries. 2. English language—Dictionaries—
Spanish. 3. Economics—Dictionaries—Spanish. 4. Spanish
language—Dictionaries—English. 5. Business—Dictionaries.
6. Business—Dictionaries—Spanish. I. Title
HB61.K323 1996
330'.03—dc20   96-3493

Printed in the United States of America
10 9 8 7 6 5

Contents

Preface

Throughout the world, over 350 million persons speak Spanish and over 450 million speak English. Most of them live in the Americas, where the ties between Canada, Mexico, and the United States have been strengthened by the enactment of the North American Free Trade Agreement (NAFTA). Most Hispanic nations trade extensively with North America, and in December 1994 the leaders of the Western Hemisphere nations agreed in principle to create another free trade zone encompassing the Americas. These recent developments point to the growing need for precise communication between users of the two languages. Such communication is especially important where business is concerned.

The primary objective of *Wiley's English-Spanish, Spanish-English Business Dictionary* is to provide accurate equivalents for terms found in business and related disciplines. About 40,000 entries are listed herein. There are no special rules for the use of this dictionary. The user simply locates the desired entry and reads the equivalent. No entries cross-refer the reader to another entry in order to obtain the translation. Abbreviations and acronyms are not included in this dictionary, since sequences of letters may have various meanings in different languages, and their equivalents would serve mostly to confuse; the user will always find the unabbreviated entry.

Many terms appear in groups of phrasal entries, all of which share the same first word. For such families of phrases, each term is provided as a separate entry, simplifying the search for the desired phrase and its equivalent.

Author's Note

This dictionary is designed for the specific needs of businesspeople. Therefore, a quality general bilingual dictionary should be consulted for words and phrases that are not specifically within business and related fields.

Some words, such as *accord*, have more than one grammatical function. In the interest of clarity, each usage is shown as a separate entry, with the part of speech identified by one of the following boldface abbreviations: **adj** (adjective), **n** (noun), or **v** (verb).

In the Spanish section, nouns are labeled as follows: *m* (masculine gender), *f* (feminine gender), and *m/f* (common gender).

Nota del autor

Este diccionario está diseñado para las necesidades específicas de las personas de negocios. Por lo tanto, un diccionario general bilingüe de calidad se debe consultar para palabras y frases que no estén específicamente dentro de los negocios y campos relacionados.

Algunas palabras, como *accord,* tienen más de una función gramatical. Con la claridad en mente, cada forma de uso se ofrece como una voz de entrada separada, con la función gramatical identificada por una de las siguientes abreviaturas en letras más obscuras: **adj** (adjetivo), **n** (nombre), o **v** (verbo).

En la sección del español, los nombres se rotulan como sigue: *m* (género masculino), *f* (género femenino), y *m/f* (género común).

English-Spanish Section

abandon abandonar, evacuar.
abandon a claim abandonar una reclamación.
abandoned abandonado, evacuado.
abandoned assets activo abandonado.
abandoned property propiedad abandonada.
abandonee beneficiario del abandono.
abandonment abandono, desistimiento.
abandonment clause cláusula de abandono.
abandonment loss pérdida por abandono.
abandonment of a contract abandono de un contrato.
abandonment of cargo abandono de cargamento, abandono de carga.
abandonment of freight abandono de flete, abandono de carga.
abandonment of goods abandono de bienes, abandono de mercancías.
abandonment of insured property abandono de propiedad asegurada.
abandonment of ship abandono de buque, abandono de nave.
abandonment stage etapa de abandono.
abandon to the insurer abandonar al asegurador.
abate abatir, disminuir, anular.
abatement disminución, cancelación.
abatement of debts rebaja de deudas, disminución de deudas.
abatement of taxes rebaja de impuestos, disminución de impuestos.
abeyance suspensión, espera.
abeyant en suspenso, en espera.
abide aceptar, atenerse, cumplir.
abide by respetar, cumplir con, atenerse a.
ability to earn capacidad para ganar.
ability to pay capacidad para pagar.
ability to pay debts capacidad para pagar deudas.
ability to pay taxes capacidad para pagar impuestos.
abjure abjurar, renunciar.
abjurer quien abjura, quien renuncia.

abnormal anormal, irregular.
abnormal profit ganancia extraordinaria.
abnormal risk riesgo irregular.
abnormal spoilage deterioro anormal.
above-normal loss pérdida sobre lo normal, pérdida extraordinaria.
above par sobre la par.
above quota sobre la cuota.
above the line sobre la línea.
abrogation abrogación, anulación.
abrogation of agreement abrogación de contrato.
absence ausencia.
absence of demand ausencia de demanda.
absence rate tasa de ausencias.
absent creditor acreedor ausente.
absent debtor deudor ausente.
absentee ausente, quien se ausenta.
absenteeism absentismo.
absenteeism rate tasa de absentismo.
absentee landlord propietario ausente, arrendador ausente.
absentee lessor arrendador ausente.
absentee owner dueño ausente.
absolute absoluto, incondicional, definitivo.
absolute acceptance aceptación absoluta.
absolute advantage ventaja absoluta.
absolute assignment cesión absoluta, traspaso absoluto, asignación absoluta.
absolute auction subasta absoluta.
absolute beneficiary beneficiario absoluto.
absolute conveyance traspaso incondicional.
absolute cost barriers barreras de costo absolutas.
absolute covenant estipulación incondicional.
absolute deed título incondicional.
absolute delivery entrega incondicional.
absolute endorsement endoso absoluto.
absolute exemption exención absoluta.
absolute fee simple título incondicional.
absolute gift donación irrevocable.

absolute guaranty garantía absoluta.

absolute indorsement endoso absoluto.

absolute interest interés absoluto.

absolute liability responsabilidad absoluta.

absolutely absolutamente, completamente, incondicionalmente.

absolutely and unconditionally absoluta e incondicionalmente.

absolutely void totalmente nulo.

absolute monopoly monopolio absoluto.

absolute nullity nulidad absoluta.

absolute obligation obligación absoluta.

absolute owner dueño absoluto.

absolute ownership propiedad absoluta.

absolute priority rule regla de prioridad absoluta.

absolute property propiedad absoluta.

absolute sale venta absoluta.

absolute title título absoluto.

absolute total loss pérdida total absoluta.

absolute warranty garantía incondicional.

absorb absorber.

absorb costs absorber costos.

absorbed absorbido.

absorbed cost costo absorbido.

absorb the loss absorber la pérdida.

absorption absorción.

absorption costing costeo por absorción.

absorption of costs absorción de costos.

absorption of liquidity absorción de liquidez.

absorption point punto de absorción.

absorption rate tasa de absorción, índice de absorción.

abstention abstención.

abstract of title resumen de título.

abstract update actualización de resumen de título.

abundance abundancia.

abusive tax shelter abrigo contributivo abusivo.

abut lindar.

abutment linde, lindero.

abuttals colindancias, lindes, linderos.

abutter colindante, dueño de propiedad colindante.

abutting colindante, limítrofe.

abutting property propiedad colindante.

accelerate acelerar.

accelerated acelerado.

accelerated amortization amortización acelerada.

accelerated cost recovery system sistema acelerado de recuperación de costos.

accelerated depreciation depreciación acelerada.

accelerated tariff elimination eliminación de aranceles acelerada.

acceleration aceleración.

acceleration clause cláusula de aceleración.

acceleration life seguro de vida con aceleración.

acceleration life insurance seguro de vida con aceleración.

acceleration note nota con opción de aceleración.

acceleration premium prima por aceleración.

acceleration principle principio de aceleración.

accelerator acelerador.

accelerator principle principio del acelerador.

accept aceptar, recibir.

accept a bill aceptar una letra.

acceptable aceptable.

acceptable price precio aceptable.

acceptable quality level nivel de calidad aceptable.

acceptance aceptación, aprobación.

acceptance credit crédito de aceptación.

acceptance date fecha de aceptación.

acceptance house casa de aceptaciones.

acceptance liability responsabilidad de aceptación.

acceptance line línea de aceptación.

acceptance of a bill of exchange aceptación de una letra de cambio.

acceptance of deposits aceptación de depósitos.

acceptance of goods aceptación de bienes, aceptación de mercancias.

acceptance of offer aceptación de oferta, aceptación de pedido.

acceptance of risk aceptación del riesgo.

acceptance procedure procedimiento de aceptación.

acceptance register registro de aceptaciones.

acceptance sampling muestreo por aceptación.

accept an offer aceptar una oferta.

accept conditionally aceptar condicionalmente.

accept deposits aceptar depósitos.

accepted aceptado, aprobado.

accepted bill efecto aceptado.

accepted bill of exchange letra de cambio aceptada.

accepted claim reclamación aceptada.

accepted credit card tarjeta de crédito aceptada.

accepted debit card tarjeta de débito aceptada.

accepted draft giro aceptado, letra aceptada.

accepted standards normas aceptadas.

accepter aceptante, aceptador.

accept for the account of recibir por la cuenta de.

accept goods aceptar mercancías.

accepting aceptante.

accepting bank banco aceptante.

acceptor of a bill aceptante de un efecto.

access acceso, entrada, paso.

access code código de acceso, código de entrada.

access device dispositivo de acceso.

accessibility accesibilidad.

accessible accesible.

accession accesión, incremento.

accession rate razón de aumento de empleados en nómina.

accessions incorporación de un bien a otro.

accessory accesorio.

accessory apartment apartamento accesorio.

accessory building edificación auxiliar, edificio auxiliar.

accessory charge cargo accesorio.

accessory contract contrato accesorio.

accessory equipment equipo accesorio.

accessory expenditures gastos accesorios.

accessory expenses gastos accesorios.

accessory fee cargo accesorio.

accessory obligation obligación accesoria.

access right derecho de acceso.

access to a market acceso a un mercado.

accident accidente.

accidental accidental.

accidental cause causa accidental.

accidental damage daño accidental.

accidental death muerte accidental.

accidental death benefit beneficio por muerte accidental.

accidental death clause cláusula de muerte accidental.

accidental death insurance seguro de muerte accidental.

accidental loss pérdida accidental.

accidentally accidentalmente.

accident and health insurance seguro contra accidentes o enfermedades.

accident benefits beneficios por accidente.

accident frequency frecuencia de accidentes.

accident insurance seguro contra accidentes.

accident policy póliza contra accidentes.

accident prevention prevención de accidentes.

accident rate frecuencia de accidentes.

accident-year statistics estadísticas de año de accidentes.

accommodate acomodar, proveer, facilitar.

accommodated party beneficiario de una firma de favor, beneficiario de una firma por acom odación.

accommodating servicial, flexible.

accommodation favor, acomodamiento, garantía.

accommodation acceptance aceptación de favor.

accommodation bill documento de favor, letra de favor.

accommodation draft giro de favor, letra de favor.

accommodation endorsement endoso de favor.

accommodation endorser endosante de favor.

accommodation indorsement endoso de favor.

accommodation indorser endosante de favor.

accommodation lands tierras compradas para edificar y arrendar.

accommodation line pólizas de seguros aceptadas con deferencia al agente.

accommodation maker quien firma de favor.

accommodation note pagaré de favor.

accommodation paper documento de favor, documento para facilitar.

accommodation party quien firma de favor, parte por acomodación.

accord n convenio, acuerdo.

accord v convenir, acordar.

accordance acuerdo, conformidad.

accord and satisfaction arreglo de una disputa, aceptación como finiquito.

accordant en conformidad, de conformidad.

according conforme.

accordingly en conformidad.

account cuenta, informe.

accountability responsabilidad.

accountable responsable.

accountable official oficial responsable.

accountable person persona responsable.

accountable receipt recibo de dinero o propiedad acompañado de una obligación.

account activity actividad de cuenta.

account analysis análisis de cuenta.

accountancy contabilidad.

accountant contador, contable.

accountant in charge contador responsable.

accountant's certificate certificado del contador.

accountant's liability responsabilidad del contador.

accountant's opinion opinión del contador.

accountant's report informe del contador.

accountant's responsibility responsabilidad del contador.

account balance saldo de cuenta.

account book libro de cuentas.

account card tarjeta de cuenta.

account classification clasificación de cuenta.

account closed cuenta cerrada.

account current cuenta corriente.

account day día de liquidación.

account debtor deudor en la cuenta.

account entry anotación en cuenta.

account executive ejecutivo de cuentas.

account for dar razón de, responder por.

account form balance de cuenta.

account history historial de cuenta.

account hold retención en cuenta.

accounting contabilidad.

accounting books and records libros y registros de contabilidad.

accounting change cambio de contabilidad.

accounting control control de contabilidad.

accounting convention prácticas contables.

accounting cycle ciclo de contabilidad.

accounting data datos de contabilidad.

accounting department departamento de contabilidad.

accounting division división de contabilidad.

accounting documents documentos de contabilidad.

accounting entity entidad de contabilidad.

accounting entry asiento contable.

accounting equation ecuación de contabilidad.

accounting error error de contabilidad.

accounting event evento de contabilidad.

accounting evidence prueba de contabilidad.

accounting method método de contabilidad.

accounting office oficina de contabilidad.

accounting period período de contabilidad.

accounting policies normas de contabilidad.

accounting postulate postulado de contabilidad.

accounting practice práctica contable.

accounting principles principios de contabilidad.

accounting procedure procedimiento de contabilidad.

accounting process proceso de contabilidad.

accounting purposes fines de contabilidad.

accounting rate tasa contable.

accounting rate of return tasa de rendimiento contable.

accounting records registros de contabilidad.

accounting records and books libros y registros de contabilidad.

accounting standards normas de contabilidad.

accounting system sistema de contabilidad.

accounting valuation valuación contable.

account inquiry petición de cuenta.

account in trust cuenta en fideicomiso.

account number número de cuenta.

account past due cuenta vencida, cuenta en mora.

account payable cuenta por pagar.

account receivable cuenta por cobrar.

account reconcilement reconciliación de cuenta.

account reconciliation reconciliación de cuenta.

account rendered cuenta presentada al deudor.

account settled cuenta saldada.

accounts payable cuentas por pagar.

accounts payable cycle ciclo de cuentas por pagar.

accounts receivable cuentas por cobrar.

accounts receivable cycle ciclo de cuentas por cobrar.

accounts receivable financing financiamiento basado en cuentas por cobrar.

accounts receivable insurance seguro de cuentas por cobrar.

accounts receivable turnover razón de ventas a crédito al promedio de cuentas por cobrar.

account stated acuerdo de balance para cancelación.

account statement estado de cuenta.

account status estado de cuenta.

accounts uncollectible cuentas incobrables.

accredited investor inversionista acreditado.

accrete aumentar.

accretion acreción, acrecentamiento, aumento.

accretive acrecentador.

accrual acrecimiento, acumulación, aumento.

accrual accounting contabilidad en valores devengables.

accrual basis base de acumulación.

accrual bond bono de acumulación.

accrual date fecha de acumulación.

accrual method método de acumulación.

accrual system sistema de acumulación.

accrue acumular.

accrued acumulado.

accrued assets activo acumulado.

accrued charges cargos acumulados.

accrued compensation compensación acumulada.

accrued depreciation depreciación acumulada.

accrued dividend dividendo acumulado.

accrued expenditures gastos acumulados.

accrued expenses gastos acumulados.

accrued income ingreso acumulado.

accrued interest interés acumulado.

accrued liability pasivo acumulado.

accrued payroll nómina acumulada.

accrued revenue ingresos acumulados.

accrued salary salario acumulado.

accrued taxes contribuciones acumuladas, impuestos acumulados.

accrued wages salario acumulado.

accruer acrecimiento.

accumulate acumular.

accumulated acumulado.

accumulated amount cantidad acumulada.

accumulated annuity anualidad acumulada.

accumulated depletion agotamiento acumulada.

accumulated depreciation depreciación acumulada.

accumulated dividend dividendo acumulado.

accumulated earnings ingresos acumulados.

accumulated earnings tax impuesto sobre ingresos acumulados.

accumulated expenditures gastos acumulados.

accumulated expenses gastos acumulados.

accumulated income ingresos acumulados.

accumulated interest intereses acumulados.

accumulated profits ganancias acumuladas.

accumulated profits tax impuesto sobre ganancias acumuladas.

accumulated remuneration remuneración acumulada.

accumulated surplus superávit acumulado.

accumulated taxable income ingreso imponible acumulado.

accumulate reserves acumular reservas.

accumulation acumulación.

accumulation area área de acumulación.

accumulation benefits beneficios de acumulación.

accumulation factor factor de acumulación.

accumulation period período de acumulación.

accumulation plan plan de acumulación.

accumulation trust fideicomiso de acumulación.

accumulation unit unidad de acumulación.

accumulative acumulativo.

accumulative dividend dividendo acumulativo.

accumulator acumulador.

accuracy precisión, exactitud.

accurate preciso, exacto.

accurately con precisión, con exactitud.

accustomed acostumbrado.

acid test prueba de fuego, prueba decisiva.

acid-test ratio razón de activo disponible y pasivo corriente.

acknowledge reconocer, certificar, acusar recibo.

acknowledge an order reconocer una orden.

acknowledged reconocido.

acknowledgement reconocimiento, certificación, acuse de recibo.

acknowledgement of an order acuse de recibo de un pedido.

acknowledgement of order reconocimiento de orden.

acknowledgement of payment acuse de recibo de pago, reconocimiento de pago.

acknowledgement of receipt acuse de recibo.

acknowledge receipt acusar recibo.

acknowledge receipt of an order acusar recibo de un pedido.

acknowledge receipt of payment acusar recibo de un pago.

acquest propiedad adquirida.

acquiesce consentir sin palabras, consentir tácitamente.

acquiescence aquiescencia, consentimiento sin palabras.

acquiescent aquiescente, consentidor.

acquirable adquirible.

acquire adquirir.

acquired adquirido.

acquired by adquirido por.

acquired surplus superávit adquirido.

acquirement adquisición.

acquirer adquiridor.

acquisition adquisición.

acquisition cost costo de adquisición.

acquisition date fecha de adquisición.

acquisition discount descuento de adquisición.

acquisition loan préstamo para adquisición.

acquisition premium prima de adquisición.

acquisitive adquisitivo.

acquitment pago, recibo, descargo.
acquittance recibo, carta de pago.
acre acre.
acreage área en acres.
acronym sigla.
across the board incluyendo todo, incluyendo a todos.
across-the-board increase aumento incluyendo todo, aumento incluyendo a todos.
across-the-board reduction reducción incluyendo todo, reducción incluyendo a todos.
acting officer funcionario interino.
acting trustee fiduciario interino.
actionable fraud fraude procesable.
actionable misrepresentation declaración falsa enjuiciable.
actionable negligence negligencia procesable.
action of assumpsit acción por incumplimiento de contrato.
action of contract acción contractual.
action of covenant acción por incumplimiento de contrato.
action of debt acción por cobro de deuda, acción de apremio.
action of ejectment acción de desahucio.
action on contract acción contractual.
action to quiet title acción para resolver reclamaciones opuestas en propiedad in mueble ,acción para eliminar defectos en un título de propiedad.
activate activar.
active activo.
active account cuenta activa.
active administration administración activa.
active administrator administrador activo.
active capital capital activo.
active corporation corporación activa.
active debt deuda activa.
active employee empleado activo.
active file archivo activo.
active income ingreso activo.
active investor inversionista activo.
active management administración activa, gerencia activa.

active manager administrador activo, gerente activo.
active market mercado activo.
active money dinero activo.
active participation participación activa.
active partner socio activo.
active securities valores activos, títulos activos.
active trust fideicomiso activo.
activity actividad.
activity account cuenta de actividad.
activity accounting contabilidad por actividades.
activity analysis análisis de actividad.
activity bonus bono por actividad.
activity charge cargo por actividad.
activity factor factor de actividad.
activity fee cargo por actividad.
activity rate tasa de actividad.
activity ratio razón de actividad.
activity report informe sobre actividad.
act of bankruptcy acto de quiebra.
act of insolvency acto de insolvencia.
act of nature acto de la naturaleza.
act of sale escritura de compraventa.
actual actual, real, efectivo.
actual age edad real.
actual agency agencia real.
actual assets activo real.
actual authority autorización real.
actual bailment depósito efectivo.
actual cash value valor realizable en efectivo, precio justo de venta, precio reald eventa.
actual change of possession cambio de posesión efectivo, traspaso verdadero.
actual cost costo real, costo de adquisición.
actual damages daños efectivos.
actual delivery entrega efectiva.
actual depreciation depreciación real.
actual eviction evicción efectiva, desahucio efectivo.
actual fraud fraude efectivo.
actual liabilities pasivo real.
actual loss pérdida real.
actual market value valor en el mercado actual, valor real en el mercado.
actual occupancy ocupación efectiva.
actual overdraft sobregiro real.
actual owner dueño real.

actual possession posesión efectiva.

actual price precio real.

actuals mercancías a entregar físicamente.

actual stock existencias reales.

actual total loss pérdida total efectiva.

actual value valor actual, valor real.

actuarial actuarial.

actuarial adjustment ajuste actuarial.

actuarial basis base actuarial.

actuarial equivalent equivalente actuarial.

actuarial evaluation evaluación actuarial.

actuarial gains ganancias actuariales.

actuarial losses pérdidas actuariales.

actuarial rate tasa actuarial.

actuarial reserve reserva actuarial.

actuarial statistics estadística actuarial.

actuarial table tabla actuarial.

actuary actuario.

adaptive administration administración adaptiva.

adaptive administrator administrador adaptivo.

adaptive management administración adaptiva, gerencia adaptiva.

adaptive manager administrador adaptivo.

added value valor agregado.

added-value tax impuesto al valor agregado, impuesto de plusvalía.

addendum suplemento.

additional adicional.

additional collateral colateral adicional.

additional cost costo adicional.

additional coverage cobertura adicional.

additional death benefit beneficio por muerte adicional.

additional deposit privilege privilegio de hacer depósitos adicionales.

additional expenditure gasto adicional.

additional expense gasto adicional.

additional extended coverage cobertura extendida adicional.

additional first-year depreciation depreciación del primer año adicional.

additional freight carga adicional, flete adicional.

additional insured asegurado adicional.

additionally adicionalmente.

additional markon cantidad adicional a la cantidad que se le suma al costo para llegar al p recio de lista.

additional security garantía adicional.

add-on interest intereses basados en la suma de los intereses por pagar y el principal.

add-on minimum tax impuesto mínimo adicional.

address dirección, discurso.

addressee destinatario.

addresser remitente.

adequacy suficiencia.

adequacy of coverage suficiencia de cobertura.

adequacy of financing suficiencia de financiamiento.

adequacy of reserves suficiencia de reservas.

adequate adecuado.

adequate compensation compensación adecuada.

adequate consideration contraprestación razonable.

adequate disclosure divulgación adecuada.

adequately adecuadamente.

adequate notice notificación adecuada.

adherence adherencia.

adherent adherente.

adhesion adhesión.

adhesion contract contrato de adhesión.

adhesion insurance contract contrato de seguros de adhesión.

adjacent adyacente.

adjacent property propiedad adyacente.

adjoining adyacente.

adjoining landowners dueños de propiedades colindantes.

adjoining properties propiedades colindantes.

adjudication adjudicación.

adjudication of bankruptcy adjudicación de quiebra.

adjunct adjunto, auxiliar.

adjunct account cuenta adjunta.

adjust ajustar.

adjustable ajustable.

adjustable bond bono ajustable.

adjustable currency moneda ajustable.

adjustable insurance seguro ajustable.

adjustable life seguro de vida ajustable.

adjustable life insurance seguro de vida ajustable.

adjustable loan préstamo ajustable.

adjustable mortgage hipoteca ajustable.

adjustable mortgage loan préstamo hipotecario ajustable.

adjustable mortgage rate tasa hipotecaria ajustable.

adjustable premium prima ajustable.

adjustable rate tasa ajustable.

adjustable rate loan préstamo de tasa ajustable.

adjustable rate mortgage hipoteca de tasa ajustable.

adjustable rate preferred shares acciones preferidas de tasa ajustable.

adjustable rate preferred stock acciones preferidas de tasa ajustable.

adjusted ajustado.

adjusted basis base ajustada.

adjusted certificate of deposit rate tasa de certificado de depósito ajustada.

adjusted debit balance saldo deudor ajustado.

adjusted gross income ingreso bruto ajustado.

adjusted net income ingreso neto ajustado.

adjusted rate tasa ajustada.

adjusted sales price precio de venta ajustado.

adjusted tax basis base impositiva ajustada.

adjuster ajustador, liquidador.

adjusting entry asiento de ajuste.

adjusting journal entry asiento del diario de ajuste.

adjustment ajuste, liquidación.

adjustment bond bono de reorganización.

adjustment credit crédito de ajuste.

adjustment entry asiento de ajuste.

adjustment equaticn ecuación de ajuste.

adjustment for inflation ajuste para inflación.

adjustment income ingreso de ajuste.

adjustment mortgage hipoteca de ajuste.

adjustment of a claim liquidación de una reclamación.

adjustment preferred shares acciones preferidas de ajuste.

adjustment preferred stock acciones preferidas de ajuste.

adjustment process proceso de ajuste.

adjust prices ajustar precios.

administer administrar.

administered administrado.

administered account cuenta administrada.

administered cost costo administrado.

administered currency moneda controlada.

administered economy economía planificada, economía dirigida.

administered exchange rate tipo de cambio administrado.

administered funds fondos administrados.

administered liabilities pasivo administrado.

administered money moneda administrada, fondos administrados.

administered price precio administrado.

administered trade comercio controlado.

administration administración.

administration by crisis administración de crisis en crisis.

administration by exception administración por excepciones.

administration by objectives administración por obetivos.

administration deviation irregularidad administrativa.

administration expenditures gastos de administración.

administration expenses gastos de administración.

administrative administrativo.

administrative accounting contabilidad administrativa.

administrative agency agencia administrativa.

administrative agreement acuerdo administrativo.

administrative audit auditoría administrativa.

administrative board junta administrativa, junta directiva.

administrative budget presupuesto administrativo.

administrative budgeting presupuestación administrativa.

administrative charge cargo administrativo.

administrative commission comisión administrativa.

administrative company compañía administrativa.

administrative consultant consultor administrativo, consejero administrativo.

administrative contract contrato administrativo.

administrative control control administrativo.

administrative control system sistema de control administrativo.

administrative council consejo administrativo.

administrative cycle ciclo administrativo.

administrative expenditures gastos administrativos.

administrative expenses gastos administrativos.

administrative fee cargo administrativo.

administrative guide guía administrativa.

administrative methods métodos administrativos.

administrative planning planificación administrativa.

administrative prerogatives prerrogativas administrativas.

administrative procedures procedimientos administrativos.

administrative reorganization reorganización administrativa.

administrative revenues ingresos administrativos.

administrative review revisión administrativa.

administrative rights derechos administrativos.

administrative skills destrezas administrativas.

administrative system sistema administrativo.

administrator administrador.

admissible admisible.

admissible assets activo admisible.

admit a claim admitir una reclamación.

admit a debt admitir una deuda.

admitted admitido.

admitted assets activo admitido.

admitted claim reclamación admitida.

admitted company compañía autorizada.

adoption adopción.

adoption by reference incorporación por referencia.

ad valorem según el valor, ad valórem.

ad valorem customs duties derechos aduaneros según el valor, derechos aduaneros ad valórem.

ad valorem duties derechos según el valor, derechos ad valórem.

ad valorem tariff tarifa según el valor, tarifa ad valórem.

ad valorem tax impuesto según el valor, impuesto ad valórem.

advance adj anticipado.

advance n adelanto, anticipo, préstamo.

advance v adelantar.

advance bill factura anticipada.

advance cash pago anticipado.

advance commitment compromiso anticipado.

advance deposit depósito anticipado.

advance deposit requirement requisito de depósito anticipado.

advanced payment pago anticipado, anticipo.

advance freight flete anticipado.

advancement anticipo.

advance money adelantar dinero.

advance of money anticipo de dinero, adelanto.

advance on policy anticipo sobre póliza.

advance option opción de anticipo.

advance payment pago anticipado.

advance premium prima anticipada.

advance redemption reembolso anticipado.

advance refunding refinanciación anticipada.

advance rent renta anticipada.

advance repayment reembolso anticipado.

advance repo recompra anticipada.

advance repurchase recompra anticipada.

advance tax impuesto anticipado.

advance tax payment pago de impuestos anticipado.

advantage ventaja.

advantageous ventajoso.

adventure empresa conjunta, empresa, especulación, riesgo.

adverse balance saldo negativo, balanza con déficit.

adverse opinion opinión adversa.

adverse possession posesión adversa.

adverse selection selección adversa.

adverse title título adquirido mediante prescripción adquisitiva.

advertise anunciar.

advertised anunciado.

advertisement anuncio.

advertising publicidad.

advertising agency agencia publicitaria.

advertising budget presupuesto publicitario.

advertising budgeting presupuestación publicitaria.

advertising campaign campaña publicitaria.

advertising department departamento de publicidad.

advertising division división de publicidad.

advertising expenditures gastos publicitarios.

advertising expenses gastos publicitarios.

advertising media medios publicitarios.

advertising office oficina de publicidad, oficina publicitaria.

advertising policy política publicitaria.

advice book libro de envíos.

advice note aviso de envío.

advisory committee comité asesor.

advisory council consejo asesor.

advocacy advertising publicidad apoyando una causa.

affairs negocios, trámites.

affecting commerce concerniente a los negocios.

affection hipotecar para asegurar el pago de dinero o la prestación de ser vicios ,pignorar para asegurar el pago de dinero o la prestación de ser vicios.

affiant quien ha hecho una declaración jurada, deponente, declarante.

affidavit afidávit, declaración jurada.

affiliate afiliado, filial.

affiliated afiliado.

affiliated chain cadena afiliada.

affiliated company compañía afiliada.

affiliated corporation corporación afiliada.

affiliated enterprise empresa afiliada.

affiliated group grupo afiliado.

affiliated person persona afiliada.

affiliated retailer detallista afiliado, vendedor afiliado.

affiliated wholesaler mayorista afiliado.

affirm afirmar.

affirmative action programs programas diseñados para remediar práticas discriminatorias, programas antidiscriminatorios.

affirmative easement servidumbre afirmativa.

affix adherir.

affixed to the freehold fijado al terreno.

affreightment fletamiento.

after-acquired adquirido luego de.

after-acquired clause cláusula de propiedad adquirida luego de la transacción.

after-acquired property propiedad adquirida luego de la transacción, propiedad adquirida lu ego de la declaración de quiebra.

after-acquired property clause cláusula de propiedad adquirida luego de la transacción.

aftercost costo adicional.

after market mercado secundario.

after-tax tras impuestos.

after-tax basis base tras impuestos.

after-tax cash flow flujo de fondos tras impuestos.

after-tax equity yield rendimiento de inversión neta en bienes raíces tras impuestos.

after-taxes tras impuestos.

after-tax income ingresos tras impuestos.

after-tax rate of return tasa de rendimiento tras impuestos.

after-tax real rate of return tasa de rendimiento efectiva tras impuestos.

against the box venta al descubierto de valores en cartera.

age change cambio de edad.

aged account cuenta vencida.

age discrimination discriminación por edad.

age group grupo de edades.

age limit límite de edad.

agency agencia, mandato, representación.

agency agreement convenio de agencia.

agency bank banco de agencia.

agency by necessity agencia establecida por circunstancias de necesidad, mandato es tablecido por circunstancias de necesidad.

agency charge cargo por agencia.

agency contract contrato de agencia.

agency fee honorario de agencia.

agency fund fondo de agencia.

agency relationship relación de agencia, relación de mandato.

agency securities valores de agencia.

agency shop organización donde los no agremiados pagan cuotas sindicales.

agency to sell autorización para vender, mandato para vender.

agenda agenda, programa.

agent agente, representante.

agent bank banco agente.

agent license licencia de agente.

agent's actual authority autoridad para la cual se encargó al agente, facultades del agente.

agent's fee honorario del agente.

agent's implied authority facultades implícitas del agente.

agent's lien gravamen del agente.

age of majority mayoría de edad, edad en la que se puede contratar.

age reduction reducción por edad.

agglomeration aglomeración.

aggregate total, global.

aggregate amount monto total.

aggregate annual deductible deducible anual total.

aggregate balance saldo total.

aggregate concentration concentración total.

aggregated agregado.

aggregated demand demanda agregada.

aggregate demand demanda total.

aggregate exercise price precio de ejecución total.

aggregate exports exportaciones totales.

aggregate imports importaciones totales.

aggregate income ingresos totales.

aggregate indemnity insurance límite total de seguros contra pérdidas.

aggregate insurance limit límite de seguros total.

aggregate investment inversión total.

aggregate liability responsabilidad total.

aggregate limit límite total.

aggregate limit of liability límite de responsabilidad total.

aggregate risk riesgo total.

aggregate supply oferta total.

aggregate value valor total.

aggregation agregación.

aggregative agregativo.

aggressive growth crecimiento agresivo.

aggressive-growth fund fondo de crecimiento agresivo.

aggressive portfolio cartera de valores agresiva.

aging of accounts clasificación por antigüedad.

aging schedule clasificación por antigüedad.

agio agio.

agreed amount clause cláusula de cantidad convenida.

agreed higher limit límite superior convenido.

agreed limit límite convenido.

agreed price precio convenido.

agreed rate tasa convenida.

agreed valuation valuación convenida.

agreed value valor convenido.

agreed weight peso convenido.

agreement convenio, acuerdo, contrato.

agreement among underwriters contrato entre colocadores de emisión.

agreement for insurance convenio para cobertura antes de la entrega de la póliza.

agreement in writing acuerdo por escrito.

agreement of sale contrato de compraventa.

agreement to fix prices acuerdo para fijar precios.

agreement to sell contrato de compraventa.

agribusiness agroindustrias.

agricultural agrícola.

agricultural activity actividad agrícola.

agricultural commodities productos agrícolas.

agricultural commodities market mercado de productos agrícolas.

agricultural cooperative cooperativa agrícola.

agricultural credit crédito agrícola.

agricultural loan préstamo agrícola.

agricultural products productos agrícolas.

agricultural resources recursos agrícolas.

agricultural tariff arancel agrícola.

airbill carta de porte aéreo, guía aérea.

air cargo flete aéreo, carga aérea.

aircraft insurance seguro de aeronave.

air express expreso aéreo.

air freight flete aéreo, carga aérea.

air insurance seguro aéreo.

airport of delivery aeropuerto de entrega.

air rights derechos aéreos.

air transport transporte aéreo.

air waybill carta de porte aéreo, guía aérea.

aleatory contract contrato aleatorio.

aleatory transaction transacción aleatoria.

alias alias.

alien extranjero.

alienable alienable, transferible.

alienate transferir título de propiedad.

alienation alienación, transferencia de título y posesión de propiedad.

alienation clause cláusula concerniente a la transferencia de propiedad.

alien company compañía extranjera.

alien corporation corporación extranjera.

alienee beneficiario de la transferencia de propiedad.

alien insurer asegurador extranjero.

alienor quien cede, enajenador.

alimony pensión tras divorcio, pensión alimenticia.

alleviate the burden aliviar la carga.

all fours situaciones similares en todos los aspectos relevantes.

allied aliado.

allied company compañía aliada.

allied member miembro aliado.

allied products productos aliados.

all-inclusive con todo incluido.

all-inclusive insurance seguro con todo incluido.

all-in cost costo total.

allocable asignable.

allocate asignar.

allocated benefits beneficios asignados.

allocation asignación, cuota, distribución.

allocation and distribution asignación y distribución.

allocation cartel cartel de asignación.

allocation models modelos de asignación.

allocation of costs asignación de costos.

allocation of loss asignación de pérdidas.

allocation of profits asignación de ganancias.

allocation of resources asignación de recursos.

allodial alodial.

allonge anexo para endosos.

all or any part todo o parte.

all or none todo o nada.

all-or-none order orden de todo o nada.

allot distribuir, asignar.

allotment cuota, distribución, asignación.

allotment letter carta de asignación.

allowable permisible, admisible.

allowable deduction deducción permisible.

allowable depreciation depreciación permisible.

allow a discount permitir un descuento.

allowance descuento, deducción, concesión.

allowance for bad debts reserva para deudas incobrables.

allowance for depreciation deducción por depreciación.

allowance for doubtful accounts reserva para cuentas dudosas.

allowed permitido.

allowed assets activo permitido.

allowed deduction deducción permitida.

allowed discount descuento permitido.

allowed time tiempo permitido.

all rights reserved reservados todos los derechos, derechos reservados.

all-risk insurance seguro contra todo riesgo, seguro a todo riesgo.

all risks todo riesgo, a todo riesgo.

alluvion aluvión.

alpha alfa.

alpha coefficient coeficiente alfa.

alpha risk riesgo alfa.

alteration alteración.

alteration of a check alteración de un cheque.

alteration of contract alteración de contrato.

alteration of instrument alteración de instrumento.

alteration of the books alteración de los libros.

alteration of trust alteración de fideicomiso.

altered alterado.

altered check cheque alterado.

alter ego doctrine doctrina del álter ego.

alternate valuation valuación alterna.

alternate valuation date fecha de valuación alterna.

alternative alternativa.

alternative contract contrato con alternativas, contrato alternativo.

alternative cost costo alternativo.

alternative depreciation system sistema de depreciación alternativo.

alternative drawee librado alternativo.

alternative minimum tax contribución mínima alternativa.

alternative minimum taxable income ingreso tributable mínimo alternativo.

alternative minimum tax credit crédito de contribución mínima alternativa.

alternative mortgage hipoteca alternativa.

alternative mortgage instrument instrumento hipotecario alternativo.

alternative order orden con alternativas.

alternative payee beneficiario alternativo.

alternative rate tasa alternativa.

alternative tariff tarifa alternativa.

alter the books alterar los libros.

amalgamate amalgamar.

amalgamation amalgamación, fusión.

amass acumular.

ambiguity ambigüedad.

ambiguous ambiguo.

ambiguously ambiguamente.

ambulant ambulante.

amend enmendar.

amendable enmendable.

amended enmendado.

amended return planilla enmendada.

amendment enmienda.

amenities amenidades.

American depositary receipt recibo de depósito estadounidense.

American plan plan americano.

amnesty amnistía.

amortizable amortizable.

amortizable assets activo amortizable.

amortizable debt deuda amortizable.

amortizable investment inversión amortizable.

amortizable loan préstamo amortizable.

amortization amortización.

amortization fund fondo de amortización.

amortization of debt amortización de deuda.

amortization of discount amortización de descuento.

amortization of loan amortización de préstamo.

amortization of obligation amortización de obligación.

amortization of premium amortización de prima.

amortization of principal amortización de principal.

amortization schedule tabla de amortización.

amortization term término de amortización.

amortize amortizar.

amortize an debt amortizar una deuda.

amortize an obligation amortizar una obligación.

amortized amortizado.

amortized bond discount descuento de bono amortizado.

amortized bond premium prima de bono amortizada.

amortized cost costo amortizado.

amortized loan préstamo amortizado.

amortized mortgage hipoteca amortizada.

amortized mortgage loan préstamo hipotecario amortizado.

amortized premium prima amortizada.

amortized value valor amortizado.

amount suma, monto, cantidad.

amount at risk monto a riesgo, cantidad en riesgo, cantidad a riesgo.

amount covered monto asegurado, cantidad asegurada.

amount due monto debido, cantidad debida.

amount financed monto financiado, cantidad financiada.

amount of loss monto de la pérdida, cantidad de la pérdida.

amount outstanding saldo, monto pendiente, cantidad pendiente.

amount payable monto a pagar, cantidad a pagar.

amount realized monto realizado, cantidad realizada.

amount withheld monto retenido, cantidad retenida.

analysis análisis.

analysis of the market análisis del mercado.

analysis of the trend análisis de la tendencia.

analysis of variance análisis de la varianza.

analyst analista.

analytical review revisión analítica.

analytical test prueba analítica.

analyze analizar.

analyze accounts analizar cuentas.

analyze an account analizar una cuenta.

anatocism anatocismo, usura, interés compuesto.

ancestral debt deuda ancestral.

ancestral estate bienes inmuebles adquiridos por sucesión.

anchorage tarifa de anclaje.

anchor tenant arrendatario principal.

ancillary auxiliar, accesorio.

ancillary benefits beneficios auxiliares.

ancillary letter of credit carta de crédito auxiliar.

and interest con intereses.

annexation anexión, incorporación.

annexation by reference incorporación por referencia.

annotation anotación.

annotation in the account anotación en la cuenta.

announcement date fecha de anuncio.

announcement effect efecto de anuncio.

annual anual.

annual accounts cuentas anuales, estados financieros.

annual aggregate limit límite total anual.

annual amortization amortización anual.

annual audit auditoría anual.

annual average earnings promedio de ingresos anuales.

annual basis base anual.

annual bonus bono anual.
annual budget presupuesto anual.
annual budgeting presupuestación anual.
annual cap límite anual.
annual debt service servicio de la deuda anual.
annual depreciation depreciación anual.
annual earnings ingresos anuales.
annual exclusion exclusión anual.
annual financial statement estado financiero anual.
annual income ingreso anual.
annual interest interés anual.
annualize anualizar.
annualized anualizado.
annualized income installment method método de pagos contributivos por ingresos anualizado.
annualized rate tasa anualizada.
annualized return rendimiento anualizado.
annually anualmente.
annual meeting reunión anual.
annual mortgage constant razón de servicio de la deuda anual al principal hipotecario.
annual percentage rate tasa porcentual anual, tasa de porcentaje anual.
annual percentage yield rendimiento porcentual anual.
annual policy póliza anual.
annual premium prima anual.
annual production producción anual.
annual rate tasa anual.
annual rate increase incremento de tasa anual.
annual remuneration remuneración anual.
annual renewable term insurance seguro de término renovable anualmente.
annual rent renta anual.
annual report informe anual.
annual report to shareholders informe anual a los accionistas.
annual report to stockholders informe anual a los accionistas.
annual return rendimiento anual.
annual salary salario anual, sueldo anual.

annual shareholders' meeting asamblea de accionistas anual.
annual statement estado anual, balance anual.
annual stockholders' meeting asamblea de accionistas anual.
annual wage salario anual.
annual yield rendimiento anual.
annuitant rentista, pensionado.
annuitize comenzar los pagos de una anualidad.
annuity anualidad, pensión.
annuity accumulation period período de acumulación de anualidad.
annuity accumulation unit unidad de acumulación de anualidad.
annuity accumulation value valor de acumulación de anualidad.
annuity analysis análisis de anualidad.
annuity bond bono perpetuo.
annuity certain anualidad cierta.
annuity commencement date fecha de comienzo de pagos de anualidad.
annuity contract contrato de anualidad.
annuity due anualidad pagada antes del período.
annuity factor factor de anualidad.
annuity fund fondo de anualidad.
annuity in advance anualidad pagada antes del período.
annuity in arrears anualidad pagada tras el período.
annuity income ingreso de anualidad.
annuity method método de anualidad.
annuity period período de anualidad.
annuity policy póliza de anualidad.
annul anular, cancelar.
annullability anulabilidad.
annullable anulable.
annulment anulación.
anomalous anómalo, irregular.
anomalous endorsement endoso irregular.
anomalous indorsement endoso irregular.
anomaly anomalía.
antecedent debt deuda contraída anteriormente.
antedate antedatar.
antedated antedatado.
antedated check cheque antedatado.

antenuptial prenupcial.

antenuptial contract capitulaciones matrimoniales.

anticipated anticipado.

anticipated acceptance aceptación anticipada.

anticipated balance saldo anticipado.

anticipated cost costo anticipado.

anticipated growth crecimiento anticipado.

anticipated growth rate tasa de crecimiento anticipada.

anticipated holding period período de tenencia anticipada.

anticipated interest intereses anticipados.

anticipated payments pagos anticipados.

anticipated price precio anticipado.

anticipated profit ganancia anticipada.

anticipated return rendimiento anticipado.

anticipated yield rendimiento anticipado.

anticipation anticipación.

anticipatory breach incumplimiento con anticipación.

anticipatory breach of contract incumplimiento de contrato con anticipación.

anticyclical anticíclico.

antidilutive antidiluente.

antidumping law ley contra la venta de mercancía importada a precios por debajo de su va lor de mercado.

antidumping measure medida para impedir la venta de mercancía importada a precios por debajo de su valor de mercado.

antidumping tariff tarifa para impedir la venta de mercancía importada a precios pordebajo de su valor de mercado.

antiinflationary antiinflacionario.

antirebate law ley contra reembolso.

antitrust antimonopolio.

antitrust acts leyes antimonopolio.

antitrust laws leyes antimonopolio.

antitrust legislation legislación antimonopolio.

apartment apartamento, departamento.

apartment building edificio de apartamentos, edificio de departamentos, edificio de pi sos.

apartment house casa de apartamentos.

apparent aparente.

apparent agent representante aparente, agente aparente.

apparent authority autoridad aparente.

apparent danger peligro aparente.

apparent defects defectos aparentes.

apparent easement servidumbre aparente.

apparent error error aparente.

apparent possession posesión aparente.

apparent servitude servidumbre aparente.

apparent title título aparente.

appeal apelación, recurso.

appeals officer oficial de apelaciones.

applicant solicitante.

application aplicación, solicitud.

application fee cargo por solicitud.

application for a loan solicitud de un préstamo.

application for credit solicitud de crédito.

application form formulario de solicitud.

application for registration solicitud de registro.

application for withdrawal solicitud de retiro.

application of funds uso de fondos.

applied aplicado.

applied cost costo aplicado.

applied economics economía aplicada.

apply aplicar, solicitar.

apply for a job solicitar un trabajo.

apply for a loan solicitar un préstamo.

apply for a patent solicitar una patente.

appoint nombrar.

appoint an agent nombrar un agente.

appointee beneficiario, designado.

appointer persona quien designa.

appointing power poder de nombramiento.

appointment designación, cita.

appointment of trustee designación de fiduciario.

apportion prorratear, distribuir.

apportioned prorrateado, distribuido.

apportioned costs costos prorrateados.

apportioned taxes impuestos prorrateados.

apportionment distribución, prorrateo.

apportionment clause cláusula de distribución.

appraisable tasable, evaluable.

appraisal tasación, evaluación, valoración.

appraisal clause cláusula de tasación.

appraisal date fecha de tasación.

appraisal fee cargo de tasación.

appraisal method método de tasación.

appraisal report informe de tasación.

appraisal value valor de tasación.

appraise tasar, evaluar, valorar.

appraised tasado, evaluado, valorado.

appraised value valor tasado.

appraisement tasación, valuación.

appraiser tasador, evaluador.

appreciable apreciable.

appreciate apreciar, avaluar.

appreciated property propiedad apreciada.

appreciation apreciación, avaluación.

appreciation potential potencial de apreciación.

appreciation rate tasa de apreciación.

approach acercamiento.

approbation aprobación.

appropriate apropiar, asignar.

appropriated retained earnings ingresos retenidos apropiados.

appropriation apropiación, asignación.

appropriation account cuenta de apropiación.

appropriation of land expropiación.

approval aprobación.

approval level nivel de aprobación.

approval of credit aprobación de crédito.

approval ratio razón de aprobaciones.

approved aprobado.

approved budget presupuesto aprobado.

approved individual individuo aprobado.

approved list lista aprobada.

approve the budget aprobar el presupuesto.

approximate aproximado.

approximate value valor aproximado.

approximation aproximación.

appurtenances anexidades, accesorios.

appurtenant anexo, accesorio.

appurtenant easement servidumbre anexa.

appurtenant structure estructura anexa.

arbiter árbitro, arbitrador.

arbitrable arbitrable.

arbitrage arbitraje.

arbitrage bond bono de arbitraje.

arbitrage house casa de arbitraje.

arbitrageur arbitrajista.

arbitragist arbitrajista.

arbitral agreement acuerdo arbitral.

arbitrate arbitrar.

arbitration arbitraje.

arbitration clause cláusula arbitral.

arbitration proceeding procedimiento arbitral.

arbitrative arbitrativo.

arbitrator árbitro, arbitrador.

arbitrager arbitrajista.

area área, zona.

arithmetic mean media aritmética.

arm's length transacciones en buena fe entre partes independientes actuan do co nintereses propios.

arm's length bargaining negociaciones en buena fe entre partes independientes con intereses propios.

arm's length transactions transacciones en buena fe entre partes independientes con interesespropios.

arrangement arreglo, concordato.

arrangement with creditors concordato, convenio con acreedores.

arrearage atraso, demora.

arrears atrasos.

arrears, in en mora, vencido.

arson incendio intencional.

arson clause cláusula de incendio intencional.

articles artículos, cláusulas.

articles of agreement cláusulas de un contrato.

articles of amendment
modificaciones a la acta constitutiva,
modificaciones a los es tatutos sociales.

articles of association artículos de
asociación, acta de fundación.

articles of dissolution acta de
disolución.

articles of incorporation acta
constitutiva, documento de
incorporación.

articles of partnership contrato para
formar una sociedad.

artificial currency moneda artificial.

ascending tops topes ascendentes.

as is en la condición que está.

asked price precio mínimo, precio
inicial.

asking price precio inicial.

ask price precio de oferta de venta.

as per agreement de acuerdo a lo
convenido.

as per contract de acuerdo al contrato.

assay ensayo.

assecuration seguro marítimo.

assecurator asegurador marítimo.

assemblage combinación, asamblea.

assembly line línea de montaje.

assembly plant planta de montaje.

assess valorar, tasar, amillarar.

assessable capital shares acciones de
capital gravables.

assessable capital stock acciones de
capital gravables.

assessable insurance seguro con
primas adicionales posibles.

assessable policy póliza con primas
adicionales posibles.

assessable shares acciones gravables.

assessable stock acciones gravables.

assessed valorado, tasado, amillarado.

assessed valuation valuación fiscal.

assessed value valuación fiscal.

assessment contribución,
amillaramiento, tasación.

assessment base valor de la propiedad
en un distrito fiscal.

assessment bond bono a pagarse por
contribuciones.

assessment district distrito fiscal.

assessment insurance seguro de
cuota-parte.

assessment list lista de contribuyentes.

assessment of deficiency
determinación de deficiencia.

assessment plan contrato de seguro en
el cual los pagos dependen de las
contribucionesde otros con contratos
similares.

assessment ratio razón de valuación.

assessment roll registro de
contribuyentes.

assessor asesor, tasador.

asset activo, elemento del activo.

asset administration administración
del activo.

asset administrator administrador del
activo.

asset allocation asignación de
inversiones.

asset-allocation decision decisión
sobre asignación de inversiones.

asset and liability sheet balance.

asset and liability statement
balance.

asset-backed securities valores
respaldados por activo.

asset-based lending préstamos
respaldados por activo.

asset coverage cobertura del activo.

asset depreciation range intervalo
de depreciación de bienes.

asset depreciation range system
sistema de intervalos de depreciación de
bienes.

asset financing financiamiento
respaldado por activo.

asset freeze congelación del activo.

asset insufficiency insuficiencia del
activo.

asset-liability administration
administración de activo y pasivo.

asset-liability management
administración de activo y pasivo.

asset management administración del
activo.

asset management account cuenta
de administración del activo.

asset manager administrador del
activo.

asset quality calidad del activo.

assets bienes, activos.

asset sales ventas de elementos del
activo.

assets and liabilities activo y pasivo.

assets per descent bienes hereditarios.

asset sufficiency suficiencia del activo.

asset swap intercambio de elemento del activo.

asset turnover movimiento del activo.

assign asignar, transferir.

assignability transferibilidad.

assignable asignable, transferible.

assignable lease arrendamiento transferible.

assignation asignación, transferencia.

assigned asignado.

assigned account cuenta asignada.

assigned risk riesgo asignado.

assignee beneficiario, cesionario.

assigner cedente, transferidor.

assignment asignación, transferencia, cesión, traspaso.

assignment for benefit of creditors cesión de bienes para el beneficio de acreedores.

assignment of account transferencia de cuenta.

assignment of accounts receivable transferencia de cuentas por cobrar.

assignment of contract transferencia de contrato.

assignment of debts transferencia de deudas.

assignment of income transferencia de ingresos.

assignment of lease transferencia de arrendamiento.

assignment of mortgage transferencia de hipoteca.

assignment of rents transferencia de rentas.

assignment of wages transferencia de salario.

assignment with preferences cesión preferencial.

assigns cesionarios, sucesores.

assimilation asimilación.

associate bank banco asociado.

associate broker corredor asociado.

associated asociado.

associated company compañía asociada.

associated corporation corporación asociada.

associated person persona asociada.

associate member miembro asociado.

association asociación.

association group grupo de asociación.

association group insurance seguro de grupo de asociación.

association number número de asociación.

as soon as possible tan pronto como sea posible.

as soon as practicable tan pronto como sea razonablemente posible.

assumable asumible.

assumable loan préstamo asumible.

assumable mortgage hipoteca asumible.

assume asumir, adoptar.

assume a debt asumir una deuda.

assume a loan asumir un préstamo.

assume a mortgage asumir una hipoteca.

assume an obligation asumir una obligación.

assumed asumido, adoptado.

assumed bond bono asumido.

assumed liability responsabilidad asumida.

assumed name alias.

assumed risk riesgo asumido.

assumpsit promesa de pago a otro, acción por incumplimiento de contrato.

assumption asunción, suposición.

assumption clause cláusula de asunción.

assumption fee cargo de asunción.

assumption of debt asunción de deuda.

assumption of indebtedness asunción de deuda.

assumption of loan asunción de préstamo.

assumption of mortgage asunción de hipoteca.

assumption of obligation asunción de obligación.

assumption of risk asunción de riesgo.

assurable asegurable.

assurance promesa, garantía, certidumbre, seguro.

assure asegurar, garantizar, prometer.

assured asegurado.

assurer asegurador.

at a discount a descuento.

at a premium con prima.

at arm's length transacciones en buena fe entre partes independientes actuan do co nintereses propios.

at cost al costo.

at market al precio del mercado.

at par a la par.

at risk a riesgo.

at-risk rules riesgo concerniente al monto a riesgo.

at sight a la vista.

attached anexo, embargado.

attached account cuenta embargada.

attaching creditor acreedor embargante.

attachment embargo, fijación, anejo.

attachment bond fianza para liberar un embargo.

attachment of assets embargo de bienes.

attachment of earnings embargo de ingresos.

attachment of property embargo de propiedad.

attachment of risk transferencia de riesgo.

attained age edad alcanzada.

attempt to monopolize intento de monopolizar.

attest atestiguar, certificar.

attested atestiguado, certificado.

attested copy copia certificada.

attested signature firma certificada.

attester quien certifica, quien atestigua.

attesting witness testigo certificador.

at the close al cierre.

at the market al precio del mercado.

at the money al mismo precio equivalente.

at the opening a la apertura.

attorn transferir, ceder, reconocer un nuevo dueño.

attorney-in-fact apoderado.

attornment reconocimiento de un nuevo dueño por el arrendatario.

attractive nuisance estorbo atractivo.

attribute sampling muestreo por atributos.

attribution atribución.

attrition agotamiento, desgaste.

auction subasta.

auctioneer subastador.

auction market mercado de subasta.

audience audiencia.

audience flow flujo de la audiencia.

audience study estudio de la audiencia.

audit auditoría, intervención.

audit adjustment ajuste de auditoría.

audit an account auditar una cuenta.

audit certificate certificado de auditoría.

audit comment comentario de auditoría.

audit committee comité de auditoría.

audit cycle ciclo de auditoría.

audit department departamento de auditoría.

audit division división de auditoría.

audit examination examinación de auditoría.

audit function función de auditoría.

auditing auditoría, intervención.

auditing evidence evidencia de auditoría.

auditing of accounts auditoría de cuentas.

auditing procedures procedimientos de auditoría.

auditing process proceso de auditoría.

auditing standards normas de auditoría.

auditing system sistema de auditoría.

auditing year año de auditoría.

audit office oficina de auditoría.

audit opinion informe del contador público autorizado, opinión relativa a una audi toría.

auditor auditor.

auditor's certificate dictamen del auditor.

auditor's opinion opinión del auditor.

auditor's report informe del auditor.

audit period período de auditoría.

audit procedures procedimientos de auditoría.

audit program programa de auditoría.

audit report informe de auditoría.

audit risk riesgo de auditoría.

audit scope alcance de auditoría.

audit standards normas de auditoría.

audit techniques técnicas de auditoría.

audit trail rastro de auditoría.

augment aumentar, acrecentar.

augmentation aumento, acrecentamiento.

authentication autenticación.
authentication of signature autenticación de firma.
authority autoridad.
authority to contract autorización para contratar.
authority to negotiate autorización para negociar.
authority to operate autorización para operar, autorización para funcionar.
authority to pay autorización para pagar.
authority to purchase autorización de compra.
authorization autorización.
authorization center centro de autorizaciones.
authorization code código de autorización.
authorization department departamento de autorizaciones.
authorization division división de autorizaciones.
authorization number número de autorización.
authorization office oficina de autorizaciones.
authorization request petición de autorización.
authorize autorizar.
authorized autorizado.
authorized agent agente autorizado.
authorized auditor auditor autorizado.
authorized bank banco autorizado.
authorized capital capital autorizado.
authorized capital shares acciones autorizadas, emisión autorizada.
authorized capital stock acciones autorizadas, emisión autorizada.
authorized dealer comerciante autorizado, intermediario autorizado.
authorized insurer asegurador autorizado.
authorized investment inversión autorizada.
authorized issue emisión autorizada.
authorized representative representante autorizado.
authorized shares acciones autorizadas, emisión autorizada.
authorized signature firma autorizada.

authorized stock acciones autorizadas, emisión autorizada.
authorized transfer transferencia autorizada.
authorized use uso autorizado.
autocorrelation autocorrelación.
automated automatizado.
automated clearinghouse casa de liquidación automatizada.
automated data processing procesamiento de datos automatizado.
automated teller cajero automático.
automated teller machine cajero automático.
automatic automático.
automatic bill payment pago de facturas automático.
automatic coverage cobertura automática.
automatic deposit depósito automático.
automatic deposit plan plan de depósitos automático.
automatic dividend reinvestment reinversión de dividendos automática.
automatic fund transfer transferencia de fondos automática.
automatic guaranty garantía automática.
automatic payment pago automático.
automatic progression progresión automática.
automatic proportional reinsurance reaseguro proporcional automático.
automatic reinstallation reinstalación automática.
automatic reinstallation clause cláusula de reinstalación automática.
automatic reinsurance reaseguro automático.
automatic reinvestment reinversión automática.
automatic renewal renovación automática.
automatic stabilizer estabilizador automático.
automatic stay aplazamiento automático.
automatic teller machine cajero automático.
automatic transfer transferencia automática.

automatic transfer of funds transferencia automática de fondos.

automatic withdrawal retiro automático.

automation automatización.

automobile assigned risk insurance seguro de riesgo asignado de automóvil.

automobile insurance seguro de automóvil.

automobile liability insurance seguro de responsabilidad pública de automóvil.

autonomous autónomo.

autonomous investment inversión autónoma.

autonomous tariff tarifa autónoma.

autonomous transaction transacción autónoma.

auxiliary auxiliar.

auxiliary covenant cláusula auxiliar.

availability disponibilidad.

availability clause cláusula de disponibilidad.

availability date fecha de disponibilidad.

availability schedule tabla de disponibilidad.

available disponible, válido.

available assets activo disponible.

available balance saldo disponible.

available capital capital disponible.

available cash efectivo disponible.

available credit crédito disponible.

available for work disponible para trabajo.

available funds fondos disponibles.

available reserve reserva disponible.

available resources recursos disponibles.

available surplus superávit disponible.

average promedio, media, avería.

average adjuster liquidador de averías.

average age of inventory edad media de inventario.

average annual yield rendimiento anual medio.

average balance saldo medio.

average benefit test prueba de beneficio medio.

average collection period período de cobro medio.

average cost costo medio.

average daily balance saldo diario medio.

average down compra de acciones addicionales de una compañía para reducir el preciopromedio en cartera.

average due date fecha de vencimiento media.

average equity equidad media.

average fixed costs costos fijos medios.

average gross sales ventas brutas medias.

average income ingreso medio.

average inventory inventario medio.

average life vida media.

average net cost costo neto medio.

average price precio medio.

average productivity productividad media.

average quality calidad media.

average rate tasa media.

average rate of return tasa de rendimiento media.

average remuneration remuneración media.

average return rendimiento medio.

average revenue ingresos medios.

average tax rate tasa impositiva media.

average unit cost costo unitario medio.

average up compras sucesivas de acciones de una compañía que sube de precio.

average variable cost costo variable medio.

average wage salario medio.

average weekly wage salario semanal medio.

average yield rendimiento medio.

aviation insurance seguro de aviación.

avoidable evitable.

avoidable cost costo evitable.

avoidable delay demora evitable.

avoidance evitación, anulación.

avoidance of taxes evitación de impuestos.

avulsion avulsión.

award a contract adjudicar un contrato, otorgar un contrato.

award of contract adjudicación de contrato.

award to the best bidder adjudicar al mejor postor.

away-going crop cosecha del arrendatario, cultivo que antecede la expiración de un ar rendamiento.

baby bond bono de valor nominal de menos de mil dólares.

back respaldar, financiar, endosar.

back charges cargos atrasados.

back contracts contratos de futuros con expiraciones lejanas.

backdate antedatar.

backdating antedatar.

back-end load fondo mutuo que cobra comisión al vender acciones.

back-end load mutual fund fondo mutuo que cobra comisión al vender acciones.

backer financiador, garante, patrocinador.

background trasfondo.

background check comprobación de trasfondo.

background investigation investigación de trasfondo.

background processing procesamiento de trasfondo.

backing respaldo, garantía.

backlands tierras no contiguas.

backlog acumulación.

backlog of orders acumulación de pedidos.

backorder orden a cumplirse cuando haya inventario.

backpay sueldos atrasados, sueldos devengados.

backrent rentas atrasadas.

back spread differencia de precios más allá de lo usual para el mismo artículo endo smercados.

back taxes impuestos atrasados.

backtracking antigüedad, desplazamiento de un empleado por otro con más tiem po en e ltrabajo.

backup respaldo, apoyo.

backup contract contrato de reserva.

backup line línea de crédito de apoyo.

backup withholding retención de reserva.

backwardation descuento por aplazamiento.

backward vertical integration integración vertical hacia atrás.

bad character mal carácter.

bad check cheque sin fondos, cheque devuelto.

bad debt deuda incobrable.

bad-debt collection cobro de deuda incobrable.

bad-debt expenditures gastos por deudas incobrables.

bad-debt expense gasto por deuda incobrable.

bad debtor persona que no acostumbra pagar sus deudas.

bad-debt recovery cobro de parte de deuda incobrable, cobro de deuda incobrable.

bad-debt reserve reserva para deudas incobrables.

bad-debt write-off cancelación de deuda incobrable.

bad delivery entrega sin todo en ordern.

bad faith mala fe.

badges of fraud señales de fraude.

bad risk mal riesgo.

bad title título imperfecto.

baggage insurance seguro de equipaje.

bailee depositario.

bailment depósito, entrega.

bailment for hire depósito a título oneroso.

bailment lease arrendamiento con opción de compra.

bailor depositante.

bailout rescate.

bailout provision cláusula de retiro de fondos.

bait and switch atraer clientela con una mercancía y ofrecer otra.

bait and switch advertising publicidad para atraer clientela con una mercancía y ofrecer otra.

baker's dozen trece.

balance balance, saldo, equilibrio.

balance a budget equilibrar un presupuesto.

balance an account saldar una cuenta.

balance certificate certificado de balance.

balanced equilibrado.

balanced budget presupuesto equilibrado.

balanced economic growth crecimiento económico equilibrado.

balanced economy economía equilibrada.

balanced fund fondo equilibrado.

balanced group grupo equilibrado.

balanced growth crecimiento equilibrado.

balanced mutual fund fondo mutuo equilibrado.

balance due saldo deudor, balance adeudado.

balance of account balance de cuenta.

balance of foreign exchange balanza de divisas.

balance of indebtedness balanza de endeudamiento.

balance of international payments balanza de pagos internacionales.

balance of payments balanza de pagos.

balance of payments deficit déficit en la balanza de pagos.

balance of payments equilibrium equilibrio en la balanza de pagos.

balance of payments surplus superávit en la balanza de pagos.

balance of retained earnings equilibrio de ingresos retenidos.

balance of trade balanza comercial.

balance on hand saldo disponible.

balance outstanding saldo pendiente.

balance sheet balance, hoja de balance, estado de situación.

balance sheet account cuenta del balance.

balance sheet audit auditoría del balance.

balance sheet equation ecuación del balance.

balance sheet item partida del balance.

balance sheet ratios razones del balance.

balance sheet reserves reservas del balance.

balance the budget equilibrar el presupuesto.

balancing entry contrapartida.

balancing item contrapartida.

balloon pago final mayor.

balloon maturity préstamo con pago final mayor.

balloon mortgage hipoteca con pago final mayor.

balloon payment pago final mayor.

bank banco.

bankable negociable, comerciable conforme a la práctica bancaria.

bank acceptance aceptación bancaria.

bank account cuenta bancaria.

bank accounting contabilidad bancaria.

bank administration administración de banco, administración bancaria.

bank advance adelanto bancario.

bank auditor auditor de banco, auditor bancario.

bank balance balance bancario.

bank bill billete de banco, nota bancaria.

bank board junta del banco.

bankbook libreta de banco, libreta de ahorros.

bank bookkeeping contabilidad bancaria.

bank branch sucursal bancaria.

bank by mail banca por correo.

bank by phone banca por teléfono.

bank call inspección gubernamental bancaria.

bankcard tarjeta bancaria.

bank cashier cajero de banco.

bank cash ratio razón de encaje.

bank certificate of deposit certificado de depósito bancario.

bank charge cargo bancario.

bank charter autorización para operar un banco.

bank check cheque, cheque de caja.

bank clearing compensación bancaria.

bank commission comisión bancaria.

bank commissioner comisionado de la banca, comisionado bancario.

bank confirmation confirmación bancaria.

bank connection conexión bancaria.

bank credit crédito bancario.

bank credit card tarjeta de crédito bancaria.

bank currency billete de banco.

bank debit débito bancario.

bank deposit depósito bancario.

bank deregulation desreglamentación bancaria.

bank director miembro de la junta directiva de un banco, director de banco, director bancario.

bank discount descuento bancario.

bank discount rate tasa de descuento bancaria.

bank draft letra bancaria.

bank employee empleado de banco, empleado bancario.

bank endorsement endoso bancario.

banker banquero.

banker's acceptance aceptación bancaria.

bankers' bank banco de banqueros.

banker's note nota bancaria.

banker's payment pago de banquero.

banker's shares acciones de banquero.

bank examination examinación de banco.

bank examiner examinador de bancos.

bank failure quiebra bancaria.

bank fee cargo bancario.

bank-guaranteed garantizado por banco.

bank-guaranteed fund fondo garantizado por banco.

bank guaranty garantía bancaria.

bank holding company compañía tenedora de banco.

bank holiday día festivo bancario.

bank house casa de banca.

bank identification identificación bancaria.

bank identification number número de identificación bancaria.

bank income ingresos bancarios.

bank indorsement endoso bancario.

banking banca.

banking business negocio bancario.

banking chain cadena bancaria.

banking charges cargos bancarios.

banking commission comisión bancaria.

banking company compañía bancaria.

banking corporation corporación bancaria.

banking department departamento bancario.

banking group grupo bancario.

banking hours horas bancarias.

banking house casa bancaria.

banking institution institución bancaria.

banking laws leyes bancarias.

banking network red bancaria.

banking office oficina bancaria.

banking operations operaciones bancarias.

banking power poder bancario.

banking services servicios bancarios.

banking syndicate sindicato bancario.

banking system sistema bancario.

banking transfer transferencia bancaria.

bank insolvency insolvencia bancaria.

bank investment contract contrato de inversión bancario.

bank ledger libro mayor.

bank lending préstamos bancarios.

bank lien gravamen bancario.

bank line línea de crédito bancaria.

bank liquidity liquidez bancaria.

bank liquidity ratio razón de liquidez bancaria.

bank loan préstamo bancario.

bank management administración de banco.

bank manager gerente de banco.

bank merger fusión bancaria.

bank money depósitos bancarios, dinero bancario.

bank money order giro bancario.

banknote billete de banco, nota bancaria.

banknote issue emisión de billetes de banco.

bank of circulation banco de emisión.

bank of deposit banco de ahorro.

bank official oficial de banco, oficial bancario.

bank of first deposit banco de depósito inicial.

bank of issue banco emisor.

bank overdraft sobregiro bancario.

bank paper papel bancario.

bank passbook libreta de banco, libreta de ahorros.

bank quality calidad de banco.

bank rate tasa bancaria.

bank rate cut reducción de la tasa bancaria.

bank rate increase aumento de la tasa bancaria.

bank rate reduction reducción de la tasa bancaria.

bank reconciliation reconciliación de estado bancario.

bank reference referencia bancaria.

bank regulation reglamentación bancaria.

bank reserves reservas bancarias.

bankroll fondo, caudal.

bank run retiro masivo y general de fondos de un banco.

bankrupt quebrado, insolvente, fallido.

bankrupt company compañía quebrada.

bankrupt corporation corporación quebrada.

bankruptcy quiebra, insolvencia, bancarrota.

bankruptcy costs costos de quiebra.

bankruptcy court tribunal de quiebra.

bankruptcy creditor acreedor de quiebra.

bankruptcy discharge rehabilitación del quebrado.

bankruptcy distribution distribución de bienes del quebrado a los acreedores.

bankruptcy laws leyes de quiebra.

bankruptcy notice aviso de quiebra.

bankruptcy petition petición de quiebra.

bankruptcy prediction predicción de quiebra.

bankruptcy proceedings juicio de quiebra.

bankruptcy trustee fideicomisario de la quiebra, síndico de la quiebra.

bankrupt firm empresa quebrada.

bankrupt partner socio quebrado.

bankrupt person quebrado.

bank securities valores bancarios.

bank service charge cargo por servicios bancarios.

bank service fee cargo por servicios bancarios.

bank shares acciones bancarias.

bank stamp sello bancario.

bank statement estado financiero bancario, estado de cuenta, extracto de cuenta ban caria.

bank stock acciones bancarias.

bank supervision supervisión bancaria.

bank syndicate sindicato bancario.

bank transfer transferencia bancaria.

bank trust department departamento fiduciario de banco.

bank trust division división fiduciaria de banco.

bank trust office oficina fiduciaria de banco.

bar code reader lectora de código de barras.

bareboat charter contrato donde quien arrienda una nave es dueño para todos efectos durante el período de arrendamiento.

bare patent license permiso para vender un producto patentado sin derecho de exclusivid ad.

bare trustee fiduciario de un fideicomiso pasivo.

bargain n negocio, convenio, contrato, ganga.

bargain v negociar, convenir, regatear.

bargain and sale compraventa, contrato de compraventa.

bargain and sale deed escritura de compraventa.

bargain collectively negociar colectivamente.

bargainee comprador.

bargainer negociador, vendedor.

bargaining negociación, regateo.

bargaining agent agente de negociaciones.

bargaining position posición de negociación.

bargaining power poder de negociación.

bargaining rights derechos a negociaciones.

bargaining strength fuerza de negociación.

bargaining unit unidad de negociaciones.

bargain money caparra, depósito, anticipo.

bargainor negociador, vendedor.

barometer barómetro.

barometer securities valores barométricos.

barometer stocks acciones barométricas.

barren money deuda que no devenga intereses.

barrier barrera.

barriers to entry barreras a la entrada.

barriers to trade barreras al comercio.

barter permutar.

barter agreement tratado de permuta.

barter economy economía de permutas.

barter taxation imposición de permuta.

barter transaction transacción de permuta.

base cost costo base.

base freight flete base, carga base.

base interest rate tasa de interés base.

base inventory level nivel de inventario base.

baseline línea base.

base market value valor de mercado base.

base pay sueldo básico, sueldo base.

base pay rate tasa de sueldo base.

base period período base.

base premium prima base.

base price precio base.

base rate tasa base.

base rate of pay tasa base de sueldo.

base remuneration remuneración básica.

base rent alquiler base.

base salary salario básico.

base stock existencias base.

base time tiempo base.

base value valor base.

base year año base.

base-year analysis análisis de año base.

basic básico.

basic account cuenta básica.

basic accounting equation ecuación de contabilidad básica.

basic agreement convenio básico.

basic balance balanza básica.

basic cost costo básico.

basic expenditure gasto básico.

basic expense gasto básico.

basic insurance premium prima de seguro básica.

basic limit límite básico.

basic limit of liability límite básico de responsabilidad.

basic pay paga básica.

basic premium prima básica.

basic price precio básico.

basic rate tasa básica.

basic rating clasificación básica.

basic salary salario básico.

basic wages salario básico.

basic yield rendimiento básico.

basis base.

basis of accounting base de contabilidad.

basis of assessment base de imposición.

basis of bargain garantía explícita.

basis point una centésima de un porciento.

basis price precio cotizado a base de la tasa porcentual anual, precio base.

basket of currencies canasta de monedas.

batch system sistema de paquetes.

battle of the forms las distintas formas para aceptar y confirmar los términos de contrat os.

Bayesian probability probabilidad bayesiana.

Bayesian statistics estadística bayesiana.

bear bajista.

bearer portador.

bearer bond bono al portador.

bearer certificate certificado al portador.

bearer check cheque al portador.

bearer debenture obligación al portador.

bearer depository receipt recibo de depósito al portador.

bearer form valor al portador sin registro.

bearer instrument instrumento al portador.

bearer note pagaré al portador.

bearer paper obligación al portador.

bearer scrip vale al portador.

bearer securities valores pagaderos al portador.

bearer shares acciones al portador.

bearer stock acciones al portador.

bear interest devengar intereses.

bear market mercado bajista.

bear spread combinación bajista de opciones de compra y venta.

become obsolete quedar obsoleto.

before-and-after rule regla de antes y después.

before-and-after test prueba de antes y después.

before closing antes del cierre.

before opening antes de la apertura.

before-tax preimpuestos, antes de impuestos.

before-tax cash flow flujo de fondos antes de impuestos.

before-tax earnings ingresos antes de impuestos.

before taxes antes de contribuciones, antes de pagar impuestos.

before-tax income ingresos antes de impuestos.

before-tax profits ganancias antes de impuestos.

before-tax rate of return tasa de rendimiento antes de impuestos.

before-tax return rendimiento antes de impuestos.

before-tax yield rendimiento antes de impuestos.

beginning balance balance inicial.

beginning interest rate tasa de interés inicial.

beginning inventory inventario inicial.

beginning of the month comienzo del mes.

beginning of the period comienzo del período.

beginning price precio inicial.

beginning rate tasa inicial.

belated interest intereses atrasados.

bellwether indicador de tendencias.

bellwether securities valores indicativos de tendencias.

bellwether stocks acciones indicativas de tendencias.

belongings pertenencias, bienes.

below-market interest rate tasa de interés bajo la del mercado, tasa de interés por debajo de la me dia del mercado.

below-market rate tasa bajo la del mercado.

below par bajo la par.

below the line bajo la línea.

below-the-line deduction deducción bajo la línea.

benchmark price precio de referencia.

benefactor benefactor.

beneficial beneficioso, útil.

beneficial association sociedad de beneficencia.

beneficial enjoyment disfrute de un derecho para beneficio propio.

beneficial estate derecho real de propiedad para beneficio propio.

beneficial interest derecho de usufructo.

beneficial owner usufructuario.

beneficial use uso provechoso.

beneficiary beneficiario.

beneficiary clause cláusula de beneficiario.

beneficiary identifier identificador de beneficiario.

beneficiary of an insurance policy beneficiario de una póliza de seguros.

beneficiary of a policy beneficiario de una póliza.

beneficiary of trust beneficiario del fideicomiso, fideicomisario.

beneficiary's bank banco del beneficiario.

beneficiary's bank identifier identificador del banco del beneficiario.

benefit beneficio, ganancia.

benefit-based pension plan plan de pensión basado en beneficios.

benefit-cost analysis análisis beneficio-costo.

benefit-cost ratio razón beneficio-costo.

benefit formula fórmula de beneficios.

benefit period período de beneficios.

benefit principle principio de beneficios.

benefit society sociedad de beneficencia.

benefit tax theory teoría contributiva de beneficios.

benefit theory teoría de beneficios.

benefit year año de beneficios.

benevolent association sociedad de beneficencia.

benevolent corporation corporación sin fines de lucro.

bequeath legar.

bequeathment legado.

bequest legado.

best bid mejor oferta.

best effort mejor esfuerzo.
best efforts offering ofrecimiento a base del mejor esfuerzo.
best estimate mejor estimado.
best offer mejor oferta.
bestow conferir, donar a.
bestowal donación, otorgamiento.
best use el uso óptimo.
beta beta.
beta coefficient coeficiente beta.
beta risk riesgo beta.
betterment mejoramiento, mejora.
betterment tax impuesto para mejoras.
beyond control más allá del control.
beyond seas ultramar.
biannual semestral, semianual.
biannual adjustment ajuste semianual.
biannual audit auditoría semianual.
biannual basis base semianual.
biannual bonus bono semianual.
biannual budget presupuesto semianual.
biannual charge cargo semianual.
biannual earnings ingresos semianuales.
biannual income ingreso semianual.
biannual interest intereses semianuales.
biannual premium prima semianual.
biannual production producción semianual.
biannual rate tasa semianual.
biannual return rendimiento semianual.
biannual yield rendimiento semianual.
bid oferta, propuesta.
bid and asked precio máximo de compra y precio mínimo de venta de un valor en un momen t odado.
bid bond fianza de oferta.
bidder postor, licitador.
bidding licitación, remate.
bidding conditions condiciones de licitación.
bid price precio de oferta de compra.
biennial bienal.
bilateral bilateral.
bilateral agreement convenio bilateral, tratado bilateral.
bilateral aid ayuda bilateral.

bilateral arrangement arreglo bilateral.
bilateral assistance asistencia bilateral.
bilateral clearing compensación bilateral.
bilateral contract contrato bilateral.
bilateral credit limit límite de crédito bilateral.
bilateral flow flujo bilateral.
bilateralism bilateralismo.
bilaterally bilateralmente.
bilateral mistake equivocación bilateral.
bilateral monopoly monopolio bilateral.
bilateral payments agreement tratado de pagos bilateral.
bilateral risk riesgo bilateral.
bilateral trade comercio bilateral.
bi-level de dos niveles.
bill factura, efecto, letra, documento, billete de banco, valor.
bill book libro de letras.
bill broker corredor de letras.
bill diary libro de letras.
billed facturado.
billed principal principal facturado.
biller facturador.
bill for collection letra al cobro, letra a cobrar.
bill holder tenedor de letra.
billing facturación.
billing cycle ciclo de facturación.
billing date fecha de facturación.
billing department departamento de facturación.
billing division división de facturación.
billing error error de facturación.
billing office oficina de facturación.
billing period período de facturación.
bill obligatory pagaré sellado.
bill of adventure documento de aventura.
bill of credit carta de crédito.
bill of debt pagaré.
bill of exchange letra de cambio, cédula de cambio.
bill of gross adventure contrato a la gruesa.
bill of health certificado de sanidad.
bill of lading conocimiento de embarque.

bill of lading clause cláusula del conocimiento de embarque.

bill of materials lista de materiales.

bill of parcels factura.

bill of sale contrato de venta, contrato de compraventa.

bill of sight declaración provisional, declaración aproximada de importador.

bill of trading conocimiento de embarque.

bill payable cuenta a pagar, letra a pagar.

bill payment pago de facturas.

bill receivable cuenta a cobrar, letra a cobrar.

bill register registro de letras.

bill single pagaré.

bimester bimestre.

bimestrial bimestral.

bimetallism bimetalismo.

bimonthly bimestral.

bind comprometer, obligar.

binder documento provisional de seguro.

binding obligatorio.

binding agreement convenio obligatorio.

binding arbitration arbitración obligante.

binding receipt recibo obligante.

binding signature firma obligante.

bissextile bisiesto.

biweekly quincenal, bisemanal.

biweekly loan préstamo bisemanal.

biweekly mortgage hipoteca bisemanal.

biweekly mortgage rate tasa de hipoteca bisemanal.

biweekly payment pago bisemanal.

biweekly rate tasa bisemanal.

biyearly semestral.

black list lista negra.

blacklisting discriminación contra miembros de una lista negra.

black market mercado negro, estraperlo.

black market price precio en el mercado negro.

blank en blanco.

blank acceptance aceptación en blanco.

blank bill letra en blanco, letra al portador.

blank check cheque en blanco.

blank endorsement endoso en blanco, endoso al portador.

blanket bond caución de fidelidad colectiva.

blanket contract contrato de seguro múltiple.

blanket coverage cobertura múltiple.

blanket fidelity bond caución de fidelidad colectiva.

blanket insurance seguro múltiple.

blanket insurance contract contrato de seguro múltiple.

blanket insurance coverage cobertura de seguro múltiple.

blanket insurance policy póliza de seguro múltiple.

blanket limit límite de cobertura total por area.

blanket loan préstamo colectivo.

blanket mortgage hipoteca colectiva.

blanket order órden por adelantado para suplir la demanda anticipada.

blanket policy póliza de cobertura múltiple.

blanket rate prima de cobertura múltiple.

blanket recommendation recomendación colectiva.

blanket waybill carta de porte múltiple.

blank form formulario en blanco.

blank indorsement endoso en blanco, endoso al portador.

blended credit crédito combinado.

blended rate tasa promedia.

blended value valor promedio.

blind entry asiento ciego.

blind pool fondo común ciego.

blind trust fideicomiso ciego.

block n bloque, lote, cuadra, manzana.

block v bloquear, obstruir.

blockade bloqueo, obstrucción.

block automation system sistema de automatización de bloques.

blockbusting inducir a vender propiedad usando como la razón la presencia de grupo é tnico, inducir a vender propiedad usando el miedo a la llegada de un grupo ét nico.

blocked account cuenta congelada, cuenta bloqueada.

blocked balances saldos bloqueados.
blocked currency moneda bloqueada.
blocked deposit depósito bloqueado.
blocked funds fondos bloqueados.
block of shares bloque de acciones.
block positioner colocador de bloques.
block sale venta de bloque.
block trade transacción de bloque.
block transaction transacción de bloque.
blue chips acciones de primera calidad.
blue chip securities valores de primera calidad.
blue chip stocks acciones de primera calidad.
blue laws leyes de cierre los domingos.
blue sky laws leyes estatales reguladoras del comercio bursátil.
board junta, consejo.
board of arbitration junta de arbitraje.
board of directors junta directiva, consejo de dirección.
board of equalization junta de uniformidad de impuestos sobre la propiedad.
board of governors junta de gobernadores.
board of trade junta de comercio.
board of trustees junta de fiduciarios.
board of underwriters junta de aseguradores.
boardroom sala de juntas.
bodily injury lesión corporal.
body corporate corporación, persona jurídica.
body of an instrument lo clave de un documento.
bogus check cheque falso.
boilerplate lenguaje estandarizado en documentos legales.
boiler room transactions venta de inversiones dudosas con presión excesiva.
boiler shop transactions venta de inversiones dudosas con presión excesiva.
bona fide de buena fe, bona fide.
bona fide error error en buena fe.
bona fide holder for value tenedor de buena fe, poseedor de buena fe.
bona fide operation negocio legítimo.
bona fide purchaser comprador de buena fe.
bona fide sale venta de buena fe.

bond bono, caución, fianza, vínculo, título.
bond amortization amortización de bono.
bond anticipation note nota en anticipación a una emisión de bonos.
bond average promedio de bonos.
bond broker corredor de bonos.
bond buy-back recompra de bonos.
bond circular circular de bono.
bond conversion conversión de bono.
bond coupon cupón de bono.
bond creditor acreedor con caución.
bond discount descuento de bono.
bonded debt deuda garantizada por bonos.
bonded goods mercancías puestas en almacén afianzado.
bonded warehouse almacén afianzado.
bond equivalent yield rendimiento equivalente de bono.
bond fund fondo de bonos.
bondholder bonista.
bond holder tenedor de bonos.
bond income ingresos de bono.
bond indenture escritura de emisión de bonos.
bond interest interés de bono.
bond interest coverage cobertura de intereses de bonos.
bond investment inversión en bonos.
bond issuance emisión de bonos.
bond issue emisión de bonos.
bond issue cost costo de emisión de bonos.
bond market mecado de bonos.
bond mutual fund fondo mutuo de bonos.
bond portfolio cartera de bonos.
bond premium prima de bono.
bond price precio de bono.
bond quotation cotización de bono.
bond quote cotización de bono.
bond rating clasificación de bono.
bond ratio razón de bonos.
bond register registro de bonos.
bond retirement retiro de bonos.
bond sinking fund fondo de amortización de bonos.
bonds issued bonos emitidos.
bond swap intercambio de bonos.

bond table tabla de bonos.
bond trustee fiduciario de emisión de bonos.
bond yield rendimiento de bono.
bond yield to maturity rendimiento al vencimiento de bono.
bonification bonificación.
bonification of taxes bonificación de contribuciones.
bonus bonificación, prima.
bonus incentives incentivos por bonificaciones.
bonus method método de bonificación.
bonus plan plan de bonificaciones.
bonus system sistema de bonificaciones.
book libro, registro, tomo.
book account estado detallado de cuenta, registro contable.
book debt deuda en libros.
book depreciation depreciación en libros.
book entry asiento contable, anotaciones en libros de contabilidad, registro d einversiones en computadora.
book entry securities valores sin certificados.
book inventory inventario en libros.
bookkeeper contable, tenedor de libros.
bookkeeping contabilidad, teneduría de libros.
bookkeeping cycle ciclo de contabilidad.
bookkeeping department departamento de contabilidad.
bookkeeping method método de contabilidad.
book loss pérdida en libros.
book of account libro de contabilidad.
book of original entries registro de transacciones.
book profit ganancias en libros, beneficio contable.
book value valor contable, valor en libros.
book value per common share valor contable por acción común.
book value per share valor contable por acción.
borderline risk riesgo cuestionable.
border price precio en la frontera.
border tax impuesto en la frontera, impuesto fronterizo.

borrow pedir prestado.
borrowed prestado.
borrowed capital capital prestado.
borrowed funds fondos prestados.
borrowed reserve reserva prestada.
borrowed shares acciones prestadas.
borrowed stock acciones prestadas.
borrower prestatario.
borrowing agreement convenio de tomar prestado.
borrowing capacity capacidad de tomar prestado.
borrowing power poder de tomar prestado, capacidad de tomar prestado.
borrowing power of securities capacidad de tomar prestado de valores.
borrowing power of shares capacidad de tomar prestado de acciones.
borrowing power of stocks poder de tomar prestado de acciones.
borrowings préstamos recibidos.
bottom mínimo, precio de soporte, precio mínimo.
bottom-line ingreso neto, pérdida neta.
bottom price precio mínimo.
bottomry contrato a la gruesa.
bottomry bond contrato a la gruesa.
bought comprado.
bounced check cheque rehusado.
boundary lindero.
bounds límites, confines.
boycott boicot.
bracket clasificación contributiva, categoría.
bracket creep entrada en clasificación contributiva más alta por la inflación.
bracket system sistema de clasificación contributiva.
branch rama, sucursal.
branch accounting contabilidad por ramas.
branch bank sucursal bancaria.
branch banking banca con sucursales.
branch manager gerente de sucursal.
branch net loss pérdida neta de sucursal.
branch office sucursal.
branch office administrator administrador de sucursal.
branch office manager gerente de sucursal.
brand marca, marca de fábrica.

brand association asociación de marca.

brand awareness conciencia de marca.

brand development desarrollo de marca.

brand extension extensión de marca.

brand image imagen de marca.

brand leader marca líder.

brand loyalty lealtad de marca.

brand management administración de marca.

brand manager gerente de marca.

brand name marca de fábrica.

brand recognition reconocimiento de marca.

brand share porcentaje del mercado de una marca.

brand strategy estrategia de marca.

brass alta gerencia.

breach incumplimiento, violación.

breach of condition incumplimiento de condición.

breach of contract incumplimiento de contrato.

breach of covenant incumplimiento de cláusula contractual.

breach of promise incumplimiento de promesa.

breach of representation incumplimiento de representación.

breach of warranty incumplimiento de garantía.

breadth of market anchura del mercado.

breakage garantía del manufacturero al comprador de mercancía en transporte,indemnización por cosas quebradas en el transporte.

breakdown avería, malogro, desglose.

breakeven analysis análisis del punto crítico.

breakeven equation ecuación del punto crítico.

breakeven point punto crítico.

breakeven sales ventas al punto crítico.

breakeven yield rendimiento al punto crítico.

breaking bulk división de cargamento grande por intermediario, hurto de bienes pordepositario.

breaking the syndicate terminación del sindicato.

break in service interrupción en servicio.

breakpoint punto de cambio de tasa.

breakpoint sale venta al punto de cambio de tasa.

breakup disolución, rotura.

breakup value valor de disolución.

bribe soborno.

briber sobornador.

bribery soborno.

bridge bank banco puente.

bridge bond bono puente.

bridge financing financiamiento puente.

bridge insurance seguro puente.

bridge loan préstamo puente.

bridge loan rate tasa de préstamo puente.

bridge rate tasa puente.

brief of title resumen de título.

brisk commerce comercio activo.

brisk market mercado activo.

broad-base tax impuesto de base amplia.

broad market mercado amplio.

brochure folleto informativo.

broken lot lote incompleto.

broker corredor, agente.

brokerage corretaje.

brokerage account cuenta de corretaje.

brokerage business negocio de corretaje.

brokerage charge cargo de corretaje.

brokerage commission comisión de corretaje.

brokerage contract contrato de corretaje.

brokerage department departamento de corretaje.

brokerage division división de corretaje.

brokerage fee comisión de corretaje.

brokerage firm firma de corretaje.

brokerage house casa de corretaje.

broker-agent licenciado como corredor y agente.

broker-dealer corredor que además mantiene cuenta propia.

broker loan préstamo de corredor.

broker loan rate tasa de interés ofrecida a casas de corretaje.

brokers' market mercado de corredores.

brother-sister corporations corporaciones con los mismos dueños.

bucketing recibo de órdenes de corretaje sin intención de realizar dichas tran sacciones.

bucket shop lugar para compraventas ficticias de valores.

budget presupuesto.

budget account cuenta presupuestaria.

budget administration adminsitración presupuestaria.

budget agency agencia presupuestaria.

budget allocation asignación presupuestaria.

budgetary presupuestario.

budgetary account cuenta presupuestaria.

budgetary agency agencia presupuestaria.

budgetary allocation asignación presupuestaria.

budgetary assignment asignación presupuestaria.

budgetary balance equilibrio presupuestario.

budgetary constraint limitación presupuestaria.

budgetary control control presupuestario.

budgetary cut recorte presupuestario.

budgetary deficit déficit presupuestario.

budgetary estimate estimado presupuestario.

budgetary expenditure gasto presupuestario.

budgetary period período presupuestario.

budgetary policy política presupuestaria.

budgetary proposal propuesta presupuestaria.

budgetary surplus superávit presupuestario.

budgetary year año presupuestario.

budget assignment asignación presupuestaria.

budget balance equilibrio presupuestario.

budget constraint limitación presupuestaria.

budget control control presupuestario.

budget cut recorte presupuestario.

budget deficit déficit presupuestario.

budgeted presupuestado.

budgeted expenditures gastos presupuestados.

budgeted expenses gastos presupuestados.

budgeted funds fondos presupuestados.

budget estimate estimado presupuestario.

budget expenditure gasto presupuestario.

budgeting presupuestación.

budgeting administration adminsitración presupuestaria.

budgeting constraint limitación presupuestaria.

budgeting control control presupuestario.

budgeting cut recorte presupuestario.

budgeting management adminsitración presupuestaria.

budgeting manager adminsitrador presupuestario.

budgeting period período presupuestario.

budgeting policy política presupuestaria.

budget line línea presupuestaria.

budget management adminsitración presupuestaria.

budget manager adminsitrador presupuestario.

budget mortgage pago hipotecario incluyendo seguro e impuestos.

budget period período presupuestario.

budget policy política presupuestaria.

budget proposal propuesta presupuestaria.

budget surplus superávit presupuestario.

budget year año presupuestario.

buffer inventory inventario de seguridad.

buffer zone área separando dos tipos de zonificación.

builder constructor.

builder's risk insurance seguro de riesgos de constructor.

builder's warranty garantía del constructor.

building edificio, construcción.

building activity actividad de construcción.

building and loan association sociedad de ahorro y préstamo para la construcción.

building business negocio de construcción.

building code código de edificación, ordenanzas de construcción, ley de edificación.

building contract contrato de construcción.

building contractor contratista de construcción.

building costs costos de construcción.

building firm empresa de construcción.

building funds fondos de construcción.

building industry industria de construcción.

building is covered el edificio está asegurado.

building lease arrendamiento para edificación.

building line línea de edificación.

building loan préstamo para edificación.

building loan agreement convenio de préstamo para edificación.

building lot solar.

building materials materiales de construcción.

building permit permiso de construcción, licencia para edificar.

building project projecto de construcción.

building restrictions restricciones de edificación.

built-in incorporado a.

built-in stabilizer estabilizador incorporado.

bulk agregado, bulto, cargamento.

bulk goods mercancía a granel.

bulk mortgage hipoteca de propiedades agregadas.

bulk sale venta a granel.

bulk sales laws leyes de ventas a granel.

bulk transfer transferencia a granel.

bull alcista.

bullet loan préstamo con pago único al final.

bullet mortgage hipoteca con pago único al final.

bull market mercado alcista.

bull spread combinación alcista de opciones de compra y venta.

bumping antigüedad, desplazamiento de un empleado por otro con más tiempo en el trabajo.

bunching agrupamiento.

bundle empaquetar.

bundled empaquetado.

bundling empaquetamiento.

burden with taxes gravar con impuestos.

bureau negociado, agencia, departamento.

bureaucracy burocracia.

bureaucrat burócrata.

bureaucratic burocrático.

burglary insurance seguro contra robos.

burial expenditures gastos funerarios.

burial expenses gastos funerarios.

bursar tesorero.

bursary tesorería.

business negocio, ocupación, asunto.

business account cuenta comercial.

business accounting contabilidad de negocios.

business activities actividades de negocio.

business activity actividad de negocio.

business activity code código de actividad de negocio.

business address domicilio comercial, dirección del negocio.

business administration administración de empresas.

business administrator administrador de empresa.

business agent agente comercial.

business automobile policy póliza de automóvil comercial.

business bad debts deudas incobrables de negocio.

business broker corredor de empresas.

business combination combinación de negocios.

business conditions condiciones de negocios.

business contract contrato de negocios, contrato mercantil.

business corporation corporación de negocios.

business correspondence correspondencia de negocios.

business credit crédito de negocios.

business crime insurance seguro contra crímenes comercial.

business cycle ciclo económico.

business day día laborable, día hábil.

business deal transacción de negocios.

business deposit depósito comercial.

business district distrito comercial.

business done in state negocio comenzado y completado en un estado.

business enterprise empresa de negocios.

business equipment equipo de negocios.

business ethics ética en los negocios.

business etiquette etiqueta en los negocios.

business expenditures gastos de negocios.

business expenses gastos de negocios.

business expenses deductions deducciones por gastos de negocios.

business failure quiebra de negocio.

business firm empresa de negocios.

business gains ganancias de negocios.

business health insurance seguro de salud comercial.

business hours horas de oficina, horas de trabajo.

business income ingresos de negocios.

business insurance seguro de vida para empleados claves para la protección de una empresa, seguro comercial.

business insurance policy póliza de seguro comercial.

business interruption interrupción de negocios.

business interruption insurance seguro contra pérdidas por interrupción de negocios.

business law derecho mercantil.

business league asociación de negocios.

business liability responsabilidad comercial.

business liability insurance seguro de responsabilidad comercial.

business life insurance seguro de vida comercial.

business loans préstamos de negocios.

business loss pérdida de negocios.

business losses pérdidas de negocios.

business management administración de empresas.

business manager gerente de empresa.

business month mes de 30 días.

business name nombre de la empresa, nombre comercial.

business of banking negocio bancario.

business office oficina de negocios.

business of insurance negocio de seguros.

business opportunity oportunidad comercial.

business or commercial corporation corporación de negocios.

business organization organización del negocio, organización comercial.

business or occupation negocio u ocupación.

business owner dueño de negocio.

business owner's policy póliza de dueño de negocio.

businessowner's policy póliza de dueño de negocio.

business paper papel comercial.

businessperson persona de negocios, comerciante.

business plan plan del negocio.

business policy póliza comercial.

business practices prácticas comerciales.

business profit margin margen de ganancia de negocio.

business property propiedad de negocio.

business purpose propósito comercial.

business records expedientes de negocio.

business reply card tarjeta de respuesta comercial.

business reply mail correo de respuesta comercial.

business report informe comercial.

business risk riesgo comercial.

business taxation imposición comercial.

business taxes impuestos comerciales.

business transaction transacción comercial.

business trust fideicomiso comercial.

business usage uso comercial.

buy comprar.

buy and hold strategy estrategia de comprar y retener.

buyback recompra.

buyback agreement convenio de recompra.

buy down tasa de interés reducida mediante el pago de puntos de descuento adicionales.

buydown tasa de interés reducida mediante el pago de puntos de descuento adicionales.

buyer comprador, agente comprador.

buyer's behavior conducta del comprador.

buyer's boycott boicot del comprador.

buyer's broker corredor del comprador.

buyer's credit crédito del comprador.

buyer's market mercado del comprador.

buyer's monopoly monopolio del comprador.

buyer's option opción del comprador.

buyer's strike huelga del comprador.

buy for resale comprar para revender.

buying climax clímax de compras.

buying committee comité de compras.

buying in compra en subasta por el mismo dueño, compra en subasta por parte interesada.

buying office oficina de compras.

buying on margin compra de valores usando crédito en una firma bursátil.

buying order orden de compra.

buying policy política de compras.

buying power poder para comprar, capacidad para comprar.

buy on credit comprar a crédito.

buy on margin comprar valores usando crédito en una firma bursátil.

buy order orden de compra.

buyout adquisición de un porcentaje de acciones que permita controlar una corporación.

buy outright comprar enteramente, comprar al contado.

buy retail comprar al por menor.

buy wholesale comprar al por mayor.

by-bidder postor contratado por el dueño, postor contratado por el agente del dueño.

by-bidding ofertas hechas por un postor contratado por el dueño, ofertas hechas por un postor contratado por el agente del dueño.

by contract por contrato.

bylaws reglamentos internos, estatutos.

bypass trust fideicomiso para evitación de impuestos sucesorios.

by-product producto secundario.

by proxy por poder.

by the book por el libro.

cable transfer transferencia cablegráfica.

cabotage cabotaje.

cache reserva secreta.

cachet sello distintivo, prestigio.

cadastral catastral.

cadastral value valor catastral.

cadastre catastro.

caducity caducidad.

caducous caduco.

cafeteria benefit plan plan de beneficios estilo cafetería.

cafeteria benefit program programa de beneficios estilo cafetería.

cafeteria plan plan de beneficios estilo cafetería.

cajole engatusar, persuadir.

cajolery engatusamiento.

calculated risk riesgo calculado.

calculation cálculo.

calculation of costs cálculo de costos.

calculation of expenditures cálculo de gastos.

calculation of expenses cálculo de gastos.

calculation of interest cálculo de intereses.

calculation of payments cálculo de pagos.

calculation of prices cálculo de precios.

calendar bear spread combinación bajista de opciones con vencimientos diferentes.

calendar bull spread combinación alcista de opciones con vencimientos diferentes.

calendar day día calendario, día natural.

calendar month mes calendario.

calendar spread combinación de opciones con vencimientos diferentes.

calendar week semana calendario.

calendar year año calendario.

calendar-year experience experiencia del año calendario.

calendar-year statistics estadísticas del año calendario.

call n opción de compra, demanda de pago, redención, citación, llamada, convocatoria.

call v redimir, citar, llamar, convocar.

callable pagadero a la demanda, retirable, redimible.

callable bond bono retirable.

callable loan préstamo pagadero a la demanda.

callable preferred shares acciones preferidas redimibles.

callable preferred stock acciones preferidas redimibles.

callable securities valores rescatables.

callable shares acciones rescatables.

callable stock acciones rescatables.

call a loan demandar el pago de un préstamo.

call a meeting convocar una reunión.

call a meeting of shareholders convocar una reunión de accionistas.

call a meeting of stockholders convocar una reunión de accionistas.

call a strike declarar una huelga.

call compensation compensación por comparecencia.

call date fecha de redención.

called bond bono redimido.

called meeting reunión extraordinaria, reunión convocada.

called preferred shares acciones preferidas redimidas.

called preferred stock acciones preferidas redimidas.

called upon to pay obligado a pagar.

call feature estipulación de redención.

call loan préstamo pagadero a la demanda.

call loan rate tasa de préstamo pagadero a la demanda.

call money dinero pagadero a la demanda, dinero exigible.

call option opción de compra, opción de redención.

call pay pago por comparecencia.

call premium prima por redención, prima de opción de compra.

call price precio al cual el emisor puede redimir un bono.

call protection protección contra redención.

call provision estipulación de redención.

call spread combinación de opciones de compra.

call to order llamar a la orden.

cambist cambista.

cameralistics la ciencia de las finanzas.

camerarius tesorero.

cancel cancelar, anular.

cancelable cancelable.

cancel a credit cancelar un crédito.

cancel an order cancelar una orden.

cancelation cancelación, anulación.

cancelation clause cláusula de cancelación, cláusula resolutiva.

cancelation evidence evidencia de cancelación.

cancelation of insurance policy cancelación de póliza de seguro.

cancelation of mortgage cancelación de hipoteca.

cancelation of order cancelación de orden.

cancelation of policy cancelación de póliza.

canceled cancelado.

canceled account cuenta cancelada.

canceled check cheque cancelado.

canceled debt deuda cancelada.

canceler anulador.

canceling entry apunte de cancelación.

canceling machine máquina de cancelación.

canon of professional responsibility normas de ética profesional, cánones de ética profesional.

canons of taxation normas para establecer contribuciones.

canvass buscar clientes en perspectiva.

cap límite.

capability capacidad.

capable capaz.

capacitate capacitar.

capacity capacidad, aptitud legal.

capacity costs costos de capacidad.

capacity factor factor de capacidad.

capacity of parties capacidad de las partes.

capacity to compete capacidad de competir.

capacity to contract capacidad para contratar.

capacity to mortgage capacidad para hipotecar.

capital capital.

capital account cuenta de capital.

capital accumulation acumulación de capital.

capital addition adición de capital.

capital adequacy suficiencia de capital.

capital adequacy rules reglas de suficiencia de capital.

capital and interest capital e intereses.

capital and reserves capital y reservas.

capital asset pricing model modelo que describe la relación entre el riesgo anticipado y el rendimiento anticipado.

capital assets activo de capital, bienes de capital.

capital authorized capital autorizado.

capital budget presupuesto de capital.

capital budgeting presupuestación de capital.

capital charges cargos de capital.

capital circulating capital circulante.

capital coefficient coeficiente de capital.

capital consumption consumo de capital.

capital consumption allowance descuento de consumo de capital.

capital contribution contribución de capital.

capital cost costo de capital.

capital deepening aumento de capital.

capital distribution distribución de capital.

capital efficiency eficiencia de capital.

capital employed capital utilizado.

capital expenditure gasto de capital.

capital expenditure budget presupuesto de gastos de capital.

capital expenditure budgeting presupuestación de gastos de capital.

capital expense gasto de capital.

capital exports exportaciones de capital.

capital flight fuga de capital.

capital flow flujo de capital.

capital formation formación de capital.

capital gain ganancia de capital.

capital gains distribution distribución de ganancias de capital.

capital gains dividend dividendo de ganancias de capital.

capital gains tax contribución sobre ganancias de capital.

capital goods bienes de capital.

capital growth crecimiento de capital.

capital imports importaciones de capital.

capital improvement mejora de capital.

capital improvement program programa de mejoras de capital.

capital increase aumento de capital.

capital inflow entrada de capital.

capital-intensive intensivo en capital.

capital-intensive industry industria intensiva en capital.

capital investment inversión de capital.

capitalism capitalismo.

capitalization capitalización.

capitalization of earnings capitalización de ingresos.

capitalization of income capitalización de ingresos.

capitalization of interest capitalización de intereses.

capitalization of profits capitalización de ganancias.

capitalization of taxes capitalización de impuestos.

capitalization rate tasa de capitalización.

capitalization ratio razón de capitalización.

capitalization rules reglas de capitalización.

capitalize capitalizar.

capitalized capitalizado.

capitalized cost   costo capitalizado.

capitalized expenditure   gasto capitalizado.

capitalized expense   gasto capitalizado.

capitalized surplus   superávit capitalizado.

capitalized value   valor capitalizado.

capital lease   arrendamiento de capital.

capital liability   pasivo fijo.

capital loss   pérdida de capital.

capital market   mercado de capitales.

capital movement   movimiento de capital.

capital net worth   capital neto.

capital note   nota de capital.

capital outflow   salida de capital.

capital outlay   desembolso de capital.

capital output ratio   razón de salida de capital.

capital productivity   productividad de capital.

capital ratio   razón de capital.

capital rationing   racionamiento de capital.

capital readjustment   reajuste de capital.

capital rent   renta de capital.

capital requirements   requisitos de capital.

capital reserves   reservas de capital.

capital resources   recursos de capital.

capital risk   riesgo de capital.

capital shares   acciones de capital.

capital stock   acciones de capital.

capital structure   estructura de capital.

capital sum   suma de capital.

capital surplus   superávit de capital.

capital transaction   transacción de capital.

capital transactions tax   impuesto sobre transacciones de capital.

capital transfer   transferencia de capital.

capital turnover   giro de capital.

capital value   valor del capital.

capital yield   rendimiento del capital.

capitation   capitación.

capitation tax   impuesto de capitación.

captive agent   agente cautivo.

captive audience   público cautivo, audiencia cautiva, personas que presencian algo en contra de su voluntad.

captive finance company   compañía de finanzas cautiva.

captive insurance company   compañía de seguros cautiva.

captive item   artículo cautivo.

captive market   mercado cautivo.

card base   base de tarjetas.

cardholder   tenedor de tarjeta, dueño de tarjeta.

cardholder account   cuenta de tenedor de tarjeta.

cardholder accounting   contabilidad de tenedores de tarjeta.

cardholder agreement   convenio de tenedor de tarjeta.

cardholder bank   banco de tenedor de tarjeta.

cardholder base   base de tenedores de tarjeta.

cardholder history   historial de tenedor de tarjeta.

cardholder master file   archivo maestro de tenedores de tarjeta.

cardholder profile   perfil de tenedor de tarjeta.

cardholder statement   estado de tenedor de tarjeta.

card issue   emisión de tarjeta.

card issuer   emisor de tarjetas.

card network   red de tarjetas.

card reissue   reemisión de tarjeta.

card security   seguridad de tarjeta.

card security number   número de seguridad de tarjeta.

career   carrera.

career path   ruta de carrera.

career planning   planificación de carrera.

career stage   etapa de carrera.

cargo   carga, cargamento.

cargo capacity   capacidad de carga.

cargo insurance   seguro de carga.

carriage charges   cargos de transporte.

carrier   transportista, portador, cargador, aseguradora.

carrier's liability   responsabilidad del transportista.

carrier's lien   gravamen del transportista.

carry cargar, llevar, portar.

carryback pérdidas netas que se incluyen al volver a computar los impuestos de años anteriores.

carryback pérdidas netas que se incluyen al volver a computar los impuestos de años anteriores.

carryforward pérdidas que se pueden incluir en la planilla tributaria para años subsiguientes.

carryforward pérdidas que se pueden incluir en la planilla tributaria para años subsiguientes.

carrying charge cargo por ventas a plazo en adición a intereses, gastos de posesión, gastos de transporte, recargo.

carrying cost costo de posesión.

carrying value valor de posesión.

carry insurance estar asegurado.

carry on a business mantener un negocio.

carry on a trade or business mantener un negocio.

carryover pérdidas que se pueden incluir en la planilla tributaria para años subsiguientes.

carryover pérdidas que se pueden incluir en la planilla tributaria para años subsiguientes.

carryover basis base de pérdidas que se pueden incluir en la planilla tributaria para años subsiguientes.

carryover basis base de pérdidas que se pueden incluir en la planilla tributaria para años subsiguientes.

cartage transporte, costo del transporte.

carte blanche carta blanca.

cartel cartel, asociación, monopolio.

cartel agreement convenio de cartel.

case study estudio de caso.

cash n efectivo, dinero.

cash v cambiar, cobrar, convertir en efectivo.

cash account cuenta de caja.

cash accounting contabilidad de caja.

cash a check cobrar un cheque.

cash acknowledgement reconocimiento de pago en efectivo.

cash administration administración de efectivo, administración de fondos.

cash administrator administrador de fondos.

cash advance adelanto de efectivo.

cash advance balance saldo de adelanto de efectivo.

cash advance charge cargo por adelanto de efectivo.

cash advance fee cargo por adelanto de efectivo.

cash advance interest rate tasa de interés de adelanto de efectivo.

cash advance rate tasa de adelanto de efectivo.

cash against documents pago contra documentos.

cash assets activo disponible.

cash audit auditoría de caja.

cash balance saldo en efectivo, saldo de caja.

cash-based accounting contabilidad de valores de caja.

cash basis base de efectivo.

cash-basis accounting contabilidad de caja.

cash before delivery pago antes de la entrega.

cash bonus bono en efectivo.

cashbook libro de caja.

cashbook libro de caja.

cash budget presupuesto de caja.

cash buyer comprador al contado.

cash buying compras de entrega inmediata, compras al contado.

cash card tarjeta de efectivo.

cash collateral colateral en efectivo.

cash commodity mercancía de efectivo.

cash conversion cycle ciclo de conversión de efectivo.

cash cow negocio que genera efectivo continuamente.

cash deficit déficit de caja.

cash disbursed efectivo desembolsado.

cash disbursement desembolso de efectivo.

cash disbursement journal libro de desembolsos de efectivo.

cash discount descuento por pago en efectivo.

cash dispenser dispensador de efectivo.

cash dividend dividendo en efectivo.

cash earnings ingresos en efectivo.

cashed check cheque cobrado.

cash equivalence equivalencia en efectivo.

cash equivalent equivalente en efectivo.

cash equivalent value valor equivalente en efectivo.

cash flow flujo de efectivo, flujo de fondos.

cash flow loan préstamo basado en flujo de efectivo.

cash flow plan plan basado en flujo de fondos.

cash flow statement estado basado en flujo de fondos.

cash flow yield rendimiento basado en flujo de fondos.

cash guaranty garantía en efectivo.

cash holdings efectivo en caja.

cashier n cajero.

cashier v despedir.

cashier's account cuenta de cheques de caja.

cashier's book libro del cajero.

cashier's check cheque de caja.

cash in advance pago por adelantado.

cash income ingresos en efectivo.

cash inflow entrada en efectivo.

cash in vault efectivo en la bóveda.

cash items efectos de caja, artículos de efectivo.

cash journal libro de caja.

cash letter carta de tránsito.

cash loan préstamo en efectivo.

cash management administración de efectivo, administración de fondos.

cash manager administrador de fondos.

cash margin margen de caja.

cash market mercado al contado.

cash market value valor en el mercado, valor en el mercado al contado.

cash method método de efectivo.

cash on delivery pago contra entrega, pago en efectivo a la entrega.

cash on hand efectivo en caja, existencia en caja.

cash operation operación al contado.

cash order orden al contado.

cash outflow salida en efectivo.

cash overage sobrante de efectivo.

cash payment pago al contado.

cash-payment journal libro de pagos al contado.

cash position posición de liquidez.

cash price precio al contado.

cash purchase compra al contado.

cash ratio razón de efectivo.

cash receipts entradas en caja, recibos de efectivo.

cash receipts journal libro de entradas en caja.

cash refund reembolso en efectivo, reintegro en efectivo.

cash refund annuity anualidad de reembolso en efectivo.

cash register caja registradora.

cash report informe de caja.

cash reserve reserva de efectivo.

cash sale venta al contado.

cash settlement liquidación en efectivo, entrega inmediata.

cash shares acciones al contado.

cash shortage faltante de efectivo.

cash statement estado de caja.

cash stock acciones al contado.

cash surrender value valor de rescate en efectivo.

cash trade transacción en efectivo, transacción con entrega inmediata.

cash transaction transacción en efectivo.

cash value valor en efectivo.

cash-value insurance seguro de vida con valor en efectivo.

cash-value life seguro de vida con valor en efectivo.

cash-value life insurance seguro de vida con valor en efectivo.

cash withdrawal retiro de efectivo.

cash with order pago con la orden.

casting vote voto decisivo.

casual condition condición aleatoria.

casual deficit déficit casual.

casual employee empleado temporero.

casual employment empleo temporero.

casual sale venta ocasional.

casualty accidente, contingencia.

casualty insurance seguro de responsabilidad pública, seguro de contingencia, seguro de responsabilidad por accidentes.

casualty loss pérdida por accidente.

catastrophe hazard peligro de catástrofe.

catastrophe insurance seguro de catástrofe.

catastrophe loss pérdida por catástrofe.

catastrophe re-insurance reaseguro de catástrofe.

catastrophic hazard peligro catastrófico.

catastrophic insurance seguro catastrófico.

catching bargain contrato leonino.

cause-related marketing mercadeo ligado a una causa.

caveat aviso formal indicando precaución, advertencia, caveat.

caveat emptor que tenga cuidado el comprador, a riesgo del comprador, caveat emptor.

caveator quien advierte.

caveat venditor que tenga cuidado el vendedor, caveat venditor.

cease and desist order orden para cesar alguna actividad.

cease work cesar de trabajar.

cede ceder, transferir.

cedent cedente, transferidor.

ceding company compañía transferidora.

ceiling tope, techo.

ceiling interest rate tasa de interés tope.

ceiling price precio tope.

ceiling rate tasa tope.

cellular phone teléfono celular.

census censo.

census data datos del censo.

census of business censo de negocios.

cent centavo.

central bank banco central.

central banking banca central.

central bank intervention intervención del banco central.

central bank money dinero del banco central.

central beta risk riesgo beta central.

central business district distrito comercial central.

central buying compras centrales.

central fund fondo central.

central information file archivo de información central.

centralization centralización.

centralization of control centralización del control.

centralized centralizado.

centralized administration administración centralizada.

centralized control control centralizado.

centralized economic planning planificación económica centralizada.

centralized management administración centralizada.

centralized purchasing compras centralizadas.

central liability responsabilidad central.

central limit theorem teorema del límite central.

central loss fund fondo de pérdidas central.

central market mercado central.

central monetary institution institución monetaria central.

central planning planificación centralizada.

central rate tasa central.

central reserve reserva central.

certain annuity anualidad cierta.

certain contract contrato cierto.

certainty equivalent equivalente de certidumbre.

certificate certificado, testimonio.

certificate account cuenta de certificado.

certificateless sin certificado.

certificateless bonds bonos sin certificado.

certificateless investments inversiones sin certificado.

certificateless municipal bonds bonos municipales sin certificado.

certificateless municipals bonos municipales sin certificado.

certificateless securities valores sin certificado.

certificateless transactions transacciones sin certificados.

certificate of accrual on treasury securities certificado de acumulación en valores del tesoro.

certificate of acknowledgement certificado de reconocimiento.

certificate of amendment certificado de enmienda.

certificate of analysis certificado de análisis.

certificate of authority certificado de autoridad.

certificate of balance certificado de saldo.

certificate of claim certificado de reclamación.

certificate of damage certificado de daños.

certificate of deposit certificado de depósito.

certificate of deposit rollover transferencia de certificado de depósito.

certificate of eligibility certificado de elegibilidad.

certificate of employment certificado de empleo.

certificate of eviction orden de desahucio.

certificate of health certificado de salud.

certificate of identity certificado de identidad.

certificate of incorporation certificado de incorporación, acta constitutiva.

certificate of indebtedness certificado de deuda.

certificate of insurance certificado de seguro.

certificate of manufacture certificado de manufactura.

certificate of manufacturer certificado de manufacturero.

certificate of marriage certificado de matrimonio.

certificate of occupancy documento certificando que un local cumple con las leyes de edificación.

certificate of origin certificado de origen.

certificate of ownership certificado de propiedad.

certificate of participation certificado de participación.

certificate of product origin certificado de origen de producto.

certificate of purchase certificado de compra.

certificate of quality certificado de calidad.

certificate of reasonable value certificado de valor razonable.

certificate of registry certificado de registro.

certificate of sale certificado de venta.

certificate of title certificado de título.

certificate of use certificado de uso.

certificate of value certificado de valor.

certificate of weight certificado de peso.

certification certificación.

certification department departamento de certificación.

certification division división de certificación.

certification of check certificación de cheque.

certification office oficina de certificación.

certification teller cajero de certificación.

certified certificado.

certified accountant contador público autorizado.

certified appraisal tasación certificada.

certified appraiser tasador certificado.

certified balance sheet balance certificado.

certified bill of lading conocimiento de embarque certificado.

certified check cheque certificado.

certified copy copia certificada.

certified financial statement estado financiero certificado.

certified mail correo certificado.

certified public accountant contador público autorizado.

certified statement estado certificado.

certify certificar.

cession cesión.

cessionary cesionario.

cessionary bankrupt insolvente que cede sus bienes a sus acreedores.

cession number número de cesión.

cession of goods cesión de bienes.

cessment contribución, impuesto.

chain banking banca encadenada.

chain of command cadena de mando.

chain of possession cadena de posesión.

chain of stores cadena de tiendas.

chain of title cadena de título.

chain store tienda de una cadena.

chair presidente.

chairman presidente.

chairman of the board presidente de la junta directiva.

chairmanship presidencia.

chair of the board presidente de la junta directiva.

chairperson presidente.

chairperson of the board presidente de la junta directiva.

chairwoman presidenta.

chairwoman of the board presidenta de la junta directiva.

chamber of commerce cámara de comercio.

chance bargain contrato a riesgo propio.

chance of loss posibilidad de pérdida.

chance variances variaciones aletorias.

change n cambio.

change v cambiar.

change agent agente que asiste en cambios.

change in accounting estimate cambio en el estimado de contabilidad.

change in accounting method cambio en el método de contabilidad.

change in accounting principle cambio en un principio de contabilidad.

change in conditions cambio en condiciones.

change in demand cambio en demanda.

change in holdings cambio en inversiones poseidas.

change in supply cambio en oferta.

change in tendency cambio en la tendencia.

change in the risk cambio en el riesgo.

change of base cambio de base.

change of beneficiary cambio de beneficiario.

change of beneficiary provision cláusula de cambio de beneficiario.

change of circumstances cambio de circunstancias.

change of domicile cambio de domicilio.

change of heart cambio de parecer.

change of interest rate cambio de tasa de interés.

change of ownership cambio de propiedad.

change of rate cambio de tasa.

change order orden de cambio.

change process proceso de cambio.

channel of distribution canal de distribución.

channel of sales canal de ventas.

chapter 7 bankruptcy bancarrota directa, quiebra.

chapter 11 bankruptcy reorganización del negocio bajo la ley de quiebras.

chapter 12 bankruptcy convenio especial para el pago de deudas del granjero familiar bajo la ley de quiebras.

chapter 13 bankruptcy convenio para el pago de deudas por un deudor asalariado bajo la ley de quiebras.

character carácter.

charge n carga, cargo, comisión.

charge v imponer una carga, cobrar.

charge account cuenta a crédito.

charge account banking banca de cuentas a crédito.

chargeback transacción devuelta.

chargeback rules reglas sobre transacciones devueltas.

charge buyer comprador a crédito.

charge customer cliente de crédito.

charge off cancelación.

charge sales ventas a crédito.

charges forward pago tras recibo.

charges receivable cargos por recibir.

charitable association asociación caritativa.

charitable contributions contribuciones caritativas.

charitable contributions deduction deducción por contribuciones caritativas.

charitable corporation corporación caritativa.

charitable deduction deducción por contribuciones caritativas.

charitable foundation fundación caritativa.

charitable gift donación caritativa.

charitable institution institución caritativa.

charitable organization organización caritativa.

charitable purpose fines caritativos.

charitable trust fideicomiso caritativo.

charter n carta, escritura de constitución, autorización para operar un banco, contrato de fletamento.

charter v fletar, alquilar.

charter agreement contrato de fletamento.

chartered accountant contador público autorizado.

chartered life underwriter suscriptor de seguros de vida autorizado.

chartered ship embarcación fletada.

charterer fletador.

charter of affreightment fletamento.

charter party contrato de fletamento.

charting estudio de diagramas.

chartist quien estudia diagramas.

chart of accounts lista de cuentas.

chattel bien mueble.

chattel interest interés parcial en un bien mueble.

chattel lien gravamen en bien inmueble.

chattel mortgage hipoteca sobre bienes muebles, hipoteca mobiliaria.

cheat n tramposo, trampa, engaño.

cheat v engañar, hacer trampa.

check n cheque, comprobación.

check v controlar, comprobar.

check authorization autorización de cheque.

checkbook libreta de cheques, chequera.

check credit crédito de cheques.

check credit plan plan de crédito de cheques.

check desk departamento de comprobación.

check digit dígito de comprobación.

check files archivos de cheques.

check guaranty garantía de cheque.

check hold retención de cheque.

checking account cuenta de cheques.

checking the market revisión del mercado.

check kiting girar un cheque sin fondos en anticipación de depósitos futuros.

check kiting scheme treta para girar cheques sin fondos en anticipación de depósitos futuros.

checkless sin cheques.

checkless banking banca sin cheques.

checkless society sociedad sin cheques.

checklist lista de cotejo.

check number número de cheque.

checkpoint punto de inspección.

check processing procesamiento de cheques.

check processing center centro de procesamiento de cheques.

check protector protector de cheques.

check register registro de cheques.

check retention retención de cheques.

check routing symbol símbolo de encaminamiento de cheques.

check serial number número de serie de cheque.

check signer firmador de cheques.

check stub talón de cheque.

check to bearer cheque al portador.

check verification verificación de cheque.

check verification guaranty garantía de verificación de cheque.

chief executive officer funcionario ejecutivo principal.

chief financial officer funcionario financiero principal.

chief operating officer funcionario de operaciones principal.

child labor empleo de menores.

child labor laws leyes para proteger a menores en el empleo.

chilling a sale conspiración para obtener bienes bajo el valor justo de mercado.

chilling bids actos o palabras para impedir la libre competencia entre postores en subastas.

Christmas club club navideño.

Christmas club account cuenta de club navideño.

chronic unemployment desempleo crónico.

chronological stabilization plan plan de estabilización cronológica.

churning transacciones excesivas de parte de un corredor de valores para generar comisiones.

circular letter of credit carta de crédito circular.

circulated circulado.

circulating capital capital circulante.

circulation circulación.

circulation of goods circulación de bienes.

circulation of money circulación de dinero.

civil liability responsabilidad civil.

claim n reclamo, reclamación, título.

claim v reclamar.

claimant reclamador.

claim paid reclamación pagada.

claim provision cláusula de reclamaciones.

claim report informe de reclamación.

claims adjuster ajustador de reclamaciones.

claims department departamento de reclamaciones.

claims division división de reclamaciones.

claims made reclamaciones sometidas.

claims office oficina de reclamaciones.

claims representative ajustador de reclamaciones.

claims reserve reserva para reclamaciones.

clandestine clandestino.

clandestinely clandestinamente.

class clase.

class action acción de clase.

class A shares acciones de clase A.

class A stock acciones de clase A.

class B shares acciones de clase B.

class B stock acciones de clase B.

classical economics economía clásica.

classical management administración clásica.

classical monetary policy política monetaria clásica.

classical probability probabilidad clásica.

classification clasificación.

classification method método de clasificación.

classification of accounts clasificación de cuentas.

classification of assets clasificación del activo.

classification of expenditures clasificación de gastos.

classification of expenses clasificación de gastos.

classification of liabilities clasificación del pasivo.

classification of stockholders' equity clasificación del activo neto.

classified clasificado.

classified advertisement anuncio clasificado.

classified balance sheet balance clasificado.

classified bond bono clasificado.

classified insurance seguro clasificado.

classified loan préstamo clasificado.

classified property tax impuesto sobre la propiedad clasificado.

classified shares acciones clasificadas.

classified stock acciones clasificadas.

classified taxation imposición clasificada.

class of insurance clase de seguro.

class of options clase de opciones.

class of shares clase de seguro.

class of stock clase de acciones.

class premium rate tasa de prima de clase.

class price precio de clase.

class rate tasa de clase.

class suit acción de clase.

clause cláusula, artículo, estipulación.

clean limpio, libre.

clean acceptance aceptación general, aceptación libre.

clean bill letra de cambio libre de otros documentos.

clean bill of exchange letra de cambio libre de otros documentos.

clean bill of lading conocimiento de embarque sin restricciones.

clean opinion opinión sin reserva.

clean-up fund fondo de gastos finales adicionales.

clear adj claro, libre.

clear v librar, compensar, liquidar, pasar debidamente por aduana.

clearance autorización, franquicia, despacho.

clearance card carta describiendo el trabajo de una persona al finalizar su servicio.

clearance certificate certificado de cumplimiento de los requisitos de aduana.

clearance papers certificación de cumplimiento de los requisitos de aduana.

clearance sale venta de liquidación.

clear annuity anualidad exenta.

clear customs pasar debidamente por aduana.

cleared check cheque compensado.

clearing aclaración, compensación, partida de una travesía tras cumplir los requisitos establecidos.

clearing account cuenta de compensación.

clearing agreement convenio de compensación.

clearing bank banco de compensación.

clearing checks compensación de cheques.

clearinghouse casa de liquidación, cámara de compensación.

clearinghouse agent agente de casa de liquidación, agente de cámara de compensación.

clearinghouse funds fondos de casa de liquidación, fondos de cámara de compensación.

clearinghouse member miembro de casa de liquidación, miembro de cámara de compensación.

clearinghouse statement estado de casa de liquidación, estado de cámara de compensación.

clearings compensaciones.

clearing title saneamiento de título, limpieza de título.

clearly evidentemente.

clear market price valor evidente en el mercado, valor justo en el mercado.

clear out acatarse a las normas de aduana para exportar.

clear profit ganancia neta.

clear title título limpio.

clear value valor neto.

clerical clerical.

clerical error error de pluma, error de copia.

clerical work trabajo de oficina.

client cliente.

client activated terminal terminal activada por el cliente.

clientele clientela.

client information información del cliente.

client information file archivo de información del cliente.

client profile perfil del cliente.

client representative representante de clientes.

client's agreement convenio del cliente.

client service servicio al cliente.

client service representative representante de servicio al cliente.

client's loan consent consentimiento de préstamo de valores del cliente.

close cerrar.

close an account cerrar una cuenta.

close corporation corporación cerrada.

close corporation plan plan de corporación cerrada.

closed cerrado.

closed account cuenta cerrada.

closed contract contrato cerrado.

closed corporation corporación cerrada.

closed economy economía cerrada.

closed-end credit crédito con términos fijos.

closed-end fund fondo mutuo de acciones limitadas.

closed-end investment company compañía de inversiones de acciones limitadas.

closed-end lease arrendamiento cerrado.

closed-end management company compañía administradora de fondo mutuo de acciones limitadas.

closed-end mortgage hipoteca cerrada.

closed-end mutual fund fondo mutuo de acciones limitadas.

closed mortgage hipoteca cerrada.

closed period período sin redención de bonos permitida.

closed shop empresa en que todo solicitante tiene que ser miembro de un gremio.

closed stock mercancías vendidas en conjunto indivisible.

closed structure estructura cerrada.

closed trade transacción cerrada.

closed transaction transacción cerrada.

closed union unión cerrada.

closely held corporation corporación cerrada.

closing cierre.

closing account cuenta del cierre.

closing a contract finalización de la negociación de un contrato.

closing agreement convenio de cierre de año.

closing a loan cierre de un préstamo.

closing a mortgage loan cierre de un préstamo hipotecario.

closing charges gastos de cierre.

closing costs gastos de cierre.

closing daily price precio diario de cierre.

closing date fecha de cierre.

closing entry asiento de cierre.

closing inventory inventario de cierre.

closing of the books cierre de los libros.

closing price precio de cierre.

closing purchase compra de cierre.

closing quote cotización de cierre.

closing range margen de cierre.

closing sale venta de cierre.

closing statement declaración del cierre, estado del cierre.

closing time hora de cierre.

closing title transferencia de título.

closure clausura, cierre.

cloudily obscuramente, nebulosamente.

cloud on title nube sobre título.

club account cuenta de club.

cluster housing vivienda en grupos de estructuras.

cluster sampling muestreo por grupos.

coaction coacción.

coactive coactivo.

co-administrator coadministrador.

co-adventurer coempresario.

co-agent coagente.

coalition coalición.

co-assignee cocesionario.

coast costa, litoral.

coastal costero.

coastal trading cabotaje.

coaster embarcación de cabotaje.

coax persuadir, engatusar.

coaxing persuasión, engatusamiento.

code código.

code of arbitration código de arbitración.

code of ethics código de ética.

code of procedure código de procedimientos.

code of professional ethics código de ética profesional.

coding of accounts codificación de cuentas.

coefficient of determination coeficiente de determinación.

coefficient of variation coeficiente de variación.

coemption acaparamiento de mercancía, acaparamiento de toda la oferta.

coerce coercer.

coercible coercible.

coercion coerción.

co-executor coalbacea.

coffee break descanso breve durante el trabajo.

cofinancing cofinanciamiento.

co-heir coheredero.

coin moneda, dinero.

coinstantaneous simultáneo.

coinsurance coaseguro.

coinsurance clause cláusula de coaseguro.

coinsurance formula fórmula de coaseguro.

coinsurance limit límite de coaseguro.

coinsurance penalty penalidad de coaseguro.

coinsurance percentage porcentaje de coaseguro.

coinsurance provision cláusula de coaseguro.

coinsurance requirement requisito de coaseguro.

coinsurer coasegurador.

cold call llamada a cliente en perspectiva desconocido.

colessee coarrendatario.

colessor coarrendador.

collapse colapso.

collateral colateral.

collateral assignment asignación de colateral.

collateral assurance garantía adicional.

collateral bond bono con garantía prendaria.

collateral borrower prestatario contra colateral.

collateral contract contrato colateral.

collateral covenant cláusula colateral.

collateralize colateralizar.

collateralized colateralizado.

collateralized bond obligation obligación de bonos colateralizados.

collateralized loan préstamo colateralizado.

collateralized mortgage obligation obligación hipotecaria colateralizada.

collateralized obligation obligación colateralizada.

collateral loan préstamo con garantía prendaria, pignoración.

collaterally colateralmente.

collateral note pagaré con garantía prendaria.

collateral promise promesa colateral.

collateral security garantía prendaria.

collateral trust note pagaré con garantía prendaria.

collateral value valor del colateral.

collateral-value insurance seguro sobre el valor del colateral.

collateral warranty garantía colateral.

collect cobrar.

collectable cobrable.

collect a check cobrar un cheque.

collect a debt cobrar una deuda.

collect a dividend cobrar un dividendo.

collected cobrado.

collected balance balance cobrado.

collected funds fondos cobrados.

collectible cobrable.

collectibles artículos coleccionables.

collecting agency agencia de cobros.

collecting bank banco de cobro.

collection cobro, colección.

collection activity actividad de cobros.

collection administrator administrador de cobros.

collection agency agencia de cobros.

collection agent agente de cobros.

collection analysis análisis de cobros.

collection analyst analista de cobros.

collection book libro de cobros.

collection charge cargo por cobros.

collection commission comisión por cobros.

collection cost costo de cobros.

collection cycle ciclo de cobros.

collection department departamento de cobros.

collection division división de cobros.

collection documents documentos de cobros.

collection expenditures gastos de cobros.

collection expense gastos de cobros.

collection expense insurance seguro de gastos de cobros.

collection fee cargo por cobros.

collection items artículos de cobro.

collection letter carta de cobro.

collection manager administrador de cobros.

collection of checks cobro de cheques.

collection office oficina de cobros.

collection of taxes recaudación de impuestos.

collection on delivery cobro al entregar.

collection papers papeles de cobros.

collection percentage porcentaje de cobros.

collection period período de cobro.

collection rate tasa de cobros.

collection ratio razón de cobros.

collection service servicio de cobros.

collection teller cajero de cobros.

collective colectivo.

collective agreement convenio colectivo.

collective bargaining negociación colectiva.

collective economy economía colectiva.

collective investment fund fondo de inversiones colectivo.

collective labor agreement convenio colectivo de trabajo.

collective negotiation negociación colectiva.

collective ownership propiedad colectiva.

collect on delivery cobrar al entregar.

collector cobrador, recaudador.

collectorate colecturía.

collector of internal revenue recaudador de rentas internas.

collector of taxes recaudador de impuestos.

collector of the customs recaudador de derechos aduaneros, administrador de aduanas.

collect taxes cobrar impuestos.

collision colisión, choque.

collision damage waiver renuncia a la recuperación de daños por accidente automovilístico.

collision insurance seguro contra accidentes automovilísticos.

collocation ordenamiento de acreedores, colocación.

collude coludir.

collusion colusión.

collusive colusorio.

collusive practices prácticas colusorias.

color of title apariencia de título, título aparente.

co-maker codeudor, cosuscriptor.

combination combinación.

combination agent agente de combinaciones.

combination bond bono con combinación.

combination order orden con combinaciones.

combination policy póliza con combinación.

combination rate tasa de combinación.

combined combinado.

combined depreciation depreciación combinada.

combined financial statement estado financiero combinado.

combined limit límite combinado.

combined rate tasa combinada.

combined ratio razón combinada.

combined statement estado combinado.

command economy economía dirigida.

commanditaires socios comanditarios.

commandite sociedad en comandita.

commencement comienzo.

commencement of coverage comienzo de la cobertura.

commencement of insurance comienzo del seguro.

commencement of insurance coverage comienzo de la cobertura del seguro.

commerce comercio, tráfico.

commercial comercial, mercantil.

commercial account cuenta comercial.

commercial accounting contabilidad comercial.

commercial activity actividad comercial.

commercial agency agencia de cobros, agencia de información comercial.

commercial agent agente comercial, corredor.

commercial and industrial loan préstamo comercial e industrial.

commercial arbitration arbitraje comercial.

commercial area área de comercio.

commercial bank banco comercial.

commercial banker banquero comercial.

commercial banking banca comercial.

commercial bill letra de cambio comercial.

commercial blanket bond caución de fidelidad colectiva.

commercial bookkeeping contabilidad comercial.

commercial broker corredor.

commercial code código mercantil.

commercial contract contrato mercantil.

commercial counterfeiting falsificación comercial.

commercial credit crédito comercial.

commercial credit company compañía de crédito comercial.

commercial credit insurance seguro de crédito comercial.

commercial discount descuento comercial.

commercial documents documentos comerciales.

commercial domicile domicilio comercial.

commercial establishment establecimiento comercial.

commercial forgery policy póliza contra falsificación comercial.

commercial forms formularios comerciales.

commercial health insurance seguro de salud comercial.

commercial insolvency insolvencia comercial.

commercial insurance seguro comercial.

commercial insurance company compañía de seguros comercial.

commercial insurance forms formularios de seguro comerciales.

commercial insurance lines líneas de seguro comerciales.

commercial insurance package paquete de seguro comercial.

commercial invoice factura comercial.

commercialism comercialismo.

commercialization comercialización.

commercialize comercializar.

commercial law derecho mercantil.

commercial letter of credit carta de crédito comercial.

commercial lines líneas comerciales.

commercial loan préstamo comercial.

commercial loan rate tasa de préstamo comercial.

commercially comercialmente.

commercial mortgage hipoteca comercial.

commercial mortgage rate tasa de hipoteca comercial.

commercial name nombre comercial.

commercial overhead gastos generales comerciales.

commercial package paquete comercial.

commercial package policy póliza de paquete comercial.

commercial paper instrumentos negociables, papel comercial.

commercial policy póliza comercial.

commercial property propiedad comercial.

commercial property policy póliza de propiedad comercial.

commercial rate tasa comercial.

commercial report informe comercial.

commercial teller cajero comercial.

commercial traveller viajante de negocios.

commercial year año comercial.

commingle mezclar.

commingled mezclado.

commingled accounts cuentas mezcladas.

commingled funds fondos mezclados.

commingled investment fund fondo de inversión mezclado.

commingled trust fund fondos en fideicomiso mezclados.

commingling mezcla.

commingling of funds mezclar fondos.

commissaire quien recibe una autoridad especial de los accionistas.

commissary delegado, comisionista.

commission n comisión, encargo.

commission v encargar, capacitar.

commission account cuenta a comisión.

commission broker corredor de bolsa.

commissioner of banking comisionado de banca.

commissioner of insurance comisionado de seguros.

commission house corredor de bolsa sin cuenta propia.

commission split división de comisión.

commission system sistema de comisiones.

commissive waste desperdicio activo.

commitment compromiso, obligación.

commitment charge cargo de compromiso.

commitment cost costo de compromiso.

commitment fee cargo por compromiso.

commitment letter carta de compromiso.

committed fixed costs costos fijos comprometidos.

committed funds fondos comprometidos.

committed principal principal comprometido.

committee comité.

commixtion mezcla, confusión.

commodities mercancías, productos.

commodities exchange mercado de mercancías, lonja de mercancías, bolsa de comercio.

commodities futures contrato para mercancías a término, contrato de futuros.

commodities futures contract contrato para mercancías a término, contrato de futuros.

commodities market bolsa de productos, mercado de productos.

commodity mercancía, producto.

commodity agreement convenio sobre mercancía.

commodity cartel cartel de mercancía.

commodity price precio de mercancía.

commodity rate tasa especial para un tipo de mercancía.

commodity tax impuesto de mercancía.

commodity trading transacciones de mercancía.

commodity transaction transacción de mercancía.

common común.

common area área común.

common average avería simple.

common carrier transportador público, portador público.

common cost costo común.

common disaster clause cláusula de desastre común.

common elements elementos comunes.

common enterprise empresa colectiva.

common market mercado común.

common peril peligro común.

common point punto común.

common property propiedad comunal.

common seal sello corporativo.

common seller vendedor habitual.

common shares acciones ordinarias, acciones comunes.

common shares dividends dividendos de acciones comunes.

common shares fund fondo de acciones comunes.

common shares mutual fund equivalente de acciones comunes.

common shares ratio razón de acciones comunes.

common stock acciones ordinarias, acciones comunes.

common stock dividends dividendos de acciones comunes.

common stock equivalent equivalente de acciones comunes.

common stock fund fondo de acciones comunes.

common stock index índice de acciones comunes.

common stock mutual fund equivalente de acciones comunes.

common stock ratio razón de acciones comunes.

common tariff tarifa común.

common tenancy tenencia sin derecho de supervivencia.

common trust fund fondos en fideicomiso comunes.

common year año común.

communications network red de comunicaciones.

communications system sistema de comunicaciones.

community comunidad.

community antenna television televión de antena comunitaria.

community association asociación comunitaria.

community bank banco comunitario.

community debt deuda conjunta, deuda comunitaria.

community of interest interés común, interés comunitario.

community of profits comunidad de ganancias.

community property bienes gananciales, bienes comunales, propiedad ganancial.

community reinvestment reinversión comunitaria.

community tax impuesto comunitario.

commutation of taxes conmutación impositiva.

commutation right derecho de seleccionar pago único.

co-mortgagor codeudor hipotecario, cohipotecante.

comortgagor codeudor hipotecario, cohipotecante.

compact convenio, contrato.

company compañía, sociedad.

company accounting contabilidad de compañía.

company administration administración de compañía.

company bookkeeping contabilidad de compañía.

company capital capital de compañía.

company car carro de compañía, automóvil de compañía.

company check cheque de compañía.

company income ingresos de compañía.

company organization organización de compañía.

company planning planificación de compañía.

company reserves reservas de compañía.

company store tienda de compañía.

company structure estructura de compañía.

company taxes impuestos de compañía.

company town comunidad establecida por una compañía.

company union unión que favorece la compañía.

comparable comparable.

comparable properties propiedades comparables.

comparable sales ventas comparables.

comparable worth valor comparable.

comparably comparablemente.

comparative comparativo.

comparative advantage ventaja comparativa.

comparative advertising anuncios comparativos.

comparative balance sheet balance comparativo.

comparative cost costo comparativo.

comparative financial statement estado financiero comparativo.

comparative negligence negligencia comparativa.

comparative reports informes comparativos.

comparative sales ventas comparativas.

comparative sales approach acercamiento de ventas comparativas.

comparative sales method método de ventas comparativas.

comparative statement estado comparativo.

comparative statement approach acercamiento de estado comparativo.

comparative unit method método de unidades comparativas.

comparative value valor comparativo.

comparison comparación.

comparison approach acercamiento de comparación.

comparison method método de comparación.

compensable compensable.

compensate compensar.

compensated compensado.

compensated absence ausencia compensada.

compensating compensatorio.

compensating balance balance compensatorio.

compensating depreciation depreciación compensatoria.

compensating error error compensatorio.

compensating expenditures gastos compensatorios.

compensating payment pago compensatorio.

compensating product producto compensatorio.

compensating tariff arancel compensatorio.

compensation compensación.

compensation agreement acuerdo de compensación.

compensation period período de compensación.

compensative compensativo.

compensatory compensatorio.

compensatory balance balance compensatorio.

compensatory damages indemnización compensatoria.

compensatory financing financiamiento compensatorio.

compensatory stock option opción de compra de acciones compensatoria.

compensatory suspension suspensión compensatoria.

compensatory tariff tarifa compensatoria.

compensatory tax impuesto compensatorio.

compensatory time tiempo compensatorio.

compensatory trade transacción compensatoria.

compensatory transaction transacción compensatoria.

compensatory withdrawal retiro compensatorio.

compete competir.

competence competencia.

competency competencia.

competent competente.

competent parties partes competentes.

competition competencia.

competitive competitivo, competido.

competitive advantage ventaja competitiva.

competitive alliance alianza competitiva.

competitive analysis análisis competitivo.

competitive bid oferta competitiva.

competitive bidding licitación pública, condiciones justas para ofertas.

competitive devaluation desvaluación competitiva.

competitive economy economía competitiva.

competitive market mercado competitivo.

competitive price precio competitivo.

competitive rate tasa competitiva.

competitive strategy estrategia competitiva.

competitor competidor.

compilation compilación, recopilación.

complementary complementario.

complementary demand demanda complementaria.

complementary goods mercancías complementarias.

complementary products productos complementarios.

complementary supply oferta complementaria.

complementary tax impuesto complementario.

complementing entry asiento complementario.

complete adj completo.

complete v completar.

complete audit auditoría completa.

completed-contract method método de contrato completo.

completed-operations insurance seguro de terminación de operaciones.

completed transaction transacción completada, transacción consumada.

complete liquidation liquidación completa, liquidación total.

completely completamente.

completeness entereza, integridad.

complete payment pago completo, pago final.

complete special audit auditoría especial completa.

complete voluntary trust fideicomiso enteramente voluntario.

completion terminación, cumplimiento.

completion bond caución de terminación.

complex capital structure estructura de capital compleja.

complex trust fideicomiso complejo.

compliance acatamiento, cumplimiento.

compliance audit auditoría de acatamiento.

compliance department departamento de acatamiento.

compliance director director del departamento de acatamiento.

compliance division división de acatamiento.

compliance examination examinación de acatamiento.

compliance inspection inspección de acatamiento.

compliance inspection report informe de inspección de acatamiento.

compliance manager gerente del departamento de acatamiento.

compliance office oficina de acatamiento.

compliance test prueba de acatamiento.

compliance unit unidad de acatamiento.

complimentary gratuito, de cortesía.

comply cumplir.

component componente.

component depreciation depreciación de componentes.

component of cost componente de costo.

component of index componente de índice.

composite breakeven point punto crítico combinado.

composite demand demanda combinada.

composite depreciation depreciación combinada.

composite inventory inventario combinado.

composite rate tasa combinada.

composite supply oferta combinada.

composite tax rate tasa contributiva combinada.

composition arreglo, concordato, composición.

composition deed convenio entre deudor y acreedores.

composition of creditors concordato, convenio con acreedores.

composition with creditors concordato, convenio con acreedores.

compound componer, arreglar.

compound account cuenta compuesta.

compound amount cantidad compuesta.

compound arbitrage arbitraje compuesto.

compound discount descuento compuesto.

compound duty tarifa compuesta, impuesto compuesto.

compounded compuestado.

compound entry asiento compuesto.

compound growth crecimiento compuesto.

compound growth rate tasa de crecimiento compuesto.

compounding period período de cómputo de interés compuesto.

compound interest interés compuesto.

compound interest method of depreciation método de depreciación de interés compuesto.

compound interest period período de interés compuesto.

compound interest rate tasa de interés compuesto.

compound journal entry asiento del diario compuesto.

compound tariff arancel compuesto.

comprehensibility comprensibilidad.

comprehensible comprensible.

comprehension comprensión.

comprehensive comprensivo.

comprehensive annual financial report informe financiero anual global.

comprehensive automobile liability insurance seguro de responsabilidad pública de automóvil global.

comprehensive budget presupuesto global.

comprehensive budgeting presupuestacíon global.

comprehensive coverage cobertura global.

comprehensive crime endorsement endoso de crimen global.

comprehensive general liability insurance seguro de responsabilidad general global.

comprehensive health insurance seguro de salud global.

comprehensive income ingreso global.

comprehensive insurance seguro global.

comprehensive insurance coverage cobertura de seguro global.

comprehensive liability insurance seguro de responsabilidad global.

comprehensively comprensivamente.

comprehensive major medical insurance seguro para gastos médicos mayores global.

comprehensiveness comprensión.

comprehensive personal liability insurance seguro de responsabilidad personal global.

comprehensive planning planificación global.

comprehensive policy póliza global.

compressed work week semana de trabajo comprimida.

compromise n concesión, arreglo.

compromise v conceder, arreglar.

comptroller contralor, contador principal.

comptrollership contraloría.

compulsory compulsorio, obligatorio.

compulsory arbitration arbitraje compulsorio.

compulsory automobile liability insurance seguro de responsabilidad pública de automóvil compulsorio.

compulsory insurance seguro compulsorio.

compulsory payment pago involuntario.

compulsory purchase compra forzada.

compulsory reserve reserva obligatoria.

compulsory retirement retiro forzado.

compulsory retirement age edad de retiro forzado.

compulsory sale venta forzada.

computation cómputo.

computation of interest cómputo de intereses.

computation of taxes cómputo de contribuciones.

computer conference conferencia por computadora.

computerized loan origination originación de préstamos computarizada.

computer network red de computadoras.
computer security seguridad de computadoras.
conceal ocultar, esconder.
concealed assets activo oculto.
concealed damage daño oculto.
concealed discount descuento oculto.
concealed inflation inflación oculta.
concealed subsidy subsidio oculto.
concealment ocultación, escondimiento.
concentrated marketing mercadeo concentrado.
concentration concentración.
concentration account cuenta de concentración.
concentration bank banco de concentración.
concentration banking banca de concentración.
concentration of capital concentración de capitales.
concentration point punto de concentración.
concentration ratio razón de concentración.
concentric diversification diversificación concéntrica.
concern n asunto, negocio, interés.
concern v concernir, importar.
concerned interesado.
concert concertar.
concerted concertado.
concession concesión.
concessionaire concesionario.
concessionary del concesionario.
conciliation conciliación.
conciliator conciliador.
concord concordia, arreglo.
concurrence concurrencia.
concurrency concurrencia.
concurrent concurrente.
concurrent consideration contraprestación concurrente.
concurrent covenant convenio recíproco, garantías concurrentes.
concurrent estates condominio.
concurrent insurance cobertura concurrente, seguro conjunto.
concurrent interests intereses concurrentes.

concurrent lease arrendamiento concurrente, arrendamiento que comienza antes de terminar un arrendamiento previo.
concurrent liens gravámenes concurrentes.
concurrently concurrentemente.
condemnation condenación, expropiación.
condensed balance sheet balance condensado.
condensed financial statement estado financiero condensado.
condensed statement estado condensado.
condition condición.
conditional condicional.
conditional acceptance aceptación condicional.
conditional agreement convenio condicional.
conditional annuity anualidad condicional.
conditional binding receipt recibo obligante condicional.
conditional commitment compromiso condicional.
conditional contract contrato condicional.
conditional conveyance traspaso condicional.
conditional creditor acreedor condicional.
conditional delivery entrega condicional.
conditional endorsement endoso condicional.
conditional guaranty garantía condicional.
conditional health insurance seguro de salud condicional.
conditional indorsement endoso condicional.
conditional insurance seguro condicional.
conditionality limitación.
conditionally condicionalmente.
conditional obligation obligación condicional.
conditional offer oferta condicional.
conditional offer to purchase oferta de compra condicional.
conditional order orden condicional.

conditional payment pago condicional.

conditional permit permiso condicional.

conditional promise promesa condicional.

conditional purchase compra conditional.

conditional receipt recibo condicional.

conditional renewable health insurance seguro de salud renovable condicional.

conditional sale venta condicional.

conditional sales contract contrato de venta condicional.

conditional transfer transferencia condicional.

conditional-use permit permiso de uso condicional.

conditional value valor condicional.

condition collateral condición colateral.

condition concurrent condición concurrente.

condition of employment condición de trabajo.

condition precedent condición previa.

conditions concurrent condiciones simultáneas.

conditions of sale normas para subastas, condiciones de venta.

condition subsequent condición subsiguiente.

condominium condominio.

condominium association asociación de condominio.

condominium conversion conversión de condominio.

condominium declaration declaración de condominio.

condominium insurance seguro de condominio.

condominium owners' association asociación de dueños de condominio.

conductor conductor, arrendador.

conduit conducto.

confer conferir.

conferee conferido.

conference conferencia, conferimiento.

conference call llamada en conferencia.

confidence game embaucamiento.

confidence interval intervalo de confianza.

confidence level nivel de confianza.

confidence limits límites de confianza.

confidential confidencial.

confidential file archivo confidencial.

confidential information información confidencial.

confidentially confidencialmente.

confidential relation relación de confianza, relación fiduciaria.

confining condition condición confinante.

confining medical condition condición médica confinante.

confirm confirmar.

confirm an order confirmar una orden.

confirmation confirmación.

confirmation letter carta de confirmación.

confirmation of order confirmación de orden.

confirmation slip hoja de confirmación.

confirmative confirmativo.

confirmatively confirmativamente.

confirmatory confirmatorio.

confirmed confirmado.

confirmed credit crédito confirmado.

confirmed letter of credit carta de crédito confirmada.

confirmee beneficiario de una confirmación.

confirmer quien confirma.

confirming confirmante.

confirming bank banco confirmante.

confiscable confiscable.

confiscate confiscar.

confiscation confiscación.

confiscator confiscador.

confiscatory confiscatorio.

conflict of interest conflicto de intereses.

conformance conformidad.

conforming loan préstamo conforme.

conforming mortgage hipoteca conforme.

conforming mortgage loan préstamo hipotecario conforme.

conformity conformidad.

conformity principle principio de la conformidad.

confusion confusión.

confusion of boundaries confusión de lindes.

confusion of debts confusión de deudas.

confusion of goods confusión de bienes.

confusion of rights confusión de derechos, unión de las capacidades de acreedor y deudor.

confusion of titles confusión de títulos.

conglomerate conglomerado.

conglomerate financial statement estado financiero de conglomerado.

conglomerate merger consolidación de empresas operando en mercados distintos.

conglomeration conglomeración.

conjoint conjunto.

conjointly conjuntamente.

conjunctive obligation obligación conjunta.

connotation connotación.

conscious parallel action acción paralela consciente.

consensual consensual.

consensual contract contrato consensual.

consent consentimiento.

consequential loss pérdida consecuente.

consequently por consiguiente.

conservation conservación.

conservative portfolio cartera de valores conservadora.

consideration consideración, contraprestación, causa.

consign consignar.

consignatary consignatario, depositario.

consignation consignación.

consignee consignatario, destinatario.

consignment consignación.

consignment account cuenta de consignación.

consignment contract contrato de consignación.

consignment insurance seguro para artículos en consignación.

consignment invoice factura de consignación.

consignment terms términos de consignación.

consignor consignador, remitente.

consistency consistencia.

consolidate consolidar.

consolidated consolidado.

consolidated accounts cuentas consolidadas.

consolidated balance sheet balance consolidado.

consolidated bonds bonos consolidados.

consolidated debt deuda consolidada.

consolidated financial statement estado financiero consolidado.

consolidated fund fondo consolidado.

consolidated items artículos consolidados.

consolidated loans préstamos consolidados.

consolidated mortgage bond bono de hipotecas consolidadas.

consolidated mortgages hipotecas consolidadas.

consolidated statement estado consolidado.

consolidated tape cinta consolidada.

consolidated taxable items artículos imponibles consolidados.

consolidated tax return planilla consolidada.

consolidation consolidación.

consolidation loan préstamo de consolidación.

consolidation of balances consolidación de balances.

consolidation of corporations consolidación de corporaciones.

consolidation of debts consolidación de deudas.

consolidation process proceso de consolidación.

consolidator consolidador.

consortium consorcio.

conspicuous conspicuo.

conspicuous clause cláusula conspicua.

constant constante.

constant amortization amortización constante.

constant amount cantidad constante.

constant annual interest intereses anuales constantes.

constant annual interest rate tasa de interés anual constante.

constant annual percent porcentaje anual constante.

constant annual percent rate tasa de porcentaje anual constante.

constant annual rate tasa anual constante.

constant-cost industry industria de costos constantes.

constant costs costos constantes.

constant-dollar plan plan de dólares constantes.

constant dollars dólares constantes.

constant expenditures gastos constantes.

constant expenses gastos constantes.

constant interest rate tasa de interés constante.

constant payment pago constante.

constant-payment loan préstamo de pagos constantes.

constant-payment mortgage hipoteca de pagos constantes.

constant price precio constante.

constant rate tasa constante.

constant rate loan préstamo de tasa constante.

constant rate mortgage hipoteca de tasa constante.

constant-ratio plan plan de razón constante.

constituent company compañía componente.

constrain constreñir.

constraining factor factor limitante.

constraint constreñimiento.

construct construir, edificar.

constructed price precio construido.

construction construcción, edificación.

construction bond caución de construcción.

construction contract contrato de construcción.

construction insurance seguro de construcción.

construction loan préstamo de construcción.

construction mortgage hipoteca de construcción.

constructive constructivo, implícito.

constructive breach of contract incumplimiento implícito de contrato.

constructive contract contrato implícito.

constructive delivery entrega simbólica.

constructive dividend dividendo implícito.

constructive eviction desahucio implícito.

constructive fraud fraude implícito.

constructive loss pérdida implícita.

constructive mileage millaje implícito.

constructive notice notificación implícita.

constructive possession posesión implícita.

constructive receipt percepción de ingresos para efectos contributivos.

constructive receipt of income percepción de ingresos para efectos contributivos.

constructive receipt rule regla sobre la percepción de ingresos para efectos contributivos.

constructive total loss pérdida total implícita.

constructive trust fideicomiso constructivo.

consult consultar.

consultant consultor.

consumer consumidor.

consumer acceptance aceptación por consumidores.

consumer analysis análisis de consumidores.

consumer association asociación de consumidores.

consumer behavior conducta de consumidores.

consumer behavior research investigación sobre la conducta de consumidores.

consumer cooperative cooperativa de consumidores.

consumer credit crédito del consumidor.

consumer credit code código para proteger el crédito del consumidor.

consumer credit protection protección del crédito del consumidor.

consumer credit protection laws leyes sobre la protección del crédito del consumidor.

consumer debt deuda del consumidor.

consumer demand demanda de consumidores.

consumer finance company
compañía financiera para consumidores.
consumer goods bienes de consumo.
consumer information información
para consumidores, información para el
consumidor.
consumer interest intereses de
consumo.
consumerism consumismo.
consumer lease arrendamiento de
consumo.
consumer loan préstamo de consumo.
consumer market mercado de
consumidores.
consumer package envase del
consumidor.
consumer price precio al consumidor.
consumer price index índice de
precios al consumidor.
consumer product producto de
consumo.
consumer protection protección del
consumidor.
consumer protection laws leyes para
la protección del consumidor.
consumer research investigación del
consumidor.
consummate consumado, completo.
consummation consumación.
consumption consumo.
consumption account cuenta de
consumo.
consumption control control del
consumo.
consumption economy economía de
consumo.
consumption flow flujo de consumo.
consumption function función del
consumo.
consumption goods bienes de
consumo.
consumption loan préstamo de
consumo.
consumption product producto de
consumo.
consumption tax impuesto al
consumo.
contact contacto.
contango contango, prima por
aplazamiento.
contemplation contemplación.
contemplation of bankruptcy
contemplación de quiebra.

contemplation of insolvency
contemplación de insolvencia.
contemplative contemplativo.
contemporaneous reserves reservas
contemporáneas.
contemporaneous reserves
accounting contabilidad de reservas
contemporáneas.
contents contenido, capacidad.
contents unknown contenido
desconocido.
contest impugnar, disputar.
contestable clause cláusula disputable.
contiguity contigüidad.
contiguous contiguo.
contiguousness contigüidad.
contingency contingencia.
contingency clause cláusula de
contingencias.
contingency fund fondo de
contingencia.
contingency planning planificación
para contingencias.
contingency reserve reserva de
contingencia.
contingency surplus superávit de
contingencia.
contingent contingente.
contingent annuitant rentista
contingente, pensionado contingente.
contingent annuity anualidad
contingente.
contingent assets activo contingente.
contingent beneficiary beneficiario
contingente.
contingent business interruption
interrupción de negocios contingente.
contingent business interruption
insurance seguro contra interrupción
de negocios contingente.
contingent commitment
compromiso contingente.
contingent debt deuda contingente.
contingent fees honorarios
contingentes.
contingent fund fondo de
contingencia.
contingent interest interés
condicional.
contingent liability pasivo
contingente, responsabilidad contingente.
contingent liability insurance
seguro de responsabilidad contingente.

contingent limitation limitación
contingente.

contingent obligation obligación
contingente.

contingent order orden condicional.

contingent rental alquiler contingente.

contingent reserve reserva
contingente.

contingent trust fideicomiso
condicional.

contingent trustee fiduciario
condicional.

continuance aplazamiento,
continuación.

continuation continuación.

continuation of benefits
continuación de beneficios.

continuation statement estado de
continuación.

continue continuar.

continuing continuo.

continuing account cuenta continua.

continuing breach of contract
incumplimiento reiterado de contrato.

continuing consideration
contraprestación continua.

continuing covenant contrato
continuo.

continuing guaranty garantía
continua.

continuing investment inversión
continua.

continuing warranty garantía
continua.

continuity continuidad.

continuity in advertising
continuidad en el mercadeo.

continuity of life continuidad de la
existencia corporativa.

continuous continuo.

continuous audit auditoría continua.

continuous budget presupuesto
continuo.

continuous budgeting
presupuestación continua.

continuous easement servidumbre
continua.

continuous inflation inflación
continua.

continuous market mercado continuo.

continuous process proceso continuo.

continuous production producción
continua.

contraband contrabando.

contra broker corredor de la otra parte.

contract n contrato, convenio.

contract v contratar, convenir.

contract account cuenta por contrato.

contract a debt contraer una deuda.

contract a loan contraer un préstamo.

contract authorization autorización
de contrato.

contract awarding otorgamiento de
contrato.

contract bond garantía para el
cumplimiento de contrato, fianza de
contratista.

contract broker agente de contratación.

contract carrier portador por contrato.

contract expiration expiración de
contrato.

contract expiration date fecha de
expiración de contrato.

contract for sale contrato de venta.

contract for sale of goods contrato
para la venta de mercancía.

contract for sale of land contrato
para la compraventa de tierras.

contract holder tenedor de contrato.

contract interest rate tasa de interés
de contrato.

contraction contracción.

contract month mes del contrato.

contract of adhesion contrato de
adhesión.

contract of affreightment contrato
de fletamiento, póliza de fletamiento.

contract of carriage contrato de
transporte.

contract of employment contrato de
empleo.

contract of guaranty contrato de
garantía.

contract of indemnity contrato de
indemnidad.

contract of insurance contrato de
seguro.

contract of record contrato de registro
público.

contract of sale contrato de venta.

contractor contratista.

contractor's liability insurance
seguro de responsabilidad del contratista.

contract out subcontratar, contratar.

contract price precio de contrato.

contract purchasing compras por contrato.

contract rate tasa de contrato.

contract rent renta de contrato.

contract rights derechos de contrato.

contractual contractual.

contractual liability responsabilidad contractual.

contractual obligation obligación contractual.

contractual pay paga contractual.

contractual plan plan contractual.

contractual remuneration remuneración contractual.

contractual salary salario contractual.

contractual wages salarios contractuales.

contract under seal contrato sellado.

contributed contribuido.

contributed capital capital contribuido.

contributed surplus superávit contribuido.

contribution contribución.

contribution clause cláusula de contribución.

contribution for improvements contribución para mejoras.

contribution margin márgen de contribución.

contribution margin method método de márgen de contribución.

contribution margin ratio razón de márgen de contribución.

contribution plan plan de contribuciones.

contribution to capital contribución al capital.

contributory contribuyente.

contributory infringement invasión a patente por actos contribuyentes.

contributory negligence negligencia contribuyente.

contributory pension plan plan de pensión contribuyente.

contributory retirement system sistema de retiro contribuyente.

control n control.

control v controlar.

control account cuenta de control.

control card tarjeta de control.

control group grupo de control.

controllable controlable.

controllable costs costos controlables.

controllable expenditures gastos controlables.

controllable expenses gastos controlables.

controllable marketing activities actividades de mercadeo controlables.

controlled controlado, dominado.

controlled account cuenta controlada.

controlled amortization bond bono de amortización controlada.

controlled commodities mercancías controladas, productos controlados.

controlled company compañía controlada.

controlled corporation corporación controlada.

controlled disbursement desembolso controlado.

controlled economy economía controlada.

controlled foreign corporation corporación extranjera controlada.

controlled group grupo controlado.

controlled inflation inflación controlada.

controller contralor, contador principal.

controllership contraloría.

control limits límites de control.

controlling gobernante, controlador.

controlling account cuenta controladora.

controlling company compañía controladora.

controlling interest interés mayoritario.

control person persona de control.

control shares acciones de control.

control stock acciones de control.

convenience conveniencia.

convenience goods artículos de conveniencia.

convenience store tienda de conveniencia.

convention convención.

conventional convencional, contractual.

conventional duty tarifa convencional.

conventional fixed rate mortgage hipoteca de tasa fija convencional.

conventional interest interés convencional.

conventional lien gravamen convenido, gravamen convencional.

conventional loan préstamo convencional.

conventional mortgage hipoteca convencional.

conventional option opción convencional.

conventional tariff tarifa convencional.

conventional terms términos convencionales.

convergence convergencia.

convergent marketing mercadeo convergente.

conversion conversión, apropiación ilícita.

conversion at par conversión a la par.

conversion charge cargo de conversión.

conversion cost costo de conversión.

conversion factor factor de conversión.

conversion fee cargo de conversión.

conversion of policy conversión de póliza.

conversion option opción de conversión.

conversion parity paridad de conversión.

conversion point punto de conversión.

conversion premium prima de conversión.

conversion price precio de conversión.

conversion privilege privilegio de conversión.

conversion rate tasa de conversión.

conversion ratio razón de conversión.

conversion value valor de conversión.

convert convertir.

convertibility convertibilidad.

convertible convertible.

convertible adjustable rate mortgage hipoteca de tasa ajustable convertible.

convertible bond bono convertible.

convertible currency moneda convertible.

convertible debenture obligación convertible.

convertible debt deuda convertible.

convertible insurance seguro convertible.

convertible life seguro de vida convertible.

convertible life insurance seguro de vida convertible.

convertible loan préstamo convertible.

convertible mortgage hipoteca convertible.

convertible preferred shares acciones preferidas convertibles.

convertible preferred stock acciones preferidas convertibles.

convertibles valores convertibles.

convertible securities valores convertibles.

convertible shares acciones convertibles.

convertible stock acciones convertibles.

convertible term insurance seguro de término convertible.

convertible term life seguro de término convertible.

convertible term life insurance seguro de término convertible.

convexity convexidad.

convey traspasar, transferir, ceder.

conveyable traspasable, transferible, cedible.

conveyance cesión, traspaso, escritura de traspaso.

conveyance of ownership traspaso de propiedad.

conveyance of title traspaso de título.

conveyancing traspasar propiedad, hacer las varias funciones de traspasar propiedad.

co-obligor codeudor.

cooling-off period intervalo entre registrar el folleto informativo de una emisión de acciones y ofrecer dichas acciones al público, período de enfriamiento.

cooperating broker corredor cooperador.

cooperative cooperativa.

cooperative advertising publicidad cooperativa.

cooperative apartment apartamento cooperativo.

cooperative arrangement arreglo cooperativo.

cooperative association asociación cooperativa.

cooperative bank banco cooperativo.

cooperative building edificio cooperativo.

cooperative equilibrium equilibrio cooperativo.

cooperative exporters exportadores cooperativos.

cooperative importers importadores cooperativos.

cooperative insurance seguro cooperativo.

cooperative insurer asegurador cooperativo.

cooperative marketing mercadeo cooperativo.

coordination coordinación.

coordination of benefits coordinación de beneficios.

co-owner copropietario.

copartner consocio.

copartnership sociedad.

copayment pago conjunto.

copy copia, ejemplar.

copyright derecho de autor, propiedad literaria.

copyright notice aviso de derecho de autor.

core administration administración nuclear.

core deposits depósitos nucleares.

core management administración nuclear.

cornered market mercado acaparado.

corner the market acaparar el mercado.

corpnership ocurre cuando una corporación es la única socia solidaria.

corporate corporativo, social.

corporate account cuenta corporativa.

corporate acquisition adquisición corporativa.

corporate agent agente corporativo.

corporate alternative minimum tax contribución mínima alternativa corporativa.

corporate association asociación corporativa.

corporate body ente corporativo, persona jurídica, corporación.

corporate bond bono corporativo.

corporate bond equivalent yield rendimiento equivalente de bono corporativo.

corporate bond interest intereses de bono corporativo.

corporate bond interest rate tasa de interés de bono corporativo.

corporate bond rate tasa de bono corporativo.

corporate bond yield rendimiento de bono corporativo.

corporate campaign campaña corporativa.

corporate capital capital corporativo.

corporate characteristics características corporativas.

corporate charter carta constitutiva.

corporate crime crimen corporativo.

corporate culture cultura corporativa.

corporate domicile domicilio corporativo.

corporate enterprise empresa corporativa.

corporate equivalent yield rendimiento equivalente de bono corporativo.

corporate franchise carta orgánica.

corporate income ingreso corporativo.

corporate income fund fondo de ingresos corporativos.

corporate income tax impuestos sobre ingresos corporativos.

corporate insider persona informada corporativa.

corporate issue emisión corporativa.

corporate joint venture empresa conjunta corporativa.

corporate law derecho corporativo.

corporate merger fusión corporativa.

corporate name nombre corporativo.

corporate officers funcionarios corporativos.

corporate planning planificación corporativa.

corporate planning model modelo de planificación corporativa.

corporate powers capacidades corporativas.

corporate purpose propósito corporativo.

corporate reacquisition readquisición corporativa.

corporate records registros corporativos.

corporate reorganization reorganización corporativa.

corporate resolution resolución corporativa.

corporate seal sello corporativo.

corporate shares acciones corporativas.

corporate stock acciones corporativas.

corporate stock purchase plan plan de compra de acciones corporativas.

corporate strategic planning planificación estratégica corporativa.

corporate structure estructura corporativa.

corporate surplus superávit corporativo.

corporate takeover toma del control corporativo, absorción de empresa.

corporate taxes impuestos corporativos.

corporate trustee fiduciario corporativo.

corporate veil velo corporativo.

corporation corporación, persona jurídica, sociedad anónima.

corporation account cuenta de corporación.

corporation charter autorización de corporación.

corporation de facto corporación de hecho, corporación de facto.

corporation de jure corporación autorizada, corporación de jure.

corporation sole corporación constituida por una sola persona, persona jurídica constituida por una sola persona.

corporation stock purchase plan plan de compra de acciones de corporación.

corporator miembro de una corporación.

corporeal corpóreo.

corporeal property propiedad material.

corrected corregido.

corrected earnings ingresos corregidos.

corrected invoice factura corregida.

corrected policy póliza de seguros que corrige una anterior con errores.

correction corrección.

correction entry asiento de corrección.

correlation correlación.

correlation analysis análisis de correlación.

correlation coefficient coeficiente de correlación.

correlation ratio razón de correlación.

correspondence correspondencia.

correspondence audit auditoría por correspondencia.

correspondent corresponsal.

correspondent bank banco corresponsal.

correspondent firm firma corresponsal.

corresponding correspondiente.

corridor deductible deducible entre beneficios.

cosign cofirmar.

cosignatory cosignatario, cofirmante, codeudor.

cosigner cosignatario, cofirmante, codeudor.

cost costo, precio.

cost absorption absorción de costos.

cost accountant contador de costos.

cost accounting contabilidad de costos.

cost accumulation acumulación de costos.

cost allocation asignación de costos.

cost analysis análisis de costos.

cost analyst analista de costos.

cost and freight costo y flete.

cost application aplicación de costos.

cost apportionment distribución de costos.

cost approach acercamiento de costos.

cost assignment asignación de costos.

cost basis base de costo.

cost behavior conducta de costo.

cost-behavior analysis análisis de conducta de costo.

cost-behavior pattern patrón de conducta de costo.

cost-benefit analysis análisis costo-beneficio.

cost-benefit ratio razón costo-beneficio.

cost center centro de costos.

cost containment control de costos.

cost-containment provision estipulación de control de costos.

cost contract contrato a costo.

cost control control de costos.

cost curve curva de costos.
cost depletion agotamiento de costos.
cost distribution distribución de costos.
cost-effectiveness eficacia de costos.
cost estimate estimado de costo.
cost estimating estimado de costos.
cost estimation estimado de costos.
cost factors factores de costos.
cost flow flujo de costos.
cost function función de costos.
cost inflation inflación de costos.
cost level nivel de costos.
cost method método de costos.
cost objective objetivo de costo.
cost of capital costo de capital.
cost of carry costo de posesión.
cost of delivery costo de entrega.
cost of distribution costo de distribución.
cost of funds costo de fondos.
cost-of-funds index índice de costo de fondos.
cost of goods costo de mercancías.
cost of goods manufactured costo de mercancías manufacturadas.
cost of goods sold costo de mercancías vendidas.
cost of insurance costo del seguro.
cost-of-living costo de vida.
cost of living adjustment ajuste por costo de vida.
cost-of-living clause cláusula para ajuste por costo de vida.
cost-of-living index índice del costo de vida.
cost-of-living plan plan con ajuste por costo de vida.
cost of loss costo de la pérdida.
cost of merchandise costo de mercancía.
cost of merchandise sold costo de mercancía vendida.
cost of money costo del dinero.
cost of occupancy costo de ocupación.
cost of possession costo de posesión.
cost of production costo de producción.
cost of replacement costo de reemplazo.
cost of reproduction costo de reproducción.

cost of risk costo del riesgo.
cost of sales costo de ventas.
cost-plus contract contrato a costo más ganancias.
cost-plus pricing establecimiento de precios de costo más ganancia.
cost pool agrupamiento de costos.
cost prediction predicción de costos.
cost-push inflation inflación impulsada por costos.
cost records registros de costos.
cost recovery recuperación de costos.
cost-recovery method método de recuperación de costos.
cost reduction reducción de costos.
cost-reduction measures medidas de reducción de costos.
cost-reduction program programa de reducción de costos.
cost reference referencia de costo.
cost savings ahorros de costos, ahorro en el costo.
cost sheet hoja de costos.
costs of collection gastos de cobranza.
cost-volume formula fórmula de costo-volumen.
co-surety cofiador.
cotenancy tenencia conjunta.
cotenant copropietario, coposesor, coarrendatario, coinquilino, coocupante.
coterminous colindante.
counter check cheque de ventanilla.
counter clerk empleado de mostrador.
counter deposit depósito de ventanilla.
counter employee empleado de mostrador.
counterfeit adj falsificado.
counterfeit n falsificación.
counterfeit v falsificar.
counterfeit card tarjeta falsificada, tarjeta alterada.
counterfeiter falsificador.
countermand n contraorden.
countermand v revocar.
counteroffer contraoferta.
countersign refrendar.
countersignature refrendación.
countersignature law ley de refrendación.
country-club billing facturación acompañada de copias de recibos.
country code código del país.

country limit límite del país.

country risk riesgo del país.

country risk assessment evaluación del riesgo del país.

coupon cupón.

coupon bond bono con cupones.

coupon book libro de cupones.

coupon collection colección de cupones.

coupon collection teller cajero de colección de cupones.

coupon equivalent rate tasa equivalente de bono.

coupon policy póliza con cupones.

coupon rate tasa del cupón, tasa de interés.

coupon stripping separación de cupones.

coupon swap intercambio de tasas de interés.

coupon teller cajero de cupones.

course curso.

course of business curso de los negocios.

course of employment curso del empleo.

course of the voyage ruta acostumbrada.

course of trade curso de los negocios.

court of bankruptcy tribunal de quiebras.

court order orden judicial, apremio.

covenant contrato, convenio, estipulación.

covenant against encumbrances garantía de que un inmueble está libre de gravámenes.

covenantee garantizado, contratante.

covenant for further assurance cláusula por la cual el que vende un inmueble se compromete a hacer lo necesario para perfeccionar el título.

covenant for quiet enjoyment garantía contra desahucio, garantía de posesión sin trastornos legales.

covenant in gross obligación no relacionada con el inmueble.

covenant not to compete acuerdo de no competir.

covenant of warranty cláusula de garantía.

covenantor garantizador, obligado.

covenants for title el conjunto de garantías que da el vendedor de un inmueble.

covenant to renew acuerdo de renovar.

cover n cobertura.

cover v cubrir, asegurar, recomprar.

coverage cobertura.

coverage level nivel de cobertura.

coverage map mapa de cobertura.

coverage of hazard cobertura del peligro.

coverage of risk cobertura del riesgo.

coverage part parte de las coberturas.

coverage ratio razón de cobertura.

covered cubierto.

covered arbitrage arbitraje cubierto.

covered call venta de opción de compra cubierta.

covered call writer vendedor de opción de compra cubierta.

covered expenses gastos cubiertos.

covered investment inversión cubierta.

covered location localización cubierta.

covered losses pérdidas cubiertas.

covered margin margen cubierto.

covered option opción cubierta.

covered option writer vendedor de opción cubierta.

covered option writing venta de opción cubierta.

covered person persona cubierta.

covered property propiedad cubierta.

covered put venta de opción de venta cubierta.

covered put writer vendedor de opción de venta cubierta.

covered risk riesgo cubierto.

covered writer vendedor de opción cubierta.

covered writing venta de opción cubierta.

cover letter carta acompañante, carta de transmisión, carta de cobertura.

cover note declaración escrita de cobertura de parte del agente de seguros.

covert secreto.

covertly secretamente.

creative financing financiamiento creativo.

creative selling ventas creativas.

credential   credencial.
credibility   credibilidad.
credible   creíble.
credit   crédito, reconocimiento.
credit acceptance   aceptación de crédito.
credit account   cuenta de crédito.
credit adjustment   ajuste de crédito.
credit administration   administración de crédito.
credit administrator   administrador de crédito.
credit against tax   crédito contra impuesto.
credit agency   agencia de crédito.
credit an account   acreditar a una cuenta, abonar a una cuenta.
credit analysis   análisis de crédito.
credit analyst   analista de crédito.
credit application   solicitud de crédito.
credit approval   aprobación de crédito.
credit-approval department   departamento de aprobación de crédito.
credit arrangement   arreglo de crédito.
credit association   asociación de crédito.
credit authorization   autorización de crédito.
credit available   crédito disponible.
credit balance   saldo acreedor.
credit bank   banco de crédito.
credit basis   base de crédito.
credit bill   letra de crédito.
credit bureau   negociado de crédito, agencia de reporte y clasificación de crédito.
credit capacity   capacidad de crédito.
credit card   tarjeta de crédito.
credit card center   centro de tarjetas de crédito.
credit card crime   crimen cometido con tarjeta de crédito.
credit card insurance   seguro de tarjeta de crédito.
credit card interest rate   tasa de interés de tarjeta de crédito.
credit card rate   tasa de tarjeta de crédito.
credit card variable rate   tasa variable de tarjeta de crédito.
credit column   columna del haber.
credit company   compañía de crédito.

credit contract   contrato de crédito.
credit control   control de crédito.
credit corporation   corporación de crédito.
credit counseling   asesoramiento de crédito.
credit criteria   criterios de crédito.
credit decline   denegación de crédito.
credit denial   denegación de crédito.
credit department   departamento de crédito.
credit division   división de crédito.
credit enhancement   realzado de crédito.
credit entity   entidad de crédito.
credit entry   asiento de crédito.
credit expansion   expansión de crédito.
credit exposure   exposición a riesgo de crédito.
credit facilities   facilidades de crédito.
credit file   archivo de crédito.
credit folder   archivo de crédito.
credit form   formulario de crédito.
credit health insurance   seguro de salud de deudor.
credit history   historial de crédito.
credit information   información de crédito.
credit inquiry   indagación de crédito.
credit institution   institución de crédito.
credit instrument   instrumento de crédito.
credit insurance   seguro sobre el crédito.
credit interchange   intercambio de crédito.
credit investigation   investigación de crédito.
credit life insurance   seguro de vida de deudor.
credit limit   límite de crédito.
credit line   línea de crédito.
credit losses   pérdidas de crédito.
credit management   administración de crédito.
credit manager   administrador de crédito.
credit market   mercado de crédito.
credit mechanism   mecanismo de crédito.
credit memo   memorando de crédito.

credit memorandum memorando de crédito.

credit note nota de crédito.

credit office oficina de crédito.

creditor acreedor.

creditor at large acreedor quirografario, acreedor común.

creditor beneficiary un tercero que se beneficia de un contrato.

credit order orden a crédito.

creditor life insurance seguro de vida de acreedor.

creditor nation nación acreedora.

creditor's claim reclamación del acreedor, derecho del acreedor.

creditors' committee comité de acreedores.

creditors' meeting asamblea de acreedores.

credit party parte del crédito.

credit period período de crédito.

credit policy política de crédito.

credit quality calidad de crédito.

credit rating calificación crediticia.

credit rating agency agencia de calificación crediticia.

credit rating book libro de calificaciones crediticias.

credit rationing racionamiento de crédito.

credit record registro de crédito.

credit reference referencia de crédito.

credit report informe de crédito.

credit reporting agency agencia de informes de crédito.

credit requirements requisitos de crédito.

credit reserves reservas de crédito.

credit restrictions restricciones de crédito.

credit review revisión de crédito.

credit risk riesgo de crédito.

credit risk insurance seguro de riesgo de crédito.

credit sale venta a crédito.

credit sales department departamento de ventas a crédito.

credit sales division división de ventas a crédito.

credit sales office oficina de ventas a crédito.

credit scoring puntuación de crédito.

credit service charge cargo por servicio de crédito.

credit service fee cargo por servicio de crédito.

credit side haber.

credit slip hoja de crédito.

credit society sociedad de crédito.

credit spread combinación de opciones con saldo acreedor.

credit standing reputación de crédito.

credit system sistema de crédito.

credit terms términos de crédito.

credit transaction transacción de crédito.

credit transfer transferencia de crédito.

credit transfer system sistema de transferencias de crédito.

credit union cooperativa de crédito.

credit verification verificación de crédito.

creditworthiness solvencia.

creditworthy solvente, de crédito aceptable.

creeping inflation inflación lentamente progresiva.

crime insurance seguro contra crímenes.

crisis management administración de crisis.

critical path vía crítica.

critical path accounting contabilidad de vía crítica.

critical path method método de vía crítica.

critical size tamaño crítico.

crop insurance seguro de cosecha.

cross-collateral colateral cruzado.

cross-currency swap intercambio de monedas.

crossed sale venta cruzada.

crossed trade transacción cruzada.

crossed transaction transacción cruzada.

cross-foot sumar horizontalmente.

crossfoot sumar horizontalmente.

cross-footing sumas horizontales.

crossfooting sumas horizontales.

crossing transacción cruzada.

cross-investment inversión cruzada.

cross-liability responsabilidad cruzada.

cross-merchandising venta cruzada de mercancías.

cross-rate tasa cruzada.
cross-sale venta cruzada.
cul-de-sac calle sin salida.
cum dividend con dividendo.
cum rights con derechos de suscripción.
cumulative acumulativo.
cumulative deficit déficit acumulativo.
cumulative dividend dividendo acumulativo.
cumulative effect efecto acumulativo.
cumulative liability responsabilidad acumulativa.
cumulative preferred acciones preferidas acumulativas.
cumulative preferred shares acciones preferidas acumulativas.
cumulative preferred stock acciones preferidas acumulativas.
cumulative shares acciones acumulativas.
cumulative stock acciones acumulativas.
cumulative taxes impuestos acumulativos.
cumulative trend method método de tendencias acumulativas.
cumulative voting votación acumulativa.
cum warrant con certificado de derechos de compra.
curable depreciation depreciación curable.
currency dinero en circulación, moneda.
currency adjustment factor factor de ajuste de divisa.
currency appreciation apreciación de la moneda.
currency arbitrage arbitraje de divisas.
currency area área de monedas.
currency band intervalo de moneda.
currency basket cesta de monedas.
currency clause cláusula de monedas.
currency code código de moneda.
currency convertibility convertibilidad de moneda.
currency depreciation depreciación de la moneda.
currency devaluation desvaluación de moneda.
currency exchange intercambio de divisas.
currency exchange controls controles de intercambio de divisas.

currency futures futuros de monedas.
currency in circulation moneda en circulación.
currency inflation inflación de moneda.
currency options opciones de monedas.
currency swap intercambio de monedas.
currency transaction report informe de transacción de moneda.
current corriente, al día.
current account cuenta corriente.
current account balance saldo en cuenta corriente.
current assets activo corriente, activo realizable.
current assumption asunción corriente.
current balance of payments balanza de pagos corriente.
current budget presupuesto corriente.
current budgeting presupuestación corriente.
current capital capital corriente, capital circulante.
current cost costo corriente.
current cost accounting contabilidad de costo corriente.
current coupon tasa de interés corriente.
current coupon bond bono con tasa de interés corriente.
current debt deuda corriente.
current delivery entrega corriente.
current disbursement desembolso corriente.
current dollars dólares corrientes.
current earnings ingresos corrientes.
current expenditure gasto corriente.
current expenses gastos ordinarios.
current interest interés corriente.
current interest rate tasa de interés corriente.
current international payments pagos internacionales corrientes.
current investments inversiones corrientes.
current liabilities pasivo corriente.
currently corrientemente, actualmente.
currently covered corrientemente cubierto.
currently insured corrientemente asegurado.

current market value valor corriente de mercado, valor actual de mercado.

current maturity vencimiento corriente.

current money moneda en circulación.

current payments pagos corrientes.

current pool factor razón de principal corriente a principal inicial.

current pool ratio razón de principal corriente a principal inicial.

current portfolio cartera de valores corriente.

current price precio corriente.

current production producción corriente.

current production rate tasa de producción corriente.

current profits ganancias corrientes.

current rate tasa corriente.

current ratio razón corriente, razón de liquidez.

current return rendimiento corriente.

current revenues ingresos corrientes.

current terms términos corrientes.

current value valor corriente.

current value accounting contabilidad de valor corriente.

current wages salarios del presente período, salarios actuales.

current year año en curso.

current yield rendimiento corriente, rendimiento actual.

cushion reserva, intervalo de protección.

custodial custodial.

custodial account cuenta custodial.

custodian custodio.

custodian bank banco depositario.

custom costumbre.

customary and reasonable charge cargo acostumbrado y razonable.

customary and reasonable fee cargo acostumbrado y razonable.

customary charge cargo acostumbrado.

customary fee cargo acostumbrado.

custom builder constructor a la orden.

customer cliente.

customer activated terminal terminal activada por el cliente.

customer information información del cliente.

customer information file archivo de información del cliente.

customer profile perfil de cliente.

customer representative representante de clientes.

customer's agreement convenio del cliente.

customer service servicio al cliente.

customer service representative representante de servicio al cliente.

customer's loan consent consentimiento de préstamo de valores del cliente.

custom-free exento de contribuciones aduaneras.

customhouse aduana.

customhouse broker agente de aduana.

customhouse officer inspector de aduana.

customs aduana, impuestos aduaneros, costumbres.

customs administration administración de aduanas.

customs agency agencia de aduana.

customs agent agente de aduana.

customs area área aduanera.

customs broker agente de aduana.

customs charges cargos de aduana.

customs classification clasificación aduanera.

customs clearance despacho aduanero.

customs code código aduanero.

customs collector administrador de aduanas.

customs declaration declaración aduanera.

customs documents documentos aduaneros.

customs duties impuestos de aduanas.

customs fine multa aduanera.

customs-free area zona franca.

customshouse aduana.

customs inspection inspección aduanera.

customs inspector inspector de aduana.

customs invoice factura de aduana.

customs officer oficial de aduana.

customs procedures procedimientos de aduana.

customs rate tasa aduanera.

customs regulations reglamentos de aduana.

customs rules reglas de aduana.

customs service servicio de aduana.

customs station estación aduanera.

customs tariff tarifa aduanera.

customs valuation valuación aduanera.

customs warehouse almacén aduanero.

cutback recorte, despido de empleados para economizar.

cut costs cortar costos.

cutoff date fecha de corte.

cutoff point punto de corte.

cutoff rate tasa de corte.

cutoff time tiempo de corte.

cycle ciclo.

cycle billing facturación por ciclos.

cycle period período del ciclo.

cyclical cíclico.

cyclical demand demanda cíclica.

cyclical factors factores cíclicos.

cyclical fluctuations fluctuaciones cíclicas.

cyclical forecast pronóstico cíclico.

cyclical industry industria cíclica.

cyclical inflation inflación cíclica.

cyclically cíclicamente.

cyclically adjusted ajustado cíclicamente.

cyclical stocks acciones cíclicas.

cyclical unemployment desempleo cíclico.

cyclical variation variación cíclica.

daily diario, diurno.

daily high precio máximo alcanzado un día, precio máximo del día.

daily interest intereses diarios.

daily interest account cuenta de intereses diarios.

daily limit límite diario.

daily low precio mínimo alcanzado un día, precio mínimo del día.

daily occupation ocupación regular.

daily pay jornal.

daily rate of pay salario diario.

daily report informe diario.

daily reserve reserva diaria.

daily statement estado diario.

daily trading limit límite de variación diaria.

daisy chain transacciones que manipulan el mercado de modo que un valor aparente tener mucha actividad.

damaged dañado.

damages daños.

damage to property daños a la propiedad.

dangerous goods mercancías peligrosas.

dangerous work trabajo peligroso.

dangers of the sea peligros del mar.

danism préstamo usurario.

data datos.

data bank banco de datos.

database base de datos.

data privacy privacidad de datos.

data processing insurance seguro de procesamiento de datos.

data protection protección de datos.

data security seguridad de datos.

date fecha.

date back antedatar.

date certain fecha cierta.

dated fechado.

dated date fecha de comienzo de acumulación de intereses.

date due fecha de vencimiento.

date of acceptance fecha de aceptación.

date of bankruptcy fecha de la declaración de quiebra.

date of cleavage fecha de la petición voluntaria de quiebra.

date of delivery fecha de entrega.

date of draft fecha de letra.

date of filing fecha de radicación.

date of invoice fecha de factura.

date of issue fecha de emisión.

date of maturity fecha de vencimiento.

date of payment fecha de pago.

date of payment of dividend fecha de pago de dividendo.

date of plan termination fecha de terminación de plan.

date of publication fecha de publicación.

date of record fecha de registro.

date of termination fecha de terminación.

dating extensión de plazo de pago.

daybook libro diario, registro diario de entradas y salidas.

day certain día cierto.

day cycle ciclo diurno.

day laborer jornalero.

daylight overdraft sobregiro diurno.

daylight trading compra y venta de la misma cantidad de un valor el mismo día.

day loan préstamo diario.

day order orden de un día.

days of coverage días de cobertura.

days of demurrage demora en la duración de un viaje.

days of grace días de gracia.

day's pay jornal.

days to sell inventory días para vender inventario.

day-to-day loan préstamo de día a día.

day trade compra y venta de la misma cantidad de un valor el mismo día.

dead asset activo sin valor.

dead assets activo improductivo.

deadbeat deudor moroso.

dead freight pago por flete contratado pero sin utilizar, falso flete.

dead letter carta muerta.

deadline fecha límite, fecha de vencimiento.

dead pledge hipoteca.

dead stock inventario no vendible, capital improductivo.

dead storage almacenamiento de bienes, mercancías inmovilizadas.

dead time tiempo muerto.

deal n negocio, contrato, acuerdo.

deal v negociar, repartir.

dealer comerciante, intermediario, corredor de bolsa.

dealer bank banco que tambien hace transacciones con valores.

dealer exchange bolsa de corredores con cuenta propia.

dealer's insurance seguro de comerciante.

dealer's talk exageraciones usadas para vender algo.

dealing comerciar, negociar.

dealings negociaciones, transacciones.

death benefits beneficios por muerte.

death duty contribuciones sucesorias.

death rate tasa de mortalidad.

death taxes contribuciones sucesorias.

debenture debenture, obligación sin hipoteca o prenda.

debenture bonds bonos sin hipoteca o prenda.

debenture capital capital obtenido mediante debentures.

debenture certificate certificado correspondiente a un debenture, certificado correspondiente a una obligación sin hipoteca o prenda.

debit n débito, saldo deudor, cargo.

debit v debitar.

debit account cuenta deudora.

debit adjustment ajuste de débito.

debit an account adeudar una cuenta.

debit and credit debe y haber, débito y credito.

debit and credit conventions reglas del debe y haber.

debit balance saldo deudor.

debit card tarjeta de débito.

debit column columna del debe.

debit entry asiento de cargo.

debit insurance seguro industrial.

debit interest interés deudor.

debit life insurance seguro de vida industrial.

debit memo memorando de débito.

debit memorandum memorando de débito.

debit note nota de débito.

debitor deudor.

debit side debe.

debit spread combinación de opciones con saldo deudor.

debit ticket nota de débito.

debit transfer transferencia de débito.

debt deuda.

debt adjusting atender las deudas de otro por compensación.

debt adjustment convenio para pagar deudas que se disputan.

debt administration administración de la deuda.

debt barred by limitation deuda prescrita.

debt burden carga de deuda.

debt by simple contract deuda a través de contrato simple.

debt by special contract deuda a través de contrato especial.

debt cancelation cancelación de deuda.

debt consolidation consolidación de deudas.

debt coverage ratio razón de cobertura de deudas.

debt due deuda exigible.

debtee acreedor.

debt-equity ratio razón de endeudamiento, razón de deuda a capital.

debt financing financiamiento mediante deuda.

debt-for-debt swap intercambio de deudas.

debt instrument instrumento de deuda.

debt limit límite de deuda.

debt limitations limitaciones de deuda.

debt loading acumulación de deudas en anticipación a declarar quiebra.

debt management administración de deudas.

debt obligations obligaciones de deudas.

debt of record deuda declarada en un juicio.

debtor deudor.

debtor account cuenta deudora.

debtor bank banco deudor.

debtor country país deudor.

debtor nation nación deudora.

debt payment pago de deuda.

debt pooling arreglo mediante el cual un deudor reparte sus activos entre acreedores.

debt redemption redención de deuda.

debt reduction reducción de deuda.

debt repayment pago de deuda.

debt repayment schedule tabla de pago de deuda.

debt restructuring reestructuración de deuda.

debt retirement retiro de deuda.

debt security garantía de una deuda, obligación de deuda.

debt service servicio de la deuda, pago de deudas.

debt service fund fondo de servicio de la deuda.

debt service fund requirements requisitos del fondo de servicio de la deuda.

debt service ratio razón de servicio de la deuda.

debt service requirement requisito de servicio de la deuda.

debt-to-equity ratio razón de endeudamiento, razón de deuda a capital.

debt-to-net worth ratio razón de pasivo y activo neto.

deceased difunto.

deceased account cuenta de difunto.

decedent difunto.

decedent's account cuenta de difunto.

deceit engaño, dolo, fraude.

deceitful engañoso, falso.

deceitfully engañosamente, fraudulentamente.

deceitfulness falsedad, engaño.

decentralization descentralización.

decentralize descentralizar.

decentralized descentralizado.

deception engaño, fraude.

deceptive engañoso.

deceptive advertising publicidad engañosa.

deceptiveness apariencia engañosa.

deceptive packaging empaque engañoso.

deceptive practice práctica engañosa.

deceptive sales practices prácticas comerciales engañosas.

deceptive statement declaración engañosa.

decision maker quien toma decisiones.

decision making toma de decisiones.

decision matrix matriz de decisión.

decision model modelo de decisiones.

decision theory teoría de decisiones.

decision tree árbol de decisión.

declaration declaración, exposición, declaración aduanera.

declaration date fecha de declaración.

declaration of bankruptcy declaración de quiebra.

declaration of estimated taxes declaración de contribuciones estimadas.

declaration of inability to pay debts declaración de insolvencia.

declaration of origin declaración de origen.

declaration of solvency declaración de solvencia.

declaration of trust declaración de fideicomiso.

declarations section sección de declaraciones.

declare declarar.

declare a strike declarar una huelga.

declared declarado.

declared dividend dividendo declarado.

declared value valor declarado.

declination rechazo.

declining-balance depreciation depreciación de saldos decrecientes.

declining-balance method método de saldos decrecientes.

declining-yield curve curva de rendimientos decrecientes.

deconglomeration desconglomeración.

deconsolidate desconsolidar.

decrease disminución.

decrease tariffs disminuir tarifas.

decreasing decreciente.

decreasing amortization amortización decreciente.

decreasing costs costos decrecientes.

decreasing insurance seguro decreciente.

decreasing returns utilidades decrecientes.

decreasing term insurance seguro de término decreciente.

decreasing term life insurance seguro de término decreciente.

decreasing value valor decreciente.

decree of insolvency declaración judicial de que los activos no alcanzan a cubrir las deudas.

decrement decremento.

dedicate dedicar, dedicar un inmueble al uso público.

dedication dedicación, dedicación de un inmueble al uso público.

deduct deducir.

deduct from wages deducir del salario.

deductible deducible, franquicia.

deductible clause cláusula de franquicia en un contrato de seguro, cláusula de deducible en un contrato de seguro.

deductible insurance seguro con deducibles.

deductible losses pérdidas deducibles.

deduction deducción.

deduction for new parte del costo de reparación de una nave que reembolsa el asegurado al asegurador.

deduction from gross income deducción de ingresos brutos.

deduction from income deducción de ingresos.

deduction from net income deducción de ingresos netos.

deductive deductivo.

deductively deductivamente.

deduct taxes deducir impuestos.

deed escritura, título, instrumento formal para transferir derechos sobre un inmueble.

deed indenture escritura de traspaso.

deed in fee escritura mediante la cual se transfiere dominio absoluto sobre un inmueble.

deed in lieu of foreclosure entrega de escritura en vez de juicio hipotecario.

deed intended escritura mediante la cual se transfieren los derechos sobre un inmueble.

deed of agency fideicomiso con el propósito de pagar deudas.

deed of assignment escritura de traspaso.

deed of conveyance escritura de traspaso.

deed of covenant escritura de garantía, instrumento accesorio a un contrato de un inmueble.

deed of gift escritura de donación.

deed of incorporation escritura de constitución.

deed of partition escritura de partición.

deed of release acta de cesión de derechos, escritura de cancelación.

deed of trust escritura de fideicomiso.

deed poll escritura unilateral.

deed restriction restricción de escritura.

deep discount descuento sustancial.

deep discount bond bono con descuento sustancial.

de facto corporation corporación de hecho, corporación de facto.

defalcate desfalcar, malversar.

defalcation desfalco, malversación.

defamatory advertising publicidad difamatoria.

default incumplimiento, omisión, mora.

defaulted interest intereses en mora.

defaulter incumplidor, moroso.

default of payment incumplimiento de pago.

default point punto crítico.

default risk riesgo de incumplimiento.

defeasance contradocumento, anulación, revocación, derecho de redención tras incumplimiento de pago.

defeasance clause cláusula que permite la extinción de una hipoteca.

defeasibility revocabilidad.

defeasible anulable, condicional.

defeasible fee derecho de dominio revocable.

defeasible title título revocable.

defect defecto, vicio.

defect in title defecto de título.

defective defectuoso, viciado.

defective title título defectuoso.

defensive industry industria relativamente inmune a factores tales como un deterioro en la economía.

defensive investment inversión segura.

defensive portfolio cartera de acciones seguras.

defensive securities valores seguros.

defensive stocks acciones seguras.

defer diferir, ceder.

defer a payment aplazar un pago.

deferment aplazamiento.

deferment charge cargo por aplazamiento.

deferment fee cargo por aplazamiento.

deferment of payment aplazamiento de pago.

deferment of payment of taxes aplazamiento de pago de contribuciones.

deferrable aplazable.

deferral aplazamiento.

deferral of taxes aplazamiento de impuestos.

deferred aplazado, diferido.

deferred account cuenta diferida.

deferred annuity anualidad diferida.

deferred annuity contract contrato de anualidad diferida.

deferred availability disponibilidad diferida.

deferred benefits beneficios diferidos.

deferred billing facturación diferida.

deferred bonds bonos diferidos.

deferred charge cargo diferido.

deferred compensation compensación diferida.

deferred compensation plan plan de compensación diferida.

deferred contribution plan plan de contribuciones diferidas.

deferred cost costo diferido.

deferred credit crédito diferido.

deferred debit débito diferido.

deferred delivery entrega diferida.

deferred dividend dividendo diferido.

deferred expenditure gasto diferido.

deferred expense gasto diferido.

deferred fee cargo diferido.

deferred gain ganancia diferida.

deferred gross profit ganancias brutas diferidas.

deferred group annuity anualidad grupal diferida.

deferred group annuity contract contrato de anualidad grupal diferida.

deferred income ingreso diferido.

deferred income tax contribución sobre ingresos diferida.

deferred interest intereses diferidos.

deferred interest bond bono de intereses diferidos.

deferred liability responsabilidad diferida.

deferred maintenance mantenimiento diferido.

deferred-payment annuity anualidad de pagos diferidos.

deferred payments pagos diferidos.

deferred-payment sale venta de pagos diferidos.

deferred premium prima diferida.

deferred profits ganancias diferidas.

deferred profit sharing participación en las ganancias diferida.

deferred remuneration remuneración diferida.

deferred retirement retiro diferido.

deferred salary increase aumento de salario diferido.

deferred sales charge cargo de venta diferido.

deferred sales fee cargo de venta diferido.

deferred shares acciones diferidas.

deferred stock acciones diferidas.

deferred taxes impuestos diferidos.

deferred wage increase aumento de salario diferido.

deficiency deficiencia.

deficiency assessment la diferencia entre lo que calcula el contribuyente y lo que reclaman las autoridades.

deficiency decree sentencia obligando al deudor en una ejecución de hipoteca a pagar la diferencia entre lo que se debe y lo que se devengó.

deficiency judgment sentencia obligando al deudor en una ejecución de hipoteca a pagar la diferencia entre lo que se debe y lo que se devengó.

deficiency letter carta de aviso por parte de las autoridades informando al contribuyente de una deficiencia en la declaración de las contribuciones, carta de deficiencia.

deficiency notice aviso por parte de las autoridades informando al contribuyente de una deficiencia en la declaración de las contribuciones, aviso de deficiencia.

deficiency reserve reserva para deficiencias.

deficiency suit acción para obligar al deudor en una ejecución de hipoteca a pagar la diferencia entre lo que se debe y lo que se devengó, acción de deficiencia.

deficient deficiente.

deficit déficit.

deficit financing financiamiento mediante déficit.

deficit net worth valor neto negativo.

deficit spending gastos en exceso de los ingresos, financiamiento mediante déficit.

defined-benefit pension plan plan de pensión de beneficios definidos.

defined-benefit plan plan de pensión de beneficios definidos.

defined-contribution pension plan plan de pensión de contribuciones definidas.

defined-contribution plan plan de contribuciones definidas.

definite loss pérdida definitiva.

definitive definitivo.

definitive certificate certificado definitivo.

deflation deflación.

deflationary deflacionario.

deflationary gap vacío deflacionario.

deflator deflacionador.

defraud defraudar.

defraudation defraudación.

defrauder defraudador.

defray costear, pagar.

defunct company compañía difunta.

degree of monopoly grado de monopolio.

degree of risk grado de riesgo.

degression degresión.

degressive tax impuesto degresivo.

degressive taxation imposición degresiva.

deindustrialization desindustrialización.

de jure corporation corporación autorizada, corporación de jure.

delay n demora, aplazamiento.

delay v demorar, aplazar.

delay clause cláusula de demora.

delayed demorado, aplazado.

delayed delivery entrega demorada.

delayed disbursement desembolso demorado.

delayed opening apertura demorada.

delayed payment pago demorado.

delayed payment clause cláusula de pago demorado.

delay in delivery demora en la entrega.

delay in payment demora en el pago.

delay rent renta pagada para usar un terreno más tiempo.

delegate delegar.

delegation delegación.

delegation of authority delegación de autoridad.

deliberately deliberadamente, intencionalmente.

delimit delimitar, demarcar.

delimitate delimitar.

delimitation delimitación, demarcación.

delineate delinear.

delinquency delincuencia, morosidad.

delinquency percentage porcentaje de morosidad.

delinquency rate tasa de morosidad.

delinquency ratio razón de morosidad.

delinquent delincuente, moroso.

delinquent account cuenta en mora.

delinquent debt deuda en mora.

delinquent list lista de morosos.

delinquent party parte incumplidora.

delinquent return planilla morosa.

delinquent taxes impuestos morosos.

delist remover de cotización en una bolsa de valores.

delisting remoción de cotización en una bolsa de valores.

deliver entregar, librar, depositar.

delivered entregado.

delivered at frontier entregado en la frontera.

delivered cost costo entregado.

deliver goods entregar mercancías.

delivery entrega, transmisión de posesión.

delivery bond fianza para reintegración de bienes embargados.

delivery date fecha de entrega.

delivery month mes de entrega.

delivery note nota de entrega.

delivery notice aviso de entrega.

delivery of cargo entrega de cargamento.

delivery of deed entrega de escritura.

delivery of possession transmisión de posesión.

delivery order orden de entrega.

delivery price precio de entrega.

delivery receipt recibo de entrega.

delivery risk riesgo de entrega.

delivery versus payment entrega contra pago.

delta delta.

demand n demanda, exigencia, reclamación.

demand v demandar, exigir, reclamar.

demandable demandable, exigible.

demand and supply curves curvas de demanda y oferta.

demandant demandante.

demand bill letra a la vista.

demand curve curva de demanda.

demand deposit depósito a la vista.

demand draft letra a la vista, giro a la vista.

demanded liability obligación a la vista.

demander demandador, demandante.

demand for payment requerimiento de pago.

demand loan préstamo a la vista.

demand management administración de la demanda.

demand money dinero a la vista.

demand mortgage hipoteca a la vista.

demand note pagaré a la vista.

demand price precio de demanda.

demand-pull inflation inflación impulsada por demanda.

demand rate tasa de demanda.

demand schedule tabla de demanda.

demarketing esfuerzos para reducir la demanda.

demise n transferencia de dominio, arrendamiento, cesión.

demise v transferir temporalmente, arrendar.

demise and redemise derechos recíprocos de arrendamiento sobre un inmueble.

demise charter fletamiento temporal.

demised premises propiedad arrendada.

demographic demográfico.

demolition demolición.

demolition clause cláusula contra demolición.

demolition insurance seguro contra demolición.

demonetization desmonetización.

demonstration demostración.

demurrage sobreestadía.

denial denegación, rechazo.

denial letter carta de rechazo.

denomination denominación.

denomination value valor de denominación.

denounce denunciar, delatar.

denouncement denuncia minera, solicitud para la concesión de una explotación minera, denuncia.

denouncer denunciante.

density densidad.

density zoning normas para el uso de la tierra en un área a través de la planificación urbana.

dental insurance seguro dental.

denumeration acto de pago.

deny negar, denegar.

department departamento, territorio.

department administration administración de departamento.

department administrator administrador de departamento.

departmental departamental.

departmentalization departamentalización.

departmental rate tasa departamental.

department head jefe de departamento.

department management administración de departamento.

department manager gerente de departamento.

department store tienda por departamentos.

departure customs aduana de salida.

departure permit permiso de salida.

dependency exemption exención por dependencia.

dependent dependiente.

dependent care credit crédito por cuidado de dependiente.

dependent conditions condiciones dependientes.

dependent contract contrato dependiente.

dependent covenant convenio dependiente.

dependent coverage cobertura de dependiente.

dependent deduction deducción por dependiente.

dependent insurance coverage cobertura de seguro de dependiente.

dependent nation nación dependiente.

dependent promise promesa dependiente.

dependent variable variable dependiente.

depict describir, representar.

depiction descripción.

deplete agotar.

depletion agotamiento, desvalorización de un bien depreciable.

depletion allowance deducción por agotamiento.

depletion deduction deducción por agotamiento.

depletion reserve reserva por agotamiento, apunte contable que refleja la desvalorización de un bien depreciable.

deposit n depósito.

deposit v depositar.

deposit account cuenta de depósito.

deposit analysis análisis de depósitos.

depositary depositario, depósito, depositaría.

depositary receipt recibo de depósito.

deposit bank banco de depósito.

deposit banking banca de depósitos.

deposit book libreta de depósitos.

deposit box caja de seguridad.

deposit company compañía que alquila cajas de seguridad.

deposit contraction contracción de depósitos.

deposit correction slip hoja de corrección de depósito.

deposit currency depósito bancario.

deposit date fecha de depósito.

deposit expansion expansión de depósitos.

deposit function función de depósitos.

deposit funds fondos de depósitos.

deposit in escrow depositar en cuenta en plica, depositar en manos de un tercero.

deposit insurance seguro sobre depósitos bancarios.

deposit interest rate tasa de interés de depósitos.

deposit liability responsabilidad de depósitos.

deposit loan préstamo de depósito.

deposit note nota respaldada por depósitos.

deposit of title deeds depósito de títulos de propiedad.

depositor depositante.

depositor's forgery insurance seguro contra falsificaciones de depositantes.

depository depósito, depositaría, depositario, lugar donde se mantienen los depósitos.

deposit premium prima de depósito.

deposit receipt recibo de depósito.

deposits in transit depósitos en tránsito.

deposit slip hoja de depósito.

deposit-taking company compañía que acepta depósitos.

depot depósito.

depreciable depreciable, amortizable.

depreciable assets activo depreciable.

depreciable basis base depreciable.

depreciable cost costo depreciable.

depreciable life vida depreciable.

depreciable property propiedad depreciable.

depreciable real estate bienes inmuebles depreciables.

depreciate depreciar, amortizar.

depreciated depreciado, amortizado.

depreciated cost costo depreciado.

depreciated currency moneda depreciada.

depreciated value valor depreciado.

depreciation depreciación, amortización, desvalorización.

depreciation accounting contabilidad de depreciación.

depreciation allowance reserva de depreciación.

depreciation base base de depreciación.

depreciation basis base de depreciación.

depreciation charge cargo por depreciación.

depreciation fund fondo de depreciación.

depreciation insurance seguro de depreciación.

depreciation method método de depreciación.

depreciation of money depreciación de moneda.

depreciation recapture recaptura de depreciación.

depreciation reserve reserva de depreciación.

depreciation system sistema de depreciación.

depressed deprimido.

depressed area área deprimida.

depressed market mercado deprimido.

depressed price precio deprimido.

depressed volume volumen deprimido.

depression depresión.

depth interview entrevista a profundidad.

depth of the market profundidad del mercado.

deregulation desregulación.

derelict abandonado.

derivative department departamento derivado.

derivative deposit depósito derivado.

derivative instrument instrumento derivado.

derivative investment inversión derivada.

derivative market mercado derivado.

derivative mortgage-backed securities valores respaldados por hipotecas derivados de otros.

derivatives valores derivados de otros.

derivative securities valores derivados de otros.

derived derivado.

derived demand demanda derivada.

derogatory clause cláusula de exclusión.

derogatory information información despectiva.

description descripción.

description of the goods descripción de la mercancía.

descriptive descriptivo.

descriptive billing facturación descriptiva.

descriptive mark marca descriptiva.

descriptive memorandum memorando descriptivo.

descriptive statement estado descriptivo.

descriptive statistics estadística descriptiva.

design n diseño, intención.

design v diseñar, concebir.

designate designar.

designated designado.

designated order orden designada.

designation designación.

design patent patente de diseño.

desired investment inversión deseada.
destination destinación, destino.
destination carrier portador de destino.
destination clause cláusula de destino.
destination customs aduana de destino.
destitution indigencia, miseria.
destructible trust fideicomiso susceptible a terminación.
destructive competition competencia destructiva.
detachable stock warrant certificado de derechos de compra de acciones desprendible.
detached desprendido, independiente.
detached housing viviendas desprendidas.
detail n detalle, pormenor.
detail v detallar, pormenorizar.
detailed detallado.
detailed audit auditoría detallada.
detail person quien promueve ventas visitando clientes corrientes.
details of payment detalles de pago.
deteriorate deteriorarse.
deterioration deterioro.
determinable determinable.
determinate determinado.
determinate obligation obligación determinada.
determination determinación, resolución.
determination date fecha de determinación.
determination of boundaries delimitación de confines.
determine determinar, resolver, decidir, terminar.
determining factor factor determinante.
devaluated devaluado.
devaluated currency moneda devaluada.
devaluation devaluación.
devalue devaluar.
develop desarrollar.
developed desarrollado.
developer desarrollador.
development desarrollo, suceso.
development aid ayuda al desarrollo.
development area área de desarrollo.

development bank banco del desarrollo.
development costs costos del desarrollo.
development expenditures gastos del desarrollo.
development expense gasto del desarrollo.
development loan préstamo de desarrollo.
development period período de desarrollo.
development plan plan de desarrollo.
development planning planificación del desarrollo.
deviation desviación.
deviation policy política sobre desviaciones.
devise legado.
devisee legatario.
devoid of risk libre de riesgo.
devolution devolución, traspaso.
diagonal communication comunicación diagonal.
diagonal expansion expansión diagonal.
diagonal spread combinación de opciones diagonal.
differential diferencial.
differential advantage ventaja diferencial.
differential analysis análisis diferencial.
differential cost costo diferencial.
differential duty tarifa diferencial.
differential rate tasa diferencial.
differentiated marketing mercadeo diferenciado.
differentiation diferenciación.
differentiation strategy estrategia de diferenciación.
digits deleted dígitos borrados.
diligence diligencia.
diligent diligente.
diligently diligentemente.
dilution dilución.
dilutive diluente.
diminishing-balance method método de saldos decrecientes.
diminishing productivity productividad decreciente.

diminishing returns utilidad decreciente.

diminishing utility utilidad decreciente.

diminution disminución.

diminution in value disminución en el valor.

direct-action advertising publicidad de acción directa.

direct advertising publicidad directa.

direct allocation asignación directa.

direct allocation method método de asignación directa.

direct business cost costo de negocios directo.

direct buy compra directa.

direct capitalization capitalización directa.

direct control control directo.

direct correlation correlación directa.

direct cost costo directo.

direct costing costeo directo.

direct debit débito directo.

direct debt deuda directa.

direct deposit depósito directo.

direct deposit of payroll depósito directo de nómina.

directed economy economía dirigida.

direct expenditure desembolso directo.

direct expense gasto directo.

direct exporting exportación directa.

direct financial compensation compensación financiera directa.

direct financing financiamiento directo.

direct financing lease arrendamiento de financiamiento directo.

direct importing importación directa.

direct insurer asegurador directo.

direct investment inversión directa.

directional growth crecimiento direccional.

direct labor costo de personal directo.

direct labor budget presupuesto de costo de personal directo.

direct liability responsabilidad directa.

direct loan préstamo directo.

direct loss pérdida directa.

direct mail publicidad directa.

direct marketing mercadeo directo.

direct materials materiales directos.

direct materials budget presupuesto de materiales directos.

direct method método directo.

direct obligation obligación directa.

director director, administrador.

directorate directiva.

directors-and officers-liability insurance seguro de responsabilidad de directores y funcionarios.

director's liability insurance seguro de responsabilidad de director.

directors' meeting reunión de la directiva.

directors' report informe de la directiva.

directory trust fideicomiso en que el fideicomisario tiene que cumplir con instrucciones específicas.

direct overhead gastos generales directos.

direct participation participación directa.

direct participation program programa de participación directa.

direct payment pago directo.

direct payroll deposit depósito de nómina directo.

direct placement colocación directa.

direct production producción directa.

direct recognition reconocimiento directo.

direct-reduction loan préstamo de reducción directa.

direct-reduction mortgage hipoteca de reducción directa.

direct-response advertising publicidad de respuesta directa.

direct-response marketing mercadeo de respuesta directa.

direct sales ventas directas.

direct seller vendedor directo.

direct selling ventas directas.

direct selling system sistema de ventas directas.

direct send envío directo.

direct strike huelga directa.

direct tax impuesto directo.

direct taxation imposición directa.

direct trust fideicomiso directo.

direct verification verificación directa.

direct writer vendedor de seguros directo, reasegurador directo.

dirty bill of lading carta de porte especificando defectos.

disability discapacidad, incapacidad.

disability benefit beneficio por discapacidad.

disability compensation compensación por discapacidad.

disability income ingresos tras discapacidad.

disability income insurance seguro de ingresos tras discapacidad.

disability income rider cláusula adicional de seguro de ingresos tras discapacidad.

disability insurance seguro de discapacidad.

disability pension pensión por discapacidad.

disability retirement jubilación por discapacidad.

disability work incentive incentivo de trabajar tras discapacidad.

disablement discapacidad.

disablement benefit beneficios por discapacidad.

disablement insurance seguro por discapacidad.

disaffirm negar, revocar.

disagio disagio.

disappearing deductible deducible desvaneciente.

disaster clause cláusula de desastre.

disaster loss pérdida por desastre.

disburse desembolsar.

disbursement desembolso.

disbursement schedule tabla de desembolsos.

discharge liberar, cancelar, eximir, despedir.

discharge by agreement extinción de contrato por acuerdo.

discharge by breach extinción de contrato por incumplimiento.

discharge by performance extinción de contrato al cumplirse con lo acordado.

discharge of a bankrupt rehabilitación del quebrado.

discharge of an obligation extinción de una obligación, cumplimiento con una obligación.

discharge of bankruptcy terminación de juicio hipotecario.

discharge of contract cancelación de contrato, cumplimiento de contrato.

discharge of employee despido de empleado.

discharge of lien cancelación de gravamen.

disclaim renunciar, negar una responsabilidad.

disclaimer renuncia, denegación de una responsabilidad.

disclaimer clause cláusula negando responsabilidad.

disclaimer of liability denegación de responsabilidad.

disclose divulgar.

disclosure divulgación.

disclosure of interest divulgación de interés.

disclosure requirements requisitos de divulgación.

disclosure statement divulgación de datos específicos pertinentes.

discontinuance descontinuación.

discontinuance of contributions descontinuación de contribuciones.

discontinuance of payments descontinuación de pagos.

discontinuance of plan descontinuación de plan.

discontinuance of premium payments descontinuación de pagos de primas.

discontinue descontinuar.

discontinued descontinuado.

discontinued availability disponibilidad descontinuada.

discontinued item artículo descontinuado.

discontinued operation operación descontinuada.

discontinued product producto descontinuado.

discontinued service servicio descontinuado.

discontinuing easement servidumbre descontinua.

discontinuous descontinuo.

discontinuously interrumpidamente.

discontinuous market mercado descontinuo.

discontinuous servitude servidumbre descontinua.

discount n descuento.

discount v descontar.

discount a bill descontar una letra.

discountable descontable.

discountable bill letra descontable.

discount bond bono descontado.

discount broker corredor de descuento, casa de corretaje de descuento.

discount brokerage corretaje de descuento.

discount brokerage house casa de corretaje de descuento.

discount credit crédito de descuento.

discount department departamento de descuento.

discounted descontado.

discounted cash flow flujo de efectivo descontado.

discounted cash flow method método de flujo de efectivo descontado.

discounted cash flow techniques técnicas de flujo de efectivo descontado.

discounted loan préstamo descontado.

discounted present value valor presente descontado.

discounted rate of return tasa de rendimiento descontada.

discounted value valor descontado.

discount factor factor de descuento.

discount house casa de corretaje de descuento, casa de descuento.

discounting descuento.

discounting the news variación del precio de un valor en expectativa de noticias importantes.

discount market mercado de descuento.

discount period período de descuento.

discount points puntos de descuento.

discount policy política de descuentos.

discount pool fondo a descuento.

discount rate tasa de descuento.

discount shares acciones emitidas bajo la par.

discount store tienda de descuentos.

discount window ventana de descuento.

discount yield rendimiento de valor vendido a descuento.

discovery sampling muestreo por descubrimiento.

discrepancy discrepancia.

discretion discreción.

discretionary discrecional.

discretionary account cuenta discrecional.

discretionary authority autoridad discrecional.

discretionary budget presupuesto discrecional.

discretionary buying power poder para compras discrecional.

discretionary cost costo discrecional.

discretionary expenditure gasto discrecional.

discretionary expense gasto discrecional.

discretionary fund fondo discrecional.

discretionary income ingresos discrecionales.

discretionary order orden discrecional.

discretionary policy política discrecional.

discretionary power poder discrecional.

discretionary spending gastos discrecionales.

discretionary trust fideicomiso discrecional.

discriminate discriminar, diferenciar.

discriminating discriminador.

discriminating tariff tarifa discriminadora.

discrimination discriminación.

discriminative discriminador, parcial.

discriminator discriminador.

discriminatory discriminatorio.

discriminatory taxation imposición discriminatoria.

discuss discutir, ventilar.

discussion discusión.

diseconomies deseconomías.

disfranchise privar de derechos de franquicia.

disfranchisement privación de derechos de franquicia.

dishonest deshonesto, fraudulento.

dishonestly deshonestamente, fraudulentamente.

dishonesty deshonestidad.

dishonor deshonrar, rehusar pago.

dishonor a check rehusar pago de un cheque.

disinflation desinflación.

disinflationary desinflacionario.

disintermediation desintermediación.

disinvestment desinversión.
disjoin separar, desunir.
disjunctive condition condición disyuntiva.
disjunctive covenants estipulaciones en disyuntiva.
dismiss despedir.
dismissal despido, rechazo.
dismissal compensation compensación por despido.
dismissal pay pago adicional por despido.
dismortgage redención de una hipoteca.
disorderly picketing demostraciones o piquetes que alteran el orden público.
disorganization desorganización.
disorganized desorganizado.
disparagement menosprecio, descrédito.
disparagement of goods menosprecio de mercancías, desacreditar los bienes de un competidor.
disparagement of title intento enjuiciable de crear dudas sobre la validez de un título.
disparaging menospreciativo, despectivo.
disparity disparidad.
dispatch n prontitud, mensaje, envío.
dispatch v despachar, enviar.
dispatch money pago adicional por cargar o descargar más pronto de lo estipulado.
dispatch note nota de envío.
dispatch notice aviso de envío.
dispensation dispensa, exención.
dispense dispensar, eximir.
dispenser dispensador, administrador.
displace desplazar.
display n exhibición, demostración.
display v exhibir, revelar.
disposable disponible, desechable.
disposable income ingresos disponibles.
disposable personal income ingresos personales disponibles.
disposal eliminación, distribución, transferencia.
disposal date fecha de eliminación, fecha de venta.
dispose disponer, ordenar, colocar.

dispossess desposeer, desalojar, desahuciar.
dispossession desahucio, desalojo, usurpación de bienes raíces.
dispossessor desposeedor, desahuciador.
disproportionate desproporcionado.
disproportionate distribution distribución desproporcionada.
dispute n disputa, litigio, controversia.
dispute v disputar, litigar, controvertir.
disrepair mal estado.
disreputable de mala fama.
disrepute mala fama, desprestigio.
dissemination diseminación.
dissolution disolución, liquidación.
dissolution of corporation liquidación de corporación.
dissolution of partnership disolución de sociedad.
dissolve disolver, cancelar.
dissolve a company disolver una compañía.
dissolve a partnership disolver una sociedad.
distinctive name nombre distintivo.
distraint secuestro de bienes.
distress secuestro de bienes de parte del arrendador para forzar al arrendatario a cumplir con el pago de alquiler.
distressed property propiedad en peligro de juicio hipotecario, propiedad en juicio hipotecario.
distressed sale venta de liquidación, venta bajo circunstancias desventajosas.
distress merchandise mercancías a precios de apuro.
distress price precio de apuro.
distress selling ventas en apuro, remate.
distribute distribuir, clasificar.
distributed distribuído.
distributing syndicate sindicato de distribución.
distribution distribución.
distribution agent agente de distribución.
distribution allowance descuento de distribución.
distribution area área de distribución.
distribution center centro de distribución.

distribution channel canal de distribución.

distribution clause cláusula de distribución.

distribution cost analysis análisis de costos de distribución.

distribution costs costos de distribución.

distribution date fecha de distribución.

distribution discount descuento de distribución.

distribution expenditures gastos de distribución.

distribution expenses gastos de distribución.

distribution in kind distribución no monetaria.

distribution of expenditures distribución de gastos.

distribution of expenses distribución de gastos.

distribution of income distribución de ingresos.

distribution of risk distribución del riesgo.

distribution procedure procedimiento de distribución.

distribution stock acciones de distribución de bloque.

distribution to owners distribución a dueños.

distributor distribuidor.

district distrito.

disturbance perturbación.

disutility desutilidad.

diversifiable diversificable.

diversifiable risk riesgo diversificable.

diversification diversificación.

diversified diversificado.

diversified company compañía diversificada.

diversified corporation corporación diversificada.

diversified holding company compañía tenedora diversificada.

diversified investment company compañía de inversiones diversificada.

divestiture venta de subsidiaria, escisión, venta de valor.

divided dividido.

divided account cuenta dividida.

dividend dividendo.

dividend accumulation acumulación de dividendos.

dividend addition adición por dividendos.

dividend announcement anuncio de dividendo.

dividend audit auditoría de dividendos.

dividend capture captura de dividendo.

dividend check cheque de dividendo.

dividend claim reclamación de dividendo.

dividend control control de dividendos.

dividend coupon cupón de dividendo.

dividend declaration declaración de dividendo.

dividend discount model modelo de descuento de dividendos.

dividend exclusion exclusión por dividendos.

dividend in arrears dividendo acumulado.

dividend income ingreso por dividendos.

dividend option opción de dividendos.

dividend payer pagador de dividendos.

dividend paying agent agente de pagos de dividendos.

dividend payment pago de dividendo.

dividend payout pago de dividendos, razón de pagos de dividendos.

dividend payout ratio razón de pagos de dividendos.

dividend policy política de dividendos.

dividend-price ratio razón dividendo-precio.

dividend rate tasa de dividendos.

dividend reinvestment reinversión de dividendos.

dividend reinvestment plan plan de reinversión de dividendos.

dividend requirement requisito para dividendos.

dividend shares acciones con dividendos.

dividends payable dividendos a pagar.

dividends per share dividendos por acción.

dividend stock acciones con dividendos.

dividend tax impuesto sobre dividendos.

dividend yield rendimiento de dividendos.

divisible divisible.
divisible contract contrato divisible.
divisible credit crédito divisible.
divisible surplus superávit divisible.
division división.
dockage derechos por atracar.
dock receipt recibo de muelle.
document n documento, instrumento.
document v documentar.
documentary documental.
documentary bill letra documentaria.
documentary credit crédito documentario.
documentary draft letra de cambio documentaria.
documentation documentación.
document of title instrumento de título, documento de propiedad.
documents against acceptance documentos contra aceptación.
documents against payment documentos contra pago.
doing business en negocios, ejercicio de la actividad comercial.
doing business as en negocios bajo el nombre de.
dollar bond bono en dólares.
dollar cost averaging compra de acciones en intervalos fijos y con desembolsos de cantidad constante.
dollar-weighted return rendimiento con dólares ponderados.
domain dominio, propiedad absoluta de un inmueble, propiedad inmueble.
domestic doméstico, nacional, interno.
domestic bill letra doméstica.
domestic commerce comercio interno.
domestic corporation corporación local, corporación doméstica.
domestic currency moneda nacional.
domestic debt deuda doméstica.
domestic economy economía doméstica.
domestic exchange intercambio doméstico.
domestic insurer asegurador local.
domestic market mercado doméstico.
domestic partnership sociedad local.
domestic product producto nacional.
domestic trade comercio nacional.
domicile domicilio.
domiciled domiciliado.

domiciled bill letra de cambio domiciliado.
domiciled draft letra domiciliada.
domiciliation domiciliación.
dominant dominante.
dominant estate predio dominante.
dominant firm empresa dominante.
dominant tenement propiedad dominante.
dominate dominar.
dominate a market dominar un mercado.
donate donar.
donated shares acciones donadas.
donated stock acciones donadas.
donated surplus superávit donado.
donation donación.
donator donante.
donee donatario.
donor donador, donante.
do not reduce instrucción de no reducir.
door-to-door delivery transporte de puerta a puerta, transporte a domicilio.
door-to-door selling ventas de puerta en puerta, ventas a domicilio.
dormant inactivo, en suspenso.
dormant account cuenta inactiva.
dormant corporation corporación inactiva.
dormant partner socio inactivo, socio oculto.
dotted line línea de puntos donde se firma.
double assessment doble imposición.
double auction market mercado de doble subasta.
double auction system sistema de doble subasta.
double-barreled bond bono con doble garantía.
double charge doble cargo.
double compensation doble indemnización.
double creditor acreedor doble, acreedor con garantía sobre dos fondos.
double declining balance doble disminución de saldo.
double declining balance method of depreciation método de depreciación por doble disminución de saldo.

double employment doble empleo.

double endorsement doble endoso.

double entry partida doble, doble entrada.

double entry accounting contabilidad con doble registro, contabilidad por partida doble.

double entry bookkeeping contabilidad con doble registro, contabilidad por partida doble.

double exemption doble exención.

double financing doble financiamiento.

double indemnity doble indemnización.

double indorsement doble endoso.

double insurance doble seguro.

double leverage doble apalancamiento.

double liability doble responsabilidad.

double option doble opción.

double patenting obtención de una segunda patente para la misma invención por el mismo solicitante.

double pay doble paga.

double posting doble asiento.

double-protection policy póliza de doble protección.

double recovery doble recuperación.

double taxation doble imposición.

double time tiempo doble.

double use solicitud de patente para el uso nuevo de un proceso conocido.

doubtful dudoso, ambiguo.

doubtful account cuenta dudosa.

doubtful debt deuda dudosa.

doubtful loan préstamo dudoso.

doubtful title título dudoso.

down payment pronto pago, pago inicial, entrada.

downside risk riesgo de disminución de valor.

downside trend tendencia de disminución de valor.

downsizing reducción en busca de mayor eficiencia, reducción de personal.

downstream actividad corporativa de matriz a subsidiaria.

down tick venta a precio menor que la anterior.

downtick venta a precio menor que la anterior.

downturn cambio bajista en un ciclo.

downzoning rezonificación para reducir la intensidad de uso.

draft letra de cambio, cheque, borrador.

dragnet clause cláusula hipotecaria en la que el deudor garantiza deudas pasadas y futuras además de las presentes.

dram shop liability insurance seguro de responsabilidad de establecimientos que venden bebidas alcohólicas.

draw retirar, devengar, girar, librar.

draw a check girar un cheque.

drawee girado, librado.

drawer girador.

drawing account cuenta corriente.

dread disease insurance seguro contra enfermedad catastrófica específica.

drive-in servicarro.

drive-in banking banca por servicarro, banca con servicio para automovilistas.

drive other car insurance seguro que cubre al manejar otro carro.

driving while intoxicated manejar bajo estado de embriaguez.

drop letter carta local.

drop shipment delivery embarque directo a terceros, entrega sin pasar por mayorista.

druggist liability insurance seguro de responsabilidad de farmacéutico.

dry nominal, infructífero, seco.

dry goods artículos de confección.

dry mortgage hipoteca donde el deudor se responsabiliza sólo por el valor del bien hipotecado.

dry trust fideicomiso pasivo.

dual doble, dual.

dual agency doble agencia, mandato solapante.

dual banking banca con dos conjuntos de normas.

dual contract doble contrato.

dual control doble control.

dual distribution doble distribución.

dual economy doble economía.

dual listing cotización de un valor en más de una bolsa.

dual mutual fund fondo mutuo de doble propósito.

dual option doble opción.

dual purpose fund fondo de doble propósito.

dual purpose mutual fund fondo mutuo de doble propósito.

dual savings plan plan doble de ahorros.

dual supervision doble supervisión.

dual trading transacciones simultáneas para cuentas ajenas y propias.

dubious dudoso.

dubiously dudosamente.

due razonable, pagadero, vencido, propio.

due and payable vencido y pagadero.

due bill reconocimiento de una deuda por escrito.

due compensation compensación debida.

due consideration contraprestación debida.

due date fecha de vencimiento.

due diligence diligencia debida.

due diligence meeting reunión de diligencia debida.

due diligence session sesión de diligencia debida.

due in advance pagadero por adelantado.

due on demand pagadero a la vista.

due-on-sale clause cláusula de préstamo pagadero a la venta.

dues cargos, tasas, impuestos.

duly debidamente, puntualmente.

duly authorized agent agente debidamente autorizado.

duly qualified debidamente cualificado.

duly registered debidamente registrado.

dumb-bidding establecimiento del precio mínimo requerido en una subasta.

dummy adj ficticio.

dummy n prestanombre, persona de paja.

dummy corporation corporación formada para propósitos ilícitos, corporación de paja.

dummy director director sin funciones reales, director ficticio.

dummy employee empleado ficticio.

dummy transaction transacción ficticia.

dump vender mercancía importada bajo costo, vender un bloque de acciones sin importar el efecto en el mercado.

dumping venta de mercancía importada bajo costo, saturación ilegal.

dun exigencia de pago, apremio.

duopoly duopolio.

duplex dúplex.

duplicate duplicado.

duplication duplicación.

duplication of benefits duplicación de beneficios.

durable duradero.

durable goods bienes duraderos.

durable merchandise mercancías duraderas.

duration duración, término.

duration of benefits duración de beneficios.

duress coacción.

dutch auction subasta en la que se empieza con un precio alto y se va bajando hasta vender el artículo, subasta a la baja.

dutiable sujeto al pago de impuestos.

duties derechos de importación, obligaciones.

duties on imports derechos sobre importaciones.

duty deber, obligación, impuesto, tarifa, derechos de aduana.

duty-free libre de impuestos.

duty-free sale venta libre de impuestos.

duty-free shop tienda libre de impuestos.

duty-free zone zona libre de impuestos.

dwelling vivienda, residencia.

dwelling coverage cobertura de vivienda.

dwelling insurance seguro de vivienda.

dwelling insurance coverage cobertura de seguro de vivienda.

dwelling insurance policy póliza de seguro de vivienda.

dynamic economy economía dinámica.

dynamic programming programación dinámica.

dynamic risk riesgo dinámico.

each way en cada dirección de la transacción.

early extinguishment of debt extinción temprana de deuda.

early repurchase recompra temprana.

early retirement retiro temprano.

early-retirement benefits beneficios de retiro temprano.

early withdrawal retiro temprano.

early-withdrawal penalty penalidad por retiro temprano.

earmark n marca, marca distintiva, señal.

earmark v señalar, asignar.

earmarked account cuenta asignada.

earmarked funds fondos asignados.

earmarked reserves reservas asignadas.

earmark rule regla indicando que al confundir fondos en un banco éstos pierden su identidad.

earn devengar, ganar.

earned ganado, devengado.

earned income ingresos devengados a cambio de trabajo, rentas de trabajo.

earned income credit crédito contributivo sobre ingresos devengados a cambio de trabajo.

earned premium prima devengada.

earned surplus beneficios acumulados, superávit ganado.

earner quien devenga ingresos.

earnest money arras, señal, caparra, anticipo.

earning assets activo rentable.

earning capacity capacidad para devengar ingresos.

earning power capacidad para devengar ingresos.

earnings ingresos, réditos, entradas, beneficios.

earnings before taxes ingresos antes de contribuciones.

earnings form formulario de ingresos.

earnings momentum tendencia alcista de ingresos.

earnings per share ingresos por acción.

earnings potential potencial de ingresos.

earnings-price ratio razón de ingresos a precio.

earnings report informe de ingresos.

earnings statement estado de ingresos.

earnings yield rendimiento de ingresos.

earn interest devengar intereses.

earthquake insurance seguro contra terremotos.

easement servidumbre.

easement by prescription servidumbre por prescripción.

easement in gross servidumbre personal.

easement of access servidumbre de acceso, servidumbre de paso.

easement of convenience servidumbre de conveniencia.

easement of natural support servidumbre de apoyo lateral de propiedad.

easement of necessity servidumbre por necesidad.

easement right derecho de acceso.

easy money ambiente económico de intereses decrecientes que promueve préstamos.

easy terms estipulaciones convenientes, facilidades de pago.

eaves-drip goteo de canalón, servidumbre del goteo de canalón.

eavesdrop escuchar furtivamente, escuchar ilegalmente, interceptar una comunicación telefónica.

eavesdropper quien escucha furtivamente, quien escucha ilegalmente, quien intercepta una comunicación telefónica.

eavesdropping acción de escuchar furtivamente, acción de escuchar ilegalmente, acción de interceptar una comunicación telefónica.

econometric model modelo econométrico.

econometrics econometría.

economic económico.

economic activity actividad económica.

economic affairs asuntos económicos.

economic agent agente económico.

economic agreement   acuerdo económico.

economic aid   ayuda económica.

economical   económico.

economic analysis   análisis económico.

economic analyst   analista económico.

economic approach   acercamiento económico.

economic assistance   asistencia económica.

economic balance   equilibrio económico.

economic base   base económica.

economic benefit   beneficio económico.

economic blockade   bloqueo económico.

economic boom   auge económico.

economic budget   presupuesto económico.

economic burden   carga económica.

economic capacity   capacidad económica.

economic climate   clima económico.

economic cost   costo económico.

economic crisis   crisis económica.

economic cycle   ciclo económico.

economic depreciation   depreciación económica.

economic development   desarrollo económico.

economic discrimination   discriminación económica.

economic dynamics   dinámica económica.

economic efficiency   eficiencia económica.

economic entity   entidad económica.

economic equilibrium   equilibrio económico.

economic expansion   expansión económica.

economic exposure   exposición económica.

economic fluctuation   fluctuación económica.

economic freedom   libertad económica.

economic growth   crecimiento económico.

economic growth rate   tasa de crecimiento económico.

economic indicators   indicadores económicos.

economic inefficiency   ineficiencia económica.

economic integration   integración económica.

economic intervention   intervención económica.

economic law   derecho económico.

economic life   vida económica.

economic loss   pérdida económica.

economic model   modelo económico.

economic obsolescence   obsolescencia económica.

economic order quantity   cantidad de orden económica.

economic order quantity model   modelo de cantidad de orden económica.

economic organization   organización económica.

economic pattern   patrón económico.

economic planning   planificación económica.

economic planning board   junta de planificación económica.

economic policy   política económica.

economic power   potencia económica.

economic recovery   recuperación económica.

economic rent   renta económica.

economic reorganization   reorganización económica.

economic research   investigación económica.

economic resources   recursos económicos.

economics   economía.

economic sanctions   sanciones económicas.

economic situation   situación económica.

economic stability   estabilidad económica.

economic stabilization   estabilización económica.

economic strike   huelga laboral.

economic structure   estructura económica.

economic system   sistema económico.

economic trend   tendencia económica.

economic unity   unidad económica.

economic value   valor económico.

economic waste   explotación excesiva de un recurso natural.

economies of scale economías de escala.

economist economista.

economize economizar.

economy economía.

economy of scale economía de escala.

edict edicto.

edification edificación.

educational fund fondo para la educación.

educational trust fideicomiso para la educación.

education expense deduction deducción por gastos educativos.

education loan préstamo para gastos educativos.

education savings bond bono de ahorro para gastos educativos.

effect efecto, vigencia.

effect a payment efectuar un pago.

effective efectivo, real.

effective access acceso efectivo.

effective age edad efectiva.

effective annual yield rendimiento anual efectivo.

effective date fecha de efectividad, fecha de vigencia.

effective debt deuda efectiva.

effective demand demanda efectiva.

effective exchange rate tipo de cambio efectivo.

effective gross income ingreso bruto efectivo.

effective income ingresos efectivos.

effective interest rate tasa de interés efectiva.

effectively efectivamente.

effective market access acceso efectivo al mercado.

effectiveness eficacia, vigencia.

effective net worth valor neto efectivo.

effective possession posesión efectiva.

effective price precio efectivo.

effective rate tasa efectiva.

effective sale venta efectiva.

effective supply oferta efectiva.

effective tax rate tasa contributiva efectiva.

effective time fecha de efectividad, fecha de vigencia.

effective yield rendimiento efectivo.

effects bienes personales, bienes.

effects test prueba de efectos.

effectual eficaz, obligatorio, válido.

effectuate efectuar.

efficacy eficacia.

efficiency eficiencia, rendimiento.

efficiency bonus bono por eficiencia.

efficiency ratio razón de eficiencia.

efficiency variance varianza de eficiencia.

efficient eficiente.

efficiently eficientemente.

efficient market mercado eficiente.

efficient market hypothesis hipótesis de mercado eficiente.

efficient portfolio cartera de valores eficiente.

efflux expiración, vencimiento.

effluxion of time expiración del plazo convenido.

eight hour laws leyes estableciendo un día de trabajo de ocho horas.

eject expulsar, desalojar.

ejection expulsión, desalojo, desahucio, evicción.

ejectment desahucio, expulsión.

elastic elástico.

elastic currency moneda elástica.

elastic demand demanda elástica.

elasticity elasticidad.

elasticity coefficient coeficiente de elasticidad.

elasticity of demand elasticidad de demanda.

elasticity of production elasticidad de producción.

elasticity of supply elasticidad de oferta.

elasticity of supply and demand elasticidad de oferta y demanda.

elastic money moneda elástica.

elastic supply oferta elástica.

elderly tax credit crédito impositivo por persona de edad avanzada.

elect elegir.

elected elegido, electo.

elected domicile domicilio para efectos del contrato.

electronic accounting contabilidad electrónica.

electronic banking banca electrónica.

electronic benefits transfer
transferencia de beneficios electrónica.

electronic bookkeeping contabilidad electrónica.

electronic cash register caja registradora electrónica.

electronic data processing procesamiento de datos electrónico.

electronic eavesdropping acción de escuchar furtivamente por medios electrónicos, acción de interceptar una comunicación telefónica.

electronic filing radicación electrónica.

electronic funds transfer transferencia de fondos electrónica.

electronic funds transfer system sistema de transferencia de fondos electrónico.

electronic mail correo electrónico.

electronic surveillance vigilancia por medios electrónicos.

electronic transfer transferencia electrónica.

eleemosynary caritativo.

elevator liability insurance seguro de responsabilidad de ascensor.

eligibility elegibilidad.

eligibility date fecha de elegibilidad.

eligibility parameters parámetros de elegibilidad.

eligibility period período de elegibilidad.

eligibility requirements requisitos de elegibilidad.

eligible elegible.

eligible borrower prestatario elegible.

eligible expenses gastos elegibles.

eligible investment inversión elegible.

eligible lender prestador elegible.

eligible paper papel redescontable.

eligible securities valores elegibles.

eligible shares acciones elegibles.

eligible stocks acciones elegibles.

elimination period período de eliminación.

emancipate emancipar.

emancipation emancipación.

embargo n embargo.

embargo v embargar.

embezzle desfalcar, malversar.

embezzlement desfalco, malversación.

embezzler desfalcador, malversador.

emblements productos anuales de la labor agrícola.

embody incorporar.

embossed character reader lectora de caracteres en relieve.

embrace abarcar, incluir.

emergency fund fondo para emergencias.

emergency tax impuesto de emergencia.

eminent domain dominio eminente.

emission emisión.

emitted shares acciones emitidas.

emitted stock acciones emitidas.

emolument emolumento.

emphyteusis enfiteusis.

empirical probability probabilidad empírica.

employ emplear, usar.

employable empleable, utilizable.

employed empleado.

employee empleado.

employee association asociación de empleados.

employee benefit insurance plan plan de seguro de beneficios de empleados.

employee benefits beneficios de empleados.

employee contributions contribuciones de empleados.

employee death benefits beneficios por muerte de empleados.

employee health benefits beneficios de salud de empleados.

employee profit sharing participación en las ganancias de empleados.

employee promotion promoción de empleado.

employee savings plan plan de ahorros de empleados.

employee stock option opción de compra de acciones de empleados.

employee stock ownership plan plan de compra de acciones de empleados.

employer patrono, empleador.

employer identification number número de identificación patronal.

employer interference interferencia patronal.

employer retirement plan plan de retiro patronal, plan de jubilación patronal.

employer rights derechos patronales.

employers' association asociación patronal.

employers' contingent liability responsabilidad contingente patronal.

employers' insurance seguro patronal.

employers' liability acts leyes concernientes a las responsabilidades de los patronos.

employers' liability coverage cobertura de responsabilidad patronal.

employers' liability insurance seguro de responsabilidad patronal.

employers' organization organización patronal.

employment empleo, ocupación, uso.

employment agency agencia de empleos.

employment at will empleo de plazo indeterminado.

employment contract contrato de empleo.

employment service servicio de empleos.

employment tax impuesto sobre empleo.

employment test prueba de empleo.

emporium emporio, almacén.

empower facultar, autorizar.

emulative product producto emulador.

enable capacitar, autorizar.

enclose incluir, encerrar.

enclosure anexo, encerramiento.

encode codificar.

encoded codificado.

encoder codificador.

encoding codificación.

encompass abarcar, incluir.

encroach traspasar los límites, invadir.

encroachment traspaso de límites, invasión.

encrypt codificar.

encrypted codificado.

encrypter codificador.

encryption codificación.

encumber gravar, recargar.

encumbered gravado.

encumbrance gravamen, carga, hipoteca.

encumbrancer acreedor hipotecario.

endeavor esfuerzo, actividad.

ending inventory inventario de final de período.

end of month fin de mes.

end of quarter fin de trimestre.

end of year fin de año.

endorsable endosable.

endorse endosar, apoyar.

endorsee endosatario.

endorsement endoso, respaldo.

endorsement date fecha de endoso.

endorser endosante.

endorsing endoso.

endowment dotación, fundación.

endowment insurance seguro dotal.

endowment policy póliza dotal.

end product producto final.

end to end de fin de mes a fin de mes.

energy tax impuesto sobre el consumo de energía.

enforce hacer cumplir, ejecutar.

enforcement acción de hacer cumplir, ejecución.

enforcement of a contract acción de hacer cumplir un contrato.

engage comprometer, emplear, ocupar.

engaged comprometido, contratado, ocupado.

engaged in business dedicado a los negocios.

engaged in commerce dedicado al comercio.

engaged in employment estar empleado, empleado.

engagement compromiso, obligación.

engross acaparar, absorber.

enjoin imponer, requerir.

enjoy disfrutar de, gozar de, poseer.

enjoyment disfrute, goce, uso.

enlarge agrandar.

enlargement extensión, aumento.

enrolled agent agente matriculado.

ensure asegurar, dar seguridad.

enter entrar, tomar posesión, registrar, anotar.

enter an agreement llegar a un acuerdo, contratar.

enter goods declarar mercancías.

enter in the books anotar en los libros.

enter into a contract contratar, comprometerse por contrato.

enterprise empresa, proyecto.

enterprise accounting contabilildad de empresa.

enterprise zone zona de incentivos para establecer negocios.

entertain entretener.

entertainment entretenimiento.

entertainment expense deduction deducción por gastos de representación.

entertainment expenses gastos de representación.

entire entero, íntegro.

entire contract contrato indivisible, contrato total.

entire contract clause cláusula de contrato total.

entire day un día continuo.

entirely enteramente, completamente.

entirely without understanding sin entendimiento.

entireness totalidad.

entire tenancy posesión individual.

entirety totalidad.

entirety of contract totalidad del contrato.

entitle dar derecho a, autorizar.

entitled con derecho a, autorizado.

entitled to a dividend con derecho a un dividendo.

entitled to possession con derecho a la posesión.

entitlement derecho, dar un derecho.

entity entidad, ente.

entity accounting contabilidad de entidad.

entity theory teoría de entidad.

entrance charge cargo por admisión, costo de entrada.

entrance fee cargo por admisión, costo de entrada.

entrepreneur empresario, emprendedor.

entrust encomendar, confiar.

entry asiento, registro, anotación, ingreso, presentación.

entry at customhouse declaración aduanera.

entry book libro de registro.

entry customs aduana de entrada.

entry in regular course of business registro de una transacción de negocios.

entry-level job trabajo que requiere poca o ninguna experiencia, trabajo de incio de carrera.

enumerate enumerar.

enumerated enumerado.

environmental ambiental.

environmental impact statement declaración del impacto ambiental.

envoy enviado.

equal igual.

equal and uniform taxation uniformidad e igualdad contributiva.

equal benefit beneficio igual.

equal employment opportunity oportunidad de empleo sin discrimen.

equality igualdad.

equalization igualación.

equalization account cuenta de igualación.

equalization board junta para la igualdad tributaria.

equalization fund fondo de igualación.

equalization of taxes igualamiento de los impuestos.

equalization reserve reserva de igualación.

equalization tax impuesto de igualación.

equalize igualar.

equalizing dividend dividendo igualador.

equally igualmente.

equally divided dividido igualmente.

equal opportunity employer patrono que no discrimina.

equal pay for equal work igual salario por igual trabajo.

equal rights igualdad de derechos.

equilibrium equilibrio.

equilibrium interest rate tasa de interés de equilibrio.

equilibrium price precio de equilibrio.

equilibrium quantity cantidad de equilibrio.

equipment equipo.

equipment leasing arrendamiento de equipo.

equipment leasing partnership sociedad de arrendamiento de equipo.

equipment trust certificate
certificado de fideicomiso de equipo.

equitable equitativo.

equitable charge cargo equitativo.

equitable conversion conversión
equitativa.

equitable distribution distribución
equitativa.

equitable title título equitativo.

equity equidad, activo neto, capital
social, valor líquido, inversión neta.

equity buildup acumulación de
amortización hipotecaria.

equity capital capital corporativo,
capital propio, acciones.

equity financing financiamiento por la
venta de acciones.

equity of partners derecho de los
socios a designar bienes de la sociedad
para cubrir las deudas de la sociedad,
capital de los socios.

equity of redemption derecho de
rescate de una propiedad hipotecada.

equity participation participación en
las ganancias.

equity security acciones de una
corporación, participación en una
sociedad, valores convertibles en
acciones de una corporación.

equity transaction transacción que
envuelve el valor neto.

equivalence equivalencia.

equivalent equivalente.

equivalent access acceso equivalente.

equivalent bond yield rendimiento de
bono equivalente.

equivalent market access acceso
equivalente al mercado.

equivalent taxable yield rendimiento
imponible equivalente.

equivalent units unidades equivalentes.

equivalent yield rendimiento
equivalente.

equivocal equívoco.

erect erigir, construir.

erection erección, construcción.

erosion erosión.

erroneous erróneo.

error and omissions insurance
seguro de responsabilidad por errores y
omisiones.

**error and omissions liability
insurance** seguro de responsabilidad
por errores y omisiones.

error resolution resolución de error.

errors excepted salvo errores u
omisiones.

escalator clause cláusula de
escalamiento.

escapable cost costo evitable.

escape clause cláusula de escape.

escape period período de baja sindical.

escheat reversión al estado.

escrow plica, depósito que retiene un
tercero hasta que se cumplan ciertas
condiciones.

escrow account cuenta de plica, cuenta
de garantía bloqueada.

escrow agent agente de plica.

escrow agreement contrato
estipulando las condiciones de una
cuenta en plica.

escrow analysis análisis de cuenta de
plica.

escrow closing cierre.

escrow contract contrato estipulando
las condiciones de una cuenta en plica.

escrow deposit depósito de plica.

escrow funds fondos en plica.

escrow officer funcionario de plica.

espionage espionaje.

essence of the contract condiciones
esenciales de un contrato.

essential esencial.

essential industry industria esencial.

essentially esencialmente.

established establecido, fijo

established benefits beneficios
establecidos.

established budget presupuesto
establecido.

established budgeting
presupuestación establecida.

established charges cargos
establecidos.

established cost contract contrato de
costo establecido.

established costs costos establecidos.

established credit line línea de
crédito establecida.

established debt deuda establecida.

established exchange rate tipo de
cambio establecido.

established expenditures gastos establecidos.

established expenses gastos establecidos.

established factors factores establecidos.

established fee cargo establecido.

established income ingreso establecido.

established interest interés establecido.

established interest rate tasa de interés establecida.

established obligation obligación establecida.

established parity paridad establecida.

established payments pagos establecidos.

established period período establecido.

established premium prima establecida.

established price precio establecido.

established rate tasa establecida.

established-rate financing financiamiento a tasa de interés establecida.

established-rate loan préstamo de tasa de interés establecida.

established-rate mortgage hipoteca de tasa de interés establecida.

established rent renta establecida.

established salary salario establecido.

established sampling muestreo establecido.

established selling price precio de venta establecido.

established tax impuesto establecido.

established term plazo establecido.

established trust fideicomiso establecido.

establishment establecimiento.

estate propiedad, bienes, patrimonio.

estate accounting contabilidad del patrimonio.

estate at sufferance posesión en virtud de la tolerancia del dueño.

estate at will derecho de uso de propiedad que el propietario puede revocar en cualquier momento.

estate by purchase derecho sobre un inmueble obtenido por cualquier medio excepto la sucesión.

estate by the entirety copropiedad de los cónyuges.

estate for life derecho sobre un inmueble de por vida.

estate for years derecho de posesión por años determinados.

estate from year to year derecho de posesión que se renueva de año en año.

estate in common copropiedad sobre un inmueble, propiedad mancomunada.

estate in expectancy propiedad en expectativa.

estate in fee simple propiedad sobre un inmueble en pleno dominio.

estate in lands propiedad de inmuebles.

estate in possession propiedad en la que el dueño tiene derecho de posesión.

estate in remainder derechos de propiedad que entran en vigor al terminar derechos de otros.

estate in severalty propiedad de dominio de una sola persona.

estate of freehold propiedad de dominio absoluto.

estate of inheritance patrimonio heredable.

estate planning planificación del patrimonio.

estate tax impuesto sucesorio, contribución de herencia.

estate upon condition propiedad condicional.

estimate estimado, evaluación, tasación.

estimated estimado.

estimated balance sheet balance estimado.

estimated cost costo estimado.

estimated efficiency eficiencia estimada.

estimated expenditures gastos estimados.

estimated expense gasto estimado.

estimated liability responsabilidad estimada.

estimated life vida estimada.

estimated premium prima estimada.

estimated revenue ingresos estimados.

estimated tax impuesto estimado.

estimated useful life vida útil estimada.

estimated weight peso estimado.

estimate of costs estimado de costos.

estoppel impedimento, impedimento por actos propios.

estoppel certificate documento declarando el estado de ciertos hechos al momento de firmarse.

estover derecho del arrendatario de cortar árboles para su uso personal.

ethical ético.

ethically éticamente.

ethics ética.

etiquette of the profession ética profesional.

Euclidean Zoning zonificación que limita algunas áreas para usos específicos.

Eurobanking eurobanca.

Eurobond eurobono.

Eurocheck eurocheque.

Eurocommercial paper instrumentos negociables en eurodivisas.

Eurocredit eurocrédito.

Eurocurrency eurodivisa.

Eurodollar bond bono en eurodólares.

Eurodollar certificate of deposit certificado de depósito en eurodólares.

Eurodollars eurodólares.

Euromarket euromercado.

Euromoney eurodivisa.

evade evadir.

evader evasor.

evade taxes evadir impuestos.

evaluate evaluar, tasar.

evaluation evaluación, tasación.

evaluation of internal control evaluación del control interno.

evaluator evaluador, tasador.

evasion evasión.

evasion of liability evasión de responsabilidad.

even spread combinación de opciones de compra y venta sin prima neta.

event evento.

event risk riesgo de que occurra un evento.

eviction desalojo, desahucio, evicción.

eviction proceedings juicio de desahucio.

evidence of debt prueba de deuda.

evidence of insurability prueba de asegurabilidad.

evidence of title título de propiedad.

evident evidente.

exact interest intereses exactos.

exaction exacción.

exactor exactor, recaudador de impuestos.

examination examinación, investigación.

examination of bankruptcy interrogatorio a la parte que inicia acción de quiebra.

examination of invention investigación de la invención.

examination of title revisión de título.

examining board junta examinadora.

exceed exceder.

except excluir, exceptuar.

exception excepción.

exceptionable impugnable, recusable.

exceptionable title título impugnable.

exceptional excepcional.

exceptional circumstances circunstancias excepcionales.

exception clause cláusula exonerativa.

exception item artículo de excepción.

exception report informe de excepción.

excess exceso.

excess accelerated depreciation depreciación acelerada en exceso.

excess capacity capacidad en exceso.

excess cash flow flujo de fondos en exceso.

excess contributions contribuciones en exceso.

excess coverage cobertura en exceso.

excess coverage clause cláusula de cobertura en exceso.

excess deductions deducciones en exceso.

excess demand demanda en exceso, demanda excesiva.

excess freight flete en exceso.

excess insurance seguro en exceso.

excess interest intereses en exceso.

excessive excesivo.

excessive interest usura.

excessively excesivamente.

excessive purchases compras excesivas.

excessive tax impuesto excesivo.

excess limit límite en exceso.

excess liquidity liquidez en exceso.

excess loans préstamos en exceso.

excess margin margen en exceso.

excess policy póliza que paga beneficios tras agotamiento de otras pólizas aplicables.

excess profits tax impuesto adicional sobre ganancias.

excess reinsurance reaseguro en exceso.

excess rent renta en exceso.

excess reserves reserva en exceso.

excess supply oferta en exceso.

exchange n cambio, intercambio, permuta, mercado de valores, bolsa.

exchange v cambiar, intercambiar, permutar.

exchange adjustment ajuste cambiario, ajuste de cambio.

exchange arbitrage arbitraje de cambio.

exchange broker corredor de cambio.

exchange contract contrato de cambio.

exchange control control de cambio.

exchange depreciation depreciación de divisa.

exchange market mercado de cambios.

exchange of land permuta de inmuebles.

exchange privilege privilegio de cambio.

exchange process proceso de cambio.

exchange rate tipo de cambio.

exchange rate risk riesgo de tipo de cambio.

exchange risk riesgo de cambio.

exchange stabilization estabilización de cambio.

exchange value valor de cambio.

excisable sujeto a impuesto de consumo.

excise tax impuesto sobre el consumo, impuesto indirecto.

exclude excluir.

excluded excluido.

excluded peril peligro excluido.

excluded period período excluido.

exclusion exclusión.

exclusion clause cláusula exonerativa.

exclusions of policy exclusiones de la póliza.

exclusive exclusivo.

exclusive agency agencia exclusiva.

exclusive agency listing contrato exclusivo para vender un inmueble que permite venta sin comisión por el dueño.

exclusive agent agente exclusivo.

exclusive contract contrato exclusivo, contrato en exclusiva.

exclusive control control exclusivo.

exclusive dealing arrangement acuerdo de comercio en exclusiva.

exclusive dealing contract contrato de comercio en exclusiva.

exclusive distribution distribución exclusiva, distribución en exclusiva.

exclusive distributor distribuidor exclusivo, distribuidor en exclusiva.

exclusive liability responsabilidad exclusiva.

exclusive license licencia exclusiva, licencia en exclusiva.

exclusive licensee licenciatario exclusivo, licenciatario en exclusiva, concesionario exclusivo, concesionario en exclusiva.

exclusive listing contrato exclusivo para vender un inmueble.

exclusive ownership propiedad exclusiva.

exclusive possession posesión exclusiva, posesión en exclusiva.

exclusive representative representante exclusivo, representante en exclusiva.

exclusive right derecho exclusivo, derecho de exclusividad.

exclusive right to sell derecho exclusivo para vender, derecho en exclusiva para vender.

exclusive right to sell listing contrato de derecho exclusivo para vender, contrato de derecho en exclusiva para vender.

exclusive sale venta exclusiva, venta en exclusiva.

exclusivity exclusividad.

ex dividend sin dividendo.

ex-dividend date fecha a partir del cual no hay dividendo.

execute ejecutar, cumplir, completar.

execute an order ejecutar una orden.

executed ejecutado, cumplido, realizado.

executed agreements acuerdos cumplidos.

executed consideration contraprestación cumplida.

executed contract contrato cumplido, contrato ejecutado.

executed estate propiedad en la cual el dueño tiene derecho de posesión, propiedad y posesión actual.

executed sale venta consumada.

executed trust fideicomiso completamente determinado, fideicomiso formalizado.

execution ejecución, cumplimiento.

execution creditor acreedor ejecutante.

execution of instrument finalización de un documento.

execution sale venta judicial.

executive ejecutivo.

executive board junta ejecutiva, consejo ejecutivo.

executive capacity capacidad administrativa.

executive committee comité ejecutivo.

executive compensation compensación ejecutiva.

executive director director ejecutivo.

executive employee empleado con capacidades administrativas, empleado con capacidades ejecutivas.

executive officer funcionario administrativo, ejecutivo administrativo.

executive perquisites beneficios adicionales ejecutivos, gratificaciones ejecutivas.

executor albacea.

executory por cumplirse, por efectuarse, incompleto.

executory agreement convenio por cumplirse, acuerdo por cumplirse.

executory consideration contraprestación futura.

executory contract contrato por cumplirse, contrato con cláusulas pendientes de ejecución.

executory estate derecho sobre inmuebles condicional.

executory instrument instrumento por cumplirse.

executory sale venta concertada pero no realizada.

executory trust fideicomiso por formalizar.

exemplified copy copia autenticada.

exempt adj exento.

exempt v eximir.

exempt commodity mercancía exenta.

exempt company compañía exenta.

exempt corporation corporación exenta.

exempt employee empleado exento.

exempt income ingresos exentos.

exemption exención.

exemption clause cláusula exonerativa.

exemption from liability exención de responsabilidad.

exemption phase-out eliminación progresiva de exención.

exempt organization organización exenta.

exempt securities valores exentos.

exempt status estado exento.

exercise ejercer, ejercitar, usar.

exercise limit límite de ejecuciones de opciones.

exercise notice aviso de ejecución.

exercise price precio de ejecución.

exercise ratio razón de ejecución.

exigible exigible.

exigible debt deuda exigible.

existing debt deuda existente.

exit fee cargo de salida.

exit interview entrevista de salida.

exit value valor de salida.

exorbitant exorbitante.

expansion expansión.

expectancy expectativa, contingencia.

expectancy of life expectativa de vida.

expectant en expectativa, condicional.

expectant estate derecho futuro sobre inmuebles, propiedad en expectativa.

expectation expectativa.

expectation of life expectativa de vida.

expectation of loss expectativa de pérdida.

expectations theory teoría de expectativas.

expected esperado.

expected annual capacity capacidad anual esperada.

expected costs costos esperados.

expected economic life vida económica esperada.

expected exit value valor de salida esperado.

expected expenditures gastos esperados.

expected expenses gastos esperados.

expected life vida esperada.

expected loss pérdida esperada.

expected loss ratio razón de pérdidas esperadas.

expected monetary value valor monetario esperado.

expected mortality mortalidad esperada.

expected return rendimiento esperado.

expected value valor esperado.

expected volume volumen esperado.

expediency conveniencia, utilidad, rapidez.

expedient conveniente, útil, rápido.

expediment bienes muebles.

expedite apresurar, despachar, facilitar.

expedition expedición, despacho, prontitud.

expeditious expeditivo, pronto.

expel expulsar.

expend consumir, gastar.

expendable prescindible, gastable.

expenditure desembolso, gasto.

expenditure account cuenta para gastos, cuenta de gastos.

expenditure budget presupuesto para gastos.

expenditure budgeting presupuestación para gastos.

expenditure fund fondo para gastos.

expenditure in carrying on business gastos ordinarios y necesarios de operar un negocio.

expenditure incurred gasto incurrido.

expenditure item partida de gastos.

expenditure limitation limitación de gastos.

expenditure ratio razón de gastos.

expenditure reimbursement reembolso de gastos.

expenditure report informe de gastos.

expenditure reserve reserva para gastos.

expenditures analysis análisis de gastos.

expense gasto, desembolso, costo, coste.

expense account cuenta para gastos.

expense approach acercamiento de gastos.

expense budget presupuesto para gastos.

expense budgeting presupuestación para gastos.

expense constant constante de gastos.

expense fund fondo para gastos.

expense in carrying on business gastos ordinarios y necesarios de operar un negocio.

expense incurred gasto incurrido.

expense item partida de gastos.

expense limitation limitación de gastos.

expense ratio razón de gastos.

expense reimbursement reembolso de gastos.

expense report informe de gastos.

expense reserve reserva para gastos.

expensive caro.

experience experiencia.

experience curve curva de experiencia.

experienced mortality mortalidad experimentada.

experience rating determinación de primas de seguro a base de la experiencia previa del asegurado con la compañía aseguradora, nivel de experiencia.

experience refund reembolso por experiencia.

expertise pericia, experiencia.

expiration expiración, vencimiento, caducidad.

expiration cycle ciclo de expiraciones.

expiration date fecha de expiración, fecha de vencimiento, fecha de caducidad.

expiration notice aviso de expiración, aviso de vencimiento.

expiration time hora de expiración.

expire expirar, vencer, caducar.

expired expirado, vencido, caducado.

expired account cuenta expirada, cuenta vencida, cuenta caducada.

expired card tarjeta expirada, tarjeta vencida, tarjeta caducada.

expired credit card tarjeta de crédito expirada.

expired insurance seguro expirado.

expired insurance policy póliza de seguro expirada.

expired policy póliza expirada.

explanation explicación.
explanatory explicativo.
explicit explícito.
explicit costs costos explícitos.
explicit interest intereses explícitos.
explicitly explícitamente.
explicit pricing sistema de cargos explícitos.
exploit explotar.
exploitation explotación.
explosion insurance seguro contra explosiones.
export n artículos de exportación.
export v exportar.
exportation exportación.
export broker corredor de exportación.
export capacity capacidad de exportación.
export cartel cartel de exportación.
export certificate certificado de exportación.
export controls controles de exportación.
export declaration declaración de exportación.
export department departamento de exportación.
export division división de exportación.
export documents documentos de exportación.
export duties derechos de exportación.
export earnings ingresos de exportación.
exporter exportador.
export incentives incentivos para la exportación.
exporting country país exportador.
exporting nation nación exportadora.
export insurance seguro de exportación.
export letter of credit carta de crédito de exportación.
export license autorización de exportación.
export office oficina de exportación.
export permit permiso de exportación.
export quotas cuotas de exportación.
export rate tasa de exportación.
export restrictions restricciones de exportación.

export subsidies subsidios de exportación.
export surplus superávit de exportación.
export tariff tarifa de exportación.
export tax impuesto de exportación.
export value valor de exportación.
export volume volumen de exportación.
exposure exposición.
express adj expreso, exacto.
express n transporte rápido.
express acceptance aceptación expresa.
express agreement convenio expreso, acuerdo expreso.
express authority autorización expresa.
express company compañía que hace entregas rápidas de paquetes.
express condition condición expresa.
express consent consentimiento expreso.
express consideration contraprestación expresa.
express contract contrato expreso.
express covenant estipulación expresa, convenio expreso.
express license licencia expresa, patente directa.
express obligation obligación expresa.
express permission permiso expreso.
express terms términos expresos.
express trust fideicomiso expreso.
express waiver renuncia de derecho voluntaria.
express warranty garantía expresa.
expropriation expropiación.
ex rights sin derechos de suscripción.
extend extender, conceder, aplazar.
extended extendido, prolongado.
extended coverage cobertura extendida.
extended coverage endorsement endoso de cobertura extendida.
extended credit crédito extendido.
extended insurance cobertura de seguro extendido.
extended insurance coverage cobertura de seguro extendido.
extended term insurance seguro de término extendido.

extended terms términos extendidos.

extend the risk ampliar el riesgo.

extend the term ampliar el plazo.

extension extensión, prórroga.

extension agreement acuerdo de extensión.

extension charge cargo por extensión.

extension clause cláusula de extensión.

extension fee cargo por extensión.

extension of coverage ampliación de cobertura.

extension of credit otorgamiento de crédito, prórroga del plazo de pago.

extension of mortgage extensión de hipoteca.

extension of patent prórroga de patente.

extension of the term ampliación del plazo.

extension of time prórroga.

extent alcance, extensión.

external account cuenta externa.

external audit auditoría externa.

external auditor auditor externo.

external balance saldo externo.

external debt deuda externa.

external deficit déficit exterior.

external documents documentos externos.

external funds fondos externos.

external report informe externo.

external surplus superávit exterior.

external trade comercio exterior.

extinguish extinguir, cancelar.

extinguishment of debts extinción de deudas.

extortion extorsión.

extortionate de precio excesivo, exorbitante.

extortionate credit usura.

extra charges cargos adicionales.

extra costs costos adicionales.

extra dividend dividendo adicional.

extra expenditures gastos adicionales.

extra expense insurance seguro para gastos adicionales.

extra expenses gastos adicionales.

extra fees cargos adicionales.

extrahazardous condiciones de gran peligro.

extraordinary extraordinario.

extraordinary average avería extraordinaria.

extraordinary budget presupuesto extraordinario.

extraordinary budgeting presupuestación extraordinaria.

extraordinary dividend dividendo extraordinario.

extraordinary gain ganancia extraordinaria.

extraordinary loss pérdida extraordinaria.

extraordinary repairs reparaciones extraordinarias.

extraordinary risk riesgo extraordinario.

extrapolation extrapolación.

extra premium prima adicional.

extra work trabajo adicional.

ex warrant sin certificado de derechos de compra.

fabrication fabricación.

face amount valor nominal.

face-amount certificate certificado de valor nominal.

face amount of bond valor nominal de un bono.

face amount of policy valor nominal de una póliza.

face capital capital nominal.

face interest rate tasa de interés nominal.

face of policy texto de una póliza, valor nominal de una póliza.

face rate tasa de interés nominal.

face value valor nominal.

facilitating agency agencia de facilitación.

facilities facilidades, instalaciones.

facility of payment clause cláusula permitiendo que el asegurado y beneficiario asignen una persona a quien se harán los pagos.

facsimile facsímil, telefacsímil.

facsimile signature firma facsimilar, firma enviada por telefacsímil.

facsimile transmission transmisión por telefacsímil.

factor factor, agente comercial.

factorage comisión, remuneración al agente comercial, labor del agente comercial.

factor analysis análisis de factores.

factor comparison method método de comparación de factores.

factor cost costo de factores.

factor-cost line línea de costo-factor.

factorial analysis análisis factorial.

factoring venta a descuento de las cuentas a pagar.

factor of production factor de producción.

factor's lien gravamen del agente comercial.

factory fábrica, taller.

factory acts leyes que regulan las condiciones de trabajo.

factory costs costos de fábrica.

factory expenditures gastos de fábrica.

factory expenses gastos de fábrica.

factory overhead gastos fijos de fábrica.

factory overhead budget presupuesto de gastos fijos de fábrica.

factory overhead budgeting presupuestación de gastos fijos de fábrica.

factory price precio de fábrica.

factual basado en hechos, cierto.

facultative facultativo.

facultative compensation compensación facultativa.

facultative reinsurance reaseguro facultativo.

fail fallar, quebrar, fracasar.

failed quebrado, insolvente, fracasado.

failed bank banco quebrado.

failing circumstances estado de insolvencia.

fail to deliver situación de no entregar.

fail to fulfill dejar de cumplir.

fail to receive situación de no recibir.

failure fracaso, quiebra, incumplimiento.

failure of condition incumplimiento de condición.

failure of consideration disminución en el valor de la contraprestación, falta de contraprestación.

failure of title falta de título válido.

failure of trust ineficacia de un fideicomiso.

failure to act omisión de un acto.

failure to bargain collectively negativa a negociar colectivamente.

failure to comply incumplimiento.

failure-to-file penalty penalidad por no rendir planilla.

failure to make delivery falta de entrega.

failure to meet obligations incumplimiento de las obligaciones.

failure to pay taxes incumplimiento en el pago de contribuciones.

failure to perform incumplimiento.

fair and reasonable consideration contraprestación justa y razonable.

fair and reasonable value valor justo y razonable.

fair and valuable consideration contraprestación justa y adecuada.

fair cash value valor justo de mercado.

fair competition competencia leal, competencia justa y equitativa.

fair consideration contraprestación justa.

fair credit acts leyes de crédito justo.

fair dealing negociación justa, trato justo.

fair market price precio justo en el mercado.

fair market rent renta justa en el mercado.

fair market value valor justo en el mercado.

fair offer oferta razonable.

fair price precio justo.

fair rate of return tasa de rendimiento justa.

fair rent renta razonable.

fair return rendimiento razonable.

fair return on investment rendimiento razonable de una inversión.

fair sale venta judicial justa e imparcial, venta justa e imparcial.

fair trade competencia justa y razonable.

fair trade acts leyes sobre competencia justa y razonable.

fair trade policy política sobre competencia justa y razonable.

fair value valor justo, valor justo en el mercado.

fair yield rendimiento razonable.

fake adj falso, falsificado, fraudulento.

fake n imitación, falsificación.

fake v falsificar.

fallback reserva, recurso de emergencia.

fall due ser pagadero, caducar.

fallen building clause cláusula de edificio caído.

falling decreciente.

falling rate tasa decreciente.

fall in prices baja de precios.

false advertising publicidad engañosa.

false and fraudulent falso y fraudulento.

false check cheque sin fondos, cheque falso.

false claim declaración fraudulenta, reclamación fraudulenta.

false document documento falso, documento falsificado.

false entry asiento falsificado.

false fact hecho falso.

falsehood falsedad.

false instrument instrumento falsificado.

falsely falsamente.

false representation representación falsa, declaración falsa.

false return planilla contributiva falsa.

false statement declaración falsa, estado falsificado.

false token documento falso, indicación de la existencia de algo con motivos fraudulentos.

false weights balanzas erróneas.

falsification falsificación.

falsification of books falsificación de libros.

falsified falsificado.

falsified signature firma falsificada.

falsified statement estado falsificado.

falsify falsificar.

family allowance deducción familiar.

family company compañía familiar.

family corporation corporación familiar.

family coverage cobertura familiar.

family enterprise empresa familiar.

family expense insurance seguro de gastos familiares.

family income policy póliza de ingresos familiares.

family of brands familia de marcas.

family of funds familia de fondos mutuos.

family policy póliza familiar.

fare tarifa, pasajero.

farm credit crédito agrícola.

farm enterprise empresa agrícola.

farmers' association asociación agrícola.

farmers' cooperative cooperativa agrícola.

farm income ingresos agrícolas.

farm labor trabajo agrícola.

farm laborer trabajador agrícola.

farm loan préstamo agrícola.

farm out dar por contrato, arrendar, subcontratar.

farm products productos agrícolas.

farm subsidy subsidio agrícola.

farm worker trabajador agrícola.

faulty defectuoso, incompleto.

favor n favor, privilegio.

favor v favorecer, apoyar.

favorable favorable.

favorable balance of payments balanza de pagos favorable.

favorable price precio favorable.

favorable trade balance balanza comercial favorable.

favorable variance varianza favorable.

favoritism favoritismo.

feasance cumplimiento.

feasibility viabilidad, factibilidad.

feasibility study estudio de viabilidad, estudio de factibilidad.

feasible factible, viable, razonable.

feasibleness viabilidad, posibilidad.

featherbedding tácticas laborales para aumentar innecesariamente la cantidad de empleados o el tiempo necesario para hacer un trabajo, exceso de personal.

feature característica, aspecto.

federal federal.

federal agency agencia federal.

federal agency securities valores de agencias federales.

federal aid ayuda federal.

federal assistance asistencia federal.

federal budget presupuesto federal.
federal budgeting presupuestación federal.
federal debt deuda federal.
federal debt limit límite de deuda federal.
federal deficit déficit federal.
federal expenditure gasto federal.
federal funds fondos federales.
federal funds market mercado de fondos federales.
federal funds rate tasa de fondos federales.
federal government securities valores de gobierno federal.
federal income taxes impuestos sobre ingresos federales.
federal reserve reserva federal.
federal revenue ingresos federales.
federal taxation imposición federal.
federal taxes impuestos federales.
fee honorario, compensación, cargo, impuesto, dominio.
fee absolute dominio absoluto, pleno dominio.
fee checking account cuenta de cheques a base de cargos.
feedback retroalimentación.
fee expectant transmisión de propiedad a un matrimonio y sus descendientes directos, dominio expectante.
fee simple dominio simple, pleno dominio.
fee simple absolute dominio absoluto, pleno dominio.
fee simple conditional dominio condicional.
fee simple defeasible dominio sobre un inmueble sujeto a condición resolutoria.
fellow laborer colaborador.
felonious criminal, con intención criminal, malicioso.
feloniously criminalmente, malvadamente.
felony crimen, delito grave.
fence n cerca, quien recibe objetos robados, traficante de objetos robados.
fence v cercar, traficar objetos robados.
fencing patents patentes para ampliar lo que se protege como parte de la invención.

feneration usura, devengar intereses, intereses devengados.
ferial days días feriados.
ferry n transbordador, barco de transporte, barco de pasaje.
ferry v barquear, transportar en barco.
ferry franchise concesión otorgada a un servicio de transbordador.
fiat money dinero fiduciario, moneda de curso legal por decreto gubernamental.
fictitious assets activo ficticio.
fictitious bidding ofertas ficticias en una subasta para elevar las demás ofertas.
fictitious credit crédito ficticio.
fictitious debt deuda ficticia.
fictitious group grupo ficticio.
fictitious name nombre ficticio.
fictitious payee beneficiario ficticio.
fictitious payment pago ficticio.
fictitious person persona ficticia.
fictitious promise promesa ficticia.
fictitious receipt recibo ficticio.
fictitious registration registro ficticio.
fidelity fidelidad, exactitud.
fidelity and guaranty insurance seguro contra ciertas conductas de parte de ciertas personas, seguro contra estafas de empleados.
fidelity bond caución de fidelidad, fianza de fidelidad.
fidelity insurance seguro contra ciertas conductas de parte de ciertas personas, seguro contra estafas de empleados.
fiducial fiduciario, de confianza.
fiduciary adj fiduciario.
fiduciary n fiduciario, persona de confianza.
fiduciary accounting contabilidad fiduciaria.
fiduciary capacity capacidad fiduciaria.
fiduciary contract contrato fiduciario.
fiduciary debt deuda fiduciaria.
fiduciary loan préstamo fiduciario.
fiduciary money dinero fiduciario.
fiduciary relation relación fiduciaria, relación de confianza.
fiduciary service servicio fiduciario.
field campo.
field agent agente de campo.

field audit auditoría de campo.

field auditor auditor de campo.

field employee empleado de campo.

field representative representante de campo.

field research investigación de campo.

field services servicios de campo.

field staff personal de campo.

field warehouse receipt recibo de bienes en almacenaje, recibo de bienes en depósito.

fifteen-year mortgage hipoteca de quince años.

figure cifra.

filch ratear, robar cantidades pequeñas de dinero.

filcher ratero, quien hurta cantidades pequeñas de dinero.

filching ratería, robo de cantidades pequeñas de dinero.

file n archivo, expediente, registro, fichero.

file v archivar, registrar, radicar.

file a return radicar una planilla.

file a tax return radicar una planilla contributiva.

file clerk archivero.

file jointly radicar conjuntamente.

file separately radicar separadamente.

filing colocar en archivo, acto de registrar, radicación.

filing of articles of incorporation registro del acta constitutiva de una corporación.

filing status estado civil para efectos contributivos.

fill a vacancy llenar una vacante.

fill or kill orden que se cancela si no se ejecuta inmediatamente.

final final, decisivo.

final acceptance aceptación final.

final assembly ensamblaje final.

final assessment tasación final.

final buyer comprador final.

final consumer consumidor final.

final date fecha límite, fecha de vencimiento.

final dividend dividendo final.

final expense fund fondo de gastos finales.

final invoice factura final.

finality of payment finalidad de pago.

final list lista final.

final product producto final.

final report informe final.

final sales ventas finales.

final user usuario final.

final value estimate estimado de valor final.

finance n finanzas.

finance v financiar.

finance bill letra financiera.

finance charge cargo por financiamiento.

finance company compañía financiera.

finance corporation corporación financiera.

finance cost costo por financiamiento.

financed financiado.

finance department departamento financiero.

financed premium prima financiada.

finance expenditure gasto por financiamiento.

finance expense gasto por financiamiento.

finance fees cargos por financiamiento.

finance lease arrendamiento financiero.

finance market mercado financiero.

finance office oficina financiera.

financial financiero.

financial accounting contabilidad financiera.

financial adjustment ajuste financiero.

financial administration administración financiera.

financial administrator administrador financiero.

financial adviser asesor financiero.

financial agent agente financiero.

financial aid ayuda financiera.

financial analysis análisis financiero.

financial analyst analista financiero.

financial arrangement arreglo financiero.

financial assets activo financiero.

financial assistance asistencia financiera.

financial authorities autoridades financieras.

financial bookkeeping contabilidad financiera.

financial break-even point punto crítico financiero.

financial budget presupuesto financiero.

financial budgeting presupuestación financiera.

financial capital capital financiero.

financial center centro financiero.

financial compensation compensación financiera.

financial condition condición financiera.

financial contingency contingencia financiera.

financial controls controles financieros.

financial costs costos financieros.

financial counseling asesoramiento financiero.

financial decision decisión financiera.

financial development desarrollo financiero.

financial feasibility viabilidad financiera.

financial flow flujo financiero.

financial forecast pronóstico financiero.

financial futures futuros financieros, instrumentos financieros a plazo.

financial guaranty garantía financiera.

financial guaranty garantía financiera.

financial information información financiera.

financial innovation innovación financiera.

financial institution institución financiera.

financial instrument instrumento financiero.

financial interest interés financiero.

financial intermediary intermediario financiero.

financial investment inversión financiera.

financial lease arrendamiento financiero.

financial leasing arrendamiento financiero.

financial leverage apalancamiento financiero.

financial liabilities pasivo financiero.

financial loss pérdidas financieras.

financially able solvente.

financial management administración financiera.

financial manager administrador financiero.

financial market mercado financiero.

financial model modelo financiero.

financial obligation obligación financiera.

financial operation operación financiera.

financial paper papel financiero.

financial participation participación financiera.

financial plan plan financiero.

financial planner planificador financiero.

financial planning planificación financiera.

financial policy política financiera.

financial position posición financiera.

financial privacy privacidad financiera.

financial projection proyección financiera.

financial pyramid pirámide financiera.

financial ratio razón financiera.

financial ratio analysis análisis de razones financieras.

financial records registros financieros.

financial report informe financiero.

financial resources recursos financieros.

financial responsibility responsabilidad financiera.

financial responsibility clause cláusula de responsabilidad financiera.

financial results resultados financieros.

financial risk riesgo financiero.

financial services servicios financieros.

financial solvency solvencia financiera.

financial statement estado financiero.

financial statement analysis análisis de estados financieros.

financial statement audit auditoría de estados financieros.

financial structure estructura financiera.

financial support apoyo financiero.

financial system sistema financiero.

financial uncertainty incertidumbre financiera.

financial year año financiero.

financier financiero.

financing financiamiento.

financing assistance asistencia en financiamiento.

financing business negocio de financiamiento.

financing cost costo de financiamiento.

financing expenditures gastos de financiamiento.

financing expenses gastos de financiamiento.

financing method método de financiamiento.

financing plan plan de financiamiento.

financing statement declaración de colateral para financiamiento.

finder intermediario que pone en contacto a dos partes para una oportunidad comercial, intermediario.

finder's fee comisión por poner en contacto a dos partes, comisión de intermediario.

fine adj muy bueno, selecto, fino.

fine n multa.

fine v multar.

fine print cláusulas de un contrato escritas con letras pequeñas y ubicadas de modo que no se noten fácilmente.

finished goods productos terminados.

finished goods inventory inventario de productos terminados.

finished products productos terminados.

finished products inventory inventario de productos terminados.

fire alarm alarma de incendios, alarma contra incendios.

fire insurance seguro contra incendios.

fire loss pérdida por causa de fuego.

firm adj firme, final.

firm n empresa, firma.

firm bid oferta firme, oferta en firme.

firm buyer comprador firme, comprador en firme.

firm commitment compromiso firme, ofrecimiento en que los suscriptores compran los valores que se ofrecerán al público.

firm name nombre de empresa.

firm offer oferta firme, oferta en firme.

firm order orden firme, orden en firme.

firm price precio firme, precio en firme.

firm quote cotización firme, cotización en firme.

firm seller vendedor firme, vendedor en firme.

first call primera fecha de redención.

first call date primera fecha de redención.

first day notice aviso del primer día.

first-dollar coverage cobertura desde el primer dólar.

first-in-first-out salida en orden de entrada.

first-in-last-out salida en orden inversa de entrada.

first lien privilegio de primer grado, gravamen de primer rango, primer gravamen, primera hipoteca.

first mortgage primera hipoteca, hipoteca en primer grado.

first option primera opción, derecho de preferencia.

first order primera orden.

first policy year primer año de vigencia de una póliza.

first premium primera prima.

first refusal right derecho de tener la primera oportunidad de comprar un inmueble al estar disponible.

fiscal fiscal.

fiscal administration administración fiscal.

fiscal affairs asuntos fiscales.

fiscal agency agencia fiscal.

fiscal agent agente fiscal.

fiscal authorities autoridades fiscales.

fiscal dividend dividendo fiscal.

fiscal management administración fiscal.

fiscal monopoly monopolio fiscal.

fiscal period período fiscal.

fiscal policy política fiscal.

fiscal revenues ingresos fiscales.

fiscal system sistema fiscal.

fiscal tax year año contributivo fiscal.

fiscal year año fiscal.

fix fijar, determinar.

fix a price fijar un precio.

fixation fijación.

fixed fijo, establecido.

fixed-amount annuity anualidad de cantidad fija.

fixed annuity anualidad fija.

fixed assets activo fijo.

fixed asset turnover razón de ventas a activo fijo.

fixed benefits beneficios fijos.

fixed budget presupuesto fijo.

fixed budgeting presupuestación fija.

fixed capital capital fijo.

fixed-charge coverage cobertura de costos fijos.

fixed-charge coverage ratio razón de cobertura de costos fijos.

fixed charges cargos fijos.

fixed cost contract contrato de costo fijo.

fixed costs costos fijos.

fixed credit line línea de crédito fija.

fixed debt deuda fija.

fixed deposit depósito a plazo fijo.

fixed depreciation amortización fija.

fixed-dollar annuity anualidad de cantidad fija.

fixed exchange rate tipo de cambio fijo.

fixed expenditures gastos fijos.

fixed expenses gastos fijos.

fixed factors factores fijos.

fixed fee cargo fijo.

fixed income ingreso fijo.

fixed-income investment inversión de ingreso fijo.

fixed-income market mercado de inversiones de ingreso fijo.

fixed-income securities valores de ingreso fijo.

fixed interest interés fijo.

fixed interest rate tasa de interés fija.

fixed liabilities pasivo fijo.

fixed obligation obligación fija.

fixed parity paridad fija.

fixed-payment mortgage hipoteca de pagos fijos.

fixed payments pagos fijos.

fixed period período fijo.

fixed premium prima fija.

fixed price precio fijo.

fixed-price contract contrato a precio fijo.

fixed rate tasa fija.

fixed-rate financing financiamiento a tasa de interés fija.

fixed-rate loan préstamo de tasa de interés fija.

fixed-rate mortgage hipoteca de tasa de interés fija.

fixed rent renta fija.

fixed salary salario fijo.

fixed sampling muestreo fijo.

fixed selling price precio de venta fijo.

fixed tax impuesto fijo.

fixed term plazo fijo.

fixed trust fideicomiso fijo.

fixture instalación.

flash check cheque conscientemente girado sin fondos, cheque falso.

flat fijo, uniforme, sin intereses acumulados, neto.

flat cancelation cancelación de la póliza el día de vigencia.

flat charge cargo fijo.

flat commission comisión fija.

flat deductible deducible fijo.

flat fee cargo fijo.

flat-fee broker corredor de cargo fijo.

flat lease arrendamiento de pagos fijos.

flatly categóricamente, totalmente.

flat rate tasa fija, tarifa fija.

flat scale escala fija.

flat tax impuesto fijo.

flaw imperfección, falta, defecto.

flawless impecable.

fleet flota.

fleet policy póliza sobre una flota de vehículos.

flexible flexible.

flexible account cuenta flexible.

flexible benefit plan plan de beneficios flexible.

flexible budget presupuesto flexible.

flexible budget formula fórmula de presupuesto flexible.

flexible budgeting presupuestación flexible.

flexible budget variance varianza de presupuesto flexible.

flexible exchange rate tipo de cambio flexible.

flexible hours horario flexible.

flexible interest rate tasa de interés flexible.

flexible manufacturing manufactura flexible.

flexible mortgage hipoteca flexible.

flexible-payment mortgage hipoteca de pagos flexibles.

flexible premium prima flexible.

flexible-premium annuity anualidad de primas flexibles.

flexible-premium insurance seguro de primas flexibles.

flexible-premium life seguro de vida de primas flexibles.

flexible-premium life insurance seguro de vida de primas flexibles.

flexible prices precios flexibles.

flexible rate tasa flexible.

flexible-rate loan préstamo de tasa flexible.

flexible-rate mortgage hipoteca de tasa flexible.

flexible schedule horario flexible.

flexible spending account cuenta de gastos flexibles.

flexible tariff tarifa flexible.

flexitime horario flexible.

flextime horario flexible.

flight of capital fuga de capital.

flight to quality tendecia hacia la compra de inversiones seguras para contrarrestar factores adversos del mercado.

float n tiempo entre la emisión de un cheque y el registro del débito, tiempo entre la fecha de un pago esperado y el pago efectivo, bienes en el curso de su elaboración, emisión de una inversión, flotación.

float v emitir, poner, negociar, flotar.

floater póliza de artículos sin un lugar fijo, instrumento de deuda de tasa variable.

floater policy póliza de artículos sin un lugar fijo.

floating flotante, circulante.

floating assets activo circulante.

floating capital capital circulante.

floating charge gasto flotante.

floating currency moneda flotante.

floating currency exchange rate tipo de cambio de moneda flotante.

floating debt deuda flotante.

floating exchange cambio flotante.

floating exchange rate tipo de cambio flotante.

floating interest rate tasa de interés flotante.

floating policy póliza flotante.

floating rate tasa flotante.

floating-rate certificate of deposit certificado de depósito de tasa flotante.

floating-rate loan préstamo de tasa flotante.

floating-rate mortgage hipoteca de tasa flotante.

floating-rate note instrumento de deuda de tasa flotante.

floating-rate preferred securities valores preferidos de tasa flotante.

floating-rate preferred shares acciones preferidas de tasa flotante.

floating-rate preferred stock acciones preferidas de tasa flotante.

floating stock emitir acciones.

floating zone zonificación en la que se asigna cierta proporción del área total a usos determinados pero no lugares específicos para estos usos.

flood insurance seguro contra inundaciones.

floor amount cantidad mínima.

floor loan préstamo mínimo.

floor price precio mínimo.

flotation cost costo de emitir acciones, costo de emitir bonos.

flowchart organigrama.

flow of costs flujo de costos.

flow of funds flujo de fondos.

flow-of-funds analysis análisis de flujo de fondos.

flow of work flujo del trabajo.

fluctuating fluctuante.

fluctuating interest rate tasa de interés fluctuante.

fluctuating rate tasa fluctuante.

fluctuating rate loan préstamo de tasa fluctuante.

fluctuating rate mortgage hipoteca de tasa fluctuante.

fluctuating unemployment desempleo fluctuante.

fluctuation fluctuación.

fluctuation interval intervalo de fluctuación.

fluctuation limit límite de fluctuación.

fluctuation range intervalo de fluctuación.

fly-by-night cuestionable, sospechoso.

folio folio, hoja, numeración de hojas, página.

follow-up seguimiento.

follow-up letter carta de seguimiento.
for account of para la cuenta de.
forbear desistir de, tolerar.
forbearance tolerancia, tolerancia por incumplimiento de pago.
forced conversion conversión forzada.
forced loan préstamo forzado.
forced sale venta forzada.
forced savings ahorros forzosos.
forces of the market fuerzas del mercado.
for collection al cobro.
for deposit only sólo para depósito.
forecast pronóstico.
forecasting pronosticación.
foreclose impedir, concluir, privar del derecho de redención a un deudor hipotecario, ejecutar una hipoteca.
foreclosure juicio hipotecario, ejecución hipotecaria, ejecución, extinción del derecho de redimir una hipoteca.
foreclosure decree decreto judicial para la ejecución hipotecaria.
foreclosure sale venta de un inmueble hipotecado para pagar la deuda, venta judicial.
foregift pago de prima por encima del alquiler de parte de un arrendatario, prima de arriendo.
foreign exterior, extranjero.
foreign account cuenta exterior.
foreign agent agente extranjero.
foreign aid ayuda exterior.
foreign assets activo exterior.
foreign assistance asistencia exterior.
foreign bill of exchange letra de cambio extranjera.
foreign bond bono extranjero.
foreign branch sucursal extranjera.
foreign capital capital externo.
foreign commerce comercio exterior.
foreign content contenido extranjero.
foreign corporation corporación extranjera, corporación establecida en otro estado.
foreign currency divisa, moneda extranjera.
foreign currency account cuenta en moneda extranjera.
foreign currency debt deuda en moneda extranjera.

foreign currency futures futuros de divisas.
foreign currency loan préstamo en moneda extranjera.
foreign currency transaction transacción en divisa.
foreign currency translation traducción de divisas.
foreign debt deuda exterior.
foreign demand demanda extranjera.
foreign department departamento extranjero.
foreign deposit depósito extranjero.
foreign direct investment inversión directa extranjera.
foreign division división extranjera.
foreign document documento extranjero.
foreign domicile domicilio extranjero.
foreign enterprise empresa extranjera.
foreign exchange divisas, intercambio de divisas, moneda extranjera, intercambio de moneda extranjera.
foreign exchange assets activo en divisas.
foreign exchange control control de divisas.
foreign exchange futures divisas a término.
foreign exchange market mercado de divisas.
foreign exchange permit permiso de divisas.
foreign exchange rate tipo de cambio de divisas.
foreign exchange reserves reserva de divisas.
foreign exchange restrictions restricciones de divisas.
foreign exchange risk riesgo de divisas.
foreign exchange transaction transacción de divisas.
foreign firm empresa extranjera.
foreign goods productos extranjeros.
foreign income ingresos extranjeros.
foreign investment inversión extranjera.
foreign liabilities pasivo exterior.
foreign loan préstamo extranjero.
foreign money dinero extranjero.
foreign port puerto extranjero.
foreign securities valores extranjeros.

foreign tax impuesto extranjero.
foreign tax credit crédito impositivo extranjero.
foreign tax deduction deducción impositiva extranjera.
foreign trade comercio exterior.
foreign trade agency agencia de comercio exterior.
foreign trade balance balanza de comercio exterior.
foreign trade bank banco de comercio exterior.
foreign trade policy política de comercio exterior.
foreign trade zone zona de comercio exterior.
forensic accountant contador forense.
foreseeable previsible.
forestall impedir, acaparar.
forestalling the market acaparamiento del mercado.
forestallment prevención, anticipación.
forever eternamente.
forfeit perder, confiscar.
forfeitable sujeto a pérdida, confiscable.
forfeiture pérdida, confiscación.
forge falsificar, fabricar.
forged falsificado.
forged check cheque falsificado.
forged document documento falsificado.
forger falsificador.
forgery falsificación.
forgery insurance seguro contra falsificación.
forgive perdonar, eximir.
forgo renunciar a, perder.
for hire para alquiler.
for life vitalicio.
form formulario, forma.
formal formal, expreso.
formal communication comunicación formal.
formal contract contrato formal.
formality formalidad, norma.
formalize formalizar, celebrar.
formal organization organización formal.
format formato, forma.
formation formación.
formation of trust formación de fideicomiso.

former buyer comprador anterior.
formula investing inversión mediante fórmula.
for purpose of para el propósito de, con la intención de.
fortaxed sujeto a impuestos injustos.
fortuitous fortuito.
fortuitous event evento fortuito.
fortuitous loss pérdida fortuita.
forty cuarenta acres en forma cuadrada.
for value received por contraprestación recibida.
forward enviar, reenviar, remitir.
forward buying compras más allá de las corrientemente necesarias.
forward contract contrato a término.
forward cover cobertura a término.
forward delivery entrega futura.
forward discount descuento a término.
forwarder agente expedidor, embarcador.
forward exchange rate tipo de cambio a término.
forwarding agent agente de expedición.
forwarding instructions instrucciones de envío.
forward interest rate tasa de interés a término.
forward market mercado a término.
forward premium prima a término.
forward price precio a término.
forward rate tasa a término.
forward rate agreement acuerdo de tasa de interés a término.
forward stock inventario protegido.
forward transaction transacción a término.
for whom it may concern a quien pueda interesar, a quien pueda corresponder.
foul bill of lading conocimiento de embarque señalando faltas, conocimiento tachado.
found fundar.
foundation fundación.
founded fundado.
founder's shares acciones del fundador.
fourth market cuarto mercado.
fraction fracción, porción.
fractional fraccionado.

fractional currency moneda fraccionada.

fractional reserves reserva fraccionaria.

fractional share acción fraccionada.

fraction of a day porción de un día.

franchise franquicia, privilegio.

franchise clause cláusula de franquicia.

franchised dealer concesionario, agente autorizado.

franchise tax impuesto sobre franquicias, impuesto corporativo, derechos de licencia.

franking privilege franquicia postal.

fraud fraude, dolo, abuso de confianza, engaño.

fraud in the inducement uso de fraude para inducir a firmar un documento, dolo principal.

fraudulence fraudulencia.

fraudulent fraudulento, doloso, engañoso.

fraudulent act acto fraudulento.

fraudulent alienation transferencia fraudulenta.

fraudulent bankruptcy quiebra fraudulenta.

fraudulent claim reclamación fraudulenta.

fraudulent concealment ocultación fraudulenta.

fraudulent conversion apropiación fraudulenta.

fraudulent conveyance transferencia fraudulenta.

fraudulent debt deuda fraudulenta.

fraudulent intent intención fraudulenta.

fraudulently fraudulentamente, engañosamente.

fraudulent misrepresentation declaración fraudulenta.

fraudulent representation declaración fraudulenta.

fraudulent sale venta fraudulenta.

free libre, exento, gratis.

free alongside franco al costado, libre al costado.

free alongside ship franco al costado de buque, libre al costado.

free and clear libre de gravámenes.

free area zona franca.

free balance balance mínimo sin cargos por servicios.

free checking account cuenta de cheques sin cargos.

free competition libre competencia.

free depreciation libre depreciación.

freedom of contract libertad de contratación.

free enterprise libre empresa.

freehold derecho de dominio absoluto.

freeholder dueño de propiedad inmueble, titular.

freehold in law derecho de dominio absoluto sin haber tomado posesión.

freely libremente.

free market mercado libre.

free of charge gratis.

free of customs libre de impuestos aduaneros.

free of tax libre de impuestos.

free on board franco a bordo, libre a bordo.

free period días de gracia, período de gracia.

free port puerto franco.

free reserves reserva disponible.

free trade libre comercio.

free-trade area zona franca, área de libre comercio.

free-trade zone zona franca, zona de libre comercio.

freeze congelar, congelar una cuenta, bloquear.

freeze-out el uso del poder corporativo para excluir a los accionistas minoritarios, excluir.

free zone zona franca.

freight n flete, cargamento, gasto de transporte.

freight v fletar, cargar.

freight booking reserva de cargamento.

freighter fletador, buque de carga.

freight forwarder despachador de cargas.

freight insurance seguro de cargamento.

freight mile una tonelada de cargamento transportado una milla.

freight rate flete, tarifa de transporte.

frequency frecuencia.

frequency distribution distribución de frecuencias.

frictional unemployment desempleo friccional.

friendly fire fuego intencionado y útil, fuego en su lugar debido.

fringe benefits beneficios extrasalariales, beneficios marginales.

frivolous tax return planilla frívola.

frontage la parte del frente de una propiedad, fachada.

front-end load fondo mutuo que cobra comisión al comprar acciones, comisión al comprar acciones de fondo mutuo.

front-end load mutual fund fondo mutuo que cobra comisión al comprar acciones.

front office oficinas de ejecutivos principales.

frozen congelado, fijo.

frozen account cuenta congelada.

frozen assets activo congelado.

frozen capital capital congelado.

frozen credit crédito congelado.

frustration of contract frustración de contrato.

fulfill cumplir, satisfacer.

fulfillment cumplimiento, realización.

full actual loss pérdida total real.

full amount cantidad completa, monto total.

full authority autoridad plena.

full budgeting presupuestación completa.

full capacity plena capacidad.

full cash value valor justo en el mercado.

full convertibility convertibilidad completa.

full cost costo total.

full costing costeo total.

full cost method método de costo total.

full coverage cobertura total.

full disclosure divulgación completa.

full employment pleno empleo.

full employment level nivel de pleno empleo.

full endorsement endoso completo.

full faith and credit respaldo de deuda de entidad gubernamental con todos sus recursos disponibles.

full indorsement endoso completo.

full payment pago total.

full price precio completo, precio total.

full retirement age edad de retiro para recibir todos los beneficios.

full satisfaction pago total de una deuda.

full-service agency agencia de servicios completos.

full-service bank banco de servicios completos.

full-service banking banca con servicios completos.

full-service broker casa de corretaje de servicios completos, corredor de servicios completos.

full stock acciones con valor a la par de cien dólares.

full time a tiempo completo.

full-time employee empleado a tiempo completo.

full-time employment empleo a tiempo completo.

full-time work trabajo a tiempo completo.

full-time worker trabajador a tiempo completo.

full value valor total.

full warranty garantía completa.

fully complétamente, totalmente.

fully amortized complétamente amortizado.

fully amortized loan préstamo complétamente amortizado.

fully diluted complétamente diluido.

fully distributed complétamente distribuido.

fully paid complétamente pagado.

fully paid policy póliza complétamente pagada.

fully registered complétamente registrado.

fully vested con derecho completo de pensión de retiro.

functional funcional.

functional accounting contabilidad funcional.

functional cost analysis análisis de costos funcional.

functional discount descuento funcional.

functional distribution distribución funcional.

functional obsolescence
obsolescencia por virtud de productos similares más recientes de utilidad superior.

functional organization organización funcional.

functional reporting of expenses informe de gastos funcional.

functional trade agreement acuerdo comercial funcional.

fund n fondo, reserva, capital.

fund v financiar, consolidar.

fundamental fundamental.

fundamental analysis análisis de lo fundamental, análisis fundamental.

fundamental term of contract cláusula esencial de un contrato.

funded financiado, consolidado.

funded debt deuda consolidada.

funded pension plan plan de pensión con fondos asignados.

funded retirement plan plan de retiro con fondos asignados.

fund group grupo de fondos.

funding financiamiento.

funds fondos.

funds administration administración de fondos.

funds administrator administrador de fondos.

funds application aplicación de fondos.

funds availability disponibilidad de fondos.

funds-flow analysis análisis de flujo de fondos.

funds management administración de fondos.

funds manager administrador de fondos.

funds transfer transferencia de fondos.

fungible fungible.

fungible goods bienes fungibles.

furnish proveer, suministrar.

furthest month mes más lejano.

fuse fundir, juntar.

fusion fusión.

future futuro.

future-acquired property bienes adquiridos después de un determinado hecho.

future depreciation depreciación futura.

future earnings ingresos futuros.

future estate derecho a bienes inmuebles en el futuro.

future interest interés futuro.

future price precio futuro.

futures convenios para adquirir mercancías en el futuro, futuros.

futures contract contrato para adquirir mercancías a término, contrato de futuros.

futures exchange bolsa de futuros, mercado de mercancías, lonja de mercancías.

futures market mercado a término, mercado de futuros.

future value valor futuro.

future value of an annuity valor futuro de una anualidad.

future worth valor futuro.

gain ganancia, beneficio, adquisición, ventaja.

gain contingency contingencia de ganancia.

gainful lucrativo, ventajoso, provechoso.

gainful activity actividad lucrativa.

gainful employment empleo provechoso.

gainful occupation empleo provechoso.

gainless infructuoso, desventajoso.

gambling juego.

gambling house casa de juego.

gambling place lugar de juego.

gambling tax impuesto sobre el juego.

gap loan préstamo de diferencia.

garble confundir maliciosamente, distorsionar hechos.

garner advertir, recopilar, acumular.

garnish embargar.

garnishee embargado.

garnisher embargante.

garnishment embargo, embargo de bienes en posesión de terceros.

general acceptance aceptación general.

general account cuenta general.

general accounting executive ejecutivo de contabilidad general.

general administration administración general.

general administrator administrador general.

general agency agencia general.

general agency system sistema de agencia general.

general agent agente general.

general agreement acuerdo general.

general assembly reunión general.

general assignment cesión general.

general audit auditoría general.

general authority autorización general.

general average avería gruesa, promedio general.

general average bond fianza de avería gruesa.

general average contribution contribución de avería gruesa.

general balance sheet balance general.

general cargo carga general.

general characteristics características generales.

general circulation circulación general.

general contingency reserve reserva de contingencia general.

general contractor contratista general.

general controller contralor general.

general covenant acuerdo general.

general credit credibilidad general.

general creditor acreedor ordinario.

general custom costumbre general.

general debt deuda general.

general decrease disminución general.

general department departamento general.

general deposit depósito general.

general depository depositario general.

general depreciation system sistema de depreciación general.

general endorsement endoso en blanco.

general equilibrium equilibrio general.

general equilibrium analysis análisis de equilibrio general.

general examination examinación general.

general expenditure gasto general.

general expense gasto general.

general export license autorización de exportación general.

general franchise autorización general.

general fund fondo general.

general guaranty garantía general.

general increase aumento general.

general indorsement endoso en blanco.

general insurance seguro general.

general journal libro general, libro diario.

general ledger libro mayor general.

general liability insurance seguro de responsabilidad general.

general lien gravamen general.

general long-term debt deuda a largo plazo general.

generally accepted accoutning principles normas contables generalmente aceptadas.

generally accepted auditing standards normas de auditoría generalmente aceptadas.

general management administración general.

general manager gerente general.

general meeting reunión general, asamblea general.

general meeting of shareholders asamblea general de accionistas.

general mortgage hipoteca general.

general mortgage bond bono de hipoteca general.

general obligation bond bono de obligación general.

general obligations obligaciones generales, responsabilidades generales, bonos de obligación general.

general operating expenditures gastos operativos generales.

general operating expenses gastos operativos generales.

general owner dueño.

general partner quien tiene responsabilidad personal y se encarga del manejo de una sociedad en comandita, socio general.

general partnership sociedad colectiva, sociedad regular colectiva.

general power of attorney poder general.

general price index índice de precios general.

general price level nivel de precios general.

general property propiedad, derecho de dominio absoluto.

general property form formulario de propiedad general.

general property tax impuesto sobre la propiedad general.

general provisions estipulaciones generales.

general proxy apoderado general, mandatario general, poder general.

general reserves reservas generales.

general retirement system sistema de retiro general.

general revenue ingresos generales.

general sales tax impuesto sobre ventas general.

general shareholders' meeting asamblea de accionistas general.

general strike huelga general, paro general.

general tariff tarifa general.

general tax impuesto general.

general tax lien gravamen fiscal general.

general tenancy arrendamiento sin duración fija.

general warranty garantía general.

general warranty deed escritura con garantía general.

generic genérico.

generic brand marca genérica.

generic identification identificación genérica.

generic market mercado genérico.

generic name nombre genérico.

generic product producto genérico.

generic trademark marca genérica.

genuine and valid genuino y válido.

geodemographic geodemográfico.

geodemographic marketing mercadeo geodemográfico.

germane pertinente, apropiado.

gift donación, regalo.

gift causa mortis donación por causa de muerte.

gift enterprise treta promocional mediante la que se dan participaciones en un sorteo a cambio de la compra de ciertos bienes.

gift in contemplation of death donación en anticipación de muerte.

gift in contemplation of marriage donación en anticipación de matrimonio.

gift inter vivos donación entre vivos.

gift tax impuesto sobre donaciones.

gift tax exclusion exclusión de impuesto sobre donaciones.

gilt edge de primera clase, de máxima garantía.

gilt-edge securities valores de primera clase.

give notice notificar.

give time extender un plazo.

global economy economía global.

global firm empresa global.

globalization globalización.

global marketing mercadeo global.

global quota cuota global.

go-between intermediario.

going concern empresa en marcha.

going-concern value valor de una empresa en marcha.

going price precio vigente, valor prevaleciente en el mercado.

going private proceso mediante el que una compañía se hace privada.

going public proceso mediante el que una compañía emite sus primeras acciones.

going rate tasa corriente.

gold certificate certificado oro.

gold cover reserva de oro.

golden parachute convenio que protege a los altos ejecutivos cuando una corporación cambia de control.

gold exchange standard patrón de cambio del oro.

gold fixing fijación del precio del oro.

gold market mercado del oro.

gold mutual fund fondo mutuo que invierte en acciones relacionadas al oro.

gold-pegged currency moneda vinculada al oro.

gold production producción del oro.

gold standard patrón oro.

gold transaction transacción en oro.

good and clear record title título de propiedad libre de defectos y gravámenes.

good and valid bueno y válido, adecuado.

good consideration contraprestación suficiente, contraprestación valiosa.

good delivery entrega con todo en ordern.

good faith buena fe.

good-faith bargaining negociaciones en buena fe.

good-faith deposit depósito en buena fe.

good-faith purchaser comprador de buena fe.

goodness of fit precisión del ajuste.

good record title título libre de gravámenes.

good repute buena reputación.

goods bienes, mercaderías.

goods and chattels bienes muebles.

goods and services bienes y servicios.

goods in transit bienes en tránsito.

goods on approval mercancías a prueba.

goods on consignment mercancías consignadas.

goods sold and delivered bienes vendidos y entregados.

good-this-month order orden en vigor este mes.

good-this-week order orden en vigor esta semana.

good title título libre de defectos.

good-until-cancelled order orden en vigor hasta ejecutarse o cancelarse.

goodwill buen nombre de una empresa, plusvalía.

government accounting contabilidad gubernamental.

governmental gubernamental.

government bill obligación gubernamental a corto plazo.

government bond bono gubernamental.

government debt deuda gubernamental.

government deposit depósito gubernamental.

government depository depositaría gubernamental.

government enterprise empresa gubernamental.

government expenditures gastos gubernamentales.

government fund fondo gubernamental.

government insurance seguro gubernamental.

government intervention intervención gubernamental.

government market mercado gubernamental.

government monopoly monopolio gubernamental.

government note obligación gubernamental a medio plazo.

government obligation obligación gubernamental.

government paper papel gubernamental.

government receipts ingresos gubernamentales.

government revenues ingresos gubernamentales.

government securities valores garantizados por el gobierno, valores gubernamentales.

government securities dealers comerciantes de valores garantizados por el gobierno.

government spending gastos gubernamentales.

grace period período de gracia.

grade n grado, declive, categoría.

grade v clasificar, nivelar, mejorar.

graded graduado.

graded death benefit beneficio por muerte graduado.

graded policy póliza graduada.

graded premium prima graduada.

graded premium insurance seguro de primas graduadas.

graded premium life seguro de vida de primas graduadas.

graded premium life insurance seguro de vida de primas graduadas.

gradual gradual.

graduated lease arrendamiento escalonado.

graduated-payment adjustable mortgage hipoteca ajustable de pagos progresivos.

graduated-payment adjustable mortgage loan préstamo hipotecario ajustable de pagos progresivos.

graduated-payment mortgage hipoteca de pagos progresivos.

graduated payments pagos progresivos.

graduated tax impuesto progresivo.

graduated wages salarios escalonados.

grandfather clause cláusula de ley que excluye a quienes ya participan en una actividad regulada de tener que adoptar ciertas normas nuevas.

grant n cesión, transferencia, autorización.

grant v otorgar, conceder, transferir, autorizar.

grant, bargain, and sell transferir y vender.

grant and to freight let fletamiento donde se transfiere la posesión.

grant a patent conceder una patente.

grant credit otorgar crédito.

grantee cesionario.

granter otorgante, cedente, donante.

granter trusts fideicomisos en los que el otorgante retiene control sobre los ingresos para efectos contributivos.

grant-in-aid subsidio gubernamental.

graphical method método gráfico.

gratuitous bailee depositario a título gratuito.

gratuitous bailment depósito a título gratuito.

gratuitous consideration contraprestación a título gratuito.

gratuitous contract contrato a título gratuito.

gratuitous deed escritura a título gratuito.

gratuitous deposit depósito a título gratuito.

gratuitous services servicios gratuitos.

gratuity algo a título gratuito, propina.

graveyard insurance seguro de vida obtenido fraudulentamente sobre las vidas de infantes o personas ancianas o enfermos de muerte, compañía aseguradora con prácticas poco prudentes.

graveyard shift turno de media noche.

gray market mercado gris.

gray market goods mercancías del mercado gris, mercancías de origen extranjero que se venden en los Estados Unidos usando una marca existente sin autorización.

greenmail pago sobre el valor del mercado que hace una compañía para recuperar acciones en manos de otra compañía e impedir una adquisición hostil.

gross accumulation acumulación bruta.

gross added value valor agregado bruto.

gross adventure préstamo a la gruesa.

gross average avería gruesa.

gross book value valor contable bruto.

gross cash flow flujo de fondos bruto.

gross debt deuda bruta.

gross deposits depósitos brutos.

gross dividend dividendo bruto.

gross domestic expenditure gasto doméstico bruto.

gross domestic income ingreso doméstico bruto.

gross domestic product producto doméstico bruto.

gross earnings ingresos brutos.

gross earnings form formulario de ingresos brutos.

gross estate patrimonio bruto.

gross federal debt deuda federal bruta.

gross income ingreso bruto, renta bruta.

gross income multiplier multiplicador de ingreso bruto.

gross interest interés bruto.

gross investment inversión bruta.

gross lease arrendamiento en que el arrendador paga todos los gastos.

gross line máximo bruto.

gross margin margen bruto, beneficio bruto.

gross margin ratio razón de margen bruto, razón de beneficio bruto.

gross national debt deuda nacional bruta.

gross national expenditure gasto nacional bruto.

gross national income ingreso nacional bruto.

gross national investment inversión nacional bruta.

gross national product producto nacional bruto.

gross output producción bruta.

gross premium prima bruta.

gross price method método de precio bruto.

gross proceeds réditos brutos, productos brutos.

gross profit ganancia bruta, beneficio bruto.

gross profit margin margen de ganancia bruta, margen de beneficio bruto.

gross profit method método de ganancia bruta, método de beneficio bruto.

gross profit on sales ganancia bruta de ventas, beneficio bruto de ventas.

gross profit ratio razón de ganancia bruta, razón de beneficio bruto.

gross profit test prueba de ganancia bruta, prueba de beneficio bruto.

gross rate tasa bruta.

gross receipts ingresos brutos.

gross rent renta bruta.

gross rent multiplier multiplicador de renta bruto.

gross return rendimiento bruto.

gross revenue ingresos brutos.

gross sales ventas brutas.

gross savings ahorros brutos.

gross spread margen bruto.

gross tonnage tonelaje bruto.

gross value valor bruto.

gross volume volumen bruto.

gross weight peso bruto.

gross yield rendimiento bruto.

ground lease arrendamiento de terreno vacante.

ground rent renta por el arrendamiento de un terreno vacante.

group annuity anualidad de grupo, anualidad colectiva.

group banking banca grupal.

group bonus bono grupal.

group certificate certificado grupal.

group contract contrato grupal.

group credit insurance seguro de crédito grupal.

group deferred annuity anualidad diferida grupal.

group depreciation depreciación grupal.

group disability insurance seguro de discapacidad grupal.

group discount descuento grupal.

group financial statement estado financiero grupal.

group health insurance seguro de salud grupal.

group incentive plan plan de incentivos grupal.

grouping agrupamiento.

group insurance seguro grupal, seguro colectivo.

group life insurance seguro de vida grupal.

group of companies grupo de compañías.

group permanent life insurance seguro de vida permanente grupal.

group term life seguro de vida de término grupal.

group term life insurance seguro de vida de término grupal.

growing equity mortgage hipoteca con pagos progresivos para amortizar más rápido el principal.

growth crecimiento, apreciación.

growth curve curva de crecimiento.

growth fund fondo mutuo con metas de apreciación.

growth mutual fund fondo mutuo con metas de apreciación.

growth portfolio cartera de valores de apreciación.

growth rate tasa de crecimiento.

growth stage etapa de crecimiento.

growth stocks acciones de apreciación.

grub stake contrato mediante el cual una parte provee el equipo necesario para minar mientras que la otra parte busca la tierra explotable.

guarantee n garantía, beneficiario de una garantía, fianza.

guarantee v garantizar.

guaranteed garantizado.

guaranteed additional payment pago adicional garantizado.

guaranteed amount cantidad garantizada.

guaranteed annual wage   salario anual garantizado.

guaranteed bond   bono garantizado.

guaranteed certificate of deposit   certificado de depósito garantizado.

guaranteed contract   contrato garantizado.

guaranteed credit   crédito garantizado.

guaranteed debt   deuda garantizada.

guaranteed deposit   depósito garantizado.

guaranteed income   ingreso garantizado.

guaranteed income contract   contrato de ingreso garantizado.

guaranteed insurability   asegurabilidad garantizada.

guaranteed interest   interés garantizado.

guaranteed investment contract   contrato de inversión garantizada.

guaranteed letter of credit   carta de crédito garantizado.

guaranteed loan   préstamo garantizado.

guaranteed mortgage   hipoteca garantizada.

guaranteed mortgage certificate   certificado de hipotecas garantizadas.

guaranteed mortgage loan   préstamo hipotecario garantizado.

guaranteed payments   pagos garantizados.

guaranteed price   precio garantizado.

guaranteed purchase option   opción de compra garantizada.

guaranteed rate   tasa garantizada.

guaranteed renewable contract   contrato renovable garantizado.

guaranteed renewable health insurance   seguro de salud renovable garantizado.

guaranteed renewable insurance   seguro renovable garantizado.

guaranteed renewable life insurance   seguro de vida renovable garantizado.

guaranteed securities   valores garantizados.

guaranteed shares   acciones con garantía externa de dividendos.

guaranteed stock   acciones con garantía externa de dividendos.

guaranteed wage   salario garantizado.

guarantor   garante, avalista.

guaranty   n garantía, beneficiario de una garantía, fianza.

guaranty   v garantizar.

guaranty   garantía, fianza.

guaranty agreement   convenio de garantía.

guaranty bond   fianza, fianza de garantía.

guaranty clause   cláusula de garantía.

guaranty company   compañía que otorga fianzas.

guaranty deposit   depósito de garantía.

guaranty fund   fondo de garantía.

guaranty letter   carta de garantía.

guaranty of signature   garantía de firma.

guaranty period   período de garantía.

guaranty reserve   reserva de garantía.

guaranty shares   acciones de garantía.

guaranty stock   acciones de garantía.

guardian   guardián.

guild   gremio.

habendum   cláusula de una escritura que define la extensión de los derechos transferidos.

habendum clause   cláusula de una escritura que define la extensión de los derechos transferidos.

habitable repair   estado de habitabilidad.

habitually   habitualmente.

habitual residence   residencia habitual.

haggle   regatear.

hail insurance   seguro contra granizo.

half-life   media vida.

half section   área de tierra conteniendo 320 acres.

half-stock   acciones con valor a la par de cincuenta dólares.

half-truth   verdad a medias.

hallmark   marca de legitimidad, marca de pureza, distintivo.

halt   parada, interrupción.

hammer venta forzada, subasta.

hand and seal firma y sello.

handle manejar, tratar, dirigir.

handling manejo, manipulación.

handling allowance descuento por manejo.

handling charges gastos de tramitación.

hand money señal, anticipo, depósito.

harass acosar, hostigar.

harassment acosamiento, hostigamiento.

hard currency moneda en metálico.

hard goods bienes de consumo duraderos.

hard money moneda en metálico.

hard sell técnicas de ventas a base de la insistencia.

hardship dificultad, apuro, penuria.

harmonization armonización.

harvest n cosecha, fruto.

harvest v recolectar, cosechar.

hash total total de control.

haste prisa, precipitación.

hasten apresurar, precipitar.

hastily apresuradamente, precipitadamente.

hastiness prisa, precipitación.

hasty apresurado, pronto.

haul arrastrar, transportar.

hauler transportador.

have and hold tener y poseer, tener y retener.

hawker vendedor ambulante.

hawking venta ambulante.

hazard riesgo, peligro.

hazard bonus bono por riesgo.

hazard insurance seguro contra riesgos.

hazardous peligroso, aventurado.

hazardous contract contrato aleatorio, contrato contingente.

hazardous employment empleo peligroso.

hazardous insurance seguro sobre personas en peligro especial, seguro sobre bienes en peligro especial.

hazard pay remuneración por trabajos peligrosos.

head of department jefe de departamento.

head office oficina central.

head of household cabeza de familia, jefe de familia.

head of sales jefe de ventas.

headquarters sede, oficina central.

head teller cajero principal.

health insurance seguro médico, seguro de salud.

health insurance contract contrato de seguro médico.

health insurance credit crédito por seguro médico.

health laws leyes de salud pública.

health maintenance organization organización de mantenimiento de salud.

health regulations reglamentaciones de salud pública, reglamentaciones de sanidad.

heavy industry industria pesada.

hectare hectárea.

hedge cobertura.

hedge fund fondo de protección.

hedging cobertura.

heir heredero.

heirs and assigns herederos y cesionarios.

held in trust tenido en fideicomiso.

heterogeneous heterogéneo.

heuristic heurístico.

hidden agenda agenda oculta.

hidden asset activo inscrito con un valor sustancialmente por debajo del valor del mercado.

hidden clause cláusula oculta.

hidden defect defecto oculto, vicio oculto.

hidden inflation inflación oculta.

hidden offer oferta oculta.

hidden reserve reserva oculta.

hidden tax impuesto oculto.

hidden unemployment desempleo oculto.

hierarchical jerárquico.

hierarchy jerarquía.

highest and best use uso que produzca el mayor provecho de un inmueble.

highest bidder postor más alto.

high finance altas finanzas.

high-grade de primera calidad.

high-grade bond bono de primera calidad.

high-growth venture empresa de alto crecimiento.

high-ratio loan préstamo de razón alta.

high-risk stocks acciones de alto riesgo.

high-technology stocks acciones de alta tecnología.

high-volume account cuenta de alto volumen.

highway tax impuesto de autopistas.

high-yield bond bono de alto rendimiento.

hinder estorbar, impedir.

hindrance estorbo, impedimento.

hire n arrendamiento, alquiler, remuneración.

hire v contratar, arrendar, alquilar.

hire out arrendarse, alquilarse, contratarse.

hirer arrendador, alquilador.

hiring at will locación por un plazo indeterminado.

hiring hall oficina de empleos.

histogram histograma.

historical cost costo histórico.

historical rate tasa histórica.

historical return rendimiento histórico.

historical structure estructura histórica.

historical summary resumen histórico.

historical yield rendimiento histórico.

hit-and-run accident accidente en el que el conductor se da a la fuga.

hoarding acaparamiento, cerca rodeando una construcción.

hoarding of commodities acaparamiento de mercancías.

hoarding of goods acaparamiento de mercancías, acaparamiento de bienes.

hobby loss pérdida contributiva por pasatiempo.

holdback pay paga retenida condicionalmente.

holder tenedor, portador, titular.

holder for value tenedor por valor.

holder in due course tenedor legítimo, tenedor de buena fe.

holder in good faith tenedor en buena fe.

holder of an account titular de una cuenta.

holder of a trust beneficiario de un fideicomiso.

holder of record tenedor registrado.

hold harmless agreement convenio para eximir de responsabilidad.

hold harmless clause cláusula para eximir de responsabilidad.

holding propiedad, posesión.

holding company compañía tenedora.

holding cost costo de posesión.

holding period período de tenencia.

holdings conjunto de inversiones de una persona, propiedades, posesiones.

hold out no ceder, persistir.

hold over retener la posesión de un inmueble tras haberse expirado el término acordado, aplazar.

holdover tenant arrendatario quien retiene la posesión de un inmueble tras haberse expirado el término acordado.

holiday día festivo.

holiday pay paga por días festivos.

home banking banca desde el hogar.

home equity inversión neta en el hogar tras restar la hipoteca del valor total.

home equity credit crédito garantizado por la inversión neta en el hogar tras restar la hipoteca del valor total.

home equity loan préstamo garantizado por la inversión neta en el hogar tras restar la hipoteca del valor total.

home improvement loan préstamo para mejoras al hogar.

home inspector inspector de hogares.

home mortgage hipoteca de hogar.

home mortgage interest intereses hipotecarios de hogar.

home office oficina central, oficina en el hogar.

home office deduction deducción por oficina en el hogar.

home owner dueño de hogar.

homeowner insurance seguro sobre riesgos del hogar.

homeowner's association asociación de dueños de hogar.

homeownership condición de ser dueño de hogar propio.

homeownership rate proporción de dueños de hogar propio.

homeowner's insurance policy póliza de seguro sobre riesgos del hogar.

homeowner's policy póliza de seguro sobre riesgos del hogar.

home port puerto de origen, puerto de matrícula.

home sale tax deferral aplazamiento del impuesto por venta del hogar.

homestead residencia familiar con su terreno circundante, hogar seguro.

homestead corporation compañía organizada para comprar y subdividir terrenos para residencias de los accionistas.

homestead exemption exención de las residencias familiares de ejecución por deudas no relacionadas al hogar, rebaja de la valuación fiscal de la residencia principal.

homestead exemption laws leyes para excluir las residencias familiares de ejecución por deudas no relacionadas al hogar.

homestead right el derecho al uso pacífico de la residencia familiar sin reclamaciones de los acreedores, derecho de hogar seguro.

homeward bound de regreso a casa.

homeward freight flete de regreso.

homogeneous homogéneo.

homogeneous exposure exposición a riesgo homogénea.

homogeneous oligopoly oligopolio homogéneo.

homoscedasticity homoscedasticidad.

honest honrado, legítimo.

honestly honradamente.

honesty honradez.

honor n honor, buen nombre.

honor v honrar, aceptar, pagar, cancelar.

honorarium honorarios.

horizontal agreement convenio horizontal.

horizontal analysis análisis horizontal.

horizontal audit auditoría horizontal.

horizontal bear spread combinación horizontal de opciones bajista.

horizontal bull spread combinación horizontal de opciones alcista.

horizontal combination combinación horizontal.

horizontal conflict conflicto horizontal.

horizontal expansion expansión horizontal.

horizontal integration integración horizontal.

horizontal merger fusión horizontal.

horizontal mobility movilidad horizontal.

horizontal price movement movimiento de precios horizontal.

horizontal promotion promoción horizontal.

horizontal property propiedad horizontal.

horizontal property laws leyes sobre la propiedad horizontal.

horizontal specialization especialización horizontal.

horizontal spread combinación horizontal de opciones.

horizontal union unión horizontal.

hospital expense insurance seguro de gastos hospitalarios.

hospitalization insurance seguro de hospitalización.

hospital liability insurance seguro de responsabilidad de hospital.

hospital medical insurance seguro médico de hospital.

hostile fire fuego fuera de control, fuego más allá del área deseada.

hostile takeover toma hostil del control corporativo.

hours of labor horas de trabajo.

house account cuenta de la casa.

houseage cargo por almacenaje.

house brand marca de la casa.

house call aviso de la casa de corretaje de que una cuenta está debajo del mínimo de mantenimiento.

household familia.

household budget presupuesto doméstico.

householder dueño de casa, jefe de familia.

household goods bienes muebles de un hogar.

household worker empleado doméstico.

house maintenance call aviso de la casa de corretaje de que una cuenta está debajo del mínimo de mantenimiento.

house maintenance requirements requisitos de mínimos de mantenimiento en cuentas de margen.

house-to-house sampling muestreo de hogar en hogar.

house-to-house selling ventas de hogar en hogar.

housing vivienda, alojamiento.

housing code código de edificación, código de la vivienda.

housing development proyecto de viviendas, urbanización.

housing loan préstamo para viviendas.

housing starts comienzos de construcción de viviendas.

hull insurance seguro de casco.

human capital capital humano.

human factors factores humanos.

human relations relaciones humanas.

human resources recursos humanos.

human resources management administración de recursos humanos.

human resources manager gerente de recursos humanos.

hurdle rate rendimiento al punto crítico, tasa la cual hay que sobrepasar.

hurricane insurance seguro contra huracanes.

hurried apresurado.

hurriedly apresuradamente.

hybrid accounting method método de contabilidad híbrido.

hybrid annuity anualidad híbrida.

hyperinflation hiperinflación.

hypothecary action acción hipotecaria.

hypothecary debt deuda hipotecaria.

hypothecate hipotecar, pignorar.

hypothecation hipoteca, pignoración.

hypothecation bond garantía de un préstamo a la gruesa.

hypothesis testing prueba de hipótesis.

ideal capacity capacidad ideal.

ideal market mercado ideal.

identification identificación.

identification card tarjeta de identificación.

identification of goods identificación de bienes.

idle inactivo, improductivo, no utilizado, desocupado.

idle balance saldo inactivo.

idle capacity capacidad no utilizada.

idle capacity variance varianza de capacidad no utilizada.

idle capital capital inactivo.

idle cash efectivo inactivo.

idle funds fondos inactivos, fondos que no devengan provecho, fondos que no devengan intereses.

idle money dinero inactivo, dinero que no devenga provecho, dinero que no devenga intereses.

idle resources recursos no utilizados.

idle time tiempo en que no se puede trabajar aun queriendo, tiempo muerto.

illegal ilegal, ilícito.

illegal consideration contraprestación ilegal.

illegal contract contrato ilegal.

illegal dividend dividendo ilegal.

illegal exaction exacción ilegal.

illegal income ingreso ilegal.

illegal interest usura, interés ilegal.

illegal strike huelga ilegal.

illegal tax impuesto ilegal.

illegal trade comercio ilegal.

illegal transaction negocio ilegal.

illicit ilícito, prohibido.

illicit trade comercio ilícito.

illiquid ilíquido.

illiquid assets activo ilíquido.

illiquid funds fondos ilíquidos.

illusory contract contrato ficticio.

illusory promise promesa ficticia.

image advertising publicidad de imagen.

imbalance desequilibrio.

imbalance of orders desequilibrio de ordenes.

immediate inmediato.

immediate annuity anualidad inmediata.

immediate beneficiary beneficiario inmediato.

immediate credit crédito inmediato.

immediate delivery entrega inmediata.

immediate family familia inmediata.

immediate or cancel order orden de ejecución inmediata o cancelación.

immediate order orden inmediata.

immediate payment pago inmediato.

immediate payment annuity anualidad de pago inmediato.

immediate vesting adquisición inmediata de derechos de pensión.

immemorial inmemorial.

immemorial custom costumbre inmemorial.

immemorial possession posesión inmemorial.

immemorial usage costumbre inmemorial.

immoral inmoral.

immoral consideration contraprestación inmoral.

immoral contract contrato inmoral.

immorality inmoralidad.

immovable property propiedad inmueble.

immovables inmuebles.

immunity inmunidad, exención.

immunity clause cláusula de inmunidad.

immunity from taxation exención contributiva, inmunidad fiscal.

immunization inmunización.

impacted area área impactada.

impacted industry industria impactada.

impacted market mercado impactado.

impact statement declaración de impacto.

impair deteriorar, impedir.

impaired capital capital deteriorado.

impaired credit crédito deteriorado.

impaired risk riesgo deteriorado.

impairing the obligation of contracts que disminuye el valor de los contratos.

impairment deterioro.

impairment of capital deterioro de capital.

impairment of value deterioro del valor.

impasse dificultad insuperable, atolladero.

impeachment of a contract impugnación de contrato.

impeachment of waste acción por el deterioro de un inmueble causado por un tenedor.

impede impedir.

imperfect imperfecto, incompleto.

imperfect competition competencia imperfecta.

imperfect delegation novación imperfecta.

imperfect market mercado imperfecto.

imperfect obligation obligación moral, deber moral.

imperfect oligopoly oligopolio imperfecto.

imperfect ownership propiedad imperfecta.

imperfect right derecho imperfecto.

imperfect title título imperfecto.

imperfect trust fideicomiso imperfecto.

imperfect usufruct usufructo imperfecto.

implementation implementación, puesta en práctica, cumplimiento, ejecución.

implements of trade instrumentos del oficio.

implication implicación.

implicit implícito.

implicit cost costo implícito.

implicit price precio implícito.

implicit rent alquiler implícito.

implied implícito, tácito.

implied abandonment abandono implícito.

implied acceptance aceptación implícita.

implied acknowledgment reconocimiento implícito.

implied agency agencia implícita.

implied agreement convenio implícito, contrato implícito.

implied authority autorización implícita.

implied condition condición implícita.

implied consent consentimiento implícito.

implied consideration contraprestación implícita.

implied contract contrato implícito.

implied cost costo implícito.

implied covenant cláusula implícita.

implied easement servidumbre implícita.

implied guaranty garantía implícita.

implied license autorización implícita.

implied obligation obligación implícita.

implied partnership sociedad implícita.

implied promise promesa implícita.

implied trust fideicomiso implícito.

implied volatility volatilidad implícita.

implied warranty garantía implícita.

imply implicar, significar.

import n importación, importancia.

import v importar, significar.

import agent agente de importación.

import article artículo de importación.

importation importación.

importation agent agente de importación.

importation article artículo de importación.

importation certificate certificado de importación.

importation controls controles a la importación.

importation credit crédito de importación.

importation duties derechos de importación.

importation goods bienes de importación.

importation letter of credit carta de crédito para la importación.

importation license licencia de importación.

importation permit permiso de importación.

importation quota cuota de importación.

importation surcharge recargo a la importación.

importation tariffs tarifas de importación.

importation tax impuesto de importación.

import certificate certificado de importación.

import controls controles a la importación.

import credit crédito de importación.

import demand demanda de importaciones.

import duties derechos de importación.

imported importado.

importer importador.

import goods bienes de importación.

importing nation país importador.

import letter of credit carta de crédito para la importación.

import license licencia de importación.

import permit permiso de importación.

import quota cuota de importación.

import surcharge recargo a la importación.

import tariffs tarifas de importación.

import tax impuesto de importación.

impose imponer, gravar.

imposition imposición, impuesto.

impossibility of performance of contract imposibilidad de cumplimiento de contrato.

impossible condition condición imposible.

imposts impuestos.

impound confiscar, embargar.

impound account cuenta mantenida por un prestador para encargarse de ciertos pagos del prestatario.

impounded property propiedad confiscada, propiedad embargada.

impracticability impracticabilidad.

impracticable impracticable.

imprest fund caja chica fija.

improve mejorar.

improved mejorado.

improved land tierras mejoradas.

improvement mejora.

improvement project proyecto de mejoras.

improvement ratio tasa de mejoras.

improvidence incompetencia al administrar bienes.

improvident impróvido, desprevenido, descuidado.

improvidently impróvidamente, desprevenidamente, descuidadamente.

impulse impulso.

impulse buying compras impulsivas.

imputation imputación.

imputation of payment imputación de pago.

impute imputar.

imputed imputado.

imputed cost costo imputado.

imputed income ingreso imputado.

imputed interest interés imputado.

imputed value valor imputado.

inactive inactiva.

inactive account cuenta inactiva.
inactive asset activo inactivo.
inactive bond bono inactivo.
inactive funds fondos inactivos.
inactive investments inversiones inactivas.
inactive money dinero inactivo.
inactive securities valores inactivos.
inactive stocks acciones inactivas.
inadequate inadecuado.
inadequate consideration contraprestación inadecuada.
inadequate price precio inadecuado.
inadvertent error error inadvertido.
inalienable inalienable.
inalienable interest interés inalienable.
in arrears en mora, vencido.
in blank en blanco.
in bulk a granel.
in cahoots confabulado con.
incapacitated person persona incapacitada.
incapacity incapacidad.
incapacity for work incapacidad para trabajar.
in cash en efectivo.
incentive incentivo.
incentive bonus bono de incentivo.
incentive contract contrato con incentivos.
incentive fee pago de incentivo.
incentive pay salario adicional que recompensa los incrementos en productividad.
incentive pay plans programas de salario que recompensan los incrementos en productividad con incrementos en paga.
incentive stock option opción de compra de acciones de incentivo.
incentive wage plans programas de salario que recompensan los incrementos en productividad con incrementos en paga.
inception principio.
inception date fecha de efectividad.
in-charge accountant contador responsable.
inchoate incoado, incompleto, imperfecto, incipiente.

inchoate agreement convenio incompleto.
inchoate instrument instrumento incompleto.
inchoate interest interés real revocable.
inchoate lien privilegio revocable, gravamen revocable.
incidence of taxes incidencia de impuestos.
incidental incidental, concomitante.
incidental beneficiary beneficiario incidental.
incidental cost costo incidental.
incidental expenditure gasto incidental.
incidental expense gasto incidental.
inclosed lands tierras cercadas.
include incluir, abarcar.
included incluido, incluso.
income ingreso, renta, rédito.
income account cuenta de ingresos.
income after taxes ingreso tras contribuciones.
income analysis análisis de ingresos.
income approach acercamiento de ingresos.
income available ingreso disponible.
income averaging promediación de ingresos.
income basis base de ingresos.
income before taxes ingreso antes de contribuciones.
income beneficiary beneficiario de ingresos.
income bond bono cuyos pagos dependen de ingresos.
income bracket clasificación contributiva de ingreso.
income continuation continuación de ingresos.
income continuation insurance seguro de continuación de ingresos.
income distribution distribución de ingresos.
income effect efecto de ingreso.
income elasticity elasticidad de ingresos.
income exclusion exclusión de ingresos.
income-expense ratio razón ingresos-gastos.

income from investments ingresos por inversiones.

income from sales ingresos por ventas.

income group grupo de ingresos similares.

income insurance seguro de ingresos.

income insurance policy póliza de seguro de ingresos.

income limit límite de ingresos.

income limited partnership sociedad en comandita de ingresos.

income policy póliza de ingresos.

income property propiedad que produce ingresos.

income property mortgage hipoteca de propiedad que produce ingresos.

income redistribution redistribución de ingresos.

income reimbursement reembolso de ingresos.

income reimbursement insurance seguro de reembolso de ingresos.

income replacement reemplazo de ingresos.

income replacement insurance seguro de reemplazo de ingresos.

income return planilla sobre ingresos.

income shares acciones de ingresos.

income sharing cartel cartel en el que se comparten las ganancias.

income shifting transferencia de ingresos.

income-shifting strategies estrategias de transferencias de ingresos.

income splitting división de ingresos.

income statement resumen de ganancias y pérdidas, estado de ganancias y pérdidas.

income stream corriente de ingresos.

income summary resumen de ingresos.

income tax impuesto sobre ingresos, contribución sobre ingresos, impuesto sobre la renta.

income tax allocation distribución de contribuciones sobre ingresos.

income tax deficiency deficiencia en el pago de contribuciones.

income tax laws leyes sobre contribuciones sobre ingresos.

income tax preparer preparador de planillas de contribuciones sobre ingresos.

income tax reserve reserva de contribuciones sobre ingresos.

income tax return planilla de contribuciones sobre ingresos, declaración de contribución sobre ingresos.

in common en común.

incomplete incompleto.

incomplete possession posesión incompleta.

incomplete transfer transferencia incompleta.

in consideration of como contraprestación de, en consideración de.

inconsistent inconsistente.

in contemplation of death en contemplación de la muerte.

incontestability incontestabilidad.

incontestability clause cláusula de incontestabilidad.

incontestability provision cláusula de incontestabilidad.

incontestable incontestable, incuestionable.

incontestable clause cláusula de incontestabilidad.

incontestable policy póliza incontestable.

inconvertible inconvertible.

inconvertible currency moneda inconvertible.

inconvertible money dinero inconvertible.

incorporate incorporar, constituir una corporación, constituir una sociedad, constituir una persona jurídica.

incorporated incorporado, constituido legalmente.

incorporated corporation corporación constituida legalmente.

incorporating state estado en el que se constituye una corporación.

incorporation incorporación, constitución de una corporación, constitución de una sociedad, constitución de una persona jurídica, asociación.

incorporation by reference inclusión por referencia, incorporación por referencia.

incorporation fees cargos de incorporación, cargos por constituir una corporación, cargos por constituir una sociedad, cargos por constituir una persona jurídica.

incorporation papers documentos de incorporación, acto constitutivo, contrato de sociedad, escritura de constitución.

incorporator quien incorpora, quien constituye una corporación, quien constituye una sociedad, quien constituye una persona jurídica.

incorporeal incorpóreo.

incorporeal property propiedad incorpórea.

increase n aumento.

increase v aumentar, extender.

increased aumentado.

increased cost endorsement endoso de costos aumentados.

increased costs costos aumentados.

increased hazard riesgo aumentado.

increased risk riesgo aumentado.

increase in costs aumento en costos.

increase in earnings aumento en ingresos.

increase in productivity aumento en productividad.

increase in value aumento en valor.

increase of capital aumento de capital.

increase of dividend aumento de dividendo.

increase of rate aumento de tasa.

increase of risk aumento del riesgo.

increase prices aumentar precios.

increase tariffs aumentar tarifas.

increase the interest rate aumentar la tasa de interés.

increase the rate aumentar la tasa.

increasing creciente.

increasing amortization amortización creciente.

increasing costs costos crecientes.

increasing costs industry industria de costos crecientes.

increasing expenditures gastos crecientes.

increasing expenses gastos crecientes.

increasing insurance seguro creciente.

increasing life insurance seguro de vida creciente.

increasing productivity productividad creciente.

increasing return rendimiento creciente.

increment incremento, acrecentamiento.

incremental incremental.

incremental analysis análisis incremental.

incremental approach acercamiento incremental.

incremental cash flow flujo de fondos incremental.

incremental cost costo incremental, costo adicional.

incremental cost of capital costo de capital incremental.

incremental cost of funds costo de fondos incremental.

incremental rate tasa incremental.

incremental rate of return tasa de rendimiento incremental.

incroachment intrusión, invasión.

incur incurrir.

incurable depreciation depreciación incurable.

incur a debt contraer una deuda.

incur a loss incurrir una pérdida.

incurred incurrido.

incurred expenditures gastos incurridos.

incurred expenses gastos incurridos.

incurred losses pérdidas incurridas.

incurred-loss ratio razón de pérdidas incurridas.

in currency en efectivo.

indebted endeudado, obligado.

indebtedness endeudamiento.

indefinite indefinido, impreciso.

indefinite contract contrato por tiempo indefinido.

indefinite reversal inversión indefinida.

indemnification indemnización, compensación, reparación.

indemnify indemnizar, compensar, satisfacer.

indemnitee indemnizado, beneficiario de una indemnización.

indemnitor indemnizador, quien paga una indemnización.

indemnity indemnidad, indemnización, reparación.

indemnity agreement convenio de indemnización.

indemnity benefits beneficios de indemnización.

indemnity bond contrafianza.

indemnity contract contrato de indemnización.

indemnity insurance seguro de indemnización, seguro contra pérdidas.

indenture instrumento formal, convenio escrito que estipula ciertas condiciones para una emisión de bonos, hipoteca.

indenture trustee fideicomisario de un convenio escrito que estipula ciertas condiciones para una emisión de bonos.

independence independencia.

independent independiente.

independent accountant contable independiente.

independent adjuster ajustador independiente.

independent advice asesoramiento confidencial e independiente.

independent agency agencia independiente.

independent agency system sistema de agencias independientes.

independent agent agente independiente.

independent appraisal tasación independiente.

independent audit auditoría independiente.

independent auditor auditor independiente.

independent bank banco independiente.

independent broker corredor independiente.

independent condition condición independiente.

independent contractor contratista independiente.

independent contractors insurance seguro de contratistas independientes.

independent contracts contratos independientes.

independent covenant estipulación independiente.

independent director director independiente.

independent events eventos independientes.

independent insurance agent agente de seguros independiente.

independent insurer asegurador independiente.

independent store tienda independiente.

independent union unión independiente.

independent variable variable independiente.

indestructible trust fideicomiso indestructible.

indeterminate indeterminado.

indeterminate obligation obligación indeterminada.

indeterminate premiums primas indeterminadas.

indeterminate premiums insurance seguro de primas indeterminadas.

index índice.

indexation indexación.

index basis base del índice.

indexed indizado.

indexed bond bono indizado.

indexed investment inversión indizada.

indexed life insurance seguro de vida indizado.

indexed loan préstamo indizado.

indexed policy póliza indizada.

indexed rate tasa indizada.

index fund fondo mutuo a base de índice.

indexing indización.

index mutual fund fondo mutuo a base de índice.

index of correlation índice de correlación.

index of leading indicators índice de indicadores anticipados.

index of stocks índice de acciones.

index option opción a base de índice.

index-tied vinculado a un índice.

index-tied interest rate tasa de interés vinculada a un índice.

index-tied loan préstamo vinculado a un índice.

index-tied rate tasa vinculada a un índice.

indicated indicado.

indicated yield rendimiento indicado.

indication indicación.

indication of interest indicación de interés.

indicator indicador.

indirect indirecto.

indirect cost costo indirecto.

indirect expenditure gasto indirecto.

indirect expense gasto indirecto.

indirect export exportación indirecta.

indirect exportation exportación indirecta.

indirect labor costo de personal indirecto.

indirect labor costs costo de personal indirecto.

indirect liability responsabilidad indirecta.

indirect loan préstamo indirecto.

indirect loss pérdida indirecta.

indirect manufacturing expenses gastos de manufactura indirectos.

indirect overhead gastos generales indirectos.

indirect production producción indirecta.

indirect tax impuesto indirecto.

indirect taxation imposición indirecta.

individual adj individual.

individual n individuo.

individual assets bienes individuales.

individual bargaining negociación individual.

individual capital capital individual.

individual debts deudas individuales.

individual enterprise empresa individual.

individual income ingreso individual.

individual income tax contribución sobre ingresos individual.

individual income tax return planilla de contribución sobre ingresos individual.

individual insurance seguro individual.

individual life insurance seguro de vida individual.

individual ownership propiedad individual.

individual policy póliza individual.

individual proprietorship negocio propio.

individual retirement account cuenta de retiro individual.

individual retirement account rollover transferencia de cuenta de retiro individual.

individual stock purchase plan plan de compra de acciones individual.

individual taxpayer contribuyente individual.

indivisible indivisible.

indivisible contract contrato indivisible.

indivisible obligation obligación indivisible.

indorsable endosable.

indorse endosar.

indorsee endosatario.

indorsee for collection endosatario para cobro.

indorsee in due course endosatario de buena fe, endosatario regular.

indorsement endoso.

indorsement for collection endoso para cobro.

indorser endosante.

induce inducir, efectuar.

induced inducido.

induced variable variable inducida.

inducement motivación, instigación.

inducing breach of contract inducir al incumplimiento de contrato.

industrial industrial.

industrial accident accidente industrial, accidente de trabajo.

industrial accident insurance seguro contra accidentes de trabajo.

industrial accounting contabilidad industrial.

industrial advertising publicidad industrial.

industrial arbitration arbitraje laboral.

industrial area área industrial.

industrial bank banco industrial.

industrial bond bono industrial.

industrial bookkeeping contabilidad industrial.

industrial classification clasificación industrial.

industrial consumer consumidor industrial.

industrial design diseño industrial.

industrial development desarrollo
industrial.

industrial development bond bono
de desarrollo industrial.

industrial disease enfermedad
industrial, enfermedad ocupacional.

industrial dispute disputa laboral.

industrial district distrito industrial.

industrial enterprise empresa
industrial.

industrial espionage espionaje
industrial.

industrial expansion expansión
industrial.

industrial fatigue fatiga laboral.

industrial goods mercancías
industriales.

industrial insurance seguro industrial.

industrial law derecho laboral.

industrial life insurance seguro de
vida industrial.

industrial output producción
industrial.

industrial park parque industrial.

industrial production producción
industrial.

industrial production index índice
de producción industrial.

industrial property propiedad
industrial.

industrial psychology psicología
industrial.

industrial relations relaciones
laborales.

industrial revenue bond bono de
ingresos industriales.

industrial union unión industrial.

industrial worker trabajador
industrial.

industrious concealment ocultación
activa de un vicio.

industry industria.

industry ratios razones de industria.

industry standards normas de
industria.

in effect en vigor, en vigencia.

inefficiencies in the market
ineficiencias en el mercado.

inefficiency ineficiencia.

inelastic inelástico.

inelastic currency moneda inelástica.

inelastic demand demanda inelástica.

inelasticity inelasticidad.

inelasticity of demand inelasticidad
de demanda.

inelasticity of production
inelasticidad de producción.

inelasticity of supply inelasticidad de
oferta.

inelasticity of supply and demand
inelasticidad de oferta y demanda.

inelastic money moneda inelástica.

inelastic supply oferta inelástica.

ineligible inelegible.

in excess en exceso.

inexpensive barato.

in favor of a favor de.

infer inferir.

inference inferencia.

inferential statistics estadística
inferencial.

inferior inferior, subordinado.

inferred authority autoridad inferida.

inflation inflación.

inflation accounting contabilidad
tomando en cuenta la inflación.

inflationary inflacionario.

inflationary boom auge inflacionario.

inflationary environment ambiente
inflacionario.

inflationary gap vacío inflacionario.

inflationary period período
inflacionario.

inflationary spiral espiral
inflacionario.

inflation endorsement anejo para
ajustar por inflación.

inflation factor factor de inflación.

inflation premium prima por
inflación.

inflation rate tasa de inflación.

in force en vigor, en vigencia.

informal contract contrato verbal,
contrato informal.

information información.

information highway vías de
transferencia eléctrica de información.

information processing
procesamiento de información.

information return formulario de
información.

information system sistema de
información.

informative informativo.

informative advertising publicidad informativa.

infrastructure infraestructura.

infringement infracción, violación.

infringement of copyright violación de los derechos de autor.

infringement of patent violación de patente.

infringement of trademark violación de marca comercial, violación de marca de comercio, violación de marca industrial.

infringer infractor, violador.

in good faith de buena fe.

ingot lingote.

in gross al por mayor.

inherent inherente.

inherent condition condición inherente.

inherent covenant estipulación inherente.

inherent defect defecto inherente.

inherent vice vicio inherente.

inherent vice exclusion exclusión por vicios inherentes.

inheritance tax impuesto a la herencia.

in-house dentro de la misma organizacíon, de la misma organización.

initial adj inicial.

initial v poner las iniciales.

initial capital capital inicial.

initial carrier transportador inicial.

initial claim relcamación inicial.

initial cost costo inicial.

initial expenditures gastos iniciales.

initial expenses gastos iniciales.

initial interest rate tasa de interés inicial.

initial investment inversión inicial.

initial margin margen inicial.

initial pay paga inicial.

initial premium prima inicial.

initial public offering oferta pública inicial.

initial rate tasa inicial.

initial reserve reserva inicial.

initials iniciales.

initial salary salario inicial.

initial wage salario inicial.

initiation fee cuota de ingreso.

injunction mandamiento judicial prohibiendo algo, interdicto.

in kind en especie.

in-kind distribution distribución en especie.

inland bill of exchange letra de cambio local.

inland marine insurance seguro de transportes.

inland navigation navegación de cabotaje, navegación fluvial.

inland trade comercio interior.

inland transport transporte interior.

inland waters aguas interiores.

inland waterways vías de navegación fluviales.

inner city parte central de una ciudad grande, casco de la ciudad, centro de la ciudad.

innocent agent agente inocente.

innocent purchaser comprador de buena fe.

innominate contracts contratos innominados.

innovation innovación.

in perpetuity en perpetuidad.

in possession en posesión.

input-output analysis análisis de entradas y salidas.

inquiry indagación, investigación, encuesta.

inside director director que además tiene puesto de administración en la compañía.

inside information información sobre una corporación que no es de conocimiento público, información de allegados.

inside lot solar con otros a los costados.

insider persona clave de una corporación con acceso a información que no es de conocimiento público, persona informada, allegado.

insider information información sobre una corporación que no es de conocimiento público, información de allegados.

insider trading transacciones con las acciones de una corporación basadas en información que no es de conocimiento público, transacciones de allegados.

insignia insignia, distintivo.

insolvency insolvencia.

insolvency clause cláusula de insolvencia.

insolvency fund fondo de insolvencia.

insolvent insolvente.

insolvent company compañía insolvente.

insolvent debtor deudor insolvente.

inspection inspección, reconocimiento.

inspection by customs inspección por aduana.

inspection charges cargos por inspección.

inspection laws leyes que autorizan la inspección de diferentes tipos de mercancías a la venta.

inspection receipt recibo de inspección.

inspection report informe de inspección.

inspector inspector.

instability inestabilidad.

installation instalación.

installment plazo, pago parcial, pago periódico, instalación.

installment buying compras a plazos.

installment contract contrato a plazos, contrato de venta a plazos.

installment credit crédito a pagarse a plazos, crédito para compras a plazo.

installment land contract contrato para la compra de un terreno cuya escritura se entrega tras el último pago.

installment payment pago parcial.

installment refund annuity anualida de reembolso a plazos.

installment sale venta a plazos.

institutional institucional.

institutional advertising publicidad institucional.

institutional broker corredor institucional.

institutional brokerage corretaje institucional.

institutional brokerage house casa de corretaje institucional.

institutional investors inversionistas institucionales.

institutional lender institución de crédito.

instrument instrumento, documento.

instrument for the payment of money pagaré.

instrument in writing instrumento por escrito.

instrument under seal instrumento sellado.

insufficiency insuficiencia.

insufficient insuficiente.

insufficient funds fondos insuficientes.

insurability asegurabilidad.

insurable asegurable.

insurable interest interés asegurable.

insurable risk riesgo asegurable.

insurable title título asegurable.

insurable value valor asegurable.

insurance seguro, garantía.

insurance activity actividad aseguradora.

insurance adjuster ajustador de seguros.

insurance agent agente de seguros.

insurance agreement convenio de seguros.

insurance broker corredor de seguros.

insurance business negocio de seguros.

insurance carrier compañía de seguros.

insurance certificate certificado de seguros.

insurance commissioner comisionado de seguros.

insurance company compañía de seguros.

insurance consultant consultor de seguros.

insurance contract contrato de seguros.

insurance coverage cobertura de seguros.

insurance department departamento de seguros.

insurance division división de seguros.

insurance examiner examinador de seguros.

insurance firm empresa aseguradora.

insurance form formulario de seguros.

insurance limit límite de seguros.

insurance office oficina de seguros.

insurance plan plan de seguros.

insurance policy póliza de seguros.

insurance policy anniversary aniversario de póliza de seguros.

insurance policy cancelation cancelación de póliza de seguros.

insurance policy clauses cláusulas de póliza de seguros.

insurance policy condition
condición de póliza de seguros.

insurance policy date   fecha de póliza de seguros.

insurance policy declaration
declaración de póliza de seguros.

insurance policy dividend   dividendo de póliza de seguros.

insurance policy expiration
expiración de póliza de seguros, canducidad de póliza de seguros.

insurance policy expiration date
fecha de expiración de póliza de seguros, fecha de canucidad de póliza de seguros.

insurance policy face   valor nominal de póliza de seguros.

insurance policy fee   cargo por procesar una póliza de seguros, cargo adicional de póliza de seguros.

insurance policy holder   tenedor de póliza de seguros, asegurado.

insurance policy limit   límite de póliza de seguros.

insurance policy loan   préstamo garantizado con una póliza de seguros.

insurance policy number   número de póliza de seguros.

insurance policy of insurance   póliza de seguros de seguros.

insurance policy owner   tenedor de póliza de seguros, asegurado.

insurance policy period   período de póliza de seguros.

insurance policy processing fee
cargo por procesar una póliza de seguros.

insurance policy provisions
cláusulas de póliza de seguros.

insurance policy purchase option
opción de compra de póliza de seguros.

insurance policy requirement
requisito de póliza de seguros.

insurance policy reserve   reserva de póliza de seguros.

insurance policy stipulation
estipulación de póliza de seguros.

insurance policy terms   término de póliza de seguros.

insurance policy year   período anual de una póliza de seguros, aniversario de la emisión de una póliza de seguros.

insurance premium   prima de seguros.

insurance premium adjustment
ajuste de prima de seguros.

insurance premium adjustment endorsement   provisión de ajuste de prima de seguros.

insurance premium adjustment form   formulario de ajuste de prima de seguros.

insurance premium advance
adelanto de prima de seguros.

insurance premium base   base de prima de seguros.

insurance premium basis   base de prima de seguros.

insurance premium bond   bono con prima de seguros.

insurance premium computation
cómputo de prima de seguros.

insurance premium default
incumplimiento de pago de prima de seguros.

insurance premium deposit
depósito de prima de seguros.

insurance premium discount
descuento de prima de seguros.

insurance premium discount plan
plan de descuentos de prima de seguros.

insurance premium loan   préstamo sobre primas de póliza de seguros.

insurance premium mode   frecuencia de pago de primas de seguros.

insurance premium notice   aviso de fecha de pago de prima de seguros.

insurance premium rate   tasa de prima de seguros.

insurance premium recapture
recaptura de prima de seguros.

insurance premium receipt   recibo de pago de prima de seguros.

insurance premium refund
reembolso de prima de seguros.

insurance premium return
devolución de prima de seguros.

insurance premium tax   impuesto sobre las primas de seguros obtenidas por un asegurador.

insurance rate   tasa de seguros.

insurance regulation   regulación de la industria de seguros.

insurance risk   riesgo de seguros.

insurance services   servicios de seguros.

insurance trust   fideicomiso que usa los beneficios de una póliza de seguros.

insure   asegurar, garantizar.

insured   asegurado.

insured account cuenta asegurada.

insured bank banco asegurado.

insured deposit depósito asegurado.

insured depositor depositante asegurado.

insured financial institution institución financiera asegurada.

insured loan préstamo asegurado.

insured mail correo asegurado.

insured mortgage hipoteca asegurada.

insured mortgage loan préstamo hipotecario asegurado.

insured municipal bond bono municipal asegurado.

insured peril peligro asegurado.

insured premises propiedad asegurada.

insured property propiedad asegurada.

insured risk riesgo asegurado.

insured title título garantizado.

insuree asegurado.

insurer asegurador.

insuring agreement convenio de cobertura de seguros.

insuring clause cláusula de cobertura de seguros.

intangible intangible.

intangible assets activo intangible.

intangible cost costo intangible.

intangible property propiedad intangible.

intangibles intangibles, activo intangible, bienes intangibles.

intangible value valor intangible.

integrate integrar.

integrated integrado.

integrated approach acercamiento integrado.

integrated deductible deducible integrado.

integration integración.

integrity integridad.

intellectual property propiedad intelectual.

intent intento, intención.

intention intención.

intentional intencional.

intent to defraud intención de defraudar.

interbank interbancario.

interbank deposit depósito interbancario.

interbank market mercado interbancario.

interbank rate tasa interbancaria.

interception of communications intercepción de comunicaciones.

interchange intercambio.

interchangeable intercambiable.

interchangeable bond bono intercambiable.

interchange rate tasa de intercambio.

intercompany entre compañías.

intercompany account cuenta entre compañías.

intercompany arbitration arbitraje entre compañías.

intercompany data datos entre compañías.

intercompany elimination eliminación entre compañías.

intercompany profit ganancia entre compañías.

intercompany transactions transacciones entre compañías.

interest interés, intereses, título, rédito.

interest accrued intereses acumulados.

interest-adjusted cost costo ajustando por intereses.

interest assumption asunción de interés.

interest bearing que devenga intereses.

interest calculation cálculo de intereses.

interest coupon cupón de intereses.

interest coverage cobertura de intereses.

interest coverage ratio razón de cobertura de intereses.

interest deduction deducción de intereses.

interested interesado.

interest equalization tax impuesto por la adquisición de valores extranjeros con vencimiento de un año o más.

interest expenditure gasto de intereses.

interest expense gasto de intereses.

interest for years derecho sobre un inmueble por un plazo determinado.

interest-free libre de intereses, sin intereses.

interest-free loan préstamo libre de intereses.

interest income ingreso por intereses.

interest method método de intereses.

interest on interest interés compuesto.

interest on investment intereses de la inversión.

interest-only loan préstamo en que sólo se pagan intereses.

interest paid intereses pagados.

interest policy póliza de seguros en que el asegurado tiene un interés real y asignable.

interest rate tasa de interés.

interest rate cap límite tasa de interés.

interest rate futures futuros de tasas de intereses.

interest rate limit límite de tasa de interés.

interest rate options opciones de tasas de intereses.

interest rate risk riesgo de tasa de interés.

interest rate sensitivity sensibilidad a la tasa de interés.

interest rate swap intercambio de tasas de interés.

interest-sensitive assets activo sensible a la tasa de interés.

interest-sensitive liabilities pasivo sensible a la tasa de interés.

interest-sensitive stocks acciones sensibles a las tasas de intereses.

interest upon interest interés compuesto.

interference conflicto de patentes, interferencia.

interim interino, provisional.

interim audit auditoría interina.

interim budget presupuesto interino.

interim budgeting presupuestación interina.

interim credit crédito interino.

interim dividend dividendo interino.

interim financing financiamiento provisional, financiamiento interino.

interim loan préstamo interino.

interim payment pago interino.

interim receipt recibo provisional.

interim report informe interino.

interim statement estado interino.

interindustry entre industrias.

interindustry analysis análisis entre industrias.

interindustry competition competencia entre industrias.

interlining transferencia de un cargamento a otro transportador para entrega.

interlocking directorate junta directiva vinculada.

interloper comerciante sin licencia, intruso.

intermediary intermediario, mediador, intermedio.

intermediary bank banco intermediario.

intermediate adj intermedio, medianero.

intermediate n intermediario, mediador.

intermediate account rendición de cuentas intermedia.

intermediate carrier transportador intermedio.

intermediate goods bienes intermedios.

intermediate term a plazo intermedio.

intermediation intermediación.

intermittent intermitente.

intermittent easement servidumbre intermitente.

intermittent production producción intermitente.

intermixture of goods confusión de bienes, mezcla de bienes.

internal interno, doméstico.

internal audit auditoría interna.

internal auditor auditor interno.

internal check comprobación interna.

internal commerce comercio interno.

internal control control interno.

internal data datos internos.

internal document documento interno.

internal expansion expansión interna.

internal financing financiamiento interno.

internal improvements mejoras internas.

internal rate of return tasa de rendimiento interno.

internal report informe interno.

internal revenue rentas internas, impuestos, ingresos interiores, ingresos gubernamentales por contribuciones.

internal revenue laws leyes de rentas internas, leyes de impuestos.

international internacional.
international agency agencia internacional.
international agreement convenio internacional.
international aid ayuda internacional.
international assistance asistencia internacional.
international bank banco internacional.
international banking banca internacional.
international cartel cartel internacional.
international commerce comercio internacional.
international company compañía internacional.
international competition competencia internacional.
international conference conferencia internacional.
international contract contrato internacional.
international cooperation cooperación internacional.
international corporation corporación internacional.
international custom costumbre internacional.
international date line línea de cambio de fecha internacional.
international debt deuda internacional.
international investment inversión internacional.
international liability responsabilidad internacional.
international liquidity liquidez internacional.
international loan préstamo internacional.
internationally internacionalmente.
international market mercado internacional.
international organization organización internacional.
international payment pago internacional.
international reserves reservas internacionales.
international tax agreement convenio internacional sobre impuestos.

international trade comercio internacional.
international union unión internacional.
international waters aguas internacionales.
interperiod interperíodo.
interperiod tax allocation distribución de contribuciones interperíodo.
interplea moción para obligar a reclamantes adversos a litigar entre sí.
interpleader parte que pide al tribunal que obligue a reclamantes adversos a litigar entre sí.
interpolation interpolación.
interstate interestatal.
interstate banking banca interestatal.
interstate commerce comercio interestatal.
interstate trade comercio interestatal.
interval ownership propiedad por tiempo compartido.
intervention intervención.
interview entrevista.
intestate intestado.
in the course of employment en el curso del empleo.
in the ordinary course of business en el curso ordinario de los negocios.
intraday dentro del mismo día.
in trade en el comercio.
in transit en tránsito.
intransitive covenant obligación intransferible.
intraperiod intraperíodo.
intraperiod tax allocation distribución de contribuciones intraperíodo.
intrastate intraestatal.
intrastate banking banca intraestatal.
intrastate commerce comercio intraestatal.
intrastate trade comercio intraestatal.
intrinsic intrínseco.
intrinsic fraud fraude intrínseco.
intrinsic value valor intrínseco.
introductory introductorio.
introductory price precio introductorio.
introductory rate tasa introductoria.
intrust encomendar, confiar.

in trust en fideicomiso.

inure tomar efecto.

invalid inválido, nulo.

invalidate invalidar, anular.

invalidated invalidado, anulado.

invalidation invalidación, anulación.

invalidity invalidez, nulidad.

inventory inventario.

inventory account cuenta de inventario.

inventory accumulation acumulación de inventario.

inventory adjustment ajuste de inventario.

inventory analysis análisis de inventario.

inventory certificate certificado de inventario.

inventory change cambio en inventario.

inventory control control de inventario.

inventory cycle ciclo de inventario.

inventory financing financiamiento basado en inventario.

inventory loan préstamo basado en inventario.

inventory observation observación de inventario.

inventory planning planificación de inventario.

inventory profit ganancia por mantener inventario.

inventory reserve reserva de inventario.

inventory shortage escasez de inventario.

inventory turnover giro de inventario, rotación de inventario.

inventory valuation valuación de inventario.

inverted invertido.

inverted market mercado invertido.

inverted scale escala invertida.

inverted yield curve curva de rendimiento invertida.

invest invertir, investir.

invested invertido.

invested capital capital invertido.

invested funds fondos invertidos.

investigation investigación, análisis.

investigation of title estudio de título.

investment inversión.

investment account cuenta de inversiones.

investment adviser asesor de inversiones.

investment advisor asesor de inversiones.

investment agreement acuerdo de inversiones.

investment aid ayuda a la inversión.

investment analysis análisis de inversiones.

investment bank banco de inversión.

investment banker intermediario de inversiones.

investment banking banca de inversión.

investment bill letra de cambio comprada como inversión.

investment broker corredor de inversiones, corredor de bolsa, agente de inversiones.

investment budget presupuesto de inversiones.

investment budgeting presupuestación de inversiones.

investment capital capital de inversión.

investment center centro de inversiones.

investment club club de inversiones.

investment company compañía de inversiones.

investment company laws leyes de compañías de inversiones.

investment contract contrato de inversiones.

investment counselor asesor de inversiones.

investment credit crédito por inversión.

investment earnings ingresos por inversiones.

investment financing financiamiento de inversiones.

investment fund fondo de inversiones.

investment-grade bonos de calidad apropiada para inversiones prudentes.

investment guaranty garantía de inversión.

investment guaranty garantía de inversión.

investment history historial de inversiones.

investment income ingresos por inversiones.

investment interest expenditure gasto de intereses de inversiones.

investment interest expense gasto de intereses de inversiones.

investment letter carta de inversión.

investment life cycle ciclo de vida de inversión.

investment plan plan de inversiones.

investment portfolio cartera de valores.

investment premium prima de inversión.

investment property propiedad en la que se invierte.

investment rate tasa de inversión.

investment return rendimiento de inversión.

investment revenue ingresos de inversiones.

investment security título de inversión.

investment strategy estrategia de inversiones.

investment tax credit crédito contributivo por inversión.

investment trust compañía de inversiones.

investment turnover giro de inversiones, movimiento de inversiones.

investment value valor de inversión.

investment yield rendimiento de inversión.

investor inversionista.

investor relations department departamento de relaciones con inversionistas.

invitation to bid invitación a someter ofertas, anuncio de oferta.

invitee invitado.

invoice n factura.

invoice v facturar.

invoice amount importe de factura.

invoice book libro de facturas.

invoice date fecha de factura.

invoice number número de factura.

invoice price precio de factura.

involuntary involuntario.

involuntary alienation pérdida de propiedad involuntaria.

involuntary bailment depósito involuntario.

involuntary bankruptcy quiebra involuntaria.

involuntary conversion conversión involuntaria.

involuntary conveyance transferencia involuntaria.

involuntary deposit depósito involuntario.

involuntary exchange intercambio involuntario.

involuntary lien gravamen involuntario.

involuntary payment pago involuntario.

involuntary trust fideicomiso involuntario.

involuntary unemployment desempleo involuntario.

IOU pagaré.

iron-safe clause cláusula en algunas pólizas de seguros que requieren que se guarden ciertas cosas en un sitio a prueba de incendios.

irrecoverable irrecuperable, incobrable.

irrecoverable debt deuda incobrable.

irredeemable irredimible.

irredeemable bond bono irredimible.

irregular irregular.

irregular deposit depósito irregular.

irregular endorsement endoso irregular.

irregular endorser endosante irregular.

irregular indorsement endoso irregular.

irregular indorser endosante irregular.

irrevocable irrevocable, inalterable.

irrevocable beneficiary beneficiario irrevocable.

irrevocable credit crédito irrevocable.

irrevocable letter of credit carta de crédito irrevocable.

irrevocable offer oferta irrevocable.

irrevocable trust fideicomiso irrevocable.

isolated sale venta aislada.

issue n emisión, cuestión.

issue v emitir, entregar.

issue a check emitir un cheque.

issue a policy emitir una póliza.

issued and outstanding emitido y en circulación.

issued capital capital emitido.

issued shares acciones emitidas.

issued stock acciones emitidas.

issuer emisor, otorgante.

issues and profits todo tipo de rédito devengado de un inmueble.

issue shares emitir acciones.

issuing bank banco emisor.

itemize detallar, especificar.

itemized deduction limitation limitación de deducciones detalladas.

itemized deductions deducciones detalladas.

itemized invoice factura detallada.

iteration iteración.

itinerant itinerante, ambulante.

itinerant peddling venta ambulante.

itinerant vendor vendedor ambulante.

itinerant worker trabajador itinerante, trabajador ambulante.

jeopardy assessment colección de impuestos de forma inmediata si se sospecha que no será posible cobrarlos después.

jerry de calidad inferior.

jerry-build fabricar mal, fabricar a la carrera.

jerry-built mal fabricado.

job trabajo, empleo, ocupación.

job analysis análisis de trabajo.

job bank banco de trabajos.

jobber corredor, corredor de bolsa, intermediario.

job classification clasificación de trabajo.

job cluster grupo de trabajos similares.

job cycle ciclo de trabajo.

job definition definición de trabajo.

job description descripción de trabajo.

job enrichment enriquecimiento de trabajo.

job environment ambiente de trabajo.

job evaluation evaluación de trabajo.

jobholder empleado.

jobless desempleado.

job order orden de trabajo.

job-order costing costeo por orden de trabajo.

job placement colocación de trabajo.

job rate tasa por trabajo.

job related relacionado al trabajo.

job-related accident accidente relacionado al trabajo.

job-related death muerte relacionada al trabajo.

job-related injury lesión relacionada al trabajo.

job rotation rotación de trabajo.

job satisfaction satisfacción en el trabajo.

job security seguridad de trabajo.

job specification especificación de trabajo.

job stabilization estabilización de trabajos.

job stress estrés de trabajo.

job training entrenamiento de trabajo.

join juntar, unir, asociarse a.

joint unido, conjunto, en común, mancomunado.

joint account cuenta conjunta, cuenta mancomunada.

joint account agreement convenio de cuenta conjunta.

joint acquisition coadquisición.

joint adventure empresa colectiva, empresa conjunta, riesgo conjunto.

joint agreement convenio conjunto.

joint and several contract contrato solidario.

joint and several creditor acreedor solidario.

joint and several debt deuda solidaria.

joint and several debtor deudor solidario.

joint and several guaranty garantía solidaria.

joint and several liability responsabilidad solidaria.

joint and several note pagaré solidario.

joint and several obligation obligación solidaria.

joint and survivorship annuity
anualidad que sigue pagando a los
beneficiarios tras la muerte del rentista
original, anualidad mancomunada y de
supervivencia.

joint annuity anualidad conjunta.

joint assignee cocesionario.

joint bank account cuenta de banco
conjunta.

joint beneficiaries beneficiarios
conjuntos.

joint borrower prestatario conjunto.

joint contract contrato conjunto.

joint control control conjunto.

joint correlation correlación conjunta.

joint cost costo conjunto.

joint creditor coacreedor.

joint debtor codeudor.

joint debts deudas conjuntas, deudas
mancomunadas.

joint demand demanda conjunta.

joint deposit depósito conjunto,
depósito mancomunado.

joint employer compatrono.

joint endorsement endoso conjunto.

joint enterprise empresa conjunta.

joint estate copropiedad.

joint fare tarifa conjunta.

joint financing financiamiento
conjunto.

joint guarantor cogarante.

joint indorsement endoso conjunto.

joint insurance seguro conjunto.

joint insurance policy póliza de
seguros conjunta.

joint interest interés común.

joint inventions invenciones conjuntas.

jointist comerciante establecido en un
local cuyo negocio es el vender
sustancias ilícitas.

joint lessee coarrendatario.

joint lessor coarrendador.

joint liability responsabilidad
mancomunada.

joint life insurance seguro de vida en
conjunto.

jointly conjuntamente,
mancomunadamente.

jointly acquired property propiedad
adquirida en común por esposos.

jointly and severally solidariamente.

joint obligation obligación conjunta.

joint owners copropietarios,
condueños.

joint ownership copropiedad, posesión
conjunta.

joint patent patente conjunta.

joint policy póliza conjunta, póliza de
seguro común.

joint possession coposesión, posesión
conjunta.

joint promissory note pagaré
conjunto.

joint proprietor copropietario.

joint rate tarifa conjunta, tasa conjunta.

joint return planilla conjunta,
declaración sobre impuestos conjunta,
declaración conjunta sobre la renta.

joint-stock association empresa sin
incorporar pero con acciones.

joint-stock company empresa sin
incorporar pero con acciones.

joint surety cogarante.

joint tax return planilla conjunta,
declaración de impuestos conjunta,
declaración conjunta sobre la renta.

joint tenancy tenencia conjunta,
tenencia mancomunada, posesión
conjunta, condominio, copropiedad
sobre un inmueble.

**joint tenancy with right of
survivorship** tenencia conjunta con
derecho de supervivencia.

joint tenant copropietario, coinquilino,
coarrendatario.

joint trustees cofiduciarios.

joint undertaking empresa conjunta.

joint venture empresa conjunta.

joint venture account cuenta de una
empresa conjunta.

joker cláusula deliberadamente ambigua,
disposición engañosa.

journal diario, libro diario.

journal entry asiento de diario.

journalize sentar en el diario.

journal voucher comprobante de
diario.

journeywork trabajo rutinario.

judgment sentencia, fallo, decisión,
juicio, opinión.

judgment creditor acreedor que ha
obtenido un fallo contra el deudor.

judgment debt deuda corroborada por
fallo judicial.

judicial lien gravamen judicial, gravamen por fallo judicial.

judicial order orden judicial.

judicial sale venta judicial.

judicial trustee fiduciario judicial.

jumbo certificate of deposit certificado de depósito de no menos de cien mil dólares.

junior bond bono subordinado.

junior creditor acreedor subordinado, acreedor secundario.

junior encumbrance gravamen subordinado, gravamen secundario.

junior lien privilegio subordinado.

junior mortgage hipoteca subordinada, hipoteca secundaria, hipoteca posterior.

junior partner socio menor.

junior securities valores subordinados.

junk bond bono de calidad inferior.

junket arreglo mediante el cual un casino paga ciertos gastos de un apostador para que apueste en dicho casino.

junk faxes facsímiles de propaganda de ventas no solicitados.

junk mail correo de propaganda de ventas no solicitado.

just compensation indemnización justa por expropiación, remuneración razonable.

just consideration contraprestación adecuada.

just debts deudas legalmente exigibles.

justified price precio justificado.

just title justo título.

just value justo valor, valor justo en el mercado.

keelage derecho de quilla.

keeping books mantener libros contables.

keep in repair mantener en buen estado de funcionamiento.

Keogh Plan plan de retiro para personas con negocio propio.

key account cuenta clave.

keyage derecho de muelle.

key currency moneda clave.

key employee empleado clave.

key employee insurance seguro contra muerte o incapacidad de empleado clave.

key industry industria clave.

key job trabajo clave.

key person persona clave, empleado clave.

key person insurance seguro contra muerte o incapacidad de empleado clave.

key rate tasa clave.

key ratio razón clave.

kickback actividad deshonesta de devolver una porción del precio de venta de mercancías para promover compras futuras.

kicker característica adicional de valores para realzar su comerciabilidad.

kiddie tax impuesto usando la tasa del padre sobre los ingresos de sus hijos no devengados del trabajo personal.

kiosk quiosco.

kite cheque sin fondos, letra de favor.

kiting girar un cheque sin fondos con la expectativa de que se depositarán los fondos necesarios antes de cobrarse dicho cheque.

knock down asignar al mejor postor mediante un martillazo.

know-your-customer rules reglas de conocer ciertos datos de clientes.

label n etiqueta.

label v rotular, etiquetar.

labeling laws leyes de etiquetado.

labor adj laboral.

labor n trabajo.

labor v trabajar.

labor action acción laboral.

labor administration administración laboral.

labor agreement acuerdo laboral, convenio colectivo laboral.

labor arbitration arbitraje laboral.

labor code código laboral.

labor contract contrato colectivo de trabajo.

labor costs costos de personal.

labor dispute conflicto laboral, conflicto colectivo.

labor efficiency eficiencia laboral.

labor efficiency variance varianza de la eficiencia laboral.

laborer obrero, persona que labora.

labor force fuerza laboral.

labor-intensive de mucha mano de obra.

labor-intensive industry industria de mucha mano de obra.

labor law derecho laboral, ley laboral.

labor legislation legislación laboral.

labor mobility movilidad laboral.

labor monopoly monopolio laboral.

labor movement movimiento laboral.

labor organization sindicato laboral.

labor piracy piratería laboral.

labor practices prácticas laborales.

labor productivity productividad laboral.

labor regulations reglamentos laborales.

labor relations relaciones laborales.

labor shortage escasez laboral.

labor standard patrón laboral.

labor statistics estadísticas laborales.

labor turnover rotación laboral, giro laboral.

labor union gremio laboral, sindicato obrero.

labor variance varianza laboral.

laches inactividad en ejercer ciertos derechos que produce la pérdida de dichos derechos.

lack falta, deficiencia.

lack of competition falta de competencia.

lack of consideration falta de contraprestación.

laddered portfolio cartera de valores escalonada.

lading carga, cargamento.

lagan mercancías arrojadas al mar e identificadas con una boya para ser rescatadas.

lagging indicators indicadores atrasados.

laissez-faire política de interferir al mínimo, laissez faire.

land administration administración de tierras.

land administrator administrador de tierras.

land bank banco federal para préstamos agrícolas con términos favorables, banco de préstamos hipotecarios.

land boundaries lindes de un terreno.

land certificate certificado de tierras.

land contract contrato concerniente a un inmueble, contrato de compraventa de un inmueble.

land damages compensación por expropiación.

land description lindes de un terreno.

land development urbanización, edificación de terrenos.

land district distrito federal creado para la administración de tierras.

landed estate propiedad inmueble.

landed interest interés relativo a un inmueble.

landed property propiedad inmueble, bienes raíces.

landed securities garantías inmobiliarias.

land gabel impuestos sobre tierras.

land grant concesión de tierras, concesión de tierras públicas.

land holder terrateniente.

land improvement aprovechamiento de tierras.

land in abeyance tierras sin titular.

land lease arrendamiento de terreno vacante.

landlocked terreno completamente rodeado de terrenos de otras personas.

landlord arrendador, locador, terrateniente.

landlord and tenant relationship relación arrendador-arrendatario.

land management administración de tierras.

land manager administrador de tierras.

landmark mojón, hito.

land measures medidas de terreno.

land owner propietario de terrenos.

landowner propietario de tierras.

landownership posesión de tierras.

land patent concesión de tierras públicas, documento que certifica una concesión de tierras públicas.

land revenues rentas inmobiliarias.

lands, tenements, and hereditaments bienes inmuebles.

land sale contract contrato de compraventa de tierras.

land survey agrimensura.

land tax impuesto inmobiliario, impuesto territorial.

land tenant dueño de tierras.

land trust fideicomiso de tierras.

land use utilización de tierras.

land-use intensity intensidad de utilización de tierras.

land-use planning normas para planificar la utilización de tierras.

land-use regulations reglamentos sobre la utilización de tierras.

land warrant documento que certifica una concesión de tierras públicas.

lapping ocultación de escasez mediante la manipulación de cuentas.

lapsable caducable, prescriptible.

lapse n lapso, caducidad, prescripción.

lapse v caducar, prescribir.

lapsed caducado, prescrito, cumplido.

lapsed option opción expirada.

lapsed policy póliza caducada.

lapse of offer caducidad de la oferta.

lapse of policy caducidad de la póliza.

lapse patent nueva concesión de tierras al caducar la anterior.

lapse ratio razón de caducidad.

larceny latrocinio, hurto.

larceny by bailee hurto de parte del depositario.

large loss principle principio de pérdidas grandes.

large-scale production producción en gran escala.

last-in-first-out salida en orden inverso al de entrada.

last known address último domicilio conocido.

last sale venta más reciente.

last trading day último día para liquidar.

late charge cargo adicional por pago atrasado.

late fee cargo adicional por pago atrasado.

late filing radicación tardía.

late filing penalty penalidad por radicación tardía.

latent deed escritura ocultada por más de 20 años.

latent defect defecto oculto, vicio oculto.

latent fault defecto oculto, vicio oculto.

latent reserves reservas ocultas.

late payment pago tardío.

late payment penalty penalidad por pago tardío.

lateral communication comunicación lateral.

lateral integration integración lateral.

lateral support apoyo lateral.

laundered money dinero lavado.

laundering lavado de dinero.

lawful legal, lícito, permitido.

lawful business negocios lícitos.

lawful condition condición lícita.

lawful discharge liberación de acuerdo al derecho de quiebra.

lawful goods bienes lícitos.

lawfully legalmente, lícitamente.

lawful money moneda de curso legal.

lawful possession posesión legítima.

lawful trade comercio lícito.

law of demand ley de la demanda.

law of diminishing returns ley de los rendimientos decrecientes.

law of increasing costs ley de los costos crecientes.

law of increasing returns ley de los rendimientos crecientes.

law of large numbers ley de los números grandes.

law of proportionality ley de la proporcionalidad.

law of small numbers ley de los números pequeños.

law of supply and demand ley de oferta y demanda.

layaway reservar una compra con un anticipo, reservar una compra con un anticipo y luego recibir la mercancía al pagar totalmente.

lay off suspender a un empleado, despedir a un empleado.

layoff suspensión de un empleado, despido.

layoff pay paga por despido.

lead bank banco líder.

leader pricing líder en pérdida, artículo vendido bajo costo para atraer clientela en espera que se hagan otras compras lucrativas para el negocio.

lead indicators indicadores anticipados.

leading indicators indicadores anticipados.

lead insurer asegurador líder.

lead time tiempo de espera de entrega tras la orden.

leaflet volante, folleto.

leakage filtración, escape, descuento en los derechos aduaneros por la pérdida de líquidos de importadores.

leasable arrendable.

lease n arrendamiento, contrato de arrendamiento, locación.

lease v arrendar.

leaseback venta de una propiedad que entonces se arrienda a quien lo vendió.

lease broker corredor de arrendamientos.

lease commitment compromiso de arrendamiento.

leased arrendado, alquilado.

lease department departamento de arrendamientos.

leased goods bienes arrendados.

lease financing financiamiento de arrendamientos.

lease for lives arrendamiento de por vida, arrendamiento vitalicio.

lease for years arrendamiento por un número determinado de años.

leasehold derechos sobre la propiedad que tiene el arrendatario, arrendamiento.

leaseholder arrendatario, locatario.

leasehold improvements mejoras hechas por el arrendatario.

leasehold interest interés que tiene el arrendatario en la propiedad.

leasehold mortgage hipoteca garantizada con el interés del arrendatario en la propiedad, hipoteca de inquilinato.

leasehold value valor del interés que tiene el arrendatario en la propiedad.

lease in reversion arrendamiento efectivo al terminarse uno existente.

lease with option to purchase arrendamiento con opción de compra.

leasing arrendamiento, locación, alquiler.

least-cost analysis análisis de costo mínimo.

least-effort principle principio del esfuerzo mínimo.

least-squares method método de cuadrados mínimos.

leave of absence permiso para ausentarse.

ledger libro mayor, mayor.

ledger account cuenta del mayor.

ledger balance saldo del mayor.

ledger entry asiento del mayor.

ledger paper papel de cuentas.

legacy tax impuesto sucesorio, impuesto sobre herencias.

legal legal, lícito, legítimo.

legal address domicilio legal.

legal age mayoría de edad.

legal auction subasta legal.

legal capacity capacidad legal.

legal capital capital legal.

legal consideration contraprestación legal.

legal debts deudas exigibles mediante tribunal.

legal description descripción legal.

legal entity entidad legal.

legal expense insurance seguro de gastos legales.

legal fraud fraude implícito.

legal holiday día feriado oficial.

legal interest interés legal.

legal investments inversiones permitidas para ciertas instituciones financieras.

legal lending limit límite de préstamos legal.

legal liability responsabilidad legal.

legal limit límite legal.

legal list lista legal, lista de inversiones permitidas para ciertas instituciones financieras.

legally legalmente.

legal monopoly monopolio legal.

legal mortgage hipoteca legal.

legal name nombre legal.

legal obligation obligación legal.

legal opinion opinión legal.

legal owner propietario legal.
legal possession posesión legal.
legal possessor poseedor legítimo.
legal purpose propósito legal.
legal rate tasa legal.
legal rate of interest tasa de interés legal.
legal representative representante legal.
legal reserve reserva legal.
legal residence domicilio legal.
legal tender moneda de curso legal.
legal title título perfecto de propiedad.
legal transfer transferencia legal.
legatee legatario.
legibility legibilidad.
lend prestar, proveer.
lender prestador, prestamista.
lender liability responsabilidad del prestador.
lender of last resort prestador de último recurso.
lender participation participación del prestador.
lending at a premium prestar con prima.
lending institution institución de préstamos.
lending margin margen de préstamos.
lending rate tasa de préstamos.
lending securities prestar valores.
length largo, duración.
lessee arrendatario, locatario.
lessee's interest interés que tiene el arrendatario en la propiedad.
lessen disminuir, decrecer.
lesser menor, inferior.
lessor arrendador, locador.
lessor's interest el valor presente del contrato de arrendamiento más el valor de la propiedad al expirar dicho contrato.
less than carload menos de vagón.
let alquilar, arrendar, permitir, adjudicar un contrato a un postor.
letter drop buzón.
letterhead membrete.
letter of acceptance carta de aceptación.
letter of advice carta de aviso, carta con instrucciones.

letter of attorney poder, carta de poder.
letter of authorization carta de autorización.
letter of commitment carta de compromiso.
letter of credit carta de crédito.
letter of deposit carta de depósito.
letter of exchange letra de cambio.
letter of guaranty carta de garantía.
letter of indication carta de indicación.
letter of intent carta de intención.
letter of license carta para extender el plazo de pago de un deudor.
letter of recall carta enviada por un fabricante para informar sobre defectos en sus productos y sobre el procedimiento para corregirlos.
letter of recommendation carta de recomendación.
letter of representation carta de representación.
letter patent documento mediante el cual un gobierno concede una patente, patente de invención.
letter stock acciones que no se pueden vender al público.
letting out arrendamiento, adjudicación de un contrato.
level annuity anualidad de pagos parejos.
level-by-level planning planificación de nivel por nivel.
level commissions comisiones parejas.
level debt service servicio de deuda parejo.
level of centralization nivel de centralización.
level of employment nivel de empleo.
level-payment amortization amortización de pagos parejos.
level-payment annuity anualidad de pagos parejos.
level-payment loan préstamo de pagos parejos.
level-payment mortgage hipoteca de pagos parejos.
level-payment plan plan de pagos parejos.
level payments pagos parejos.
level premium insurance seguro con primas parejas.

level premiums primas parejas.

leverage apalancamiento, poder de adquirir algo por un pago inicial pequeño comparado con el valor total, nivel de endeudamiento relativo al capital, peso.

leveraged buyout compra apalancada, compra de la mayoría de las acciones de una compañía usando principalmente fondos prestados.

leveraged company compañía apalancada.

leveraged investment company compañía de inversiones apalancada.

leveraged lease arrendamiento apalancado.

leveraged takeover toma del control apalancada.

leviable gravable, imponible, tributable, exigible.

levier imponedor.

levy n embargo, impuesto, gravamen, tasación.

levy v embargar, imponer, gravar, tasar.

liability responsabilidad, obligación, deuda, pasivo.

liability administration administración del pasivo.

liability bond fianza de responsabilidad civil.

liability dividend dividendo para el cual se entrega un vale.

liability in contract responsabilidad contractual.

liability insurance seguro de responsabilidad civil, seguro de responsabilidad.

liability limits límites de cobertura de póliza de responsabilidad civil.

liability management administración del pasivo.

liable responsable, obligado.

liable for tax sujeto a impuestos.

liberal return policy política de devoluciones liberal.

liberty of a port un permiso dentro de una póliza de seguro marítimo para atracar y comerciar en un puerto designado que no es el del destino final.

liberty of contract libertad contractual.

liberty of the globe un permiso dentro de una póliza de seguro marítimo para ir a cualquier parte del mundo.

license n licencia, permiso, concesión, autorización.

license v licenciar, permitir, autorizar.

license bond fianza de licencia.

license contract contrato de licencia.

licensed licenciado, autorizado.

licensed lender prestador autorizado.

licensee licenciatario, concesionario.

license fee impuesto pagadero para una licencia.

license laws leyes sobre actividades que requieren licencias.

license plate placa de automóvil, tablilla, permiso de circulación de vehículos.

licenser licenciante.

license tax impuesto pagadero para una licencia.

license to operate licencia para operar.

licensing otorgamiento de licencias, venta de licencias.

licensing agreement convenio de licencia.

licensing authority autoridad para otorgar licencias.

licensing power autoridad para otorgar licencias.

licitation licitación.

lien gravamen, carga, derecho de retención.

lien account declaración de los gravámenes con respecto a ciertos bienes.

lien by operation of the law gravamen que resulta de una disposición legal.

lien creditor acreedor con derecho de retención.

lienee deudor cuyos bienes están sujetos a un gravamen.

lienholder quien se beneficia de un gravamen.

lien of a covenant parte introductoria de un contrato.

lienor acreedor con derecho de retención.

lie to colindar.

lieu tax impuesto sustitutivo.

life vida, vigencia, carrera.

life and health insurance seguro de vida y salud.

life annuitant pensionado vitalicio.

life annuity anualidad vitalicia.

life annuity certain anualidad vitalicia con garantía de número mínimo de pagos.

life assurance seguro de vida.

life beneficiary beneficiario vitalicio.

life cycle ciclo de vida.

life estate propiedad vitalicia.

life expectancy expectativa de vida.

life-hold arrendamiento vitalicio.

life insurance seguro de vida.

life insurance benefits beneficios de seguro de vida.

life insurance company compañía de seguros de vida.

life insurance cost costo de seguro de vida.

life insurance in force seguro de vida en vigor.

life insurance limits límites de seguro de vida.

life insurance policy póliza de seguro de vida.

life insurance proceeds pagos al beneficiario de un seguro de vida.

life insurance provider proveedor de seguro de vida.

life insurance renewability renovabilidad de seguro de vida.

life insurance reserves reserva de seguro de vida.

life insurance trust fideicomiso consistente de pólizas de seguros de vidas.

life interest usufructo vitalicio.

life-land arrendamiento vitalicio.

life member miembro vitalicio.

life of a patent duración de una patente, vigencia de una patente.

life of loan cap tasa de interés máxima durante la vida de un préstamo.

life policy póliza de seguro de vida.

life span duración de la vida.

life tenancy posesión vitalicia, arrendamiento vitalicio, usufructo vitalicio.

life tenant usufructuario vitalicio.

lifetime adj vitalicio.

lifetime n vida, curso de vida.

lifetime gift regalo en vida.

lifetime security seguridad de por vida.

ligan mercancías arrojadas al mar e identificadas con una boya para ser rescatadas.

lighterage transporte por medio de barcazas.

like benefits beneficios similares.

like-kind exchange intercambio de bienes similares.

like-kind property propiedad similar.

limit n límite, linde, término, restricción.

limit v limitar, deslindar, restringir.

limitable limitable.

limitation limitación, restricción, prescripción.

limitation of liability limitación de responsabilidad.

limitation over un derecho que será efectivo al expirar otro sobre los mismos bienes, dominio subsecuente.

limitation title título pleno de un inmueble.

limitative limitativo.

limit control control de límites.

limit down máximo permitido de baja en el precio de un contrato de futuros en un día.

limited limitado, circunscrito, restringido.

limited acceptance aceptación limitada.

limited audit auditoría limitada.

limited authority autorización limitada.

limited check cheque limitado.

limited company compañía de responsabilidad limitada.

limited discretion discreción limitada.

limited distribution distribución limitada.

limited-dividend corporation corporación de dividendos limitados.

limited fee propiedad de dominio limitado, derecho limitado sobre un inmueble.

limited guaranty garantía limitada.

limited insurance seguro limitado.

limited liability responsabilidad limitada.

limited liability company compañía de responsabilidad limitada.

limited life vida limitada.

limited occupancy agreement acuerdo de ocupación limitada.

limited order orden limitada.
limited owner usufructuario.
limited partner socio comanditario.
limited partnership sociedad en comandita.
limited payment life seguro de vida de pagos limitados.
limited payment life insurance seguro de vida de pagos limitados.
limited policy póliza limitada.
limited price order orden de precio limitado.
limited-purpose trust company compañía fiduciaria con propósitos limitados.
limited-reduction plan plan de reduccíon limitada.
limited review revisión limitada.
limited risk riesgo limitado.
limited-service bank banco de servicios limitados.
limited tax bond bono respaldado por poder de imposición limitado.
limited trading authorization autorización para transacciones limitada.
limited trust fideicomiso limitado.
limited warranty garantía limitada.
limiting factor factor limitante.
limit of liability límite de responsabilidad.
limit order orden con precio límite, orden para transacción a un precio específico o uno más favorable.
limit price precio límite.
limit up máximo permitido de alza en el precio de un contrato de futuros en un día.
line administration administración de línea.
line administrator administrador de línea.
linear lineal.
linear correlation correlación lineal.
linear increase aumento lineal.
linearity linealidad.
linear programming programación lineal.
linear regression regresión lineal.
line extension extensión de línea.
line management administración de línea.

line manager administrador de línea, gerente de línea.
line of business línea de negocios.
line of credit línea de crédito.
line of discount línea de descuento.
line organization organización lineal.
lines lindes, límites, líneas.
lines and corners las líneas demarcadoras y los ángulos entre sí de una propiedad.
linked savings account cuenta de ahorros vinculada.
link financing financiamiento vinculado.
liquid líquido, corriente.
liquid assets activo líquido, activo corriente.
liquidate liquidar.
liquidated liquidado, cancelado.
liquidated account cuenta saldada, cuenta liquidada.
liquidated claim reclamación saldada.
liquidated damages daños fijados por contrato.
liquidated debt deuda saldada.
liquidating partner socio liquidador.
liquidating trust fideicomiso para una liquidación.
liquidating value valor de liquidación.
liquidation liquidación.
liquidation charge cargo por liquidación.
liquidation dividend dividendo de liquidación.
liquidation fee cargo por liquidación.
liquidation period período de liquidación.
liquidation price precio de liquidación.
liquidation statement estado de liquidación.
liquidation value valor de liquidación.
liquidator liquidador.
liquid debt deuda vencida y exigible.
liquidity liquidez.
liquidity diversification diversificación de liquidez.
liquidity function función de liquidez.
liquidity index índice de liquidez.
liquidity position posición de liquidez.
liquidity preference preferencia de liquidez.
liquidity ratio razón de liquidez.

liquidity risk riesgo de liquidez.
liquidity shortage escasez de liquidez.
liquid savings ahorros líquidos.
liquid securities valores líquidos.
list n lista, nómina, registro.
list v alistar, inscribir.
listed option opción cotizada.
listed securities valores cotizados.
listed shares acciones cotizadas.
listed stock acciones cotizadas.
listing alistamiento, ítem, cotización en una bolsa de valores, contrato para una transacción de un inmueble con un corredor de bienes raíces.
listing agent agente quien obtiene un contrato para una transacción de un inmueble.
listing broker corredor quien obtiene un contrato para una transacción de un inmueble.
listing of securities admisión de valores en bolsa.
listing requirements requisitos para admisión de valores en bolsa.
list of creditors lista de acreedores.
list of property lista de bienes.
list price precio de lista.
literal literal.
literal contract contrato escrito.
livelihood subsistencia, medios de vida, ocupación.
livery entrega, traspaso, alquiler de vehículos.
livery conveyance vehículo para la transportación pública.
livestock insurance seguro de ganado.
live storage estacionamiento, almacenamiento.
living cost costo de vida.
living trust fideicomiso durante la vida de quien lo estableció.
load n carga, deberes, comisión, peso.
load v cargar, adulterar.
load fund fondo mutuo con comisión.
loading cargamento, prima adicional.
load line línea de carga.
load mutual fund fondo mutuo con comisión.
loan n préstamo.
loan v prestar.
loan account cuenta de préstamos.
loan application solicitud de préstamo.

loan application charge cargo por solicitud de préstamo.
loan application fee cargo por solicitud de préstamo.
loan association asociación de préstamos.
loan bank banco de préstamos.
loan broker corredor de préstamos.
loan capital capital en préstamos.
loan certificate certificado de préstamo.
loan closing cierre.
loan commitment compromiso de préstamo.
loan committee comité de préstamos.
loan consent agreement convenio de consentimiento de préstamo de valores.
loan contract contrato de préstamo.
loan coverage ratio razón de cobertura de préstamos.
loan department departamento de préstamos.
loan documentation documentación de préstamo.
loaned employee empleado cuyos servicios se prestan temporalmente a otro patrono.
loaned flat prestado sin intereses.
loaned securities valores prestados.
loaned shares acciones prestadas.
loaned stock acciones prestadas.
loan fee cargo por préstamo.
loan for consumption préstamo para consumo.
loan for exchange préstamo en el que una parte entrega bienes personales y la otra devuelve bienes similares en una fecha futura.
loan for use préstamo de uso.
loan fund fondo para préstamos.
loan guaranty garantía de préstamo.
loan guaranty garantía de préstamo.
loan guaranty certificate certificado de garantía de préstamo.
loan guaranty fee cargo por garantía de préstamo.
loan information sheet hoja de información de préstamos.
loan interest intereses de préstamo.
loan interest rate tasa de interés de préstamo.
loan limit límite de préstamos.

loan loss reserve   reserva para pérdidas de préstamos.

loan market   mercado de préstamos.

loan maturity   vencimiento de préstamo.

loan officer   funcionario de préstamos.

loan of money   préstamo de dinero.

loan origination   originación de préstamo.

loan origination charge   cargo por originación de préstamo.

loan origination fee   cargo por originación de préstamo.

loan participation   participación en préstamo.

loan policy   política de préstamos.

loan portfolio   catera de préstamos.

loan processing   procesamiento de préstamos.

loan production office   oficina de producción de préstamos.

loan rate   tasa de préstamo.

loan rate of interest   tasa de interés de préstamo.

loan receipt   recibo de préstamo.

loan register   registro de préstamos.

loan review   revisión de préstamo.

loan sales   ventas de préstamos.

loan schedule   tabla de pagos de préstamo.

loan service   servicio del préstamo.

loan shares   prestar valores.

loan shark   usurero.

loan sharking   usura.

loan stock   prestar valores.

loan term   término del préstamo.

loan-to-value ratio   razón del préstamo al valor total.

loan value   valor del préstamo.

local agent   agente local.

local assessment   impuesto local, tasación para mejoras.

local chattel   mueble adherido a un inmueble.

local check   cheque local.

local clearinghouse   casa de liquidación local.

local economy   economía local.

local industry   industria local.

local loan   préstamo local.

local taxes   impuestos locales.

local time   hora local.

local union   unión local.

local waybill   carta de porte local.

locked-in interest rate   tasa de interés que se compromete a ofrecer un prestador.

locked market   mercado en que el precio de oferta de compra es igual al de venta.

lockout   huelga patronal.

lodging house   casa de huéspedes.

log   n diario, cuaderno de bitácora, registro.

log   v registrar, anotar, recorrer.

logbook   diario, cuaderno de bitácora, registro.

log in   registrar, contabilizar.

logo   marca figurativa, logotipo.

long bond   bono a largo plazo.

long coupon   primer pago de intereses de un bono cuando abarca un período mayor que los demás.

long-distance   larga distancia.

longevity pay   compensación por longevidad.

long-lived assets   activo a largo plazo.

long market value   valor en el mercado de valores poseídos.

long position   posesión.

long-range planning   planificación a largo plazo.

long term   a largo plazo.

long-term assets   activo a largo plazo.

long-term bond   bono a largo plazo.

long-term capital   capital a largo plazo.

long-term capital gain   ganancia de capital a largo plazo.

long-term capital loss   pérdida de capital a largo plazo.

long-term care   cuidado a largo plazo.

long-term contract   contrato a largo plazo.

long-term corporate bond   bono corporativo a largo plazo.

long-term credit   crédito a largo plazo.

long-term creditor   acreedor a largo plazo.

long-term debt   deuda a largo plazo.

long-term deposit   depósito a largo plazo.

long-term disability   discapacidad a largo plazo.

long-term disability insurance   seguro de discapacidad a largo plazo.

long-term draft letra a largo plazo.

long-term employee empleado a largo plazo.

long-term employment empleo a largo plazo.

long-term financing financiamiento a largo plazo.

long-term forecast pronóstico a largo plazo.

long-term gain ganancia a largo plazo.

long-term gains tax impuesto sobre ganancias a largo plazo.

long-term interest rate tasa de interés a largo plazo.

long-term investment inversión a largo plazo.

long-term investment fund fondo de inversión a largo plazo.

long-term lease arrendamiento a largo plazo.

long-term liability responsabilidad a largo plazo, obligación a largo plazo.

long-term loan préstamo a largo plazo.

long-term loss pérdida a largo plazo.

long-term mortgage hipoteca a largo plazo.

long-term municipal bond bono municipal a largo plazo.

long-term policy póliza a largo plazo, política a largo plazo.

long-term rate tasa a largo plazo.

long-term trend tendencia a largo plazo.

long ton tonelada gruesa.

loophole laguna legal.

loss pérdida, daño.

loss adjustment ajuste de pérdidas.

loss adjustment expense gasto de ajuste de pérdidas.

loss assessment evaluación de los daños.

loss avoidance evitación de pérdidas.

loss carryback pérdidas netas que se incluyen al volver a computar los impuestos de años anteriores.

loss carryforward pérdidas que se pueden incluir en la planilla tributaria para años subsiguientes.

loss carryover pérdidas que se pueden incluir en la planilla tributaria para años subsiguientes.

loss compensation compensación de pérdidas.

loss constant constante de pérdidas.

loss contingency contingencia de pérdidas.

loss control control de pérdidas.

loss conversion factor factor de conversión de pérdidas.

losses incurred pérdidas incurridas.

losses outstanding pérdidas pendientes de pagar.

losses paid pérdidas pagadas.

loss exposure exposición a pérdida.

loss frequency frecuencia de pérdidas.

loss leader líder en pérdida, artículo vendido bajo costo para atraer clientela en espera que se hagan otras compras lucrativas para el negocio.

loss of anticipated profits pérdida de ganancias anticipadas.

loss of income pérdida de ingresos.

loss of income insurance seguro contra pérdida de ingresos.

loss of use insurance seguro contra pérdida de uso.

loss of utility pérdida de utilidad.

loss prevention prevención de pérdidas.

loss rate tasa de pérdidas.

loss ratio razón de pérdidas.

loss ratio method método de razón de pérdidas.

loss reduction reducción de pérdidas.

loss report informe de pérdidas.

loss reserve reserva para pérdidas, reserva para siniestros.

lost card tarjeta perdida.

lost in transit perdido durante el tránsito.

lost or not lost estipulación en una póliza de seguro marítimo indicando que si las partes envueltas no están enteradas de un siniestro existente que dicho siniestro estará cubierto.

lost policy póliza perdida.

lost policy receipt formulario de póliza perdida.

lost property bienes perdidos.

lot lote, solar, parcela, grupo.

lowest offer oferta más baja, oferta más baja aceptable.

low-grade de baja calidad.

low-load fund fondo mutuo con comisión baja.

low-load mutual fund fondo mutuo con comisión baja.

lucrative lucrativo.

lucrative activity actividad lucrativa.

lucrative bailment depósito a título oneroso, depósito lucrativo.

lucrative title título gratuito.

lump sum suma global.

lump-sum distribution distribución global.

lump-sum payment pago global.

lump-sum purchase compra global.

lump-sum settlement indemnización global.

luxury goods artículos de lujo.

luxury tax impuesto suntuario, impuesto de lujo.

machine readable legible por máquina.

machine scanning exploración por máquina.

macroeconomics macroeconomía.

macroenvironment macroambiente.

magnetic stripe franja magnética.

mail n correo, correspondencia.

mail v enviar por correo.

mailbox rule regla según la cual una aceptación de oferta es efectiva al echarse en el buzón.

mail contract contrato por correo.

mail deposit depósito por correo.

mailed enviado por correo.

mail fraud fraude cometido usando el servicio postal.

mailing list lista de direcciones a donde enviar material comercial.

mail order business negocio de ventas por correo.

mail order company compañía de ventas por correo.

mail order firm empresa de ventas por correo.

mail order house casa de ventas por correo.

mail order insurance seguros vendidos por correo.

mail order selling ventas por correo.

mail teller cajero de transacciones solicitadas por correo.

maintenance mantenimiento.

maintenance bond caución de mantenimiento.

maintenance call aviso de la casa de corretaje de que una cuenta de margen está debajo del mínimo de mantenimiento.

maintenance charge cargo de mantenimiento.

maintenance cost costo de mantenimiento.

maintenance expenditure gasto de mantenimiento.

maintenance expense gasto de mantenimiento.

maintenance fee cargo de mantenimiento.

maintenance margin margen de mantenimiento.

maintenance method método de mantenimiento.

maintenance minimum mínimo de mantenimiento.

maintenance of value mantenimiento del valor.

maintenance requirements requisitos de mantenimiento.

maintenance reserve reserva de mantenimiento.

major mayor, mayor de edad.

majority mayoría, mayoría de edad, pluralidad.

majority shareholder accionista mayoritario.

majority stockholder accionista mayoritario.

major medical expense insurance seguro para gastos médicos mayores.

major medical insurance seguro para gastos médicos mayores.

make a bid hacer una oferta.

make a contract celebrar un contrato.

make a deal hacer un trato.

make a deposit hacer un depósito.

make a market cuando un corredor mantiene cuenta propia para facilitar la liquidez de ciertos valores.

make an entry efectuar un asiento.

make an offer hacer una oferta.

make a transfer hacer una transferencia.

make-or-buy decision decisión de fabricar o comprar.

maker fabricante, librador, firmante.

maladministration administración inepta, administración fraudulenta.

mala fide holder tenedor de mala fe.

mala fide purchaser comprador de mala fe.

malinger fingir un impedimento o enfermedad.

malingerer quien finge un impedimento o enfermedad.

mall centro comercial.

malpractice negligencia profesional.

malpractice insurance seguro contra negligencia profesional.

malpractice liability insurance seguro contra negligencia profesional.

manage administrar, manejar.

managed administrado, dirigido, controlado.

managed account cuenta administrada.

managed cost costo administrado.

managed currency moneda controlada.

managed economy economía planificada, economía dirigida.

managed exchange rate tipo de cambio administrado.

managed funds fondos administrados.

managed liabilities pasivo administrado.

managed money moneda administrada, fondos administrados.

managed price precio administrado.

managed trade comercio controlado.

management manejo, administración, cuerpo directivo.

management accounting contabilidad administrativa.

management agreement acuerdo administrativo.

management audit auditoría administrativa.

management board junta administrativa, junta directiva.

management by crisis administración de crisis en crisis.

management by exception administración por excepciones.

management by objectives administración por objetivos.

management charge cargo administrativo, cargo por administración.

management company compañía administrativa, compañía administradora.

management consultant consultor administrativo.

management contract contrato administrativo.

management control system sistema de control administrativo.

management cycle ciclo administrativo.

management fee cargo administrativo, cargo por administración.

management guide guía administrativa.

management of the ship administración de la nave.

management prerogatives prerrogativas administrativas.

management ratio razón de administradores.

management review revisión administrativa.

management rights derechos administrativos.

management system sistema administrativo.

manager administrador, gerente.

managerial ejecutivo, directivo.

managerial accounting contabilidad ejecutiva.

managerial control control ejecutivo.

managing agent gerente.

managing board junta directiva.

managing committee comité directivo.

managing partner socio administrador.

managing underwriter colocador de emisión administrador.

mandatory obligatorio, imperativo.

mandatory clause cláusula obligatoria.

mandatory copy texto obligatorio.

mandatory payment pago obligatorio.

mandatory reserve reserva obligatoria.

mandatory retirement retiro obligatorio.

mandatory sharing compartimiento obligatorio.

manifest adj manifiesto, evidente.

manifest n manifiesto de carga, lista de pasajeros.

manifest v manifestar, registrar en un manifiesto de carga.

manipulate manipular.

manipulation manipulación.

manipulator manipulador.

manner manera, modo, costumbre.

manner and form modo y forma.

manual manual.

manual delivery entrega a mano.

manual labor trabajo manual.

manufacture n manufactura, elaboración, fabricación.

manufacture v manufacturar, elaborar, fabricar.

manufactured article artículo manufacturado.

manufactured housing vivienda manufacturada.

manufacturer fabricante, industrial.

manufacturer's agent agente del fabricante.

manufacturers' association asociación de fabricantes.

manufacturer's liability doctrine doctrina sobre la responsabilidad del fabricante.

manufacturer's liability insurance seguro de responsabilidad del fabricante.

manufacturer's representative representante del fabricante.

manufacturing corporation corporación manufacturera, corporación industrial.

manufacturing cost costo de manufactura, costo de fabricación.

manufacturing establishment establecimiento industrial.

manufacturing expenditure gasto de manufactura.

manufacturing expense gasto de manufactura.

manufacturing insurance seguro de manufactura.

manufacturing inventory inventario de manufactura.

manufacturing license licencia de manufactura.

manufacturing order orden de manufactura.

manufacturing overhead gastos generales de manufactura.

manufacturing tax impuesto de manufactura.

margin margen, ganancia, reserva.

marginable stocks acciones elegibles para cuentas de margen.

margin account cuenta de margen, cuenta con una firma bursátil para la compra de valores a crédito.

margin account agreement convenio de cuenta de margen.

margin agreement convenio de cuenta de margen.

marginal marginal.

marginal activity actividad marginal.

marginal analysis análisis marginal.

marginal benefit beneficio marginal.

marginal borrower prestatario marginal.

marginal buyer comprador marginal.

marginal cash reserve reserva en efectivo marginal.

marginal cost costo marginal.

marginal cost curve curva de costo marginal.

marginal costing costeo marginal.

marginal cost of acquisition costo marginal de adquisición.

marginal cost of capital costo marginal de capital.

marginal cost of funds costo marginal de fondos.

marginal customer cliente marginal.

marginal efficiency of capital eficiencia marginal de capital.

marginal efficiency of investment eficiencia marginal de inversión.

marginal enterprise empresa marginal.

marginal land tierra marginal.

marginal lender prestador marginal.

marginal producer productor marginal.

marginal product producto marginal.

marginal productivity productividad marginal.

marginal productivity of capital productividad marginal de capital.

marginal profits ganancias marginales.

marginal propensity to consume propensión marginal a consumir.

marginal propensity to invest propensión marginal a invertir.

marginal propensity to save propensión marginal a ahorrar.

marginal property propiedad marginal.

marginal return rendimiento marginal.

marginal revenue ingreso marginal.

marginal risk riesgo marginal.

marginal seller vendedor marginal.

marginal tax bracket clasificación impositiva marginal.

marginal tax rate tasa impositiva marginal.

marginal utility utilidad marginal.

marginal value valor marginal.

marginal yield rendimiento marginal.

margin call aviso de la casa de corretaje de que hay que depositar dinero o valores en una cuenta de margen por ésta estar debajo del mínimo de mantenimiento.

margin department departamento de cuentas de margen.

margin notice aviso de la casa de corretaje de que hay que depositar dinero o valores en una cuenta de margen por ésta estar debajo del mínimo de mantenimiento.

margin of error margen de error.

margin of profit margen de ganancia, margen de beneficio.

margin of safety margen de seguridad.

margin requirement cantidad mínima a depositar en una cuenta de margen.

margin securities valores elegibles para cuentas de margen.

margin trading transacciones de valores usando una cuenta de margen.

marine carrier porteador marítimo, transportador marítimo.

marine contract contrato marítimo.

marine insurance seguro marítimo.

marine insurance policy póliza de seguro marítimo.

marine interest interés sobre préstamos a la gruesa.

marine risk riesgo marítimo.

marine underwriter asegurador marítimo.

marital deduction deducción impositiva matrimonial.

marital property bienes adquiridos por los cónyuges durante el matrimonio.

marital trust fideicomiso matrimonial.

maritime attachment embargo marítimo.

maritime coastline trade comercio de cabotaje.

maritime contract contrato naval.

maritime interest interés sobre préstamos a la gruesa.

maritime lien privilegio marítimo, gravamen marítimo, embargo marítimo.

maritime loan préstamo marítimo.

maritime mortgage hipoteca marítima.

maritime perils peligros del mar.

maritime trade comercio marítimo.

maritime waters aguas territoriales.

mark n marca, señal, signo.

mark v marcar, señalar, registrar.

markdown reducción, descuento, reducción de precio.

market n mercado, bolsa.

market v mercadear, comerciar, vender.

marketability comercialibidad.

marketability study estudio de comercialibidad.

marketable vendible, comerciable, negociable.

marketable bond bono comerciable.

marketable securities valores negociables.

marketable title título de propiedad transferible sin gravámenes u otras restricciones.

market aggregation agregación de mercado.

market aggregation canasta de mercado.

market analysis análisis de mercado.

market area área de mercado.

market audit auditoría de mercado.

market capitalization capitalización de mercado.

market channel canal de mercado.

market comparison comparación de mercado.

market comparison approach acercamiento de comparación de mercado.

market coverage cobertura de mercado.

market cycle ciclo de mercado.

market demand demanda de mercado.

market development desarrollo de mercado.

market development index índice del desarrollo de mercado.

market discipline disciplina de mercado.

market disruption perturbación de mercado.

market economy economía de mercado.

market equilibrium equilibrio de mercado.

market failure falla de mercado.

market fit ajuste al mercado.

market fluctuations fluctuaciones de mercado.

market forces fuerzas de mercado.

market functions funciones de mercado.

market if touched order orden al precio de mercado tras alcanzar un precio fijado.

market index índice de mercado.

market index deposit depósito con tasa basada en un índice de mercado.

market index of stock prices índice de mercado de precios de acciones.

market index rate tasa basada en un índice de mercado.

market indicator indicador de mercado.

marketing mercadeo.

marketing administration administración de mercadeo.

marketing administrator administrador de mercadeo.

marketing agreement acuerdo de mercadeo.

marketing concept concepto de mercadeo.

marketing cost analysis análisis de costos de mercadeo.

marketing costs costos de mercadeo.

marketing expenditures gastos de mercadeo.

marketing expense gastos de mercadeo.

marketing information system sistema de información de mercadeo.

marketing intermediaries intermediarios de mercadeo.

marketing management administración de mercadeo.

marketing manager administrador de mercadeo.

marketing plan plan de mercadeo.

marketing policy política de mercadeo.

marketing research investigación de mercadeo.

market interest rate tasa de interés de mercado.

market leader líder de mercado.

market liquidity liquidez de mercado.

market maker corredor de bolsa que mantiene cuenta propia para facilitar la liquidez de ciertos valores.

market niche nicho de mercado.

market order orden al precio de mercado.

market-out clause cláusula que le permite a los suscriptores cancelar sus compromisos de compra de valores a ofrecerse al público bajo ciertas circunstancias.

market penetration penetración de mercado.

market presence presencia en un mercado.

market price precio de mercado, valor justo en el mercado.

market price equivalent equivalente de precio de mercado.

market profile perfil de mercado.

market rate tasa de mercado.

market ratio razón de mercado.

market rent renta justa de mercado.

market report informe de mercado.

market representative representante de mercado.

market research investigación de mercado.

market risk riesgo de mercado.

market segment segmento de mercado.

market segmentation segmentación de mercado.

market segmentation theory teoría de segmentación de mercado.

market share porcentaje de mercado.

market stabilization estabilización de mercado.

market strategy estrategia de mercado.

market structure estructura de mercado.

market study estudio de mercado.

market supply oferta de mercado.

market test prueba de mercado.

market to book value razón del valor de mercado al de valor contable.

market tone tono de mercado.

market trend tendencia de mercado.

market value valor de mercado, valor en el mercado, valor justo en el mercado.

market value clause cláusula de valor en el mercado.

market value method método de valor en el mercado.

markon cantidad que se le suma al costo para llegar al precio de lista.

mark to the market evaluar el valor de valores para asegurarse de que la cuenta cumple con los mínimos de mantenimiento, añadir fondos para que la cuenta cumpla con los mínimos de mantenimiento, ajustar el valor de valores para reflejar el valor corrie nte de mercado.

markup margen de ganancia, alza de un precio.

married filing jointly casados radicando conjuntamente.

married filing separately casados radicando separadamente.

marshaling assets clasificación de acreedores.

marshaling liens clasificación de gravámenes.

Massachusetts rule regla según la cual todo banco que recibe un cheque para pago sirve como agente del depositante, regla de Massachusetts.

Massachusetts trust ente de negocios donde los socios transfieren bienes a un fideicomiso del cual son los beneficiarios.

mass appraising tasación en masa.

mass marketing mercadeo en masa.

mass media medios de comunicación.

mass production producción en masa.

master agreement contrato colectivo de trabajo.

master budget presupuesto maestro.

master contract contrato maestro.

master deed escritura maestra.

master lease arrendamiento principal.

master limited partnership inversión en que se combinan sociedades en comandita para formar unidades de mayor liquidez.

master mortgage hipoteca principal.

master plan plan maestro, plan principal para el desarrollo urbano de una localidad.

master policy póliza principal.

master trust fideicomiso principal.

matched apareado.

matched maturities vencimientos apareados.

matched orders ordenes apareadas.

matched purchase compra apareada.

matched sale venta apareada.

matched transaction transacción apareada.

matching apareamiento.

material material, pertinente, esencial.

material alteration alteración sustancial.

material breach incumplimiento sustancial.

material change alteración sustancial.

materiality materialidad.

material misrepresentation declaración falsa material.

material mistake error sustancial.

material participation participación material.

material representation declaración material, representación material.

materials administration administración de materiales.

materials administrator administrador de materiales.

materials control control de materiales.

materials cost costo de materiales.

materials handling manejo de materiales.

materials management administración de materiales.

materials manager administrador de materiales.

materials price variance varianza de precios de materiales.

materials variance varianza de materiales.

maternity benefits beneficios por maternidad.

mathematical model modelo matemático.

matrix matriz.

mature adj maduro, vencido, exigible.

mature v madurar, vencer.

matured vencido, exigible.

mature economy economía madura.

maturity vencimiento, madurez.

maturity date fecha de vencimiento.

maturity stage etapa de madurez.

maturity value valor al vencimiento.

maximization maximización.

maximize maximizar.

maximum máximo.

maximum benefit beneficio máximo.

maximum capacity capacidad máxima.

maximum charge cargo máximo.

maximum contribution contribución máxima.

maximum cost costo máximo.

maximum deductible contribution contribución máxima deducible.

maximum family benefit beneficio de familia máximo.

maximum fee cargo máximo.

maximum foreseeable loss pérdida máxima previsible.

maximum interest rate tasa de interés máxima.

maximum loan-to-value ratio razón máxima del préstamo al valor total.

maximum loss pérdida máxima.

maximum output producción máxima.

maximum payment pago máximo.

maximum possible loss pérdida máxima posible.

maximum practical capacity capacidad máxima práctica.

maximum price precio máximo.

maximum probable loss pérdida máxima probable.

maximum rate tasa máxima.

maximum rate increase amuento de tasa máximo.

maximum salary salario máximo.

maximum tax impuesto máximo.

maximum tax rate tasa impositiva máxima.

meal expense deduction deducción por gastos de comidas.

mean media, medio.

mean deviation desviación media.

mean reserve reserva media.

mean return rendimiento medio.

mean value valor medio.

mean yield rendimiento medio.

measurement medida.

measure of value medida del valor, norma de valor.

mechanic's lien gravamen del constructor, gravamen de aquellos envueltos en la construcción o reparación de estructuras.

mechanization mecanización.

media medios publicitarios, medios de comunicación.

median mediana.

media plan plan para medios publicitarios.

mediate reconciliar, arbitrar, comunicar.

mediation mediación, arbitraje, intervención.

medical benefits beneficios médicos.

medical care cuidado médico.

medical deduction deducción médica.

medical expenditures gastos médicos.

medical expense deduction deducción por gastos médicos.

medical expense insurance seguro de gastos médicos.

medical expenses gastos médicos.

medical insurance seguro médico.

medical payments insurance seguro de pagos médicos.

medium medio.

medium of change medio de intercambio.

medium term a medio plazo.

medium-term bond bono a medio plazo.

medium-term credit crédito a medio plazo.

medium-term deposits depósitos a medio plazo.

medium-term financing financiamiento a medio plazo.

medium-term forecast pronóstico a medio plazo.

medium-term investment inversión a medio plazo.

medium-term loan préstamo a medio plazo.

medium-term municipal bond bono municipal a medio plazo.

meet encontrarse con, satisfacer.

meet an obligation cumplir una obligación, atender la obligación.

meeting reunión, conferencia, junta.

meeting of creditors junta de acreedores.

meeting of minds acuerdo de voluntades.

meeting of shareholders reunión de accionistas.

meet specifications cumplir con las especificaciones.

member miembro, socio, afiliado.

member bank banco miembro.

member bank reserves reservas de banco miembro.

member company compañía miembro.

member corporation corporación miembro.

member country país miembro.

member firm firma miembro, miembro de una bolsa.

member nation nación miembro.

membership calidad de miembro, calidad de socio, número de miembros, número de socios.

member's rate tasa de miembro.

memorandum memorándum, informe.

memorandum articles artículos por los cuales el asegurador tiene responsabilidad limitada.

memorandum check cheque en garantía.

memorandum clause cláusula que limita la responsabilidad del asegurador sobre ciertas mercancías perecederas.

memorandum sale venta sujeta a la aprobación.

mental health insurance seguro de salud mental.

mercable vendible, comerciable, negociable.

mercantile mercantil, comercial.

mercantile account cuenta mercantil.

mercantile accounting contabilidad mercantil.

mercantile activity actividad mercantil.

mercantile agent agente mercantil.

mercantile arbitration arbitraje mercantil.

mercantile area área mercantil.

mercantile bank banco mercantil.

mercantile banker banquero mercantil.

mercantile banking banca mercantil.

mercantile bill letra de cambio mercantil.

mercantile bookkeeping contabilidad mercantil.

mercantile broker corredor.

mercantile code código mercantil.

mercantile contract contrato mercantil.

mercantile counterfeiting falsificación mercantil.

mercantile credit crédito mercantil.

mercantile credit company compañía de crédito mercantil.

mercantile credit insurance seguro de crédito mercantil.

mercantile discount descuento mercantil.

mercantile documents documentos mercantiles.

mercantile domicile domicilio mercantil.

mercantile establishment establecimiento mercantil.

mercantile forgery policy póliza contra falsificación mercantil.

mercantile forms formularios mercantiles.

mercantile insolvency insolvencia mercantil.

mercantile insurance seguro mercantil.

mercantile insurance company compañía de seguros mercantil.

mercantile insurance forms formularios de seguro mercantiles.

mercantile insurance lines líneas de seguro mercantiles.

mercantile insurance package paquete de seguro mercantil.

mercantile invoice factura mercantil.

mercantile law derecho mercantil.

mercantile letter of credit carta de crédito mercantil.

mercantile lines líneas mercantiles.

mercantile loan préstamo mercantil.

mercantile mortgage hipoteca mercantil.

mercantile name nombre mercantil.

mercantile overhead gastos generales mercantiles.

mercantile package paquete mercantil.

mercantile package policy póliza de paquete mercantil.

mercantile paper instrumentos negociables, papel mercantil.

mercantile policy póliza mercantil.

mercantile property propiedad mercantil.

mercantile property policy póliza de propiedad mercantil.

mercantile rate tasa mercantil.

mercantile report informe mercantil.

mercantile year año mercantil.

mercative mercantil, comercial.

merchandise n mercancía, mercadería.

merchandise v comercializar, comerciar, vender.

merchandise administration administración de mercancías.

merchandise administrator administrador de mercancías.

merchandise allowance concesión por mercancías.

merchandise balance balance de mercancías.

merchandise broker corredor de mercancías.

merchandise control control de mercancías.

merchandise inventory inventario de mercancías.

merchandise management administración de mercancías.

merchandise manager administrador de mercancías.

merchandise transfer transferencia de mercancías.

merchandise turnover giro de mercancías, rotación de mercancías.

merchandising comercialización, técnicas mercantiles.

merchant adj mercantil, comercial.

merchant n mercader, comerciante.

merchantability comerciabilidad.

merchantable vendible, comerciable.

merchantable title título de propiedad negociable sin gravámenes u otras restricciones, título válido.

merchant agreement acuerdo de comerciante, acuerdo entre el comerciante y el banco que procesa transacciones de tarjeta.

merchant application solicitud de comerciante.

merchant bank banco mercantil.

merchant banking banca mercantil.

merchant base base de comerciantes.

merchant discount descuento de comerciante, tasa que le cobra al comerciante el banco que procesa transacciones de tarjeta.

merchant discount rate tasa que le cobra al comerciante el banco que procesa transacciones de tarjeta.

merchant fraud fraude de comerciante.

merchant identification card tarjeta de identificación de comerciante.

merchant number número de comerciante.

merchants' accounts cuentas comerciales.

merchant shipping navegación comercial.

merchant volume volumen de comerciante.

merge unir, fusionar.

merged company compañía fusionada.

merger fusión, consolidación, confusión.

merger expenses gastos de fusión.

mergers and acquisitions fusiones y adquisiciones.

merit increase aumento salarial por mérito.

meritorious consideration contraprestación basada en una obligación moral, contraprestación valiosa.

merit raise aumento salarial por mérito.

merit rating calificación por mérito.

message authentication code código de autenticación de mensaje.

messenger mensajero.

mete límite, mojón.

meter n medidor, contador, metro.

meter v medir, franquear con máquina.

meter rate tasa por unidad de consumo, tasa según contador.

metes and bounds límites de un inmueble, linderos de un inmueble, rumbos y distancias.

method método.

metropolitan area área metropolitana.
metropolitan statistical area área estadística metropolitana.
microeconomics microeconomía.
microfilm micropelícula.
middle management administración intermedia.
middle manager administrador intermedio.
middle rate tipo intermedio.
midnight deadline vencimiento a medianoche.
migrant worker trabajador migratorio.
mil milésima del valor.
mill milésima del valor.
millage rate tasa impositiva expresada en milésimas.
mineral lands tierras mineras.
mineral lease arrendamiento de minas.
mineral right derecho de explotar minas.
mineral royalty regalía minera.
mineral servitude servidumbre minera.
mini-branch minisucursal.
minimization minimización.
minimum mínimo.
minimum amount cantidad mínima.
minimum amount policy póliza de cantidad mínima.
minimum balance balance mínimo.
minimum benefit beneficio mínimo.
minimum cash balance saldo en efectivo mínimo.
minimum cash ratio razón de efectivo mínimo.
minimum charge cargo mínimo.
minimum contribution contribución mínima.
minimum cost costo mínimo.
minimum deposit depósito mínimo.
minimum down payment pronto pago mínimo, entrada mínima.
minimum employment age edad mínima de empleo.
minimum fee honorario mínimo, cargo mínimo.
minimum group grupo mínimo.
minimum interest rate tasa de interés mínima.
minimum inventory inventario mínimo.

minimum lease payment pago de arrendamiento mínimo.
minimum lending rate tasa de préstamo mínima.
minimum lot area área de solar mínima.
minimum maintenance mantenimiento mínimo.
minimum payment pago mínimo.
minimum pension liability responsabilidad de pensión mínima.
minimum premium prima mínima.
minimum price precio mínimo.
minimum rate tasa mínima.
minimum rate increase aumento de tasa mínimo.
minimum reserve ratio razón mínima de encaje.
minimum return rendimiento mínimo.
minimum service charge cargo por servicios mínimo.
minimum service fee cargo por servicios mínimo.
minimum tax impuesto mínimo.
minimum tax rate tasa impositiva mínima.
minimum variation variación mínima.
minimum wage salario mínimo, paga mínima.
minimum yield rendimiento mínimo.
mining claim concesión minera, pertenencia minera.
mining lease arrendamiento de minas.
mining license licencia minera.
mining location pertenencia minera.
mining partnership sociedad minera.
mining rent renta por explotar minas.
mining royalty regalía minera.
minor adj secundario, inferior.
minor n menor, menor de edad.
minority shareholders accionistas minoritarios.
minority stockholders accionistas minoritarios.
mint casa de moneda, casa de amonedación.
mintage acuñación.
minus tick venta a precio menor que la anterior.
minute-book libro de minutas, minutario.
minutes minutas, actas.

misbranding rotular productos con indicaciones falsas.

miscalculation error de cálculo.

miscellaneous misceláneo.

miscellaneous charge cargo misceláneo.

miscellaneous cost costo misceláneo.

miscellaneous expenditure gasto misceláneo.

miscellaneous expense gasto misceláneo.

miscellaneous fee cargo misceláneo.

miscellaneous itemized deductions deducciones detalladas misceláneas.

miscellaneous outlay desembolso misceláneo.

miscellaneous vehicles vehículos misceláneos.

miscellaneous vehicles coverage cobertura de vehículos misceláneos.

misdate fecha falsa, fecha errónea.

misdeclaration declaración falsa, declaración errónea.

misdelivery entrega errónea.

misdescription descripción errónea.

misemploy emplear mal.

misencode codificar mal.

misencoded mal codificado.

misencoded card tarjeta mal codificada.

misguide aconsejar mal.

mishandle maltratar, manejar mal.

misinform informar mal.

misinformation información errónea.

misinterpret malinterpretar.

misinterpretation mala interpretación.

mislabeling rotular productos con indicaciones falsas.

mislaid property bienes extraviados, bienes perdidos.

misleading engañoso.

misleadingly engañosamente.

mismanage administrar mal.

mismanagement mala administracíon.

misrecital descripción errónea.

misrepresentation declaración falsa, declaración errónea.

missing payment pago perdido, pago extraviado.

missing ship nave perdida.

missing the market falta de ejecución de una orden por negligencia del corredor.

misstatement declaración falsa, declaración errónea.

mistake n equivocación, error.

mistake v confundir, malinterpretar, errar.

misunderstand entender mal.

mixed mixto.

mixed account cuenta mixta.

mixed collateral colateral mixto.

mixed contract contrato mixto.

mixed cost costo mixto.

mixed credit crédito mixto.

mixed currency moneda mixta.

mixed economic system sistema económico mixto.

mixed economy economía mixta.

mixed enterprise empresa mixta.

mixed financing financiamiento mixto.

mixed insurance company compañía de seguros mixta.

mixed perils peligros mixtos.

mixed policy póliza mixta, póliza combinada.

mixed property propiedad mixta.

mixed subjects of property bienes mixtos.

mixed tariff arancel mixto.

mixtion confusión de bienes, mezcla de bienes.

mobile home caravana.

mode modo, moda.

model modelo.

model apartment apartamento modelo.

model house casa modelo.

modeling modelado.

model unit unidad modelo.

mode of transport modo de transporte.

moderate moderado.

moderate deflation deflación moderada.

moderate inflation inflación moderada.

modernization modernización.

modernize modernizar.

modern portfolio theory teoría de cartera de valores moderna.

modification modificación, enmienda.

modification agreement convenio de modificación.

modification of contract modificación de contrato.

modified modificado.

modified accelerated cost recovery system sistema acelerado de recuperación de costos modificado.

modified accrual basis base de acumulación modificada.

modified adjusted gross income ingreso bruto ajustado modificado.

modified cash refund annuity anualidad de reembolso en efectivo modificada.

modified insurance seguro modificado.

modified legal list lista legal modificada.

modified life insurance seguro de vida modificado.

modified reserve reserva modificada.

modify modificar, enmendar.

modular housing vivienda modular.

monetary monetario.

monetary accord acuerdo monetario.

monetary adjustment ajuste monetario.

monetary administration administración monetaria.

monetary administrator administrador monetario.

monetary agreement acuerdo monetario.

monetary analysis análisis monetario.

monetary assets activo monetario.

monetary authorities autoridades monetarias.

monetary base base monetaria.

monetary commission comisión monetaria.

monetary control control monetario.

monetary flow flujo monetario.

monetary indemnity indemnización monetaria.

monetary indicator indicador monetario.

monetary intervention intervención monetaria.

monetary liability responsabilidad monetaria.

monetary management administración monetaria.

monetary manager administrador monetario.

monetary multiplier multiplicador monetario.

monetary policy política monetaria.

monetary reform reforma monetaria.

monetary regulation regulación monetaria.

monetary reserve reserva monetaria.

monetary standard patrón monetario.

monetary system sistema monetario.

monetary transaction transacción monetaria.

monetary unit unidad monetaria.

monetary value valor monetario.

monetization monetización.

money dinero, moneda.

money administration administración de fondos.

money administrator administrador de fondos.

money-bill proyecto de ley fiscal.

money broker corredor financiero, corredor de cambios.

money center bank banco de centro financiero.

money demand demanda monetaria.

money deposit depósito de una suma de dinero.

moneyed corporation corporación financiera.

money flow flujo monetario.

money functions funciones del dinero.

money in circulation dinero en circulación.

money income ingreso monetario.

money land dinero en fideicomiso señalado para la compra de inmuebles.

money laundering lavado de dinero.

moneylender prestador, prestamista.

money lender prestador.

money lent dinero prestado.

money management administración de fondos, administración de cartera de valores.

money manager administrador de fondos, administrador de cartera de valores.

money market mercado monetario.

money market account cuenta del mercado monetario.

money market certificate certificado del mercado monetario.

money market deposit account cuenta de depósito del mercado monetario.

money market fund fondo de inversión del mercado monetario.

money market instrument instrumento del mercado monetario.

money market interest rate tasa de interés del mercado monetario.

money market investment inversión del mercado monetario.

money market rate tasa del mercado monetario.

money market securities valores del mercado monetario.

money multiplier multiplicador del dinero.

money order giro postal, orden de pago.

money paid dinero pagado.

money rates tasas de préstamos.

money supply masa monetaria, oferta monetaria.

money transaction transacción monetaria.

money transfer transferencia monetaria.

money wage salario monetario.

monger vendedor, negociante.

monometallism monometalismo.

monopolist monopolista.

monopolistic monopolístico.

monopolistic competition competencia monopolística.

monopolization monopolización.

monopolize monopolizar.

monopoly monopolio.

monopoly price precio de monopolio.

monopsony monopsonio.

Monte Carlo method método de Monte Carlo.

Monte Carlo technique técnica de Monte Carlo.

monthly mensual.

monthly charges cargos mensuales.

monthly costs costos mensuales.

monthly expenditures gastos mensuales.

monthly expenses gastos mensuales.

monthly fee cargo mensual.

monthly installment pago mensual.

monthly interest intereses mensuales.

monthly investment plan plan de inversiones mensual, plan de inversiones con depósitos fijos mensuales.

monthly payment pago mensual.

monthly report informe mensual.

monthly salary salario mensual.

monthly statement estado mensual.

moonlighting desempeño de otro trabajo en horas que no son las que se dedican al trabajo regular, pluriempleo.

moorage amarraje, amarradero.

moral consideration contraprestación moral.

moral hazard riesgo moral.

moral obligation obligación moral.

moral obligation bond bono de obligación moral respaldado por un estado.

moral risk riesgo moral.

moral suasion persuasión moral.

moratorium moratoria.

morbidity rate tasa de morbilidad.

morbidity table tabla de morbilidad.

more favorable terms términos más favorables.

more or less más o menos, aproximadamente.

mortality adjustment ajuste por mortalidad.

mortality rate tasa de mortalidad.

mortality ratio razón de mortalidad.

mortality tables tablas de mortalidad.

mortgage n hipoteca.

mortgage v hipotecar.

mortgageable hipotecable.

mortgage administration administración hipotecaria.

mortgage assumption asunción hipotecaria.

mortgage-backed respaldado por hipotecas.

mortgage-backed bond bono respaldado por hipotecas.

mortgage-backed certificate certificado respaldado por hipotecas.

mortgage-backed investment inversión respaldada por hipotecas.

mortgage-backed securities valores respaldados por hipotecas.

mortgage bank banco hipotecario.

mortgage banker banquero
hipotecario.
mortgage banking banca hipotecaria.
mortgage banking company
compañía de banca hipotecaria.
mortgage bond bono hipotecario.
mortgage broker corredor hipotecario.
mortgage certificate certificado
hipotecario, cédula hipotecaria.
mortgage clause cláusula hipotecaria.
mortgage commitment compromiso
hipotecario, compromiso de otorgar una
hipoteca.
mortgage company compañía
hipotecaria.
mortgage conduit conducto de
hipotecas.
mortgage constant constante
hipotecaria.
mortgage corporation corporación
hipotecaria.
mortgage credit crédito hipotecario.
mortgage creditor acreedor
hipotecario.
mortgaged hipotecado.
mortgage debt deuda hipotecaria.
mortgage debtor deudor hipotecario.
mortgage deed escritura hipotecaria.
mortgage department departamento
hipotecario.
mortgage discount descuento
hipotecario.
mortgagee acreedor hipotecario.
mortgagee clause cláusula del
acreedor hipotecario.
mortgagee in possession acreedor
hipotecario en posesión del inmueble.
mortgage financing financiamiento
hipotecario.
mortgage foreclosure ejecución
hipotecaria.
mortgage insurance seguro
hipotecario.
mortgage insurance policy póliza de
seguro hipotecario.
mortgage insurance premium
prima de seguro hipotecario.
mortgage interest intereses
hipotecarios.
mortgage interest deduction
deducción de intereses hipotecarios.
mortgage lien gravamen hipotecario.

mortgage life insurance seguro de
vida hipotecario.
mortgage loan préstamo hipotecario.
mortgage loan commitment
compromiso de préstamo hipotecario.
mortgage loan interest rate tasa de
interés de préstamo hipotecario.
mortgage loan rate tasa de préstamo
hipotecario.
mortgage loan rate of interest tasa
de interés de préstamo hipotecario.
mortgage loan report informe de
préstamos hipotecarios.
mortgage market mercado
hipotecario.
mortgage note pagaré hipotecario.
mortgage of goods gravamen contra
bienes muebles.
mortgage of ship hipoteca naval.
mortgage origination originación
hipotecaria.
mortgage participation participación
hipotecaria.
mortgage payment pago hipotecario.
mortgage pool agrupación de
hipotecas.
mortgage portfolio cartera de
hipotecas.
mortgage premium prima hipotecaria.
mortgager deudor hipotecario,
hipotecante.
mortgage registry registro de
hipotecas.
mortgage revenue bond bono de
ingresos de hipotecas.
mortgage risk riesgo hipotecario.
mortgage securities valores
hipotecarios.
mortgage service servicio hipotecario.
mortgage servicing servicio
hipotecario.
mortgage swap intercambio
hipotecario.
mortgagor deudor hipotecario,
hipotecante.
mortuary tables tablas de mortalidad.
most active list lista de acciones más
activas.
most favored nation nación más
favorecida.
most favored nation clause cláusula
de nación más favorecida.

most favored nation rate   tasa de nación más favorecida.

motivation   motivación.

motivational research   investigación motivacional.

movable estate   propiedad mueble, bienes muebles.

movable property   bienes muebles.

movables   muebles, bienes muebles.

movement   movimiento.

moving average   media móvil.

moving expense deduction   deducción por gastos de mudanza.

multicollinearity   multicolinealidad.

multicurrency loan   préstamo en monedas múltiples.

multiemployer bargaining   negociaciones de patronos múltiples.

multifamily housing   edificación de viviendas múltiples, vivienda multifamiliar.

multilateral   multilateral.

multilateral agreement   convenio multilateral, tratado multilateral.

multilateral compensation   compensación multilateral.

multilateral contract   contrato multilateral.

multilateral development bank   banco del desarrollo multilateral.

multilateralism   multilateralismo.

multilateral trade   comercio multilateral.

multinational   multinacional.

multinational company   compañía multinacional.

multinational corporation   corporación multinacional.

multinational enterprise   empresa multinacional.

multiple   múltiple.

multiple banking   banca múltiple.

multiple budget   presupuesto múltiple.

multiple budgeting   presupuestación múltiple.

multiple correlation   correlación múltiple.

multiple currency practice   práctica de tipos de cambio múltiples.

multiple currency system   sistema de tipos de cambio múltiples.

multiple exchange rate   tipo de cambio múltiple.

multiple indemnity   indemnización múltiple.

multiple listing   acuerdo entre corredores para compartir información sobre propiedades bajo contrato.

multiple location policy   póliza de locales múltiples.

multiple peril insurance   seguro contra peligros múltiples.

multiple prices   precios múltiples.

multiple pricing   descuento por compra de más de una unidad.

multiple recording   registro múltiple.

multiple recording of transactions   registro múltiple de transacciones.

multiple regression   regresión múltiple.

multiple retirement ages   edades de retiro múltiples.

multiple sales   ventas múltiples.

multiple tariff   tarifa múltiple.

multiple taxation   imposición múltiple.

multiplier   multiplicador.

multiplier effect   efecto multiplicador.

municipal bond   bono municipal.

municipal bond fund   fondo de bonos municipales.

municipal bond insurance   seguro garantizando pago de bono municipal.

municipal insurance   seguro municipal.

municipal revenue bond   bono de ingresos municipal.

municipal securities   inversiones emitidas por municipalidades.

municipal taxation   imposición municipal.

muniment of title   prueba documental de título de propiedad, documento de título, título de propiedad.

mutilated   mutilado.

mutilated check   cheque mutilado.

mutilated instrument   documento mutilado.

mutilated securities   valores mutilados.

mutual   mutuo, mutual.

mutual accounts   cuentas recíprocas.

mutual agreement   acuerdo mutuo.

mutual assent   consentimiento mutuo.

mutual association   asociación mutua.

mutual company   compañía mutual.

mutual conditions   condiciones recíprocas.

mutual consent consentimiento mutuo.

mutual consideration contraprestación recíproca.

mutual contract contrato recíproco.

mutual covenants cláusulas recíprocas.

mutual credits créditos recíprocos.

mutual debts deudas recíprocas.

mutual easements servidumbres recíprocas.

mutual fund fondo mutuo.

mutual fund insurance seguro de fondo mutuo.

mutual insurance seguro mutual.

mutual insurance company compañía mutual de seguros.

mutuality mutualidad, reciprocidad.

mutuality doctrine doctrina que indica que las obligaciones contractuales tienen que ser recíprocas para que el contrato sea válido.

mutuality of contract requisito de que las obligaciones contractuales tienen que ser recíprocas para que el contrato sea válido.

mutuality of obligation requisito de que las obligaciones contractuales tienen que ser recíprocas para que el contrato sea válido.

mutual promises promesas recíprocas.

mutual savings bank banco mutual de ahorros, banco mutuo de ahorros.

N

naked contract contrato sin contraprestación, contrato sin contraprestación suficiente.

naked deposit depósito gratuito.

naked option opción no cubierta.

naked position posición no cubierta.

naked possession posesión sin título.

naked power poder sin interés en el apoderado.

naked promise promesa unilateral.

naked trust fideicomiso pasivo.

named nombrado.

named insured la persona asegurada.

named peril policy póliza de peligros enumerados.

nameless anónimo, desconocido.

name of corporation nombre de la corporación.

name of partnership nombre de la sociedad.

narrow market mercado angosto.

national nacional.

national accounting contabilidad nacional.

national advertising publicidad nacional.

national association asociación nacional.

national bank banco nacional.

national bank examination examinación de bancos nacionales.

national bank examiner examinador de bancos nacionales.

national brand marca nacional.

national budget presupuesto nacional.

national budgeting presupuestación nacional.

national currency moneda nacional.

national debt deuda nacional.

national economic plan plan económico nacional.

national economy economía nacional.

national expenditure gasto nacional.

national exports exportaciones nacionales.

national holiday feriado nacional.

national importations importaciones nacionales.

national imports importaciones nacionales.

national income ingreso nacional.

national industry industria nacional.

national insurance seguro nacional.

nationalization nacionalización.

national liquidity liquidez nacional.

national market mercado nacional.

national product producto nacional.

national revenue ingreso nacional.

national treasury tesorería nacional.

national union unión nacional.

nationwide por toda la nación.

natural business year año comercial natural, año fiscal.

natural day día natural.

natural interest rate tasa de interés natural.

natural losses pérdidas naturales.

natural monopoly monopolio natural.
natural possession posesión física.
natural premium prima natural.
natural rate tasa natural.
natural resources recursos naturales.
natural vacancy rate tasa de vacantes natural.
natural year año natural.
nearest month mes más cercano.
near money activo fácilmente convertible en efectivo, casi dinero.
near-term a cercano plazo.
necessary necesario.
necessary deposit depósito necesario.
necessary diligence diligencia necesaria.
necessary easement servidumbre necesaria.
necessary expenditure gasto necesario.
necessary expense gasto necesario.
necessary repairs reparaciones necesarias.
negative amortization amortización negativa.
negative authorization autorización negativa.
negative authorization list lista de autorización negativa.
negative carry rendimiento menor que el costo de posesión.
negative cash flow flujo de fondos negativo.
negative condition condición negativa.
negative confirmation confirmación negativa.
negative correlation correlación negativa.
negative covenant estipulación de no realizar un acto.
negative coverage cobertura negativa.
negative easement servidumbre negativa.
negative elasticity elasticidad negativa.
negative factor factor negativo.
negative file archivo negativo.
negative goodwill plusvalía negativa.
negative income tax impuesto sobre ingresos negativo.
negative interest intereses negativos.

negative investment inversión negativa.
negative leverage apalancamiento negativo.
negative net worth valor neto negativo.
negative pledge clause cláusula de pignoración negativa.
negative premium prima negativa.
negative servitude servidumbre negativa.
negative tax impuesto negativo.
negative value valor negativo.
negative verification verificación negativa.
negative working capital capital circulante negativa.
negative yield curve curva de rendimientos negativa.
negligence negligencia.
negligence liability insurance seguro contra responsabilidad por negligencia.
negligent negligente.
negligently negligentemente.
negligently done hecho negligentemente.
negotiability negociabilidad.
negotiable negociable.
negotiable bill letra de cambio negociable.
negotiable bill of exchange letra de cambio negociable.
negotiable bill of lading conocimiento de embarque negociable.
negotiable bond bono negociable.
negotiable certificate of deposit certificado de depósito negociable.
negotiable check cheque negociable.
negotiable document of title título negociable.
negotiable instruments instrumentos negociables.
negotiable investments inversiones negociables.
negotiable note pagaré negociable.
negotiable order of withdrawal cuenta de cheques con intereses.
negotiable order of withdrawal account cuenta de cheques con intereses.
negotiable paper títulos negociables.

negotiable securities valores negociables.

negotiable words palabras y frases de negociabilidad.

negotiate negociar.

negotiated negociado.

negotiated contribution plan plan de contribuciones negociado.

negotiated market price precio de mercado negociado.

negotiated price precio negociado.

negotiated purchase compra negociada.

negotiated rate tasa negociada.

negotiated sale venta negociada.

negotiated terms términos negociados.

negotiated underwriting suscripción negociada.

negotiating negociador.

negotiation negociación.

negotiator negociador.

neighborhood life cycle ciclo de vida de vecindad.

nepotism nepotismo.

net neto.

net amount cantidad neta.

net amount at risk cantidad en riesgo neta.

net assets activo neto.

net asset value valor de activo neto.

net balance saldo neto.

net borrowed reserves reservas prestadas netas.

net capital ratio razón de capital neto.

net capital requirement requisito de capital neto.

net cash flow flujo de fondos neto.

net change cambio neto.

net charge-off cancelaciones netas.

net contribution contribución neta.

net cost costo neto.

net cost method método de costo neto.

net credit period período de crédito neto.

net current assets activo corriente neto.

net debt deuda neta.

net decrease disminución neta.

net demand deposits depósitos a la vista netos.

net dividend dividendo neto.

net domestic product producto nacional neto.

net earnings ingresos netos.

net estate patrimonio neto.

net expenditures gastos netos.

net expenses gastos netos.

net exports exportaciones netas.

net foreign investment inversión extranjera neta.

net free reserves reserva disponible neta.

net ground lease arrendamiento de terreno vacante neto.

net importations importaciones netas.

net imports importaciones netas.

net income ingreso neto, beneficio neto, renta neta.

net income multiplier multiplicador de ingreso neto.

net income per share ingreso neto por acción.

net income to net worth ratio razón de ingreso neto a valor neto.

net increase aumento neto.

net interest interés neto.

net interest cost costo de intereses neto.

net interest earned intereses devengados netos.

net interest margin margen de intereses neto.

net interest yield rendimiento de intereses neto.

net investment inversión neta.

net investment income ingresos por inversiones neto.

net leasable area área arrendable neta.

net lease arrendamiento neto, arrendamiento en que el arrendatario tiene que pagar ciertos otros gastos en adición al pago del alquiler.

net level premium prima nivelada neta.

net liquid assets activo líquido neto.

net listing contrato para la venta de un inmueble en que la comisión es lo que exceda de una cantidad fija que le corresponde al vendedor.

net long-term debt deuda a largo plazo neta.

net loss pérdida neta.

net national debt deuda nacional neta.

net national income ingreso nacional neto.

net national product producto nacional neto.

net of tax neto tras factorizar impuestos.

net operating income ingreso operativo neto.

net operating loss pérdida operativa neta.

net operating loss deduction deducción por pérdida operativa neta.

net pay paga neta.

net payments pagos netos.

net position posición neta.

net premium prima neta.

net present value valor presente neto.

net present value method método de valor presente neto.

net price precio neto.

net price method método de precio neto.

net proceeds producto neto.

net profit margin margen de ganancias netas.

net profits ganancias netas.

net public debt deuda pública neta.

net purchases compras netas.

net rate tasa neta.

net realizable value valor realizable neto.

net rent alquiler neto.

net retention retención neta.

net revenue ingreso neto.

net salary salario neto.

net sales ventas netas.

net sales contract contrato de venta neto.

net savings ahorros netos.

net settlement liquidación neta.

net short-term debt deuda a corto plazo neta.

net single premium prima única neta.

net surplus superávit neto.

net tangible assets ratio razón de activo tangible neto.

net tax base base contributiva neta.

net tax liability responsabilidad contributiva neta.

net tonnage tonelaje neto.

net transaction transacción neta.

net value valor neto.

net value added valor añadido neto.

net volume volumen neto.

net wages salario neto.

net weight peso neto.

network red.

net working capital capital circulante neto.

net worth valor neto, activo neto.

net worth ratio razón de valor neto.

net yield rendimiento neto.

neutrality neutralidad.

never used nunca usado.

new account cuenta nueva.

new account report informe de cuenta nueva.

new acquisition nueva adquisición.

new balance nuevo saldo.

new consideration contraprestación adicional.

new contract nuevo contrato.

new enterprise nueva empresa.

new issue nueva emisión.

new issue market mercado de nuevas emisiones.

new order nueva orden.

new town pueblo nuevo.

next day funds fondos disponibles el próximo día laborable.

nexus nexo.

niche nicho.

night cycle ciclo nocturno.

night deposit depósito nocturno.

night depository depositaría nocturna.

night differential diferencial nocturno.

no account sin cuenta.

no arrival, no sale si no llegan los bienes no hay que pagar por ellos.

no collateral sin colateral.

no-fault sin culpa.

no-fault auto insurance seguro automovilístico sin culpa, seguro automovilístico donde la compañía aseguradora paga los daños independientemente de quien tuvo la culpa.

no funds sin fondos.

no-limit order orden sin limitación de precio.

no-load fund fondo mutuo sin comisión.

nominal nominal.

nominal account cuenta nominal.

nominal assets activo nominal.

nominal capital capital nominal.

nominal consideration contraprestación nominal.

nominal cost costo nominal.

nominal damages daños nominales.

nominal exchange rate tipo de cambio nominal.

nominal income ingreso nominal.

nominal interest rate tasa de interés nominal.

nominal loan rate tasa de préstamo nominal.

nominal partner socio nominal.

nominal price precio nominal.

nominal quotation cotización nominal.

nominal rate tasa nominal.

nominal rate of exchange tipo de cambio nominal.

nominal return rendimiento nominal.

nominal scale escala nominal.

nominal trust fideicomiso nominal.

nominal value valor nominal.

nominal wage salario nominal.

nominal yield rendimiento nominal.

nominate contracts contratos con nombre o forma propia.

nominee persona nombrada, nómino, representante, fideicomisario.

no money down sin pronto pago, sin entrada.

nonacceptance no aceptación, rechazo.

nonaccrual loan préstamo sin acumulación.

nonadmitted no admitido.

nonage minoría de edad, minoridad.

nonamortizing loan préstamo sin amortización.

nonancestral estate bienes inmuebles no adquiridos por sucesión.

nonapparent easement servidumbre discontinua.

nonassessable no susceptible a gravámenes o impuestos.

nonassessable shares acciones no gravables, acciones no susceptibles a gravámenes o impuestos.

nonassessable stock acciones no gravables, acciones no susceptibles a gravámenes o impuestos.

nonassignable no transferible.

nonassignable policy póliza no transferible.

nonassumable no asumible.

nonborrowed no prestado.

nonborrowed reserves reservas no prestadas.

nonbusiness bad debts deudas incobrables no de negocios.

nonbusiness day día no laborable.

nonbusiness expense deduction deducción por gastos no de negocios.

nonbusiness expenses gastos no de negocios.

nonbusiness income ingreso no de negocios.

noncallable no retirable.

noncallable bond bono no retirable.

noncancelable no cancelable.

noncancelable health insurance seguro de salud no cancelable.

noncancelable insurance seguro no cancelable.

noncancelable life insurance seguro de vida no cancelable.

noncollectible incobrable.

noncollectible credit crédito incobrable.

noncollectible debt deuda incobrable.

noncommercial no comercial.

noncommercial transaction transacción no comercial.

noncompetitive bid oferta no competitiva.

noncompetitive tender oferta no competitiva.

nonconforming loan préstamo no conforme a ciertas especificaciones.

nonconforming lot solar no conforme a la zonificación.

nonconforming mortgage hipoteca no conforme a ciertas especificaciones.

nonconforming use uso no conforme a la zonificación.

noncontestability clause cláusula de incontestabilidad.

noncontinuous easement servidumbre discontinua.

noncontributory sin contribuciones.

noncontributory qualified pension plan plan de pensión calificado sin contribuciones por empleados.

noncontributory retirement plan plan de retiro sin contribuciones por empleados.

noncontrollable cost costo no controlable.

noncontrollable expenditure gasto no controlable.

noncontrollable expense gasto no controlable.

noncontrollable risk riesgo no controlable.

noncorporate no corporativo.

noncredit services servicios no relacionados al crédito.

noncumulative no acumulativo.

noncumulative dividends dividendos no acumulativos.

noncumulative preferred shares acciones preferidas no acumulativas.

noncumulative preferred stock acciones preferidas no acumulativas.

noncumulative quantity discount descuento por cantidad no acumulativo.

noncumulative voting votación no acumulativa.

noncurrent assets activo no circulante.

noncurrent liability pasivo no circulante.

nondeductible no deducible.

nondeductable expense gasto no deducible.

nondeductable tax impuesto no deducible.

nondelivery falta de entrega.

nondisclosure no divulgación.

nondiscretionary trust fideicomiso no discrecional.

nondiversifiable risk riesgo no diversificable.

nondivisible no divisible.

nondivisible reorganization reorganiaión no divisible.

nondurable no duradero.

nondurable goods mercancías no duraderas, mercancías perecederas.

nondutiable no imponible.

nonessential goods bienes no esenciales.

nonexclusive listing contrato no exclusivo para vender un inmueble.

nonexpandable fund fondo no expandible.

nonfeasance incumplimiento, omisión.

nonfiler quien no rinde planilla.

nonfinancial no financiero.

nonfinancial compensation compensación no financiera.

nonfinancial incentive incentivo no financiero.

nonflexible price precio no flexible.

nonforfeitable no sujeto a confiscación.

nonincome property propiedad que no produce ingresos.

noninflationary no inflacionario.

noninstallment credit crédito a pagarse en un pago.

noninsurable no asegurable.

noninsurable risk riesgo no asegurable.

noninsured no asegurado.

noninsured driver conductor no asegurado.

noninsured fund fondo no asegurado.

noninterest-bearing que no devenga intereses.

noninterest expense gastos no de intereses.

noninterest income ingreso no de intereses.

nonlegal investments inversiones no permitidas para ciertas instituciones financieras

nonleviable inembargable.

nonlinearity no linealidad.

nonmailable no apto para enviarse por correo.

nonmanufacturing costs costos no de manufactura.

nonmanufacturing expenses gastos no de manufactura.

nonmarketable no vendible, no negociable.

nonmarketable bond bono no negociable.

nonmarketable investment inversión no negociable.

nonmarketable security valor no negociable.

nonmedical policy póliza de seguro emitida sin examen médico.

nonmember bank banco no miembro.

nonmember firm empresa no miembro.

nonmerchantable title título de propiedad no comerciable.

nonmonetary no monetario.

nonmonetary exchange intercambio no monetario.

nonmonetary transaction transacción no monetaria.

nonmortgage loan préstamo no hipotecario.

nonnegotiable no negociable.

nonnegotiable certificate of deposit certificado de depósito no negociable.

nonnegotiable check cheque no negociable.

nonnegotiable instrument instrumento no negociable.

nonnegotiable note pagaré no negociable.

nonoccupational no ocupacional.

nonoccupational disability discapacidad no ocupacional.

nonoperating income ingresos que no provienen de las operaciones.

nonparametric statistics estadística no paramétrica.

nonparticipant no participante.

nonparticipating no participante, sin participación.

nonparticipating policy póliza sin participación.

nonparticipating preferred shares acciones preferidas sin participación.

nonparticipating preferred stock acciones preferidas sin participación.

nonpayment falta de pago.

nonperformance incumplimiento.

nonperforming loans préstamos en mora o de otro modo en incumplimiento.

nonprice competition competencia no de precios.

nonproduction no de producción.

nonproductive improductivo.

nonproductive loan préstamo improductivo.

nonprofit sin fines de lucro.

nonprofit accounting contabilidad de organización sin fines de lucro.

nonprofit association asociación sin fines de lucro.

nonprofit corporation corporación sin fines de lucro.

nonprofit institution institución sin fines de lucro.

nonprofit marketing mercadeo de organización sin fines de lucro.

nonprofit organization organización sin fines de lucro.

nonproportional no proporcional.

nonproportional reinsurance reaseguro no proporcional.

nonpublic no público.

nonpublic company compañía no pública.

nonpublic information información no pública.

nonqualified pension plan plan de pensión no calificado.

nonreciprocal no recíproco.

nonreciprocal transfer transferencia no recíproca.

nonrecourse sin recursos.

nonrecurring no recurrente, no repetitivo.

nonrecurring charge cargo no recurrente.

nonrecurring expense gasto no recurrente.

nonrecurring gain ganancia no recurrente.

nonrecurring loss pérdida no recurrente.

nonrefundable no reembolsable.

nonrefundable charge cargo no reembolsable.

nonrefundable deposit depósito no reembolsable.

nonrefundable expense gasto no reembolsable.

nonrefundable fee cargo no reembolsable.

nonrenewable no renovable.

nonrenewable natural resources recursos naturales no renovables.

nonrenewal clause cláusula que permite no renovar.

nonreserve no de reserva.

nonresident no residente.

nonresident account cuenta de no residente.

nonresidential no residencial.

nonresidential mortgage loan préstamo hipotecario no residencial.

nonresident tax impuesto de no residentes.

nonresident tax rate tasa impositiva de no residentes.

nonroutine decision decisión no de rutina.

nonstochastic no estocástico.

nonstock corporation corporación sin acciones.

nonsufficient funds fondos insuficientes.

nontaxable no tributable.

nontaxable dividend dividendo no tributable.

nontaxable gross income ingreso bruto no tributable.

nontaxable income ingreso no tributable.

nontaxable interest intereses no tributables.

nontaxable investment inversión no tributable.

nontaxable investment income ingreso por inversiones no tributable.

nontaxable securities valores no tributables.

nontaxable transaction transacción no tributable.

nontraditional reinsurance reaseguro no tradicional.

nontransferable no transferible.

nontransferable card tarjeta no transferible.

nonvalued no valorado.

nonvoting shares acciones sin derecho a voto.

nonvoting stock acciones sin derecho a voto.

no par sin valor nominal.

no-par shares acciones sin valor nominal, acciones sin valor a la par.

no-par stock acciones sin valor nominal, acciones sin valor a la par.

normal activity actividad normal.

normal capacity capacidad normal.

normal charges gastos normales.

normal costs costos normales.

normal distribution distribución normal.

normal expenditures gastos normales.

normal expenses gastos normales.

normal foreseeable loss pérdida previsible normal.

normal investment practice práctica de inversión normal.

normalize normalizar.

normal loss pérdida normal.

normal operating cycle ciclo operativo normal.

normal price precio normal.

normal profit ganancia normal.

normal sale venta normal.

normal spoilage deterioro normal.

normal tax impuesto normal.

normal time tiempo normal.

normal trading unit unidad de transacción normal.

normal value valor normal.

normal wear and tear deterioro normal.

normative economics economía normativa.

no-strike clause cláusula de no declarar huelga.

notarization notarización, atestación notarial.

notarize notarizar.

note pagaré, nota, billete.

noteholder tenedor de un pagaré.

note of hand pagaré.

note of protest nota de protesto.

note payable documento por pagar.

note receivable documento por cobrar.

notes payable pagarés a pagar.

notes receivable pagarés a cobrar.

notice aviso, notificación, aviso de despido.

notice of acceptance aviso de aceptación.

notice of arrears aviso de mora.

notice of arrival aviso de llegada.

notice of bankruptcy aviso de quiebra.

notice of cancelation aviso de cancelación.

notice of cancelation clause cláusula de aviso de cancelación.

notice of change aviso de cambio.

notice of copyright aviso de derechos de autor.

notice of date of maturity aviso de vencimiento.

notice of default aviso de incumplimiento.

notice of deficiency aviso de deficiencia.

notice of dishonor aviso de rechazo, aviso de rechazo de un pagaré.

notice of due date aviso de vencimiento.

notice of meeting convocatoria.

notice of nonacceptance aviso de no aceptación.
notice of protest aviso de protesto.
notice of renewal aviso de renovación.
notice of shipment aviso de embarque.
notice of strike aviso de huelga.
notice of withdrawal aviso de retiro.
notice to creditors aviso a acreedores.
notice to quit aviso de dejar vacante.
notification notificación.
notify notificar, comunicar.
not negotiable no negociable.
notorious insolvency insolvencia notoria.
notorious possession posesión notoria.
not rated no calificado.
not satisfied impago.
not transferable no transferible.
novation novación.
nude contract contrato sin contraprestación.
nude pact contrato sin contraprestación, promesa unilateral.
nuisance estorbo.
null and void nulo, sin efecto ni valor.
null hypothesis hipótesis nula.
nullification anulación.
nullification of agreement anulación de convenio, anulación de contrato.
nullification of contract anulación de contrato.
nullify anular.
numerical rating system sistema de clasificación numérico.
numerical transit system sistema de tránsito numérico.

objectionable objetable, impugnable.
objection to title objeción a título.
objective indicators indicadores objetivos.
objective probability probabilidad objetiva.

objective value valor establecido por el mercado, valor objetivo.
objectivity objetividad.
obligate obligar.
obligated obligado.
obligation obligación, pagaré, bono.
obligation of a contract obligación contractual.
obligator obligado, deudor.
obligatorily obligatoriamente.
obligatory obligatorio.
obligatory covenant estipulación obligatoria.
obligatory insurance seguro obligatorio.
obligatory maturity vencimiento obligatorio.
obligatory pact convenio obligatorio.
obligatory reinsurance reaseguro obligatorio.
obligatory reserves reserva obligatoria.
obligee obligante, acreedor.
obligor obligado, deudor.
observation test prueba mediante observación.
obsolescence obsolescencia.
obsolescent obsolescente.
obsolete obsoleto.
obsolete securities valores obsoletos.
obtain obtener.
obtain credit obtener crédito.
obverse anverso.
obvious defect defecto evidente.
obvious risk riesgo evidente.
occasional ocasional.
occasional sale venta ocasional.
occasional transaction transacción ocasional.
occupancy ocupación, tenencia.
occupancy level nivel de ocupación.
occupant ocupante, tenedor.
occupation ocupación, tenencia.
occupational ocupacional.
occupational accident accidente ocupacional, accidente laboral.
occupational analysis análisis ocupacional.
occupational disease enfermedad de trabajo, enfermedad ocupacional.
occupational earnings ingresos ocupacionales, ingresos laborales.

occupational hazard riesgo de trabajo, riesgo ocupacional.

occupational health salud de trabajo, salud ocupacional.

occupational information información de trabajo, información ocupacional.

occupational injury lesión de trabajo, lesión ocupacional.

occupational risk riesgo de trabajo, riesgo ocupacional.

occupational safety seguridad ocupacional.

occupational tax impuesto a ocupaciones, licencia fiscal.

occupation analysis análisis de ocupación.

occupier ocupante.

occupy ocupar.

occupying claimant quien intenta recobrar el costo de las mejoras que ha hecho a un bien inmueble tras enterarse que la tierra no es de él.

occurrence limit límite de occurencia.

ocean bill of lading conocimiento de embarque marítimo.

ocean marine insurance seguro marítimo.

odd date fecha de vencimiento irregular.

odd-days interest intereses durante un intervalo irregular.

odd lot unidad incompleta de transacción, transacción bursátil de menos de cien acciones.

odd-lot dealer corredor que se especializa en órdenes de unidades incompletas de transacción.

odd-lot differential cargo adicional por orden de unidad incompleta de transacción.

odd lot doctrine doctrina que indica que se considerará que una persona está completamente incapacitada para trabajar si sus limitaciones le ponen en una desventaja competitiva muy significativa.

odd-lot order orden de unidad incompleta de transacción, orden para transacción bursátil de menos de cien acciones.

odds probabilidades.

off-balance sheet assets activo que no aparece en el balance.

off-balance sheet financing financiamiento que no aparece en el balance.

off-balance sheet items obligaciones que no aparecen en el balance.

off-balance sheet liability pasivo que no aparece en el balance.

off-brand marca considerada inadecuada por un consumidor.

offer n oferta, propuesta.

offer v ofrecer, proponer.

offer and acceptance oferta y aceptación.

offer curve curva de oferta.

offeree quien recibe una oferta.

offerer oferente.

offer for sale ofrecer para la venta.

offering ofrecimiento, oferta, propuesta.

offering circular circular de ofrecimiento.

offering date fecha de ofrecimiento.

offering price precio de oferta, precio de ofrecimiento.

offer in writing oferta por escrito.

offer of compromise oferta de transacción.

offeror oferente.

offer to purchase oferta de compra.

offer wanted aviso de que se solicitan ofertas.

office oficina, cargo, oficio.

office administration administración de oficina.

office administrator administrador de oficina.

office building edificio de oficinas.

office copy copia certificada.

office equipment equipo de oficina.

office expenditures gastos de oficina.

office expenses gastos de oficina.

office hours horas de oficina.

office management administración de oficina.

office manager gerente de oficina.

office park parque de oficinas.

officer oficial, funcionario.

officers' and directors' liability insurance seguro de responsabilidad de funcionarios y directores.

officer's check cheque de caja.

official adj oficial, de oficio.

official n funcionario.

official capital capital oficial.

official check cheque de caja.

official classification clasificación oficial.

official exchange rate tipo de cambio oficial.

officially oficialmente.

official market mercado oficial.

official rate tipo oficial.

official reserves reserva oficial.

official statement declaración oficial.

official value valor oficial.

off-line fuera de línea.

off-load descargar.

off-peak no en las horas de máximo consumo, no en las horas de máximo precio.

off-premises no en el local, no en el local asegurado.

off-premises clause cláusula para cobertura de propiedad mientras no esté en el local asegurado.

offset n compensación.

offset v compensar.

offset account cuenta de compensación.

offsetting entry asiento compensatorio.

offsetting error error compensatorio.

off-shift differential paga adicional por jornada irregular.

offshore en el exterior, de mar adentro.

offshore banking banca más allá de un territorio con el fin de aprovechar diferencias en regulaciones.

off-the-books no en los libros.

off-the-job training entrenamiento no en el lugar de trabajo.

off-the-premise banking banca que no se lleva acabo en una oficina de banco.

off-the-record extraoficial, confidencial.

of record registrado, inscrito.

oil and gas limited partnership sociedad en comandita de petróleo y gas.

old age and survivors' insurance seguro de edad avanzada y supervivientes.

old line life seguro de vida con pagos y beneficios fijos.

old line life insurance seguro de vida con pagos y beneficios fijos.

oligopolistic oligopolístico.

oligopoly oligopolio.

oligopoly price precio de oligopolio.

oligopsony oligopsonio.

oligopsony price precio de oligopsonio.

ombudsman procurador de individuos, ombudsman.

omission omisión.

omission clause cláusula de omisiones.

omit omitir.

omittance omisión.

omitted omitido.

omitted dividend dividendo omitido.

omitted transaction transacción omitida.

omnibus clause cláusula de cobertura para personas que usan un vehículo con la autorización de la persona asegurada.

on account a cuenta, pago a cuenta.

on approval previa aceptación, a prueba.

on behalf of de parte de, a favor de.

on call a la vista, a petición.

on consignment en consignación.

on default en caso de incumplimiento.

on delivery a la entrega.

on demand a la vista, a solicitud.

on duty en servicio.

one-day certificate certificado de un día.

one-hundred-percent location localización del cien por ciento.

one-hundred-percent reserve reserva del cien por ciento.

one-person company compañía de un solo integrante.

one-person corporation corporación de un solo integrante, persona jurídica de un solo integrante.

one-price policy política de precio único.

onerous oneroso.

onerous contract contrato oneroso.

onerous gift donación con cargos.

onerous title título oneroso.

one-sided contract contrato abusivo, contrato leonino.

one-stop banking banca con servicios completos.

one-time buyer comprador de una sola vez.

one-time rate tasa de una sola vez.

on file registrado.

ongoing buyer comprador continuo.

ongoing seller vendedor continuo.

on-line en línea.

on-line database base de datos en línea.

on margin comprado en cuenta de margen.

on opening en la apertura.

on order pedido pero no recibido.

on record registrado, que consta.

onset date fecha de inicio.

on sight a la vista.

on-the-job accident accidente en el trabajo.

on-the-job training entrenamiento en el trabajo.

on time a tiempo.

open account cuenta corriente, cuenta abierta.

open a line of credit iniciar una línea de crédito.

open a loan conceder un préstamo.

open a market abrir un mercado.

open an account abrir una cuenta.

open bid propuesta con derecho de reducción, oferta abierta.

open bids abrir propuestas.

open career carrera abierta.

open certificate certificado abierto.

open competition competencia abierta.

open competition laws leyes de competencia abierta.

open contract contrato abierto.

open credit crédito abierto.

open dating colocación de fecha de expiración en un lugar fácil de ver.

open debit débito abierto.

open distribution distribución abierta.

open door policy política de puerta abierta, política de puertas abiertas.

open economy economía abierta.

open-end contract contrato en el cual ciertos términos no se han establecido.

open-end credit crédito renovable.

open-end fund fondo mutuo de acciones ilimitadas.

open-end investment company compañía de inversiones de acciones ilimitadas.

open-end lease arrendamiento abierto.

open-end management company compañía administradora de fondo mutuo de acciones ilimitadas.

open-end mortgage hipoteca renovable, hipoteca ampliable.

open-end mutual fund fondo mutuo de acciones ilimitadas.

open form formulario abierto.

open fund fondo abierto.

open house casa abierta.

open inflation inflación abierta.

opening apertura.

opening assets activo de apertura.

opening balance balance de apertura, saldo de apertura.

opening block bloque de apertura.

opening capital capital de apertura.

opening date fecha de apertura.

opening entry asiento de apertura.

opening liabilities pasivo de apertura.

opening of account apertura de cuenta.

opening of negotiations apertura de negociaciones.

opening of the exchange apertura de la bolsa.

opening price precio de apertura.

opening purchase compra de apertura.

opening sale venta de apertura.

opening time hora de apertura.

opening transaction transacción de apertura.

open insurance seguro abierto.

open insurance policy póliza de seguros abierta.

open interest opciones en circulación.

open inventory inventario abierto.

open listing contrato no exclusivo para vender un inmueble.

open market mercado abierto.

open market account cuenta de mercado abierto.

open market credit crédito de mercado abierto.

open market intervention intervención de mercado abierto.

open market operations operaciones de mercado abierto.

open market policy política de mercado abierto.

open market rate tasa de mercado abierto.

open mortgage hipoteca abierta.

open option opción abierta.

open order orden abierta.

open policy póliza abierta.

open port puerto libre, puerto franco.

open position posición abierta.

open possession posesión manifiesta.

open price precio abierto.

open rate tasa abierta.

open repo contrato de retroventa abierto.

open repo agreement contrato de retroventa abierto.

open repurchase contrato de retroventa abierto.

open repurchase agreement contrato de retroventa abierto.

open shop empresa la cual emplea sin considerar si el solicitante es miembro de un gremio.

open stock inventario abierto.

open system sistema abierto.

open trade transacción abierta.

open transaction transacción abierta.

open union unión abierta.

operating en funcionamiento, activo.

operating account cuenta operativa, cuenta de explotación.

operating administration administración operativa.

operating assets activo operativo, activo de explotación.

operating budget presupuesto operativo.

operating capacity capacidad operativa.

operating capital capital operativo, capital de explotación.

operating costs costos operativos, costos de explotación.

operating cycle ciclo operativo.

operating decisions decisiones operativas.

operating expenses gastos operativos, gastos de explotación.

operating income ingreso operativo, ingresos de explotación.

operating lease arrendamiento de explotación.

operating leverage apalancamiento operativo.

operating losses pérdidas operativas, pérdidas de explotación.

operating management administración operativa.

operating officer funcionario operativo.

operating profit ganancias operativas, utilidad de explotación.

operating ratio razón operativa, razón de explotación.

operating reserve reserva operativa.

operating revenue ingresos operativos, entradas de operación.

operating risk riesgo operativo.

operating statement estado operativo.

operating surplus superávit de operación.

operational operacional.

operational analysis análisis operacional.

operational assistance asistencia operacional.

operational audit auditoría operacional.

operational budget presupuesto operacional.

operational charges cargos operacionales.

operational control control operacional.

operational costs costos operacionales.

operational expenditures gastos operacionales.

operational expenses gastos operacionales.

operational income ingresos operacionales.

operational loan préstamo operacional.

operational objectives objetivos operacionales.

operational plan plan operacional.

operational planning planificación operacional.

operational research investigación operacional.

operational targets objetivos operacionales.

operations administration
administración de operaciones.
operations administrator
administrador de operaciones.
operations analysis análisis de
operaciones.
operations budgeting
presupuestación de operaciones.
operations department
departamento de operaciones.
operations liability responsabilidad
de operaciones.
operations management
administración de operaciones.
operations manager administrador
de operaciones.
operations research investigación de
operaciones.
operations unit unidad de operaciones.
operative clause cláusula operativa.
operative words palabras claves de un
contrato.
operator operador, agente.
opinion opinión.
opinion leader líder en opiniones.
opinion of title opinión de título.
opportunity cost costo de
oportunidad.
opportunity cost approach
acercamiento de costo de oportunidad.
opportunity cost of capital costo de
oportunidad de capital.
opportunity curve curva de
oportunidad.
oppressive opresivo.
oppressive agreement convenio
abusivo.
oppressive clause cláusula abusiva.
optimal óptimo.
optimal allocation asignación óptima.
optimal allocation of resources
asignación óptima de recursos.
optimal solution solución óptima.
optimization optimización.
optimum óptimo.
optimum capacity capacidad óptima.
optimum output salida óptima.
optimum production producción
óptima.
optimum solution solución óptima.
option opción, opción de compra,
opción de venta.

option account cuenta de opciones,
cuenta con opciones.
option account agreement convenio
de cuenta de opciones.
option account agreement form
formulario de convenio de cuenta de
opciones.
option agreement convenio de cuenta
de opciones.
optional opcional.
optional annuity form forma de
anualidad opcional.
optional benefits beneficios
opcionales.
optional bond bono retirable.
optional clause cláusula opcional.
optional consumption consumo
opcional.
optional credit crédito opcional.
optional date fecha opcional.
optional dividend dividendo opcional.
optional payment pago opcional.
optional payment bond bono de
pago con opción de moneda.
optional tax impuesto opcional.
optional valuation date fecha de
valuación opcional.
option buyer comprador de opciones.
option contract contrato de opciones.
option day fecha de vencimiento de
opciones.
optionee quien recibe una opción,
titular de una opción.
option fund fondo mutuo que utiliza
opciones.
option holder tenedor de opciones.
option mutual fund fondo mutuo que
utiliza opciones.
option period período de opciones.
option premium prima de opción.
option price precio de opción.
option seller vendedor de opciones.
option series serie de opciones.
options market mercado de opciones.
option spread combinación de
opciones.
option to purchase opción de compra.
option writer quien vende una opción.
oral agreement acuerdo oral, contrato
oral, acuerdo verbal, contrato verbal.
oral contract contrato oral, contrato
verbal.

oral offer oferta oral, oferta verbal.

oral order orden oral, orden verbal.

oral trust fideicomiso constituido oralmente, fideicomiso constituido verbalmente.

or better o a mejor precio.

order n orden, clase.

order v ordenar, dirigir.

order bill of lading conocimiento de embarque a la orden.

order book libro de órdenes.

order book official oficial de libro de órdenes.

order by mail ordenar por correo.

order check cheque a la orden.

order department departamento de órdenes.

order discount descuento por cantidad de orden.

order form formulario de orden.

ordering costs costos de orden.

order in writing orden por escrito.

order letter carta de orden.

order number número de orden.

order paper instrumento negociable pagadero a persona específica.

order-point system sistema de inventario en el cual al llegar a un punto dado se genera otro pedido.

order shares acciones a la orden.

order sheet hoja de orden.

order stock acciones a la orden.

order ticket formulario de orden.

ordinary ordinario.

ordinary agency agencia ordinaria.

ordinary and necessary business expenses gastos de negocios ordinarios y necesarios.

ordinary annuity anualidad ordinaria.

ordinary asset activo ordinario.

ordinary budget presupuesto ordinario.

ordinary budgeting presupuestación ordinaria.

ordinary business expenses gastos de negocios ordinarios.

ordinary course of business curso ordinario de los negocios.

ordinary creditor acreedor ordinario.

ordinary depreciation depreciación ordinaria.

ordinary discount descuento ordinario.

ordinary dividend dividendo ordinario.

ordinary expenditures gastos ordinarios.

ordinary expenses gastos ordinarios.

ordinary gain ganancia ordinaria.

ordinary income ingreso ordinario.

ordinary insurance seguro ordinario.

ordinary interest intereses ordinarios.

ordinary life seguro de vida ordinario.

ordinary life insurance seguro de vida ordinario.

ordinary loss pérdida ordinaria.

ordinary partnership sociedad ordinaria.

ordinary payment pago ordinario.

ordinary payroll nómina ordinaria.

ordinary payroll insurance seguro de nómina ordinaria.

ordinary rent renta ordinaria.

ordinary risks riesgos ordinarios.

ordinary services servicios ordinarios.

ordinary shares acciones ordinarias.

ordinary stock acciones ordinarias.

ordinary voting votación ordinaria.

organization organización, persona jurídica.

organizational organizativo.

organizational analysis análisis organizativo.

organizational change cambio organizativo.

organizational chart organigrama.

organizational climate clima organizativo.

organizational development desarrollo organizativo.

organizational effectiveness efectividad organizativa.

organizational efficiency eficiencia organizativa.

organizational goal meta organizativa.

organizational level nivel organizativo.

organizational meeting reunión constitutiva.

organizational norm norma organizativa.

organizational planning planificación organizativa.

organizational psychology psicología organizativa.

organizational structure estructura organizativa.

organizational system sistema organizativo.

organization chart organigrama.

organization cost costo de organización, costo de constitución.

organization development desarrollo de organización.

organization expense gasto de organización, gasto de constitución.

organization structure estructura de organización.

organize organizar, establecer.

organized organizado.

organized exchange mercado organizado, lonja.

organized labor trabajadores agremiados, trabajadores sindicados.

organized market mercado organizado.

organized strike huelga organizada.

organizer organizador.

orientation orientación.

orientation program programa de orientación.

original acquisition adquisición original.

original age edad original.

original assets activo original.

original balance saldo inicial.

original capital capital inicial.

original conveyances cesiones originales.

original cost costo original.

original entry asiento original.

original equipment equipo original.

original estate propiedad original.

original insurance seguro original.

original inventor inventor original.

original investment inversión original.

original invoice factura original.

original issue discount descuento de emisión original.

original margin margen original.

original maturity vencimiento original.

original order orden original.

original packing empaquetamiento original.

originating bank banco de origen.

origination originación.

origination charge cargo por originación.

origination fee cargo por originación.

originator originador.

originator identifier identificador de originador.

originator's bank banco del originador.

ostensible ostensible, aparente.

ostensible agency agencia aparente.

ostensible authority autoridad aparente.

ostensible ownership propiedad aparente.

ostensible partner socio aparente.

ostensibly ostensiblemente, aparentemente.

other assets otros activos.

other charges otros cargos.

other costs otros costos.

other expenditures otros gastos.

other expenses otros gastos.

other fees otros cargos.

other income otros ingresos.

other insurance clause cláusula de seguro solapante.

other insured otros asegurados.

other investments otras inversiones.

other loans otros préstamos.

other long-term debt otras deudas a largo plazo.

other securities otros valores.

ouster desalojamiento, expulsión.

ouster judgment sentencia de desalojo.

outbid presentar una mejor oferta.

outbuilding estructura anexa, edificio anexo.

outdoor advertising publicidad exterior.

outlay desembolso, gasto.

outlet store tienda de ventas a descuento de mercancía.

out-of-area card tarjeta fuera del área.

out of benefit asegurado a quien se le ha suspendido la cobertura por falta de pago de las primas.

out of commission fuera de servicio.

out-of-pocket costs costos pagados en efectivo.

out-of-pocket expenditures gastos pagados en efectivo.

out-of-pocket expenses gastos pagados en efectivo.

out-of-pocket rule regla que indica que quien compra tras representaciones fraudulentas tiene el derecho de recobrar la diferencia entre la cantidad pagada y el valor de lo comprado.

out of stock fuera de inventario.

out of time fuera de tiempo, fuera de plazo, nave perdida.

outplacement servicios que ofrece un patrono para ayudar a un empleado despedido a obtener otro trabajo.

output producción, salida.

output costs costos de producción.

output curve curva de producción.

output rate tasa de producción, tasa de productividad.

outright entero, directo.

outset comienzo.

outside director miembro de una junta directiva cuyo vínculo único es ese cargo, consejero externo.

outsourcing contratación de terceros para servicios o manufactura.

outstanding pendiente de pago, pendiente, en circulación.

outstanding account cuenta pendiente.

outstanding and open account cuenta pendiente.

outstanding balance saldo pendiente.

outstanding bonds bonos en circulación.

outstanding capital shares acciones en circulación.

outstanding capital stock acciones en circulación.

outstanding check cheque sin cobrar, cheque pendiente de pago.

outstanding coupon cupón pendiente de pago.

outstanding credit crédito pendiente.

outstanding debt deuda pendiente de pago.

outstanding expenses gastos pendientes de pago.

outstanding loan préstamo pendiente.

outstanding obligation obligación pendiente.

outstanding options opciones en circulación.

outstanding premium prima pendiente de pago.

outstanding securities valores en circulación.

outstanding shares acciones en circulación.

outstanding stock acciones en circulación.

overabsorption sobreabsorción.

overage exceso, cantidad adicional al alquiler a pagar basado en ventas brutas.

overall balance balance global.

overall budget presupuesto global.

overall budgeting presupuestación global.

overall coverage cobertura global.

overall deficit déficit global.

overall demand demanda global.

overall economy economía global.

overall expenditures gastos globales.

overall expenses gastos globales.

overall expenses method método de gastos globales.

overall growth crecimiento global.

overall market mercado global.

overall market capability capacidad de mercado global.

overall rate of return tasa de rendimiento global.

overall supply oferta global.

over and short sobrantes y faltantes.

overbid ofrecer más que.

overbook reservar más allá de lo que se puede acomodar.

overbooked con reservaciones más allá de lo que se puede acomodar.

overbooking aceptación de reservaciones más allá de lo que se puede acomodar.

overbought sobrevalorado, sobrecomprado.

overbought market mercado sobrevalorado.

overbuilding sobreconstrucción.

overbuy comprar de más, comprar pagando de más.

overcapacity sobrecapacidad.

overcapitalization sobrecapitalización.

overcapitalize sobrecapitalizar.

overcapitalized sobrecapitalizado.

overcertification sobrecertificación, certificación de un cheque sin fondos, confirmación bancaria por exceso.

overcertify certificar un cheque sin fondos.

overcharge n cargo excesivo, recargo.

overcharge v sobrecargar.

overcollaterization sobrecolateralización.

overconsumption sobreconsumo.

overcredit acreditar en exceso.

overdepreciation sobredepreciación.

overdraft sobregiro, descubierto.

overdraft protection protección contra sobregiros.

overdraw sobregirar, girar en descubierto.

overdrawn sobregirado.

overdue vencido, en mora.

overdue payment pago vencido, pago en mora.

overemployment sobreempleo.

overestimate sobreestimar.

overextension sobreextensión.

overfinancing sobrefinanciamiento.

overflow desbordamiento.

overhang bloque grande que de venderse crearía presión bajista.

overhead gastos generales, gastos fijos.

overhead costs costos generales fijos, costos fijos.

overhead expenses gastos generales fijos, gastos fijos.

overhead insurance seguro de gastos generales.

overimprovement sobremejoramiento.

overinsurance sobreseguro.

overinvestment sobreinversión.

overissue emisión mas allá de lo permitido, sobreemisión.

overlapping debt deuda solapante.

overlapping insurance seguros solapantes.

over line cobertura más allá de la capacidad normal.

overload sobrecargar.

overnight money préstamo a un día.

overnight repo contrato de retroventa a un día.

overnight repurchase agreement contrato de retroventa a un día.

overpay pagar en exceso.

overpayment pago en exceso.

overplus excedente.

overproduction sobreproducción.

overrate sobrestimar.

overreaching clause cláusula de extensión.

override compensación adicional a uno de puesto superior, compensación más allá de cierta cantidad.

overrun sobreproducción, sobrecostos.

oversaturation sobresaturación.

oversaving sobreahorro.

overseas investments inversiones extranjeras.

overseas trade comercio exterior.

oversell sobrevender.

oversold infravalorado, sobrevendido.

oversold market mercado infravalorado.

overspeculation sobreespeculación.

overspend gastar de más.

overstate declarar de más, exagerar.

oversubscribe sobresuscribir.

oversubscribed sobresuscrito.

oversubscription sobresuscripción.

oversupply sobreoferta.

over-the-counter valor no cotizado en una bolsa, mercado de valores en que las transacciones se llevan acabo mediante una red electrónica.

over-the-counter market mercado de valores en que las transacciones se llevan acabo mediante una red electrónica.

over-the-counter securities valores en que las transacciones se llevan acabo mediante una red electrónica.

overtime horas extras, sobretiempo, tiempo suplementario.

overtime wage salario por horas extras.

overtrading transacciones excesivas, expansión de ventas más allá de lo financiable por el capital circulante.

overvaluation sobrevaluación.

overvalue sobrevalorar.

overvalued sobrevalorado.

owe deber, adeudar.

owing pendiente de pago.

own adj propio.

own v tener, poseer.

owner dueño, propietario.

owner financing financiamiento por el dueño.

owner of record titular registrado.

owner-operator dueño-operador.

ownership propiedad, titularidad.

ownership certificate certificado de propiedad.

ownership form forma de propiedad.

ownership in common copropiedad.

package paquete.

package code código de paquete.

packaged empaquetado.

package deal acuerdo global.

package design diseño de paquete.

packaged goods mercancías empaquetadas.

package insurance seguro global.

package insurance policy póliza de seguro global.

package mortgage hipoteca que incluye mobiliario.

package policy póliza global.

packaging empaque, embalaje.

packaging laws leyes sobre empaque.

packing empaquetamiento, embalaje.

packing instructions instrucciones de empaque.

packing list lista de empaque.

pact pacto, convenio, compromiso.

pactional concerniente a un pacto.

paid pagado, pago, remunerado.

paid check cheque pagado.

paid for pagado.

paid holiday día festivo pagado.

paid-in capital capital pagado, capital desembolsado.

paid in full pagado totalmente.

paid-in surplus superávit pagado.

paid losses pérdidas pagadas.

paid status estado de pagado.

paid to date pagado hasta la fecha.

paid up pagado totalmente.

paid-up benefits beneficios pagados.

paid-up capital capital pagado.

paid-up insurance seguro pago.

paid-up shares acciones pagadas, acciones liberadas.

paid-up stock acciones pagadas, acciones liberadas.

paired plans planes apareados.

paired shares acciones apareadas.

paired stock acciones apareadas.

pair-off aparear.

panel of arbitrators panel arbitral, comisión de árbitros.

panic selling ventas con pánico.

paper papel, documento negociable, documento, periódico.

paper gain ganancia sin realizar, ganancia sobre el papel.

paper gold oro papel.

paperless entry transferencia de fondos electrónica.

paperless processing procesamiento sin papeles, procesamiento electrónico.

paper loss pérdida sin realizar, pérdida sobre el papel.

paper money papel moneda.

paper patent invención la cual no ha sido explotada comercialmente.

paper profits ganancias sin realizar, ganancias sobre el papel.

paper standard patrón papel.

paper title título dudoso.

par paridad, valor nominal, igualdad.

parallel exporting exportación paralela.

parallel exports exportaciones paralelas.

parallel importing importación paralela.

parallel imports importaciones paralelas.

parallel loan préstamo paralelo.

parallel standard patrón paralelo.

parameter parámetro.

paramount clause cláusula superior.

paramount title título superior.

par bond bono a la par.

parcel n parcela, lote, paquete.

parcel v dividir.

parent company compañía controladora.

parent corporation corporación controladora.

parity paridad.

parity clause cláusula de paridad.

parity price precio de paridad.
parity principle principio de paridad.
par of exchange paridad de cambio.
parol verbal.
parol agreement contrato verbal.
parol contract contrato verbal.
parol lease arrendamiento oral.
partial parcial.
partial acceptance aceptación parcial.
partial account rendición de cuentas parcial.
partial assignment cesión parcial.
partial audit auditoría parcial.
partial average avería parcial.
partial breach incumplimiento parcial.
partial correlation correlación parcial.
partial delivery entrega parcial.
partial disability discapacidad parcial.
partial distribution distribución parcial.
partial-equilibrium analysis análisis de equilibrio parcial.
partial-equilibrium theory teoría de equilibrio parcial.
partial eviction desalojo parcial.
partial incapacity incapacidad parcial.
partial insurance seguro parcial.
partial interest interés parcial.
partial invalidity invalidez parcial.
partial limitation limitación parcial.
partial liquidation liquidación parcial.
partial loss pérdida parcial.
partially amortized loan préstamo parcialmente amortizado.
partial merger fusión parcial.
partial monopoly monopolio parcial.
partial oligopoly oligopolio parcial.
partial payment pago parcial.
partial performance cumplimiento parcial.
partial plan termination terminación de plan parcial.
partial release liberación parcial.
partial reversal revocación parcial.
partial taking expropiación parcial.
partible divisible.
partible lands tierras divisibles.
participant participante.
participating participante.
participating annuity anualidad con participación.

participating bond bono con participación.
participating country país participante.
participating insurance seguro con participación, póliza de seguros con participación.
participating insurance policy póliza de seguros con participación.
participating policy póliza con participación.
participating policy dividend dividendo de póliza con participación.
participating preferred acciones preferidas con participación.
participating preferred shares acciones preferidas con participación.
participating preferred stock acciones preferidas con participación.
participating reinsurance reaseguro con participación.
participating shares acciones con participación.
participating stock acciones con participación.
participation participación.
participation account cuenta de participación.
participation agreement convenio de participación.
participation certificate certificado de participación.
participation charges cargos de participación.
participation fee cargo de participación.
participation loan préstamo con participación.
participation mortgage hipoteca con participación, hipoteca conjunta.
participation rate tasa de participación.
participative budgeting presupuestación con participación.
participative leadership liderazgo con participación.
particular average avería particular.
particular lien gravamen específico.
particular partnership sociedad para un negocio predeterminado.
particulars of a document detalles de un documento.

particulars of sale descripción detallada de propiedades a subastarse.

particular tenant quien tiene derecho relativo a un inmueble limitado.

parties and privies las partes de un contrato.

partition partición, repartición, separación.

partner socio, asociado, compañero.

partnership sociedad, asociación, consorcio.

partnership agreement contrato de sociedad.

partnership articles contrato para formar una sociedad.

partnership assets activo social.

partnership association sociedad con responsabilidad limitada.

partnership at will sociedad sin un período fijo de tiempo.

partnership capital capital social.

partnership certificate certificado de sociedad.

partnership contract contrato de sociedad.

partnership debt deuda de la sociedad.

partnership deed escritura de sociedad.

partnership funds fondos sociales.

partnership in commendam sociedad en comandita.

partnership insurance seguro de vida sobre socios, seguros obtenidos con la intención de mantener la sociedad.

partnership liabilities pasivo social.

partnership life insurance seguro de vida sobre socios.

part owners copropietarios.

part ownership copropiedad.

part payment pago parcial.

part performance cumplimiento parcial.

part time a tiempo parcial, de media jornada.

part-time employee empleado a tiempo parcial, empleado de media jornada.

part-time employment empleo a tiempo parcial, empleo de media jornada.

part-time work trabajo a tiempo parcial, trabajo de media jornada.

part-time worker trabajador a tiempo parcial, trabajador de media jornada.

party parte, grupo.

party wall pared medianera.

par value valor nominal, valor a la par.

par-value shares acciones a la par, acciones con valor nominal.

par-value stock acciones a la par, acciones con valor nominal.

passage pasaje, paso, aprobación, transcurso.

passbook libreta de banco, libreta de ahorros.

passbook loan préstamo sobre ahorros.

passed dividend dividendo omitido, dividendo no pagado.

passenger miles millas de pasajero.

passing of property transferencia de propiedad.

passing of title transferencia de título.

passing title transferencia de título.

passive pasivo, inactivo.

passive activity actividad pasiva.

passive activity income ingresos por actividad pasiva.

passive activity loss pérdida por actividad pasiva.

passive bond bono pasivo.

passive debt deuda pasiva, deuda que no devenga intereses.

passive income ingreso pasivo.

passive income generator generador de ingreso pasivo.

passive investing inversión pasiva.

passive investment inversión pasiva.

passive investment income ingreso de inversiones pasivo.

passive investor inversionista pasivo.

passive loss pérdida pasiva.

passive loss rules reglas para abrigos tributarios por pérdidas pasivas.

passive retention retención pasiva.

passive trust fideicomiso pasivo.

pass-through entity entidad cuyas contribuciones pasan sin cobrar hasta llegar a los dueños.

pass-through securities valores cuyas contribuciones pasan sin cobrar hasta llegar a los inversionistas.

pass title transferir título.

password contraseña.

past consideration contraprestación anterior.

past debt deuda preexistente.

past due vencido, en mora.

past due account cuenta vencida, cuenta en mora.

past service benefit beneficio por servicio previo.

past service credit crédito por servicio previo.

past service liability responsabilidad por servicio previo.

patent adj patente, patentado.

patent n patente, privilegio, documento de concesión.

patent v patentar.

patentable patentable.

patent and copyright clause cláusula de patentes y derechos de autor.

patent application solicitud de patente.

patent attorney abogado de patentes.

patent defect vicio evidente.

patented patentado.

patented article artículo patentado.

patented process proceso patentado.

patentee patentado, poseedor de patente.

patent holder tenedor de patente.

patent infringement infracción de patente.

patent license licencia de patente.

patent office oficina de patentes.

patent pending patente pendiente.

patent pooling combinación de derechos de patentes.

patent-right derecho de patente.

patent-right dealer comerciante de derechos de patentes.

patron patrocinador.

patronage patrocinio, clientela.

patronage discount descuento por patrocinio.

patronize patrocinar, frecuentar.

pawn n empeño, pignoración, prenda.

pawn v empeñar, pignorar, prendar.

pawnbroker prestamista sobre prendas.

pawnee acreedor prendario.

pawner deudor prendario.

pawnshop casa de empeños.

pay n paga, sueldo, honorarios.

pay v pagar, remunerar, saldar.

payable pagadero, vencido.

payable at sight pagadero a la vista.

payable in installments pagadero a plazos.

payable on delivery pagadero a la entrega.

payable on demand pagadero a la vista.

payable to bearer pagadero al portador.

payable to holder pagadero al portador.

payable to order pagadero a la orden.

pay administration administración de salario.

pay as you go pague al utilizar.

pay at sight pagar a la vista.

pay back reembolsar, devolver.

payback period período de recuperación de inversión, período de amortización.

payback reciprocal recíproco del período de recuperación de inversión.

pay by installments pagar a plazos.

pay by phone sistema de pagos por teléfono.

pay-by-phone system sistema de pagos mediante teléfono.

paycheck cheque de salario, cheque de paga, salario.

pay compression compresión de salario.

pay continuation plan plan de continuación de salario.

pay day día de pago.

payday día de pago.

pay decrease disminución de salario.

paydown pago parcial de deuda.

payee beneficiario de pago, tenedor, portador.

payer pagador.

payer bank banco pagador.

pay increase aumento de salario.

pay in full pagar totalmente.

paying agency agencia pagadora.

paying agent agente pagador.

paying bank banco pagador.

pay in installments pagar a plazos.

pay level nivel de salario.

payload carga útil.

payment pago, sueldo, remuneración.

payment against documents pago contra documentos.

payment before maturity pago antes del vencimiento.

payment bond fianza de pago.

payment by check pago por cheque, pago con cheque.

payment cap máximo de ajuste de pago.

payment certain anualidad de pagos seguros.

payment coupon cupón de pago.

payment date fecha de pago.

payment delay demora de pago.

payment guaranteed pago garantizado.

payment guaranty garantía de pago.

payment in advance pago por adelantado.

payment in arrears pago atrasado.

payment in full pago total.

payment in installments pago a plazos.

payment in kind pago en especie.

payment is due el pago se ha vencido.

payment method método de pago.

payment on account pago a cuenta.

payment order orden de pago.

payment plan plan de pagos.

payment received pago recibido.

payment record registro de pago.

payment refused pago rechazado.

payments deficit déficit de pagos.

payments surplus superávit de pagos.

payment supra protest pago tras protesto.

payment system sistema de pagos.

payment terms términos de pago.

payment type método de pago.

payment under protest pago bajo protesta.

payoff pago, recompensa, resultado.

pay off saldar, pagar, sobornar, dar resultado.

payoff statement declaración del prestador en cuanto a los términos del préstamo y lo que falta por cancelarlo.

pay on account pagar a cuenta.

payor pagador.

payout pago, rendimiento, rendimiento necesario para recuperación de inversión.

payout ratio razón de dividendos a ganancias.

pay period período de pago.

pay reduction reducción de salario.

pay reduction plan plan de reducción de salario.

pay review revisión de salario.

payroll nómina, planilla de sueldos.

payroll account cuenta de nómina.

payroll audit auditoría de nómina.

payroll deductions deducciones de nómina, deducciones del cheque de salario.

payroll department departamento de nómina.

payroll division división de nómina.

payroll office oficina de nómina.

payroll period período de nómina.

payroll records registros de nómina.

payroll register registro de nómina.

payroll tax impuesto sobre la nómina.

pay scale escala de salarios.

pay tax impuesto sobre salarios.

pay to bearer pagar al portador.

pay to the order of pagar a la orden de.

pay under protest pagar bajo protesta.

peaceable picketing piquete pacífico.

peaceable possession posesión pacífica.

peak pico, punta, máximo.

peak capacity capacidad pico, capacidad máxima.

peak hours horas demanda máxima, horas de utilización máxima.

peak period período de utililzación máxima.

peak season temporada de demanda máxima, temporada de utilización máxima, temporada alta.

peculation peculado, desfalco.

pecuniary pecuniario.

pecuniary benefits beneficios pecuniarios.

pecuniary consideration contraprestación pecuniaria.

pecuniary exchange intercambio pecuniario.

pecuniary loss pérdida pecuniaria.

pecuniary transaction transacción pecuniaria.

peddle practicar el oficio de buhonero.

peddler buhonero.

peer group grupo paritario.

peer review revisión por grupo paritario.

peg estabilización de precios mediante intervención, apoyo de precios mediante estabilización, ajuste del tipo de cambio de una moneda basada en otra.

pegging estabilización de precios mediante intervención, apoyo de precios mediante estabilización, ajuste del tipo de cambio de una moneda basada en otra.

penal clause cláusula penal.

penalizable penalizable.

penalize penalizar, multar.

penalty penalidad, multa.

penalty clause cláusula penal.

penalty for early withdrawal penalidad por retiro temprano.

pendency suspensión.

penetration pricing establecimiento de precio bajo para accelerar la entrada de un producto al mercado.

penny stocks acciones que se venden típicamente por menos de un dólar.

pension pensión, retiro.

pensioner pensionado, pensionista.

pension fund fondo jubilatorio, fondo de pensiones.

pension maximization maximización de pensión.

pension plan plan de pensiones.

pension plan funding financiamiento de plan de pensiones.

pension plan funding method método de financiamiento de plan de pensiones.

pension plan liability reserve reserva de responsabilidad de plan de pensiones.

pension plan termination terminación de plan de pensión.

pension trust fideicomiso de pensiones.

people intensive que requiere muchas personas.

per accident limit límite por accidente.

per annum por año.

per capita por cabeza, per cápita.

per capita consumption consumo per cápita.

per capita debt deuda per cápita.

per capita income ingreso per cápita.

per capita output producción per cápita.

per capita tax impuesto per cápita.

perceived risk riesgo percibido.

percent por ciento.

percentage porcentaje.

percentage change cambio porcentual, cambio de porcentaje.

percentage depletion porcentaje de agotamiento.

percentage depletion method método de porcentaje de agotamiento.

percentage lease arrendamiento porcentual sobre las ventas, arrendamiento con participación.

percentage-of-completion method método de porcentaje de terminación.

percentage-of-loss deductible deducible de porcentaje de pérdidas.

percentage of sales porcentaje de ventas.

percentage-of-sales method método de porcentaje de ventas.

percentage order orden de porcentaje.

percentage participation porcentaje de participación.

percentage point punto porcentual.

percentage rent renta a pagar en un arrendamiento porcentual sobre las ventas.

percentage statement estado en porcentajes.

percentile percentil.

per diem por día.

perfect perfecto, completo, cumplido, ejecutado.

perfect competition competencia perfecta.

perfected perfeccionado.

perfected lien gravamen perfeccionado.

perfect instrument instrumento registrado.

perfect market mercado perfecto.

perfect monopoly monopolio perfecto.

perfect ownership dominio perfecto, propiedad perfecta.

perfect title título perfecto.

perfect trust fideicomiso perfecto.

perfect usufruct usufructo perfecto.

perform cumplir, ejecutar, ejercer.

performance cumplimiento, ejecución, rendimiento.

performance analysis análisis de rendimiento.

performance appraisal evaluación de rendimiento.

performance audit auditoría de rendimiento.

performance bond fianza de cumplimiento, garantía de cumplimiento.

performance evaluation evaluación de rendimiento.

performance fund fondo mutuo con metas de apreciación.

performance mutual fund fondo mutuo con metas de apreciación.

performance report informe de rendimiento.

performance securities valores que se compran con expectativas de apreciación.

performance shares acciones que se compran con expectativas de apreciación.

performance stocks acciones que se compran con expectativas de apreciación.

peril peligro, riesgo.

perils of the lakes peligros de los grandes lagos.

perils of the sea peligros del mar.

period período.

period analysis análisis periódico.

period certain período cierto.

period cost costo periódico.

period expense gasto periódico.

periodic periódico.

periodic audit auditoría periódica.

periodic change cambio periódico.

periodic charge cargo periódico.

periodic cost costo periódico.

periodic expenditure gasto periódico.

periodic expense gasto periódico.

periodic fee cargo periódico.

periodic finance charge cargo por financiamiento periódico.

periodic income ingreso periódico.

periodic interest rate tasa de interés periódica.

periodic interest rate adjustment ajuste de tasa de interés periódico.

periodic inventory inventario periódico.

periodic inventory method método de inventario periódico.

periodic inventory system sistema de inventario periódico.

periodic level nivel periódico.

periodic outlay desembolso periódico.

periodic payment pago periódico.

periodic payment plan plan de pagos periódicos.

periodic procedure procedimiento periódico.

periodic purchase compra periódica.

periodic rate tasa periódica.

periodic statement estado periódico.

periodic transaction transacción periódica.

period of credit período de crédito.

period of delivery período de entrega.

period of grace período de gracia.

period of production período de producción.

period of redemption período de rescate de una propiedad hipotecada.

perishable perecedero.

perishable commodity producto perecedero.

perishable goods bienes perecederos.

perks beneficios adicionales, pequeños beneficios.

permanent permanente, fijo.

permanent account cuenta permanente.

permanent capital capital permanente.

permanent consumption consumo permanente.

permanent difference diferencia permanente.

permanent disability discapacidad permanente.

permanent disability benefits beneficios por discapacidad permanente.

permanent employee empleado permanente.

permanent employment empleo permanente.

permanent file archivo permanente.

permanent financing financiamiento permanente.

permanent fixtures instalaciones permanentes.

permanent home residencia permanente.

permanent income ingresos permanentes.

permanent insurance seguro permanente.

permanent life seguro de vida permanente.

permanent life insurance seguro de vida permanente.

permanent location ubicación permanente.

permanently restricted assets activo restringido permanentemente.

permanent mortgage hipoteca permanente.

permanent partial disability discapacidad parcial permanente.

permanent residence residencia permanente.

permanent total disability discapacidad total permanente.

permissible permisible.

permissible losses pérdidas permisibles.

permissible loss ratio razón de pérdidas permisible.

permissible nonbank activities actividades no bancarias permisibles.

permission permiso, licencia.

permission granted clause cláusula de permiso otorgado.

permissive user usuario con permiso.

permissive waste deterioro de inmuebles por omisión.

permit n permiso, licencia.

permit v permitir, autorizar.

permit bond fianza de licencia.

permutation permutación.

perpendicular spread combinación de opciones perpendicular.

per person limit límite por persona.

perpetual perpetuo, vitalicio.

perpetual annuity anualidad perpetua, anualidad vitalicia.

perpetual bond bono sin vencimiento, bono a perpetuidad.

perpetual contract contrato perpetuo, contrato vitalicio.

perpetual insurance seguro perpetuo.

perpetual inventory inventario perpetuo.

perpetual inventory control control de inventario perpetuo.

perpetual inventory method método de inventario perpetuo.

perpetual inventory system sistema de inventario perpetuo.

perpetual lease arrendamiento perpetuo, arrendamiento vitalicio.

perpetual trust fideicomiso perpetuo, fideicomiso vitalicio.

perpetuity perpetuidad.

perquisites beneficios adicionales, pequeños beneficios, gratificaciones.

persistency persistencia.

personal allowances exenciones personales.

personal articles insurance seguro sobre artículos personales.

personal assets bienes muebles, bienes muebles e intangibles.

personal automobile policy póliza de automóvil personal.

personal banker banquero personal.

personal belongings propiedad personal.

personal benefit beneficio personal.

personal catastrophe insurance seguro de catástrofe médico personal.

personal chattel bienes muebles.

personal check cheque personal.

personal consumption consumo personal.

personal contract contrato personal.

personal disability discapacidad personal.

personal disposable income ingreso disponible personal.

personal distribution of income distribución personal de ingresos.

personal earnings ingresos personales.

personal effects efectos personales.

personal effects floater cobertura de efectos personales sin importar la ubicación.

personal effects insurance cobertura de efectos personales sin importar la ubicación.

personal estate bienes muebles de una persona.

personal exemption exención personal.

personal expenditures gastos personales.

personal expenses gastos personales.

personal financial planning planificación financiera personal.

personal financial statement estado financiero personal.

personal floater policy póliza sobre efectos personales.

personal history historial personal.

personal holding company compañía tenedora controlada por pocas personas.

personal identification number número de identificación personal.

personal income ingreso personal.

personal injury lesión personal.

personal injury protection cobertura para lesiones personales.

personal insurance seguro personal.

personal interest expense gasto de intereses personales.

personal liability responsabilidad personal.

personal liability insurance seguro de responsabilidad personal.

personal line of credit línea de crédito personal.

personal loan préstamo personal.

personal loss pérdida personal.

personal obligation obligación personal.

personal property propiedad personal, bienes muebles, bienes muebles e intangibles.

personal property floater cobertura de propiedad personal sin importar la ubicación.

personal property tax impuesto sobre bienes muebles.

personal residence residencia personal.

personal savings ahorros personales.

personal service contract contrato de servicios personales.

personal service corporation corporación de servicios personales.

personal services servicios personales.

personal tax impuesto personal, impuesto sobre bienes muebles.

personal things efectos personales.

personal trust fideicomiso personal.

personalty bienes muebles, bienes muebles e intangibles.

personation representación engañosa.

personnel personal.

personnel administration administración de personal.

personnel administrator administrador de personal.

personnel audit auditoría de personal.

personnel costs costos de personal.

personnel cuts recortes de personal.

personnel department departamento de personal.

personnel division división de personal.

personnel management administración de personal.

personnel manager administrador de personal.

personnel office oficina de personal.

personnel planning planificación de personal.

personnel psychology psicología del personal.

personnel reductions reducciones de personal.

personnel representative representante de personal.

perspective perspectiva.

persuasion persuasión.

per year por año.

petition petición, pedido.

petition in bankruptcy petición de quiebra.

petitioning creditor acreedor solicitante.

petition in insolvency petición de quiebra.

petrodollars petrodólares.

petty average avería menor.

petty cash caja chica, caja para gastos menores.

petty-cash fund caja chica.

phantom income ingreso fantasma.

phaseout reducción progresiva.

phaseout of personal exemptions reducción progresiva de exenciones personales.

phony dividend dividendo falso.

physical assets activo físico.

physical commodity mercancía entregada físicamente.

physical condition condición física.

physical damage insurance seguro de daños físicos.

physical depreciation depreciación física.

physical deterioration deterioro físico.

physical distribution distribución física.

physical hazard riesgo físico.

physical inspection inspección física.

physical inventory inventario físico.

physical possession posesión efectiva.

physical product producto físico.

physical verification verificación física.

picket piquete.

picketer miembro de un piquete de huelga.

picketing hacer piquete de huelga.

piece rate tarifa a destajo, salario por parte.

piecework trabajo a destajo, destajo.

pier muelle.

pierage derecho de amarre.

piercing the corporate veil descorrer el velo corporativo, desestimación de la personalidad jurídica.

pignorative pignoraticio.

pignorative contract contrato pignoraticio.

pilferage ratería, hurto.

pilot plant planta piloto.

pink sheets hojas rosas.

pioneer patent patente pionera.

piracy piratería.

place n lugar, local, puesto.

place v poner, dar empleo, colocar.

place an order poner una orden, ordenar.

placement colocación.

placement ratio razón de colocación.

placement test prueba para colocación.

place of abode residencia, domicilio.

place of business domicilio comercial.

place of contract lugar donde se celebra un contrato.

place of delivery lugar de entrega.

place of departure lugar de salida.

place of employment lugar de empleo.

place of incorporation lugar de incorporación.

place of payment lugar de pago.

place of performance lugar de ejecución, lugar de cumplimiento.

place of registration lugar de registro.

place of residence lugar de residencia.

plan plan.

plan administration administración de plan.

plan administrator administrador de plan.

plan document documento de plan.

plan management administración de plan.

plan manager administrador de plan.

planned planificado.

planned amortization class clase de amotización planificada.

planned community comunidad planificada.

planned development desarrollo planificado.

planned economy economía planificada.

planned investment inversión planificada.

planned obsolescence obsolescencia planificada.

planned unit development desarrollo de unidades planificado.

planning planificación.

planning board junta de planificación.

planning commission comisión de planificación.

plan participants participantes de plan.

plan sponsor patrocinador de plan.

plant planta, fábrica.

plant and equipment planta y equipo.

plan termination terminación de plan.

plat plano, diseño, parcela.

platform automation automatización de plataforma.

pledge prenda, pignoración, garantía, empeño.

pledged account cuenta pignorada.

pledged account mortgage hipoteca de cuenta pignorada.

pledged asset activo pignorado.

pledged securities valores pignorados.

pledged shares acciones pignoradas.

pledged stock acciones pignoradas.

pledgee acreedor prendario.

pledger deudor prendario.

plenary plenario, pleno, completo.

plot lote, plano.

plottage valor adicional que tienen los lotes urbanos al ser parte de una serie contigua.

plottage value valor adicional que tienen los lotes urbanos al ser parte de una serie contigua.

plurilateral plurilateral.

plus tick venta a precio mayor que la anterior.

point punto, un porciento, un dólar en el valor de acciones.

point of equilibrium punto de equilibrio.

point of origin punto de origen.

point of purchase punto de compra.

point-of-purchase advertising publicidad en punto de compra.

point of sale punto de venta.

point-of-sale terminal terminal de punto de venta.

point system sistema de puntos.

poison pill tácticas para que una compañía sea menos atractiva a un adquiridor.

policy póliza, política.

policy anniversary aniversario de póliza.

policy cancelation cancelación de póliza.

policy clauses cláusulas de póliza.

policy condition condición de póliza.

policy date fecha de póliza.

policy declaration declaración de póliza.

policy dividend dividendo de póliza.

policy expiration expiración de póliza.

policy expiration date fecha de expiración de póliza.

policy face valor nominal de póliza.

policy fee cargo por procesar una póliza, cargo adicional de póliza.

policyholder tenedor de póliza, asegurado.

policy limit límite de póliza.

policy loan préstamo garantizado con una póliza de seguros.

policy number número de póliza.

policy of insurance póliza de seguros.

policyowner tenedor de póliza, asegurado.

policy period período de póliza.

policy processing fee cargo por procesar una póliza.

policy provisions cláusulas de póliza.

policy purchase option opción de compra de póliza.

policy requirement requisito de póliza.

policy reserve reserva de póliza.

policy stipulation estipulación de póliza.

policy terms término de póliza.

policy year período anual de una póliza, aniversario de la emisión de una póliza.

political risk riesgo político.

poll tax impuesto de capitación.

pollute contaminar.

pollution contaminación.

pollution exclusion exclusión por contaminación.

polypoly polipolio.

pool fondo común, fondo, agrupación.

pooling combinar fondos, agrupar.

pooling charge cargo por combinar fondos, cargo por agrupar.

pooling of interests agrupamiento de intereses.

population población.

port puerto.

portable mortgage hipoteca transferible a otra propiedad.

portable pension pensión transferible a otro patrono.

portal-to-portal pay pago de todos los gastos de viaje.

port authority autoridad portuaria.

port charges derechos portuarios.

port dues derechos portuarios.

port duties derechos portuarios.

portfolio cartera de valores, valores en cartera, cartera.

portfolio administration administración de cartera de valores.

portfolio administrator administrador de cartera de valores.

portfolio beta score puntuación beta de cartera de valores.

portfolio composition composición de la cartera de valores.

portfolio income ingresos de la cartera de valores.

portfolio insurance seguro de cartera de valores.

portfolio management
administración de cartera de valores.
portfolio manager administrador de
cartera de valores.
portfolio optimization optimización
de cartera de valores.
portfolio reinsurance reaseguro de
cartera de pólizas.
portfolio theory teoría de cartera de
valores.
port of call puerto de escala.
port of delivery puerto de entrega,
puerto final.
port of departure puerto de partida.
port of destination puerto de destino.
port of discharge puerto de descarga.
port of entry puerto de entrada.
port of exit puerto de salida.
port of registry puerto de
matriculación.
port of transit puerto de tránsito.
port-reeve funcionario portuario.
port-risk riesgo portuario.
port toll derecho portuario.
port-to-port puerto a puerto.
port-warden funcionario portuario.
position posición, posición en el
mercado.
position limit límite de posición.
positive authorization autorización
positiva.
positive carry rendimiento mayor que
el costo de posesión.
positive cash flow flujo de fondos
positivo.
positive confirmation confirmación
positiva.
positive correlation correlación
positiva.
positive leverage apalancamiento
positivo.
positive yield curve curva de
rendimiento positiva.
possession posesión.
possessor poseedor.
possessory posesorio.
possessory lien privilegio de retención.
possible condition condición posible.
post n puesto, cargo.
post v asentar, anunciar, situar.
post-act acto posterior.
postage franqueo.

postage meter medidor de franqueo.
postage rate tasa de franqueo.
postal postal.
postal order giro postal.
postal service servicio postal.
postaudit posauditoría.
post-closing tras el cierre.
post-closing balance saldo tras el
cierre.
post-date posfechar.
post-dated posfechado.
post-dated check cheque posfechado.
posting asiento, entrada, anuncio.
posting date fecha de asiento, fecha de
entrada.
postmark matasellos.
post office oficina postal.
postpone aplazar, diferir.
postponed aplazado, diferido.
postponed account cuenta aplazada.
postponed annuity anualidad
aplazada.
postponed annuity contract
contrato de anualidad aplazada.
postponed availability disponibilidad
aplazada.
postponed benefits beneficios
aplazados.
postponed billing facturación
aplazada.
postponed bonds bonos aplazados.
postponed charge cargo aplazado.
postponed compensation
compensación aplazada.
postponed compensation plan plan
de compensación aplazada.
postponed contribution plan plan
de contribuciones aplazadas.
postponed cost costo aplazado.
postponed credit crédito aplazado.
postponed debit débito aplazado.
postponed delivery entrega aplazada.
postponed dividend dividendo
aplazado.
postponed expenditure gasto
aplazado.
postponed expense gasto aplazado.
postponed fee cargo aplazado.
postponed gain ganancia aplazada.
postponed group annuity anualidad
grupal aplazada.
postponed income ingreso aplazado.

postponed income tax contribución sobre ingresos aplazada.

postponed interest intereses aplazados.

postponed interest bond bono de intereses aplazados.

postponed liability responsabilidad aplazada.

postponed maintenance mantenimiento aplazado.

postponed-payment annuity anualidad de pagos aplazados.

postponed payments pagos aplazados.

postponed-payment sale venta de pagos aplazados.

postponed premium prima aplazada.

postponed profits ganancias aplazadas.

postponed profit sharing participación en las ganancias aplazada.

postponed remuneration remuneración aplazada.

postponed retirement retiro aplazado.

postponed salary increase aumento de salario aplazado.

postponed sales charge cargo de venta aplazado.

postponed sales fee cargo de venta aplazado.

postponed taxes impuestos aplazados.

postponed wage increase aumento de salario aplazado.

postponement aplazamiento, diferimiento.

postpone payment aplazar un pago.

potential potencial.

potential demand demanda potencial.

potential gross income ingreso bruto potencial.

potential output producción potencial.

power poder, capacidad, facultad.

power coupled with an interest poder combinado con un interés de parte del apoderado.

power of appointment facultad de nombramiento.

power of attorney poder.

power of revocation facultad de revocación.

power of sale poder de venta.

practical capacity capacidad práctica.

practical impossibility imposibilidad práctica.

preapproved preaprobado.

preapproved card tarjeta preaprobada.

preapproved interest rate tasa de interés preaprobada.

preapproved loan préstamo preaprobado.

preapproved mortgage hipoteca preaprobada.

preapproved mortgage loan préstamo hipotecario preaprobado.

preapproved mortgage rate tasa hipotecaria preaprobada.

preapproved rate tasa preaprobada.

preaudit preauditoría.

preauthorized preautorizado.

preauthorized charge cargo preautorizado.

preauthorized check cheque preautorizado.

preauthorized-check payments pagos con cheques preautorizados.

preauthorized-check plan plan de cheques preautorizados.

preauthorized-check system sistema de cheques preautorizados.

preauthorized debit débito preautorizado.

preauthorized electronic transfer transferencia electrónica preautorizada.

preauthorized payment pago preautorizado.

preauthorized trade transacción preautorizada.

preauthorized transaction transacción preautorizada.

preauthorized transfer transferencia preautorizada.

precarious precario.

precarious loan préstamo precario, préstamo de pago dudoso, préstamo sin vencimiento fijo.

precarious possession posesión precaria.

precarious trade comercio precario.

precatory trust fideicomiso implícito.

precautionary measures medidas preventivas.

precedence precedencia, prioridad, antelación.

precious metal metal precioso.

preclosing precierre.

precompute precomputar.
precomputed precomputado.
precomputed interest intereses precomputados.
precondition precondición.
precontract precontrato.
precontractual precontractual.
predatory pricing precios bajo el costo para eliminar competidores.
predatory rate tasa bajo la del mercado para eliminar competidores.
predetermined predeterminado.
predetermined budget presupuesto predeterminado.
predetermined charge cargo predeterminado.
predetermined cost costo predeterminado.
predetermined fee cargo predeterminado.
predetermined inventory inventario predeterminado.
predetermined price precio predeterminado.
predetermined production producción predeterminada.
predetermined rate tasa predeterminada.
predetermined yield rendimiento predeterminado.
prediction error error de predicción.
preemption prioridad.
preemptive rights derechos de prioridad de compra de nueva emisión de acciones.
preexisting preexistente.
preexisting condition condición preexistente.
preexisting use uso preexistente.
prefabricate prefabricar.
prefabricated prefabricado.
prefabricated component componente prefabricado.
prefabricated housing vivienda prefabricada.
preference preferencia.
preference item artículo de preferencia.
preference shares acciones de preferencia.
preference stock acciones de preferencia.

preference tax item artículo de preferencia impositiva.
preferential preferencial.
preferential assignment cesión preferencial, cesión con prioridades.
preferential creditor acreedor preferencial, acreedor privilegiado.
preferential debts deudas preferenciales, deudas privilegiadas.
preferential payment pago preferencial.
preferential tariff tarifa preferencial.
preferential trade comercio preferencial.
preferential treatment trato preferencial.
preferred preferido, privilegiado.
preferred beneficiary beneficiario preferido.
preferred creditor acreedor privilegiado, acreedor preferente.
preferred debt deuda preferida.
preferred dividend dividendo preferido.
preferred dividend coverage cobertura de dividendos preferidos.
preferred provider organization organización de proveedores preferidos.
preferred risk riesgo preferido.
preferred shareholder accionista preferido.
preferred shares acciones preferidas, acciones preferenciales.
preferred stock acciones preferidas, acciones preferenciales.
preferred stock fund fondo mutuo de acciones preferidas.
preferred stockholder accionista preferido.
preferred stock mutual fund fondo mutuo de acciones preferidas.
preferred stock ratio razón de acciones preferidas, razón de acciones preferenciales.
prefinancing prefinanciamiento.
prelease prearrendamiento, arrendamiento antes de la construcción.
preliminary preliminar.
preliminary audit auditoría preliminar.
preliminary charges cargos preliminares.
preliminary commitment compromiso preliminar.

preliminary costs costos preliminares.

preliminary expenditures gastos preliminares.

preliminary expenses gastos preliminares.

preliminary fees cargos preliminares.

preliminary official statement declaración oficial preliminar.

preliminary period período preliminar.

preliminary prospectus prospecto preliminar.

preliminary term término preliminar.

preliminary title report informe de título preliminar.

premises premisas, instalaciones, establecimiento.

premises liability responsabilidad de local.

premium prima, premio.

premium adjustment ajuste de prima.

premium adjustment endorsement provisión de ajuste de prima.

premium adjustment form formulario de ajuste de prima.

premium advance adelanto de prima.

premium base base de prima.

premium basis base de prima.

premium bond bono con prima.

premium computation cómputo de prima.

premium default incumplimiento de pago de prima.

premium deposit depósito de prima.

premium discount descuento de prima.

premium discount plan plan de descuentos de prima.

premium income ingresos por primas de opciones vendidas.

premium loan préstamo sobre póliza.

premium mode frecuencia de pagos de primas.

premium notice aviso de fecha de pago de prima.

premium pay paga adicional por horas o condiciones desfavorables.

premium rate tasa de prima.

premium recapture recaptura de prima.

premium receipt recibo de pago de prima.

premium refund reembolso de prima.

premium return devolución de prima.

premium tax impuesto sobre las primas obtenidas por un asegurador.

prenotification prenotificación.

prepaid prepagado, pagado por adelantado.

prepaid charges cargos prepagados.

prepaid costs costos prepagados.

prepaid expenses gastos prepagados.

prepaid fees cargos prepagados.

prepaid group insurance seguro grupal prepagado.

prepaid income ingresos prepagados.

prepaid insurance seguro prepagado.

prepaid interest intereses prepagados.

prepaid rent renta prepagada.

prepaid taxes impuestos prepagados.

prepay prepagar, pagar por adelantado.

prepayment prepago, pago adelantado.

prepayment clause cláusula de prepago.

prepayment model modelo de prepago.

prepayment of charges prepago de cargos.

prepayment of fees prepago de cargos.

prepayment of insurance prepago de seguro.

prepayment of interest prepago de intereses.

prepayment of premiums prepago de primas.

prepayment of principal prepago de principal.

prepayment of taxes prepago de impuestos.

prepayment penalty penalidad por prepago.

prepayment privilege privilegio de prepago.

prerefunding prerrefinanciación.

prerequisite prerrequisito.

presale preventa, venta de inmuebles antes de construirse las edificaciones.

prescreening precribado.

prescription prescripción.

prescription period período de prescripción.

prescriptive easement servidumbre adquirida mediante la prescripción.

preselection of insured preselección de asegurados.

presell prevender.
present presente, actual, corriente.
present amount monto corriente.
present an offer presentar una oferta.
presentation presentación.
present cost costo corriente.
present enjoyment posesión y uso presente.
present fairly presentar justamente.
present for collection presentar al cobro.
presentment presentación.
present price precio corriente.
present value valor actual.
present value factor factor de valor actual.
present value of annuity valor actual de anualidad.
preset preestablecido.
preset charges cargos preestablecidos.
preset conditions condiciones preestablecidas.
preset fees cargos preestablecidos.
preset price precio preestablecido.
preset production producción preestablecida.
preset terms términos preestablecidos.
presold issue emisión prevendida.
press conference conferencia de prensa, rueda de prensa.
prestige advertising publicidad de prestigio.
presumed agency agencia presunta.
presumption of payment presunción de pago.
presumptive disability discapacidad presunta.
presumptive title título presunto.
presumptive trust fideicomiso presunto.
pretax preimpuestos, antes de impuestos.
pretax earnings ingresos antes de impuestos.
pretax income ingresos antes de impuestos.
pretax profits ganancias antes de impuestos.
pretax rate of return tasa de rendimiento antes de impuestos.
pretax return rendimiento antes de impuestos.

pretax yield rendimiento antes de impuestos.
prevailing prevaleciente, corriente, vigente.
prevailing conditions condiciones prevalecientes.
prevailing cost costo prevaleciente.
prevailing interest rate tasa de interés prevaleciente.
prevailing market conditions condiciones del mercado prevalecientes.
prevailing market rate tasa del mercado prevalecientes.
prevailing price precio prevaleciente.
prevailing rate tasa prevaleciente.
prevailing return rendimiento prevaleciente.
prevailing salary salario prevaleciente.
prevailing terms términos prevalecientes.
prevailing wages salarios prevalecientes.
prevailing yield rendimiento prevaleciente.
preventive maintenance mantenimiento preventivo.
preventive measures medidas preventivas.
previous balance saldo previo, balance anterior.
previous balance method método de saldo previo.
previous closing cierre previo.
price precio, valor.
price adjustment ajuste de precio.
price agreement acuerdo sobre precios.
price analysis análisis de precio.
price appreciation alza de precios.
price averaging promediación de precios.
price cartel cartel de precios.
price ceiling tope de precios.
price change cambio de precio.
price component componente de precio.
price control control de precios.
price cutting recorte de precios.
price determination determinación de precio.
price difference diferencia de precios.
price differential diferencial de precios.
price discount descuento de precio.

price discrimination discriminación de precios.

price-dividend ratio razón precio-dividendo.

price-earnings ratio razón precio-ganancias, razón precio-ingresos.

price elasticity elasticidad de precios.

price expectations expectativas de precios.

price fixing fijación de precios.

price fixing agreement acuerdo de fijación de precios.

price flexibility flexibilidad de precios.

price fluctuations fluctuaciones de precios.

price forecasting pronóstico de precios.

price freeze congelación de precios.

price guaranty garantía de precio.

price increase aumento de precio.

price index índice de precios.

price inelasticity inelasticidad de precios.

price inflation inflación de precios.

price leader líder de precios.

price leadership liderazgo de precios.

price level nivel de precios.

price level accounting contabilidad de nivel de precios.

price limit límite de precio.

price lining líneas de mercancías a precios específicos.

price maintenance mantenimiento de precios.

price mechanism mecanismo de precios.

price movement movimiento de precios.

price policy política de precios.

price range intervalo de precios.

price reduction reducción de precio.

price regulation regulación de precios.

price review revisión de precios.

price rigidity rigidez de precios.

price rise aumento de precios.

price scale escala de precios.

price spread combinación de opciones con precios de ejecución diferentes.

price stability estabilidad de precios.

price stabilization estabilización de precios.

price structure estructura de precios.

price support program programa de apoyo de precios.

price supports apoyo de precios, mantenimiento de precios mínimos.

price system sistema de precios.

price variance varianza de precio.

price variation variación de precios.

price war guerra de precios.

pricing above the market fijación de precios sobre las del mercado.

pricing below the market fijación de precios bajo las del mercado.

primacy primacía.

primary primario, fundamental, principal.

primary account cuenta principal.

primary account balance balance de cuenta principal.

primary account number número de cuenta principal.

primary beneficiary beneficiario principal.

primary boycott boicot principal.

primary capital capital principal.

primary contract contrato original.

primary conveyances cesiones originarias.

primary dealer corredor primario.

primary demand demanda primaria.

primary deposits depósitos primarios.

primary distribution distribución primaria.

primary earnings per share ingresos por acción primarios.

primary insurance seguro primario.

primary insurance amount cantidad de seguro primario.

primary insurer asegurador primario.

primary lease arrendamiento primario.

primary liability responsabilidad directa.

primary market mercado primario.

primary market area área de mercado primario.

primary mortgage market mercado de hipotecas primario.

primary obligation obligación principal.

primary offering ofrecimiento primario.

primary organization organización primaria.

primary package   envase primario.

primary plan   plan primario.

primary producer   productor primario.

primary product   producto primario.

primary reserves   reservas primarias.

prime   primario, de primera calidad, principal.

prime contractor   contratista principal.

prime cost   precio real en una compra de buena fe, costo directo.

prime interest rate   tasa de interés preferencial.

prime paper   paper comercial de primera calidad.

prime rate   tasa de interés preferencial.

prime tenant   arredatario principal.

principal   adj principal.

principal   n principal, capital, mandante, poderdante, director.

principal amount   cantidad de principal.

principal and interest   principal e intereses.

principal and interest payment   pago de principal e intereses.

principal balance   balance de principal.

principal broker   corredor principal.

principal contract   contrato principal.

principal covenant   estipulación principal.

principal creditor   acreedor principal.

principal debtor   deudor principal.

principal market   mercado principal.

principal office   sede.

principal officer   representante principal.

principal only   sólo principal.

principal place of business   sede.

principal residence   residencia principal.

principal shareholder   accionista principal.

principal stockholder   accionista principal.

principal sum   monto de principal.

principal supplier   proveedor principal.

principal underwriter   colocador de emisión principal.

prior acts coverage   cobertura por actos previos.

prior approval   aprobación previa.

prior art   conocimientos y patentes previos concernientes al invento en cuestión, arte anterior.

prior creditor   acreedor privilegiado.

prior deposit   depósito previo.

prior endorser   endosante previo.

priority   prioridad.

priority of liens   prioridad de privilegios, prioridad de gravámenes.

prior lien   gravamen previo, gravamen superior.

prior-lien bond   bono de gravamen superior.

prior mortgage   hipoteca superior, hipoteca precedente.

prior period   período previo.

prior period adjustment   ajuste de período previo.

prior-preferred shares   acciones preferenciales con prioridad sobre otras acciones preferidas.

prior-preferred stock   acciones preferenciales con prioridad sobre otras acciones preferidas.

prior redemption   reembolso previo.

prior redemption privilege   privilegio de reembolso previo.

privacy   privacidad.

privacy laws   leyes sobre la privacidad.

private   privado, personal, secreto.

private account   cuenta privada.

private accountant   contable privado.

private agent   agente privado.

private auction   subasta privada.

private bank   banco privado.

private banking   banca privada.

private brand   marca privada.

private business   empresa privada.

private capital   capital privado.

private carrier   transportador privado.

private company   compañía privada.

private conduit   conducto privado.

private contract   contrato privado.

private corporation   corporación privada, persona jurídica privada.

private cost   costo privado.

private credit   crédito privado.

private debt   deuda privada.

private deposit   depósito privado.

private dwelling   vivienda privada.

private easement   servidumbre privada, servidumbre particular.

private enterprise empresa privada.
private ferry transbordador privado.
private foundation fundación privada.
private gain ganancia privada.
private insurance seguro privado.
private investment inversión privada.
private issue emisión privada.
private law derecho privado.
private lender prestador privado.
private limited partnership sociedad en comandita privada.
privately placed colocado privadamente.
private market value valor de mercado privado.
private mortgage insurance seguro hipotecario privado.
private offering ofrecimiento privado.
private pension plan plan de pensiones privado.
private placement colocación privada.
private property propiedad privada.
private purpose bond bono en que más de cierto porciento se usará para fines privados.
private sale venta privada.
private sector sector privado.
private sector adjustment factor factor de ajuste de sector privado.
private trust fideicomiso privado.
private warehouse almacén privado.
privatization privatización.
privies partes con interés común, partes del mismo contrato.
privilege privilegio.
privileged privilegiado.
privileged bond bono privilegiado.
privileged creditor acreedor privilegiado.
privileged debts deudas privilegiadas.
privilege tax impuesto sobre negocios requiriendo licencias o franquicias.
privity relación contractual, relación jurídica.
privity of contract relación contractual.
privity of estate relación jurídica concerniente a un inmueble.
privy persona con interés común, parte interesada, copartícipe.
proactive proactivo.
probabilistic probabilístico.

probability probabilidad.
probability curve curva de probabilidad.
probability density densidad de probabilidad.
probability density function función de densidad de probabilidad.
probability distribution distribución de probabilidad.
probability of loss probabilidad de pérdida.
probable maximum loss pérdida máxima probable.
probationary probatorio.
probationary employee empleado probatorio.
probationary period período probatorio.
problem bank banco con alta proporción de préstamos de algún modo en incumplimiento.
procedural audit auditoría de procedimientos.
proceeds productos, resultados, beneficios, ingresos.
process proceso.
process analysis análisis de proceso.
process control control de proceso.
process costing costeo de proceso.
process division división de procesos.
processing of a loan tramitación de un préstamo.
processing of an application tramitación de una solicitud.
process inspection inspección de proceso.
process patent patente de procedimiento.
procuration procuración, poder, apoderamiento.
procurement adquisición, instigación.
procurement contract contrato mediante el cual un gobierno obtiene bienes o servicios.
procuring breach of contract instigar al incumplimiento de un contrato.
procuring cause causa próxima.
producer productor.
producer cooperative cooperativa de productores.
producer price index índice de precios de productores.

product producto, resultado.
product administration administración de producto.
product administrator administrador de producto.
product advertising publicidad de producto.
product cost costo de producto.
product costing costeo de producto.
product development desarrollo de producto.
product development process proceso de desarrollo de producto.
product differentiation diferenciación de producto.
product divisions divisiones de productos.
product failure exclusion exclusión por falla de producto.
product image imagen de producto.
production producción.
production account cuenta de producción.
production administration administración de producción.
production administrator administrador de producción.
production allocation asignación de producción.
production and operations management administración de producción y operaciones.
production bonus bono por producción.
production budget presupuesto de producción.
production budgeting presupuestación de producción.
production capacity capacidad de producción.
production capital capital de producción.
production control control de producción.
production cost costo de producción.
production distribution distribución de producción.
production expenditure gasto de producción.
production expense gasto de producción.
production forecasting pronosticación de producción.

production incentives incentivos de producción.
production index índice de producción.
production limit límite de producción.
production management administración de producción.
production manager administrador de producción.
production-oriented organization organización orientada a la producción.
production planning planificación de producción.
production-possibility curve curva de posibilidad de producción.
production rate tasa de producción.
production worker trabajador de producción.
production yield variance varianza de rendimiento de producción.
productive productivo.
productive activity actividad productiva.
productive funds fondos productivos.
productive investment inversión productiva.
productiveness productividad.
productivity productividad.
productivity factor factor de productividad.
productivity increase aumento de productividad.
product liability responsabilidad por los productos vendidos en el mercado.
product liability insurance seguro de responsabilidad por los productos vendidos en el mercado.
product life cycle ciclo de vida de producto.
product line línea de productos.
product management administración de producto.
product manager gerente de producto.
product market mercado de un producto.
product mix surtido de productos.
product obsolescence obsolescencia de producto.
product planning planificación de producto.
product research and development investigación y desarrollo de productos.
product variability variabilidad de producto.

profession profesión.
professional profesional.
professional capacity capacidad profesional.
professional corporation corporación la cual consiste en personas licenciadas quienes ofrecen servicios profesionales, asociación de profesionales.
professional ethics ética profesional.
professional liability responsabilidad profesional.
professional liability insurance seguro de responsabilidad profesional.
professional negligence negligencia profesional.
professional practice práctica profesional.
professional responsibility responsabilidad profesional.
professional secret secreto profesional.
professional services servicios profesionales.
profit ganancia, beneficio, utilidad.
profitability rentabilidad.
profitability accounting contabilidad de rentabilidad.
profitability index índice de rentabilidad.
profitable provechoso, lucrativo.
profit and loss ganancias y pérdidas.
profit-and-loss account cuenta de ganancias y pérdidas.
profit-and-loss statement estado de ganancias y pérdidas.
profit center centro de ganancias.
profit corporation corporación con fines de lucro.
profiteer logrero.
profiteering logrería, estraperlo.
profit margin margen de ganancia, margen de beneficio.
profit maximization maximización de ganancias.
profit motive intención de ganancia.
profit objective objetivo de ganancia.
profit planning planificación de ganancias.
profit sharing participación en las ganancias.

profit-sharing plan plan de participación en las ganancias, plan mediante el cual los empleados participan en las ganancias.
profit squeeze reducción en ganancias por costos crecientes.
profit taking ventas tras alzas significativas a corto plazo de valores.
profit tax impuesto sobre ganancias.
profit variance varianza de ganancias.
profit-volume chart diagrama ganancias-volumen.
pro forma de mera formalidad, pro forma.
pro forma statement estado pro forma.
program administration administración de programa.
program administrator administrador de programa.
program budget presupuesto de programas.
program budgeting presupuestación de programas.
program buying compras programadas.
program development desarrollo de programada.
program evaluation evaluación de programas.
program management administración de programa.
program manager administrador de programa.
programmed programado.
programmed buying compras programadas.
programmed charges cargos programados.
programmed costs costos programados.
programmed decisions decisiones programadas.
programmed expenditures gastos programados.
programmed expenses gastos programados.
programmed fees costos programados.
programmed payments pagos programados.
programmed trade transacción programada.

program selling ventas programadas.
program trade transacción programada.
progressive progresivo.
progressive billing facturación progresiva.
progressive costs costos progresivos.
progressive expenses gastos progresivos.
progressive fees cargos progresivos.
progressive income tax impuesto sobre ingresos progresivo.
progressive rates tasas progresivas.
progressive scale escala progresiva.
progressive tax impuesto progresivo.
progressive taxation imposición progresiva.
progressive tax rates tasas impositivas progresivas.
progress payments pagos por progreso en un proyecto.
prohibit prohibir.
prohibited prohibido.
prohibited basis base prohibida.
prohibited risk riesgo prohibido.
prohibitive prohibitivo.
prohibitive cost costo prohibitivo.
prohibitive price precio prohibitivo.
prohibitive tariff tarifa prohibitiva.
project administration administración de proyecto.
project administrator administrador de proyecto.
project analysis análisis de proyecto.
project appraisal evaluación de proyecto.
project budget presupuesto de proyecto.
project budgeting presupuestación de proyecto.
project design diseño de proyecto.
projected proyectado.
projected benefit obligation obligación de beneficios proyectados.
projected benefits beneficios proyectados.
projected financial statement estado financiero proyectado.
project evaluation evaluación de proyecto.
projection proyección.

projection factors factores de proyección.
projection period período de proyección.
project loan préstamo para proyecto.
project management administración de proyecto.
project manager administrador de proyecto.
project planning planificación de proyecto.
project review revisión de proyecto.
project selection selección de proyecto.
project supervision supervisión de proyecto.
prolongation prolongación.
promisee a quien se promete, tenedor de una promesa.
promiser prometedor.
promise to pay promesa de pagar.
promise to pay the debt of another promesa de pagar la deuda de un tercero.
promisor prometedor.
promissory promisorio.
promissory note pagaré, nota promisoria, vale.
promissory warranty garantía promisoria.
promote promover.
promoter promotor.
promotion promoción.
promotional allowance descuento por promoción.
promotional costs costos de promoción.
promotional expenditures gastos de promoción.
promotional expense gastos de promoción.
promotion costs costos de promoción.
promotion expenditures gastos de promoción.
promotion expenses gastos de promoción.
promotion from within promoción dentro de la misma organización.
promotion mix mezcla de tipos de promoción.
prompt pronto, inmediato.
prompt delivery entrega inmediata.
promptly rápidamente, prontamente.
prompt payment pronto pago.

prompt payment discount descuento
por pronto pago.

prompt shipment despacho rápido.

proof and transit prueba y tránsito.

proof of claim prueba de reclamación.

proof of debt prueba de deuda.

proof of deposit prueba de depósito.

proof of indebtedness prueba de
deuda.

proof of interest prueba de interés
asegurable.

proof of loss prueba de pérdida.

proper endorsement endoso regular.

proper indorsement endoso regular.

property propiedad, derecho de
propiedad, dominio, posesión, bienes.

property administration
adminsitración de propiedad.

property administrator
adminsitrador de propiedad.

property and liability insurance
seguro de propiedad y responsabilidad.

property appraisal tasación de
propiedad.

property assessment valuación fiscal
de propiedad.

property catastrophe catástrofe de
propiedad.

property coverage cobertura de
seguro de propiedad.

property damage daño de propiedad.

property damage insurance seguro
de daño de propiedad.

property damage liability insurance
seguro de responsabilidad por daño de
propiedad.

property depreciation depreciación
de propiedad.

property depreciation insurance
seguro de depreciación de propiedad.

property dividend dividendo de
propiedad.

property insurance seguro de
propiedad.

property insurance coverage
cobertura de seguro de propiedad.

property line lindero de propiedad.

property management
adminsitración de propiedad.

property manager adminsitrador de
propiedad.

property rights derechos de propiedad.

property tax impuesto sobre la
propiedad.

proportion proporción.

proportional proporcional.

proportional allocation asignación
proporcional.

proportional distribution
distribución proporcional.

proportionality proporcionalidad.

proportional rate tasa proporcional.

proportional reinsurance reaseguro
proporcional.

proportional representation
representación proporcional.

proportional shareholder
representation representación de
accionistas proporcional.

proportional stockholder
representation representación de
accionistas proporcional.

proportional taxation imposición
proporcional.

proportional taxes impuestos
proporcionales.

proposal propuesta.

propose proponer.

proposed propuesto.

proposer proponente.

proposition proposición, propuesta.

proprietary de propiedad exclusiva, de
propiedad.

proprietary information información
de propiedad exclusiva.

proprietary interest derecho de
propiedad.

proprietary lease arrendamiento en
una cooperativa.

proprietary network red de
propiedad exclusiva.

proprietary rights derechos de
propiedad.

proprietor propietario.

proprietorship derecho de propiedad,
negocio propio.

pro rata proporcionalmente, prorrata.

pro rata cancelation cancelación
prorrateada.

pro rata distribution distribución
prorrateada.

pro rata reinsurance reaseguro
prorrateado.

pro rate prorratear.

prorate prorratear.

prospect prospecto, cliente en perspectiva.

prospective prospectivo.

prospective rating clasificación prospectiva.

prospective reserve reserva prospectiva.

prospective valuation valuación prospectiva.

prospectus prospecto, folleto informativo de una emisión.

protected check cheque protegido.

protected market mercado protegido.

protectionism proteccionismo.

protective tariffs tarifas proteccionistas.

protective trust fideicomiso con la intención de controlar los gastos de una persona que derrocha dinero.

protest protesta, protesto.

protestation protesta.

protested protestado.

protester quien protesta.

protocol protocolo, registro.

provision provisión, disposición.

provisional provisional.

provisional account cuenta provisional.

provisional agreement acuerdo provisional.

provisional coverage cobertura provisional.

provisional credit crédito provisional.

provisional insurance seguro provisional.

provisional insurance coverage cobertura de seguro provisional.

provisional invoice factura provisional.

provisional measure medida provisional.

provisional premium prima provisional.

provisional rate tasa provisional.

provisional report informe provisional.

proviso condición, restricción.

proxy poder, apoderado.

proxy fight lucha por control mediante mayoría de votos.

proxy statement declaración para accionistas antes de que voten mediante poder.

prudent investment inversión prudente.

prudent investment decision decisión para inversión prudente.

prudent investor inversionista prudente.

prudent-person rule regla de la persona prudente.

psychic income ingresos psíquicos.

public accountant contador público.

public accounting contabilidad pública.

public activity actividad pública.

public adjuster ajustador público.

public assistance asistencia pública.

public auction subasta pública.

public auditor auditor público.

public building edificio público.

public business empresa pública.

public capital capital público.

public carrier transportista público.

public company compañía pública.

public contract contrato público.

public corporation corporación pública, persona jurídica pública, ente municipal.

public credit crédito público.

public debt deuda pública.

public deposits depósitos públicos.

public domain dominio público.

public easement servidumbre pública.

public employee empleado público.

public enterprise empresa pública.

public expenditure gasto público.

public ferry transbordador público.

public finance finanzas públicas.

public financial institution institución financiera pública.

public funds fondos públicos.

public goods bienes públicos.

public health salud pública.

public holiday día feriado oficial.

public housing vivienda pública.

public housing authority bond bono de autoridad de vivienda pública.

public institution institución pública.

public interest interés público.

public interest accounting contabilida de interés público.

public investment inversión pública.

public lands tierras públicas.

public law derecho público.

public liability responsabilidad pública.

public liability insurance seguro de responsabilidad pública.

public limited partnership sociedad en comandita pública.

public loan préstamo público.

publicly held company compañía pública.

publicly held corporation corporación pública.

publicly traded partnership sociedad en comandita con unidades que se pueden transaccionar públicamente.

public market mercado público.

public money dinero público.

public monopoly monopolio público.

public offering ofrecimiento público.

public offering price precio de ofrecimiento público.

public ownership propiedad pública.

public property propiedad pública.

public purpose bond bono con fines públicos.

public record registro público.

public relations relaciones públicas.

public relations department departamento de relaciones públicas.

public relief asistencia pública.

public responsibility responsabilidad pública.

public revenue ingresos públicos.

public sale venta pública.

public sector sector público.

public sector accounting contabilidad de sector público.

public service servicio público.

public service advertising publicidad de servicio público.

public service corporation empresa de servicios públicos.

public spending gastos públicos.

public tax impuesto público.

public trust fideicomiso público.

public trustee fideicomisario público.

public use uso público.

public warehouse almacén público.

public works obras públicas.

puffer postor simulado en una subasta.

puffing exageración por parte de quien vende un producto de sus beneficios, hacer ofertas falsas en subastas con el propósito de elevar las demás ofertas.

punctuality puntualidad.

punitive damages daños punitivos.

purchase compra, adquisición.

purchase agreement contrato de compraventa.

purchase and assumption adquisición y asunción.

purchase capital capital de compra.

purchase commitment compromiso de compra.

purchase contract contrato de compraventa.

purchased funds fondos adquiridos.

purchase discount descuento de compra.

purchase group grupo de compra.

purchase group agreement convenio de grupo de compra.

purchase intention intención de compra.

purchase invoice factura de compra.

purchase method método de compra.

purchase money pago anticipado, precio de compra.

purchase-money mortgage hipoteca para hacer cumplir la obligación de la compra de la propiedad.

purchase of a business compra de una empresa.

purchase order orden de compra.

purchase outright comprar enteramente, comprar al contado.

purchase price precio de compra.

purchase price variance varianza de precio de compra.

purchaser comprador, adquiridor.

purchaser for value comprador con contraprestación.

purchaser in bad faith comprador de mala fe.

purchaser in good faith comprador de buena fe.

purchase tax impuesto sobre compras.

purchasing agency agencia de compras.

purchasing agent agente de compras.

purchasing agreement convenio de compras.

purchasing contract contrato de compras.

purchasing department departamento de compras.

purchasing group grupo de compras.

purchasing office oficina de compras.

purchasing power poder para compras.

purchasing power gain ganancia de poder para compras.

purchasing power loss pérdida de poder para compras.

purchasing power parity paridad de poder para compras.

purchasing power risk riesgo de poder para compras.

purchasing system sistema de compras.

pure annuity anualidad pura.

pure competition competencia pura.

pure interest intereses puros.

pure monopoly monopolio puro.

pure obligation obligación pura.

pure premium prima pura.

pure risk riesgo puro.

purport implicar, significar.

purpose propósito, objeto.

purpose statement declaración de propósito.

purser contador.

push money pagos a vendedores que efectua un fabricante para que impulsen sus productos.

put option opción de venta.

pyramiding método de comprar más acciones al usar como garantía las que ya están en cartera.

pyramid sales scheme sistema generalmente ilegal de ventas en que se le paga al comprador por cada comprador nuevo que atraiga, venta en pirámide.

quadruple indemnity indemnidazación cuádruple.

quadruplicate cuadruplicado.

quadruplicate form formulario en cuadruplicado.

quadruplicate invoice factura en cuadruplicado.

qualification calificación, condición, limitación.

qualification check comprobación de calificaciones.

qualified calificado, competente, limitado.

qualified acceptance aceptación condicional.

qualified charity organización caritativa calificada.

qualified endorsement endoso condicional.

qualified guaranty garantía condicional.

qualified indorsement endoso condicional.

qualified opinion opinión condicional.

qualified organization organización calificada.

qualified owner dueño condicional.

qualified pension plan plan de pensiones calificado.

qualified plan plan calificado.

qualified property derecho condicional a propiedad.

qualified prospect cliente en perspectiva calificado.

qualified residence residencia calificada.

qualified residence interest intereses de residencia calificada.

qualified stock option plan de opción de compra de acciones calificado.

qualified stock option plan plan de opción de compra de acciones calificado.

qualified transfer transferencia calificada.

qualified trust fideicomiso calificado.

qualify calificar, limitar.

qualifying annuity anualidad calificada.

qualifying clauses cláusulas limitantes.

qualifying dividend dividendo calificado.

qualifying period período de calificación.

qualifying person persona calificada.

qualifying ratio razón de calificación.

qualifying shares acciones calificadas.

qualifying stock acciones calificadas.

qualifying stock option opción de compra de acciones calificada.

qualitative analysis análisis cualitativo.

qualitative factors factores cualitativos.

qualitative forecasting pronosticación cualitativa.

qualitative research investigación cualitativa.

quality calidad, cualidad.

quality assessment evaluación de calidad.

quality assurance comprobación de calidad.

quality audit auditoría de calidad.

quality circle círculo de calidad.

quality control control de calidad.

quality control chart gráfico de control de calidad.

quality goods bienes de calidad.

quality management administración de calidad.

quality market mercado de calidad.

quality of earnings calidad de ingresos.

quality of estate plazo y modo según los cuales se tiene derecho sobre un inmueble.

quality products productos de calidad.

quality rating clasificación de calidad.

quality review revisión de calidad.

quantification cuantificación.

quantitative analysis análisis cuantitativo.

quantitative factors factores cuantitativos.

quantitative method método cuantitativo.

quantitative research investigación cuantitativa.

quantitative restrictions restricciones cuantitativas.

quantity discount descuento sobre cantidad.

quantity discount model modelo de descuento sobre cantidad.

quantity restrictions restricciones de cantidad.

quantity variance varianza de cantidad.

quarter trimestre, cuarta parte.

quarterly trimestralmente.

quarterly activity actividad trimestral.

quarterly basis base trimestral.

quarterly charge cargo trimestral.

quarterly cost costo trimestral.

quarterly dividend dividendo trimestral.

quarterly expense gasto trimestral.

quarterly fee cargo trimestral.

quarterly payment pago trimestral.

quarterly premium prima trimestral.

quarterly rate tasa trimestral.

quarterly report informe trimestral.

quarterly returns planillas trimestrales.

quarterly review revisión trimestral.

quarterly statement estado trimestral.

quarter section una cuarta parte de una milla cuadrada.

quarter-stock acciones con valor a la par de veinticinco dólares.

quartile cuartila.

quasi-contract cuasicontrato.

quasi-contractual liability responsabilidad cuasicontractual.

quasi-corporation cuasicorporación.

quasi-deposit depósito implícito, depósito involuntario.

quasi-easement cuasiservidumbre.

quasi-monopoly cuasimonopolio.

quasi-partner socio aparente.

quasi-possession cuasiposesión.

quasi-public cuasipúblico.

quasi-public corporation corporación cuasipública.

quasi-purchase cuasicompra.

quasi-rent cuasirrenta.

quasi-reorganization cuasirreorganización.

questionable cuestionable.

questionable payment pago cuestionable.

questionable quality calidad cuestionable.

quick-asset ratio razón de activo disponible y pasivo corriente.

quick assets activo realizable.

quick ratio razón de activo disponible y pasivo corriente.

quid pro quo algo por algo, quid pro quo.

quiet enjoyment goce tranquilo, goce pacífico.

quiet market mercado inactivo.

quiet period período en que no se permite publicidad.

quiet title action acción para resolver reclamaciones opuestas en propiedad inmueble.

quiet title suit acción para resolver reclamaciones opuestas en propiedad inmueble.

quintuplicate quintuplicado.

quintuplicate form formulario en quintuplicado.

quintuplicate invoice factura en quintuplicado.

quit abandonar, renunciar.

quitclaim n renuncia a un título, renuncia a un derecho, renuncia, finiquito.

quitclaim v renunciar a un título, renunciar a un derecho, renunciar.

quitclaim deed transferencia de propiedad mediante la cual se renuncia a todo derecho sin ofrecer garantías.

quorum quórum.

quota cuota.

quota change cambio de cuota.

quota review revisión de cuota.

quotation cotización, cita.

quote cotización, cita.

quoted price precio cotizado.

R

racket actividad ilícita continua con el propósito de ganar dinero, extorsión.

racketeer quien se dedica a actividades ilícitas continuas con el propósito de ganar dinero, raquetero, extorsionista.

racketeering actividades ilícitas continuas con el propósito de ganar dinero, raqueterismo.

rack rent alquiler exorbitante.

raider persona o persona jurídica que intenta tomar control de una corporación mediante la adquisición de una mayoría de las acciones de esta última.

railway carrier transportador ferroviario.

rain insurance seguro contra contratiempos ocasionados por lluvia.

raise alzar, plantear, aumentar, reunir.

raise a check ampliar un cheque.

raise capital recaudar capital.

raised check cheque al cual se le ha aumentado el valor fraudulentamente.

raise funds recaudar fondos.

raise money recaudar dinero.

raise revenue recaudar contribuciones.

ramification ramificación.

random component componente aleatorio.

random demand demanda aletoria.

random-number generator generador de números aleatorios.

random sample muestra aletoria.

random sampling muestreo aletorio.

random variable variable aletoria.

random variances variaciones aletorias.

range margen, intervalo, clase, rango.

rank and file miembros de unión.

ranking orden, posición, clasificación, categoría.

ranking of creditors orden de prioridad de los acreedores.

rapid amortization amortización rápida.

ratable proporcional, tasable, imponible.

ratable property propiedad imponible, propiedad tasable.

ratably proporcionalmente, a prorrata.

rate tipo, tasa, tarifa, valor.

rate base base de tasa.

rate basis base de tasa.

rate ceiling tope de tasa.

rate cut recorte de tasa.

rate cutting recorte de tasa.

rate decrease disminución de tasa.

rate discrimination discriminación de tasas.

rate earned tasa devengada.

rate increase incremento de tasa.

rate lock fijación de tasa.

rate making cómputo de primas.

rate manual manual de primas.

rate of change tasa de cambio.

rate of depreciation tasa de depreciación.

rate of exchange tipo de cambio.

rate of expansion tasa de expansión.

rate of growth tasa de crecimiento.

rate of increase tasa de aumento.

rate of inflation tasa de inflación.

rate of interest tasa de interés.

rate of return tasa de rendimiento.

rate of return on investment tasa de rendimiento de inversión.

rate of taxation tasa de imposición.

rate regulation regulación de tasas.

rate scale escala de tasas.

rate-sensitive sensible a tasas.

rate sensitivity sensibilidad a tasas.

rate setting fijación de tasas.

rate structure estructura de tasas.

rate tariff tarifa de transporte condicional.

rate war guerra de tasas.

ratification ratificación.

ratify ratificar.

rating clasificación.

rating bureau negociado de clasificación.

rating service servicio de clasificación.

ratio razón, relación, ratio.

ratio analysis análisis de razones.

rationing racionamiento.

rationing of goods racionamiento de productos.

rationing system sistema de racionamiento.

ratio scale escala de razón.

rattening práctica de efectuar actos contra la propiedad o materiales de trabajo de un obrero para obligarlo a unirse a un sindicato.

raw data datos sin procesar.

raw land terreno sin mejoras.

raw materials materias primas.

raw materials inventory inventario de materias primas.

raw materials used materias primas utilizadas.

reacquired readquirido.

reacquired shares acciones readquiridas.

reacquired stock acciones readquiridas.

readjust reajustar.

readjustment reajuste.

readjustment income ingresos de reajuste.

readjustment plan plan de reajuste.

ready money dinero en efectivo.

reaffirmation reafirmación.

real account cuenta del balance.

real assets bienes inmuebles, activo inmobiliario.

real capital capital real.

real cost costo real.

real depreciation depreciación real.

real earnings ingresos reales.

real estate bienes inmuebles, bienes raíces.

real estate agency agencia de bienes raíces.

real estate agent agente de bienes raíces.

real estate broker corredor de bienes raíces.

real estate closing cierre, cierre de transacción de bienes raíces.

real estate commission comisión de bienes raíces.

real estate financing financiamiento de bienes raíces.

real estate investment trust fideicomiso para la inversión en bienes inmuebles.

real estate listing contrato para una transacción de un inmueble con un corredor de bienes raíces.

real estate loan préstamo inmobiliario.

real estate management administración de bienes inmuebles.

real estate market mercado de bienes inmuebles.

real estate mortgage investment conduit conducto de inversión en valores de hipotecas.

real estate partnership sociedad para la compra y venta de bienes inmuebles.

real estate taxes impuestos sobre los bienes inmuebles.

real guaranty garantía real.

real income ingresos reales.

real interest rate tasa de interés real.

realistic realista.

realizable realizable.

realizable gain ganancia realizable.

realizable loss pérdida realizable.

realizable value valor realizable.

realization realización.

realized realizado.

realized gain ganancia realizada.

realized investment inversión realizada.

realized loss pérdida realizada.

realized profit ganancia realizada.

realized return rendimiento realizado.

realized yield rendimiento realizado.

reallocate reasignar.

reallocation reasignación.

real money moneda en metálico.

real national income ingreso nacional real.

real property bienes inmuebles.

real property taxes impuestos sobre los bienes inmuebles.

real property transaction transacción de bienes raíces.

real rate tasa real.

real rate of return tasa de rendimiento real.

real salary salario real.

real security garantía hipotecaria, garantía real.

real servitude servidumbre real.

real terms términos reales.

real value valor real.

real value of money valor real del dinero.

real wages salario real.

reappraisal revaluación.

reappraise volver a tasar.

reasonable razonable, justo.

reasonable and customary charge cargo razonable y acostumbrado.

reasonable and customary fee cargo razonable y acostumbrado.

reasonable charge cargo razonable.

reasonable cost costo razonable.

reasonable expenditure gasto razonable.

reasonable expense gasto razonable.

reasonable fee cargo razonable.

reasonable interest rate tasa de interés razonable.

reasonable investment inversión razonable.

reasonable investor inversionista razonable.

reasonable notice aviso razonable.

reasonable person persona razonable.

reasonable person test prueba de persona razonable.

reasonable premium prima razonable.

reasonable price precio razonable.

reasonable rate tasa razonable.

reasonable time plazo razonable.

reasonable value valor razonable.

reasonably razonablemente.

reassessment reestimación, retasación, reamillaramiento.

reassign volver a asignar.

reassignment cesión de parte de un cesionario, nueva repartición.

reassurance reaseguro, seguridad.

reassure reasegurar, tranquilizar.

rebate rebaja, reembolso, descuento.

rebuild reconstruir.

recall n revocación, retirada, procedimiento por un fabricante para informar sobre defectos en sus productos y para corregirlos.

recall v revocar, retirar, cuando un fabricante lleva a cabo el procedimiento de informar sobre defectos en sus productos y corregirlos.

recallable revocable.

recapitalization recapitalización.

recapitalization surplus superávit de recapitalización.

recapitalize recapitalizar.

recapture recapturar, recobrar, recuperar.

recapture of depreciation recaptura de depreciación.

receipt recibo, recepción.

receipt book libro de recibos.

receipt in full recibo por la cantidad total, recibo por saldo.

receipt of goods recibo de las mercancías.

receivable por cobrar.

receivable account cuenta por cobrar.

receivables cuentas por cobrar.

receivables turnover veces por año que se cobran las cuentas por cobrar.

receive recibir, aceptar.

receive against payment recibir contra pago.

received recibido.

receiver recibidor, administrador judicial, liquidador.

receiver's certificate certificado del administrador judicial, certificado del liquidador.

receivership liquidación judicial, nombramiento del administrador judicial.

receive versus payment recibir contra pago.

receiving bank banco que recibe.

receiving bank identifier código de identificación de banco que recibe.

receiving bank name nombre de banco que recibe.

receiving clerk empleado que recibe.

receiving report informe de lo recibido.

receiving teller cajero que recibe.

recent reciente.

recession recesión.

recipient recibidor, receptor.

reciprocal recíproco.

reciprocal allocation method método de asignación recíproca.

reciprocal arrangement arreglo recíproco.

reciprocal buying compras recíprocas.

reciprocal contract contrato recíproco.

reciprocal covenants estipulaciones recíprocas, garantías recíprocas.

reciprocal demand demanda recíproca.

reciprocal easement servidumbre recíproca.

reciprocal exchange intercambio recíproco.

reciprocal insurance seguro recíproco.

reciprocal insurer asegurador recíproco.

reciprocality reciprocidad.

reciprocal laws leyes recíprocas.

reciprocal legislation legislación recíproca.

reciprocally recíprocamente.

reciprocal promises promesas recíprocas.

reciprocal purchases compras recíprocas.

reciprocal statutes leyes recíprocas.

reciprocal trade agreement acuerdo comercial recíproco.

reciprocal transaction transacción recíproca.

reciprocal trusts fideicomisos recíprocos.

reciprocity reciprocidad.

reciprocity agreement acuerdo de reciprocidad.

reckoning cálculo, cómputo, cuenta.

reclamation reclamación, proceso de aumentar el valor de terreno inservible al hacerle mejoras, recuperación.

reclassification reclasificación.

reclassification of shares reclasificación de acciones.

reclassification of stock reclasificación de acciones.

recognition reconocimiento, ratificación.

recognized gain ganancia realizada.

recognized loss pérdida realizada.

recommendation recomendación.

recompense recompensa.

recomputation recómputo.

reconcile reconciliar, conciliar.

reconciliation reconciliación, conciliación.

reconditioning property recondicionamiento de propiedad.

reconduction reconducción, renovación de un arrendamiento anterior.

reconsider reconsiderar.

reconsideration reconsideración.

reconsign reconsignar.

reconsignment reconsignación.

reconstruct reconstruir.

reconstruction reconstrucción.

reconversion reconversión.

reconveyance retraspaso.

record n récord, registro, inscripción, expediente, archivo.

record v registrar, inscribir, anotar.

recordable registrable, inscribible.

record a deed registrar una escritura.

record a mortgage registrar una hipoteca.

recordation registro, inscripción.

record date fecha de registro.

recorded registrado, inscrito.

recorder registrador.

recording registro.

recording of lien registro de gravamen.

recording of mortgage registro de hipoteca.

record owner titular registrado.

records administration administración de registros.

records administrator administrador de registros.

records management administración de registros.

records manager administrador de registros.

records of a corporation libros corporativos, libros de un ente jurídico.

record title título registrado.

recoup recuperar, reembolsar.

recoupment recuperación, reembolso, deducción.

recourse recurso.

recourse loan préstamo con recursos.

recover recuperar, recobrar.

recoverable recuperable.

recoverer quien ha obtenido una sentencia favorable para obtener un pago.

recovery recuperación, sentencia favorable para obtener un pago.

recovery of basis recuperación de la base.

recovery period período de recuperación.

recruitment bonus bono por reclutamiento.

rectifiable rectificable.

rectification rectificación.

rectification entry asiento de rectificación.

rectify rectificar.

recuperate recuperar.

recuperation recuperación.

recurrent recurrente.

recurrent disability discapacidad recurrente.

recurrent expenditures gastos recurrentes.

recurrent expenses gastos recurrentes.

recurring recurrente.

recurring charge cargo recurrente.

recurring cost costo recurrente.

recurring employment empleo repetido.

recurring expenditure gasto recurrente.

recurring expense gasto recurrente.

recurring fee cargo recurrente.

recurring payment pago recurrente.

recycle reciclar.

recycled reciclado.

recycling reciclaje.

redeem redimir, rescatar.

redeemable redimible, rescatable.

redeemable bond bono redimible.

redeemable preferred shares acciones preferenciales redimibles.

redeemable preferred stock acciones preferenciales redimibles.

redeemable rent renta redimible.

redeemable securities valores redimibles.

redeemable shares acciones redimibles.

redeemable stock acciones redimibles.

redemption redención, rescate, amortización.

redemption charge cargo por redención.

redemption date fecha de redención, fecha de rescate.

redemption fee cargo por redención.

redemption period período de rescate.

redemption premium prima de redención.

redemption price precio de redención.

redemption right derecho de rescate.

redemption value valor de redención.

redevelop redesarrollar.

redevelopment redesarrollo.

red herring folleto informativo preliminar de una emisión de valores.

rediscount redescuento.

rediscount rate tasa de redescuento.

redistribute redistribuir.

redistributed redistribuido.

redistributed cost costo redistribuido.

redistribution redistribución.

redlining práctica ilegal de negar crédito en ciertas áreas sin tener en cuenta el historial de crédito de los solicitantes de dicha área.

red tape trámites burocráticos excesivos, burocratismo, papeleo.

reduce reducir.

reduce costs reducir costos.

reduced reducido.

reduced budget presupuesto reducido.

reduced cost costo reducido.

reduced expenditures gastos reducidos.

reduced expenses gastos reducidos.

reduced overhead gastos generales reducidos.

reduced price precio reducido.

reduced rate tasa reducida.

reduce expenditures reducir gastos.

reduce expenses reducir gastos.

reduce overhead reducir gastos
generales.
reduce prices reducir precios.
reduce rates reducir tasas.
reduce taxes reducir impuestos.
reduction reducción.
reduction certificate certificado de
reducción de deuda.
reduction of capital reducción de
capital.
reduction of dividend reducción de
dividendo.
reduction of prices reducción de
precios.
reduction of rates reducción de tasas.
reduction of taxes reducción de
impuestos.
reemployment reempleo.
reexport reexportar.
reexportation reexportación.
refer referir.
reference referencia.
reference currency moneda de
referencia.
reference interest rate tasa de interés
de referencia.
reference number número de
referencia.
reference rate tasa de referencia.
reference sample muestra de
referencia.
reference year año de referencia.
referral referido, referencia.
referred referido.
refinance refinanciar.
refinanced refinanciado.
refinanced loan préstamo refinanciado.
refinance risk riesgo de refinanciación.
refinancing refinanciamiento.
refund n reembolso, reintegro.
refund v reembolsar, reintegrar.
refundable reembolsable.
refundable credit crédito
reembolsable.
refundable deposit depósito
reembolsable.
refundable fee cargo reembolsable.
refundable interest intereses
reembolsables.
refundable payment pago
reembolsable.

refund annuity anualidad en que se
paga al pensionado lo que él
anteriormente aportó.
refund annuity contract contrato de
anualidad en que se paga al pensionado
lo que él anteriormente aportó.
refund check cheque de reembolso.
refunding reintegro, reembolso,
refinanciación.
refund of premium reembolso de
prima.
refund of taxes reintegro contributivo.
refusal rechazo, denegación.
refusal of credit denegación de crédito.
refusal of goods rechazo de
mercancías.
refusal of payment rechazo de pago.
refuse rechazar, denegar, rehusar.
refuse payment rehusar el pago.
region región.
regional regional.
regional account cuenta regional.
regional bank banco regional.
regional check processing center
centro de procesamiento de cheques
regional.
regional differential diferencial
regional.
regional economy economía regional.
regional manager gerente regional.
regional office oficina regional.
regional operations operaciones
regionales.
regional shopping center centro
comercial regional.
regional stock exchange bolsa de
valores regional.
register n registro, lista, archivo.
register v registrar.
registered registrado, inscrito.
registered as to principal registrado
en cuanto a principal.
registered bond bono registrado.
registered check cheque certificado.
registered company compañía
registrada.
registered investment company
compañía de inversiones regsitrada.
registered mail correo certificado,
correo registrado.
registered representative persona
autorizada a venderle valores al público.

registered secondary offering ofrecimiento secundario registrado.

registered securities valores registrados.

registered tonnage tonelaje registrado.

registered trademark marca registrada.

register of deeds registrador de la propiedad.

register of patents registro de patentes.

register of ships registro de navíos.

registrable registrable.

registrant registrante.

registrar registrador.

registrar of deeds registrador de la propiedad, registrador de títulos de propiedad.

registration registro, inscripción.

registration fee cargo por registro.

registration statement declaración del propósito de una emisión de valores.

registry registro, inscripción.

registry of deeds registro de propiedad, registro de títulos de propiedad.

registry of ships registro de navíos.

regression analysis análisis de regresión.

regression coefficient coeficiente de regresión.

regression line línea de regresión.

regressive supply oferta regresiva.

regressive tax impuesto regresivo.

regressive taxation imposición regresiva.

regular and established place of business lugar regular y establecido de negocios.

regular dividend dividendo regular.

regular meeting asamblea ordinaria.

regular-way delivery entrega en el tiempo acostumbrado.

regulated regulado.

regulated commodities mercancías reguladas.

regulated futures contract contrato de futuros regulado.

regulated industry industria regulada.

regulated investment inversión regulada.

regulated investment company compañía de inversiones regulada.

regulated securities valores regulados.

regulation regulación, reglamento, regla.

regulatory regulador.

regulatory agency agencia reguladora.

rehabilitation rehabilitación.

rehabilitation clause cláusula de rehabilitación.

rehabilitation expenditures gastos de rehabilitación.

rehypothecation rehipotecación, ofrecer como prenda un bien ya ofrecido por otro.

reimbursable reembolsable, indemnizable.

reimburse reembolsar, indemnizar.

reimbursement reembolso, indemnización.

reimbursement arrangement arreglo de reembolso.

reimbursement method método de reembolso.

reimport reimportar.

reimportation reimportación.

reinstatement reinstalación.

reinstatement clause cláusula de reinstalación.

reinstatement of policy reinstalación de una póliza.

reinstatement premium prima por reinstalación.

reinsurance reaseguro.

reinsurance association asociación para reasegurar.

reinsurance broker corredor de reaseguro.

reinsurance capacity capacidad para reasegurar.

reinsurance clause cláusula de reaseguro.

reinsurance credit crédito por reaseguro.

reinsurance premium prima de reaseguro.

reinsurance reserve reserva para reaseguro.

reinsure reasegurar.

reinsured reasegurado.

reinsurer reasegurador.

reintermediation reintermediación.

reinvested reinvertido.

reinvestment reinversión.

reinvestment period período de reinversión.

reinvestment privilege privilegio de reinversión.

reinvestment rate tasa de reinversión.

reinvestment risk riesgo de reinversión.

reissuance reemisión, reimpresión.

reissued patent patente modificada.

reject rechazar.

reject a check rechazar un cheque.

reject a claim rechazar una reclamación.

rejected rechazado.

rejected goods bienes rechazados.

rejection rechazo.

rejection of offer rechazo de oferta.

reject items artículos cuyos pagos no se pueden procesar normalmente.

related company compañía relacionada.

related goods mercancías relacionadas.

related party transaction transacción entre partes relacionadas.

relationship banking banca en que se trata de ofrecer todos los servicios posibles a la vez.

relative frequency frecuencia relativa.

relative price precio relativo.

release n liberación, descargo, finiquito, quita.

release v liberar, descargar, volver a arrendar.

release clause cláusula de liberación.

release from liability relevo de responsabilidad.

release of lien liberación de gravamen.

release of mortgage liberación de hipoteca.

relet realquilar.

relevance relevancia, pertinencia.

relevant relevante, pertinente.

relevant costs costos relevantes.

relevant range intervalo relevante.

reliability confiabilidad.

reliable confiable, fidedigno.

reliance confianza, resguardo.

reliction terreno obtenido por el retroceso permanente de aguas.

relinquishment abandono, renuncia.

relocate reubicar.

relocation reubicación, cambio de los límites de una pertenencia minera.

remainder remanente, interés residual en una propiedad, derecho adquirido sobre un inmueble al extinguirse el derecho de otro sobre dicho inmueble.

remainder interest interés residual en una propiedad, derecho adquirido sobre un inmueble al extinguirse el derecho de otro sobre dicho inmueble.

remainderperson propietario de un interés residual en una propiedad, quien adquiere un derecho sobre un inmueble al extinguirse el derecho de otro sobre dicho inmueble.

remaining balance saldo remanente.

remand devolver, reenviar.

remedy remedio, recurso.

reminder letter carta de recordatorio.

remissness negligencia, morosidad.

remit remitir, perdonar, anular.

remittance remesa, envío.

remittance letter carta de remesa, carta de envío.

remitted remitido.

remittee beneficiario de una remesa.

remitter remitente, restitución.

remitter identifier identificador de remitente.

remitting bank banco remitente.

remnant remanente.

remodel remodelar.

remonetization remonetización.

remote electronic banking banca electrónica remota.

remote service unit unidad de servicio remota.

removal remoción, transferencia.

removal bond fianza para exportación de mercancías almacenadas.

remove restrictions remover restricciones.

remove tariffs remover tarifas.

removing cloud from title perfeccionamiento de título.

remunerate remunerar.

remunerated remunerado.

remuneration remuneración, recompensa.

remunerative remunerativo.

render rendir, ceder, pagar.

render an account rendir una cuenta.

render a service prestar un servicio.
rendering of services prestación de servicios.
renegotiable renegociable.
renegotiable interest rate tasa de interés renegociable.
renegotiable price precio renegociable.
renegotiable rate tasa renegociable.
renegotiable-rate loan préstamo de tasa renegociable.
renegotiable-rate mortgage hipoteca de tasa renegociable.
renegotiable terms términos renegociables.
renegotiate renegociar.
renegotiated renegociado.
renegotiated loan préstamo renegociado.
renegotiated terms términos renegociados.
renegotiation renegociación.
renew renovar, reanudar, extender.
renew a bill renovar una letra.
renewable renovable.
renewable contract contrato renovable.
renewable health insurance seguro de salud renovable.
renewable insurance seguro renovable.
renewable lease arrendamiento renovable.
renewable life insurance seguro de vida renovable.
renewable natural resource recurso natural renovable.
renewable policy póliza renovable.
renewable term término renovable.
renewable term insurance seguro de término renovable.
renewable term life insurance seguro de término renovable.
renew a contract renovar un contrato.
renewal renovación.
renewal certificate certificado de renovación.
renewal clause cláusula de renovación.
renew a lease renovar un arrendamiento.
renewal of contract renovación de contrato.
renewal of policy renovación de póliza.

renewal option opción de renovación.
renewal premium prima por renovación.
renewal provision cláusula de renovación.
renew a policy renovar una póliza.
renounce renunciar.
renovate renovar.
renovation renovación.
rent renta, alquiler.
rentable alquilable.
rentable area área alquilable.
rental alquiler.
rental income ingresos por alquiler.
rental rate tasa de alquiler.
rental value valor de alquiler.
rent control congelación de rentas, restricciones sobre lo que se puede cobrar de alquiler.
rent day día de pago de alquiler.
rented alquilado.
renter alquilante, arrendatario.
renter's insurance seguro de arrendatario.
rent expenditure gasto de alquiler.
rent expense gasto de alquiler.
rent-free period período libre de pagos de alquiler.
rent multiplier multiplicador de alquiler.
rents, issues and profits las ganancias provenientes de las propiedades.
rent strike instancia en la cual los arrendatarios se organizan y no pagan el alquiler hasta que el arrendador cumpla con sus exigencias.
renunciation renunciación, renuncia.
renunciation of property abandono de propiedad.
reorder reordenar, volver a pedir.
reorder point punto de reordenar, punto de hacer un nuevo pedido.
reorganization reorganización.
reorganization bond bono de reorganización.
reorganization committee comité de reorganización.
reorganize reorganizar.
repair reparar.
repairs reparaciones.
reparable reparable.

repatriation repatriación.

repay reembolsar, reciprocar.

repayable reembolsable.

repayment reembolso, pago.

repetitive manufacturing manufactura repetitiva.

replace reemplazar.

replaceable reemplazable.

replacement reemplazo.

replacement cost costo de reposición, costo de reemplazo.

replacement cost accounting contabilidad de costo de reposición.

replacement cost insurance seguro con costo de reemplazo.

replacement method of depreciation método de depreciación de reemplazo.

replacement period período de reposición.

replacement ratio razón de reemplazo.

replacement time tiempo de reposición.

replacement value valor de reemplazo.

replevin reivindicación.

repo recompra, readquisición, redención.

report n informe, relación, información.

report v informar, relatar, anunciar.

reportable event acontecimiento reportable.

report form formulario de informe.

reporting days días de informes.

report of condition informe de condición.

repossession reposesión, recuperación.

represent representar.

representation representación.

representation letter carta de representación.

representative representante.

representative rate tasa representativa.

representative sample muestra representativa.

repressive tax impuesto represivo.

repricing opportunities oportunidades para cambiar términos, oportunidades para cambiar tasas.

reprieve suspensión temporal.

reproduction cost costo de reproducción.

reproduction value valor de reproducción.

repudiate repudiar, rechazar.

repudiation repudio, rechazo, incumplimiento de una obligación contractual.

repugnant clause estipulación incompatible con otras dentro de un contrato.

repugnant condition condición incompatible con otras dentro de un contrato.

repurchase recompra, readquisición, redención.

repurchase agreement contrato de retroventa, pacto de recompra.

repurchasing agreement contrato de retroventa, pacto de recompra.

reputable respetable.

reputed owner dueño aparente.

request solicitud, petición.

required requerido.

required amount cantidad requerida.

required balance balance requerido.

required deposit depósito requerido.

required insurance seguro requerido.

required rate tasa requerida.

required rate of return tasa de rendimiento requerida.

required reserve reserva requerida.

required return rendimiento requerido.

required yield rendimiento requerido.

requirement contract contrato de suministro.

requisition pedido, solicitud.

reregistration reinscripción.

resale reventa.

resale price precio de reventa.

resale price maintenance control de los precios de reventa.

rescind rescindir.

rescission rescisión.

rescission of contract rescisión de contrato.

rescissory rescisorio.

research and development investigación y desarrollo.

research and development costs costos de investigación y desarrollo.

research-intensive de investigación intensiva, de mucha investigación.

reservable deposits depósitos reservables.

reservation reservación, reserva.

reservation of rights reserva de derechos.

reserve n reserva, restricción.

reserve v reservar, retener.

reserve account cuenta de reserva.

reserve account computation cómputo de cuenta de reserva.

reserve adjustment ajuste de reserva.

reserve adjustment magnitude magnitud de ajuste de reserva.

reserve assets activo de reserva.

reserve bank banco de reserva.

reserve center centro de reserva.

reserve clause cláusula de reserva.

reserve currency moneda de reserva.

reserved reservado.

reserve deficiency deficiencia de reserva.

reserve deposit depósito de reserva.

reserve for contingencies reserva para contingencias.

reserve for depreciation reserva para depreciación.

reserve fund fondo de reserva.

reserve increase aumento de reserva.

reserve method método de reserva.

reserve price precio mínimo.

reserve ratio razón de encaje, coeficiente de encaje.

reserve requirement requisito de reservas.

reserve rights reservar derechos.

reserve-stock control control de existencias mediante reserva.

reside residir.

residence residencia.

residence of corporation domicilio de una corporación, domicilio de una persona jurídica.

resident residente.

resident buyer comprador residente.

residential residencial.

residential broker corredor residencial.

residential construction insurance seguro de construcción residencial.

residential district distrito residencial.

residential mortgage hipoteca residencial.

residential property propiedad residencial.

residential rental property propiedad para alquiler residencial.

resident manager administrador residente.

residual residual.

residual amortization amortización residual.

residual amount cantidad residual.

residual disability discapacidad residual.

residual income ingreso residual.

residual interest interés residual.

residual market mercado residual.

residual restrictions restricciones residuales.

residual securities valores residuales.

residual value valor residual.

residuary residual, remanente.

resolution resolución, decisión.

resolution of company resolución corporativa.

resolve resolver, decidir, acordar.

resource budget presupuesto de recursos.

resource budgeting presupuestación de recursos.

resources recursos.

respite suspensión, aplazamiento.

response time tiempo de respuesta.

responsibility responsabilidad.

responsibility accounting contabilidad de responsabilidad.

responsibility center centro de responsabilidad.

responsible responsable.

responsible bidder postor responsable.

restitution restitución, restablecimiento.

restoration restauración, rehabilitación, restitución.

restoration of plan restauración de plan.

restoration premium prima por restauración.

restore restaurar.

restraint restricción, prohibición, limitación.

restraint of trade restricción al comercio, limitación al libre comercio.

restraint on alienation restricción en cuanto a la transferencia.

restrict restringir, limitar.

restricted restringido, limitado.

restricted articles artículos restringidos.

restricted assets activo restringido.

restricted card list lista de tarjetas restringidas.

restricted credit crédito restringido.

restricted data datos restringidos.

restricted distribution distribución restringida.

restricted funds fondos restringidos.

restricted list lista de valores restringidos.

restricted market mercado restringido.

restricted shares acciones con restricciones en cuanto a la transferencia.

restricted stock acciones con restricciones en cuanto a la transferencia.

restricted stock option opción de compra de acciones restringida.

restricted surplus superávit restringido.

restriction restricción, limitación.

restriction of competition restricción de la competencia.

restrictive condition condición restrictiva.

restrictive covenant estipulación restrictiva, pacto restrictivo.

restrictive endorsement endoso restrictivo.

restrictive indorsement endoso restrictivo.

restructure reestructurar.

restructured reestructurado.

restructured loan préstamo reestructurado.

restructuring reestructuración.

restructuring of debt reestructuración de deuda.

resulting resultante.

resulting trust fideicomiso resultante, fideicomiso inferido por ley.

resume reasumir, reanudar.

resume payments reanudar pagos.

retail n venta al por menor.

retail v vender al por menor.

retail banking banca ofrecida al público en general.

retail credit crédito al por menor.

retailer detallista, minorista, quien vende al por menor.

retail inventory inventario al por menor.

retail inventory method método de inventario al por menor.

retail market mercado al por menor.

retail outlet tienda que vende al por menor.

retail price precio al por menor.

retail price index índice de precios al por menor.

retail price maintenance mantenimiento de precios al por menor.

retail sale venta al por menor.

retail sales tax impuesto sobre ventas al por menor.

retail trade comercio al por menor.

retain retener.

retainage cantidad retenida en un contrato de construcción hasta un período acordado.

retained earnings ingresos retenidos, utilidades retenidas.

retained earnings statement declaración de ingresos retenidos.

retained profits ganancias retenidas.

retained tax impuesto retenido.

retainer pago por adelantado para servicios profesionales que se esperan utilizar.

retaliatory duty arancel de represalia.

retaliatory eviction evicción como represalia.

retention retención.

retention rate tasa de retención.

retention requirement requisito de retención.

retire retirar, retirarse.

retired securities valores retirados.

retirement retiro.

retirement age edad de retiro.

retirement annuity anualidad de retiro, pensión de retiro.

retirement benefits beneficios de retiro.

retirement fund fondo de retiro.

retirement income ingresos de retiro.

retirement income payments pagos de ingresos de retiro.

retirement income policy póliza de ingresos de retiro.

retirement method of depreciation método de depreciación al retiro.

retirement of debt retiro de deuda.

retirement plan plan de retiro.

retirement planning planificación de retiro.

retirement system sistema de retiro.

retract retractar.

retractable retractable.

retraction retracción.

retraining reentrenamiento.

retroactive retroactivo.

retroactive adjustment ajuste retroactivo.

retroactive conversion conversión retroactiva.

retroactive extension extensión retroactiva.

retroactive insurance seguro retroactivo.

retroactive liability insurance seguro de responsabilidad retroactivo.

retroactively retroactivamente.

retroactive pay paga retroactiva.

retroactive rate tasa retroactiva.

retroactive rate adjustment ajuste de tasa retroactivo.

retroactive salary salario retroactivo.

retroactive wages salario retroactivo.

retroactivity retroactividad.

retrocession retrocesión.

retrospective rating clasificación retrospectiva.

return retorno, planilla, rendimiento, beneficio.

returned check cheque devuelto.

returned goods mercancías devueltas.

returned letter carta devuelta.

return items artículos devueltos.

return of capital retorno de capital.

return of premium reembolso de la prima.

return on assets rendimiento del activo.

return on equity rendimiento de la inversión en acciones comunes.

return on invested capital rendimiento del capital invertido.

return on investment rendimiento de inversión.

return on sales rendimiento de ventas.

return premium prima devuelta.

revalorization revalorización.

revaluation revaluación, retasación.

revaluation clause cláusula de retasación.

revenue ingreso, renta, entradas.

revenue and expense accounts cuentas de ingresos y gastos.

revenue anticipation note nota en anticipación a ingresos.

revenue bond bono a pagarse por ingresos de lo construido.

revenue center centro de ingresos.

revenue curve curva de ingresos.

revenue recognition reconocimiento de ingresos.

revenue stamp estampilla fiscal, timbre fiscal.

reversal inversión, contratiempo.

reverse annuity mortgage hipoteca de anualidad invertida.

reverse channels canales inversos.

reverse conversion conversión inversa.

reverse cost method método de costo inverso.

reverse discrimination discriminación inversa.

reverse leverage apalancamiento inverso.

reverse money transfer transferencia de dinero inversa.

reverse mortgage hipoteca inversa.

reverse repo contrato de retroventa inverso.

reverse repurchase agreement contrato de retroventa inverso.

reverse split reducción proporcional en la cantidad de acciones de una corporación.

reverse stock split reducción proporcional en la cantidad de acciones de una corporación.

reverse transfer transferencia inversa.

reversing entry contraasiento.

reversion reversión.

reversionary factor factor reversionario.

reversionary interest interés reversionario.

reversionary lease arrendamiento reversionario, arrendamiento a tomar efecto al expirarse uno existente.

reversionary value valor reversionario.

revert revertir.

review revisión, examen.
revival of easement restablecimiento de servidumbre.
revival of offer restablecimiento de la oferta.
revival of policy restablecimiento de la póliza.
revocable revocable, cancelable.
revocable beneficiary beneficiario revocable.
revocable credit crédito revocable.
revocable letter of credit carta de crédito revocable.
revocable transfer transferencia revocable.
revocable trust fideicomiso revocable.
revocation revocación, cancelación.
revocation of agency revocación de agencia.
revocation of offer revocación de oferta.
revocation of power of attorney revocación de poder.
revoke revocar, cancelar.
revolving account cuenta rotatoria.
revolving charge account cuenta de crédito rotatorio.
revolving credit crédito rotatorio, crédito renovable.
revolving credit line línea de crédito rotatorio.
revolving fund fondo rotatorio.
revolving letter of credit carta de crédito rotatoria.
revolving line of credit línea de crédito rotatorio.
revolving loan préstamo rotatorio.
rezone rezonificar.
rezoning rezonificación.
rider cláusula adicional, anexo.
right derecho, título, propiedad, privilegio.
right of first refusal derecho de tener la primera oportunidad de comprar un inmueble al estar disponible, derecho de prelación.
right of foreclosure derecho de ejecución hipotecaria.
right of redemption derecho de rescate.
right of rescission derecho de rescisión.
right of return derecho de devolución.

right of sale derecho de venta.
right of survivorship derecho de supervivencia.
right of way derecho de paso, servidumbre de paso.
right of withdrawal derecho de retiro.
rights offering derechos de suscripción.
right to light servidumbre de luz.
right to work derecho al trabajo.
right-to-work laws leyes sobre los derechos al trabajo.
riot exclusion exclusión por motines.
riparian ribereño.
riparian owner propietario ribereño.
riparian rights derechos ribereños.
rise in demand alza de la demanda.
rise in prices alza de precios.
rise in rent alza de alquiler.
risk riesgo, peligro.
risk-adjusted ajustado por riesgo.
risk-adjusted discount rate tasa de descuento ajustada por riesgo.
risk-adjusted rate tasa ajustada por riesgo.
risk adjustment ajuste por riesgo.
risk administration administración de riesgos.
risk analysis análisis del riesgo.
risk appraisal evaluación de riesgo.
risk arbitrage arbitraje con riesgo.
risk assessment evaluación del riesgo.
risk assumed riesgo asumido.
risk assumption asunción del riesgo.
risk avoidance evitación de riesgos.
risk-based capital capital basado en riesgo.
risk-based deposit insurance seguro sobre depósitos basado en riesgo.
risk capital capital de riesgo.
risk category catergoría de riesgo.
risk classification clasificación de riesgo.
risk control control de riesgos.
risk-control measures medidas de control de riesgos.
risk-control techniques técnicas de control de riesgos.
risk equivalent equivalente de riesgo.
risk factor factor de riesgo.
risk financing financiamiento de riesgos.

risk-financing techniques técnicas de financiamiento de riesgos.

risk-financing transfer transferencia de financiamiento de riesgos.

risk-free sin riesgo.

risk-free rate tasa sin riesgo, tasa de inversiones de mínimo riesgo.

risk-free return rendimiento sin riesgo, rendimiento de inversiones de mínimo riesgo.

risk-free yield rendimiento sin riesgo, rendimiento de inversiones de mínimo riesgo.

risk identification identificación de riesgos.

risk incident to employment riesgos los cuales acompañan un oficio.

risk increase aumento del riesgo.

risk investments inversiones de riesgo.

riskless sin riesgo.

riskless transaction transacción sin riesgo.

risk management administración de riesgos.

risk measurement medición de riesgos.

risk participation participación en riesgos.

risk premium prima por riesgo, prima adicional por tomar un riesgo mayor que lo normal.

risk reduction reducción de riesgos.

risk retention retención de riesgos.

risk-reward ratio razón riesgo-recompensa.

risk selection selección de riesgos.

risks of navigation riesgos de la navegación.

risk transfer transferencia de riesgo.

robbery robo.

robbery insurance seguro contra robos.

roll registro, nómina, lista.

rollover transferencia.

roomer inquilino.

root of title el primer título en un resumen de título.

roster registro, nómina.

rotating shift turno rotatorio.

rounding redondeo.

round lot unidad completa de transacción, transacción bursátil de cien acciones

round trip viaje de ida y vuelta.

route ruta, itinerario.

routing number número de enrutamiento.

routing symbol símbolo de enrutamiento.

royalty regalía.

rubber check cheque devuelto por insuficiencia de fondos, cheque sin fondos.

run n retiro colectivo de los fondos de un banco a causa del pánico, serie, clase.

run v administrar, tener vigencia.

runner mensajero.

running account cuenta corriente.

running costs costos de mantener un negocio en marcha, costos de explotación.

running days días corridos.

running policy póliza corriente.

rural rural.

rural servitude servidumbre rural.

S

sabotage sabotaje.

safe adj seguro.

safe n caja fuerte.

safe deposit box caja de seguridad.

safe deposit company compañía que alquila cajas de seguridad.

safe driver plan plan de conductores seguros.

safe harbor estipulación en las leyes para amparar a quien ha tratado de cumplir en buena fe.

safe harbor rule estipulación en las leyes tributarias para amparar a quien ha tratado de cumplir con la ley.

safekeeping depósito, custodia.

safekeeping certificate certificado de depósito, certificado de custodia.

safe place to work lugar seguro para trabajar.

safe rate tasa de inversión segura.

safety audit auditoría de seguridad.

safety commission comisión de seguridad.

safety deposit box caja de seguridad.

safety factor factor de seguridad.
safety margin margen de seguridad.
safety of assets seguridad del activo.
safety of principal seguridad del principal.
safety statutes leyes concernientes a la seguridad en el trabajo.
safety stock inventario de seguridad.
salable vendible.
salable value valor justo en el mercado.
salary salario, paga.
salary administration administración de salario.
salary compression compresión de salario.
salary continuation plan plan de continuación de salario.
salary decrease disminución de salario.
salary increase aumento de salario.
salary level nivel de salario.
salary reduction reducción de salario.
salary reduction plan plan de reducción de salario.
salary review revisión de salario.
salary scale escala de salarios.
salary tax impuesto sobre salarios.
sale venta, compraventa.
sale and leaseback venta de propiedad seguida del arrendamiento de dicha propiedad a quien la vendió.
sale and purchase compraventa.
sale and return venta con derecho a devolución.
sale at retail venta al por menor.
sale by auction venta mediante subasta.
sale by sample venta mediante muestras.
sale by the court venta judicial.
sale in gross venta en conjunto.
sale-note nota de venta.
sale on approval venta sujeta a la aprobación.
sale on condition venta condicional.
sale on credit venta a crédito.
sale or return venta con derecho de devolución.
sale price precio de ventas.
sales account cuenta de ventas.
sales administration administración de ventas.

sales administrator administrador de ventas.
sales agent agente de ventas.
sales agreement contrato de compraventa.
sales allowance rebaja en ventas.
sales analysis análisis de ventas.
sales analyst analista de ventas.
sales area área de ventas.
sales book libro de ventas.
sales budget presupuesto de ventas.
sales budgeting presupuestación de ventas.
sales charge cargo por ventas de valores, cargos por ventas.
sales contract contrato de compraventa.
sales curve curva de ventas.
sales department departamento de ventas.
sales discount descuento de ventas.
sales division división de ventas.
sales figures cifras de ventas.
sales forecast pronóstico de ventas.
sales forecasting pronosticación de ventas.
sales incentive incentivo de ventas.
sales invoice factura de venta.
sales journal libro de ventas.
sales ledger libro mayor de ventas.
sales letter carta de ventas.
sales line línea de ventas.
sales literature información escrita de ventas.
sales load cargo por ventas de valores.
sales management administración de ventas.
sales manager gerente de ventas.
sales manual manual de ventas.
sales mix mezcla de ventas.
sales mix variance varianza de mezcla de ventas.
sales office oficina de ventas.
sales organization organización de ventas.
salesperson vendedor.
sales policy política de ventas.
sales price precio de venta.
sales promotion promoción de ventas.
sales quota cuota de ventas.
sales representative representante de ventas.

sales return devolución de venta.

sales revenue ingresos de ventas.

sales tax impuesto sobre las ventas.

sales volume volumen de ventas.

sales volume variance varianza de volumen de ventas.

sale with all faults venta en que no se ofrecen garantías.

sale with right of redemption venta con derecho de redención.

salvage loss diferencia entre el valor de los bienes recuperados menos el valor original de dichos bienes.

salvage value valor residual.

same-day funds fondos diponibles el mismo día.

same-day substitution sustitución el mismo día.

same invention la misma invención.

sample muestra, modelo.

sampling muestra, muestreo.

sampling distribution distribución de muestreo.

sampling error error de muestreo.

sandwich lease arrendamiento del arrendatario que subarrienda a otro.

satellite communication comunicación por satélite.

satisfaction satisfacción, cumplimiento, liquidación.

satisfaction of lien documento mediante el cual se libera un gravamen.

satisfaction of mortgage documento que certifica que se ha liquidado una hipoteca.

satisfaction piece documento que certifica que se ha liquidado una hipoteca.

satisfactory satisfactorio.

satisfactory endorser endosante satisfactorio.

satisfactory indorser endosante satisfactorio.

satisfactory title título satisfactorio.

satisfy satisfacer, cumplir, liquidar.

saturation saturación.

saturation campaign campaña de saturación.

saturation of market saturación de mercado.

saturation point punto de saturación.

save ahorrar.

save harmless clause cláusula de indemnidad.

saving reserva, economía.

saving clause cláusula restrictiva, cláusula que indica que si se invalida una parte de una ley o de un contrato que no se invalidarán las demás.

savings ahorros.

savings account cuenta de ahorros.

savings account loan préstamo colaterizado con cuenta de ahorros.

savings and loan association asociación de ahorro y préstamos, sociedad de ahorro y préstamos.

savings and loan bank banco de ahorro y préstamo.

savings bank banco de ahorros.

savings bond bono de ahorros.

savings certificate certificado de ahorros.

savings deposits depósitos de ahorros.

savings element elemento de ahorros.

savings funds fondos de ahorros.

savings rate tasa de ahorros.

scab esquirol, rompehuelgas.

scale escala, tarifa.

scale of charges escala de cargos.

scale of costs escala de costos.

scale of fees escala de cargos.

scale of salaries escala de salarios.

scale of wages escala de salarios.

scale order orden por etapas.

scale relationship relación de escala.

scale tolerance las pequeñas diferencias en la medición del peso entre básculas diferentes.

scalper especulador en cantidades pequeñas, quien revende taquillas a espectáculos en exceso del valor nominal.

scarce escaso, insuficiente.

scarce currency moneda escasa.

scarcity escasez, insuficiciencia.

scarcity value valor por escasez.

scenario analysis análisis del panorama.

schedule programa, horario, anejo, lista.

scheduled coverage cobertura de acuerdo a una lista de bienes con sus valores respectivos.

scheduled maintenance mantenimiento programado.

scheduled policy póliza para cobertura de acuerdo a una lista de bienes con sus valores respectivos.

scheduled production producción programada.

scheduled property lista de bienes asegurados con sus valores respectivos.

schedule of charges lista de cargos.

schedule of costs lista de costos.

schedule of fees lista de cargos.

schedule of production programa de producción.

schedule of rates lista de tasas.

schedule production producción programada.

schedule rating método de calcular primas de seguros dependiendo de las características especiales del riesgo.

scheme to defraud treta para defraudar.

scientific amortization amortización científica.

scientific management administración científica.

scope alcance, intención.

scope of a patent alcance de una patente.

scope of employment actividades que lleva a cabo un empleado al cumplir con sus deberes del trabajo.

S Corporation corporación pequeña la cual ha elegido que se le impongan contribuciones como personas naturales.

scrip vale, certificado, certificado provisional.

scrip dividend dividendo para el cual se entrega un vale.

sea carrier cargador marítimo.

sea damage daño en alta mar.

sea insurance seguro marítimo.

seal n sello, timbre.

seal v sellar, concluir.

sealed sellado.

sealed and delivered sellado y entregado.

sealed bid oferta en sobre sellado, propuesta sellada.

seal of approval sello de aprobación.

seal of corporation sello corporativo.

seaport puerto marítimo.

search of title estudio de título.

sea risks riesgos de alta mar.

seasonal estacional, de temporada.

seasonal adjusting ajuste estacional.

seasonal adjustment ajuste estacional.

seasonal business negocio estacional.

seasonal credit crédito estacional.

seasonal demand demanda estacional.

seasonal discount descuento estacional.

seasonal employment empleo por temporada.

seasonal fluctuations fluctuaciones estacionales.

seasonal index índice estacional.

seasonal industry industria estacional.

seasonally estacionalmente.

seasonally adjusted ajustado estacionalmente.

seasonally adjusted figures cifras ajustadas estacionalmente.

seasonal risk riesgo estacional.

seasonal supply oferta estacional.

seasonal unemployment desempleo por temporada.

seasonal variability variabilidad estacional.

seasonal variation variación estacional.

seasonal work trabajo estacional.

seasoned loan préstamo con buen historial de pagos.

seasoned mortgage hipoteca con buen historial de pagos.

sea trade comercio marítimo.

second segundo, subordinado.

secondary secundario, subordinado.

secondary beneficiary beneficiario secundario.

secondary boycott boicot secundario.

secondary contract contrato que modifica o reemplaza uno anterior.

secondary conveyances cesiones derivadas.

secondary creditor acreedor secundario.

secondary distribution distribución secundaria.

secondary easement servidumbre accesoria.

secondary employment empleo secundario.

secondary financing financiamiento secundario.

secondary liability responsabilidad secundaria.

secondary market mercado secundario.

secondary mortgage market mercado hipotecario secundario.

secondary offering ofrecimiento secundario.

secondary plan plan secundario.

secondary reserves reservas secundarias.

secondary stocks acciones secundarias.

secondary strike huelga secundaria.

second home segunda residencia.

second lien segundo gravamen, segundo privilegio.

second mortgage segunda hipoteca.

second-rate de calidad inferior.

second round segunda ronda.

secretary of corporation secretario de una corporación, secretario de una persona jurídica.

secret partner socio secreto.

secret partnership sociedad secreta.

secret profit ganancia oculta.

secret reserve reserva oculta.

secret trust fideicomiso secreto.

section sección, párrafo, artículo.

section of land una milla cuadrada de terreno.

sector sector.

sector fund fondo mutuo de sector.

sector mutual fund fondo mutuo de sector.

sector of the economy sector de la economía.

secular secular.

secure adj seguro.

secure v asegurar, garantizar.

secured garantizado.

secured account cuenta garantizada.

secured bond bono garantizado.

secured credit crédito garantizado.

secured credit card tarjeta de crédito colaterizado con cuenta de ahorros.

secured creditor acreedor garantizado.

secured debt deuda garantizada.

secured loan préstamo garantizado.

secured note pagaré garantizado.

secured transaction transacción garantizada.

securely seguramente.

secureness seguridad, certeza.

securities valores.

securities account cuenta de valores.

securities affiliate afiliado de valores.

securities analyst analista de inversiones.

securities broker corredor de valores.

securities exchange bolsa de valores.

securities laws leyes de valores.

securities loan préstamo de valores, préstamo colaterizado con valores.

securities market mercado de valores.

securities offering oferta de valores.

securities rating clasificación de valores.

securitization conversión a valores.

security garantía, seguridad, fianza.

security agreement acuerdo de garantía.

security deposit depósito de garantía.

security interest derecho de vender un inmueble para satisfacer una deuda.

security rating clasificación de seguridad.

security valuation valuación de valores.

segment segmento.

segmentation segmentación.

segmentation strategy estrategia de segmentación, estrategia de segmento.

segment margin margen de segmento.

segment reporting informes de segmento.

segregated segregado.

segregated account cuenta segregada.

segregation segregación.

segregation of duties segregación de deberes.

segregation of securities segregación de valores.

seisin posesión.

selection selección.

selection of risk selección de riesgo.

selection ratio razón de selección.

selective selectivo.

selective advertising publicidad selectiva.

selective demand demanda selectiva.

selective distribution distribución selectiva.

selective marketing mercadeo selectivo.

select mortality table tabla de mortalidad selecta.

self-adjusting autoajustable.

self-administered autoadministrado.

self-administered plan plan autoadministrado.

self-amortizing autoamortizante.

self-amortizing mortgage hipoteca autoamortizante.

self-dealing transacciones en que una persona actúa como fiduciario para su propio beneficio.

self-employed quien tiene negocio propio, empleado autónomo.

self-employment negocio propio.

self-employment income ingresos provenientes de un negocio propio.

self-employment retirement plan plan de retiro de negocio propio.

self-employment tax impuesto a los que tienen negocio propio.

self-executing de efecto inmediato.

self-financing autofinanciamiento, autofinanciación.

self-insurance autoseguro.

self-insurer autoasegurador.

self-liquidating autoliquidante.

self-liquidating loan préstamo autoliquidante.

self-regulatory autoregulador.

self-regulatory organization organización autoreguladora.

self-selection autoselección.

self-service autoservicio.

sell vender, convencer.

sell at auction vender mediante subasta.

seller vendedor.

seller financing financiamiento por vendedor.

seller's lien gravamen del vendedor.

seller's market mercado del vendedor, mercado que favorece a los que venden.

seller's option opción del vendedor.

selling against the box venta al descubierto de valores en cartera.

selling agency agencia de ventas.

selling agent agente de ventas.

selling broker corredor de ventas.

selling campaign campaña de ventas.

selling climax clímax de ventas.

selling commission comisión de ventas.

selling concession descuento de ventas.

selling costs costos de ventas.

selling expenditures gastos de ventas.

selling expenses gastos de ventas.

selling flat vendiéndose sin intereses.

selling group grupo de ventas.

selling group agreement convenio del grupo de ventas.

selling license licencia de venta.

selling price precio de venta.

selling price clause cláusula de precio de venta.

selling rights derechos de venta.

selling short venta de valores que no se poseen corrientemente en cartera.

selling short against the box venta al descubierto de valores en cartera.

selling syndicate sindicato de ventas.

sell out venta de valores de un cliente por un corredor para compensar por falta de pago.

sell short vender valores que no se poseen corrientemente en cartera.

semiannual semianual, semestral.

semiannual adjustment ajuste semianual.

semiannual audit auditoría semianual.

semiannual basis base semianual.

semiannual bonus bono semianual.

semiannual budget presupuesto semianual.

semiannual charge cargo semianual.

semiannual earnings ingresos semianuales.

semiannual income ingreso semianual.

semiannual interest intereses semianuales.

semiannual premium prima semianual.

semiannual production producción semianual.

semiannual rate tasa semianual.

semiannual return rendimiento semianual.

semiannual yield rendimiento semianual.

semidurable semiduradero.

semifixed semifijo.

semifixed cost costo semifijo.

semimonthly quincenal.
semivariable semivariable.
semivariable cost costo semivariable.
semivariable premium prima semivariable.
semivariable rate tasa semivariable.
send mandar, enviar, transmitir.
sender remitente.
sending bank banco que envía.
sending bank identifier código de identificación de banco que envía.
sending bank name nombre de banco que envía.
senior superior, mayor.
senior citizen persona de edad avanzada.
senior debt deuda de rango superior.
seniority antigüedad, prioridad.
seniority system sistema basado en antigüedad.
senior lien gravamen de rango superior, privilegio de rango superior.
senior mortgage hipoteca de rango superior.
senior partner socio principal.
senior securities valores de rango superior.
sensitive market mercado sensible.
sensitivity analysis análisis de sensibilidad.
sentimental value valor sentimental.
sentiment indicators indicadores del sentir.
separability clause cláusula que indica que si se invalida una cláusula en un contrato no se invalidarán las demás.
separable separable, divisible.
separable contract contrato divisible.
separate adj separado, distinto.
separate v separar, dividir.
separate account cuenta separada.
separate accounting contabilidad separada.
separate agreement convenio separado.
separate billing facturación separada.
separate bookkeeping contabilidad separada.
separate contract contrato separado.
separate covenant estipulación que obliga a cada parte individualmente.
separate customer cliente separado.

separate estate bienes privativos.
separate line of business línea de negocios separada.
separate property bienes privativos.
separate return planilla separada, declaración de impuestos separada.
separation separación, clasificación.
separation of service separación de servicios.
separation rate tasa de separación.
sequester secuestrar, confiscar, embargar.
sequestered account cuenta congelada.
sequestration secuestro, confiscación, embargo.
serial serial, de serie, consecutivo.
serial bonds bonos en serie.
serial correlation correlación serial.
serial number número de serie.
series bonds bonos en serie.
series of option serie de opciones.
service servicio.
service adjustment ajuste de servicio.
service bureau empresa de servicios.
service business negocio de servicios.
service center centro de servicio.
service charge cargo por servicios.
service company compañía de servicio.
service corporation corporación de servicio.
service cost costo de servicio.
service department departamento de servicio.
service department costs costos del departamento de servicio.
service establishment establecimiento donde se prestan servicios.
service fee cargo por servicios.
service level nivel de servicio.
service life vida útil.
service mark marca de servicios.
service of a loan servicio de un préstamo.
service plan plan de servicios.
service sector sector de servicios.
services rendered servicios prestados.
servicing servicio, mantenimiento.
servicing agreement contrato de servicio.
servient tenement propiedad sirviente.

servitude servidumbre.

set adj establecido, fijo.

set n conjunto, serie.

set v establecer, poner.

set-amount annuity anualidad de cantidad fija.

set annuity anualidad fija.

set assets activo fijo.

setback distancia mínima de un linde dentro de la cual se puede edificar, contratiempo.

set benefits beneficios fijos.

set budget presupuesto fijo.

set budgeting presupuestación fija.

set capital capital fijo.

set charges cargos fijos.

set cost contract contrato de costo fijo.

set costs costos fijos.

set credit line línea de crédito fija.

set debt deuda fija.

set deposit depósito a plazo fijo.

set depreciation amortización fija.

set-dollar annuity anualidad de cantidad fija.

set exchange rate tipo de cambio fijo.

set expenditures gastos fijos.

set expenses gastos fijos.

set factors factores fijos.

set fee cargo fijo.

set income ingreso fijo.

set-income investment inversión de ingreso fijo.

set-income market mercado de inversiones de ingreso fijo.

set-income securities valores de ingreso fijo.

set interest interés fijo.

set interest rate tasa de interés fija.

set liabilities pasivo fijo.

set obligation obligación fija.

set of accounts conjunto de cuentas.

set parity paridad fija.

set-payment mortgage hipoteca de pagos fijos.

set payments pagos fijos.

set period período fijo.

set premium prima fija.

set price precio fijo.

set-price contract contrato a precio fijo.

set rate tasa fija.

set-rate financing financiamiento a tasa de interés fija.

set-rate loan préstamo de tasa de interés fija.

set-rate mortgage hipoteca de tasa de interés fija.

set rent renta fija.

set salary salario fijo.

set sampling muestreo fijo.

set selling price precio de venta fijo.

set tax impuesto fijo.

set term plazo fijo.

settle transar, convenir, liquidar.

settle accounts ajustar cuentas.

settled account cuenta liquidada.

settlement transacción, convenio, liquidación, cierre.

settlement account cuenta de liquidación.

settlement cost gastos de cierre.

settlement currency moneda de liquidación.

settlement date fecha de pago, fecha de entrega, fecha del cierre.

settlement department departamento de liquidaciones.

settlement of accounts liquidación de cuentas.

settlement options opciones de liquidación.

settlement statement declaración del cierre, estado del cierre.

settler residente en un terreno.

settle up liquidar.

set trust fideicomiso fijo.

sever separar, dividir.

severability divisibilidad.

severability clause cláusula que indica que si se invalida una parte en una ley o contrato no se invalidarán las demás.

severable separable, divisible.

severable contract contrato divisible.

several separado, independiente, varios.

several covenants estipulaciones que obligan a cada parte individualmente.

several liability responsabilidad independiente.

severally separadamente, independientemente.

severally liable responsable independientemente.

several obligation obligación independiente.

several ownership propiedad independiente.

severalty propiedad individual.

severance separación, división.

severance benefit beneficio por despido.

severance indemnity indemnización por despido.

severance pay indemnización por despido, cesantía.

severance tax impuesto sobre la explotación de recursos naturales.

sex discrimination discriminación sexual.

sexual harassment hostigamiento sexual, acoso sexual.

shadow price precio sombra.

sham adj falso.

sham n imitación, falsificación, engaño.

sham transaction transacción falsa.

share n acción, parte.

share v compartir.

share account cuenta que paga lo devengado con acciones.

sharecropper aparcero.

sharecropping aparcería.

shared-appreciation mortgage hipoteca de apreciación compartida.

shared network red compartida.

shareholder accionista, accionario.

shareholder's derivative action acción entablada por un accionista para hacer cumplir una causa corporativa.

shareholder's equity porcentaje del accionista en una corporación.

shareholder's liability responsabilidad del accionista.

shareholders' meeting reunión de accionistas, junta de accionistas.

shareholder's representative action acción entablada de parte propia en representación de otros por un accionista para hacer cumplir una causa corporativa.

share of market porcentaje del mercado de una marca.

share repurchase plan plan de recompra de acciones.

shares account cuenta de acciones.

shares accumulation acumulación de acciones.

shares analysis análisis de acciones.

shares appreciation apreciación de acciones.

shares at a discount acciones con descuento.

shares at a premium acciones con prima.

shares authorized acciones autorizadas.

shares buyback recompra de acciones por la compañía que los emitió, recompra de acciones.

shares capital capital en acciones.

shares certificate certificado de acciones.

shares dividend dividendo en acciones.

shares index índice de acciones.

shares index futures futuros de índices de acciones.

shares issue emisión de acciones.

shares issued acciones emitidas.

shares list lista de acciones.

shares loan préstamo de acciones.

shares option opción de compra de acciones bajo ciertas condiciones.

shares outstanding acciones en circulación.

shares price precio de acciones.

shares purchase compra de acciones.

shares purchase plan plan de compra de acciones.

shares-purchase warrant derecho generalmente vigente por varios años para la compra de acciones a un precio específico.

shares record registro de acciones.

shares-redemption plan plan de redención de acciones.

shares register registro de acciones.

shares rights derecho de suscripción.

shares split cambio proporcional en la cantidad de acciones de una corporación.

shares subscription suscripción de acciones.

shares transfer transferencia de acciones.

shares transfer agent agente de transferencia de acciones.

shares transfer tax impuesto sobre la transferencia de acciones.

shares warrant derecho generalmente vigente por varios años para la compra de acciones a un precio específico.

sharp cláusula que le permite al acreedor entablar una acción rápida y sumaria en caso de incumplimiento.

sheet hoja.

shift turno, jornada, movimiento, desplazamiento.

shift differential paga adicional por jornada irregular.

shifting trust fideicomiso en el cual los beneficiarios pueden variar condicionalmente.

ship n nave, embarcación.

ship v enviar, embarcar.

ship broker corredor naviero, consignatario.

shipment cargamento, embarque, envío.

shipper embarcador, cargador.

shipping envío, embarque.

shipping charges gastos de embarque.

shipping company compañía naviera.

shipping costs costos de embarque.

shipping date fecha de embarque.

shipping documents documentos de embarque.

shipping expenditures gastos de embarque.

shipping expenses gastos de embarque.

shipping instructions instrucciones de embarque.

shipping notice aviso de embarque.

shipping order copia del conocimiento de embarque con detalles adicionales sobre la entrega, conocimiento de embarque.

shop tienda, taller, oficio.

shop-books libros de cuentas.

shoplifting hurto de mercancías en una tienda o negocio.

shopper comprador, pequeño periódico local con fines publicitarios.

shopping center centro comercial.

shopping service servicio de compras.

shop right rule derecho de un patrono de usar una invención de un empleado sin pagarle regalías.

shop steward representante sindical.

short vender valores que no se poseen corrientemente en cartera.

short account cuenta para la venta de valores que no se poseen en cartera.

shortage escasez, déficit.

short bill letra a corto plazo.

short bond bono a corto plazo.

short coupon primer pago de intereses de un bono cuando abarca un período menor que los demás.

short covering compra de cobertura.

shorten acortar, reducir.

short form forma corta, forma simplificada.

short-form report informe resumido.

short interest cantidad de acciones en circulación compradas al descubierto.

short lease arrendamiento a corto plazo.

short position posición descubierta, posición corta.

short sale venta al descubierto, venda de valores que no se poseen corrientemente en cartera.

short-sale rules reglas de ventas al descubierto.

short selling ventas al descubierto.

short term a corto plazo.

short-term assets activo a corto plazo.

short-term bond bono a corto plazo.

short-term capital capital a corto plazo.

short-term capital gain ganancia de capital a corto plazo.

short-term capital loss pérdida de capital a corto plazo.

short-term care cuidado a corto plazo.

short-term contract contrato a corto plazo.

short-term corporate bond bono corporativo a corto plazo.

short-term creditor acreedor a corto plazo.

short-term debt deuda a corto plazo.

short-term debt ratio razón de deuda a corto plazo.

short-term deposit depósito a corto plazo.

short-term disability discapacidad a corto plazo.

short-term disability insurance seguro de discapacidad a corto plazo.

short-term draft letra a corto plazo.

short-term employee empleado a corto plazo.

short-term employment empleo a corto plazo.

short-term financing financiamiento a corto plazo.

short-term forecast pronóstico a corto plazo.

short-term gain ganancia a corto plazo.

short-term gains tax impuesto sobre ganancias a corto plazo.

short-term interest rate tasa de interés a corto plazo.

short-term investment inversión a corto plazo.

short-term investment fund fondo de inversión a corto plazo.

short-term lease arrendamiento a corto plazo.

short-term liability responsabilidad a corto plazo, obligación a corto plazo.

short-term loan préstamo a corto plazo.

short-term loss pérdida a corto plazo.

short-term mortgage hipoteca a corto plazo.

short-term municipal bond bono municipal a corto plazo.

short-term paper efectos a corto plazo.

short-term policy póliza a corto plazo, política a corto plazo.

short-term rate tasa a corto plazo.

short-term securities valores a corto plazo.

short-term trend tendencia a corto plazo.

short ton tonelada de dos mil libras.

short year año de menos de doce meses.

showing exposición, demostración.

shrinkage disminnución, disminución esperada, reducción.

shut down cesar operaciones.

shutdown cese de operaciones.

sick benefits beneficios por enfermedad.

sick leave licencia por enfermedad, ausencia del trabajo por enfermedad.

sickness coverage cobertura por enfermedad.

sickness insurance seguro de enfermedad.

sick pay paga durante enfermedad.

side collateral colateral parcial.

side lines línea de productos secundaria, línea de negocios secundaria, líneas laterales en una pertenencia minera.

sight deposit depósito a la vista.

sight draft letra a la vista.

sight letter of credit carta de crédito a la vista.

sight liabilities obligaciones a la vista.

sign n signo, rótulo.

sign v firmar.

signature firma.

signature by mark firma mediante una marca.

signature by proxy firma por un apoderado.

signature card tarjeta de firmas.

signature check comprobación de firma.

signature loan préstamo sin colateral.

signature on file la firma está en los expedientes.

signature verification verificación de firma.

signer firmante.

significant significativo.

signify significar, manifestar.

signing bonus bono por firmar, bono al firmar.

silent partner socio oculto.

silver certificate certificado de plata.

silver standard patrón plata.

simple simple, sencillo.

simple arbitrage arbitraje simple.

simple average promedio simple, avería simple.

simple capital structure estructura de capital simple.

simple contract contrato simple.

simple interest interés simple.

simple linear regression regresión lineal simple.

simple obligation obligación simple.

simple probability probabilidad simple.

simple rate of return tasa de rendimiento simple.

simple regression regresión simple.

simple return rendimiento simple.

simple trust fideicomiso simple.

simplex method método símplex.

simple yield rendimiento simple.

simplified earnings form formulario de ingresos simplificado.

simplified employee pension plan plan de pensiones de empleados simplificado.

simulated simulado.
simulated contract contrato simulado.
simulated sale venta simulada.
simulation simulación.
simultaneous simultáneo.
simultaneously simultáneamente.
single único, solo, soltero.
single condition condición única.
single creditor acreedor único,
   acreedor de privilegio único.
single entry partida única, partida
   simple.
single-entry accounting contabilidad
   por partida única.
single-entry bookkeeping
   contabilidad por partida única.
single-exchange rate tasa de cambio
   única.
single-family housing vivienda de
   familia única.
single interest insurance seguro que
   sólo protege al prestador.
single obligation obligación sin pena
   por incumplimiento.
single payment pago único.
single-payment loan préstamo de
   pago único.
single premium prima única.
single-premium annuity anualidad
   de prima única.
single-premium deferred annuity
   anualidad diferida de prima única.
single-premium insurance seguro de
   prima única.
single-premium life seguro de vida de
   prima única.
single-premium life insurance
   seguro de vida de prima única.
single price precio único.
single-price policy política de precio
   único.
single tax impuesto único.
single taxpayer persona no casada
   para efectos contributivos.
singular title título singular.
sinking fund fondo de amortización.
sinking fund reserve reserva para el
   fondo de amortización.
sister corporations corporaciones
   filiales, empresas afiliadas, empresas
   hermanas.
sit-down strike huelga de brazos
   caídos.

site sitio, lote.
site assessment evaluación de local.
situational management
   administración por situación.
skilled diestro, hábil, perito.
skill intensive intensivo en habilidad.
skill obsolescence obsolescencia de
   habiliades.
skip-payment privilege privilegio de
   omitir pagos, privilegio de aplazar pagos.
slack período inactivo.
slander of title declaración falsa
   concerniente al título de propiedad de
   otro.
sleeping partner socio oculto.
slide in prices baja en precios.
slide in rates baja en tasas.
slowdown acuerdo entre trabajadores
   para reducir la producción con el
   propósito de obligar al patrono a ceder a
   ciertas exigencias, retraso.
slum sección pobre y superpoblada de
   una ciudad.
slush fund fondo para usos ilícitos.
small business empresa pequeña,
   negocio pequeño.
small loan acts leyes las cuales
   establecen ciertos términos de los
   préstamos envolviendo cantidades
   pequeñas.
small loss principle principio de
   pérdidas pequeñas.
smart card tarjeta con microchip,
   tarjeta electrónica.
smoke clause cláusula de humo.
smuggle contrabandear.
smuggled goods artículos de
   contrabando.
smuggler contrabandista.
smuggling contrabando.
snapshot statement estado interino.
social accounting contabilidad social.
social benefit beneficio social.
social capital capital social.
social cost costo social.
social credit crédito social.
social economics economía social.
social impact statement declaración
   del impacto social.
social insurance seguro social.
social-insurance benefits beneficios
   del seguro social.

social policy política social.

social responsibility responsabilidad social.

social security seguridad social, seguro social.

social security benefits beneficios del seguro social.

social security system sistema del seguro social.

social welfare bienestar social, asistencia social.

soft currency moneda débil.

soft goods géneros textiles.

soft loan préstamo con términos muy favorables para países en desarrollo económico.

soft market mercado débil.

soft sell técnicas de ventas que no dependen de la insistencia.

software programas, software.

sold vendido.

sole único, individual, exclusivo.

sole actor doctrine doctrina que indica que un mandante debe estar enterado de las ejecutorias del agente.

sole and unconditional owner dueño único y absoluto.

sole corporation corporación con sólo un miembro.

solely solamente, exclusivamente.

solemn solemne, formal.

sole owner dueño único.

sole ownership propiedad exclusiva.

sole proprietor dueño único.

sole proprietorship negocio propio.

sole tenant dueño exclusivo.

solicit solicitar, peticionar.

solicitation solicitación, petición.

solicited solicitado.

solvency solvencia.

solvent solvente.

solvent debt deuda cobrable.

sound title título de propiedad transferible sin gravámenes u otras restricciones.

sound value valor ajustado.

source fuente.

source document documento fuente.

sources of capital fuentes de capital.

sources of funds fuentes de fondos.

sources of income fuentes de ingresos.

sources of profits fuentes de ganancias.

sovereign risk riesgo por país.

space buyer comprador de espacio.

speaker portavoz.

special especial, específico.

special acceptance aceptación especial.

special account cuenta especial.

special agency agencia especial.

special agent agente especial.

special arbitrage account cuenta de arbitraje especial.

special assessment contribución especial.

special assessment bond bono a pagarse por contribuciones especiales.

special assessment fund fondo de contribuciones especiales.

special assumpsit acción por incumplimiento de un contrato expreso, acción por incumplimiento de una promesa expresa.

special audit auditoría especial.

special bond account cuenta de bonos especial.

special charge cargo especial.

special contract contrato especial, contrato sellado, contrato expreso.

special cost costo especial.

special coverage cobertura especial.

special credit crédito especial.

special damages daños especiales.

special delivery entrega especial.

special deposit depósito especial.

special discount descuento especial.

special endorsement endoso específico.

special expenditure gasto especial.

special expense gasto especial.

special extended coverage cobertura extendida especial.

special facts rule regla que indica que un director de una corporación tiene que divulgar ciertos hechos.

special fee cargo especial.

special form formulario especial.

special guaranty garantía específica.

special indorsement endoso específico.

special insurance seguro especial.

special insurance policy póliza de seguro especial.

special interest account cuenta de intereses especial.
specialist especialista.
specialist's book libro del especialista.
specialized especializado.
specialized agency agencia especializada.
specialized capital capital especializado.
specialized fund fondo mutuo especializado.
specialized industry industria especializada.
specialized mutual fund fondo mutuo especializado.
special journal libro especial.
special license licencia especial.
special lien gravamen especial, privilegio especial.
special meeting asamblea extraordinaria.
special mention mención especial.
special miscellaneous account cuenta miscelánea especial.
special mortality table tabla de mortalidad especial.
special multiperil insurance seguro de riesgos múltiples especial.
special offer oferta especial.
special offering ofrecimiento especial.
special order orden especial.
special owner dueño especial.
special partner socio comanditario.
special partnership sociedad en comandita.
special permit permiso especial.
special policy póliza especial.
special price precio especial.
special property derecho de propiedad condicional.
special purchase compra especial.
special purpose propósito especial.
special purpose financial statement estado financiero de propósitos especiales.
special rate tarifa especial, tasa especial.
special redemption redención especial.
special report informe especial.
special risk riesgo especial.
special risk insurance seguro de riesgo especial.
special situation situación especial.

special tax impuesto especial.
special tax bond bono a pagarse por impuestos especiales.
special trust fideicomiso especial.
specialty contrato sellado, edificio destinado a usos específicos, especialidad.
specialty retailer detallista especializado.
specialty shop tienda especializada.
specialty store tienda especializada.
special use uso especial.
special-use permit permiso de uso especial.
special warranty garantía especial.
specie moneda sonante.
specific específico, explícito.
specific amount cantidad específica.
specification especificación, descripción.
specific coverage cobertura específica.
specific deposit depósito específico.
specific duty arancel específico.
specific identification identificación específica.
specific insurance seguro específico.
specific interest rate tasa de interés específica.
specific lien gravamen específico.
specific limit límite específico.
specific performance cumplimiento específico.
specific price precio específico.
specific price index índice de precio específico.
specific rate tasa específica.
specific subsidy subsidio específico.
specific tariff arancel específico.
specific tax tasa fija, impuesto específico.
specified especificado.
specified benefits beneficios especificados.
specified capital capital especificado.
specified charges cargos especificados.
specified costs costos especificados.
specified credit line línea de crédito especificada.
specified deposit depósito especificado.
specified exchange rate tipo de cambio especificado.

specified expenditures gastos especificados.

specified expenses gastos especificados.

specified fees cargos especificados.

specified interest rate tasa de interés especificada.

specified payment pago especificado.

specified peril insurance seguro de peligro especificado.

specified period período especificado.

specified price precio especificado.

specified rate tasa especificada.

specified return rendimiento especificado.

specified salary salario especificado.

specified yield rendimiento especificado.

specify especificar.

specimen signature firma de muestra.

speculate especular.

speculation especulación.

speculative especulativo.

speculative buying compras especulativas.

speculative market mercado especulativo.

speculative operations operaciones especulativas.

speculative risk riesgo especulativo.

speculative securities valores especulativos.

speculative selling ventas especulativas.

speculative transaction transacción especulativa.

speculator especulador.

speed-up esfuerzo de aumentar producción sin aumentar la paga.

spend gastar, consumir.

spendthrift pródigo, derrochador.

spendthrift trust fideicomiso para un pródigo.

spin-off escisión, separación de una subsidiaria o división de una corporación para formar un ente independiente.

split cambio proporcional en la cantidad de acciones de una corporación, división.

split commission comisión dividida.

split deductible deducible dividido.

split deposit depósito dividido.

split dollar insurance seguro cuyos beneficios se pagan al patrono y un beneficiario escojido por el empleado, seguro en que parte de las primas se usa para seguro de vida y lo demás para inversión.

split dollar life insurance seguro de vida cuyos beneficios se pagan al patrono y un beneficiario escojido por el empleado, seguro de vida en que parte de las primas se usa para seguro de vida y lo demás para inversión.

split-down reducción proporcional en la cantidad de acciones de una corporación.

split income ingresos divididos.

split-level balance balance de tasa dividida.

split limit límite dividido.

split order orden dividida.

split shift jornada dividida.

split-up escisión, la disolución de una corporación al dividirse en dos o más entes corporativos, aumento proporcional en la cantidad de acciones de una corporación.

spoiled check cheque arruinado.

spokesperson representante, portavoz.

sponsor garante, patrocinador.

spot para entrega inmediata.

spot check revisión al azar.

spot commodity mercancía de la cual se espera entrega física.

spot exchange rate tasa de cambio al contado.

spot goods mercadería disponible.

spot market mercado al contado.

spot price precio de entrega inmediata, precio al contado.

spot rate tasa al contado.

spot trading ventas en efectivo y con entrega inmediata.

spot zoning otorgamiento de una clasificación de zonificación que no corresponde al de los terrenos en el área inmediato ni que imparte un beneficio público.

spread margen, extensión, combinación de opciones de compra y venta, diferencia entre los precios de oferta de compra y oferta de venta.

spreadsheet hoja de cálculos electrónica.

spurious espurio, falsificado.
spurious bank-bill papel moneda falsificado.
square cuadra, manzana.
square block cuadra, manzana.
square footage área en pies cuadrados.
square position posición balanceada.
squeeze-out técnicas para eliminar o reducir un interés minoritario en una corporación.
stability estabilidad.
stability measures medidas de estabilidad.
stability policy política de estabilidad.
stabilization estabilización.
stabilization fund fondo de estabilización.
stabilization policy política de estabilización.
stabilize estabilizar.
stabilized estabilizado.
stabilized rate tasa estabilizada.
stabilize prices estabilizar precios.
stabilizer estabilizador.
stable estable, permanente.
stable costs costos estables.
stable currency moneda estable.
stable exchange rate tipo de cambio estable.
stable income ingresos estables.
stable interest rate tasa de interés estable.
stable mortgage hipoteca estable.
stable price precio estable.
stable rate tasa estable.
staff personal.
stage etapa.
stagflation estanflación.
staggered maturities vencimientos escalonados.
staggering maturities escalonamiento de vencimientos.
stagnation estancamiento.
stakeholder depositario.
staking identificar los linderos de un terreno mediante el uso de estacas.
stale check cheque presentado mas allá del tiempo razonable, cheque vencido.
stale dated cheque presentado mas allá del tiempo razonable, cheque vencido.

stale-dated check cheque presentado mas allá del tiempo razonable, cheque vencido.
stamp sello, timbre, estampado.
stamp tax impuesto de sellos.
standard estandarte, patrón, norma.
standard cost costo estándar.
standard cost system sistema de costos estándar.
standard deduction deducción fija.
standard deviation desviación estándar.
standard error error estándar.
standard form forma estándar, política en cuanto al trato de ciertos riesgos.
standard group grupo estándar.
standardization estandarización.
standardize estandarizar.
standardized estandarizado.
standard labor rate tasa laboral combinada.
standard limit límite estándar.
standard of comparison patrón de comparación.
standard of living nivel de vida.
standard of value patrón de valor.
standard policy póliza estándar.
standard provisions cláusulas estándar.
standard rate tasa estándar.
standard risk riesgo aceptable.
standard variation variación estándar.
standby commitment compromiso de reserva.
standby credit crédito de reserva.
standing mortgage hipoteca en que sólo se pagan intereses hasta el vencimiento.
standing order orden a repetirse hasta nuevo aviso.
standstill detención.
staple artículo de primera necesidad, materia prima, producto principal.
staple stock productos siempre en inventario por demanda fija.
start-up establecimiento de negocio.
start-up costs costos de establecer un negocio.
start-up financing financiamiento para establecer un negocio.
state n estado, condición.
state v declarar, exponer.

state aid ayuda estatal.
state assistance asistencia estatal.
state auditor auditor estatal.
state bank banco estatal.
state bond bono estatal.
stated dicho, declarado, establecido.
stated account acuerdo de balance para cancelación.
stated amount cantidad declarada.
stated amount endorsement anejo de cantidad declarada.
stated capital capital declarado.
stated meeting asamblea ordinaria, junta ordinaria.
stated term sesión ordinaria.
stated times intervalos establecidos.
stated value valor establecido.
state fund fondo estatal.
statement estado de cuenta, declaración.
statement analysis análisis del balance.
statement balance saldo al prepararse un estado de cuenta.
statement of account estado de cuenta, extracto de cuenta.
statement of affairs informe sobre el estado financiero.
statement of cash flow informe sobre el flujo de fondos.
statement of changes informe sobre cambios.
statement of changes in financial position estado de cambios de posición financiera.
statement of condition estado de condición.
statement of financial position estado de posición financiera.
statement of income declaración de ingresos.
statement of opinion declaración sobre opinión.
statement of retained earnings estado de ingresos retenidos.
statement of value declaración del valor.
statement savings account cuenta de ahorros con estado.
statement stuffer material publicitario incluído con un estado.
state rate tasa estatal.
state tax impuesto estatal.

static estático.
static analysis análisis estático.
static budget presupuesto estático.
static economics economía estática.
static risk riesgo estático.
statistical estadístico.
statistical analysis análisis estadístico.
statistical control control estadístico.
statistical cost control control de costos estadístico.
statistical inference inferencia estadística.
statistical method método estadístico.
statistical process control control de proceso estadístico.
statistical quality control control de calidad estadístico.
statistical sampling muestreo estadístico.
statistics estadística.
statute of frauds ley indicando que ciertos contratos orales no son válidos.
statute of limitations ley de prescripción.
statutory estatutario.
statutory accounting contabilidad estatutaria.
statutory audit auditoría estatutaria.
statutory bond fianza estatutaria.
statutory earnings ingresos estatutarios.
statutory foreclosure ejecución hipotecaria estatutaria, ejecución hipotecaria extrajudicial conforme a las leyes pertinentes.
statutory liability responsbilidad estatutaria.
statutory lien gravamen estatutario, privilegio estatutario.
statutory obligation obligación estatutaria.
statutory provisions estipulaciones estatutarias.
statutory requirements requisitos estatutarios.
statutory reserves reservas estatutarias.
statutory restriction restricción estatutaria.
statutory voting regla de un voto por una acción.
stay n suspensión, aplazamiento, estancia.

stay v suspender, aplazar, permanecer.

steering práctica ilegal de mostrar propiedades sólo a ciertos grupos étnicos, práctica ilegal de mostrar ciertas propiedades a ciertos grupos étnicos.

step-rate premium insurance seguro con primas variables.

steward representante sindical, sustituto.

stifling bids comportamientos o acuerdos los cuales impiden una subasta justa.

stimulate estímular.

stimulate the economy estímular la economía.

stimulation estímulo.

stipulate estipular, convenir.

stipulated estipulado.

stipulated benefits beneficios estipulados.

stipulated charge cargo estipulado.

stipulated conditions condiciones estipuladas.

stipulated cost costo estipulado.

stipulated credit line línea de crédito estipulada.

stipulated deposit depósito estipulado.

stipulated fee cargo estipulado.

stipulated interest rate tasa de interés estipulada.

stipulated payment pago estipulado.

stipulated period período estipulado.

stipulated premium prima estipulada.

stipulated premium insurance seguro de prima estipulada.

stipulated price precio estipulado.

stipulated rate tasa estipulada.

stipulated salary salario estipulado.

stipulated selling price precio de venta estipulado.

stipulated terms términos estipulados.

stipulation estipulación, convenio.

stipulator estipulante.

stipulatory estipulante.

stochastic estocástico.

stock n acciones, capital comercial, inventario, existencias, ganado.

stock v abastecer, almacenar.

stock account cuenta de inventario, cuenta de acciones.

stock accumulation acumulación de acciones, acumulación de inventario.

stock adjustment ajuste de inventario.

stock ahead orden para una transacción de acciones que se ejecuta primero de acuerdo a las reglas de prioridad.

stock analysis análisis de acciones, análisis de inventario.

stock appreciation apreciación de acciones.

stock association empresa sin incorporar pero con acciones.

stock at a discount acciones con descuento.

stock at a premium acciones con prima.

stockbroker corredor de bolsa, agente de bolsa.

stock buyback recompra de acciones por la compañía que las emitió, recompra de acciones.

stock capital capital en acciones.

stock certificate certificado de acciones, certificado de inventario.

stock change cambio en inventario.

stock company compañía por acciones, sociedad anónima.

stock control control de inventario.

stock corporation corporación por acciones, ente jurídico por acciones, sociedad anónima.

stock cycle ciclo de inventario.

stock dividend dividendo en acciones.

stock exchange bolsa de valores.

stock financing financiamiento mediante acciones, financiamiento basado en inventario.

stockholder accionista.

stockholder of record accionista registrado.

stockholder's derivative action acción entablada por un accionista para hacer cumplir una causa corporativa.

stockholder's equity porcentaje del accionista en una corporación.

stockholder's liability responsabilidad del accionista.

stockholders' meeting asamblea de accionistas.

stockholder's representative action acción entablada de parte propia en representación de otros por un accionista para hacer cumplir una causa corporativa.

stock index índice de acciones.

stock index futures futuros de índices de acciones.

stock insurance company compañía de seguros por acciones.

stock insurer compañía de seguros por acciones.

stock in trade inventario.

stock issue emisión de acciones.

stock issued acciones emitidas.

stock jobber especulador.

stockjobbing especulación.

stock ledger libro de accionistas, libro de acciones.

stock list lista de acciones.

stock loan préstamo de acciones, préstamo basado en inventario.

stock market bolsa de valores.

stock option opción de compra de acciones.

stock outstanding acciones en circulación.

stockpile reserva.

stock planning planificación de inventario.

stock power poder para transferir acciones.

stock price precio de acción.

stock purchase compra de acciones.

stock-purchase plan plan de compra de acciones.

stock-purchase warrant derecho generalmente vigente por varios años para la compra de acciones a un precio específico.

stock record registro de acciones.

stock-redemption plan plan de redención de acciones.

stock register registro de acciones.

stock reserve reserva de inventario.

stock rights derecho de suscripción.

stock shortage escasez de inventario.

stock split cambio proporcional en la cantidad de acciones de una corporación.

stock split down reducción proporcional en la cantidad de acciones de una corporación.

stock split up aumento proporcional en la cantidad de acciones de una corporación.

stock subscription suscripción de acciones.

stock symbols símbolos de acciones.

stock transfer transferencia de acciones.

stock-transfer agent agente de transferencia de acciones.

stock-transfer tax impuesto sobre la transferencia de acciones.

stock turnover giro de inventario, rotación de inventario.

stock valuation valuación de inventario, valuación de acciones.

stock warrant derecho generalmente vigente por varios años para la compra de acciones a un precio específico.

stolen hurtado.

stolen card tarjeta hurtada.

stolen goods bienes hurtados.

stop n detención, suspensión.

stop v parar, detener, suspender.

stop-loss order orden de efectuar la transacción tras haberse atravesado un precio específico.

stop-loss reinsurance reaseguro para limitar las pérdidas por varias reclamaciones combinadas que excedan un cierto porcentaje de ingresos por primas.

stop order orden de efectuar la transacción tras haberse tocado un precio específico.

stoppage parada, interrupción, huelga.

stoppage in transitu embargo por el vendedor de mercancías en tránsito.

stoppage of work paro de trabajo y operaciones.

stop payment detener el pago.

stop payment order orden de no hacer el pago de un cheque.

stopped payment pago detenido.

stop price precio límite, precio de activación de orden.

storage almacenamiento, almacén.

store tienda, negocio, almacén.

store brand marca del lugar de compra.

storehouse almacén.

stow almacenar, estibar.

stowage almacenamiento, estiba.

straddle combinación de igual cantidad de opciones de compra y venta para el mismo valor y con el mismo precio de ejecución y fecha de vencimiento.

straight bill of lading conocimiento de embarque no negociable.

straight-line depreciation depreciación lineal.

straight-line method of depreciation método de depreciación lineal.

straight time número de horas acostumbrado por un período de trabajo.

strategic budgeting presupuestación estratégica.

strategic planning planificación estratégica.

stratification of losses estratificación de pérdidas.

stratified random sampling muestreo aleatorio estratificado.

stratified sampling muestreo estratificado.

straw party prestanombre.

stream of commerce bienes en movimiento comercial.

street name valores de una persona que están a nombre del corredor.

strict foreclosure sentencia que indica que tras incumplimiento de pago la propiedad se transfiere al acreedor hipotecario sin venta ni derecho de rescate.

strict liability responsabilidad objetiva.

strike huelga, paro.

strike benefits beneficios por huelga.

strikebreaker rompehuelgas.

strikebreaking romper huelgas.

strike insurance seguro contra huelgas.

strike notice aviso de huelga.

strike pay paga durante huelga.

strike price precio de ejecución.

striker huelguista.

strike suit acción entablada por accionistas sin intención de que se beneficie la corporación.

strike threat amenaza de huelga.

strips valores con pago único al vencimiento que incluye los intereses devengados.

strong currency moneda fuerte.

structural adjustment ajuste estructural.

structural alteration or change alteración estructural.

structural defect vicio estructural.

structural inflation inflación estructural.

structural unemployment desempleo estructural.

structure estructura.

student loan préstamo estudiantil.

subagent subagente.

Subchapter S Corporation corporación pequeña la cual ha elegido que se le impongan contribuciones como personas naturales.

subcontract n subcontrato.

subcontract v subcontratar.

subcontractor subcontratista.

subdivide subdividir.

subdividing subdivisión.

subdivision subdivisión.

subjacent support derecho del apoyo subterráneo de las tierras.

subjective probability probabilidad subjetiva.

subjective risk riesgo subjetivo.

subject to change sujeto a cambio.

subject to check sujeto a comprobación.

subject to collection sujeto a cobro.

subject to mortgage sujeto a hipoteca.

subject to opinion sujeto a opinión.

subject to redemption sujeto a redención.

subject to repurchase sujeto a recompra.

subject to restriction sujeto a restricción.

subject to sale sujeto a venta previa.

subject to tax imponible.

subject to verification sujeto a verificación.

sublease subarriendo.

sublessee subarrendatario.

sublessor subarrendador.

sublet subarrendar.

subletter subarrendador.

subletting subarrendamiento.

sublicense sublicencia.

submarginal submarginal.

submerged lands tierras sumergidas.

submit someter, presentar.

submit an offer someter una oferta.

submitted sometido, presentado.

submit to arbitration someterse a arbitraje.

submortgage subhipoteca.

suboptimization suboptimización.

suboptimize suboptimizar.

subordinate subordinado.

subordinated debt deuda
subordinada.
subordination subordinación.
subpartner subsocio.
subpartnership subsociedad.
subrogation subrogación.
subrogation clause cláusula de
subrogación.
subscribe suscribir, firmar.
subscribed shares acciones suscritas.
subscribed stock acciones suscritas.
subscriber suscriptor, firmante.
subscription suscripción, firma.
subscription certificate certificado de
suscripción.
subscription contract contrato de
suscripción, contrato de compra.
subscription price precio de
suscripción.
subscription privilege privilegio de
suscripción.
subscription ratio razón de
suscripción.
subscription right derecho de
suscripción.
subscription warrant derecho
generalmente vigente por varios años
para la compra de acciones a un precio
específico.
subsection subsección.
subsequent subsiguiente.
subsequent buyer comprador
subsiguiente.
subsequent creditor acreedor
subsiguiente.
subsequent endorsement endoso
subsiguiente.
subsequent endorser endosante
subsiguiente.
subsequent event evento subsiguiente.
subsequent indorsement endoso
subsiguiente.
subsequent indorser endosante
subsiguiente.
subsequent purchaser comprador
subsiguiente.
subsidiary subsidiario, auxiliar.
subsidiary account cuenta auxiliar.
subsidiary company compañía
subsidiaria.
subsidiary company accounting
contabilidad de compañía subsidiaria.

subsidiary corporation corporación
subsidiaria.
subsidiary ledger libro mayor auxiliar.
subsidiary trust fideicomiso auxiliar.
subsidize subsidiar.
subsidized subsidiado.
subsidized housing vivienda
subsidiada.
subsidized loan préstamo subsidiado.
subsidized mortgage hipoteca
subsidiada.
subsidized payment pago subsidiado.
subsidized price precio subsidiado.
subsidized rate tasa subsidiada.
subsidized rent renta subsidiada.
subsidy subsidio.
subsistence subsistencia.
substandard de calidad inferior.
substandard risk riesgo más allá de lo
usualmente aceptable.
substantial substancial.
substantial compliance
cumplimiento con lo esencial.
**substantial equivalent of patented
device** equivalencia substancial a un
dispositivo patentado.
substantial performance
cumplimiento con lo esencial.
substantial possession posesión
efectiva.
substitute n substituto.
substitute v substituir.
substituted basis base sustituida.
substitute trustee fideicomisario
substituto.
substitution sustitución.
substitution effect efecto de
sustitución.
subsystem subsistema.
subtenant subinquilino,
subarrendatario.
subtotal subtotal.
succession sucesión, serie.
succession duty impuesto sucesorio.
succession tax impuesto sucesorio.
successive assignees cesionarios
sucesivos.
successor sucesor, causahabiente.
successor in interest dueño de
propiedad quien sigue a otro.
successors and assigns sucesores y
cesionarios.

successor trustee fideicomisario quien sigue a otro.

sufficient suficiente.

sufficient consideration contraprestación suficiente.

suggested price precio sugerido.

suggested retail price precio al por menor sugerido.

suggestion system sistema de sugestiones.

suicide clause cláusula de suicidio.

suitability rules reglas concerniente a lo apropiado que pueden ser ciertos valores para ciertas personas.

suitable apropiado, adecuado.

sum suma de dinero, suma, total.

sum at risk capital bajo riesgo, suma máxima por la cual un asegurador es responsable en una póliza.

sum certain suma cierta.

sum insured suma asegurada.

summarily sumariamente.

summary statement estado resumido.

sum-of-the-years' digits method método de la suma de los dígitos de los años.

sum-of-the-years' digits method of depreciation método de depreciación de la suma de los dígitos de los años.

sum payable suma pagadera.

sumptuary suntuario.

sumptuary goods artículos suntuarios.

sumptuary laws leyes sobre productos suntuarios.

Sunday closing laws leyes que prohiben las operaciones comerciales los domingos.

sundries artículos diversos.

superfund superfondo.

superintendent superintendente.

superior superior.

superior lien gravamen de rango superior, privilegio de rango superior.

superior title título superior.

supersede reemplazar, anular.

supervise supervisar.

supervision supervisión.

supervisory employee empleado supervisor.

supplement suplemento.

supplemental suplemental.

supplemental agreement convenio suplementario.

supplemental benefits beneficios suplementarios.

supplemental budget presupuesto suplementario.

supplemental contract contrato suplementario.

supplemental costs costos suplementarios.

supplemental coverage cobertura suplementaria.

supplemental credit crédito suplementario.

supplemental deed escritura suplementaria.

supplemental estimate estimado suplementario.

supplemental expenditures gastos suplementarios.

supplemental expenses gastos suplementarios.

supplemental financing financiamiento suplementario.

supplemental income ingreso suplementario.

supplemental liability insurance seguro de responsabilidad suplementario.

supplemental medical insurance seguro médico suplementario.

supplemental pay paga suplementaria.

supplemental payments pagos suplementarios.

supplemental policy póliza suplementaria.

supplemental salary salario suplementario.

supplemental statement estado suplementario.

supplemental tax impuesto suplementario.

supplemental wages salario suplementario.

supplementary suplementario.

supplementary agreement convenio suplementario.

supplementary benefits beneficios suplementarios.

supplementary budget presupuesto suplementario.

supplementary contract contrato suplementario.

supplementary costs costos
suplementarios.

supplementary coverage cobertura
suplementaria.

supplementary credit crédito
suplementario.

supplementary deed escritura
suplementaria.

supplementary estimate estimado
suplementario.

supplementary expenditures gastos
suplementarios.

supplementary expenses gastos
suplementarios.

supplementary financing
financiamiento suplementario.

supplementary income ingreso
suplementario.

supplementary liability insurance
seguro de responsabilidad suplementario.

supplementary medical insurance
seguro médico suplementario.

supplementary pay paga
suplementaria.

supplementary payments pagos
suplementarios.

supplementary policy póliza
suplementaria.

supplementary salary salario
suplementario.

supplementary statement estado
suplementario.

supplementary tax impuesto
suplementario.

supplementary wages salario
suplementario.

supplier proveedor.

supplies suministros.

supply n oferta, abastecimiento.

supply v proveer, abastecer, suplir,
ofrecer.

supply and demand oferta y demanda.

supply and demand curves curvas
de oferta y demanda.

supply and demand equilibrium
equilibrio de oferta y demanda.

supply curve curva de oferta.

supply price precio de oferta.

supply the market abastecer el
mercado.

support n mantenimiento, sostén.

support v mantener, sostener.

support price precio de sostén.

support trust fideicomiso en que se le
da al beneficiario sólo lo necesario para
mantenerse.

suppression of the competition
supresión de la competencia.

surcharge n recargo, sobreprecio,
impuesto abusivo, hipoteca adicional a
la primera.

surcharge v recargar, imponer un
impuesto adicional, señalar un error en
una cuenta saldada, imponer
responsabilidad personal a un fiduciario
quien administra mal.

surety fiador, fianza, garante, garantía,
seguridad.

surety bond fianza.

surety insurance seguro de fidelidad.

surplus superávit, sobrante.

surplus reinsurance reaseguro con
participación de todo riesgo que exceda
cierto límite.

surrender n renuncia, cesión.

surrender v renunciar, ceder.

surrenderee a quien se renuncia.

surrenderor renunciante.

surrender value valor de rescate.

surtax impuesto adicional, sobretasa.

surveillance vigilancia.

survey agrimensura, apeo, encuesta.

surviving company comapañía
sobrerviviente.

survivorship supervivencia.

survivorship annuity anualidad con
pagos a los beneficiarios sobrevivientes.

suspended trading situación en que se
suspenden las transacciones de un valor.

suspense account cuenta suspensiva.

suspension suspensión.

suspension of business suspensión de
las operaciones de negocios.

suspension of coverage suspensión
de cobertura.

suspension of payment suspensión
de pago.

suspension of performance
suspensión del cumplimiento.

suspension of policy suspensión de
póliza.

sustained growth crecimiento
sostenido.

swap intercambio.

swap network red de intercambio.

sweat equity equidad obtenida a través del trabajo del dueño en la propiedad.

sweat shop lugar de trabajo donde se explota excesivamente a los empleados.

swindle estafa.

swindler estafador.

swindling estafa.

swing shift turno de tarde.

symbolic delivery entrega simbólica.

symbolic possession posesión simbólica.

sympathetic strike huelga de solidaridad.

synallagmatic contract contrato sinalagmático.

syndic síndico.

syndical sindical.

syndicalism sindicalismo.

syndicate n sindicato, consorcio.

syndicate v sindicar.

syndicate manager gerente del sindicato.

syndicate termination terminación del sindicato.

syndication sindicación.

syndicator sindicador.

synthetic securities valores sintéticos.

systematic sistemático.

systematic error error sistemático.

systematic risk riesgo sistemático.

systematic sampling muestreo sistemático.

systemic risk riesgo sistémico.

systems analysis análisis de sistemas.

systems analyst analista de sistemas.

table of morbidity tabla de morbilidad.

table of mortality tabla de mortalidad.

tacit acceptance aceptación tácita.

tacit collusion colusión tácita.

tacit hypothecation hipoteca por operación de ley.

tacit mortgage hipoteca por operación de ley.

tacit relocation tácita reconducción.

tack unir un gravamen de rango inferior con el de primer rango para obtener prioridad sobre uno intermedio.

tacking combinación de los períodos de posesión de diferentes personas para adquirir título mediante la prescripción adquisitiva, unir un gravamen de rango inferior con el de primer rango para obtener prioridad sobre uno intermedio.

tail cola.

take an inventory llevar a cabo un inventario.

take bids recibir ofertas.

take delivery aceptar entrega.

take effect entrar en vigencia, surtir efecto.

take-home pay paga neta, salario neto.

take inventory hacer inventario.

take-or-pay contract contrato firme de compra.

take-out financing financiamiento permanente tras la construcción.

take-out loan financiamiento permanente tras la construcción.

takeover toma del control, adquisición.

takeover arbitrage arbitraje envolviendo corporaciones en situaciones de toma del control.

takeover bid oferta pública de adquisición, oferta de toma del control.

takeover candidate corporación quien es candidata a una oferta pública de adquisición.

takeover laws leyes sobre las adquisiciones corporativas.

takeover regulations reglamentos sobre las adquisiciones corporativas.

take possession tomar posesión.

take stock hacer inventario.

take title adquirir título.

taking delivery aceptar entrega.

taking inventory tomar inventario.

takings entradas, ingresos.

taking stock tomar inventario.

taking unconscionable advantage aprovecharse de las circunstancias para llegar a un acuerdo abusivo.

tally cuenta, anotación contable.

tally trade venta a plazos.

tamper alterar, falsificar.

tandem increase aumento en tándem.

tandem loan préstamo en tándem.

tangible tangible.
tangible assets activo tangible.
tangible cost costo tangible.
tangible goods bienes tangibles.
tangible movable property bienes muebles tangibles.
tangible net worth activo neto tangible.
tangible personal property propiedad personal tangible.
tangible property propiedad tangible.
tare weight tara.
target audience audiencia objeto.
target balance balance objeto.
target company compañía de la cual se quiere adquirir control.
target cost costo objeto.
target customer cliente objeto.
target date fecha fijada.
target group grupo objeto.
target income ingreso objeto.
target market mercado objeto.
target net income ingreso neto objeto.
target price precio objeto, precio mínimo establecido por el gobierno.
target rate tasa objeto.
target risk riesgo objeto.
tariff tarifa, arancel, derecho de importación.
tariff agreement acuerdo arancelario, acuerdo aduanero.
tariff elimination eliminación arancelaria.
tariff increase aumento arancelario.
tariff quota cuota arancelaria.
tariff rate tasa arancelaria, tasa de tarifas.
tariff schedule arancel.
tariff suspension suspensión arancelaria.
tariff system sistema arancelario.
tariff wall barrera arancelaria.
tariff war guerra arancelaria.
task group grupo de tareas.
task management administración de tareas.
tax n impuesto, contribución, tributo, gravamen.
tax v imponer, gravar.
tax abatement reducción impositiva.
taxability imponibilidad.
taxable imponible, tributable, gravable.

taxable act acto gravable, acto tributable.
taxable base base imponible.
taxable bond bono imponible.
taxable equivalent yield rendimiento equivalente imponible.
taxable estate patrimonio imponible, patrimonio gravable.
taxable funds fondos imponibles, fondos gravables.
taxable gift donación imponible, donación gravable.
taxable income ingreso imponible, ingreso gravable.
taxable municipal bond bono municipal imponible.
taxable operations operaciones imponibles, operaciones gravables.
taxable profits ganancias imponibles.
taxable property propiedad imponible, propiedad gravable.
taxable return rendimiento imponible.
taxable transaction transacción imponible.
taxable value valor imponible, valor gravable.
taxable year año fiscal.
taxable yield rendimiento imponible.
tax accounting contabilidad fiscal, contabilidad impositiva.
tax adjustment ajuste impositivo.
tax administration administración tributaria.
tax advance adelanto impositivo.
tax adviser asesor fiscal.
tax agreement acuerdo tributario.
tax amnesty amnistía contributiva.
tax anticipation bill obligación a corto plazo en anticipación a impuestos.
tax anticipation bond bono en anticipación a impuestos.
tax anticipation note nota en anticipación a impuestos.
tax assessment valuación fiscal.
tax assessor tasador fiscal.
taxation tributación, imposición, impuestos.
taxation policy política de tributación.
taxation system sistema de tributación.
tax audit auditoría fiscal.
tax auditor auditor fiscal.
tax authorities autoridades fiscales.

tax avoidance   evitación de impuestos, reducción de la carga impositiva mediante el uso de deducciones legales.

tax base   base imponible, base gravable.

tax basis   base imponible.

tax benefit   beneficio impositivo.

tax benefit rule   regla de beneficios impositivos.

tax bracket   clasificación contributiva, clasificación impositiva.

tax burden   carga impositiva.

tax carryback   pérdidas netas que se incluyen al volver a computar los impuestos de años anteriores.

tax carryforward   pérdidas que se pueden incluir en la planilla tributaria para años subsiguientes.

tax carryover   pérdidas que se pueden incluir en la planilla tributaria para años subsiguientes.

tax certificate   certificado impositivo, certificado de la adquisición de un inmueble resultando de una venta por incumplimiento de los deberes impositivos.

tax code   código impositivo.

tax collection   recaudación de impuestos.

tax collector   recaudador de impuestos.

tax commission   comisión fiscal.

tax compliance   cumplimiento fiscal.

tax computation   cómputo impositivo, cómputo de impuestos.

tax consultant   consultor fiscal.

tax court   tribunal fiscal.

tax credit   crédito impositivo, crédito fiscal.

tax data   datos fiscales.

tax debt   deuda impositiva.

tax deductible   deducible para efectos contributivos.

tax-deductible interest   intereses deducibles para efectos contributivos.

tax deduction   deducción impositiva, deducción fiscal.

tax deed   escritura del comprador de un inmueble mediante una venta por incumplimiento de los deberes impositivos.

tax deferral   aplazamiento de impuestos.

tax-deferred   de impuestos diferidos.

tax-deferred annuity   anualidad de impuestos diferidos.

tax-deferred exchange   intercambio de impuesto diferido.

tax-deferred savings   ahorros de impuestos diferidos.

tax deposit   depósito de contribuciones.

tax district   distrito fiscal.

tax doctrine   doctrina fiscal.

tax dodging   evasión de impuestos.

tax due   impuesto debido.

tax duty   obligación impositiva.

tax effect   efecto impositivo.

tax election   elección de trato impositivo.

tax equalization   igualación fiscal.

tax equity   equidad fiscal.

tax equivalent   equivalente impositivo.

tax evasion   evasión de impuestos.

tax exclusion   exclusión impositiva.

tax exempt   exento de impuestos.

tax-exempt bond   bono exento de impuestos.

tax-exempt corporation   corporación exenta de impuestos.

tax-exempt income   ingreso exento de impuestos.

tax exemption   exención impositiva.

tax-exempt organization   organización exenta de impuestos.

tax-exempt property   propiedad exenta de impuestos.

tax-exempt securities   valores exentos de impuestos.

tax foreclosure   ejecución fiscal.

tax fraud   fraude impositivo.

tax free   libre de impuestos.

tax-free exchange   intercambio libre de impuestos.

tax-free income   ingreso libre de impuestos.

tax-free rollover   transferencia libre de impuestos.

tax harmonization   armonización fiscal.

tax haven   paraíso impositivo, paraíso fiscal.

tax impact   impacto impositivo.

tax incentive   incentivo impositivo.

tax incentive system   sistema de incentivos impositivos.

tax incidence   incidencia impositiva.

tax increase   aumento impositivo.

taxing power   poder fiscal.

tax investigation investigación fiscal.

tax jurisdiction jurisdicción fiscal.

tax law ley impositiva, derecho fiscal.

tax lease instrumento que se otorga en una venta por incumplimiento de los deberes impositivos cuando lo que se vende es el derecho de posesión por un tiempo determinado.

tax legislation legislación fiscal.

tax levy imposición fiscal.

tax liability obligación fiscal, obligación contributiva.

tax lien privilegio fiscal, gravamen por impuestos no pagados.

tax limit límite impositivo.

tax list lista de contribuyentes.

tax loophole laguna impositiva.

tax-loss carryback pérdidas netas que se incluyen al volver a computar los impuestos de años anteriores.

tax-loss carryforward pérdidas que se pueden incluir en la planilla tributaria para años subsiguientes.

tax-loss carryover pérdidas que se pueden incluir en la planilla tributaria para años subsiguientes.

tax map mapa impositivo.

tax on capital gains impuesto sobre ganancias de capital.

tax on consumption impuesto sobre el consumo.

tax on dividends impuesto sobre los dividendos.

tax on luxury impuesto sobre los lujos.

tax on profits impuesto sobre las ganancias.

tax opinion opinión sobre la calidad de exento de una emisión de bonos.

tax paid impuesto pagado.

taxpayer contribuyente.

taxpayer identification number número de identificación de contribuyente.

taxpayer rights derechos de contribuyentes.

tax payment pago de impuestos.

tax penalty penalidad impositiva.

tax planning planificación impositiva.

tax policy política fiscal.

tax preference preferencia impositiva.

tax preference items ítems de preferencia impositiva.

tax purchaser quien adquiere en una venta por incumplimiento de los deberes impositivos.

tax rate tasa impositiva.

tax-rate schedule tabla de tasas impositivas.

tax ratio razón impositiva.

tax receipts ingresos impositivos.

tax reduction reducción impositiva.

tax reform reforma contributiva.

tax refund reintegro de impuestos.

tax regulations regulaciones fiscales.

tax relief alivio impositivo.

tax return planilla, declaración de impuestos.

tax return preparer preparador de planillas.

tax revenue ingresos impositivos.

tax roll registro de contribuyentes.

tax sale venta de propiedad por incumplimiento de los deberes impositivos.

tax shelter abrigo tributario, amparo contributivo, estratagema para reducir o aplazar la carga impositiva.

tax shield escudo tributario.

tax stamp timbre fiscal.

tax structure estructura tributaria.

tax system sistema tributario.

tax tables tablas impositivas.

tax title título de quien compra en una venta por incumplimiento de los deberes impositivos.

tax treatment tratamiento tributario.

tax treaty tratado contributivo.

tax year año impositivo, año fiscal.

technical approval aprobación técnica.

technical assistance asistencia técnica.

technical mortgage hipoteca formal.

technological tecnológico.

technological assessment evaluación tecnológica.

technological obsolescence obsolescencia tecnológica.

technological unemployment desempleo tecnológico.

telecommunications telecomunicaciones.

telegraphic transfer transferencia telegráfica.

telemarketing telemercadeo.

telephone account cuenta telefónica.

telephone banking banca telefónica.

telephone bill payment pago de cuenta telefónica.

telephone order orden telefónica.

telephone transaction transacción telefónica.

teller cajero, cajero de banco.

teller's check cheque de caja.

teller's stamp sello de cajero.

teller terminal terminal de cajero.

temporarily temporalmente.

temporary temporal, temporero, provisional.

temporary account cuenta temporal.

temporary administrator administrador temporal.

temporary annuity anualidad temporal.

temporary balance sheet balance temporal.

temporary capital capital temporal.

temporary consumption consumo temporal.

temporary difference diferencia temporal.

temporary disability discapacidad temporal.

temporary disability benefits beneficios por discapacidad temporal.

temporary employee empleado temporal.

temporary employment empleo temporal.

temporary export exportación temporal.

temporary exportation exportación temporal.

temporary file archivo temporal.

temporary financing financiamiento temporal.

temporary home residencia temporal.

temporary import importación temporal.

temporary importation importación temporal.

temporary income ingreso temporal.

temporary insurance seguro temporal.

temporary interruption interrupción temporal.

temporary investment inversión temporal.

temporary loan préstamo temporal.

temporary location ubicación temporal.

temporary monopoly monopolio temporal.

temporary residence residencia temporal.

temporary total disability discapacidad total temporal.

temporary total disability benefits beneficios por discapacidad total temporal.

temporary unemployment desempleo temporal.

tenancy tenencia, arrendamiento.

tenancy at sufferance posesión de un inmueble tras la expiración del arrendamiento.

tenancy at will arrendamiento por un período indeterminado.

tenancy by the entirety tenencia conjunta entre cónyuges.

tenancy from month to month arrendamiento renovable de mes a mes.

tenancy from year to year arrendamiento renovable de año a año.

tenancy in common tenencia en conjunto.

tenancy in partnership tenencia en sociedad.

tenant tenedor de un inmueble, arrendatario, inquilino, ocupante.

tenantable repairs reparaciones necesarias para que un inmueble se pueda habitar.

tenant at sufferance quien mantiene posesión tras la expiración del arrendamiento.

tenant at will arrendatario por un período indeterminado.

tenant for life tenedor de un inmueble por vida, tenedor de un inmueble durante la vida de un tercero.

tenant for years tenedor de un inmueble por un número determinado de años.

tenant from year to year arrendatario en un arrendamiento renovable de año a año.

tenant in common tenedor en conjunto.

tenant in fee simple propietario absoluto.

tenant in severalty tenedor exclusivo.

tenant's fixtures instalaciones fijas en un inmueble las cuales el tenedor tiene derecho a remover.

tender n oferta, oferta de pago, oferta de cumplir, moneda de curso legal.

tender v ofrecer, ofrecer pagar.

tender of delivery oferta de entrega.

tender offer oferta pública para la adquisición de acciones.

tender of performance oferta de cumplimiento.

tenement house edificio de alquiler con calidad y renta baja.

tenements bienes inmuebles.

tenor las palabras exactas de un documento, copia exacta, significado.

tentative trust fideicomiso en que una persona hace un depósito en un banco en nombre propio como fiduciario para otro.

tenure posesión, ejercicio de un cargo, empleo por un tiempo indefinido.

tergiversate tergiversar.

tergiversation tergiversación.

term término, plazo fijo, sesión.

term bonds bonos emitidos con la misma fecha de vencimiento.

term certificate certificado de depósito de un año o más.

term for years derecho de posesión por un tiempo determinado.

terminability terminabilidad.

terminable terminable.

terminable interest interés en un inmueble el cual termina bajo las condiciones estipuladas.

terminal market mercado a plazos.

termination terminación, expiración, limitación.

termination benefits beneficios por terminación de empleo.

termination notice aviso de terminación.

termination of conditional contract terminación de contrato condicional.

termination of employment despido de empleo, terminación de empleo.

termination statement declaración de terminación.

term insurance seguro de vida por un término fijo.

termite clause cláusula de termitas.

term life insurance seguro de vida por un término fijo.

term loan préstamo por un término fijo.

term mortgage hipoteca no amortizante.

term of lease término del arrendamiento.

term policy seguro de vida por un término fijo.

term repo contrato de retroventa por más de un día.

term repurchase agreement contrato de retroventa por más de un día.

terms términos, condiciones.

terms net cash estipulación en un contrato de venta de pago en efectivo.

terms of acceptance condiciones de aceptación.

terms of credit condiciones de crédito.

terms of delivery condiciones de entrega.

terms of loan condiciones de préstamo.

terms of payment condiciones de pago.

terms of sale condiciones de venta.

terms of shipment condiciones de transporte, condiciones de embarque.

terms of trade condiciones de comercio.

testament testamento.

testamentary testamentario.

testamentary trust fideicomiso testamentario.

testamentary trustee fiduciario testamentario.

test market mercado de prueba.

test marketing mercadeo de prueba.

test number número de prueba.

test of transaction prueba de transacción.

theft insurance seguro contra hurtos y robos.

theft loss pérdidas debido a hurtos o robos.

theoretical teorético.

theoretical capacity capacidad teorética.

theoretical value valor teorético.

theory of demand teoría de la demanda.

theory of supply teoría de la oferta.

thin capitalization capitalización basada en préstamos.

thin capitalization corporation corporación con capitalización basada en préstamos.

thin corporation corporación con capitalización basada en préstamos.

things of value objetos de valor.

things personal bienes muebles.

things real bienes inmuebles.

thin market mercado con pocas transacciones.

third market tercer mercado.

third mortgage tercera hipoteca.

third party beneficiary tercero beneficiario.

third party check cheque de tercera parte.

third party credit crédito de tercera parte.

third party payment pago por tercera parte.

third party transfer transferencia por tercera parte.

third possessor quien compra una propiedad hipotecada sin asumir una hipoteca existente.

third shift tercer turno.

thousand-year lease arrendamiento a mil años.

threatened cloud imperfección de título anticipada.

threshold price precio umbral.

thrift account cuenta de ahorros.

thrift institution institución de ahorros.

through bill of lading estilo de conocimiento de embarque usado cuando hay más de un transportador.

through lot lote el cual tiene una calle en cada extremo, solar el cual tiene una calle en cada extremo.

through rate tarifa combinada de envío.

tick movimiento del precio de un valor.

ticker dispositivo para visualizar cotizaciones.

ticker symbols símbolos de acciones.

tied product acuerdo de vender un producto siempre que se compre otro determinado.

tie-in promotion promoción vinculada.

tight budget presupuesto restringido.

tight credit situación económica en que es difícil obtener crédito.

tight market mercado activo.

tight money situación económica en que es difícil obtener crédito.

tillage tierra cultivada, tierra bajo cultivo, cultivo.

time-adjusted rate of return tasa de rendimiento ajustada por el tiempo.

time adjustment ajuste de tiempo.

time and a half tiempo y medio.

time and a half pay paga a tiempo y medio.

time and motion studies estudios de tiempo y movimientos.

time and one half tiempo y medio.

time bill letra de cambio a fecha cierta, letra de cambio a término.

time buyer comprador de tiempo.

time card tarjeta para registrar horas de trabajo.

time charter contrato de fletamiento por un término determinado.

time deposit depósito a plazo.

time draft letra de cambio a fecha cierta, letra de cambio a término.

time immemorial tiempo inmemorial.

time is of the essence el plazo es de esencia.

time limit límite de tiempo.

time loan préstamo a plazo.

time management administración del tiempo.

time money dinero a plazo.

time note pagaré pagadero en un término determinado.

time out of memory tiempo inmemorial.

time policy póliza por un término determinado.

time-sharing copropiedad en la cual los diversos dueños tienen derecho a usar la propiedad durante un período específico cada año.

timesharing copropiedad en la cual los diversos dueños tienen derecho a usar la propiedad durante un período específico cada año.

time sheet hoja de jornales, hoja de registro de tiempo.

time spread combinación de opciones con vencimientos diferentes.

time value valor del tiempo.

time value of money valor de tiempo del dinero.

time-weighted return rendimiento con tiempo ponderado.

tip comunicación de información sobre una corporación la cual no es del conocimiento público, propina.

tippees quienes obtienen información confidencial sobre una compañia.

tipper quien divulga información sobre una corporación la cual no es del conocimiento público.

title título.

title abstract resumen de título.

title bond garantía de título.

title by accretion título obtenido mediante la adquisición gradual de tierra por causas de la naturaleza.

title by adverse possession título adquirido al mantener la posesión y transcurrir la prescripción adquisitiva.

title by descent título adquirido como heredero.

title by limitation título adquirido mediante la prescripción.

title by prescription título adquirido al mantener la posesión y transcurrir la prescripción adquisitiva.

title by purchase título obtenido por cualquier método menos herencia.

title company compañía de títulos.

title covenants cláusulas en un traspaso concernientes a las garantías del título.

title deeds escrituras evidenciando título de propiedad.

title defect defecto de título.

title defective in form título con defectos formales.

title documents documentos de título.

title guaranty garantía de título.

title guaranty company compañía que garantiza títulos.

title in fee simple propiedad absoluta.

title insurance seguro de título.

title of record título registrado.

title report informe de título.

title retention privilegio de retención de título.

title search estudio de título.

title standards normas para evaluar el título de propiedad.

token money moneda fiduciaria.

token payment pago parcial, pago nominal.

toll peaje.

tombstone ad anuncio en periódicos de un ofrecimiento público.

tomorrow next transacción a ejecutarse el día siguiente con entrega el día que le sigue a dicha transacción.

tonnage tonelaje.

tonnage-duty impuesto sobre el tonelaje.

tonnage tax impuesto sobre el tonelaje.

top lease arrendamiento que se establece antes de expirar uno anterior.

top management alta gerencia.

Torrens System Sistema Torrens.

total total, entero.

total acceptance aceptación total.

total assets activos totales.

total assignment cesión total.

total balance saldo total.

total breach incumplimiento total.

total capital capital total.

total capitalization capitalización total.

total cost costo total.

total cost curve curva de costos totales.

total debt deuda total.

total delivery entrega total.

total disability discapacidad total.

total disbursement desembolso total.

total expenditures gastos totales.

total expenses gastos totales.

total fixed costs costos fijos totales.

total income ingresos totales.

total investment inversión total.

total loss pérdida total.

total output producción total.

total payment pago total.

total performance cumplimiento total.

total project approach acercamiento de proyecto total.

total receipts entradas totales.

total reserves reservas totales.

total return rendimiento total.

total revenue ingresos totales.

total variable costs costos variables totales.

total volume volumen total.

total yield rendimiento total.

Totten trust fideicomiso en que una persona hace un depósito en un banco en nombre propio como fiduciario para otro.

township medida de terreno en forma de cuadrado conteniendo 36 millas cuadradas, municipio.

trade n comercio, oficio, cambio.

trade v comerciar, cambiar.

trade acceptance documento cambiario aceptado.

trade agreement acuerdo comercial, convenio comercial.

trade allowance descuento comercial.

trade and commerce actividad comercial.

trade association asociación comercial.

trade balance balanza comercial.

trade barrier barrera comercial.

trade bill efecto comercial, letra comercial.

trade bloc paises participantes en un acuerdo comercial.

trade brand marca comercial.

trade credit crédito comercial.

trade date fecha de transacción.

trade deficit déficit comercial.

trade discount descuento comercial.

trade dispute disputa laboral.

trade fixtures instalaciones fijas comerciales.

trade law derecho comercial.

trade libel declaraciones escritas comercialmente difamantes.

trade-mark marca, marca comercial.

trademark marca, marca comercial.

trade-mark license licencia de marca comercial.

trademark license licencia de marca comercial.

trade-mark protection protección de marca comercial.

trademark protection protección de marca comercial.

trade name nombre comercial.

trade policy política comercial.

trade practice práctica comercial.

trade promotion promoción comercial.

trade publication publicación comercial.

trader comerciante, negociante.

trade rate tasa comercial.

trade reference referencia comercial.

trade report informe comercial.

trade representative representante comercial.

trade restriction restricción comercial.

trade secret secreto comercial, secreto industrial.

trade surplus superávit comercial.

trade union sindicato, gremio laboral.

trading comercio.

trading account cuenta para transacciones.

trading authorization autorización para transacciones.

trading bloc paises participantes en un acuerdo comercial.

trading capital capital de explotación.

trading company compañía comercial.

trading contract contrato comercial.

trading corporation corporación comercial, ente jurídico comercial.

trading days días de transacciones.

trading enterprise empresa comercial.

trading halt parada de transacciones.

trading hours horas de transacciones.

trading limit límite de transacciones.

trading partnership sociedad comercial.

trading post puesto de transacciones.

trading range intervalo de transacciones.

trading stamps estampillas obtenidas mediante compras las cuales se combinan para obtener premios.

trading unit unidad de transacción.

trading volume volumen de transacciones.

trading voyage viaje marítimo comercial.

traditional corporation corporación tradicional.

traffic tráfico.

training program programa de entrenamiento.

tramp corporation corporación o ente jurídico el cual se constituye en un estado sin intenciones de comerciar en dicho estado.

tranche tramo, clase.

transact tramitar, negociar, comerciar.

transacting business llevando a cabo operaciones comerciales.

transaction transacción, negocio.

transaction account cuenta de transacciones.

transactional transaccional.

transaction amount cantidad de transacción.

transaction analysis análisis de transacción.

transaction card tarjeta de transacciones.

transaction code código de transacción.

transaction cost costo de transacción.

transaction cycle ciclo de transacciones.

transaction date fecha de transacción.

transaction document documento de transacción.

transaction report informe de transacción.

transaction risk riesgo de transacción.

transaction test prueba de transacción.

transaction value valor de transacción.

transactor tramitador, negociante.

transfer n transferencia, cesión.

transfer v transferir, ceder.

transferability transferibilidad.

transferable transferible.

transferable card tarjeta transferible.

transferable letter of credit carta de crédito transferible.

transferable securities valores transferibles.

transfer agent agente de transferencia.

transfer agreement acuerdo de cesión.

transfer charge cargo de transferencia.

transfer cost costo de transferencia.

transferee cesionario.

transference transferencia, cesión.

transfer entry asiento de transferencia.

transfer expense gasto de transferencia.

transfer fee cargo de transferencia.

transfer of funds transferencia de fondos.

transfer of mortgage transferencia de hipoteca.

transfer of ownership transferencia de propiedad.

transfer of property transferencia de propiedad.

transfer of title transferencia de título.

transfer order orden de transferencia.

transfer price precio de transferencia.

transferred transferido.

transferred account cuenta transferida.

transferred amount cantidad transferida.

transferred balance balance transferido.

transferrer cedente, transferidor.

transfer tax impuesto a las transferencias.

transgressive trust fideicomiso transgresivo, fideicomiso que viola la regla prohibiendo crear un interés futuro si no existe la posibilidad de que se transfiera dentro de los 21 años más período de gestación de haberse creado.

transient merchant comerciante ambulante.

transient worker trabajador ambulante.

transit tránsito.

transit agent agente de tránsito.

transit bill pase.

transit department departamento de tránsito.

transit duties derechos de tránsito.

transition transición.

transit items ítems de tránsito, artículos de transito.

transitive covenant convenio transferible.

transit letter carta de tránsito.

transit number número de tránsito.

transitory transitorio.

transit rate tasa de tránsito.

transmittal letter carta que acompaña.

transnational transnacional.

transnational contract contrato transnacional.

transport transporte.

transportation transportación, transporte.

transportation charge cargo de transporte.

transportation company compañía de transporte.

transportation cost costo de transporte.

transportation expenditure gastos de transporte.

transportation expense gastos de transporte.

transportation fee cargo de transporte.

transportation insurance seguro de transporte.

transport charge cargo de transporte.

transport company compañía de transporte.

transport cost costo de transporte.

transport expenditure gastos de transporte.

transport expense gastos de transporte.

transport fee cargo de transporte.

transport insurance seguro de transporte.

travel and entertainment card tarjeta de viajes y entretenimiento.

travel and entertainment expense deduction deducción por gastos de viaje y entretenimiento.

travel and entertainment expenses gastos de viaje y entretenimiento.

traveler's check cheque de viajero.

traveler's letter of credit carta de crédito de viajero, carta de crédito dirigida a un banco corresponsal.

travel expenditures gastos de viaje.

travel expenses gastos de viaje.

traveling sales representative representante de ventas viajero.

travel time tiempo de viaje.

treasurer tesorero.

treasury tesorería.

treasury bill obligación del tesoro a corto plazo.

treasury bond bono del tesoro, bono emitido y readquirido por la misma corporación.

treasury department departamento del tesoro, departamento de hacienda.

treasury note obligación del tesoro a medio plazo.

treasury securities valores de tesorería, valores emitidos y readquiridos por la misma corporación.

treasury shares acciones de tesorería.

treasury stock acciones de tesorería.

treasury stock method método de acciones de tesorería.

treatise tratado.

trend analysis análisis de tendencia.

trend forecast pronóstico de tendencia.

trial balance balance de comprobación.

trial offer oferta de prueba.

trial order orden de prueba.

trial period período de prueba.

trial size tamaño de prueba.

trigger point punto de intervención.

trigger price precio de intervención.

trimestral trimestral.

triple indemnity triple indemnización.

triple-net lease arrendamiento en que el arrendatario paga todos los gastos de la propiedad.

triple protection triple protección.

triplicate triplicado.

triweekly trisemanal.

troubled bank banco con una proporción alta de préstamos en mora o en incumplimiento.

troy weight peso troy.

truancy ausencia sin justificación del trabajo.

true interest intereses reales.

true interest cost costo real de intereses.

true value valor justo en el mercado.

truncation truncamiento, retención de cheques cancelados.

trust fideicomiso, confianza.

trust account cuenta fiduciaria.

trust certificate certificado de fideicomiso de equipo.

trust company compañía fiduciaria.

trust deed escritura fiduciaria.

trust department departamento de administración de bienes.

trust deposit depósito en un fideicomiso.

trustee fiduciario, persona en una capacidad fiduciaria.

trustee in bankruptcy síndico concursal.

trusteeship cargo fiduciario.

trust estate los bienes en el fideicomiso.

trust fund fondos en fideicomiso, fondos destinados a formar parte de un fideicomiso.

trust fund doctrine doctrina que indica que los bienes de una empresa se deben usar para pagar sus deudas antes de repartirse entre los accionistas.

trust indenture escritura de fideicomiso, documento que contiene los términos y las condiciones de un fideicomiso.

trust instrument instrumento formal mediante el cual se crea un fideicomiso.

trust legacy legado a través de un fideicomiso.

trust officer funcionario de una compañía fiduciaria encargado de los fondos de los fideicomisos.

trustor quien crea un fideicomiso.

trust property la propiedad objeto del fideicomiso.

trust receipt recibo fiduciario.

truth-in-lending laws leyes para que se divulgue información pertinente en préstamos.

truth-in-savings laws leyes para que se divulgue información pertinente a cuentas que producen intereses.

turnaround time tiempo que transcurre en terminar completamente un trabajo tras recibir la orden.

turndown rechazo.

turnkey contract contrato llave en mano.

turnover movimiento, movimiento de mercancías, producción, cambio de personal, giro.

turnover ratio razón de movimiento, razón de giro.

turnover tax impuesto a etapas de producción.

twisting transacciones excesivas para generar comisiones, tergiversación.

two-dollar broker miembro de bolsa quien sirve de corredor para corredores de valores.

two-tailed test prueba de dos colas.

tying arrangement arreglo mediante el cual se puede obtener un producto siempre que se compre otro determinado.

tying contract contrato mediante el cual se puede obtener un producto siempre que se compre otro determinado.

type of option tipo de opción.

ultimate balance saldo final.

ultimate beneficiary beneficiario final.

ultimate consumer consumidor final.

ultimate payment pago final.

ultra vires ultra vires, actos más allá de los poderes autorizados.

umbrella liability seguro de responsabilidad suplementario para aumentar la cobertura.

umbrella liability insurance seguro de responsabilidad suplementario para aumentar la cobertura.

umbrella policy póliza suplementaria para aumentar la cobertura.

unacceptable inaceptable.

unaccessible inaccesible.

unaccustomed desacostumbrado, no usual.

unacknowledged no reconocido.

unadjusted no ajustado.

unadjusted basis base no ajustada.

unadjusted rate tasa no ajustada.

unadjusted rate of return tasa de rendimiento no ajustada.

unadmitted assets activo no admitido.

unaffiliated union unión no afiliada.

unallocated costs costos no asignados.

unamortized no amortizado.

unamortized bond discount descuento de bono no amortizado.

unamortized bond premium prima de bono no amortizada.

unamortized debt deuda no amortizada.

unamortized loan préstamo no amortizado.

unamortized mortgage hipoteca no amortizada.

unamortized mortgage loan préstamo hipotecario no amortizado.

unamortized premium prima no amortizada.

unamortized value valor no amortizado.

unapplied no aplicado.

unappropriated funds fondos no asignados.

unappropriated profits ganancias no asignadas.

unappropriated retained earnings ingresos retenidos no asignados.

unascertainable indeterminable.

unascertained indeterminado.

unascertained duties derechos estimados.

unassignable intransferible, no asignable.

unassociated no asociado.

unauthorized no autorizado, desautorizado.

unauthorized agent agente no autorizado.

unauthorized auditor auditor no autorizado.

unauthorized bank banco no autorizado.

unauthorized dealer comerciante no autorizado.

unauthorized endorsement endoso no autorizado.

unauthorized indorsement endoso no autorizado.

unauthorized insurer asegurador no autorizado.

unauthorized investment inversión no autorizada.

unauthorized issue emisión no autorizada.

unauthorized representative representante no autorizado.

unauthorized signature firma no autorizada.

unauthorized strike huelga no autorizada.

unauthorized transfer transferencia no autorizada.

unauthorized use uso no autorizado.

unavailability indisponibilidad.

unavailable no disponible, inaccesible.

unavoidable inevitable.

unavoidable charges cargos inevitables.

unavoidable costs costos inevitables.

unavoidable expenditures gastos inevitables.

unavoidable expenses gastos inevitables.

unavoidable fees cargos inevitables.

unbalanced desbalanceado.

unbalanced budget presupuesto desbalanceado.

unbalanced budgeting presupuestación desbalanceada.

unbalanced growth crecimiento desbalanceado.

unbiased estimator estimador no sesgado.

unbilled no facturado.

unbilled revenue ingresos no facturados.

unblocking desbloqueo, descongelación.

unbundle desempaquetar.

unbundled desempaquetado.

unbundled stock units unidades de acciones desempaquetadas.

unbundling desempaquetamiento.

uncallable no retirable, no redimible.

uncalled no redimido.

uncalled bonds bonos no redimidos.

uncertain incierto.

uncertain rate tasa incierta.

unclaimed no reclamado.

unclaimed balance balance no reclamado.

unclaimed goods bienes no reclamados.

uncollected no cobrado.

uncollected funds fondos no cobrados.

uncollectible incobrable.

uncollectible account cuenta incobrable.

uncollectible debt deuda incobrable.

uncollectible loan préstamo incobrable.

uncompensable incompensable.

unconditional incondicional.

unconditional acceptance aceptación incondicional.

unconditional agreement convenio incondicional.

unconditional annuity anualidad incondicional.

unconditional binding receipt recibo obligante incondicional.

unconditional commitment compromiso incondicional.

unconditional contract contrato incondicional.

unconditional conveyance traspaso incondicional.

unconditional credit crédito incondicional.

unconditional creditor acreedor incondicional.

unconditional delivery entrega incondicional.

unconditional endorsement endoso incondicional.

unconditional guaranty garantía incondicional.

unconditional health insurance seguro de salud incondicional.

unconditional indorsement endoso incondicional.

unconditional insurance seguro incondicional.

unconditionally incondicionalmente.

unconditional obligation obligación incondicional.

unconditional offer oferta incondicional.

unconditional offer to purchase oferta de compra incondicional.

unconditional order orden incondicional.

unconditional ownership propiedad incondicional.

unconditional payment pago incondicional.

unconditional permit permiso incondicional.

unconditional promise promesa incondicional.

unconditional receipt recibo incondicional.

unconditional renewable health insurance seguro de salud renovable incondicional.

unconditional sale venta incondicional.

unconditional sales contract contrato de venta incondicional.

unconditional transfer transferencia incondicional.

unconfirmed no confirmado.

unconfirmed credit crédito no confirmado.

unconfirmed letter of credit carta de crédito no confirmada.

unconscionable desmedido, abusivo, falto de escrúpulo.

unconscionable bargain contrato abusivo.

unconscionable clause cláusula abusiva.

unconscionable contract contrato abusivo.

unconsolidated no consolidado.

unconsolidated accounts cuentas no consolidadas.

unconsolidated debt deuda no consolidada.

unconsolidated financial statement estado financiero no consolidado.

unconsolidated mortgages hipotecas no consolidadas.

unconsolidated statement estado no consolidado.

unconsolidated tax return planilla no consolidada.

uncontrollable incontrolable.

uncontrollable costs costos incontrolables.

uncontrollable expenditures gastos incontrolables.

uncontrollable expenses gastos incontrolables.

uncontrollable factors factores incontrolables.

uncontrollable variables variables incontrolables.

uncovered descubierto.

uncovered call option opción de compra descubierta.

uncovered option opción descubierta.

uncrossed no cruzado.

undated sin fecha.

undeclared no declarado.

undeclared value valor no declarado.

undeferrable inaplazable.

undefined indefinido.

undelivered sin entregar.

under bond bajo fianza, bajo garantía.

undercapitalization subcapitalización.

undercapitalize subcapitalizar.

undercapitalized subcapitalizado.

undercharge cobrar de menos.

under contract bajo contrato, contratado.

underemployed subempleado.

underground economy economía clandestina.

under insurance infraseguro, cobertura parcial.

underinsurance infraseguro.

underinsured infraasegurado.
under-lease subarriendo.
underlease subarriendo.
under-lessor subarrendador.
underlying subyacente.
underlying bond bono subyacente.
underlying company compañía subsidiaria.
underlying futures contract contrato de futuros subyacente.
underlying lien gravamen subyacente.
underlying mortgage hipoteca subyacente.
underlying securities valores subyacentes.
undermargined account cuenta de margen que está por debajo del mínimo de mantenimiento.
underpay paga insuficiente.
underpayment pago insuficiente.
underpayment penalty penalidad por insuficiencia de pagos.
underproduction subproducción.
under protest bajo protesto.
underreport informar menos de lo devengado.
under seal bajo sello.
undersell vender por precio menor que de competidores.
understate subestimar, subdeclarar.
understated subestimado, subdeclarado.
undertake an obligation asumir una obligación.
undertaking empresa, compromiso.
under-tenant subarrendatario.
under-the-table ilegalmente.
underutilization subutilización.
undervaluation subvaloración.
undervalue subvalorar.
undervalued subvalorado.
underwrite suscribir, asegurar.
underwrite a risk asegurar un riesgo.
underwriter suscriptor, asegurador, colocador de emisión.
underwriting suscripción, aseguramiento, aseguramiento de emisión.
underwriting agreement contrato de colocación de emisión.
underwriting contract contrato de colocación de emisión.

underwriting costs costos de colocación de emisión.
underwriting fee cargo de colocación de emisión.
underwriting group grupo de colocación de emisión.
underwriting manager administrador de colocación de emisión.
underwriting spread margen de colocación de emisión.
underwriting syndicate consorcio de emisión.
undetachable stock warrant certificado de derechos de compra de acciones no desprendible.
undeterminable indeterminable.
undetermined indeterminado.
undetermined costs costos indeterminados.
undigested securities valores emitidos no vendidos.
undisbursed sin desembolsar.
undisclosed oculto.
undisclosed agency representación oculta.
undisclosed agent quien no revela su estado de representante.
undisclosed defects vicios ocultos.
undisclosed partner socio oculto.
undisclosed principal mandante oculto.
undiscounted no descontado.
undistributed no distribuido.
undistributed costs costos no distribuidos.
undistributed earnings ingresos no distribuidos.
undistributed expenses gastos no distribuidos.
undistributed profits ganancias no distribuidas, beneficios no distribuidos.
undistributed profits tax impuesto sobre ganancias no distribuidas.
undivided indiviso, completo.
undivided account cuenta indivisa.
undivided interest interés indiviso.
undivided profits ganancias indivisas.
undivided right derecho indiviso.
undue indebido, no pagadero, no vencido.
unearned no ganado.
unearned discount descuento no devengado.

unearned income ingresos no devengados.

unearned increment incremento no devengado, plusvalía.

unearned interest intereses no vencidos.

unearned premium prima no devengada.

unearned revenue ingresos no devengados.

unemployable quien no puede ser empleado, incapacitado para trabajar.

unemployed desempleado, sin utilizar.

unemployment desempleo.

unemployment compensation compensación por desempleo.

unemployment insurance seguro de desempleo.

unemployment rate tasa de desempleo.

unencumbered libre de gravámenes.

unencumbered property propiedad libre de gravámenes.

unethical no ético.

unexpired no vencido, no expirado.

unexpired account cuenta no expirada.

unexpired card tarjeta no expirada.

unexpired cost costo no vencido.

unexpired credit card tarjeta de crédito no expirada.

unexpired insurance seguro no expirado.

unexpired insurance policy póliza de seguro no expirada.

unexpired policy póliza no expirada.

unexpired term plazo no vencido.

unfair injusto, desleal.

unfair advantage ventaja desleal.

unfair competition competencia desleal.

unfair competitive advantage ventaja competitiva desleal.

unfair labor practice práctica laboral desleal.

unfair methods of competition métodos de competencia desleales.

unfair practices prácticas desleales.

unfair trade competencia desleal.

unfair trade practices prácticas de competencia desleales.

unfaithful employee empleado desleal.

unfavorable desfavorable.

unfavorable balance of trade balanza comercial desfavorable.

unfavorable variance varianza desfavorable.

unfreeze descongelar.

unfulfilled incumplido, insatisfecho.

unfunded sin fondos, flotante.

unified unificado.

unified budget presupuesto unificado.

unified budgeting presupuestación unificada.

unified credit crédito unificado.

uniform uniforme.

uniform accounting system sistema de contabilidad uniforme.

uniform capitalization rules reglas de capitalización uniformes.

uniform cash flow flujo de fondos uniforme.

uniform code código uniforme.

uniform forms formularios uniformes.

uniformity uniformidad.

uniform laws leyes uniformes.

uniform statement declaración uniforme, declaración del cierre uniforme, estado uniforme.

unilateral unilateral.

unilateral contract contrato unilateral.

unilateral strategy estrategia unilateral.

unimproved land tierras sin mejoras.

unimproved property propiedad sin mejoras.

unincorporated no incorporado.

unincorporated no incorporado.

unincorporated association asociación no incorporada.

uninsurable no asegurable.

uninsurable interest interés no asegurable.

uninsurable property propiedad no asegurable.

uninsurable risk riesgo no asegurable.

uninsurable title título no asegurable.

uninsured sin seguro, no asegurado.

uninsured account cuenta no asegurada.

uninsured bank banco no asegurado.

uninsured deposit depósito no asegurado.

uninsured depositor depositante no asegurado.

uninsured financial institution institución financiera no asegurada.

uninsured loan préstamo no asegurado.

uninsured mail correo no asegurado.

uninsured mortgage hipoteca no asegurada.

uninsured mortgage loan préstamo hipotecario no asegurado.

uninsured motorist conductor no asegurado.

uninsured motorist coverage cobertura de conductores no asegurados.

uninsured municipal bond bono municipal no asegurado.

uninsured peril peligro no asegurado.

uninsured premises propiedad no asegurada.

uninsured property propiedad no asegurada.

uninsured risk riesgo no asegurado.

uninsured title título no garantizado.

uninterrupted ininterrumpido.

union unión, gremio laboral, sindicato.

union affiliation afiliación sindical.

union certification certificación de sindicato.

union contract convenio colectivo.

union dues cuotas sindicales.

unionize sindicalizar, agremiar.

union member miembro de unión.

union mortgage clause cláusula en una póliza de seguro de propiedad para proteger al acreedor hipotecario.

union rate salario mínimo postulado por un sindicato.

union security clause cláusula sindical en un contrato laboral.

union shop taller agremiado.

unissued no emitido.

unissued preferred shares acciones preferidas no emitidas.

unissued preferred stock acciones preferidas no emitidas.

unissued shares acciones no emitidas.

unissued stock acciones no emitidas.

unit unidad.

unitary elasticity elasticidad unilateral.

unit bank banco sin sucursales.

unit banking banca sin sucursales.

unit benefit plan plan de beneficios de unidades.

unit control control de unidades.

unit cost costo unitario.

unit investment trust fondo mutuo de inversiones de ingreso fijo.

unit of account unidad de cuenta.

unit of output unidad de producción.

unit of production unidad de producción.

unit of sampling unidad de muestreo.

unit of trade unidad de transacción.

unit of value unidad de valor.

unit ownership acts leyes concernientes a la propiedad horizontal.

unit price precio de unidad.

unitrust fideicomiso en que se le paga anualmente a los beneficiarios un porcentaje fijo del valor justo en el mercado del activo.

units of production method método de unidades de producción.

unit teller cajero de pagos y cobros.

unit value valor unitario.

unity of command unidad de mando.

unity of interest unidad de intereses.

unity of possession unidad de posesión.

unity of time unidad de tiempo.

unity of title unidad de título.

universal universal.

universal agency representación general, poder general.

universal agent representante general, apoderado general.

universal banking banca universal.

universal life seguro de vida universal.

universal life insurance seguro de vida universal.

universal numerical system sistema numérico universal.

universal partnership sociedad universal.

universal teller cajero universal.

universal variable seguro de vida variable universal.

universal variable life insurance seguro de vida variable universal.

universe universo.

unjust enrichment enriquecimiento injusto.

unlawful ilegal, ilícito.

unlawful condition condición ilícita.

unlawful contract contrato ilegal.

unlawful loan préstamo ilegal.

unlawful picketing piquete ilegal.

unleveraged no apalancado.

unleveraged company compañía no apalancada.

unlicensed sin licencia, sin autorizar.

unlimited ilimitado.

unlimited account cuenta ilimitada.

unlimited authority autorización ilimitada.

unlimited credit crédito ilimitado.

unlimited liability responsabilidad ilimitada.

unlimited mortgage hipoteca ilimitada.

unlimited tax bond bono con respaldo de imposición ilimitada.

unliquidated no liquidado, sin determinar.

unlisted no cotizado.

unlisted securities valores no cotizados.

unlisted shares acciones no cotizadas.

unlisted stock acciones no cotizadas.

unlisted trading transacciones de valores no cotizados.

unlivery descarga del cargamento en el puerto señalado.

unload descargar.

unloading descarga.

unmailable no apto para enviarse por correo.

unmarginable que no son elegibles para cuentas de margen.

unmarked sin marcar.

unmarketable incomerciable, invendible, innegociable.

unmarketable title título incierto.

unnegotiable innegociable, no negociable.

unoccupied vacante, no ocupado.

unofficial strike huelga sin la autorización del sindicato.

unpaid no pagado, impago, sin paga.

unpaid balance saldo deudor.

unpaid check cheque no pagado.

unpaid debt deuda no pagada.

unpaid dividend dividendo no pagado.

unpaid holiday día festivo no pagado.

unpaid invoice factura no pagada.

unpaid loan préstamo no pagado.

unproductive investment inversión improductiva.

unprofessional conduct conducta no profesional.

unqualified opinion opinión sin reservas.

unquoted no cotizado.

unrealized no realizado.

unrealized appreciation apreciación no realizada.

unrealized depreciation depreciación no realizada.

unrealized gains ganancias no realizadas.

unrealized losses pérdidas no realizadas.

unrealized profits ganancias no realizadas.

unreasonable irrazonable, arbitrario.

unreasonable compensation remuneración irrazonable.

unreasonable restraint of trade restricción irrazonable del comercio.

unrecorded no registrado, no inscrito.

unrecorded deed escritura sin registrar.

unrecovered cost costo no recuperado.

unregistered shares acciones no registradas.

unregistered stock acciones no registradas.

unrelated business income ingresos de negocios no relacionados.

unrelated business income tax impuesto sobre ingresos de negocios no relacionados.

unreported income ingresos sin informar.

unrestricted sin restricción, no restringido, ilimitado.

unrestricted articles artículos sin restricciones.

unrestricted assets activo sin restricción.

unrestricted card list lista de tarjetas sin restricciones.

unrestricted credit crédito sin restricción.

unrestricted data datos sin restricciones.

unrestricted distribution distribución sin restricciones.

unrestricted funds fondos sin restricciones.

unrestricted list lista de valores sin restricciones.

unrestricted market mercado sin restricciones.

unrestricted shares acciones sin restricciones en cuanto a la transferencia.

unrestricted stock acciones sin restricciones en cuanto a la transferencia.

unrestricted stock option opción de compra de acciones sin restricciones.

unsafe inseguro, peligroso.

unsatisfactory no satisfactorio.

unsatisfactory account cuenta no satisfactoria.

unsatisfactory title título viciado.

unsatisfied insatisfecho.

unscheduled property propiedad que no está en una lista de bienes asegurados con sus valores respectivos.

unscrupulous inescrupuloso.

unsecured sin garantía.

unsecured account cuenta sin garantía.

unsecured bond bono sin garantía.

unsecured credit crédito sin garantía.

unsecured credit card tarjeta de crédito.

unsecured creditor acreedor sin garantía.

unsecured debt deuda sin garantía.

unsecured loan préstamo sin garantía.

unsecured note pagaré quirografario.

unsecured transaction transacción sin garantía.

unseen no visto.

unsolicited no solicitado.

unstable inestable.

unstable market mercado inestable.

unstated interest intereses imputados.

unsubscribed shares acciones no suscritas.

unsubscribed stock acciones no suscritas.

unsystematic risk riesgo no sistemático.

untenantable condition condiciones no aptas para la ocupación.

unused sin usar, no utilizado.

unused capacity capacidad no utilizada.

unused credit crédito no utilizado.

unvalued policy póliza en que no se establece el valor de los bienes asegurados.

unwritten no escrito, verbal.

unwritten contract contrato no escrito, contrato verbal.

update actualizar.

updated actualizado.

upkeep mantenimiento.

upon condition bajo condición.

upper limit límite superior.

upset price precio mínimo en subasta.

uptick venta a precio mayor que la anterior.

up to date al día.

upturn cambio alcista en un ciclo.

urban urbano.

urban development desarrollo urbano.

urban easement servidumbre urbana.

urban property propiedad urbana.

urban renewal renovación urbana.

urban servitude servidumbre urbana.

usable funds fondos utilizables.

usage of trade modo acostumbrado de llevar a cabo transacciones.

usance usanza, uso, vencimiento.

useful life vida útil.

user fee cargo al usuario.

use tax impuesto sobre bienes comprados en otro estado.

usual and customary charges cargos usuales y acostumbrados.

usual course of business curso normal de los negocios.

usual covenants cláusulas usuales, garantías usuales.

usual place of business lugar usual de negocios.

usufruct usufructo.

usurer usurero.

usurious usurario.

usurious contract contrato usurario.

usurious rate tasa usuraria.

usurious rate of interest tasa de interés usuraria.

usury usura.

usury laws leyes concernientes a la usura.

usury rate tasa usuraria.

utility easement servidumbre de compañías de servicio público.

utilization factor factor de utilización.
utilization rate tasa de utilización.
utilized utilizado.
utilized capacity capacidad utilizada.

V

vacancy vacante.
vacancy rate tasa de vacantes.
vacant vacante.
vacant land tierra vacante.
vacate dejar vacante, anular.
vacation pay paga durante vacaciones.
valid válido, vigente.
validate validar.
validation validación.
validation period período de
    validación.
valid contract contrato válido.
valid date fecha de validez.
validity validez.
validity test prueba de validez.
validness validez.
valid title título válido.
valorization valorización.
valorize valorar.
valuable valioso.
valuable consideration
    contraprestación suficiente,
    contraprestación válida.
valuable improvements mejoras de
    valor.
valuation valuación, valoración,
    tasación, apreciación.
valuation account cuenta de valuación.
valuation base base de valuación.
valuation basis base de valuación.
valuation change cambio de valuación.
valuation criterion criterio de
    valuación.
valuation factor factor de valuación.
valuation method método de
    valuación.
valuation of assets valuación del
    activo.
valuation of loss valuación de la
    pérdida.
valuation of policy valuación de la
    póliza.

valuation premium prima de
    valuación.
valuation reserve reserva de valuación.
value valor, contraprestación, precio.
value added valor agregado, valor
    añadido.
value-added tax impuesto al valor
    agregado, impuesto de plusvalía.
value analysis análisis de valor.
value change cambio de valor.
value compensated compensado por
    valor.
valued valorado.
value date fecha de valor.
valued contract contrato valorado.
value declared valor declarado.
valued policy póliza valorada, póliza
    en que se establece el valor de los bienes
    asegurados.
value increase aumento de valor.
value in use valor en uso.
valueless sin valor, inservible.
value of money valor del dinero.
valuer tasador.
value received valor recibido.
variable variable.
variable amount cantidad variable.
variable-amount annuity anualidad
    de cantidad variable.
variable annuity anualidad variable.
variable base base variable.
variable-benefit plan plan de
    beneficios variables.
variable benefits beneficios variables.
variable budget presupuesto variable.
variable budgeting presupuestación
    variable.
variable capital capital variable.
variable cost costo variable.
variable-cost ratio razón de costos
    variables.
variable credit line línea de crédito
    variable.
variable debt deuda variable.
variable-dollar annuity anualidad de
    cantidad variable.
variable exchange rate tipo de
    cambio variable.
variable expenditures gastos
    variables.
variable expenses gastos variables.
variable fee cargo variable.

variable income ingreso variable.
variable inspection inspección variable.
variable interest interés variable.
variable interest rate tasa de interés variable.
variable life insurance seguro de vida variable.
variable limit límite variable.
variable overhead gastos generales variables.
variable-payment plan plan de pagos variables.
variable payments pagos variables.
variable premium prima variable.
variable-premium life insurance seguro de vida de primas variables.
variable price precio variable.
variable rate tasa variable.
variable-rate account cuenta con tasa de interés variable.
variable-rate certificate certificado de ahorros a tasa de interés variable.
variable-rate certificate of deposit certificado de ahorros a tasa de interés variable.
variable-rate financing financiamiento a tasa de interés variable.
variable-rate loan préstamo a tasa de interés variable.
variable-rate mortgage hipoteca con tasa de interés variable.
variable return rendimiento variable.
variable yield rendimiento variable.
variance varianza, permiso especial para una desviación de los reglamentos de zonificación, variación.
variance analysis análisis de la varianza.
variation variación.
variation clause cláusula de variación.
variety store tienda con variedad de productos.
vault cash efectivo en bóveda.
vehicle coverage cobertura de vehículo.
velocity of circulation velocidad de circulación.
velocity of money velocidad del dinero.
vend vender, divulgar.
vendee comprador.
vendibility posibilidad de venderse.

vendible vendible.
vendor vendedor.
vendor's lien gravamen del vendedor.
venture empresa, negocio, negocio arriesgado.
venture capital capital arriesgado en una empresa, capital aventurado.
venture capital limited partnership sociedad en comandita de capital aventurado.
verbal verbal.
verbal agreement acuerdo verbal.
verbal contract contrato verbal.
verifiable verificable.
verification verificación.
verification factor factor de verificación.
verification of signature verificación de firma.
vertical analysis análisis vertical.
vertical conflict conflicto vertical.
vertical integration integración vertical.
vertical management administración vertical.
vertical marketing mercadeo vertical.
vertical merger fusión vertical.
vertical organization organización vertical.
vertical promotion promoción vertical.
vertical spread combinación vertical de opciones.
vertical union sindicato vertical.
vest investir, dar posesión, conferir.
vested efectivo, transferido, conferido.
vested interest interés adquirido.
vested pension derecho de pensión adquirido.
vested remainder derecho sobre un inmueble el cual se adquirirá al extinguirse el derecho de otro sobre dicho inmueble.
vesting adquisición de derechos de pensión.
vexatious delay to pay demora de pago injustificada.
vicarious liability responsabilidad indirecta.
vice-president vicepresidente.

vice-principal empleado a quien se le delegan varias responsabilidades de supervisión y control sobre empleados.

video banking banca por video.

violation violación, infracción.

visible means of support medios aparentes de mantenimiento.

visible supply emisiones de bonos municipales en los próximos treinta días.

vocational rehabilitation rehabilitación vocacional.

vocational training entrenamiento vocacional.

void nulo, sin fuerza legal.

voidable anulable.

voidable contract contrato anulable.

voidable preference preferencia anulable.

void contract contrato nulo.

voided anulado.

void transaction transacción nula.

volatile volátil.

volatility volatilidad.

volume volumen.

volume discount descuento por volumen.

volume of business volumen de negocios.

volume of trade volumen de comercio.

voluntary voluntario.

voluntary accumulation plan plan de acumulación voluntario.

voluntary arbitration arbitraje voluntario.

voluntary assignment cesión voluntaria.

voluntary bankruptcy quiebra voluntaria.

voluntary compliance cumplimiento voluntario.

voluntary conversion conversión voluntaria.

voluntary conveyance transferencia voluntaria, transferencia a título gratuito.

voluntary deposit depósito voluntario.

voluntary exchange intercambio voluntario.

voluntary export quotas cuotas de exportación voluntarias.

voluntary insurance seguro voluntario.

voluntary lien gravamen voluntario.

voluntary payment pago voluntario.

voluntary plan termination terminación de plan voluntaria.

voluntary reserve reserva voluntaria.

voluntary sale venta voluntaria.

voluntary termination terminación voluntaria.

voluntary trust fideicomiso voluntario.

vote by proxy voto por poder, voto mediante apoderado.

voting rights derechos de voto.

voting shares acciones con derecho de voto.

voting stock acciones con derecho de voto.

voting trust fideicomiso para votación.

voting trust certificate certificado de fideicomiso para votación.

vouchee defensor del título.

voucher comprobante, recibo.

voucher check cheque con comprobante.

voucher system sistema de comprobantes.

voyage policy póliza de seguro marítimo para viajes determinados.

wage salario, sueldo, remuneración.

wage adjustment ajuste salarial.

wage agreement convenio salarial.

wage and hours laws leyes concernientes al máximo de horas de trabajo y al salario mínimo.

wage assignment cesión de salario, asignación de salario.

wage bracket escala salarial.

wage ceiling techo salarial.

wage control control salarial.

wage curve curva salarial.

wage dispute disputa salarial.

wage earner asalariado, trabajador.

wage earner plan convenio para el pago de deudas por un deudor asalariado bajo la ley de quiebras.

wage floor salario mínimo.

wage freeze congelación salarial.

wage garnishment embargo de salario.

wage incentive incentivo salarial.

wage increase aumento salarial.

wage increment incremento salarial.

wage index índice salarial.

wage inflation inflación de salarios.

wageless no pagado.

wage level nivel salarial.

wage minimum salario mínimo.

wage-price spiral espiral salarios-precios.

wage-push inflation inflación impulsada por salarios ascendentes.

wage rate tasa salarial.

wage rise alza salarial.

wager policy póliza de seguro en la que el asegurado no tiene un interés asegurable.

wages salario, comisiones, remuneración.

wage scale escala salarial.

wage stabilization estabilización salarial.

wage structure estructura salarial.

wage tax impuesto sobre salarios.

wageworker asalariado, trabajador.

waiting list lista de espera.

waiting period período de espera.

waive renunciar a, abandonar.

waiver renuncia, abandono.

waiver of exemption renuncia de exención.

waiver of notice renuncia a notificación.

waiver of premium clause cláusula de cesación de pagos por parte del asegurado al incapacitarse.

waiver of premiums cancelación de primas.

waiver of protest renuncia al protesto.

waiver of rights renuncia de derechos.

waiver of tort elección de no accionar por daño legal sino por incumplimiento de contrato.

walkout abandono organizado del lugar de trabajo por trabajadores por causa de conflictos laborales, huelga laboral.

want of consideration falta de contraprestación.

warehouse almacén, depósito.

warehouse book libro para mantener el inventario de un almacén.

warehouser almacenero.

warehouse receipt recibo de almacenaje.

warehouse rent almacenaje.

warehouse system sistema para el almacenamiento de mercancías importadas.

wares mercancías, bienes.

warning bulletin boletín de aviso.

warrant n libramiento, autorización, certificado, derecho generalmente vigente por varios años para la compra de acciones a un precio específico.

warrant v garantizar, certificar, autorizar.

warrantable garantizable.

warranted garantizado.

warrantee beneficiario de una garantía, garantizado.

warrantor garante.

warranty garantía.

warranty deed escritura con garantías de título.

warranty of habitability garantía de habitabilidad.

warranty of merchantability garantía de comerciabilidad.

warranty of title garantía de título.

wash sale venta con pérdida del mismo valor comprado dentro de un plazo máximo de días, venta ficticia.

waste daños negligentes a la propiedad, uso abusivo de la propiedad, desperdicios.

wasteful pródigo, ruinoso.

wasting asset activo consumible, recurso natural agotable.

wasting property propiedad agotable.

wasting trust fideicomiso agotable.

watch list lista de acciones bajo vigilancia especial.

water damage insurance seguro contra daño por agua.

watered stock acciones ofrecidas con precio inflado comparado con el valor contable.

water pollution contaminación de aguas.

water stock aguar acciones.

water transportation transporte por agua.

waybill hoja de ruta, guía, carta de porte.

way-going crop cosecha tras la expiración del arrendamiento.

wayleave servidumbre minera.

way of necessity servidumbre de paso por necesidad.

ways and means medios y arbitrios.

ways and means committee comisión de medios y arbitrios.

weak currency moneda débil.

weak market mercado débil.

wear and tear deterioro.

wear and tear exclusion exclusión de deterioro.

weekday día de semana, día laborable.

weekly semanalmente.

weekly report informe semanal.

weight certificate certificado de peso.

weighted average media ponderada.

weighted average inventory method método de inventario de media ponderada.

weighted average life vida media ponderada.

weighted average maturity vencimiento medio ponderado.

weighted index índice ponderado.

weighted mean media ponderada.

welfare bienestar, asistencia social.

wharf muelle.

wharfage derechos de muelle.

when issued a efectuarse cuando se emita.

whistle blower empleado que se rehusa a participar en actividades ilícitas en su empresa, empleado que informa sobre actividades ilícitas en su empresa.

whole life seguro de vida entera.

whole life annuity anualidad de vida entera.

whole life insurance seguro de vida entera.

wholesale al por mayor.

wholesale banking banca al por mayor.

wholesale dealer comerciante mayorista.

wholesale market mercado al por mayor.

wholesale price precio al por mayor.

wholesale price index índice de precios al por mayor.

wholesaler mayorista.

wholesale trade comercio al por mayor.

wholesaling ventas al por mayor.

wholly enteramente, totalmente.

wildcat strike huelga no autorizada por el sindicato.

will testamento, voluntad.

windfall profits ganancias inesperadas.

windfall profits tax impuesto sobre las ganancias inesperadas.

window dressing estratagemas para adornar.

window of opportunity ventana de oportunidad.

wire house casa de corretaje con sucursales.

wire room sala de operaciones de firma de corretaje.

wire transfer transferencia electrónica.

with all faults en el estado en que está.

with benefit of survivorship con beneficio de supervivencia.

withdraw retirar, retractar.

withdraw a bid retirar una propuesta.

withdrawal retiro.

withdrawal notice aviso de retiro.

withdrawal of funds retiro de fondos.

withdrawal penalty penalidad por retiro.

withdrawal plan plan de retiros.

withdrawal value valor de retiro.

withdraw an offer retirar una oferta.

withdraw funds retirar fondos.

with exchange con gastos de cobro.

withhold retener, rehusar.

withholding retención.

withholding agent agente de retención, retentor.

withholding tax retención de impuestos.

with interest con intereses.

without delay sin demora.

without dividend sin dividendo.

without recourse sin recurso.

without reserve sin reserva.

with recourse con recurso.

with right of survivorship con derecho de supervivencia.

work trabajo, ocupación, obra.

work area área de trabajo.
workday día laborable, jornada.
workday día laborable, jornada.
work environment ambiente de trabajo.
worker trabajador.
workers' compensation insurance seguro de accidentes y enfermedades de trabajo.
workers' compensation laws leyes de accidentes y enfermedades de trabajo.
workforce fuerza laboral, personal.
working utilizable, trabajador.
working account cuenta de explotación.
working assets activo de explotación, activo de trabajo.
working capital capital circulante, capital de explotación.
working capital turnover razón de ventas a capital circulante.
working day día laborable.
working hours horas de trabajo.
working papers permiso oficial de trabajo.
working place lugar de trabajo.
working reserve reserva para operaciones.
workload carga de trabajo.
work of necessity trabajo de necesidad.
work order orden de trabajo.
work permit permiso de trabajo, permiso oficial de trabajo de extranjero.
worksheet hoja de trabajo.
workstation estación de trabajo.
work stoppage paro laboral.
work ticket tarjeta para registrar horas de trabajo.
work week semana laboral.
world trade comercio mundial.
worldwide coverage cobertura mundial.
worldwide trade comercio mundial.
worth valor.
worthless sin valor.
worthless account cuenta sin valor.
worthless check cheque sin fondos, cheque girado contra una cuenta no existente.
worthless securities valores sin valor.

wraparound mortgage hipoteca que incorpora otra hipoteca existente.
write down reducir el valor contable, amortizar parcialmente.
write off reducir el valor contable a cero, eliminar, amortizar completamente, cancelar una partida contable.
writer girador, quien vende opciones.
write up aumentar el valor contable.
written escrito.
written agreement convenio escrito.
written contract contrato escrito.
written notice aviso por escrito.
written warranty garantía escrita.
wrong entry asiento equivocado.
wrongful dishonor rehuso de pago indebido.

xenocurrency xenomoneda.

year-end a fin de año, fin de ejercicio.
year-end adjustment ajuste de fin de año.
year-end dividend dividendo de fin de año.
yearly anual.
yearly accounts cuentas anuales.
yearly aggregate limit límite total anual.
yearly amortization amortización anual.
yearly audit auditoría anual.
yearly average earnings promedio de ingresos anuales.
yearly basis base anual.
yearly bonus bono anual.
yearly budget presupuesto anual.
yearly budgeting presupuestación anual.
yearly cap límite anual.

yearly debt service   servicio de la deuda anual.

yearly depreciation   depreciación anual.

yearly earnings   ingresos anuales.

yearly exclusion   exclusión anual.

yearly financial statement   estado financiero anual.

yearly income   ingreso anual.

yearly interest   interés anual.

yearly meeting   reunión anual.

yearly premium   prima anual.

yearly production   producción anual.

yearly rate   tasa anual.

yearly rate increase   incremento de tasa anual.

yearly remuneration   remuneración anual.

yearly rent   renta anual.

yearly report   informe anual.

yearly return   rendimiento anual.

yearly salary   salario anual.

yearly statement   estado anual.

yearly wage   salario anual.

yearly yield   rendimiento anual.

years of service   años de servicio.

year-to-date   año hasta la fecha.

yellow dog contract   contrato mediante el cual el empleado pierde su trabajo si se une a un sindicato.

yield   rendimiento.

yield advantage   ventaja de rendimiento.

yield basis   base de rendimiento.

yield curve   curva de rendimiento.

yield equivalence   equivalencia de rendimiento.

yield equivalent   equivalente de rendimiento.

yield increase   aumento de rendimiento.

yield interest   devengar intereses.

yield rate   tasa de rendimiento.

yield spread   diferencia de rendimiento.

yield to average life   rendimiento a la vida media.

yield to call   rendimiento a la redención.

yield to maturity   rendimiento al vencimiento.

Z

zero-balance account   cuenta de balance cero.

zero-base budget   presupuesto de base cero.

zero-base budgeting   presupuestación de base cero.

zero-coupon bond   bono con pago único al vencimiento que incluye el principal y todos los intereses.

zero-coupon mortgage   hipoteca con pago único al vencimiento que incluye el principal y todos los intereses.

zero-coupon securities   valores con pago único al vencimiento que incluye el principal y todos los intereses.

zero economic growth   crecimiento económico cero.

zero growth   crecimiento cero.

zero rate   tasa cero.

zone   zona.

zone of employment   zona de empleo.

zoning   zonificación.

zoning laws   leyes de zonificación.

zoning map   mapa de zonificación.

zoning ordinance   ordenanza de zonificación.

zoning regulations   reglamentos de zonificación.

Spanish-English Section

a cargo de   in charge of, payable by.

a corto plazo   short term, in the short term.

a crédito   on credit.

a cuenta   on account.

a cuenta de   for the account of, on behalf of.

a descuento   at a discount.

a destajo   by the job, by the piece.

a favor de   in favor of.

a granel   in bulk.

a la entrega   on delivery.

a la orden de   to the order of.

a la par   at par.

a la presentación   at sight, on presentation.

a la vista   at sight.

a largo plazo   long term.

a medio plazo   medium term.

a pagar   payable, outstanding.

a pedimento   on request.

a plazo intermedio   intermediate term.

a plazos   in installments.

a precio de mercado   at market price.

a presentación   on presentation.

a prueba   on approval.

a su presentación   on presentation.

a su propia orden   to his own order.

a tiempo   on time.

a tiempo completo   full time.

a tiempo parcial   part time.

a título gratuito   gratuitous.

a título oneroso   based on valuable consideration.

a título precario   for temporary use and enjoyment.

abandonado   abandoned, negligent.

abandonamiento   *m* abandonment, negligence.

abandonar   abandon, waive.

abandonar al asegurador   abandon to the insurer.

abandonar géneros   abandon goods.

abandonar géneros al asegurador   abandon goods to the insurer.

abandonar una reclamación   abandon a claim.

abandono   *m* abandonment, waiver.

abandono de bienes   abandonment of goods.

abandono de buque   abandonment of ship.

abandono de carga   abandonment of cargo.

abandono de cargamento   abandonment of cargo.

abandono de cosas aseguradas   abandonment of insured property.

abandono de flete   abandonment of freight.

abandono de mercancías   abandonment of goods.

abandono de propiedad asegurada   abandonment of insured property.

abandono de un contrato   abandonment of a contract.

abandono implícito   implied abandonment.

abaratar   cheapen.

abarcador   adj comprehensive.

abarcador   *m* monopolizer.

abarcar   contain, monopolize.

abarrotar   stock completely, monopolize.

abastecedor   *m* purveyor.

abastecer   supply.

abastecer el mercado   supply the market.

abastecido   supplied.

abastecimiento   *m* supply, supplying.

abasto   *m* supplying.

abastos   *m* supplies.

abogado de patentes   patent attorney.

abogado de sociedad   corporate attorney.

abogado notario   attorney who is also a notary public.

abolición   *f* abolition, repeal.

abolir   abolish, repeal.

abonable   payable.

abonado   *m* subscriber.

abonado en cuenta   credited to account.

abonador   *m* surety, guarantor.

abonamiento   *m* surety, guaranty, security.

abonar   credit, pay, guarantee.

abonar a una cuenta   credit an account.

abonar al contado   pay cash.

abonar de más overcredit.

abonar en cuenta credit an account.

abonar en exceso overcredit.

abonaré *m* promissory note, due bill.

abono *m* payment, credit, guaranty.

abono a cuenta payment on account.

abono de intereses payment of interest.

abono en cuenta payment on account.

abono parcial payment on account.

abordaje *m* collision of vessels, boarding.

abrigo contributivo tax shelter.

abrigo impositivo tax shelter.

abrigo tributario tax shelter.

abrir la asamblea call the meeting to order.

abrir la junta call the meeting to order.

abrir la licitación open the bidding.

abrir la reunión call the meeting to order.

abrir la sesión call the meeting to order.

abrir los libros open the books.

abrir propuestas open bids.

abrir un crédito open a line of credit.

abrir un mercado open a market.

abrir una cuenta open an account.

abrogable annullable, repealable.

abrogación *f* abrogation, annulment, repeal.

abrogar abrogate, annul, repeal.

absentismo *m* absenteeism.

absentismo laboral employee absenteeism.

absentista *m/f* absentee.

absoluta e incondicionalmente absolutely and unconditionally.

absoluto absolute.

absorber absorb.

absorber costes absorb costs.

absorber costos absorb costs.

absorber la pérdida absorb the loss.

absorber pérdidas absorb losses.

absorbido absorbed.

absorción *f* absorption, takeover.

absorción de costes absorption of costs.

absorción de costos absorption of costs, cost absorption.

absorción de empresa corporate takeover.

absorción de liquidez absorption of liquidity.

abundancia *f* abundance.

abuso *m* abuse, misuse.

abuso de crédito misuse of credit.

acaparador adj monopolizing, hoarding.

acaparador *m* monopolizer, hoarder.

acaparamiento *m* monopolization, hoarding.

acaparamiento de bienes hoarding of goods.

acaparamiento de mercancías hoarding of goods, hoarding of commodities.

acaparamiento de toda la oferta coemption.

acaparar monopolize, hoard.

acaparar el mercado corner the market.

acapararrse reach an agreement, close a transaction.

acápite *m* separate paragraph.

acarrear carry, transport.

acarreo *m* carriage, transport.

acarreto *m* carriage, transport.

acatamiento voluntario voluntary compliance.

accesibilidad *f* accessibility.

accesible accessible, available.

accesión *f* accession.

acceso *m* access, admittance.

acceso a un mercado access to a market.

acceso efectivo effective access.

acceso efectivo al mercado effective market access.

acceso equivalente equivalent access.

acceso equivalente al mercado equivalent market access.

accesoria *f* annex.

accesorio adj accessory, secondary.

accesorio *m* accessory, fixture.

accidental accidental.

accidentalmente accidentally.

accidente *m* accident.

accidente corporal accident resulting in a personal injury.

accidente de trabajo occupational accident.

accidente en el trabajo on-the-job accident.

accidente industrial industrial accident.

accidente laboral occupational accident.

accidente no de trabajo nonoccupational accident.

accidente no laboral nonoccupational accident.

accidente ocupacional occupational accident.

accidente operativo industrial accident.

accidente profesional occupational accident.

accidente relacionado al empleo job-related accident.

accidente relacionado al trabajo job-related accident.

acción *f* stock share, stock certificate, action, lawsuit.

acción cambiaria action for the collection of a bill of exchange.

acción cambiaria de regreso action against secondary endorsers.

acción contractual action of contract.

acción de apremio summary process for the collection of taxes.

acción de clase class action.

acción de cobro de dinero action of debt.

acción de conducción action by a tenant to maintain possession.

acción de desahucio action of ejectment, ejectment action.

acción de desalojo ejectment action.

acción de deslinde action to establish property lines.

acción de despojo ejectment action.

acción de enriquecimiento indebido action for restitution after unjust enrichment.

acción de locación action to collect rent.

acción de regreso action of debt.

acción en cobro de dinero action of debt.

acción estimatoria action by the buyer against the seller to obtain a reduction in price due to defects.

acción fraccionada fractional share.

acción hipotecaria foreclosure proceedings.

acción inmobiliaria action concerning real estate.

acción laboral labor action.

acción mobiliaria action concerning personal property.

acción pignoraticia action of pledge.

acción plenaria de posesión action to acquire property through prescription.

acción por incumplimiento de contrato action of contract.

acción prendaria action of pledge.

acción revocatoria action by a creditor against a debtor to nullify fraudulent acts.

accionariado *m* shareholders.

accionario *m* shareholder.

acciones *f* shares, stock shares, stock certificates.

acciones a la par par-value stock.

acciones a valor par par-value stock.

acciones acumulativas cumulative stock.

acciones al contado cash stock.

acciones al portador bearer stock.

acciones bancarias bank shares.

acciones barométricas barometer stocks.

acciones calificadas qualifying shares.

acciones cíclicas cyclical stocks.

acciones clasificadas classified stock.

acciones comunes common stock.

acciones con derecho a dividendos dividend stock.

acciones con derecho a voto voting stock.

acciones con derecho de voto voting stock.

acciones con descuento stock at a discount.

acciones con dividendos dividend stock.

acciones con garantía de dividendos guaranteed stock.

acciones con participación participating stock.

acciones con prima stock at a premium.

acciones con valor a la par par-value stock.

acciones con voto voting stock.

acciones convertibles convertible stock.

acciones corporativas corporate stock.

acciones cotizadas listed stock.

acciones cubiertas paid-up stock.

acciones de alta tecnología high-technology stocks.

acciones de alto riesgo high-risk stocks.

acciones de banco bank stock.

acciones de banquero banker's shares.

acciones de capital capital stock.

acciones de clase A class A stock.

acciones de clase B class B stock.

acciones de compañías corporate shares.

acciones de control control stock.

acciones de fundación founders' shares.

acciones de fundador founders' shares.

acciones de garantía guaranty stock.

acciones de industria stock given in exchange of services.

acciones de ingresos income shares.

acciones de preferencia preferred stock.

acciones de primera calidad blue-chip stocks.

acciones de sociedad anónima corporate stock.

acciones de tesorería treasury stock.

acciones de trabajo stock issued for services.

acciones del fundador founder's shares.

acciones del promotor founder's shares.

acciones diferidas deferred stock.

acciones donadas donated stock.

acciones emitidas emitted stock, issued stock.

acciones en caja treasury stock.

acciones en circulación outstanding stock.

acciones enteramente pagadas paid-up stock.

acciones exhibidas paid-up stock.

acciones gravables assessible stock.

acciones habilitantes qualifying shares.

acciones inactivas inactive stocks.

acciones indicativas de tendencias bellwether stocks.

acciones liberadas paid-up stock.

acciones no cotizadas unlisted shares.

acciones no emitidas unissued stock.

acciones no gravables non-assessible stock.

acciones no imponibles non-assessible stock.

acciones no liberadas stock that is not paid-up.

acciones no registradas unregistered stock.

acciones no suscritas unsubscribed stock.

acciones nominales registered stock.

acciones nominativas registered stock.

acciones ordinarias ordinary stock.

acciones pagadas paid-up stock.

acciones pignoradas pledged shares.

acciones preferenciales acumulativas cumulative preferred stock.

acciones preferenciales redimibles redeemable preferred shares.

acciones preferentes preferred stock.

acciones preferentes acumulativas cumulative preferred stock.

acciones preferentes con participación participating preferred stock.

acciones preferentes no acumulativas noncumulative preferred stock.

acciones preferentes no emitidas unissued preferred stock.

acciones preferidas preferred stock.

acciones preferidas acumulativas cumulative preferred stock.

acciones preferidas con participación participating preferred stock.

acciones preferidas convertibles convertible preferred stock.

acciones preferidas de tasa flotante floating-rate preferred stock.

acciones preferidas de tipo ajustable adjustable-rate preferred stock.

acciones preferidas de tipo flotante floating-rate preferred stock.

acciones preferidas no acumulativas noncumulative preferred stock.

acciones preferidas no emitidas
unissued preferred stock.

acciones preferidas redimibles
callable preferred stock.

acciones preferidas redimidas
called preferred stock.

acciones preferidas sin participación
nonparticipating preferred stock.

acciones prestadas borrowed stock,
loaned stock.

acciones privilegiadas preferred
stock.

acciones privilegiadas acumulativas
cumulative preferred stock.

**acciones privilegiadas con
participación** participating preferred
stock.

acciones privilegiadas convertibles
convertible preferred stock.

**acciones privilegiadas no
acumulativas** non-cumulative
preferred stock.

acciones privilegiadas no emitidas
unissued preferred stock.

acciones privilegiadas redimibles
callable preferred stock.

acciones privilegiadas redimidas
called preferred stock.

acciones readquiridas reacquired
stock.

acciones redimibles callable stock,
redeemable stock.

acciones rescatables callable stock,
redeemable stock.

acciones seguras defensive stocks.

**acciones sensibles a las tasas de
intereses** interest-sensitive stocks.

acciones sin derecho a voto
non-voting stock.

acciones sin derecho de voto
non-voting stock.

acciones sin valor a la par no par
stock.

acciones sin valor nominal no par
stock.

acciones sin voto non-voting stock.

acciones suscritas subscribed stock.

acciones votantes voting stock.

accionista *m/f* stockholder.

accionista mayoritario majority
stockholder.

accionista preferido preferred
stockholder.

accionista principal principal
stockholder.

accionista registrado stockholder of
record.

accionistas disidentes dissenting
stockholders.

accionistas minoritarios minority
stockholders.

aceleración *f* acceleration.

acelerado accelerated.

acelerador *m* accelerator.

acelerar accelerate.

acensar tax, take a census, establish an
annuity contract which runs with the
land.

acensuar tax, take a census, establish an
annuity contract which runs with the
land.

aceptabilidad *f* acceptability.

aceptable acceptable.

aceptablemente acceptably.

aceptación *f* acceptance.

aceptación absoluta absolute
acceptance.

aceptación anticipada anticipated
acceptance.

aceptación bancaria banker's
acceptance, bank acceptance.

aceptación cambiaria accepted bill of
exchange.

aceptación comercial trade
acceptance.

aceptación como finiquito accord
and satisfaction.

aceptación condicionada conditional
acceptance.

aceptación condicional conditional
acceptance.

aceptación contractual acceptance of
contract.

aceptación de bienes acceptance of
goods.

aceptación de complacencia
accommodation acceptance.

aceptación de crédito credit
acceptance.

aceptación de depósitos acceptance
of deposits.

aceptación de favor accommodation
acceptance.

aceptación de la donación
acceptance of the gift.

aceptación de la herencia acceptance of the inheritance.

aceptación de la letra de cambio acceptance of the bill of exchange.

aceptación de oferta acceptance of offer.

aceptación de pedido acceptance of order.

aceptación de poder acceptance of power of attorney.

aceptación del legado acceptance of the legacy.

aceptación del mandato acceptance to represent a principal.

aceptación del riesgo acceptance of risk.

aceptación en blanco blank acceptance.

aceptación especial special acceptance.

aceptación expresa express acceptance.

aceptación final final acceptance.

aceptación general general acceptance.

aceptación implícita implied acceptance.

aceptación incondicional unconditional acceptance.

aceptación legal legal acceptance.

aceptación libre general acceptance.

aceptación limitada limited acceptance.

aceptación mercantil trade acceptance.

aceptación parcial partial acceptance.

aceptación por acomodamiento accommodation acceptance.

aceptación por consumidores consumer acceptance.

aceptación pura y simple unconditional acceptance.

aceptación tácita tacit acceptance.

aceptación total total acceptance.

aceptado accepted, honored.

aceptador adj accepting.

aceptador m acceptor.

aceptante adj accepting.

aceptante m acceptor.

aceptante de un efecto acceptor of a bill.

aceptar accept.

aceptar con reserva accept conditionally.

aceptar condicionalmente accept conditionally.

aceptar depósitos accept deposits.

aceptar mercancías accept goods.

aceptar por cuenta de accept for the account of, accept on behalf of.

aceptar una letra accept a bill.

aceptar una oferta accept an offer.

acepto adj acceptable, accepted.

acepto m acceptance.

acercamiento de comparación comparison approach.

acercamiento de comparación de mercado market comparison approach.

acercamiento de coste de oportunidad opportunity cost approach.

acercamiento de costes cost approach.

acercamiento de costo de oportunidad opportunity cost approach.

acercamiento de costos cost approach.

acercamiento de estado comparativo comparative statement approach.

acercamiento de ingresos income approach.

acercamiento de ventas comparativas comparative sales approach.

acercamiento económico economic approach.

acercamiento incremental incremental approach.

acercamiento integrado integrated approach.

acervo m undivided assets, undivided estate.

acervo hereditario assets of an estate.

acervo social assets of a company.

acoger accept, receive.

acomodar accommodate.

acordado agreed, decided.

acordar agree, decide, resolve, pass a resolution.

acordar un dividendo declare a dividend.

acordar una dilación grant a delay.

acordar una patente grant a patent.

acordarse agree to.

acorde in agreement, agreed.

acoso sexual sexual harassment.

acostumbrado accustomed.

acre *m* acre.

acrecencia *f* accretion, increase.

acrecentador accretive.

acrecentamiento *m* increase.

acrecentar increase.

acrecer increase.

acrecimiento *m* accrual.

acreción *f* accretion.

acreditado accredited, credited.

acreditante *m/f* creditor.

acreditar credit, authorize, guarantee.

acreditar a una cuenta credit an account.

acreditar en exceso overcredit.

acreedor *m* creditor.

acreedor a corto plazo short-term creditor.

acreedor a largo plazo long-term creditor.

acreedor asegurado secured creditor.

acreedor ausente absent creditor.

acreedor común general creditor, unsecured creditor.

acreedor con garantía secured creditor.

acreedor concursal creditor in an insolvency proceeding.

acreedor condicional conditional creditor.

acreedor de dominio creditor of a bankrupt who claims title.

acreedor de la sucesión decedent's creditor.

acreedor de quiebra bankruptcy creditor.

acreedor de regreso creditor who demands payment of a dishonored bill.

acreedor del fallido creditor of a bankrupt.

acreedor del quebrado creditor of a bankrupt.

acreedor embargante attaching creditor.

acreedor escriturario creditor with a notarized loan.

acreedor garantizado secured creditor.

acreedor hipotecario mortgage creditor, mortgagee.

acreedor incondicional unconditional creditor.

acreedor inferior junior creditor.

acreedor mancomunado joint creditor.

acreedor no asegurado unsecured creditor.

acreedor no garantizado unsecured creditor.

acreedor ordinario ordinary creditor, general creditor.

acreedor peticionario petitioning creditor.

acreedor pignoraticio pledgee.

acreedor por contrato sellado specialty creditor.

acreedor por fallo judgment creditor.

acreedor por sentencia judgment creditor.

acreedor preferente preferred creditor.

acreedor prendario pledgee.

acreedor principal principal creditor.

acreedor privilegiado privileged creditor, preferred creditor.

acreedor quirografario general creditor.

acreedor real secured creditor.

acreedor refaccionario creditor who advances money for construction.

acreedor secundario secondary creditor.

acreedor sencillo general creditor.

acreedor simple general creditor.

acreedor sin garantía unsecured creditor.

acreedor sin privilegio general creditor.

acreedor social partnership creditor, corporate creditor.

acreedor solidario joint and several creditor.

acreedor subsecuente subsequent creditor.

acreedor subsiguiente subsequent creditor.

acreedor superior senior creditor.

acreedor único single creditor.

acreencia *f* amount due, credit balance.

acta *f* record, minutes, document, memorandum.

acta constitutiva articles of incorporation.

acta de avenimiento memorandum of an agreement.

acta de cesión conveyance, transfer.

acta de constitución articles of incorporation.

acta de depósito document certifying that which has been deposited with a notary pubic.

acta de deslinde certificate stating a boundary line, description of a boundary line.

acta de organización articles of incorporation.

acta de protesto protest of a commercial document.

acta de protocolización document certifying that which has been recorded in the formal registry of a notary public.

acta de sesión minutes.

acta de una reunión minutes.

activar activate.

actividad *f* activity.

actividad aseguradora insurance activity.

actividad comercial commercial activity.

actividad de cobros collection activity.

actividad de construcción building activity.

actividad de cuenta account activity.

actividad de negocio business activity.

actividad económica economic activity.

actividad lucrativa lucrative activity, gainful activity.

actividad marginal marginal activity.

actividad normal normal activity.

actividad pasiva passive activity.

actividad productiva productive activity.

actividad pública public activity.

actividad trimestral quarterly activity.

actividades de mercadeo controlables controllable marketing activities.

actividades de negocio business activities.

actividades no bancarias permisibles permissible nonbank activities.

activo adj active.

activo *m* assets.

activo a corto plazo short-term assets.

activo a largo plazo long-term assets.

activo a mano cash assets.

activo abandonado abandoned assets.

activo aceptable admissible assets.

activo acumulado accrued assets.

activo admisible admissible assets.

activo admitido admitted assets.

activo agotable depletable assets.

activo amortizable amortizable assets, depreciable assets.

activo aprobado admitted assets.

activo circulante working assets, current assets, floating assets.

activo computable admitted assets.

activo confirmado admitted assets.

activo congelado frozen assets.

activo contingente contingent assets.

activo corriente current assets.

activo corriente neto net current assets.

activo de capital capital assets.

activo de explotación working assets, operating assets.

activo de la quiebra bankrupt's assets.

activo de reserva reserve assets.

activo de trabajo working assets.

activo demorado deferred assets.

activo depreciable depreciable assets.

activo diferido deferred assets.

activo disponible liquid assets, available assets, cash assets.

activo efectivo cash assets.

activo en circulación working assets.

activo en divisas foreign exchange assets.

activo eventual contingent assets.

activo exigible bills receivable.

activo exterior foreign assets.

activo ficticio fictitious assets.

activo fijo fixed assets.

activo financiero financial assets.

activo físico tangible assets, physical assets.

activo flotante floating assets, current assets.

activo ilíquido illiquid assets.

activo improductivo dead assets.

activo inactivo inactive assets.

activo incorpóreo intangible assets.
activo inmaterial intangible assets.
activo inmobiliario real assets.
activo inmovilizado fixed assets.
activo intangible intangible assets.
activo invisible concealed assets, goodwill.
activo líquido liquid assets.
activo líquido neto net liquid assets.
activo monetario monetary assets.
activo neto net assets, net worth.
activo no aceptado unadmitted assets.
activo no admitido unadmitted assets.
activo no circulante non-current assets.
activo nominal intangible assets.
activo oculto hidden assets.
activo original original assets.
activo permanente fixed assets.
activo real actual assets.
activo realizable current assets, quick assets.
activo rentable earning assets.
activo restringido restricted assets.
activo sin restricción unrestricted assets.
activo social partnership assets, corporate assets.
activo tangible tangible assets.
activo y pasivo assets and liabilities.
activos totales total assets.
acto a título gratuito gratuitous act.
acto a título oneroso act based upon valuable consideration.
acto concursal bankruptcy proceeding.
acto de comercio commercial transaction.
acto de insolvencia act of insolvency.
acto de la naturaleza act of nature.
acto de posesión possessory action.
acto de quiebra act of bankruptcy.
acto fraudulento fraudulent act.
acto gravable taxable act.
acto gravado taxed act.
acto imponible taxable act.
acto traslativo transfer.
acto tributable taxable act.
actos comerciales commercial transactions.
actos constitutivos acts that create an obligation.

actos de comercio commercial transactions.
actos de disposición acts to dispose of property.
actos de gestión acts of agency.
actos lícitos legal acts.
actos lucrativos lucrative acts.
actos nulos void acts.
actos onerosos acts based on valuable consideration.
actualización *f* updating.
actualizado updated.
actualizar update.
actualizar un archivo update a file.
actualizar una cuenta update an account.
actuarial actuarial.
actuario *m* actuary.
actuario de seguros insurance actuary.
acuerdo *m* agreement, understanding.
acuerdo administrativo management agreement.
acuerdo aduanero tariff agreement.
acuerdo arancelario tariff agreement.
acuerdo arbitral arbitral agreement.
acuerdo comercial trade agreement.
acuerdo comercial funcional functional trade agreement.
acuerdo comercial recíproco reciprocal trade agreement.
acuerdo de cesión transfer agreement.
acuerdo de comerciante merchant agreement.
acuerdo de comercio en exclusiva exclusive dealing arrangement.
acuerdo de compensación compensation agreement.
acuerdo de compras purchasing agreement.
acuerdo de extensión extension agreement.
acuerdo de fijación de precios price fixing agreement.
acuerdo de garantía security agreement.
acuerdo de intercambio trade agreement.
acuerdo de inversiones investment agreement.
acuerdo de mercadeo marketing agreement.

acuerdo de no competir covenant not to compete.

acuerdo de precios price-fixing.

acuerdo de prórroga extension agreement.

acuerdo de reciprocidad reciprocity agreement.

acuerdo de recompra repurchase agreement.

acuerdo de renovar covenant to renew.

acuerdo de tasa de interés a plazo forward rate agreement.

acuerdo de tasa de interés a término forward rate agreement.

acuerdo de tipo de interés a término forward rate agreement.

acuerdo de voluntades meeting of minds.

acuerdo económico economic agreement.

acuerdo escrito written agreement.

acuerdo expreso express agreement.

acuerdo fiscal tax agreement.

acuerdo general general agreement.

acuerdo laboral labor agreement.

acuerdo monetario monetary agreement.

acuerdo multilateral multilateral agreement.

acuerdo mutuo mutual agreement.

acuerdo oral oral agreement.

acuerdo para fijar precios agreement to fix prices.

acuerdo por escrito agreement in writing.

acuerdo provisional provisional agreement.

acuerdo sobre precios price agreement.

acuerdo tácito implied agreement.

acuerdo tributario tax agreement.

acuerdo verbal parol agreement.

acuerdos fiscales internacionales international tax agreements.

acumulable accumulative.

acumulación *f* accumulation.

acumulación bruta gross accumulation.

acumulación de acciones stock accumulation.

acumulación de capital capital accumulation.

acumulación de costos cost accumulation.

acumulación de dividendos dividend accumulation.

acumulación de existencias stockpiling.

acumulación de inventario inventory accumulation.

acumulación de pedidos backlog of orders.

acumulador *m* accumulator.

acumular accumulate.

acumular reservas accumulate reserves.

acumulativo accumulative, cumulative.

acuñación *f* mintage.

acuñar mint, affix a seal.

acusar recibo acknowledge receipt.

acusar recibo de pago acknowledge receipt of payment.

acusar recibo de un pedido acknowledge receipt of an order.

acusar una ganancia show a profit.

acusar una pérdida show a loss.

acuse *m* acknowledgement.

acuse de recibo acknowledgement of receipt, acknowledgement.

acuse de recibo de pago acknowledgement of receipt of payment, acknowledgement of payment.

acuse de recibo de un pedido acknowledgement of receipt of an order, acknowledgement of an order.

acuse de recibo de una orden acknowledgement of receipt of an order, acknowledgement of an order.

ad valórem according to value, ad valorem.

adecuadamente adequately.

adecuado adequate.

adehala *f* extra, gratuity.

adelantadamente in advance.

adelantado advanced, early.

adelantar advance, pay in advance.

adelantar dinero advance money.

adelanto *m* advance, progress.

adelanto bancario bank advance.

adelanto contributivo tax advance.

adelanto de efectivo cash advance.

adelanto de prima premium advance.

adelanto impositivo tax advance.

adelanto tributario tax advance.

adeudado indebted.
adeudamiento *m* indebtedness.
adeudar owe, debit.
adeudar una cuenta debit an account.
adeudarse become indebted.
adeudo *m* debt, obligation, indebtedness, debit, customs duty.
adherencia *f* adherence.
adherente adherent.
adherir adhere, affix.
adhesión *f* adhesion.
adición de capital capital addition.
adición de nombre addition of name.
adición por dividendos dividend addition.
adicional additional.
adicionalmente additionally.
adir accept, accept an inheritance.
adir la herencia accept the inheritance.
adjudicación *f* adjudication.
adjudicación al mejor postor award to the best bidder.
adjudicación de contrato award of contract.
adjudicación de herencia adjudication of an inheritance.
adjudicación de quiebra adjudication of bankruptcy.
adjudicación en pago payment in lieu of that accorded.
adjudicar award, adjudicate.
adjudicar al mejor postor award to the best bidder.
adjudicar el contrato award the contract.
adjudicar un contrato award a contract.
adjudicatario *m* awardee, grantee, successful bidder.
adjunto enclosed, attached.
administración *f* administration.
administración activa active management.
administración centralizada centralized management.
administración científica scientific management.
administración clásica classical management.
administración de aduanas customs administration.

administración de banco bank management.
administración de bienes del ausente administration of property of an absentee.
administración de bienes inmuebles real estate management.
administración de calidad quality management.
administración de cartera de valores portfolio administration, money management.
administración de compañia company administration.
administración de crisis crisis management.
administración de crisis en crisis management by crisis.
administración de departamento department management.
administración de deudas debt management.
administración de efectivo cash management.
administración de empresas business administration, business management.
administración de fondos money management, funds management.
administración de impuestos tax administration.
administración de la cosa común administration of something owned jointly.
administración de la demanda demand management.
administración de la deuda debt administration.
administración de la herencia estate administration.
administración de la quiebra administration of a bankrupt's estate.
administración de la sociedad administration of a partnership, administration of a corporation.
administración de la sucesión administration of an estate.
administración de línea line management.
administración de marca brand management.
administración de materiales materials management.

administración de mercadeo
marketing management.

administración de mercancías
merchandise management.

administración de oficina office
management.

administración de operaciones
operations management.

administración de personal
personnel administration.

administración de plan plan
administration.

administración de producción
production management.

administración de programa
program management.

administración de propiedad
property management.

administración de proyecto project
management.

**administración de recursos
humanos** human resources
management.

administración de registros records
management.

administración de riesgos risk
management.

administración de salario salary
administration.

administración de tierras land
management.

administración de ventas sales
management.

administración del activo asset
management.

administración del pasivo liability
management.

administración del proyecto project
management.

administración financiera financial
management.

administración fiscal fiscal
management.

administración general general
management.

administración hipotecaria
mortgage administration.

administración laboral labor
administration.

administración monetaria monetary
management.

administración nuclear core
management.

administración operativa operating
administration.

administración por excepciones
management by exception.

administración por objetivos
management by objectives.

administración presupuestaria
budget management.

administración tributaria tax
administration.

administración vertical vertical
management.

administrado administered.

administrador adj administrating.

administrador *m* administrator.

administrador activo active manager.

administrador adaptivo adaptive
manager.

administrador concursal trustee in
bankruptcy.

administrador de aduanas customs
collector.

administrador de cartera de valores
portfolio manager, money manager.

administrador de cobros collection
manager.

administrador de contribuciones
tax collector.

administrador de crédito credit
manager.

administrador de departamento
department manager.

administrador de empresa business
administrator.

administrador de fondos funds
manager, money manager.

administrador de impuestos tax
collector.

administrador de línea line manager.

administrador de mercadeo
marketing manager.

administrador de mercancías
merchandise manager.

administrador de operaciones
operations manager.

administrador de personal
personnel manager.

administrador de plan plan
administrator.

administrador de producción
production manager.

administrador de programa
program manager.

administrador de propiedad
property manager.

administrador de proyecto project
manager.

administrador de recursos humanos
human resources manager.

administrador de registros records
manager.

administrador de ventas sales
administrator.

**administrador del departamento de
acatamiento** compliance manager.

administrador fiduciario trustee.

administrador financiero financial
manager.

administrador general general
manager.

administrador intermedio middle
manager.

administrador judicial receiver.

administrador monetario monetary
manager.

administrador presupuestario
budget manager.

administrador regional regional
manager.

administrador temporal temporary
administrator.

administrar administer, manage.

administrativamente
administratively.

administrativo administrative.

admisible admissible.

admisión de valores en bolsa listing
of securities.

admitido admitted, accepted.

admitir admit, accept.

admitir una deuda admit a debt.

admitir una reclamación admit a
claim.

adopción *f* adoption.

adoptar un acuerdo pass a resolution.

adquirible acquirable.

adquirido acquired.

adquirido por acquired by.

adquiridor *m* acquirer, purchaser.

adquiriente *m/f* acquirer, purchaser.

adquiriente a título gratuito
recipient of a gift.

adquiriente a título oneroso
purchaser for value.

adquiriente de buena fe purchaser in
good faith.

adquiriente sin previo conocimiento
purchaser without notice.

adquirir acquire.

adquirir por título de compra
acquire by purchase.

adquisición *f* acquisition.

adquisición a título gratuito
acquisition by gift.

adquisición a título oneroso
purchase for value.

adquisición corporativa corporate
acquisition.

adquisición de buena fe purchase in
good faith.

adquisición de cosas acquisition of
chattels.

adquisición derivada derivative
acquisition.

adquisición original original
acquisition.

adquisitivo acquisitive.

aduana *f* customs, customhouse.

aduana de destino destination
customs.

aduana de entrada entry customs.

aduana de salida departure customs.

aduanal pertaining to a customhouse.

aduanar pay customs.

aduanero *m* customs official.

adueñarse become owner, take
possession.

adulteración *f* adulteration,
falsification, tampering.

adulteración de documentos
falsification of documents.

adulterado adulterated.

adulterar adulterate, falsify.

adulterino adulterine, falsified.

advenimiento del plazo maturity.

adyacente adjacent.

aeropuerto aduanero customs airport.

aeropuerto de destino airport of
delivery.

aeropuerto de entrega airport of
delivery.

aeropuerto franco customs-free
airport.

afección *f* pledging, mortgaging, charge.

afección de bienes pledging of goods,
mortgaging.

afectable able to be encumbered, able to be mortgaged.

afectación *f* encumbrance, appropriation, charge.

afectar affect, encumber, appropriate, charge.

afecto pledged, encumbered.

afianzado bonded, guaranteed.

afianzado para derechos aduaneros customs-bonded.

afianzado para rentas interiores internal revenue bonded.

afianzador *m* surety, guarantor.

afianzamiento *m* bonding, bond, guarantee.

afianzar bond, bail, guarantee.

afidávit *m* affidavit.

afiliación *f* affiliation, membership.

afiliación sindical union affiliation.

afiliado *m* member.

afiliado de la unión union member.

afiliado de valores securities affiliate.

afiliado del gremio union member.

afiliado del sindicato union member.

afiliar affiliate, join.

afirmar affirm.

aforado appraised, leased.

aforador *m* appraiser.

aforamiento *m* appraising, measuring.

aforar appraise, estimate.

aforo *m* appraisal, measurement.

aforo de buques appraisal of ships.

agencia *f* agency.

agencia administrativa administrative agency.

agencia de aduana customs agency.

agencia de bienes raíces real estate agency.

agencia de calificación crediticia credit rating agency.

agencia de cobros collection agency.

agencia de colocaciones employment agency.

agencia de comercio exterior foreign trade agency.

agencia de compras purchasing agency.

agencia de crédito credit agency.

agencia de empleos employment agency.

agencia de facilitación facilitating agency.

agencia de informes de crédito credit reporting agency.

agencia de negocios business agency.

agencia de servicios completos full-service agency.

agencia de ventas selling agency.

agencia del gobierno governmental agency.

agencia especial special agency.

agencia especializada specialized agency.

agencia exclusiva exclusive agency.

agencia federal federal agency.

agencia fiscal fiscal agency.

agencia general general agency.

agencia implícita implied agency.

agencia independiente independent agency.

agencia internacional international agency.

agencia mercantil mercantile agency.

agencia ordinaria ordinary agency.

agencia ostensible ostensible agency.

agencia pagadora paying agency.

agencia presunta presumed agency.

agencia presupuestaria budget agency.

agencia publicitaria advertising agency.

agencia real actual agency.

agencia reguladora regulatory agency.

agencia única exclusive agency.

agenciar obtain, negotiate.

agenciarse obtain.

agenda oculta hidden agenda.

agente *m* agent.

agente administrador managing agent.

agente aduanal customhouse broker.

agente aparente apparent agent.

agente autorizado authorized agent.

agente cautivo captive agent.

agente comercial commercial agent, broker.

agente corporativo corporate agent.

agente de aduana customhouse broker, customs agent.

agente de bienes raíces real estate agent.

agente de bolsa stockbroker.

agente de cámara de compensación clearinghouse agent.

agente de cambio   exchange broker.

agente de cambio y bolsa stockbroker.

agente de campo   field agent.

agente de casa de liquidación clearinghouse agent.

agente de cobros   collection agent.

agente de combinaciones combination agent.

agente de comercio   commercial agent, broker.

agente de compras   purchasing agent.

agente de contratación   contract broker.

agente de distribución   distribution agent.

agente de exportación   export broker.

agente de importación   import agent.

agente de negociaciones   bargaining agent.

agente de pagos de dividendos dividend paying agent.

agente de plica   escrow agent.

agente de propiedad inmobiliaria real estate agent.

agente de retención   withholding agent.

agente de seguros   insurance agent.

agente de seguros independiente independent insurance agent.

agente de transferencia   transfer agent.

agente de transferencia de acciones stock transfer agent.

agente de tránsito   transit agent.

agente de ventas   sales agent.

agente debidamente autorizado duly authorized agent.

agente del fabricante   manufacturer's agent.

agente del naviero   shipping agent.

agente económico   economic agent.

agente especial   special agent.

agente exclusivo   exclusive agent.

agente extranjero   foreign agent.

agente fiduciario   fiduciary agent.

agente financiero   fiscal agent, financial agent.

agente fiscal   fiscal agent.

agente general   general agent.

agente inculpable   innocent agent.

agente independiente   independent agent.

agente inocente   innocent agent.

agente local   local agent.

agente marítimo   shipping agent.

agente mercantil   mercantile agent.

agente no autorizado   unauthorized agent.

agente ostensible   ostensible agent.

agente pagador   paying agent.

agente privado   private agent.

agente retenedor   withholding agent.

agente vendedor   sales agent.

agio   *m* agio, usury, profit margin, speculator.

agiotaje   *m* usury, speculation.

agiotista   *m* usurer, profiteer, speculator.

aglomeración   *f* agglomeration.

agotamiento   *m* depletion.

agotamiento de costos   cost depletion.

agravio material   material damage.

agregación   *f* aggregation.

agregación de mercado   market aggregation.

agregado   aggregated.

agregado comercial   commercial attache.

agregar   add, incorporate.

agregativo   aggregative.

agremiación   *f* unionization, union.

agremiado   *m* union member.

agremiar   unionize.

agrícola   agricultural.

agrupación   *f* group.

agrupación de fincas   merging of properties.

agrupación de hipotecas   mortgage pool.

agrupación horizontal   horizontal combination.

agrupación temporal de empresas joint venture of corporations.

agrupación vertical   vertical combination.

agrupamiento   *m* group, grouping, bunching.

agrupamiento de costes   cost pool.

agrupamiento de costos   cost pool.

aguar acciones   water stock.

aguas interiores   inland waters.

aguas internacionales international waters.

aguinaldo *m* bonus, Christmas bonus.

ahorrar save.

ahorro *m* saving.

ahorros brutos gross savings.

ahorros de costes cost savings.

ahorros de costos cost savings.

ahorros forzosos forced savings.

ahorros líquidos liquid savings.

ahorros netos net savings.

ahorros personales personal savings.

ajustable adjustable.

ajustado adjusted.

ajustado cíclicamente cyclically adjusted.

ajustado estacionalmente seasonally adjusted.

ajustado por riesgo risk-adjusted.

ajustador *m* adjuster.

ajustador de averías average adjuster.

ajustador de derechos liquidator.

ajustador de reclamaciones claims adjuster.

ajustador de seguros insurance adjuster.

ajustador independiente independent adjuster.

ajustador público public adjuster.

ajustar adjust, settle.

ajustar cuentas settle accounts.

ajustar precios adjust prices.

ajuste *m* adjustment, settlement.

ajuste al mercado market fit.

ajuste cambiario exchange adjustment.

ajuste contributivo tax adjustment.

ajuste de auditoría audit adjustment.

ajuste de crédito credit adjustment.

ajuste de débito debit adjustment.

ajuste de inventario inventory adjustment.

ajuste de pérdidas loss adjustment.

ajuste de precio price adjustment.

ajuste de prima premium adjustment.

ajuste de reserva reserve adjustment.

ajuste de servicio service adjustment.

ajuste de tasa de interés periódico periodic interest rate adjustment.

ajuste de tasa retroactivo retroactive rate adjustment.

ajuste de tiempo time adjustment.

ajuste de tipo de interés periódico periodic interest rate adjustment.

ajuste de tipo retroactivo retroactive rate adjustment.

ajuste de trabajo piecework rate.

ajuste estacional seasonal adjustment.

ajuste estructural structural adjustment.

ajuste financiero financial adjustment.

ajuste impositivo tax adjustment.

ajuste monetario monetary adjustment.

ajuste para inflación adjustment for inflation.

ajuste por coste de vida cost of living adjustment.

ajuste por costo de vida cost of living adjustment.

ajuste por mortalidad mortality adjustment.

ajuste por riesgo risk adjustment.

ajuste retroactivo retroactive adjustment.

ajuste salarial wage adjustment.

ajuste semianual semiannual adjustment.

ajuste tributario tax adjustment.

al contado cash.

al corriente up to date.

al coste at cost.

al costo at cost.

al descubierto short.

al día up to date, current.

al fiado on credit.

al mejor postor to the best bidder.

al pie de la fábrica at the place manufactured.

al pie de la obra at the work site.

al por mayor wholesale.

al por menor retail.

al portador bearer.

al valor ad valorem.

alargar extend.

alargar el plazo extend a time period.

alarma de incendios fire alarm.

albacea *m/f* executor.

albaceazgo *m* executorship.

alcabalero *m* tax collector.

alcance *m* scope, reach.

alcance de auditoría audit scope.

alcista adj rising.

alcista *m/f* bull.

aleatorio aleatory, contingent.
aliado allied.
alianza competitiva competitive alliance.
alias *m* alias.
alienable alienable.
alienación *f* alienation.
alienar alienate.
alijar jettison, unload.
alijo *m* unloading.
alijo forzoso jettison.
alindar mark the boundaries of.
aliviar la carga alleviate the burden.
alivio contributivo tax relief.
alivio fiscal tax relief.
alivio impositivo tax relief.
alivio tributario tax relief.
almacén *m* warehouse.
almacén aduanal customs warehouse.
almacén aduanero customs warehouse.
almacén afianzado bonded warehouse.
almacén de uso público public warehouse.
almacén general de depósito public warehouse.
almacén particular private warehouse.
almacén privado private warehouse.
almacén público public warehouse.
almacenador *m* warehouser.
almacenaje *m* storage.
almacenamiento *m* storage.
almacenar store, stock.
almacenero *m* warehouser.
almacenista *m/f* warehouser.
almoneda *f* public auction.
almonedar auction.
almonedear auction.
alojamiento *m* lodging.
alongar lengthen, extend.
alquilable rentable.
alquilado rented, leased.
alquilador *m* lessor, lessee.
alquilante *m* renter, lessee.
alquilar rent, lease.
alquiler *m* rent, lease, lease payment.
alquiler base base rent.
alquiler contingente contingent rental.
alquiler del terreno ground rent.
alquiler implícito implicit rent.

alquiler neto net rent.
alta dirección top management.
alta gerencia top management.
altas finanzas high finance.
alteración *f* alteration.
alteración de contrato alteration of contract.
alteración de fideicomiso alteration of trust.
alteración de instrumento alteration of instrument.
alteración de los libros alteration of the books.
alteración de un cheque alteration of a check.
alterado altered.
alterar alter.
alterar los libros alter the books.
alternativa *f* alternative.
alternativo alternative.
alterno alternate, alternating.
aluvión *m* alluvion.
alza *f* rise.
alza de alquiler rise in rent.
alza de la demanda rise in demand.
alza de precios rise in prices, price appreciation.
alza de salario rise in pay.
alza salarial wage rise.
alzado adj fraudulently bankrupt.
alzado *m* fraudulent bankrupt.
alzamiento *m* higher bid, fraudulent bankruptcy, hiding of assets by a bankrupt.
alzamiento de bienes fraudulent bankruptcy, hiding of assets by a bankrupt.
alzar raise, fraudulently enter bankruptcy.
alzar el precio raise the price.
alzarse fraudulently enter bankruptcy.
amalgama *f* amalgam.
amalgamación *f* amalgamation.
amalgamar amalgamate.
ambiental environmental.
ambiente de empleo job environment.
ambiente de trabajo job environment.
ambiente inflacionario inflationary environment.
ambiente laboral job environment.
ambiguamente ambiguously.
ambigüedad *f* ambiguity.

ambiguo ambiguous.
ambulante ambulant.
amenaza de huelga strike threat.
amillarado assessed.
amillaramiento *m* tax assessment.
amillarar assess a tax.
amnistía *f* amnesty.
amnistía contributiva tax amnesty.
amnistía fiscal tax amnesty.
amnistía impositiva tax amnesty.
amnistiar grant amnesty.
amojonamiento *m* delimitation, demarcation.
amojonar delimit, mark the boundaries of.
amonedación *f* minting.
amonedar mint.
amortizable amortizable, depreciable.
amortización *f* amortization, depreciation.
amortización acelerada accelerated depreciation, accelerated amortization.
amortización acelerada en exceso excess accelerated depreciation.
amortización acumulada accrued depreciation.
amortización anual annual depreciation, annual amortization.
amortización científica scientific amortization.
amortización combinada combined depreciation.
amortización compensatoria compensating depreciation.
amortización constante straight-line depreciation, constant amortization.
amortización creciente increasing amortization.
amortización curable curable depreciation.
amortización de bono bond amortization.
amortización de componentes component depreciation.
amortización de descuento amortization of discount.
amortización de deuda amortization of debt.
amortización de divisa exchange depreciation.
amortización de empréstito amortization of loan.

amortización de la moneda currency depreciation.
amortización de obligación amortization of obligation.
amortización de pagos parejos level-payment amortization.
amortización de préstamo amortization of loan.
amortización de prima amortization of premium.
amortización de principal amortization of principal.
amortización de propiedad property depreciation.
amortización de saldos decrecientes declining-balance depreciation.
amortización decreciente decreasing amortization.
amortización económica economic depreciation.
amortización en libros book depreciation.
amortización excesiva overdepreciation.
amortización extraordinaria extraordinary depreciation.
amortización fija fixed depreciation.
amortización física physical depreciation.
amortización futura future depreciation.
amortización grupal group depreciation.
amortización incurable incurable depreciation.
amortización lineal straight-line depreciation.
amortización negativa negative amortization.
amortización no realizada unrealized depreciation.
amortización ordinaria ordinary depreciation.
amortización rápida rapid amortization.
amortización real real depreciation.
amortización residual residual amortization.
amortizado amortized.
amortizar amortize, redeem, depreciate.
amortizar una deuda amortize a debt.
amortizar una obligación amortize an obligation.

amovible   movable, transferable.

amovilidad   *f* removability, transferability.

amparo contributivo   tax shelter.

amparo fiscal   tax shelter.

amparo impositivo   tax shelter.

amparo social   social security.

amparo tributario   tax shelter.

ampliación   *f* extension, enlargement.

ampliación de capital   increase of capital.

ampliación de cobertura   extension of coverage.

ampliación del crédito   increase of the loan.

ampliación del plazo   extension of the term.

ampliar   enlarge, extend.

ampliar el plazo   extend the term.

ampliar el riesgo   extend the risk.

ampliar un cheque   raise a check.

amplificación   *f* enlargement, extension.

amplificar   enlarge, extend, develop.

amplitud de la cobertura   extent of the coverage.

amuento de tasa máximo   maximum rate increase.

amuento de tipo máximo   maximum rate increase.

análisis   *m/f* analysis.

análisis competitivo   competitive analysis.

análisis coste-beneficio   cost-benefit analysis.

análisis costo-beneficio   cost-benefit analysis.

análisis cualitativo   qualitative analysis.

análisis cuantitativo   quantitative analysis.

análisis de acciones   stock analysis.

análisis de actividad   activity analysis.

análisis de año base   base-year analysis.

análisis de cobros   collection analysis.

análisis de conducta de coste   cost-behavior analysis.

análisis de conducta de costo   cost-behavior analysis.

análisis de consumidores   consumer analysis.

análisis de correlación   correlation analysis.

análisis de coste mínimo   least cost analysis.

análisis de coste-beneficio   cost-benefit analysis.

análisis de costes   cost analysis.

análisis de costes de distribución   distribution cost analysis.

análisis de costes de mercadeo   marketing cost analysis.

análisis de costes funcional   functional cost analysis.

análisis de costo mínimo   least cost analysis.

análisis de costo-beneficio   cost-benefit analysis.

análisis de costos   cost analysis.

análisis de costos de distribución   distribution cost analysis.

análisis de costos de mercadeo   marketing cost analysis.

análisis de costos funcional   functional cost analysis.

análisis de crédito   credit analysis.

análisis de cuenta   account analysis.

análisis de cuenta de plica   escrow analysis.

análisis de depósitos   deposit analysis.

análisis de empleo   job analysis.

análisis de entradas y salidas   input-output analysis.

análisis de equilibrio general   general equilibrium analysis.

análisis de equilibrio parcial   partial-equilibrium analysis.

análisis de estados financieros   financial statement analysis.

análisis de factores   factor analysis.

análisis de flujo de fondos   funds-flow analysis.

análisis de gastos   expenditures analysis.

análisis de ingresos   income analysis.

análisis de inventario   inventory analysis.

análisis de inversiones   investment analysis.

análisis de la tendencia   analysis of the trend.

análisis de la varianza   analysis of variance.

análisis de mercado   market analysis.

análisis de operaciones operations analysis.

análisis de proceso process analysis.

análisis de proyecto project analysis.

análisis de razones ratio analysis.

análisis de razones financieras financial ratio analysis.

análisis de regresión regression analysis.

análisis de rendimiento performance analysis.

análisis de sistemas systems analysis.

análisis de tendencia trend analysis.

análisis de trabajo job analysis.

análisis de transacción transaction analysis.

análisis de ventas sales analysis.

análisis del punto crítico break-even analysis.

análisis del riesgo risk analysis.

análisis diferencial differential analysis.

análisis económico economic analysis.

análisis entre industrias interindustry analysis.

análisis estadístico statistical analysis.

análisis estático static analysis.

análisis factorial factorial analysis.

análisis financiero financial analysis.

análisis horizontal horizontal analysis.

análisis incremental incremental analysis.

análisis marginal marginal analysis.

análisis monetario monetary analysis.

análisis operacional operational analysis.

análisis organizativo organizational analysis.

análisis periódico period analysis.

análisis vertical vertical analysis.

analista *m* analyst.

analista de cobros collection analyst.

analista de costes cost analyst.

analista de crédito credit analyst.

analista de inversiones securities analyst.

analista de sistemas systems analyst.

analista de valores securities analyst.

analista de ventas sales analyst.

analista económico economic analyst.

analista financiero financial analyst.

analizar analyze.

analizar cuentas analyze accounts.

analizar una cuenta analyze an account.

anatocismo *m* anatocism.

anchura del mercado breadth of market.

anejar annex, attach.

anejo adj attached, annexed.

anejo *m* annex.

anexar annex, attach.

anexidades *f* accessories, incidental rights or things.

anexión *f* annexation.

anexo adj attached, annexed.

anexo *m* annex.

anexo para endosos allonge.

ánimo de lucro intention to profit.

ánimo de revocar intent to revoke.

aniversario de póliza policy anniversary.

año base base year.

año calendario calendar year.

año comercial commercial year.

año comercial natural natural business year.

año común common year.

año continuo calendar year.

año contributivo tax year.

año contributivo fiscal fiscal tax year.

año de auditoría auditing year.

año de beneficios benefit year.

año de calendario calendar year.

año de referencia reference year.

año económico fiscal year.

año en curso current year.

año financiero financial year, fiscal year.

año fiscal fiscal year.

año gravable tax year.

año impositivo tax year.

año impositivo fiscal fiscal tax year.

año natural natural year.

año presupuestario budget year.

año social fiscal year.

año tributario tax year.

año tributario fiscal fiscal tax year.

anómalo anomalous.

anormal abnormal.

años de servicio years of service.

anotación *f* annotation, filing, entry.

anotación contable accounting entry.

anotación de embargo filing a writ of attachment.

anotación de secuestro filing a writ of attachment.

anotación en cuenta account entry.

anotación en la cuenta annotation in the account.

anotación en registro público filing in a public registry.

anotación preventiva provisional filing in a registry of property to protect an interest.

anotar annotate, file, enter, register.

anotar en los libros enter in the books.

antecontrato *m* preliminary agreement.

antedata *f* antedate.

antedatado antedated.

antedatar antedate, backdate.

antefechar predate.

antefirma *f* title of the person signing.

antepagar prepay, pay beforehand.

anteproyecto *m* preliminary draft.

anteproyecto de contrato preliminary draft of a contract.

anterior al impuesto pretax.

antes de contribuciones pretax.

antes de impuestos pretax.

antes de la apertura before opening.

antes de tributos pretax.

antes del cierre before closing.

anticíclico anticyclical.

anticipación *f* anticipation, prepayment.

anticipadamente in advance.

anticipado in advance, anticipated.

anticipar anticipate, prepay.

anticipar dinero advance money.

anticipo *m* advance payment, advance, anticipation.

anticipo de dinero advance of money, advance.

anticipo de fondos advance payment, advance.

anticipo de herencia inter vivos gift.

anticipo sobre póliza advance on policy.

antigüedad *f* seniority, antiquity.

antigüedad en la empresa seniority.

antiinflacionario antiinflationary.

antimonopólico antitrust.

antimonopolio antitrust.

antimonopolista antitrust.

antípoca *f* deed acknowledging a lease, deed acknowledging an annuity contract that runs with the land.

antipocar acknowledge in writing a lease, acknowledge in writing an annuity contract that runs with the land.

antor *m* seller of stolen goods.

anual annual.

anualidad *f* annuity, annual charge, annual occurrence.

anualidad a plazo fijo annuity certain.

anualidad acumulada accumulated annuity.

anualidad anticipada anticipated annuity.

anualidad aplazada deferred annuity.

anualidad cierta annuity certain.

anualidad colectiva group annuity.

anualidad con efecto inmediato immediate annuity.

anualidad con participación participating annuity.

anualidad condicional conditional annuity.

anualidad conjunta joint annuity.

anualidad contingente contingent annuity.

anualidad de cantidad fija fixed-amount annuity.

anualidad de grupo group annuity.

anualidad de impuestos diferidos tax-deferred annuity.

anualidad de pago inmediato immediate payment annuity.

anualidad de pagos diferidos deferred-payment annuity.

anualidad de pagos parejos level-payment annuity.

anualidad de prima única single-premium annuity.

anualidad de primas flexibles flexible-premium annuity.

anualidad de reembolso a plazos installment refund annuity.

anualidad de reembolso en efectivo cash refund annuity.

anualidad de reembolso en efectivo modificada modified cash refund annuity.

anualidad de retiro retirement annuity.

anualidad de supervivencia survivorship annuity.

anualidad diferida   deferred annuity.

anualidad diferida de prima única single-premium deferred annuity.

anualidad diferida grupal   group deferred annuity.

anualidad fija   fixed annuity.

anualidad grupal diferida   deferred group annuity.

anualidad híbrida   hybrid annuity.

anualidad incondicional   annuity certain, unconditional annuity.

anualidad inmediata   immediate annuity.

anualidad ordinaria   ordinary annuity.

anualidad perpetua   perpetual annuity.

anualidad pura   pure annuity.

anualidad temporal   temporary annuity.

anualidad variable   variable annuity.

anualidad vitalicia   life annuity.

anualizado   annualized.

anualmente   annually.

anulabilidad   *f* voidability, annullability.

anulable   voidable, cancelable, annullable.

anulación   *f* annulment.

anulación de contrato   nullification of contract.

anulación de convenio   nullification of agreement.

anulación de deuda   cancelation of debt.

anulación de orden   cancelation of order.

anulación de pedido   cancelation of order.

anulado   voided, annulled, canceled.

anular   void, cancel, annul.

anular un pedido   cancel an order.

anular una orden   cancel an order.

anulativo   nullifying, annulling, voiding.

anunciado   advertised.

anunciar   advertise, announce.

anunciar un cambio   announce a change.

anuncio   *m* announcement, notice, advertisement.

anuncio clasificado   classified advertisement.

anuncio de dividendo   dividend announcement.

anuncio de oferta   invitation to bid.

anuncios comparativos   comparative advertising.

apalabrar   agree to verbally, contract verbally, discuss beforehand.

apalancamiento   *m* leverage.

apalancamiento financiero   financial leverage.

apalancamiento inverso   reverse leverage.

apalancamiento negativo   negative leverage.

apalancamiento operativo   operating leverage.

apalancamiento positivo   positive leverage.

aparcería   *f* sharecropping, partnership.

aparcero   *m* sharecropper, partner.

apareado   matched.

apareamiento   *m* matching.

aparente   apparent.

apariencia de título   color of title.

apartamento   *m* apartment.

apartamento cooperativo cooperative apartment.

apartamento modelo   model apartment.

apear   survey.

apelación   *f* appeal.

apeo   *m* survey.

apertura   *f* opening.

apertura de crédito   opening of a line of credit, granting of a loan.

apertura de cuenta   opening of account.

apertura de la bolsa   opening of the exchange.

apertura de las licitaciones   opening of bids.

apertura de las propuestas   opening of bids.

apertura de libros   opening of the books.

apertura de negociaciones   opening of negotiations.

apertura demorada   delayed opening.

aplazable   postponable.

aplazada   *f* extension of time.

aplazado   deferred.

aplazamiento   *m* deferment, adjournment.

aplazamiento de contribuciones tax deferral.

aplazamiento de impuestos tax deferral.

aplazamiento de pago deferment of payment.

aplazamiento de pago de contribuciones deferment of payment of taxes.

aplazamiento de pago de impuestos deferment of payment of taxes.

aplazar defer, adjourn.

aplazar un pago defer a payment.

aplicación *f* application.

aplicación de costes cost application.

aplicación de costos cost application.

aplicación de fondos funds application.

aplicado applied.

aplicar apply, impose.

aplicar un impuesto impose a tax.

ápoca *f* receipt.

apoderado adj empowered, authorized.

apoderado *m* representative, agent, proxy, attorney.

apoderado especial special agent.

apoderado general general agent, managing partner.

apoderado singular special agent.

apoderamiento *m* empowerment, power of attorney, appropriation, authorization.

apoderar empower, grant power of attorney, give possession.

apoderarse take possession.

aportación *f* contribution.

aportar contribute.

aportar fondos finance, contribute funds.

aporte *m* contribution, payment.

aporte jubilatorio payment to a retirement fund.

apoyo *m* support.

apoyo de precios price support.

apoyo financiero financial support.

apoyo lateral lateral support.

apreciable appreciable.

apreciación *f* appreciation, appraisal.

apreciación de acciones stock appreciation.

apreciación de la moneda currency appreciation.

apreciación no realizada unrealized appreciation.

apreciador *m* appraiser.

apreciar appraise, appreciate.

apremiar el pago compel payment.

apremio *m* legal proceedings for debt collection, pressure.

apremio personal legal proceedings for debt collection involving personal property.

apremio real sale of attached real property.

aprobación *f* approval, ratification.

aprobación de crédito credit approval.

aprobación previa prior approval.

aprobación técnica technical approval.

aprobado approved.

aprobar approve, ratify.

aprobar el presupuesto approve the budget.

aprobar la moción carry the motion.

aprontar comply with an obligation promptly, pay immediately.

apropiación *f* appropriation.

apropiación fraudulenta fraudulent conversion.

apropiación ilícita conversion.

apropiación implícita constructive conversion.

apropiación indebida misappropriation.

apropiador *m* appropriator.

apropiar appropriate.

apropiarse de appropriate, take possession of.

aprovechamiento *m* utilization, enjoyment.

aprovechamiento de tierras land improvement.

aprovisionamiento *m* supply.

aprovisionar supply.

aproximación *f* approximation.

aproximado approximate.

apunte de anulación canceling entry.

apunte de cancelación canceling entry.

aquiescencia *f* acquiescence.

aquiescente acquiescent.

arancel *m* tariff, tariff schedule, schedule of fees.

arancel aduanero customs tariff, schedule of customs duties.

arancel agrícola agricultural tariff.

arancel compensatorio compensating tariff.

arancel compuesto compound tariff.

arancel de aduana schedule of customs duties.

arancel de corredores schedule of brokers' commissions.

arancel de exportación export duties.

arancel de honorarios fee schedule.

arancel de importación import duties.

arancel de renta revenue tariff.

arancel de represalia retaliatory duty.

arancel específico specific tariff.

arancel fiscal revenue tariff.

arancel mixto mixed tariff.

arancel proteccionista protective tariff.

arancelario tariff, pertaining to tariffs.

aranceles de importación import tariffs, import duties.

arbitrable arbitrable.

arbitración *f* arbitration.

arbitración obligante binding arbitration.

arbitrador *m* arbitrator.

arbitraje *m* arbitration, arbitrage.

arbitraje comercial commercial arbitration.

arbitraje compuesto compound arbitrage.

arbitraje compulsivo compulsory arbitration.

arbitraje cubierto covered arbitrage.

arbitraje de cambio exchange arbitrage.

arbitraje de divisas currency arbitrage.

arbitraje entre compañías intercompany arbitration.

arbitraje forzoso compulsory arbitration.

arbitraje industrial labor arbitration.

arbitraje laboral labor arbitration.

arbitraje necesario compulsory arbitration.

arbitraje obligatorio compulsory arbitration.

arbitraje simple simple arbitrage.

arbitraje voluntario voluntary arbitration.

arbitrajista *m* arbitager.

arbitral arbitral.

arbitramiento *m* arbitration.

arbitrar arbitrate.

arbitrar fondos raise money.

arbitrativo arbitrative.

arbitrios taxes, resources.

árbitro *m* arbitrator.

archivar file.

archivero *m* archivist, file clerk.

archivista *m/f* archivist, file clerk.

archivo *m* file.

archivo activo active file.

archivo confidencial confidential file.

archivo de crédito credit file.

archivo de información del cliente customer-information file.

archivo maestro de tenedores de tarjeta cardholder master file.

archivo negativo negative file.

archivo permanente permanent file.

archivo temporal temporary file.

archivos de cheques check files.

área aduanera customs area.

área alquilable rentable area.

área arrendable neta net leasable area.

área común common area.

área de comercio commercial area.

área de desarrollo development area.

área de distribución distribution area.

área de libre comercio free-trade area.

área de mercado market area.

área de monedas currency area.

área de solar mínima minimum lot area.

área de trabajo work area.

área de ventas sales area.

área deprimida depressed area.

área estadística metropolitana metropolitan statistical area.

área impactada impacted area.

área industrial industrial area.

área metropolitana metropolitan area.

armonización *f* harmonization.

armonización contributiva tax harmonization.

armonización fiscal tax harmonization.

armonización impositiva tax harmonization.

armonización tributaria tax harmonization.

arqueo *m* audit, tonnage, capacity.

arqueo bruto gross tonnage.
arqueo de buques tonnage, capacity.
arqueo de fondos audit of the public treasury.
arqueo neto net tonnage.
arquero *m* teller.
arraigar put up a bond, purchase real estate.
arraigo *m* bailment, real estate.
arras *f* security, earnest money, down payment.
arreglador *m* adjuster.
arreglador de avería average adjuster.
arreglar arrange, fix, settle.
arreglar una cuenta settle an account.
arreglar una reclamación adjust a claim.
arreglarse settle, compromise.
arreglo bilateral bilateral arrangement.
arreglo con acreedores arrangement with creditors.
arreglo cooperativo cooperative arrangement.
arreglo de avería average adjustment.
arreglo de crédito credit arrangement.
arreglo de reembolso reimbursement arrangement.
arreglo financiero financial arrangement.
arreglo recíproco reciprocal arrangement.
arrendable leasable.
arrendación *f* lease.
arrendación a corto plazo short term lease.
arrendación a largo plazo long term lease.
arrendado leased.
arrendador *m* lessor, lessee.
arrendador a la parte sharecropper.
arrendador ausente absentee lessor.
arrendamiento *m* lease, lease contract.
arrendamiento a corto plazo short-term lease.
arrendamiento a largo plazo long-term lease.
arrendamiento apalancado leveraged lease.
arrendamiento cerrado closed-end lease.
arrendamiento concurrente concurrent lease.

arrendamiento de capital capital lease.
arrendamiento de consumo consumer lease.
arrendamiento de equipo equipment leasing.
arrendamiento de explotación operating lease.
arrendamiento de financiación directa direct financing lease.
arrendamiento de financiamiento directo direct financing lease.
arrendamiento de servicio employment.
arrendamiento escalonado graduated lease.
arrendamiento financiero financial lease.
arrendamiento marítimo maritime lease.
arrendamiento neto net lease.
arrendamiento oral parol lease.
arrendamiento perpetuo perpetual lease.
arrendamiento primario primary lease.
arrendamiento renovable renewable lease.
arrendamiento reversionario reversionary lease.
arrendamiento transferible assignable lease.
arrendante *m/f* lessor, lessee.
arrendar lease, hire.
arrendatario *m/f* lessee, tenant.
arrendaticio pertaining to a lease.
arriendo *m* lease, hire.
arriendo a corto plazo short-term lease.
arriendo a largo plazo long-term lease.
arriendo marítimo maritime lease.
arriendo neto net lease.
arriendo oral parol lease.
arriendo perpetuo perpetual lease.
arriendo transferible assignable lease.
arte *m/f* art, profession, skill.
arte anterior prior art.
artículo *m* article.
artículo adicional addendum.
artículo básico staple.
artículo cautivo captive item.

artículo de excepción   exception item.

artículo de importación   import article.

artículo de marca   trademarked article.

artículo de preferencia   preference item.

artículo de preferencia contributiva   preference tax item.

artículo de preferencia impositiva   preference tax item.

artículo de preferencia tributaria   preference tax item.

artículo de primera necesidad   staple.

artículo del contrato   contract clause.

artículo descontinuado   discontinued item.

artículo manufacturado   manufactured article.

artículo patentado   patented article.

artículo propietario   patented article, trademarked article.

artículos consolidados   consolidated items.

artículos de asociación   articles of association.

artículos de cobro   collection items.

artículos de consumo   consumer goods.

artículos de contrabando   smuggled goods.

artículos de conveniencia   convenience goods.

artículos de incorporación   articles of incorporation.

artículos de lujo   luxury goods.

artículos gravables consolidados   consolidated taxable items.

artículos imponibles consolidados   consolidated taxable items.

artículos restringidos   restricted articles.

artículos sin restricciones   unrestricted articles.

artículos suntuarios   sumptuary goods.

artículos tributables consolidados   consolidated taxable items.

artículos y servicios   goods and services.

asalariado   adj salaried.

asalariado   m salaried worker, wage earner.

asamblea   f assembly, meeting.

asamblea anual   annual meeting.

asamblea constitutiva   organizational meeting.

asamblea constituyente   constitutional convention.

asamblea consultiva   advisory body.

asamblea de accionistas   shareholders' meeting.

asamblea de accionistas anual   annual shareholders' meeting.

asamblea de accionistas general   general shareholders' meeting.

asamblea de acreedores   creditors' meeting.

asamblea extraordinaria   special meeting.

asamblea general   general meeting.

asamblea general de accionistas   general meeting of shareholders.

asamblea ordinaria   regular meeting.

asamblea plenaria   plenary meeting.

ascenso   m promotion.

ascenso de empleado   employee promotion.

asegurabilidad   f insurability.

asegurabilidad garantizada   guaranteed insurability.

asegurable   insurable, assurable.

aseguración   f insurance.

asegurado   adj insured, assured.

asegurado   m insured, insured person.

asegurado adicional   additional insured.

asegurador   adj insuring, safeguarding.

asegurador   m insurer, underwriter, assurer.

asegurador autorizado   authorized insurer.

asegurador cooperativo   cooperative insurer.

asegurador directo   direct insurer.

asegurador independiente   independent insurer.

asegurador líder   lead insurer.

asegurador no autorizado   unauthorized insurer.

asegurador primario   primary insurer.

aseguradores contra incendios   fire underwriters.

aseguradores contra riesgos marítimos   marine underwriters.

aseguradores de crédito credit underwriters.

aseguramiento *m* insuring, insurance, securing.

aseguranza *f* insurance.

asegurar insure, underwrite, affirm.

asegurar un riesgo underwrite a risk.

asegurarse obtain insurance.

aseguro *m* insurance.

asentar make an entry, record.

asentar una partida make an entry.

asesor *m* adviser, consultant.

asesor administrativo administrative consultant.

asesor de finanzas financial adviser.

asesor de inversiones investment adviser.

asesor de seguros insurance consultant.

asesor en colocaciones investment adviser.

asesor financiero financial adviser.

asesor fiscal tax adviser.

asesoramiento *m* advice.

asesoramiento de crédito credit counseling.

asesoramiento financiero financial counseling.

asesorar to advise.

asiento *m* seat, entry.

asiento compensatorio offsetting entry.

asiento complementario complementing entry.

asiento compuesto compound entry.

asiento contable accounting entry, book entry.

asiento de abono credit entry.

asiento de ajuste adjusting entry.

asiento de apertura opening entry.

asiento de cargo debit entry.

asiento de cierre closing entry.

asiento de complemento complementing entry.

asiento de corrección correction entry.

asiento de crédito debit entry.

asiento de diario journal entry.

asiento de presentación registration of a mortgage in a property registry.

asiento de reclasificación reclassification entry.

asiento de rectificación rectification entry.

asiento de transferencia transfer entry.

asiento de traspaso transfer entry.

asiento del diario compuesto compound journal entry.

asiento del mayor ledger entry.

asiento equivocado wrong entry.

asiento falsificado false entry.

asiento original original entry.

asiento principal de negocios principal place of business.

asignable assignable.

asignación *f* allotment, allowance, allocation, payment.

asignación de beneficios allocation of profit.

asignación de colateral collateral assignment.

asignación de costes allocation of costs.

asignación de costos allocation of costs.

asignación de ganancias allocation of profit.

asignación de pérdidas allocation of loss.

asignación de producción production allocation.

asignación de recursos allocation of resources.

asignación de salario assignment of wages.

asignación directa direct allocation.

asignación óptima de recursos optimal allocation of resources.

asignación presupuestaria budget allocation.

asignación proporcional proportional allocation.

asignación y distribución allocation and distribution.

asignado assigned.

asignar assign, establish, designate.

asignatario *m* beneficiary, legatee.

asistencia *f* assistance.

asistencia bilateral bilateral assistance.

asistencia económica economic assistance.

asistencia en financiamiento financing assistance.

asistencia estatal state assistance.

asistencia exterior foreign assistance.

asistencia federal federal assistance.

asistencia financiera financial assistance.

asistencia internacional international assistance.

asistencia pública public assistance, welfare.

asistencia social public assistance, welfare.

asistencia técnica technical assistance.

asistir assist.

asistir a una asamblea assist a meeting.

asistir a una junta assist a meeting.

asistir a una reunión assist a meeting.

asistir a una sesión assist a meeting.

asociación *f* association, collaboration.

asociación agrícola farmers' association.

asociación anónima corporation.

asociación caritativa charitable association.

asociación comercial trade association.

asociación cooperativa cooperative association.

asociación corporativa corporate association.

asociación de ahorro y préstamos savings and loan association.

asociación de comerciantes trade association.

asociación de condominio condominium association.

asociación de consumidores consumer association.

asociación de crédito credit association, credit union.

asociación de dueños de condominio condominium owners' association.

asociación de dueños de hogar homeowner's association.

asociación de empleados employee association.

asociación de fabricantes manufacturers' association.

asociación de marca brand association.

asociación de negocios business league.

asociación de préstamos loan association.

asociación de préstamos para edificación building and loan association.

asociación del renglón trade association.

asociación denunciable partnership at will.

asociación en participación joint venture.

asociación gremial trade association, labor union.

asociación impersonal corporation.

asociación mercantil business association.

asociación momentánea joint venture.

asociación mutua mutual association.

asociación nacional national association.

asociación no pecuniaria nonprofit organization.

asociación obrera trade union, labor union.

asociación para reasegurar reinsurance association.

asociación patronal employers' association.

asociación personal partnership.

asociación profesional professional association.

asociación profesional obrera trade union.

asociación secreta secret partnership.

asociación sindical labor union.

asociado adj associated.

asociado *m* associate, partner.

asociarse join, incorporate, form a partnership.

asocio *m* association, corporation.

asueto *m* time off, day off, half-day off.

asumible assumable.

asumir assume.

asumir control assume control.

asumir un empréstito assume a loan.

asumir un préstamo assume a loan.

asumir un riesgo assume a risk.

asumir una deuda assume a debt.

asumir una hipoteca assume a mortgage.

asumir una obligación assume an obligation.

asunción *f* assumption.

asunción corriente current assumption.

asunción de crédito assumption of a loan.

asunción de deuda assumption of debt.

asunción de empréstito assumption of loan.

asunción de hipoteca assumption of mortgage.

asunción de interés interest assumption.

asunción de obligación assumption of obligation.

asunción de préstamo assumption of loan.

asunción de riesgo assumption of risk.

asunción hipotecaria mortgage assumption.

asuntos económicos economic affairs.

asuntos fiscales fiscal affairs.

atender attend to, pay attention to.

atender el compromiso meet an obligation.

atender la deuda meet a debt.

atender la obligación meet an obligation.

atestar la firma witness the signature.

atrasado in arrears, back, late, delinquent.

atrasado de pago in arrears, in default.

atraso *m* delay.

atraso, en in arrears.

atrasos *m* arrears.

audiencia cautiva captive audience.

audiencia objeto target audience.

auditar audit.

auditar una cuenta audit an account.

auditor *m* auditor.

auditor autorizado authorized auditor.

auditor de banco bank auditor.

auditor de campo field auditor.

auditor estatal state auditor.

auditor externo external auditor.

auditor fiscal tax auditor.

auditor independiente independent auditor.

auditor interno internal auditor.

auditor no autorizado unauthorized auditor.

auditor público public auditor.

auditoría *f* audit, auditing.

auditoría administrativa administrative audit.

auditoría anual annual audit.

auditoría completa complete audit.

auditoría continua continuous audit.

auditoría de acatamiento compliance audit.

auditoría de caja cash audit.

auditoría de calidad quality audit.

auditoría de campo field audit.

auditoría de cuentas auditing of accounts.

auditoría de dividendos dividend audit.

auditoría de estados financieros financial statement audit.

auditoría de mercado market audit.

auditoría de nómina payroll audit.

auditoría de personal personnel audit.

auditoría de rendimiento performance audit.

auditoría de seguridad safety audit.

auditoría del balance balance sheet audit.

auditoría detallada detailed audit.

auditoría especial special audit.

auditoría especial completa complete special audit.

auditoría estatutaria statutory audit.

auditoría externa external audit.

auditoría fiscal tax audit.

auditoría general general audit.

auditoría horizontal horizontal audit.

auditoría independiente independent audit.

auditoría interina interim audit.

auditoría interna internal audit.

auditoría limitada limited audit.

auditoría operacional operational audit.

auditoría parcial partial audit.

auditoría periódica periodic audit.

auditoría por correspondencia correspondence audit.

auditoría preliminar preliminary audit.

auditoría semianual semiannual audit.

auge económico economic boom.

auge inflacionario inflationary boom.

aumentado increased.

aumentar increase.

aumentar el tipo increase the rate.

aumentar el tipo de interés increase the interest rate.

aumentar la tasa increase the rate.

aumentar la tasa de interés increase the interest rate.

aumentar precios increase prices.

aumentar tarifas increase tariffs.

aumento *m* increase.

aumento arancelario tariff increase.

aumento contributivo tax increase.

aumento de capital capital increase.

aumento de dividendo increase of dividend.

aumento de la tasa bancaria bank rate increase.

aumento de precio price increase.

aumento de productividad productivity increase.

aumento de reserva reserve increase.

aumento de salario salary increase.

aumento de salario diferido deferred salary increase.

aumento de sueldo salary increase.

aumento de tarifa tariff increase.

aumento de tasa rate increase.

aumento de tasa mínimo minimum rate increase.

aumento de tipo rate increase.

aumento de tipo bancario bank rate increase.

aumento de tipo mínimo minimum rate increase.

aumento del rendimiento yield increase.

aumento del riesgo risk increase.

aumento del valor value increase.

aumento en costes increase in costs.

aumento en costos increase in costs.

aumento en ingresos increase in earnings.

aumento en productividad increase in productivity.

aumento en tándem tandem increase.

aumento en valor increase in value.

aumento general general increase.

aumento impositivo tax increase.

aumento lineal linear increase.

aumento neto net increase.

aumento proporcional proportional increase.

aumento salarial wage increase, salary increase.

aumento tributario tax increase.

ausencia compensada compensated absence.

ausente adj absent.

ausente *m* absentee.

ausentismo *m* absenteeism.

auténtica *f* attestation, certification.

autenticación *f* authentication.

autenticación de firma authentication of signature.

autenticar authenticate, attest.

autenticidad *f* authenticity.

auténtico authentic, certified.

auto de embargo writ of attachment.

auto de pago official demand for payment.

auto de posesión writ of possession.

auto de quiebra declaration of bankruptcy.

auto de reivindicación writ of replevin.

autoadministrado self-administered.

autoajustable self-adjusting.

autoamortizante self-amortizing.

autoasegurador *m* self-insurer.

autocontrato *m* contract where one party acts on behalf of both parties.

autocorrelación *f* autocorrelation.

autodespido *m* resignation.

autoejecutable self-executing.

autofinanciación *f* self-financing.

autofinanciamiento *m* self-financing.

autoliquidación *f* self-liquidating, self-assessment.

autoliquidante self-liquidating.

automático automatic.

automatización *f* automation.

automatizado automated.

autónomo autonomous.

autoridad *f* authority.

autoridad aparente apparent authority.

autoridad discrecional discretionary authority.

autoridad inferida inferred authority.

autoridad portuaria port authority.

autoridades aduaneras customs authorities.

autoridades financieras financial authorities.

autoridades fiscales fiscal authorities, tax authorities.

autoridades monetarias monetary authorities.

autorización f authorization.

autorización de compra authorization to buy.

autorización de contrato contract authorization.

autorización de crédito credit authorization.

autorización de cheque check authorization.

autorización de exportación general general export license.

autorización de libros authorization of a new set of books by public authority.

autorización de pago authority to pay.

autorización expresa express authority.

autorización general general authority.

autorización implícita implied authority.

autorización limitada limited authority.

autorización negativa negative authorization.

autorización no limitada unlimited authority.

autorización ostensible apparent authority.

autorización para contratar authority to contract.

autorización para negociar authority to negotiate.

autorización para operar authority to operate.

autorización para pagar authority to pay.

autorización para transacciones limitada limited trading authorization.

autorización para vender agency to sell.

autorización positiva positive authorization.

autorización real actual authority.

autorizado authorized.

autorizar authorize.

autorregulador self-regulatory.

autoseguro m self-insurance.

autoselección f self-selection.

autoservicio m self-service.

auxiliar auxiliary.

aval m aval, guaranty.

aval absoluto full guaranty.

aval limitado limited guaranty.

avalado m guarantee, endorsee.

avalar guarantee, support, endorse.

avalista m/f guarantor, endorser, backer.

avalorar value, appraise.

avaluación f appraisal, valuation.

avaluador m appraiser.

avaluar value, appraise.

avalúo m appraisal, valuation, assessment.

avalúo catastral real estate appraisal.

avalúo certificado certified appraisal.

avalúo fiscal appraisal for taxation purposes.

avenencia f agreement, settlement.

avenimiento m agreement, mediation, conciliation.

avería f damage, failure, average.

avería común general average.

avería extraordinaria extraordinary average.

avería gruesa general average, gross average.

avería menor petty average.

avería ordinaria petty average.

avería parcial partial average.

avería particular particular average.

avería pequeña petty average.

avería simple simple average, particular average, common average.

avisar notify, warn.

aviso m notice, announcement, warning, advertisement.

aviso a acreedores notice to creditors.

aviso de aceptación notice of acceptance.

aviso de caducidad expiration notice.

aviso de cambio notice of change.

aviso de cancelación notice of cancelation.

aviso de deficiencia notice of deficiency.

aviso de ejecución exercise notice.

aviso de embarque notice of shipment.
aviso de entrega delivery notice.
aviso de envío dispatch notice.
aviso de expiración expiration notice.
aviso de huelga strike notice.
aviso de llegada notice of arrival.
aviso de mora notice of arrears.
aviso de no aceptación notice of non-acceptance.
aviso de protesto notice of protest.
aviso de quiebra bankruptcy notice.
aviso de rechazo notice of dishonor.
aviso de renovación notice of renewal.
aviso de retiro withdrawal notice.
aviso de terminación termination notice.
aviso de vencimiento notice of due date, notice of deadline, notice of date of maturity, expiration notice.
aviso escrito written notice.
aviso por escrito written notice.
aviso razonable reasonable notice.
avisos comerciales trademark.
ayuda *f* assistance, aid.
ayuda a la inversión investment aid.
ayuda al desarrollo development aid.
ayuda bilateral bilateral aid.
ayuda económica economic aid.
ayuda estatal state aid.
ayuda exterior foreign aid.
ayuda federal federal aid.
ayuda financiera financial aid.
ayuda internacional international aid.

B

baja drop, withdrawal, decrease.
baja de precios fall in prices.
bajista bearish.
bajo apercibimiento under penalty.
bajo contrato under contract.
bajo la línea below the line.
bajo la par below par.
bajo mano clandestinely.
bajo obligación under obligation.
bajo protesto under protest.
bajo sello under seal.
balance *m* balance, balance sheet.

balance anterior previous balance.
balance bancario bank balance.
balance certificado certified balance sheet.
balance clasificado classified balance sheet.
balance cobrado collected balance.
balance comercial trade balance.
balance comparativo comparative balance sheet.
balance compensatorio compensating balance.
balance condensado condensed balance sheet.
balance consolidado consolidated balance sheet.
balance de apertura opening balance.
balance de comercio trade balance.
balance de comprobación trial balance.
balance de contabilidad balance sheet.
balance de cuenta balance of account.
balance de cuenta principal primary account balance.
balance de fusión consolidated balance sheet.
balance de liquidación liquidation balance sheet.
balance de mercancías merchandise balance.
balance de principal principal balance.
balance de resultado profit and loss statement.
balance de situación balance sheet.
balance de situación certificado certified balance sheet.
balance de situación consolidado consolidated balance sheet.
balance dinámico dynamic balance sheet.
balance estimado estimated balance sheet.
balance fiscal balance sheet for tax purposes.
balance general general balance sheet.
balance general certificado certified balance sheet.
balance general comparativo comparative balance sheet.
balance general consolidado consolidated balance sheet.

balance general estimado estimated balance sheet.

balance global overall balance.

balance impositivo balance sheet for tax purposes.

balance inactivo unclaimed balance.

balance inicial beginning balance.

balance mínimo minimum balance.

balance no reclamado unclaimed balance.

balance previo previous balance.

balance provisional interim balance sheet.

balance provisorio interim balance sheet.

balance requerido required balance.

balance temporal temporary balance sheet.

balance tentativo tentative balance sheet.

balance total total balance.

balance transferido transferred balance.

balanceado balanced.

balancear balance.

balancete *m* tentative balance sheet.

balanza *f* balance, comparison.

balanza básica basic balance.

balanza cambista balance of payments.

balanza comercial trade balance.

balanza comercial desfavorable unfavorable trade balance.

balanza comercial favorable favorable trade balance.

balanza de comercio trade balance.

balanza de comercio exterior foreign trade balance.

balanza de divisas balance of foreign exchange.

balanza de endeudamiento balance of indebtedness.

balanza de intercambio trade balance.

balanza de mercancías trade balance.

balanza de pagos balance of payments.

balanza de pagos corriente current balance of payments.

balanza de pagos desfavorable unfavorable balance of payments.

balanza de pagos favorable favorable balance of payments.

balanza de pagos internacionales balance of international payments.

balanza mercantil trade balance.

baldío unimproved, uncultivated, idle.

banca *f* banking.

banca al por mayor wholesale banking.

banca central central banking.

banca comercial commercial banking.

banca con servicio para automorilistas drive-in banking.

banca con servicios completos full-service banking.

banca con sucursales branch banking.

banca de concentración concentration banking.

banca de cuentas a crédito charge account banking.

banca de depósitos deposit banking.

banca de inversión investment banking.

banca de inversionistas investment banking.

banca de sucursales branch banking.

banca electrónica electronic banking.

banca electrónica remota remote electronic banking.

banca encadenada chain banking.

banca grupal group banking.

banca hipotecaria mortgage banking.

banca interestatal interstate banking.

banca internacional international banking.

banca intraestatal intrastate banking.

banca mercantil merchant banking.

banca múltiple multiple banking.

banca por correo bank by mail.

banca por servicarro drive-in banking.

banca por teléfono bank by phone.

banca privada private banking.

banca sin cheques checkless banking.

banca telefónica telephone banking.

banca universal universal banking.

bancable bankable, negotiable.

bancario banking, financial.

bancarrota *f* bankruptcy.

banco *m* bank.

banco aceptante accepting bank.

banco agente agent bank.

banco asegurado insured bank.

banco asociado associate bank, member bank.

banco autorizado authorized bank.
banco capitalizador bank for capitalization of savings.
banco central central bank.
banco comercial commercial bank.
banco comunitario community bank.
banco confirmante confirming bank.
banco cooperativo cooperative bank.
banco corresponsal correspondent bank.
banco de ahorros savings bank.
banco de bancos central bank.
banco de banqueros bankers' bank.
banco de centro financiero money center bank.
banco de cobranzas collecting bank.
banco de cobro collecting bank.
banco de comercio commercial bank.
banco de comercio exterior foreign trade bank.
banco de compensación clearing bank.
banco de concentración concentration bank.
banco de crédito credit bank.
banco de crédito inmobiliario mortgage bank.
banco de datos data bank.
banco de depósito deposit bank.
banco de depósito inicial bank of first deposit.
banco de emisión bank of issue.
banco de empleos job bank.
banco de fomento development bank.
banco de inversión investment bank.
banco de liquidación clearinghouse.
banco de préstamos loan bank.
banco de reserva reserve bank.
banco de servicios completos full-service bank.
banco de servicios limitados limited-service bank.
banco de tenedor de tarjeta cardholder bank.
banco de trabajos job bank.
banco del beneficiario beneficiary's bank.
banco del desarrollo development bank.
banco del desarrollo multilateral multilateral development bank.
banco del estado state bank.

banco depositario depository bank.
banco deudor debtor bank.
banco emisor bank of issue.
banco estatal state bank.
banco extranjero overseas bank.
banco extraterritorial off-shore bank.
banco fiduciario trust company, trust bank.
banco hipotecario mortgage bank.
banco independiente independent bank.
banco industrial industrial bank.
banco intermediario intermediary bank.
banco internacional international bank.
banco líder lead bank.
banco mercantil commercial bank.
banco miembro member bank.
banco múltiple all-purpose bank.
banco municipal municipal bank.
banco mutualista de ahorro mutual savings bank.
banco nacional national bank, government bank.
banco no asegurado uninsured bank.
banco no autorizado unauthorized bank.
banco no miembro nonmember bank.
banco pagador payer bank.
banco privado private bank.
banco que recibe receiving bank.
banco quebrado failed bank.
banco regional regional bank.
banco remitente remitting bank.
banquero *m* banker.
banquero comercial commercial banker.
banquero hipotecario mortgage banker.
banquero personal personal banker.
barato inexpensive, cheap.
barcaje *m* transport by vessel, fee for transport by vessel.
barómetro *m* barometer.
barraca *f* warehouse, cabin, hut, worker's hut.
barraquero *m* warehouser.
barrera *f* barrier.
barrera arancelaria tariff barrier.
barrera comercial trade barrier.
barreras al comercio barriers to trade.

barrio *m* district, quarter.
base *f* base, basis.
base actuarial actuarial basis.
base ajustada adjusted basis.
base amortizable depreciable basis.
base contributiva neta net tax base.
base de acumulación accrual basis.
base de acumulación modificada
  modified accrual basis.
base de amortización depreciation
  base.
base de comerciantes merchant base.
base de contabilidad basis of
  accounting.
base de coste cost basis.
base de costo cost basis.
base de crédito credit basis.
base de datos en línea on-line
  database.
base de depreciación depreciation
  base.
base de efectivo cash basis.
base de imposición basis of
  assessment.
base de ingresos income basis.
base de la renta income basis.
base de prima premium base.
base de tarjetas card base.
base de tasa rate base.
base de tenedores de tarjeta
  cardholder base.
base de tipo rate base.
base de valoración valuation basis.
base de valuación valuation basis.
base del índice index basis.
base depreciable depreciable basis.
base económica economic base.
base imponible tax base.
base impositiva tax base.
base impositiva ajustada adjusted
  tax basis.
base impositiva neta net tax base.
base monetaria monetary base.
base no ajustada unadjusted basis.
base semianual semiannual basis.
base sustituida substituted basis.
base tributaria neta net tax base.
base trimestral quarterly basis.
base variable variable base.
bases constitutivas articles of
  incorporation.
básico basic.

benefactor *m* benefactor.
beneficencia social social welfare.
beneficiado *m* beneficiary.
beneficiar benefit, develop.
beneficiario *m* beneficiary, payee.
beneficiario absoluto absolute
  beneficiary.
beneficiario alternativo alternative
  beneficiary, alternative payee.
beneficiario condicional contingent
  beneficiary.
beneficiario contingente contingent
  beneficiary.
beneficiario de ingresos income
  beneficiary.
beneficiario de preferencia
  preference beneficiary.
beneficiario de una firma de favor
  accommodated party.
beneficiario de una firma por
  acomodación accommodated party.
beneficiario de una póliza
  beneficiary of a policy.
beneficiario de una póliza de
  seguros beneficiary of an insurance
  policy.
beneficiario en expectativa
  expectant beneficiary.
beneficiario eventual contingent
  beneficiary.
beneficiario incidental incidental
  beneficiary.
beneficiario inmediato immediate
  beneficiary.
beneficiario irrevocable irrevocable
  beneficiary.
beneficiario preferido preferred
  beneficiary.
beneficiario revocable revocable
  beneficiary.
beneficiario secundario secondary
  beneficiary.
beneficiarios conjuntos joint
  beneficiaries.
beneficio *m* benefit, profit, gain,
  development.
beneficio bruto gross profits.
beneficio bruto de ventas gross
  profit on sales.
beneficio contable book profit.
beneficio contributivo tax benefit.
beneficio de familia máximo
  maximum family benefit.

beneficio económico economic benefit.

beneficio en libros book profit.

beneficio excesivo excessive profit.

beneficio fiscal taxable profit.

beneficio gravable taxable profit.

beneficio imponible taxable profit.

beneficio impositivo taxable profit.

beneficio marginal marginal benefit.

beneficio máximo maximum benefit.

beneficio mínimo minimum benefit.

beneficio neto net income, net profit, clear profit.

beneficio neto por acción net income per share.

beneficio normal normal profit.

beneficio por discapacidad disability benefit.

beneficio por muerte accidental accidental death benefit.

beneficio por muerte graduado graded death benefit.

beneficio realizado realized profit.

beneficio sobre el papel paper profit.

beneficio social social benefit.

beneficio tributable taxable profit.

beneficios acumulados earned surplus.

beneficios adicionales ejecutivos executive perquisites.

beneficios antes de contribuciones pretax profits.

beneficios antes de impuestos pretax profits.

beneficios de empleados employee benefits.

beneficios de indemnización indemnity benefits.

beneficios de jubilación temprana early-retirement benefits.

beneficios de retiro temprano early-retirement benefits.

beneficios de salud de empleados employee health benefits.

beneficios del seguro social social security benefits.

beneficios diferidos deferred benefits.

beneficios económicos economic benefits.

beneficios especificados specified benefits.

beneficios estipulados stipulated benefits.

beneficios fijos fixed benefits.

beneficios gravables taxable profits, taxable benefits.

beneficios imponibles taxable profits, taxable benefits.

beneficios marginales fringe benefits, marginal profits.

beneficios médicos medical benefits.

beneficios netos net earnings.

beneficios no distribuidos undistributed earnings.

beneficios no realizados unrealized profits.

beneficios opcionales optional benefits.

beneficios pecuniarios pecuniary benefits.

beneficios por accidente accident benefits.

beneficios por discapacidad permanente permanent disability benefits.

beneficios por discapacidad temporal temporary disability benefits.

beneficios por discapacidad total temporal temporary total disability benefits.

beneficios por enfermedad sick benefits.

beneficios por huelga strike benefits.

beneficios por incapacidad disability benefits.

beneficios por maternidad maternity benefits.

beneficios por muerte death benefits.

beneficios por muerte de empleados employee death benefits.

beneficios proyectados projected benefits.

beneficios retenidos retained profits.

beneficios suplementarios supplemental benefits.

beneficios tributables taxable profits, taxable benefits.

beneficios variables variable benefits.

beneficioso beneficial, profitable.

beta f beta.

bienal biennial.

bienes m property, assets, goods, estate.

bienes abandonados abandoned property.

bienes accesorios accessions, fixtures.

bienes adventicios adventitious property.

bienes alodiales allodial property.

bienes arrendados leased goods.

bienes comunales community property.

bienes comunes public property, community property.

bienes corporales corporeal goods.

bienes de calidad quality goods.

bienes de capital capital goods, capital assets.

bienes de consumo consumer goods.

bienes de consumo duraderos hard goods.

bienes de dominio privado private property.

bienes de dominio público public property.

bienes de familia homestead.

bienes de importación import goods.

bienes de la sociedad conyugal community property.

bienes de la sucesión estate of a decedent.

bienes de menores property of minors.

bienes de producción production goods.

bienes de propiedad privada private property.

bienes de servicio público local government property.

bienes de uso común public property.

bienes de uso público public property.

bienes del quebrado bankrupt's property.

bienes divisibles divisible property.

bienes duraderos durable goods.

bienes embargados attached property.

bienes en tránsito goods in transit.

bienes enajenables alienable property.

bienes forales leasehold.

bienes fungibles fungible goods.

bienes futuros future goods.

bienes gananciales community property.

bienes hereditarios inherited property, descendent's estate.

bienes herenciales inherited property, descendent's estate.

bienes hipotecables mortgageable property.

bienes hipotecados mortgaged property.

bienes inalienables inalienable property.

bienes incorporales intangible assets.

bienes incorpóreos intangible assets.

bienes indivisibles indivisible goods.

bienes industriales industrial goods.

bienes inembargables property that can not be attached.

bienes inmovilizados fixed assets.

bienes inmuebles real estate, real property.

bienes inmuebles amortizables depreciable real estate.

bienes inmuebles depreciables depreciable real estate.

bienes intangibles intangible property, intangible assets.

bienes intermedios intermediate goods.

bienes libres unencumbered property.

bienes mancomunados joint property.

bienes mobiliarios personal property.

bienes mostrencos waifs.

bienes muebles personal property.

bienes no duraderos non-durable goods.

bienes no esenciales nonessential goods.

bienes no fungibles non-fungible goods.

bienes no hipotecables non-mortgageable property.

bienes perecederos perishable goods, non-durable goods.

bienes por heredar hereditaments.

bienes presentes property in possession, present assets.

bienes principales principal goods.

bienes privativos separate property of each spouse.

bienes propios separate property of each spouse, unencumbered property.

bienes públicos public property, public goods.

bienes raíces real estate, real property.

bienes reales real estate, real property.

bienes rechazados rejected goods.

bienes reservables inalienable property.

bienes sedientes real estate, real property.

bienes sociales partnership property, corporate property.

bienes sucesorios estate of a decedent.

bienes tangibles tangible goods.

bienes vacantes real estate with no known owner.

bienes y servicios goods and services.

bienestar *m* welfare.

bienestar económico economic welfare.

bienestar social social welfare.

bienhechuría *f* improvements.

bienquerencia *f* good will.

bilateral bilateral.

bilateralismo *m* bilateralism.

bilateralmente bilaterally.

billete *m* bill, note, ticket.

billete de banco bank bill, bank note.

billetes moneda currency notes.

bimensual bimonthly.

bimestral bimestrial, bimonthly.

bimestre adj bimestrial.

bimestre *m* bimester.

bimetalismo *m* bimetallism.

bisiesto bissextile.

blanco, en blank.

bloque de apertura opening block.

bloqueado blocked, frozen.

bloqueador blockading, obstructing.

bloquear block, freeze, blockade, obstruct.

bloquear fondos freeze assets.

bloqueo *m* blockade, freezing.

bloqueo efectivo effective blockade.

bloqueo en el papel paper blockade.

boicot *m* boycott.

boicot del comprador buyer's boycott.

boicot primario primary boycott.

boicot principal primary boycott.

boicot secundario secondary boycott.

boicotear boycott.

boicoteo *m* boycott, boycotting.

boleta *f* ticket, certificate, permit.

boleta bancaria certificate of deposit.

boleta de consignación certificate of deposit.

boleta de depósito deposit slip, certificate of deposit.

boleta de registro certificate of registry.

boletín *m* bulletin, ticket, voucher.

boleto *m* ticket, preliminary contract.

boleto de carga bill of lading.

boleto de compraventa preliminary contract, bill of sale.

boleto de empeño pawn ticket.

bolsa *f* stock exchange.

bolsa de comercio commodities exchange, stock exchange.

bolsa de contratación commodities exchange.

bolsa de divisas foreign currency exchange.

bolsa de futuros futures exchange.

bolsa de valores securities exchange, stock exchange.

bolsa de valores regional regional stock exchange.

bonificación *f* bonification, bonus, allowance.

bonificación de contribuciones bonification of taxes.

bonificación de impuestos bonification of taxes.

bonificación tributaria tax rebate.

bonista *m/f* bondholder.

bono *m* bond, bonus.

bono a corto plazo short-term bond.

bono a la par par bond.

bono a largo plazo long term bond.

bono a medio plazo medium-term bond.

bono a perpetuidad perpetual bond.

bono ajustable ajustable bond.

bono al portador bearer bond.

bono anual annual bonus.

bono asumido assumed bond.

bono clasificado classified bond.

bono colateral collateral trust bond.

bono comerciable marketable bond.

bono con combinación combination bond.

bono con cupones coupon bond.

bono con garantía secured bond.

bono con garantía prendaria collateral bond.

bono con participación participating bond.

bono con prima premium bond.

bono con tasa de interés corriente current coupon bond.

bono consolidado consolidated bond.

bono convertible convertible bond.

bono corporativo corporate bond.

bono corporativo a corto plazo short-term corporate bond.

bono corporativo a largo plazo long-term corporate bond.

bono de ahorro savings bond.

bono de alto rendimiento high-yield bond.

bono de amortización controlada controlled amortization bond.

bono de caja short-term government debt instrument.

bono de consolidación funding bond.

bono de conversión refunding bond.

bono de desarrollo industrial industrial development bond.

bono de garantía colateral collateral trust bond.

bono de hipoteca general general mortgage bond.

bono de hipotecas consolidadas consolidated mortgage bond.

bono de incentivo incentive bonus.

bono de ingresos de hipotecas mortgage revenue bond.

bono de ingresos industriales industrial revenue bond.

bono de ingresos municipales municipal revenue bond.

bono de intereses diferidos deferred interest bond.

bono de obligación general general obligation bond.

bono de obligación preferente prior-lien bond.

bono de prenda note issued against warehoused property.

bono de primera hipoteca first mortgage bond.

bono de reintegración refunding bond.

bono de rendimientos income bond.

bono de renta income bond.

bono de renta perpetua perpetual bond.

bono de tesorería government debt instrument.

bono del estado government debt instrument.

bono del tesoro treasury bond.

bono descontado discount bond.

bono en dólares dollar bond.

bono en efectivo cash bonus.

bono en eurodólares Eurodollar bond.

bono estatal state bond.

bono exento de contribuciones tax-exempt bond.

bono exento de impuestos tax-exempt bond.

bono extranjero foreign bond.

bono fiscal government bond.

bono garantizado guaranteed bond.

bono grupal group bonus.

bono gubernamental government bond.

bono hipotecario mortgage bond.

bono imponible taxable bond.

bono inactivo inactive bond.

bono indizado indexed bond.

bono industrial industrial bond.

bono inmobiliario real estate bond.

bono intercambiable interchangeable bond.

bono irredimible irredeemable bond.

bono municipal a corto plazo short-term municipal bond.

bono municipal a largo plazo long-term municipal bond.

bono municipal a medio plazo medium-term municipal bond.

bono municipal asegurado insured municipal bond.

bono municipal imponible taxable municipal bond.

bono municipal no asegurado uninsured municipal bond.

bono municipal tributable taxable municipal bond.

bono negociable negotiable bond, marketable bond.

bono no negociable nonmarketable bond.

bono no retirable noncallable bond.

bono nominativo registered bond.

bono pasivo passive bond.

bono perpetuo perpetual bond.

bono por actividad activity bonus.

bono por eficiencia efficiency bonus.

bono por riesgo   hazard bonus.

bono privilegiado   privileged bond.

bono puente   bridge bond.

bono redimible   redeemable bond, callable bond.

bono redimido   called bond.

bono registrado   registered bond.

bono respaldado por hipotecas mortgage-backed bond.

bono retirable   callable bond.

bono semianual   semiannual bonus.

bono sin garantía   unsecured bond.

bono sin vencimiento   perpetual bond.

bono sobre equipo   equipment trust certificate.

bono subyacente   underlying bond.

bono talonario   coupon bond.

bono tributable   taxable bond.

bonos de fundador   bonds issued to promoters.

bonos diferidos   deferred bonds.

bonos emitidos   bonds issued.

bonos en circulación   outstanding bonds.

bonos en serie   serial bonds.

bonos extranjeros   foreign bonds.

bonos municipales   municipal bonds.

bonos municipales sin certificado certificateless municipal bonds.

bonos sin certificado   certificateless bonds.

borrador de acuerdo   rough draft of agreement.

borradura   *f* erasure, deletion.

bracero   *m* laborer, day laborer.

braceros contratados   contract labor.

brecha inflacionaria   inflationary gap.

buen nombre   goodwill, good reputation.

buena fe   good faith.

buena paga   good credit risk.

bueno y válido   good and valid.

buhonería   *f* peddling.

buhonero   *m* peddler.

buque   *m* ship, vessel, hull.

buque carguero   freighter.

buque mercante   merchant ship.

burocracia   *f* bureaucracy.

burócrata   *m* bureaucrat.

burocrático   bureaucratic.

bursátil   pertaining to stock exchange transactions, pertaining to a stock exchange.

cabecero   *m* lessee, head of household.

cabeza de casa   head of household.

cabeza de familia   head of household.

cabotaje   *m* cabotage, coastal sailing, coastal trading, tax upon a vessel traveling along a coast.

cadena bancaria   banking chain.

cadena de mando   chain of command.

cadena de posesión   chain of possession.

cadena de tiendas   chain of stores.

cadena de título   chain of title.

caducable   forfeitable, lapsable.

caducado   forfeited, expired, lapsed.

caducar   expire, lapse, to be forfeited, become void.

caducidad   *f* expiration, lapse, forfeiture, caducity.

caducidad de marcas   lapse of trademark registration.

caducidad de patentes   lapse of patent registration.

caduco   expired, lapsed, void, caducous.

caer en comiso   to be forfeited.

caer en mora   fall in arrears, to become delinquent on a debt.

caída   *f* fall, drop.

caído   due, fallen.

caídos   *m* arrears, perquisites.

caja   *f* box, safe, cash, fund.

caja chica   petty cash.

caja de ahorros   savings bank.

caja de amortización   sinking fund.

caja de caudales   safe, safety deposit box.

caja de compensación   clearinghouse.

caja de conversión   governmental foreign exchange.

caja de crédito hipotecario mortgage bank.

caja de gastos menores   petty cash.

caja de jubilación   pension fund.

caja de maternidad   maternity leave fund.

caja de pensión   pension fund.

caja de seguridad   safety deposit box.

caja de seguro   safe.

caja dotal   pension fund.

caja fiscal   national treasury.

caja fuerte   safe.

caja mutua de ahorros   mutual savings bank.

caja pequeña   petty cash.

caja registradora   cash register.

caja registradora electrónica   electronic cash register.

cajear   take on a debt knowing that it cannot be paid.

cajero   *m* teller, peddler.

cajero automático   automatic teller machine.

cajero comercial   commercial teller.

cajero de banco   bank cashier.

cajero de certificación   certification teller.

cajero de cobros   collection teller.

cajero de colección de cupones   coupon collection teller.

cajero de cupones   coupon teller.

cajero principal   head teller.

cajero que recibe   receiving teller.

cajero recibidor   receiving teller.

cajilla de seguridad   safety deposit box.

cálculo   *m* calculation.

cálculo de costos   calculation of costs.

cálculo de gastos   calculation of expenses.

cálculo de intereses   calculation of interest.

cálculo de pagos   calculation of payments.

cálculo de precios   calculation of prices.

calidad   *f* quality.

calidad cuestionable   questionable quality.

calidad de banco   bank quality.

calidad de crédito   credit quality.

calidad media   average quality.

calificación   *f* qualification.

calificación crediticia   credit rating.

calificación registral   verification of suitability for filing in public registry.

calificado   qualified, conditional.

calificar   classify, rate, qualify.

cámara compensadora   clearinghouse.

cámara de compensación   clearinghouse.

cámara de compensación local   local clearinghouse.

cambalache   *m* bartering.

cambiable   changeable, exchangeable.

cambiador   *m* barterer.

cambial   *m* bill of exchange.

cambial domiciliada   domiciled bill.

cambiar   change, exchange, negotiate.

cambiar una letra   negotiate a bill.

cambiario   pertaining to a bill of exchange, pertaining to exchange.

cambio   *m* change, exchange, rate of exchange, barter.

cambio a corto plazo   short-term exchange.

cambio a la vista   exchange at sight.

cambio de base   change of base.

cambio de beneficiario   change of beneficiary.

cambio de circunstancias   change of circumstances.

cambio de contabilidad   accounting change.

cambio de cuota   quota change.

cambio de domicilio   change of domicile.

cambio de precio   price change.

cambio de propiedad   change of ownership.

cambio de tasa   change of rate.

cambio de tasa de interés   change of interest rate.

cambio de tipo   change of rate.

cambio de tipo de interés   change of interest rate.

cambio de valor   value change.

cambio de valoración   valuation change.

cambio de valuación   valuation change.

cambio directo   direct exchange.

cambio dirigido   controlled exchange.

cambio en condiciones   change in conditions.

cambio en demanda   change in demand.

cambio en el estimado de contabilidad change in accounting estimate.

cambio en el método de contabilidad change in accounting method.

cambio en el riesgo change in the risk.

cambio en inventario inventory change.

cambio en la tendencia change in tendency.

cambio en oferta change in supply.

cambio en un principio de contabilidad change in accounting principle.

cambio exterior foreign trade.

cambio extranjero foreign exchange.

cambio flotante floating exchange.

cambio libre exchange in a free market.

cambio mercantil mercantile exchange.

cambio neto net change.

cambio oficial official exchange rate.

cambio organizativo organizational change.

cambio periódico periodic change.

cambio social amendment to the articles of incorporation.

cambista m/f cambist.

camino de servidumbre right of way.

campaña f campaign, period of employment.

campaña corporativa corporate campaign.

campaña de saturación saturation campaign.

campaña de ventas selling campaign.

campaña publicitaria advertising campaign.

campo m field.

canal de comunicación communication channel.

canal de distribución distribution channel.

canal de mercado market channel.

canal de ventas channel of sales.

cancelable cancelable, annullable.

cancelación f cancelation, annulment.

cancelación de deuda debt cancelation.

cancelación de gravamen discharge of lien.

cancelación de hipoteca cancelation of mortgage.

cancelación de orden cancelation of order.

cancelación de pedido cancelation of order.

cancelación de póliza cancelation of policy.

cancelación de póliza de seguro cancelation of insurance policy.

cancelado canceled.

cancelar cancel, annul, pay off.

cancelar la factura cancel a bill.

cancelar un cheque cancel a check.

cancelar un crédito cancel a credit.

cancelar un pedido cancel an order.

cancelar una orden cancel an order.

canje m exchange, barter, clearing of checks.

canjeable exchangeable, convertible.

canjear exchange, convert, clear checks.

canon m rate, rent, royalty.

canon de arrendamiento rent payment.

cantidad f quantity, sum.

cantidad a pagar amount payable.

cantidad acumulada accumulated amount.

cantidad alzada agreed sum.

cantidad asegurada amount covered.

cantidad compuesta compound amount.

cantidad constante constant amount.

cantidad de equilibrio equilibrium quantity.

cantidad de la pérdida amount of loss.

cantidad de orden económica economic order quantity.

cantidad de pedido order quantity.

cantidad de pedido económica economic order quantity.

cantidad de seguro primario primary insurance amount.

cantidad de transacción transaction amount.

cantidad debida amount due.

cantidad declarada amount stated.

cantidad determinada determined amount.

cantidad en riesgo amount at risk.

cantidad en riesgo neta   net amount at risk.

cantidad específica   specific amount.

cantidad financiada   amount financed.

cantidad garantizada   guaranteed amount.

cantidad indeterminada   sum uncertain.

cantidad líquida   liquid assets.

cantidad mínima   minimum amount.

cantidad neta   net amount.

cantidad predeterminada predetermined amount.

cantidad requerida   required amount.

cantidad residual   residual amount.

cantidad retenida   amount withheld.

cantidad transferida   transferred amount.

cantidad variable   variable amount.

capacidad   *f* capacity.

capacidad administrativa   executive capacity.

capacidad anual esperada   expected annual capacity.

capacidad contributiva   taxpaying capacity.

capacidad de carga   cargo capacity.

capacidad de competir   capacity to compete.

capacidad de comprar y vender capacity to buy and sell.

capacidad de crédito   credit capacity.

capacidad de exportación   export capacity.

capacidad de las partes   capacity of parties.

capacidad de pago   capacity to pay.

capacidad de producción   production capacity.

capacidad de producir ingresos earning capacity.

capacidad de tomar prestado borrowing capacity.

capacidad económica   economic capacity.

capacidad en exceso   excess capacity.

capacidad exportadora   exporting capacity.

capacidad fiduciaria   fiduciary capacity.

capacidad financiera   credit rating.

capacidad ideal   ideal capacity.

capacidad importadora   importing capacity.

capacidad legal   legal capacity.

capacidad máxima   maximum capacity.

capacidad máxima práctica maximum practical capacity.

capacidad no utilizada   unused capacity, idle capacity.

capacidad normal   normal capacity.

capacidad operativa   operating capacity.

capacidad óptima   optimum capacity.

capacidad para contratar   capacity to contract.

capacidad para ganar   ability to earn.

capacidad para hipotecar   capacity to mortgage.

capacidad para pagar contribuciones ability to pay taxes.

capacidad para pagar deudas   ability to pay debts.

capacidad para pagar impuestos ability to pay taxes.

capacidad para reasegurar reinsurance capacity.

capacidad práctica   practical capacity.

capacidad profesional   professional capacity.

capacidad teorética   theoretical capacity.

capacidad utilizada   utilized capacity.

capacitar   capacitate, empower, qualify.

caparra   *f* earnest money, down payment, partial payment.

capataz   *m* foreperson.

capaz   capable.

capitación   *f* capitation.

capital   *m* capital, principal.

capital a corto plazo   short-term capital.

capital a largo plazo   long-term capital.

capital accionario   capital stock.

capital activo   active capital.

capital amortizado   amortized capital.

capital antecedente   original capital.

capital autorizado   authorized capital.

capital circulante   working capital, circulating capital.

capital circulante negativa   negative working capital.

capital circulante neto　net working capital.

capital computable　accountable capital.

capital congelado　frozen capital.

capital contribuido　contributed capital.

capital corporativo　corporate capital.

capital corriente　current capital.

capital cubierto　paid-up capital.

capital de compañía　company capital.

capital de explotación　operating capital.

capital de inversión　investment capital.

capital de producción　production capital.

capital de riesgo　risk capital.

capital declarado　stated capital.

capital desembolsado　paid-in capital.

capital deteriorado　impaired capital.

capital disponible　available capital.

capital e intereses　capital and interest.

capital en acciones　issued stock, stock capital.

capital en giro　working capital.

capital en préstamos　loan capital.

capital escriturado　stated capital.

capital especializado　specialized capital.

capital especificado　specified capital.

capital extranjero　foreign capital.

capital fijo　fixed capital.

capital financiero　financial capital.

capital flotante　floating capital.

capital fundacional　original capital.

capital humano　human capital.

capital improductivo　non-producing capital.

capital inactivo　idle capital.

capital individual　individual capital.

capital inicial　initial capital, original capital.

capital integrado　paid-up capital.

capital invertido　invested capital.

capital legal　legal capital.

capital líquido　liquid assets, net worth.

capital neto　net worth, net capital.

capital nominal　face capital.

capital obtenido mediante debentures　debenture capital.

capital pagado　paid-in capital.

capital permanente　permanent capital.

capital prestado　borrowed capital.

capital principal　primary capital.

capital privado　private capital.

capital productivo　working capital.

capital propio　equity capital.

capital público　public capital.

capital real　real capital.

capital social　capital stock, corporate capital, partnership's capital.

capital temporal　temporary capital.

capital utilizado　capital employed.

capital variable　variable capital.

capital y reservas　capital and reserves.

capitalismo　*m* capitalism.

capitalización　*f* capitalization, compounding.

capitalización de beneficios　capitalization of profits.

capitalización de contribuciones　capitalization of taxes.

capitalización de ganancias　capitalization of profits.

capitalización de impuestos　capitalization of taxes.

capitalización de ingresos　capitalization of earnings.

capitalización de intereses　capitalization of interest.

capitalización de mercado　market capitalization.

capitalización de utilidades　capitalization of profits.

capitalización directa　direct capitalization.

capitalización total　total capitalization.

capitalizado　capitalized.

capitalizar　capitalize, compound, convert.

capitulación　*f* capitulation, agreement, settlement.

captura de dividendo　dividend capture.

carácter　*m* character.

características corporativas　corporate characteristics.

características generales　general characteristics.

carga　*m* cargo, encumbrance, tax, obligation.

carga contributiva　tax burden.

carga de buques ship's cargo.

carga de deuda debt burden.

carga de trabajo work load.

carga del fiduciario trustee's duties.

carga del seguro obligation to insure.

carga económica economic burden.

carga fiscal tax burden.

carga general general cargo.

carga impositiva tax burden.

carga real real property tax.

carga tributaria tax burden.

cargador *m* loader, carrier.

cargamento *m* cargo.

cargar load, impose, charge.

cargareme *m* receipt.

cargas familiares family expenses.

cargo *m* post, duty, charge, load.

cargo accesorio accessory charge.

cargo acostumbrado customary charge.

cargo acostumbrado y razonable customary and reasonable charge.

cargo administrativo management fee.

cargo bancario bank charge.

cargo de, a in charge of, payable by.

cargo de compromiso commitment charge.

cargo de conversión conversion charge.

cargo de corretaje brokerage charge.

cargo de mantenimiento maintenance fee.

cargo de participación participation fee.

cargo de salida exit fee.

cargo de tasación appraisal fee.

cargo de transferencia transfer charge.

cargo de transporte transportation fee.

cargo de venta diferido deferred sales charge.

cargo diferido deferred charge.

cargo equitativo equitable charge.

cargo especial special charge.

cargo estipulado stipulated charge.

cargo fijo fixed fee, flat fee.

cargo máximo maximum charge.

cargo mínimo minimum charge.

cargo misceláneo miscellaneous charge.

cargo no recurrente nonrecurring charge.

cargo no reembolsable nonrefundable fee.

cargo no repetitivo nonrecurring charge.

cargo periódico periodic fee.

cargo por adelanto de efectivo cash advance charge.

cargo por administración management fee.

cargo por agrupar pooling charge.

cargo por amortización redemption fee.

cargo por aplazamiento deferment charge.

cargo por cobros collection fee.

cargo por combinar fondos pooling charge.

cargo por compromiso commitment fee.

cargo por depreciación depreciation charge.

cargo por empréstito loan fee.

cargo por extensión extension fee.

cargo por financiación finance charge.

cargo por financiación periódico periodic finance charge.

cargo por financiamiento finance charge.

cargo por financiamiento periódico periodic finance charge.

cargo por garantía de empréstito loan guarantee fee.

cargo por garantía de préstamo loan guarantee fee.

cargo por liquidación liquidation charge.

cargo por originación origination fee.

cargo por originación de empréstito loan origination fee.

cargo por originación de préstamo loan origination fee.

cargo por préstamo loan fee.

cargo por procesar una póliza policy processing fee.

cargo por redención redemption fee.

cargo por servicio de crédito credit service charge.

cargo por servicio mínimo minimum service charge.

cargo por servicios service charge.

cargo por servicios bancarios bank service charge.

cargo por solicitud application fee.

cargo por solicitud de empréstito loan application fee.

cargo por solicitud de préstamo loan application fee.

cargo preautorizado preauthorized charge.

cargo predeterminado predetermined charge.

cargo razonable reasonable charge.

cargo recurrente recurring charge.

cargo reembolsable refundable fee.

cargo semianual semiannual charge.

cargo trimestral quarterly charge.

cargo variable variable fee.

cargos acumulados accrued charges.

cargos adicionales extra charges.

cargos atrasados back charges.

cargos bancarios banking charges.

cargos de aduana customs charges.

cargos de capital capital charges.

cargos de transporte carriage charges.

cargos especificados specified charges.

cargos fijos fixed charges.

cargos inevitables unavoidable charges.

cargos mensuales monthly charges.

cargos operacionales operational charges.

cargos por inspección inspection charges.

cargos por recibir charges receivable.

cargos preestablecidos preset charges.

cargos preliminares preliminary fees.

cargos prepagados prepaid fees.

cargos programados programmed charges.

cargos progresivos progressive fees.

carné *m* identification document, identity card.

carnet *m* identification document, identity card.

carnet de identificación identification document, identity card.

caro expensive.

carrera *f* career.

carrera abierta open career.

carro de la compañía company car.

carta *f* letter, document, charter.

carta acompañatoria letter of transmittal.

carta blanca carte blanche.

carta certificada certified letter, registered letter.

carta comercial business letter.

carta con acuse de recibo letter with return receipt requested.

carta confirmatoria confirming letter.

carta constitucional charter, articles of incorporation.

carta constitutiva corporate charter.

carta credencial credentials.

carta de aceptación letter of acceptance.

carta de asignación allotment letter.

carta de autorización letter of authorization.

carta de cobro collection letter.

carta de compromiso letter of undertaking, letter of commitment.

carta de confirmación confirmation letter.

carta de crédito letter of credit, bill of credit.

carta de crédito a la vista sight letter of credit.

carta de crédito a plazo time letter of credit.

carta de crédito auxiliar ancillary letter of credit.

carta de crédito circular circular letter of credit.

carta de crédito comercial commercial letter of credit.

carta de crédito confirmada confirmed letter of credit.

carta de crédito confirmada irrevocable confirmed irrevocable letter of credit.

carta de crédito de exportación export letter of credit.

carta de crédito de viajero traveler's letter of credit.

carta de crédito garantizado guaranteed letter of credit.

carta de crédito irrevocable irrevocable letter of credit.

carta de crédito renovable renewable letter of credit.

carta de crédito revocable revocable letter of credit.

carta de crédito simple simple letter of credit.

carta de crédito transferible transferable letter of credit.

carta de deficiencia deficiency letter.

carta de depósito letter of deposit.

carta de embarque bill of lading.

carta de envío remittance letter.

carta de espera extension letter.

carta de garantía letter of guaranty.

carta de intención letter of intent.

carta de inversión investment letter.

carta de mar ship's papers.

carta de orden order letter.

carta de pago receipt.

carta de pedido order letter.

carta de porte bill of lading, bill of freight.

carta de porte a la orden order bill of lading.

carta de porte aéreo air bill of lading.

carta de porte local local waybill.

carta de porte múltiple blanket waybill.

carta de porte nominativa straight bill of lading.

carta de privilegio franchise.

carta de procuración power of attorney.

carta de rechazo denial letter.

carta de recomendación letter of recommendation.

carta de remesa remittance letter.

carta de representación letter of representation.

carta de seguimiento follow-up letter.

carta de tránsito transit letter.

carta de transmisión cover letter.

carta de transporte aéreo air bill of lading.

carta de venta bill of sale.

carta devuelta returned letter.

carta muerta dead letter.

carta orden de crédito letter of credit.

carta orgánica corporate franchise.

carta poder power of attorney, proxy.

carta registrada registered letter.

carta registrada con acuse de recibo registered letter with return receipt requested.

cartel *m* cartel.

cartel de asignación allocation cartel.

cartel de compra cartel to purchase as a group.

cartel de condiciones cartel to set the terms of sales.

cartel de exportación export cartel.

cartel de limitación cartel to limit production.

cartel de mercancía commodity cartel.

cartel de precios cartel for price fixing.

cartel internacional international cartel.

cartera *f* portfolio.

cartera de acciones seguras defensive portfolio.

cartera de bonos bond portfolio.

cartera de hipotecas mortgage portfolio.

cartera de préstamos loan portfolio.

cartera de valores conservadora conservative portfolio.

cartera de valores corriente current portfolio.

cartera de valores de apreciación growth portfolio.

cartera de valores eficiente efficient portfolio.

cartera de valores escalonada laddered portfolio.

casa *f* house, firm, family.

casa bancaria banking house, bank.

casa cambiaria money-exchange.

casa central home office.

casa de amonedación mint.

casa de apartamentos apartment house.

casa de arbitraje arbitrage house.

casa de banca banking house, bank.

casa de contratación exchange.

casa de correos post office.

casa de corretaje brokerage house, brokerage firm.

casa de corretaje de descuento discount brokerage house, discount broker.

casa de corretaje de servicios completos full-service broker.

casa de corretaje institucional institutional brokerage house.

casa de depósito warehouse.

casa de descuento discount house.

casa de empeños pawnshop.

casa de juego gambling establishment.

casa de liquidación clearinghouse.
casa de liquidación local local clearinghouse.
casa de moneda mint.
casa de renta rental property.
casa de ventas por correo mail order house.
casa en común condominium.
casa habitada inhabited house.
casa matriz home office.
casa modelo model house.
casa solariega homestead.
casados radicando conjuntamente married filing jointly.
casados radicando separadamente married filing separately.
caso *m* case.
caso fortuito superior force, act of nature.
caso incierto contingency.
catastral cadastral, pertaining to cadastre.
catastro *m* cadastre.
catástrofe de propiedad property catastrophe.
categoría de acciones class of stock.
categoría de riesgo risk category.
caución *f* bond, surety, guaranty, security deposit, pledge.
caución de construcción construction bond.
caución de fidelidad fidelity bond.
caución de fidelidad colectiva blanket fidelity bond.
caución de licencia license bond.
caución de licitador bid bond.
caución de mantenimiento maintenance bond.
caución de terminación completion bond.
caucionar bond, secure, guarantee, pledge.
caudal *m* estate, capital, wealth.
caudal hereditario decedent's estate.
caudal relicto decedent's estate.
caudal social the assets of a partnership, the assets of a corporation.
causa *f* cause, consideration, purpose of entering a contract.
causa a título gratuito gratuitous consideration.
causa accidental accidental cause.

causa adecuada adequate consideration.
causa anterior past consideration.
causa concurrente concurrent consideration.
causa continua continuing consideration.
causa de insolvencia act of bankruptcy, bankruptcy proceedings.
causa de la obligación purpose of entering a contract, consideration.
causa debida due consideration.
causa del contrato purpose of entering a contract, consideration.
causa efectuada executed consideration.
causa ejecutada executed consideration.
causa equitativa equitable consideration.
causa expresa express consideration.
causa gratuita gratuitous consideration.
causa ilegal illegal consideration.
causa ilícita illegal consideration.
causa implícita implied consideration.
causa impracticable impossible consideration.
causa inadecuada inadequate consideration.
causa inmoral immoral consideration.
causa insuficiente inadequate consideration.
causa justa fair consideration.
causa justa y adecuada fair and valuable consideration.
causa justa y razonable fair and reasonable consideration.
causa legal legal consideration.
causa lícita legal consideration.
causa moral moral consideration.
causa nominal nominal consideration.
causa onerosa good consideration, valuable consideration.
causa pasada past consideration.
causa pecuniaria pecuniary consideration.
causa por efectuarse executory consideration.
causa razonable adequate consideration.
causa suficiente sufficient consideration.
causa tácita implied consideration.

causa valiosa valuable consideration.

causahabiente *m/f* assignee, successor.

causante *m/f* assigner, originator.

causar impuesto to be subject to tax.

causar intereses bear interest.

caveat emptor let the buyer beware, caveat emptor.

caveat venditor let the seller beware, caveat venditor.

cedente *m/f* cedent, assigner, transferer, granter, endorser.

ceder assign, transfer, cede, relinquish.

cedible assignable, transferable.

cedido assigned, transferred.

cédula *f* identification document, document, certificate, scrip, official document.

cédula de aduana customs permit.

cédula de cambio bill of exchange.

cédula de capitalización certificate issued by a bank for capitalization of savings.

cédula de privilegio de invención letters patent.

cédula de suscripción subscription warrant.

cédula de tesorería treasury debt instrument.

cédula fiscal taxpayer identification document.

cédula hipotecaria mortgage bond.

cédula inmobiliaria mortgage certificate.

cedulación *f* registration, publication.

cedular register, enroll.

cédulas de inversión securities.

celebración *f* celebration, formalization, execution.

celebrar celebrate, formalize, execute.

celebrar asamblea hold a meeting.

celebrar negocios transact business.

celebrar un acuerdo make an agreement.

celebrar un contrato enter into a contract.

celebrar una junta hold a meeting.

celebrar una reunión hold a meeting.

celebrar una sesión hold a meeting.

celebrar una subasta hold an auction.

censalista *m/f* annuitant, lessor, recipient of an annuity contract which runs with the land.

censar prepare a taxpayer list, take a census.

censario *m* payer of an annuity contract which runs with the land, payer of ground rent.

censatario *m/f* payer of an annuity contract which runs with the land.

censo *m* census, lease, tax, annuity contract which runs with the land.

censo al quitar redeemable annuity contract which runs with the land.

censo consignativo annuity contract which runs with the land, ground rent.

censo de bienes inventory.

censo de contribuyentes taxpayer list.

censo de negocios census of business.

censo de por vida life annuity, an annuity contract which runs with the land for life.

censo irredimible irredeemable annuity contract which runs with the land.

censo perpetuo perpetual annuity, perpetual annuity contract which runs with the land.

censo personal annuity contract which runs with the person.

censo real annuity contract which runs with the land.

censo redimible redeemable annuity contract which runs with the land.

censo reservativo transfer of full ownership reserving the right to receive an annuity.

censo temporal an annuity contract which runs with the land for a determined period.

censo vitalicio life annuity, an annuity contract which runs with the land for life.

censual pertaining to an annuity contract which runs with the land, censual.

censualista *m/f* annuitant, lessor, recipient of an annuity contract which runs with the land.

censuario *m* payer of an annuity contract which runs with the land.

centavo *m* cent.

centralización *f* centralization.

centralización del control centralization of control.

centralizado centralized.

centralizar centralize.

centro comercial shopping center.

centro comercial regional regional shopping center.

centro de autorizaciones authorization center.

centro de costes cost center.

centro de costos cost center.

centro de distribución distribution center.

centro de ganancias profit center.

centro de ingresos revenue center.

centro de inversiones investment center.

centro de procesamiento de cheques check processing center.

centro de procesamiento de cheques regional regional check processing center.

centro de servicio service center.

centro de tarjetas de crédito credit card center.

centro financiero financial center.

cerrado closed.

cerrar close.

cerrar una cuenta close an account.

certificable certifiable.

certificación *f* certification.

certificación de cheque certification of check.

certificación de dominio certification of title, title papers, title.

certificación de gremio union certification.

certificación de sindicato union certification.

certificación de unión union certification.

certificación del registro de la propiedad certificate of title.

certificado adj certified.

certificado *m* certificate.

certificado abierto open certificate.

certificado al portador bearer certificate.

certificado contributivo tax certificate.

certificado de acciones stock certificate.

certificado de adeudo certificate of indebtedness.

certificado de adición certificate of a patent improvement.

certificado de ahorros savings certificate.

certificado de análisis certificate of analysis.

certificado de auditoría audit certificate.

certificado de autoridad certificate of authority.

certificado de avalúo appraisal certificate.

certificado de averías average statement.

certificado de balance balance certificate.

certificado de calidad certificate of quality.

certificado de cambio exchange certificate.

certificado de compra certificate of purchase.

certificado de constitución certificate of incorporation.

certificado de daños certificate of damage.

certificado de depósito certificate of deposit, deposit slip, warehouse warrant.

certificado de depósito bancario bank certificate of deposit.

certificado de depósito de tasa flotante floating-rate certificate of deposit.

certificado de depósito de tipo flotante floating-rate certificate of deposit.

certificado de depósito en eurodólares Eurodollar certificate of deposit.

certificado de depósito garantizado guaranteed certificate of deposit.

certificado de depósito negociable negotiable certificate of deposit.

certificado de depósito no negociable nonnegotiable certificate of deposit.

certificado de deuda certificate of indebtedness.

certificado de divisas foreign exchange certificate.

certificado de empleo certificate of employment.

certificado de enmienda certificate of amendment.

certificado de exportación export certificate.

certificado de fideicomiso de equipo equipment trust certificate.

certificado de garantía de empréstito loan guaranty certificate.

certificado de garantía de préstamo loan guaranty certificate.

certificado de hipotecas garantizadas guaranteed mortgage certificate.

certificado de identidad certificate of identity.

certificado de importación import certificate.

certificado de incorporación certificate of incorporation.

certificado de invención patent certificate.

certificado de inventario inventory certificate.

certificado de manufactura certificate of manufacture.

certificado de manufacturero certificate of manufacturer.

certificado de origen certificate of origin.

certificado de origen de producto certificate of product origin.

certificado de participación participation certificate.

certificado de peso certificate of weight.

certificado de plata silver certificate.

certificado de préstamo loan certificate.

certificado de propiedad certificate of ownership.

certificado de protesto certificate of protest.

certificado de reclamación certificate of claim.

certificado de reconocimiento certificate of acknowledgement.

certificado de registro certificate of registry.

certificado de renovación renewal certificate.

certificado de saldo certificate of balance.

certificado de salud certificate of health.

certificado de sanidad bill of health.

certificado de seguro certificate of insurance.

certificado de suscripción subscription certificate.

certificado de título certificate of title.

certificado de trabajo certificate of services rendered.

certificado de uso certificate of use.

certificado de valor certificate of value.

certificado de valor nominal face-amount certificate.

certificado de venta certificate of sale.

certificado definitivo definitive certificate.

certificado del administrador judicial receiver's certificate.

certificado del contable accountant's certificate.

certificado del contador accountant's certificate.

certificado del liquidador receiver's certificate.

certificado del mercado monetario money market certificate.

certificado del tesoro treasury note.

certificado grupal group certificate.

certificado hipotecario mortgage certificate.

certificado impositivo tax certificate.

certificado oro gold certificate.

certificado respaldado por hipotecas mortgage-backed certificate.

certificado tributario tax certificate.

certificador *m* certifier.

certificar certify.

certificar una firma certify a signature, witness a signature.

certificatorio certifying.

cesación *f* cessation, suspension.

cesación de pagos suspension of payments.

cesamiento *m* cessation, suspension.

cesante adj unemployed, dismissed, laid off.

cesante *m/f* unemployed person, dismissed person, laid off person.

cesantía *f* unemployment, dismissal, severance pay.

cesar cease.

cesar de trabajar cease work.

cese *m* ceasing, suspension.

cesibilidad *f* transferability, assignability.

cesible transferable, assignable.

cesión *f* cession, transfer, assignment.

cesión absoluta absolute assignment.

cesión activa transfer of a right.

cesión contractual de bienes voluntary assignment.

cesión de arrendamiento assignment of lease.

cesión de bienes cession of goods.

cesión de créditos assignment of claim, extension of credit.

cesión de deudas novation.

cesión de la clientela transfer of the clients of a business.

cesión de salario assignment of salary.

cesión general general assignment.

cesión libre absolute conveyance.

cesión secundaria secondary conveyance.

cesión sin condiciones absolute conveyance.

cesión total total assignment.

cesión voluntaria voluntary assignment.

cesionario *m* cessionary, assignee, transferee, grantee.

cesionario conjunto co-assignee.

cesionario mancomunado co-assignee.

cesionista *m/f* assigner, transferer, granter.

cesta de monedas currency basket.

cíclicamente cyclically.

cíclico cyclical.

ciclo *m* cycle.

ciclo administrativo management cycle.

ciclo de auditoría audit cycle.

ciclo de cobros collection cycle.

ciclo de contabilidad accounting cycle.

ciclo de conversión de efectivo cash conversion cycle.

ciclo de expiraciones expiration cycle.

ciclo de facturación billing cycle.

ciclo de inventario inventory cycle.

ciclo de mercado market cycle.

ciclo de trabajo job cycle.

ciclo de transacciones transaction cycle.

ciclo de vida life cycle.

ciclo de vida de inversión investment life cycle.

ciclo de vida de producto product life cycle.

ciclo de vida de vecindad neighborhood life cycle.

ciclo diurno day cycle.

ciclo económico economic cycle, business cycle.

ciclo nocturno night cycle.

ciclo operativo normal normal operating cycle.

cierre *m* closure, closing, shut-down, lock-out.

cierre de los libros closing of the books.

cierre de un empréstito closing a loan.

cierre de un empréstito hipotecario closing a mortgage loan.

cierre de un préstamo closing a loan.

cierre de un préstamo hipotecario closing a mortgage loan.

cierre patronal lock-out.

cierre previo previous closing.

cifras ajustadas estacionalmente seasonally adjusted figures.

cifras de ventas sales figures.

cinta consolidada consolidated tape.

circulación *f* circulation.

circulación de bienes circulation of goods.

circulación de dinero circulation of money.

circulación general general circulation.

circulado circulated.

circulante circulating.

circular *m* circular, notice.

circular v circulate.

circular de bono bond circular.

circular de ofrecimiento offering circular.

círculo de calidad quality circle.

circunstancias excepcionales exceptional circumstances.

circunstancias financieras financial circumstances.

citación a licitadores call for bids.

citación de evicción notice of eviction.

citación de remate notice of a public auction.

cítanse postores bids welcome.

citar arrange a meeting, cite.

citar a asamblea call a meeting.

citar a junta call a meeting.

citar a reunión call a meeting.

citar a sesión call a meeting.

clandestinamente clandestinely.

clandestino clandestine.

claro y expedito free and clear.

claro y puro free and clear.

clase f class, type.

clase de acciones class of stock.

clase de opciones class of options.

clase de seguro class of insurance.

clasificación f classification.

clasificación aduanera customs classification.

clasificación básica basic rating.

clasificación contributiva de ingreso income bracket.

clasificación contributiva marginal marginal tax bracket.

clasificación contributiva por la renta income bracket.

clasificación crediticia credit rating.

clasificación de bono bond rating.

clasificación de calidad quality rating.

clasificación de cuentas classification of accounts.

clasificación de empleo job classification.

clasificación de gastos classification of expenses.

clasificación de gravámenes marshaling of liens.

clasificación de riesgo risk classification.

clasificación de trabajo job classification.

clasificación de valores securities rating.

clasificación del activo classification of assets.

clasificación del activo neto classification of stockholders' equity.

clasificación del pasivo classification of liabilities.

clasificación impositiva marginal marginal tax bracket.

clasificación industrial industrial classification.

clasificación oficial official classification.

clasificación prospectiva prospective rating.

clasificado classified.

clasificar classify, grade.

cláusula f clause, article.

cláusula accesoria secondary clause.

cláusula adicional rider, added clause.

cláusula amarilla yellow dog clause.

cláusula ambigua ambiguous clause.

cláusula antihuelga no-strike clause.

cláusula antirrenuncia antiwaiver clause.

cláusula arbitral arbitration clause.

cláusula arbitraria arbitrary clause.

cláusula compromisaria arbitration clause.

cláusula compromisoria arbitration clause.

cláusula conminatoria penalty clause, warning clause.

cláusula conspicua conspicuous clause.

cláusula contra demolición demolition clause.

cláusula de aceleración acceleration clause.

cláusula de arbitraje arbitration clause.

cláusula de arbitraje forzoso compulsory arbitration clause.

cláusula de arrepentimiento rescission clause.

cláusula de asunción assumption clause.

cláusula de aviso de cancelación notice of cancelation clause.

cláusula de caducidad expiration clause.

cláusula de cambio de beneficiario change of beneficiary provision.

cláusula de cancelación cancelation clause.

cláusula de coaseguro coinsurance clause.

cláusula de cobertura en exceso excess coverage clause.

cláusula de contingencias contingency clause.

cláusula de contrato total entire contract clause.

cláusula de contribución contribution clause.

cláusula de demora delay clause.

cláusula de desastre disaster clause.

cláusula de desastre común common disaster clause.

cláusula de destino destination clause.

cláusula de disponibilidad availability clause.

cláusula de distribución distribution clause.

cláusula de encadenamiento tying clause.

cláusula de escape escape clause.

cláusula de estilo standard clause.

cláusula de excepción saving clause.

cláusula de extensión extension clause.

cláusula de franquicia franchise clause.

cláusula de garantía guarantee clause.

cláusula de humo smoke clause.

cláusula de inalienabilidad non-transferability clause.

cláusula de incendio intencional arson clause.

cláusula de incontestabilidad incontestability clause.

cláusula de indivisión nondivisibility clause.

cláusula de inmunidad immunity clause.

cláusula de insolvencia insolvency clause.

cláusula de mejor comprador clause which allows the cancelation of the contract if a better price is obtained.

cláusula de monedas currency clause.

cláusula de nación más favorecida most favored nation clause.

cláusula de no competencia noncompetition clause.

cláusula de notificación de cancelación notice of cancelation clause.

cláusula de pago demorado delayed payment clause.

cláusula de paridad parity clause.

cláusula de permiso otorgado permission granted clause.

cláusula de precio de venta selling price clause.

cláusula de prepago prepayment clause.

cláusula de reaseguro reinsurance clause.

cláusula de reclamaciones claim provision.

cláusula de rehabilitación rehabilitation clause.

cláusula de reinstalación reinstatement clause.

cláusula de renovación renewal provision.

cláusula de renuncia waiver clause.

cláusula de reposesión repossession clause.

cláusula de reserva reserve clause.

cláusula de responsabilidad financiera financial responsibility clause.

cláusula de salvedad saving clause.

cláusula de subrogación subrogation clause.

cláusula de suicidio suicide clause.

cláusula de tasación appraisal clause.

cláusula de valor en el mercado market value clause.

cláusula de valor justo en el mercado market value clause.

cláusula de valor recibido value received clause.

cláusula del acreedor hipotecario mortgagee clause.

cláusula del conocimiento de embarque bill of lading clause.

cláusula disputable contestable clause.

cláusula escapatoria escape clause.

cláusula esencial essential clause.

cláusula facultativa facultative clause.

cláusula hipotecaria mortgage clause.

cláusula negando responsabilidad disclaimer clause.

cláusula neutra neutral clause.

cláusula oculta hidden clause.

cláusula opcional optional clause.

cláusula operativa operative clause.

cláusula oro gold payment clause.

cláusula para eximir de responsabilidad hold harmless clause.

cláusula penal penalty clause.

cláusula principal principal clause.
cláusula prohibitiva prohibitive clause.
cláusula rescisoria rescission clause.
cláusula resolutiva defeasance clause.
cláusula resolutoria defeasance clause.
cláusula salarial salary clause.
cláusula usual standard clause.
clausulado *m* series of clauses, series of articles.
cláusulas de estilo standard clauses.
cláusulas de póliza policy clauses.
clausura *f* closing, closure.
clausura de sesiones adjournment.
clausura mercantil business closure.
clerical clerical.
cliente *m* client, customer.
cliente de crédito charge customer.
cliente marginal marginal customer.
cliente objetivo target customer.
cliente separado separate customer.
clientela *f* clientele.
clima organizativo organizational climate.
clímax de compras buying climax.
clímax de ventas selling climax.
club de inversiones investment club.
club navideño Christmas club.
coacción *f* coaction.
coacción en los contratos coercion to contract.
coacreedor *m* joint creditor.
coactivo coactive.
coadministrador *m* coadministrator.
coadquisición *f* joint acquisition.
coagente *m* coagent, joint agent.
coalbacea *m/f* coexecutor.
coalición *f* coalition.
coarrendador *m* colessor, joint lessor.
coarrendatario *m* colessee, joint lessee, joint tenant.
coasegurador *m* coinsurer.
coaseguro *m* coinsurance.
coasociado *m* partner, associate.
coasociar associate.
cobertura *f* coverage.
cobertura a plazo forward cover.
cobertura a término forward cover.
cobertura adicional additional coverage.

cobertura automática automatic coverage.
cobertura de costes fijos fixed-charge coverage.
cobertura de costos fijos fixed-charge coverage.
cobertura de dependiente dependent coverage.
cobertura de intereses interest coverage.
cobertura de intereses de bonos bond interest coverage.
cobertura de mercado market coverage.
cobertura de responsabilidad patronal employers' liability coverage.
cobertura de seguro de dependiente dependent insurance coverage.
cobertura de seguro de propiedad property insurance coverage.
cobertura de seguro de vivienda dwelling insurance coverage.
cobertura de seguro extendido extended insurance coverage.
cobertura de seguro múltiple blanket insurance coverage.
cobertura de seguro provisional provisional insurance coverage.
cobertura de seguros insurance coverage.
cobertura de vehículo vehicle coverage.
cobertura de vehículos misceláneos miscellaneous vehicles coverage.
cobertura de vivienda dwelling coverage.
cobertura del peligro coverage of hazard.
cobertura del riesgo coverage of risk.
cobertura en exceso excess coverage.
cobertura especial special coverage.
cobertura específica specific coverage.
cobertura excesiva excess coverage.
cobertura extendida extended coverage.
cobertura extendida adicional additional extended coverage.
cobertura extendida especial special extended coverage.
cobertura familiar family coverage.
cobertura global overall coverage.
cobertura múltiple blanket coverage.

cobertura negativa negative coverage.

cobertura provisional provisional coverage.

cobertura suplementaria supplemental coverage.

cobertura total full coverage.

cobrabilidad *f* collectibility.

cobrable collectible.

cobradero collectible.

cobrado collected.

cobrador *m* collector, payee, collection agent.

cobrador de impuestos tax collector.

cobranza *f* collection.

cobrar collect, charge.

cobrar al entregar collect on delivery.

cobrar impuestos collect taxes.

cobrar un cheque cash a check.

cobrar un dividendo collect a dividend.

cobrar una deuda collect a debt.

cobro *m* collection.

cobro al entregar collection on delivery.

cobro de cheques collection of checks.

cobro de deuda incobrable bad-debt collection.

cobro de lo indebido unjust enrichment.

cocesionario *m* co-assignee.

codeudor *m* joint debtor.

codeudor hipotecario comortgagor.

codificación *f* coding, encoding.

codificación de cuentas coding of accounts.

codificado encoded.

codificador arancelario schedule of customs duties.

codificar encode.

codificar mal misencode.

código *m* code.

código aduanero customs code.

código comercial commercial code.

código contributivo tax code.

código de acceso access code.

código de aduanas customs code.

código de arbitración code of arbitration.

código de autenticación de mensaje message authentication code.

código de autorización authorization code.

código de comercio commercial code.

código de construcciones building code.

código de edificación building code.

código de ética code of ethics.

código de ética profesional code of professional responsibility.

código de las quiebras bankruptcy code.

código de moneda currency code.

código de procedimientos code of procedure.

código de transacción transaction code.

código del país country code.

código del trabajo labor code.

código fiscal tax code.

código impositivo tax code.

código laboral labor code.

código mercantil commercial code.

código tributario tax code.

código uniforme uniform code.

coeficiente *m* coefficient, ratio, rate.

coeficiente alfa alpha coefficient.

coeficiente beta beta coefficient.

coeficiente costo-beneficio cost-benefit ratio.

coeficiente de actividad activity ratio.

coeficiente de aprobaciones approval ratio.

coeficiente de calificación qualifying ratio.

coeficiente de capital capital ratio.

coeficiente de capital neto net capital ratio.

coeficiente de capitalización capitalization ratio.

coeficiente de cobertura coverage ratio.

coeficiente de cobertura de deudas debt coverage ratio.

coeficiente de cobertura de intereses interest coverage ratio.

coeficiente de cobertura de préstamos loan coverage ratio.

coeficiente de cobros collection ratio.

coeficiente de colocación placement ratio.

coeficiente de concentración concentration ratio.

coeficiente de conversión conversion ratio.

coeficiente de correlación
correlation coefficient.

coeficiente de deuda a corto plazo
short-term debt ratio.

coeficiente de efectivo   cash ratio.

coeficiente de eficiencia   efficiency ratio.

coeficiente de ejecución   exercise ratio.

coeficiente de elasticidad   elasticity coefficient.

coeficiente de encaje   bank cash ratio.

coeficiente de explotación   operating ratio.

coeficiente de gastos   expense ratio.

coeficiente de liquidez   liquidity ratio.

coeficiente de liquidez bancaria
bank liquidity ratio.

coeficiente de mejoras   improvement ratio.

coeficiente de mercado   market ratio.

coeficiente de morosidad
delinquency ratio.

coeficiente de pagos de dividendos
dividend payout ratio.

coeficiente de pérdidas   loss ratio.

coeficiente de pérdidas esperadas
expected loss ratio.

coeficiente de pérdidas incurridas
incurred loss ratio.

coeficiente de pérdidas permisible
permissible loss ratio.

coeficiente de reemplazo
replacement ratio.

coeficiente de regresión   regression coefficient.

coeficiente de salida de capital
capital output ratio.

coeficiente de selección   selection ratio.

coeficiente de suscripción
subscription ratio.

coeficiente de valor neto   net worth ratio.

coeficiente de valuación   assessment ratio.

coeficiente de variación   coefficient of variation.

coeficiente ingresos-gastos
income-expense ratio.

coeficiente mínimo de encaje
minimum reserve ratio.

coeficiente riesgo-recompensa
risk-reward ratio.

coemitente   *m/f* coissuer, codrawer.

coercer   coerce.

coercible   coercible.

coerción   *f* coercion.

cofiador   *m* co-surety.

cofiduciarios   *m* joint trustees.

cofinanciamiento   *m* cofinancing.

cofirmante   *m/f* cosigner.

cofirmar   cosign.

cogarante   *m* joint guarantor.

cogestión   *f* participation of employee representatives in management.

cogirador   *m* co-drawer, co-maker.

cohechador   *m* briber.

cohechar   bribe.

cohecho   *m* bribe, bribery, graft.

coheredero   *m* co-heir.

cohipotecante   *m/f* comortgagor.

coincidencia de la voluntad   meeting of minds.

coinquilino   *m* co-lessee, joint tenant.

cointeresado   *m* jointly interested.

colapso   *m* collapse.

colateral   *m* collateral.

colateral adicional   additional collateral.

colateral cruzado   cross collateral.

colateral en efectivo   cash collateral.

colateral mixto   mixed collateral.

colateralizado   collateralized.

colateralizar   collateralize.

colateralmante   collaterally.

colección   *f* collection.

colección de cupones   coupon collection.

colecta   *f* collection, tax collection.

colectar   collect.

colectiva e individualmente   joint and several.

colectivamente   collectively, jointly.

colectividad   *f* collectivity.

colectivo   collective, joint.

colector   *m* collector.

colector de contribuciones   tax collector.

colector de derechos aduaneros
collector of customs duties.

colector de impuestos   tax collector.

colector de rentas internas   collector of internal revenue.

colector fiscal tax collector.
colecturía *f* tax office.
colegiación *f* professional association, joining a professional association.
colegiado *m* member of a professional association.
colegiarse join a professional association.
colegio *m* professional association.
colindante adj adjoining, abutting.
colindante *m* adjoining property, adjoining owner.
colindar adjoin, abut.
colocación *f* placing, placement, post.
colocación de empleo job placement.
colocación de trabajo job placement.
colocación directa direct placement.
colocación privada private placement.
colocado privadamente privately placed.
colocador de bloques block positioner.
coludir collude.
columna del debe debit column.
columna del haber credit column.
colusión *f* collusion.
colusión tácita tacit collusion.
colusor *m* colluder.
colusoriamente collusively.
colusorio collusive.
comandatario *m* coagent.
comandita *f* special partnership, limited partnership.
comandita simple limited partnership.
comanditado *m* general partner.
comanditario *m* special partner, limited partner.
combinación *f* combination.
combinación alcista de opciones de compra y venta bull spread.
combinación bajista de opciones de compra y venta bear spread.
combinación de negocios business combination.
combinación de opciones diagonal diagonal spread.
combinación horizontal horizontal combination.
combinado combined.
comentario de auditoría audit comment.
comenzar commence.

comerciabilidad *f* marketability.
comerciable marketable.
comercial commercial.
comercialismo *m* commercialism.
comercialización *f* commercialization.
comercializar commercialize, market.
comercialmente commercially.
comerciante *m/f* merchant, businessperson.
comerciante almacenista wholesaler, jobber.
comerciante individual sole proprietor.
comerciante no autorizado unauthorized dealer.
comerciar trade, market, do business.
comercio *m* commerce, trade, business, business establishment.
comercio activo brisk commerce.
comercio administrado managed trade.
comercio al por mayor wholesale business.
comercio al por menor retail business.
comercio bilateral bilateral trade.
comercio controlado managed trade.
comercio de cabotaje coastal trade.
comercio de comisión commission business.
comercio de exportación export business.
comercio de importación import business.
comercio de ultramar overseas trade.
comercio doméstico domestic trade.
comercio exterior foreign trade.
comercio franco duty free trade.
comercio ilegal illegal trade.
comercio ilícito illicit trade.
comercio interestatal interstate commerce.
comercio interior domestic trade.
comercio internacional international trade, international commerce.
comercio interno internal commerce.
comercio intraestatal intrastate commerce.
comercio marítimo maritime trade.
comercio multilateral multilateral trade.
comercio mundial world trade.
comercio nacional domestic trade.

comercio preferencial preferential trade.

comienzo *m* commencement.

comienzo de la cobertura commencement of coverage.

comienzo de la cobertura del seguro commencement of insurance coverage.

comienzo del mes beginning of the month.

comienzo del período beginning of the period.

comienzo del seguro commencement of insurance.

comienzos de construcción de viviendas housing starts.

comisario *m* commissioner, shareholders' representative.

comisario de averías average surveyor.

comisario de comercio trade commissioner.

comisario de patentes commissioner of patents.

comisario testamentario testamentary trustee.

comisión *f* commission, committee.

comisión administrativa administrative commission.

comisión bancaria banking commission.

comisión central central commission.

comisión contributiva tax commission.

comisión de bienes raíces real estate commission.

comisión de cobro collection fee.

comisión de compromiso commitment fee.

comisión de corretaje brokerage commission.

comisión de intermediario finder's fee.

comisión de medios y arbitrios ways and means committee.

comisión de planificación planning commission.

comisión de seguridad safety commission.

comisión de ventas selling commission.

comisión dividida split commission.

comisión fija flat commission.

comisión fiscal tax commission.

comisión impositiva tax commission.

comisión mercantil commercial commission.

comisión monetaria monetary commission.

comisión por cobros collection commission.

comisión tributaria tax commission.

comisionado de la banca bank commissioner.

comisionado de seguros insurance commissioner.

comisionar commission, empower.

comisiones parejas level commissions.

comisionista *m/f* agent, a person working on a commission basis.

comiso confiscation, forfeiture.

comisorio valid for a specified time.

comité *m* committee, commission.

comité administrador executive committee.

comité asesor advisory committee.

comité de acreedores creditors' committee.

comité de auditoría audit committee.

comité de compras buying committee.

comité de fiduciarios board of trustees.

comité de préstamos loan committee.

comité de reorganización reorganization committee.

comité directivo executive committee.

comité ejecutivo executive committee.

comité especial special committee.

comité planeador planning board.

comitente *m* principal, shipper.

comodante *m/f* gratuitous lender.

comodar lend gratuitously.

comodatario *m* gratuitous borrower, gratuitous bailee.

comodato *m* gratuitous loan, gratuitous bailment.

compañero de trabajo co-worker.

compañía *f* company, corporation.

compañía administradora management company.

compañía administrativa management company.

compañía afiliada affiliated company.

compañía aliada allied company.

compañía anónima stock company.

compañía apalancada leveraged company.

compañía armadora shipping company.

compañía asociada associated company, affiliated company.

compañía bancaria banking company.

compañía capitalizadora company for the capitalization of savings.

compañía caritativa charitable company.

compañía cerrada close corporation.

compañía civil civil corporation.

compañía colectiva partnership.

compañía comanditaria special partnership, limited partnership.

compañía comanditaria especial special partnership.

compañía comercial business association.

compañía componente constituent company.

compañía controlada controlled company.

compañía controladora controlling company, holding company.

compañía cooperativa cooperative.

compañía cooperativa de edificación y préstamos building and loan association.

compañía de ahorro y préstamo savings and loan association.

compañía de banca hipotecaria mortgage banking company.

compañía de capitalización company for capitalization of savings.

compañía de cartera investment trust.

compañía de comercio business association.

compañía de control controlling company, holding company.

compañía de crédito credit company, credit union.

compañía de crédito comercial commercial credit company.

compañía de fideicomiso trust company.

compañía de finanzas cautiva captive finance company.

compañía de inversiones investment company.

compañía de inversiones apalancada leveraged investment company.

compañía de inversiones de acciones limitadas closed-end investment company.

compañía de inversiones diversificada diversified investment company.

compañía de inversiones regsitrada registered investment company.

compañía de inversiones regulada regulated investment company.

compañía de negocios business company.

compañía de responsabilidad limitada limited liability company.

compañía de seguros insurance company.

compañía de seguros cautiva captive insurance company.

compañía de seguros comercial commercial insurance company.

compañía de seguros de vida life insurance company.

compañía de seguros mixta mixed insurance company.

compañía de seguros mutuales mutual insurance company.

compañía de seguros mutuos mutual insurance company.

compañía de servicio service company.

compañía de transporte transport company, shipping company.

compañía de utilidad pública public service company.

compañía de ventas por correo mail order company.

compañía de ventas por correspondencia mail order company.

compañía difunta defunct company.

compañía diversificada diversified company.

compañía en nombre colectivo general partnership.

compañía exenta exempt company.

compañía extranjera alien company.

compañía familiar family company.

compañía fiduciaria trust company.

compañía filial sister company, subsidiary.

compañía financiera finance
company.

**compañía financiera para
consumidores** consumer finance
company.

compañía fusionada merged
company.

compañía hipotecaria mortgage
company.

compañía ilícita company organized
for illegal purposes.

compañía inactiva dormant company.

compañía insolvente insolvent
company.

compañía internacional international
company.

compañía inversionista investment
company.

compañía manufacturera
manufacturing company.

compañía matriz parent company.

compañía miembro member company.

compañía multinacional
multinational company.

compañía nacional domestic company.

compañía no afiliada unaffiliated
company.

compañía no apalancada
unleveraged company.

compañía no pública nonpublic
company.

compañía operadora operating
company.

compañía para fines no pecuniarios
nonprofit company.

compañía por acciones stock
company.

compañía privada private company.

compañía propietaria close company.

compañía pública publicly held
company, public company.

compañía que acepta depósitos
deposit-taking company.

compañía quebrada bankrupt
company.

compañía registrada registered
company.

compañía retenedora holding
company.

compañía sin fines de lucro
non-profit company.

compañía sobreviviente surviving
company.

compañía subsidiaria subsidiary
company.

compañía tenedora holding company.

compañía tenedora de banco bank
holding company.

compañía tenedora diversificada
diversified holding company.

compañía transferidora ceding
company.

comparable comparable.

comparablemente comparably.

comparación f comparison.

comparación de mercado market
comparison.

comparativo comparative.

compartimiento obligatorio
mandatory sharing.

compatrono m joint employer.

compensable compensable.

compensación f compensation.

compensación acumulada accrued
compensation.

compensación adecuada adequate
compensation.

compensación bancaria bank
clearing.

compensación bilateral bilateral
clearing.

compensación de cheques check
clearing.

compensación de pérdidas loss
compensation.

compensación debida due
compensation.

compensación diferida deferred
compensation.

compensación ejecutiva executive
compensation.

compensación extraordinaria
overtime pay.

compensación facultativa facultative
compensation.

compensación financiera financial
compensation.

compensación financiera directa
direct financial compensation.

compensación mercantil clearing.

compensación multilateral
multilateral compensation.

compensación no financiera
nonfinancial compensation.

**compensación por accidentes
de trabajo** workers' compensation.

compensación por comparecencia call compensation.

compensación por desempleo unemployment compensation.

compensación por despido dismissal compensation.

compensación por discapacidad disability compensation.

compensaciones *f* clearings.

compensaciones bancarias bank clearings.

compensado compensated.

compensador compensating.

compensar compensate.

compensativo compensative.

compensatorio compensatory.

competencia *f* competition.

competencia abierta open competition.

competencia desleal unfair competition.

competencia destructiva destructive competition.

competencia entre industrias interindustry competition.

competencia ilícita illegal competition.

competencia imperfecta imperfect competition.

competencia injusta unfair competition.

competencia internacional international competition.

competencia lícita fair competition.

competencia monopolista monopolistic competition.

competencia monopolística monopolistic competition.

competencia perfecta perfect competition.

competencia pura pure competition.

competidor *m* competitor.

competir compete.

competitivo competitive.

compilación *f* compilation.

complementario complementary.

completamente completely, fully.

completamente amortizado fully amortized.

completamente diluido fully diluted.

completamente distribuido fully distributed.

completamente pagado fully paid.

completamente registrado fully registered.

completar complete.

completo complete.

cómplice en la quiebra accomplice to fraud in a bankruptcy.

componente *m* component.

componente aletorio random component.

componente de coste component of cost.

componente de costo component of cost.

componente de índice component of index.

componente de precio price component.

componente prefabricado prefabricated component.

componer mediate, arbitrate, settle.

composición de la cartera de valores portfolio composition.

compostura *f* repair, settlement, agreement.

compra *f* purchase, purchasing.

compra a plazos installment purchase.

compra al contado cash purchase.

compra apareada matched purchase.

compra condicional conditional purchase.

compra de acciones stock purchase.

compra de cierre closing purchase.

compra de cobertura short covering.

compra directa direct buy.

compra especial special purchase.

compra global lump-sum purchase.

compra negociada negotiated purchase.

compra periódica periodic purchase.

compra y venta sale, bargain and sale, buying and selling.

comprable purchasable, bribable.

comprado bought.

comprador *m* purchaser, buyer.

comprador a crédito charge buyer.

comprador al contado cash buyer.

comprador de buena fe buyer in good faith.

comprador de mala fe buyer in bad faith.

comprador en firme firm buyer.

comprador final final buyer.

comprador firme firm buyer.

comprador inocente buyer in good faith.

comprador marginal marginal buyer.

comprador subsiguiente subsequent purchaser.

comprar buy, purchase, bribe.

comprar a crédito buy on credit.

comprar al contado buy outright.

comprar al por mayor buy wholesale.

comprar al por menor buy retail.

comprar en firme buy firm.

comprar enteramente buy outright.

comprar para revender buy for resale.

compras a plazos installment buying.

compras al contado cash buying.

compras centrales central buying.

compras centralizadas centralized purchasing.

compras de entrega inmediata cash buying.

compras especulativas speculative buying.

compras excesivas excessive purchases.

compras impulsivas impulse buying.

compras netas net purchases.

compras por contrato contract purchasing.

compras recíprocas reciprocal buying.

compraventa f sale, bargain and sale, sales contract.

compraventa a crédito credit sale.

compraventa a ensayo purchase on approval.

compraventa a plazos credit sale.

compraventa a prueba purchase on approval.

compraventa al contado cash purchase.

compraventa de herencia sale of inheritance.

compraventa en abonos installment sale.

compraventa mercantil purchase for resale.

compraventa sobre muestras sale by sample.

compraventa solemne formalized sale.

comprensibilidad f comprehensibility.

comprensible comprehensible.

comprensión f comprehension.

comprensivamente comprehensively.

comprensivo comprehensive.

compresión de salario salary compression.

comprobación de calidad quality assurance.

comprobación de firma signature check.

comprobación de trasfondo background check.

comprobación interna internal check.

comprobante m voucher, proof.

comprobante de adeudo proof of debt.

comprobante de deuda proof of debt.

comprobante de diario journal voucher.

comprobante de venta bill of sale.

comprobar verify, audit.

comprometer obligate, compromise, submit to arbitration.

compromiso m commitment, obligation, arbitration.

compromiso arbitral agreement to submit to arbitration.

compromiso colateral collateral engagement.

compromiso condicional conditional commitment.

compromiso contingente contingent commitment.

compromiso de arrendamiento lease commitment.

compromiso de compra purchase commitment.

compromiso de préstamo loan commitment.

compromiso de préstamo hipotecario mortgage loan commmitment.

compromiso de venta commitment to sell.

compromiso en firme firm commitment.

compromiso eventual contingent liability.

compromiso firme firm commitment.

compromiso hipotecario mortgage commitment.

compromiso incondicional unconditional commitment.

compromiso preliminar   preliminary commitment.

compulsa   *f* authenticated copy, compared document, audit.

cómputo   *m* computation.

cómputo contributivo   tax computation.

cómputo de contribuciones   tax computation.

cómputo de impuestos   tax computation.

cómputo de intereses   computation of interest.

cómputo de prima   premium computation.

cómputo fiscal   tax computation.

cómputo impositivo   tax computation.

cómputo tributario   tax computation.

común   common, held in common, public.

común, en   in common.

comunero   *m* joint tenant.

comunicación diagonal   diagonal communication.

comunicación formal   formal communication.

comunicación lateral   lateral communication.

comunidad   *f* community, association.

comunidad de bienes   community property, joint ownership.

comunidad de bienes gananciales   community property.

comunidad de bienes matrimoniales   community property.

comunidad en mancomún   joint tenancy.

comunidad hereditaria   community of heirs.

comunidad proindiviso   joint tenancy.

con derecho a un dividendo   entitled to a dividend.

con dividendo   with dividend.

con intereses   with interest.

con prima   at a premium.

con todo incluido   all-inclusive.

con todos los defectos   with all faults.

concedente   *m* granter, conceder.

conceder   concede, grant.

conceder crédito   extend credit.

conceder un préstamo   make a loan.

conceder una patente   grant a patent.

concentración   *f* concentration.

concentración de capitales   concentration of capital.

concentración de empresas   consolidation of corporations.

concentración horizontal   horizontal consolidation.

concentración total   aggregate concentration.

concentración vertical   vertical consolidation.

concepto de mercadeo   marketing concept.

concertado   concerted.

concertar   agree, contract, close, coordinate, concert.

concertar un contrato   make a contract.

concertar un préstamo   negotiate a loan.

concesible   grantable, concedable.

concesión   *f* concession, grant, franchise, authorization.

concesión administrativa   government franchise.

concesión de crédito   extension of credit.

concesión por mercancías   merchandise allowance.

concesionario   *m* concessionaire, franchisee, grantee.

concesionario de la patente   patentee.

concesionario exclusivo   sole licensee.

concesionario único   sole licensee.

concesivo   concessible, grantable.

conciencia de marca   brand awareness.

concierto   *m* agreement, settlement, contract.

concierto de voluntades   meeting of minds.

conciliación   *f* conciliation, reconciliation.

conciliación laboral   labor arbitration.

conciliador   *m* conciliator.

concordar   conciliate, agree, tally.

concordato   *m* agreement between debtor and creditors, concordat.

concordato preventivo   agreement between the creditors and a debtor to avoid bankruptcy.

concurrencia   *f* concurrency.

concurrencia desleal unfair competition.
concurrente concurrent.
concurrentemente concurrently.
concurrir concur, attend, meet.
concurrir a una asamblea attend a meeting.
concurrir a una junta attend a meeting.
concurrir a una licitación bid.
concurrir a una reunión attend a meeting.
concurrir a una sesión attend a meeting.
concursado *m* bankrupt.
concursal bankruptcy.
concursante *m/f* bidder, competitor.
concursar declare bankruptcy, compete.
concurso *m* bankruptcy proceeding, bidding, competition, meeting.
concurso civil bankruptcy proceeding.
concurso civil de acreedores bankruptcy proceeding.
concurso de acreedores creditors' meeting.
concurso de competencia competitive bidding.
concurso de precios competitive bidding.
concurso necesario involuntary bankruptcy.
concurso público public bidding.
concurso punible criminal bankruptcy.
condición *f* condition.
condición afirmativa affirmative condition.
condición callada implied condition.
condición casual casual condition.
condición compatible consistent condition.
condición concurrente condition concurrent.
condición confinante confining condition.
condición conjunta copulative condition.
condición constitutiva essential condition.
condición contraria a las buenas costumbres immoral condition.
condición convenible consistent condition.

condición copulativa copulative condition.
condición cumplida fulfilled condition.
condición de derecho implied condition.
condición de hecho express condition.
condición de plazo temporary condition.
condición de póliza policy condition.
condición de trabajo condition of employment.
condición dependiente dependent condition.
condición desconvenible repugnant condition.
condición deshonesta immoral condition.
condición disyuntiva disjunctive condition.
condición en la herencia testamentary condition.
condición en los testamentos testamentary condition.
condición expresa express condition.
condición extintiva extinguishing condition.
condición financiera financial condition.
condición física physical condition.
condición ilegal unlawful condition.
condición ilícita unlawful condition.
condición implícita implied condition.
condición imposible impossible condition.
condición incierta uncertain condition.
condición incompatible repugnant condition.
condición independiente independent condition.
condición inherente inherent condition.
condición inmoral immoral condition.
condición legal lawful condition.
condición legítima lawful condition.
condición médica confinante confining medical condition.
condición mixta mixed condition.
condición mutua mutual condition.
condición necesaria essential condition.
condición negativa negative condition.
condición posible possible condition.

condición positiva   positive condition.

condición precedente   condition precedent.

condición precisa   express condition.

condición preexistente   preexisting condition.

condición previa   condition precedent.

condición prohibida   forbidden condition.

condición resolutiva   condition subsequent.

condición resolutoria   condition subsequent.

condición restrictiva   restrictive condition.

condición retroactiva   retroactive condition.

condición subsecuente   condition subsequent.

condición sucesiva   successive condition.

condición superflua   superfluous condition.

condición supuesta   implied condition.

condición suspensiva   suspensive condition.

condición tácita   implied condition.

condición testamentaria   testamentary condition.

condición única   sole condition.

condicional   conditional.

condicionalmente   conditionally.

condicionar   condition, qualify.

condiciones concurrentes   concurrent conditions.

condiciones de aceptación   terms of acceptance.

condiciones de crédito   terms of credit.

condiciones de entrega   terms of delivery.

condiciones de licitación   bidding conditions.

condiciones de negocios   business conditions.

condiciones de pago   terms of payment.

condiciones de préstamo   terms of loan.

condiciones de venta   terms of sale.

condiciones del mercado prevalecientes   prevailing market conditions.

condiciones dependientes   dependent conditions.

condiciones estipuladas   stipulated conditions.

condiciones preestablecidas   preset conditions.

condiciones prevalecientes   prevailing conditions.

condómine   *m* joint owner.

condominio   *m* condominium, joint ownership.

condómino   *m* joint owner.

conducción   *f* conveyance.

conducir bajo estado de embriaguez   driving while intoxicated.

conducta de consumidores   consumer behavior.

conducta de coste   cost behavior.

conducta de costo   cost behavior.

conducta del comprador   buyer behavior.

conducto   *m* conduit.

conducto de hipotecas   mortgage conduit.

condueño   *m* joint owner.

conexidades   incidental rights, appurtenances.

conexión bancaria   bank connection.

confederación de sindicatos   labor union.

conferencia internacional   international conference.

conferencia por computadora   computer conference.

conferido   *m* conferee.

conferir   confer.

confidencial   confidential.

confidencialmente   confidentially.

confín   *m* boundary, limit, abutment.

confirmación   *f* confirmation.

confirmación bancaria   bank confirmation.

confirmación de orden   confirmation of order.

confirmación de pedido   confirmation of order.

confirmación negativa   negative confirmation.

confirmación positiva   positive confirmation.

confirmado   confirmed.

confirmante   confirming.

confirmar   confirm.
confirmar crédito   confirm credit.
confirmar un pedido   confirm an order.
confirmar una orden   confirm an order.
confirmativamente   confirmatively.
confirmativo   confirmative.
confirmatorio   confirmatory.
confiscable   confiscable.
confiscación   f confiscation.
confiscador   m confiscator.
confiscar   confiscate, expropriate.
confiscatorio   confiscatory.
conflicto de intereses   conflict of interest.
conflicto de trabajo   labor dispute.
conflicto horizontal   horizontal conflict.
conflicto vertical   vertical conflict.
conforme   agreed, adequate, in order.
conformidad   f conformity.
confundir   confuse, mix.
confusión   f confusion, commingling, intermingling.
confusión de bienes   confusion of goods.
confusión de cosas   confusion of goods.
confusión de derechos   confusion of rights.
confusión de deudas   confusion of debts, merger of debts.
confusión de lindes   confusion of boundaries.
confusión de servidumbres   merger of easements.
confusión de títulos   confusion of titles.
congelación   f freezing.
congelación de fondos   freezing of assets.
congelación de precios   price freeze.
congelación de rentas   rent control.
congelación salarial   wage freeze.
congelado   frozen.
congelar   freeze.
conglomeración   f conglomeration.
conglomerado   m conglomerate.
conjunción de voluntades   meeting of minds.
conjuntamente   jointly.

conjunto   joint, common, mixed.
conmutación impositiva   commutation of taxes.
conmutar   commute, exchange.
connotación   f connotation.
conocimiento   m knowledge, bill of lading, ocean bill of lading, bill.
conocimiento a la orden   order bill of lading.
conocimiento al portador   negotiable bill of lading.
conocimiento de almacén   warehouse receipt.
conocimiento de carga   bill of lading.
conocimiento de embarque   bill of lading.
conocimiento de embarque certificado   certified bill of lading.
conocimiento de embarque directo   through bill of lading.
conocimiento de embarque negociable   negotiable bill of lading.
conocimiento de favor   accommodation bill of lading.
conocimiento limpio   clean bill of lading.
conocimiento tachado   foul bill of lading.
consejeros directores   board of directors.
consejo   m council, board.
consejo administrativo   administrative council, board of directors.
consejo asesor   advisory council.
consejo consultivo   advisory board.
consejo de administración   board of directors.
consejo de dirección   board of directors.
consejo ejecutivo   executive board.
consensual   consensual.
consentimiento   m consent.
consentimiento expreso   express consent.
consentimiento implícito   implied consent.
consentimiento mutuo   mutual consent.
conservación   f conservation.
consignación   f consignment, deposit, destination, payment.

consignación, en   on consignment.

consignación en pago   deposit for the payment of debt.

consignador   *m* consignor.

consignar   consign, earmark, deposit.

consignatario   *m* consignee, depositary, trustee.

consistencia   *f* consistency.

consocio   *m* partner, copartner, associate.

consolidación   *f* consolidation, funding.

consolidación de balances   consolidation of balances.

consolidación de corporaciones   consolidation of corporations.

consolidación de deudas   consolidation of debts.

consolidación de fincas   consolidation of two or more properties.

consolidación horizontal   horizontal consolidation.

consolidación vertical   vertical consolidation.

consolidador   consolidator.

consolidar   consolidate, combine, fund.

consorcio   *m* consortium, cartel, syndicate.

consorcio bancario   bank syndicate.

consorcio de reaseguro   reinsurance pool.

conspicuo   conspicuous.

constancia de deuda   evidence of indebtedness.

constante   *f* constant.

constante de gastos   expense constant.

constante de pérdidas   loss constant.

constante hipotecaria   mortgage constant.

constituir quórum   constitute a quorum.

constituir una sociedad   establish a company.

constreñimiento   *m* constraint.

constreñir   constrain.

construcción   *f* construction.

constructivo   constructive.

constructor a la orden   custom builder.

construir   construct.

consultar   consult.

consultor   *m* consultant.

consultor administrativo   administrative consultant, management consultant.

consultor de seguros   insurance consultant.

consultor fiscal   tax consultant.

consultor impositivo   tax consultant.

consultorio   *m* the office of a professional.

consumación   *f* consummation, completion.

consumado   consummate.

consumidor   *m* consumer.

consumidor final   final consumer.

consumidor industrial   industrial consumer.

consumir   consume, expend.

consumismo   *m* consumerism.

consumo   *m* consumption.

consumo de capital   capital consumption.

consumo opcional   optional consumption.

consumo per cápita   per capita consumption.

consumo permanente   permanent consumption.

consumo personal   personal consumption.

consumo temporal   temporary consumption.

contabilidad   *f* accounting.

contabilidad administrativa   administrative accounting.

contabilidad bancaria   bank bookkeeping.

contabilidad comercial   commercial accounting.

contabilidad con doble registro   double entry accounting.

contabilidad de caja   cash accounting.

contabilidad de compañía   company accounting.

contabilidad de compañía subsidiaria   subsidiary company accounting.

contabilidad de coste corriente   current cost accounting.

contabilidad de coste de reposición   replacement cost accounting.

contabilidad de costes   cost accounting.

contabilidad de costo corriente
current cost accounting.

contabilidad de costo de reposición
replacement cost accounting.

contabilidad de costos cost
accounting.

contabilidad de depreciación
depreciation accounting.

contabilidad de efectivo cash
accounting.

contabilidad de existencias
inventory accounting.

contabilidad de negocios business
accounting.

contabilidad de nivel de precios
price level accounting.

contabilidad de rentabilidad
profitability accounting.

**contabilidad de reservas
contemporáneas** contemporaneous
reserves accounting.

contabilidad de sector público
public sector accounting.

contabilidad de tenedores de tarjeta
cardholder accounting.

contabilidad de valor corriente
current value accounting.

contabilidad de vía crítica critical
path accounting.

contabilidad ejecutiva managerial
accounting.

contabilidad electrónica electronic
accounting.

contabilidad en valores de caja
cash-based accounting.

**contabilidad en valores
devengables** accrual accounting.

contabilidad estatutaria statutory
accounting.

contabilidad fiduciaria fiduciary
accounting.

contabilidad financiera financial
accounting.

contabilidad fiscal tax accounting.

contabilidad funcional functional
accounting.

contabilidad gubernamental
government accounting.

contabilidad impositiva tax
accounting.

contabilidad industrial industrial
accounting.

contabilidad nacional national
accounting.

contabilidad por partida doble
double entry accounting.

contabilidad por partida simple
single-entry accounting.

contabilidad por partida única
single-entry accounting.

contabilidad por ramas branch
accounting.

contabilidad pública public
accounting.

contabilidad separada separate
accounting.

contabilizable accountable.

contabilizar enter, post, record.

contable m accountant, bookkeeper.

contable autorizado certified public
accountant.

contable de costes cost accountant.

contable de costos cost accountant.

contable diplomado certified public
accountant.

contable forense forensic accountant.

contable independiente independent
accountant.

contable perito expert accountant.

contable privado private accountant.

contable público public accountant.

contable público autorizado
certified public accountant.

contable público diplomado
certified public accountant.

contable público titulado certified
public accountant.

contacto m contact.

contador m accountant, auditor, cashier.

contador autorizado certified public
accountant.

contador de costes cost accountant.

contador de costos cost accountant.

contador diplomado certified public
accountant.

contador forense forensic accountant.

contador perito expert accountant.

contador público public accountant.

contador público autorizado
certified public accountant.

contador público diplomado
certified public accountant.

contador público titulado certified
public accountant.

contaduría *f* accounting, accountant's office.

contaminación *f* pollution.

contaminar pollute.

contango *m* contango.

contemplación *f* contemplation.

contemplación de insolvencia contemplation of insolvency.

contemplación de quiebra contemplation of bankruptcy.

contemplativo contemplative.

contenido *m* contents.

contenido desconocido contents unknown.

contenido extranjero foreign content.

contigüidad *f* contiguity, contiguousness.

contiguo contiguous.

contingencia *f* contingency.

contingencia de ganancia gain contingency.

contingencia de pérdida loss contingency.

contingencia financiera financial contingency.

contingente contingent.

continuación *f* continuation.

continuación de beneficios continuation of benefits.

continuación de ingresos income continuation.

continuar continue.

continuidad *f* continuity.

continuidad de la existencia corporativa continuity of life.

continuidad en el mercadeo continuity in advertising.

continuo continuous.

contraasiento *m* reversing entry.

contrabandear smuggle.

contrabandeo *m* smuggling.

contrabandista *m/f* smuggler.

contrabando *m* smuggling, contraband.

contracambio *m* re-exchange.

contracción *f* contraction.

contracción de depósitos deposit contraction.

contractual contractual.

contraendosar re-endorse.

contraendoso *m* re-endorsement.

contraer contract, assume an obligation.

contraer un empréstito contract a loan.

contraer un préstamo contract a loan.

contraer una deuda incur a debt.

contraer una obligación assume an obligation.

contrafianza *f* indemnity bond.

contralor *m* comptroller, controller, auditor.

contralor general general controller.

contraloría *f* comptrollership, controllership.

contraoferta *f* counteroffer.

contraorden *f* countermand.

contrapartida *f* balancing entry.

contraprestación *f* consideration.

contraprestación a título gratuito gratuitous consideration.

contraprestación anterior past consideration.

contraprestación concurrente concurrent consideration.

contraprestación continua continuing consideration.

contraprestación debida due consideration.

contraprestación expresa express consideration.

contraprestación ilegal illegal consideration.

contraprestación implícita implied consideration.

contraprestación inadecuada inadequate consideration.

contraprestación inmoral immoral consideration.

contraprestación insuficiente inadequate consideration.

contraprestación justa fair consideration.

contraprestación justa y adecuada fair and valuable consideration.

contraprestación justa y razonable fair and reasonable consideration.

contraprestación legal legal consideration.

contraprestación moral moral consideration.

contraprestación nominal nominal consideration.

contraprestación pecuniaria pecuniary consideration.

contraprestación razonable
adequate consideration.
contraprestación suficiente
sufficient consideration.
contrata *f* contract made with a
government, contract, agreement.
contratable contractible.
contratación *f* contracting, preparation
of a contract.
contratación colectiva collective
bargaining.
contratado contracted.
contratante *m/f* contractor, contracting
party.
contratar contract, hire.
contratista *m/f* contractor.
contratista de construcción building
contractor.
contratista general general contractor.
contratista independiente
independent contractor.
contrato *m* contract, agreement.
contrato a corretaje contract made
with the general contractor.
contrato a corto plazo short-term
contract.
contrato a coste más honorario
cost-plus contract.
contrato a costo más honorario
cost-plus contract.
contrato a la gruesa bottomry.
contrato a largo plazo long-term
contract.
contrato a plazo forward contract.
contrato a precio global lump-sum
contract.
contrato a precios unitarios
unit-price contract.
contrato a suma alzada lump-sum
contract.
contrato a término forward contract.
contrato a título gratuito gratuitous
contract.
contrato a título oneroso onerous
contract.
contrato abierto open contract,
non-exclusive contract.
contrato accesorio accessory contract.
contrato administrativo
management contract, contract made
with a government.
contrato al mejor postor contract to
the highest bidder.

contrato aleatorio aleatory contract.
contrato anulable voidable contract.
contrato bilateral bilateral contract.
contrato cerrado closed contract.
contrato cierto certain contract.
contrato colateral collateral contract.
contrato colectivo de trabajo
collective bargaining agreement.
contrato comercial commercial
contract.
contrato complejo mixed contract.
contrato con alternativas alternative
contract.
contrato con cláusula penal
contract with a penalty clause.
contrato con incentivos incentive
contract.
contrato condicional conditional
contract.
contrato conjunto joint contract.
contrato conmutativo commutative
contract.
contrato consensual consensual
contract.
contrato de adhesión adhesion
contract.
contrato de administración
management contract.
contrato de agencia agency
agreement.
contrato de ajuste employment
contract.
contrato de anualidad annuity
contract.
contrato de anualidad diferida
deferred annuity contract.
**contrato de anualidad grupal
diferida** deferred group annuity
contract.
contrato de aparcería sharecropping
contract.
contrato de arrendamiento lease.
**contrato de arrendamiento de
servicios** service contract.
contrato de arriendo lease.
contrato de cambio exchange
contract, commutative contract, foreign
exchange contract.
contrato de comercio en exclusiva
exclusive dealing contract.
contrato de comisión commission
contract.

contrato de comodato gratuitous bailment contract.

contrato de compra y venta sales contract, bargain and sale contract.

contrato de compras purchasing contract.

contrato de compraventa sales contract, bargain and sale contract.

contrato de compromiso arbitration agreement.

contrato de conchabo employment contract.

contrato de consignación consignment contract.

contrato de construcción construction contract.

contrato de corretaje brokerage contract.

contrato de coste fijo fixed cost contract.

contrato de costo fijo fixed cost contract.

contrato de crédito credit contract.

contrato de custodia bailment contract.

contrato de depósito bailment contract.

contrato de doble repurchase contract.

contrato de empeño contract to pawn.

contrato de empleo employment contract.

contrato de empresa contract with an independent contractor.

contrato de empréstito loan contract.

contrato de encadenamiento exclusive contract, tying arrangement.

contrato de enfiteusis emphyteusis contract.

contrato de enganche employment contract.

contrato de enrolamiento employment contract.

contrato de estabilidad agreement to stabilize prices.

contrato de fianza contract of surety.

contrato de fideicomiso trust agreement.

contrato de fiducia trust agreement.

contrato de fletamento charterparty.

contrato de futuros regulado regulated futures contract.

contrato de garantía guarantor agreement.

contrato de hipoteca mortgage agreement.

contrato de indemnidad contract of indemnity.

contrato de indemnización indemnity contract.

contrato de ingreso garantizado guaranteed income contract.

contrato de intención letter of intent.

contrato de intermediación bursátil authorization for a discretionary securities account.

contrato de inversión bancario bank investment contract.

contrato de inversión garantizada guaranteed investment contract.

contrato de inversiones investment contract.

contrato de juego wagering contract.

contrato de locación lease.

contrato de locación de obra construction contract.

contrato de locación de servicios service contract.

contrato de mandato contract of mandate.

contrato de mutuo loan for consumption.

contrato de negocios business contract.

contrato de obras contract for public works.

contrato de opción option.

contrato de palabra oral contract.

contrato de permuta barter agreement.

contrato de prenda pledge contract.

contrato de préstamo loan contract.

contrato de préstamo de uso bailment agreement.

contrato de prueba contract for an employment trial.

contrato de renta de retiro contract for retirement income.

contrato de renta vitalicia life annuity contract.

contrato de representación agency agreement.

contrato de reserva backup contract.

contrato de retrovendendo repurchase agreement.

contrato de retroventa repurchase agreement.

contrato de retroventa abierto open repurchase agreement.

contrato de retroventa inverso reverse repurchase agreement.

contrato de seguro insurance contract.

contrato de seguro médico health insurance contract.

contrato de seguro múltiple blanket insurance contract.

contrato de servicios personales personal service contract.

contrato de sociedad partnership agreement, incorporation agreement.

contrato de suministro supply contract.

contrato de tarea contract work.

contrato de trabajo employment contract.

contrato de transporte shipping agreement.

contrato de venta contract of sale.

contrato de venta condicional conditional sales contract.

contrato de venta incondicional unconditional sales contract.

contrato dependiente dependent contract.

contrato derivado subcontract.

contrato divisible divisible contract.

contrato ejecutado executed contract.

contrato en exclusiva exclusive contract.

contrato enfitéutico emphyteusis contract.

contrato escrito written contract.

contrato espurio spurious contract.

contrato estimatorio consignment sales contract.

contrato exclusivo exclusive contract.

contrato expreso express contract.

contrato extintivo nullifying contract.

contrato falso simulated contract.

contrato fiduciario fiduciary contract, trust agreement, trust indenture.

contrato fingido simulated contract.

contrato formal formal contract.

contrato garantizado guaranteed contract.

contrato gratuito gratuitous contract.

contrato grupal group contract.

contrato ilegal illegal contract.

contrato ilícito illegal contract.

contrato imperfecto imperfect contract.

contrato implícito implied contract.

contrato incondicional unconditional contract.

contrato individual de trabajo individual employment contract.

contrato indivisible indivisible contract.

contrato informal informal contract.

contrato inmoral immoral contract.

contrato innominado innominate contract.

contrato internacional international contract.

contrato justo de fletamento clean charter.

contrato leonino unconscionable contract.

contrato lícito legal contract.

contrato literal written contract.

contrato lucrativo onerous contract.

contrato maestro master contract.

contrato marítimo marine contract.

contrato matrimonial antenuptial agreement, marriage contract.

contrato mercantil mercantile contract, commercial contract.

contrato mixto mixed contract.

contrato multilateral multilateral contract.

contrato no escrito unwritten contract.

contrato no solemne simple contract.

contrato nominado nominate contract.

contrato notarial notarized contract.

contrato notarizado notarized contract.

contrato nulo void contract.

contrato nupcial antenuptial agreement, marriage contract.

contrato oneroso onerous contract.

contrato oral oral contract.

contrato partible divisible contract.

contrato perpetuo perpetual contract.

contrato personal personal contract.

contrato pignoraticio pledge contract.

contrato plurilateral multilateral contract.

contrato por adhesión adhesion contract.

contrato por correo mail contract.

contrato por correspondencia mail contract.

contrato por escrito written contract.

contrato preliminar preliminary contract.

contrato preparatorio preliminary contract.

contrato presunto implied contract.

contrato principal principal contract.

contrato privado private contract.

contrato público public contract.

contrato real real contract.

contrato recíproco reciprocal contract.

contrato renovable renewable contract.

contrato renovable garantizado guaranteed renewable contract.

contrato revocativo nullifying contract.

contrato sellado contract under seal.

contrato separado separate contract.

contrato simple simple contract.

contrato simulado simulated contract.

contrato sinalagmático synallagmatic contract.

contrato sindical collective bargaining agreement.

contrato sobreentendido implied contract.

contrato social partnership agreement, incorporation agreement.

contrato solemne special contract.

contrato solidario joint and several contract.

contrato sucesivo installment contract.

contrato suplementario supplemental contract.

contrato tácito implied contract.

contrato típico nominate contract.

contrato transnacional transnational contract.

contrato unilateral unilateral contract.

contrato usurario usurious contract.

contrato válido valid contract.

contrato verbal parol contract, oral contract.

contrato verdadero express contract.

contrato-ley union contract covering an entire industry made official by the government.

contratos independientes independent contracts.

contravalor *m* collateral.

contraventa *f* repurchase.

contribución *f* contribution, tax, tax assessment.

contribución a la exportación export tax.

contribución a la herencia inheritance tax.

contribución a las ganancias income tax.

contribución a las rentas income tax.

contribución a las transacciones excise tax.

contribución a las utilidades income tax.

contribución a las ventas sales tax.

contribución a los capitales capital stock tax.

contribución a los predios ad valorem tax.

contribución a los réditos income tax.

contribución a ocupaciones occupational tax.

contribución acumulativa cumulative tax.

contribución ad valórem ad valorem tax.

contribución adelantada advance tax.

contribución adicional surtax.

contribución aduanal customs duty.

contribución al capital contribution to capital.

contribución al consumo consumption tax.

contribución al valor agregado value added tax.

contribución anticipada advance tax.

contribución arancelaria customs duty.

contribución básica basic tax.

contribución compensatoria compensatory tax.

contribución complementaria complementary tax, surtax.

contribución comunitaria community tax.

contribución corporativa corporate tax.

contribución de ausentismo absentee tax.

contribución de base amplia broad-base tax.

contribución de capitación capitation tax, poll-tax.

contribución de capital capital contribution.

contribución de consumo excise tax, consumption tax.

contribución de derechos reales tax on real estate transfers.

contribución de emergencia emergency tax.

contribución de estampillado stamp tax.

contribución de exportación export tax.

contribución de fabricación manufacturing tax.

contribución de herencias inheritance tax.

contribución de igualación equalization tax.

contribución de importación import tax.

contribución de inmuebles real estate tax, ad valorem tax.

contribución de internación import duty.

contribución de legado inheritance tax.

contribución de lujo luxury tax.

contribución de manufactura manufacturing tax.

contribución de mejoras special assessment, tax assessment.

contribución de mercancía commodity tax.

contribución de no residentes nonresident tax.

contribución de patrimonio capital tax.

contribución de privilegio franchise tax.

contribución de producto commodity tax.

contribución de seguro social social security tax.

contribución de sellos stamp tax.

contribución de soltería tax on unmarried persons.

contribución de sucesión inheritance tax.

contribución de superposición surtax.

contribución de testamentaría inheritance tax.

contribución de timbres stamp tax.

contribución de tonelaje tonnage-duty.

contribución de transferencia transfer tax.

contribución de valorización special assessment.

contribución debida tax due.

contribución degresiva degressive tax.

contribución directa direct tax.

contribución doble double taxation.

contribución electoral poll-tax.

contribución en la frontera border tax.

contribución escalonada progressive tax.

contribución especial special tax, extraordinary tax.

contribución específica specific tax.

contribución estatal state tax.

contribución estimada estimated tax.

contribución excesiva excessive tax.

contribución extranjera foreign tax.

contribución extraordinaria surtax.

contribución fija fixed tax, flat tax.

contribución fiscal tax, national tax.

contribución general general tax.

contribución hereditaria inheritance tax.

contribución hipotecaria mortgage tax.

contribución ilegal illegal tax.

contribución indirecta indirect tax.

contribución individual sobre la renta individual's income tax.

contribución industrial professional services tax.

contribución inmobiliaria real estate tax, ad valorem tax.

contribución interna internal tax.

contribución local local tax.

contribución máxima maximum contribution, maximum tax.

contribución máxima deducible
maximum deductible contribution.

contribución mínima minimum
contribution, minimum tax.

**contribución mínima alternativa
corporativa** corporate alternative
minimum tax.

contribución múltiple multiple
taxation.

contribución municipal municipal
tax.

contribución negativa negative tax.

contribución neta net contribution.

contribución no deducible
nondeductible tax.

contribución normal tax, normal tax.

contribución oculta hidden tax.

contribución opcional optional tax.

contribución ordinaria tax.

contribución pagada tax paid.

contribución para mejoras
contribution for improvements.

contribución para previsión social
social security tax.

contribución patrimonial capital tax.

contribución per cápita per capita
tax.

contribución personal personal tax.

contribución por cabeza poll tax.

contribución portuaria port charges.

contribución predial ad valorem tax.

contribución profesional
occupational tax.

contribución progresiva progressive
tax.

contribución proporcional
proportional tax.

contribución pública public tax.

contribución real ad valorem tax.

contribución regresiva regressive tax.

contribución represiva repressive tax.

contribución retenida retained tax.

contribución según el valor ad
valorem tax.

contribución sobre beneficios
profits tax.

**contribución sobre beneficios
extraordinarios** excess profits tax.

contribución sobre bienes property
tax.

**contribución sobre bienes
inmuebles** ad valorem tax.

contribución sobre bienes muebles
personal property tax.

contribución sobre compras
purchase tax.

contribución sobre compraventas
sales tax.

contribución sobre concesiones
franchise tax.

contribución sobre diversiones
amusement tax.

contribución sobre dividendos
dividend tax.

contribución sobre donaciones gift
tax.

contribución sobre el consumo
excise tax.

contribución sobre el ingreso
income tax.

contribución sobre el juego
gambling tax.

contribución sobre el lujo luxury tax.

contribución sobre el patrimonio
property tax, capital tax, net worth tax.

**contribución sobre el patrimonio
neto** net worth tax.

**contribución sobre el valor
agregado** value-added tax.

contribución sobre el valor añadido
value-added tax.

contribución sobre empleo
employment tax.

contribución sobre entradas
admissions tax.

**contribución sobre exceso de
ganancias** excess profits tax.

contribución sobre franquicias
franchise tax.

contribución sobre ganancias profit
tax.

**contribución sobre ganancias a
corto plazo** short-term gains tax.

**contribución sobre ganancias a
largo plazo** long-term gains tax.

**contribución sobre ganancias de
capital** capital gains tax.

contribución sobre herencias
inheritance tax.

contribución sobre ingresos income
tax.

**contribución sobre ingresos
acumulados** accumulated earnings
tax.

contribución sobre ingresos de sociedades corporate income tax.

contribución sobre ingresos diferida deferred income tax.

contribución sobre ingresos individual individual income tax.

contribución sobre ingresos negativa negative income tax.

contribución sobre ingresos progresiva progressive income tax.

contribución sobre inmuebles real property tax.

contribución sobre la nómina payroll tax.

contribución sobre la producción production tax.

contribución sobre la propiedad property tax.

contribución sobre la propiedad clasificada classified property tax.

contribución sobre la propiedad general general property tax.

contribución sobre la propiedad inmueble real property tax.

contribución sobre la renta income tax.

contribución sobre la renta corporativa corporate income tax.

contribución sobre la renta individual individual's income tax.

contribución sobre la renta personal individual's income tax.

contribución sobre las importaciones import tax.

contribución sobre las nóminas payroll tax.

contribución sobre las sociedades corporate tax.

contribución sobre las ventas sales tax.

contribución sobre los beneficios profit tax.

contribución sobre los bienes property tax.

contribución sobre los ingresos income tax.

contribución sobre los ingresos brutos gross receipts tax.

contribución sobre producción production tax.

contribución sobre riqueza mueble personal property tax.

contribución sobre salarios salary tax.

contribución sobre transacciones de capital capital transactions tax.

contribución sobre transferencias transfer tax.

contribución sobre transmisión de bienes transfer tax.

contribución sobre transmisiones transfer tax.

contribución sobre ventas sales tax.

contribución sobre ventas al por menor retail sales tax.

contribución sobre ventas general general sales tax.

contribución sucesoria inheritance tax.

contribución suntuaria luxury tax.

contribución suplementaria supplemental tax.

contribución terrestre ad valorem tax.

contribución territorial land tax.

contribución única nonrecurrent tax, single tax.

contribuciones acumuladas accrued taxes.

contribuciones acumulativas cumulative taxes.

contribuciones atrasadas back taxes.

contribuciones comerciales business taxes.

contribuciones corporativas corporate taxes.

contribuciones de aduanas customs duties.

contribuciones de empleados employee contributions.

contribuciones de rentas internas internal revenue taxes.

contribuciones diferidas deferred taxes.

contribuciones en exceso excess contributions.

contribuciones federales federal taxes.

contribuciones ilegales illegal taxes.

contribuciones locales local taxes.

contribuciones morosas delinquent taxes.

contribuciones nacionales national taxes.

contribuciones prepagadas prepaid taxes.

contribuciones proporcionales proportional taxes.

contribuciones prorrateadas apportioned taxes.

contribuciones retenidas withheld taxes.

contribuciones sobre ingresos corporativos corporate income tax.

contribuciones sobre ingresos federales federal income taxes.

contribuido contributed.

contribuir contribute, pay taxes.

contributario *m* contributor, taxpayer.

contributivo pertaining to taxes.

contribuyente adj contributory.

contribuyente *m* contributor, taxpayer.

contribuyente individual individual taxpayer.

control *m* control.

control centralizado centralized control.

control conjunto joint control.

control de calidad quality control.

control de calidad estadístico statistical quality control.

control de cambio exchange control.

control de contabilidad accounting control.

control de costes cost control.

control de costes estadístico statistical cost control.

control de costos cost control.

control de costos estadístico statistical cost control.

control de crédito credit control.

control de dividendos dividend control.

control de divisas foreign exchange control.

control de existencias stock control.

control de gastos expense control.

control de inventario inventory control.

control de inventario perpetuo perpetual inventory control.

control de límites limit control.

control de materiales materials control.

control de mercancías merchandise control.

control de pérdidas loss control.

control de precios price control.

control de proceso process control.

control de proceso estadístico statistical process control.

control de producción production control.

control de riesgos risk control.

control del consumo consumption control.

control directo direct control.

control ejecutivo managerial control.

control estadístico statistical control.

control exclusivo exclusive control.

control interno internal control.

control monetario monetary control.

control operacional operational control.

control presupuestario budget control.

control salarial wage control.

controlable controllable.

controlado controlled.

controlar control.

controles a la exportación export controls.

controles a la importación import controls.

controles de exportación export controls.

controles de importación import controls.

controles de intercambio de divisas currency exchange controls.

controles financieros financial controls.

convalidación *f* confirmation, validation.

convalidar confirm, validate.

convención *f* convention.

convención colectiva de trabajo collective bargaining agreement.

convención de trabajo labor agreement.

convención internacional international agreement.

convencional conventional.

conveniencia *f* convenience.

convenio *m* agreement, contract, settlement.

convenio básico basic agreement.

convenio bilateral bilateral agreement.

convenio colectivo collective agreement.

convenio colectivo de trabajo collective bargaining agreement.

convenio comercial trade agreement.

convenio concursal creditors' agreement.

convenio condicionado conditional agreement.

convenio condicional conditional agreement.

convenio conjunto joint agreement.

convenio de cartel cartel agreement.

convenio de comercio recíproco reciprocal trade agreement.

convenio de compensación clearing agreement, compensation agreement.

convenio de compras purchasing agreement.

convenio de consentimiento de préstamo de valores loan consent agreement.

convenio de cuenta conjunta joint account agreement.

convenio de cuenta de margen margin agreement.

convenio de empréstito para edificación building loan agreement.

convenio de fideicomiso trust agreement.

convenio de garantía guaranty agreement.

convenio de grupo de compra purchase group agreement.

convenio de indemnización indemnity agreement.

convenio de modificación modification agreement.

convenio de participación participation agreement.

convenio de préstamo para edificación building loan agreement.

convenio de recompra buyback agreement.

convenio de tenedor de tarjeta cardholder agreement.

convenio de tomar prestado borrowing agreement.

convenio del cliente customer's agreement.

convenio en la quiebra agreement between debtor and creditors.

convenio entre deudor y acreedores agreement between debtor and creditors.

convenio escrito written agreement.

convenio expreso express agreement.

convenio implícito implied agreement.

convenio incondicional unconditional agreement.

convenio internacional international agreement.

convenio maestro master agreement.

convenio multilateral multilateral agreement.

convenio patrón master agreement.

convenio salarial wage agreement.

convenio separado separate agreement.

convenio sobre mercancía commodity agreement.

convenio sobre precios price agreement.

convenio sobre producto commodity agreement.

convenio suplementario supplemental agreement.

convenio tácito tacit agreement.

convenio verbal oral agreement.

convenir agree, to be advisable, convene, correspond.

convenirse reach an agreement, convene.

convergencia f convergence.

conversión f conversion.

conversión a la par conversion at par.

conversión de bono bond conversion.

conversión de condominio condominium conversion.

conversión de póliza conversion of policy.

conversión equitativa equitable conversion.

conversión forzada forced conversion.

conversión inversa reverse conversion.

conversión involuntaria involuntary conversion.

conversión retroactiva retroactive conversion.

conversión voluntaria voluntary conversion.

convertibilidad f convertibility.

convertibilidad completa full convertibility.

convertibilidad de moneda currency convertibility.

convertible convertible.

convertir convert.

convexidad *f* convexity.

convocar convoke, call together.

convocar a licitación call for bids.

convocar de nuevo reconvene.

convocar una asamblea call a meeting.

convocar una asamblea de accionistas call a meeting of stockholders.

convocar una junta call a meeting.

convocar una junta de accionistas call a meeting of shareholders.

convocar una junta de accionistas call a meeting of stockholders.

convocar una reunión call a meeting.

convocar una reunión de accionistas call a meeting of shareholders.

convocar una sesión call a meeting.

convocatoria *f* summons, notice of a meeting.

convocatoria para propuestas call for bids.

coobligación *f* co-obligation.

coobligado *m* co-obligor.

cooperación internacional international cooperation.

cooperativa *f* cooperative.

cooperativa agrícola agricultural cooperative, farmers' cooperative.

cooperativa de arrendamiento leasing cooperative.

cooperativa de consumidores consumers' cooperative.

cooperativa de consumo consumers' cooperative.

cooperativa de crédito credit union.

cooperativa de productores producers' cooperative.

cooperativa de vivienda housing cooperative.

coordinación *f* coordination.

coordinación de beneficios coordination of benefits.

copar *m* monopolize.

coparticipación *f* partnership.

copartícipe adj joint.

copartícipe *m/f* partner.

copia *f* copy.

copia certificada certified copy.

coposeedor *m* joint owner, joint possessor.

coposesión *f* joint ownership, joint possession.

coposesor *m* joint owner, joint possessor.

copresidente *m* co-chairperson.

copropiedad *f* joint tenancy, joint ownership.

copropietario *m* joint owner, co-owner, joint tenant.

corporación *f* corporation, company, legal entity, entity.

corporación afiliada affiliated corporation.

corporación armadora shipping corporation.

corporación asociada associated corporation.

corporación bancaria banking corporation.

corporación caritativa charitable corporation.

corporación cerrada close corporation.

corporación civil civil corporation.

corporación comercial commercial corporation.

corporación controlada controlled corporation, subsidiary.

corporación controladora holding corporation.

corporación de control holding corporation.

corporación de crédito credit corporation.

corporación de derecho corporation created fulfilling all legal requirements.

corporación de dividendos limitados limited-dividend corporation.

corporación de fideicomiso trust corporation.

corporación de hecho corporation in fact.

corporación de inversión investment corporation.

corporación de negocios business corporation.

corporación de seguros insurance corporation.

corporación de seguros mutuos mutual insurance corporation.

corporación de servicio service corporation.

corporación de servicios personales personal service corporation.

corporación diversificada diversified corporation.

corporación doméstica domestic corporation.

corporación exenta exempt corporation.

corporación exenta de contribuciones tax-exempt corporation.

corporación exenta de impuestos tax-exempt corporation.

corporación extranjera alien corporation, foreign corporation.

corporación extranjera controlada controlled foreign corporation.

corporación familiar family corporation.

corporación fiduciaria trust corporation.

corporación filial sister corporation, subsidiary.

corporación financiera finance corporation.

corporación hipotecaria mortgage corporation.

corporación ilícita corporation organized for illegal purposes.

corporación inactiva dormant corporation.

corporación insolvente insolvent corporation.

corporación internacional international corporation.

corporación inversionista investment corporation.

corporación manufacturera manufacturing corporation.

corporación matriz parent corporation.

corporación mercantil business corporation.

corporación miembro member corporation.

corporación multinacional multinational corporation.

corporación nacional domestic corporation.

corporación no especulativa non-profit corporation.

corporación para fines no pecuniarios non-profit corporation.

corporación por acciones stock corporation.

corporación privada private corporation.

corporación propietaria close corporation.

corporación pública public corporation.

corporación quebrada bankrupt corporation.

corporación sin acciones nonstock corporation.

corporación sin fines de lucro non-profit corporation.

corporación subsidiaria subsidiary corporation.

corporación tenedora holding corporation.

corporativo corporate.

corpóreo corporeal.

corrección *f* correction.

corredor *m* broker.

corredor conjunto co-broker.

corredor cooperador cooperating broker.

corredor de aduana customs broker.

corredor de arrendamientos lease broker.

corredor de bienes raíces real estate broker.

corredor de bonos bond broker.

corredor de cambio foreign exchange broker.

corredor de cargo fijo flat-fee broker.

corredor de comercio merchandise broker, merchandise broker who also performs the services of a notary public.

corredor de contratación contract broker.

corredor de descuento discount broker.

corredor de empresas business broker.

corredor de letras bill broker.

corredor de mercancías merchandise broker.

corredor de préstamos loan broker.

corredor de reaseguro reinsurance broker.

corredor de seguros insurance broker.

corredor de servicios completos full-service broker.

corredor de valores securities broker.

corredor de ventas　selling broker.

corredor del comprador　buyer's broker.

corredor hipotecario　mortgage broker.

corredor independiente　independent broker.

corredor institucional　institutional broker.

corredor principal　principal broker.

corredor residencial　residential broker.

correduría　*f* brokerage.

corregido　corrected.

correlación　*f* correlation.

correlación conjunta　joint correlation.

correlación directa　direct correlation.

correlación lineal　linear correlation.

correlación múltiple　multiple correlation.

correlación negativa　negative correlation.

correlación parcial　partial correlation.

correlación positiva　positive correlation.

correlación serial　serial correlation.

correo　*m* mail, correspondence, post office.

correo asegurado　insured mail.

correo certificado　certified mail, registered mail.

correo de respuesta comercial　business reply mail.

correo electrónico　electronic mail.

correo no asegurado　uninsured mail.

correo registrado　registered mail.

correspondencia　*f* correspondence, mail.

correspondencia certificada　certified mail, registered mail.

correspondencia de negocios　business correspondence.

correspondencia registrada　registered mail.

correspondiente　corresponding.

corresponsal　*m/f* correspondent.

corretaje　*m* brokerage.

corretaje de descuento　discount brokerage.

corretaje institucional　institutional brokerage.

corriente de ingresos　income stream.

corrientemente　currently.

corrientemente asegurado　currently insured.

corrientemente cubierto　currently covered.

cortar costes　cut costs.

cortar costos　cut costs.

corto plazo, a　short term, in the short term.

cosa fungible　fungible good.

cosa gravada　encumbered thing.

cosa hipotecada　mortgaged thing.

cosa inmueble　real property.

cosa mueble　movable thing.

cosecha del arrendatario　away-going crop.

cosignatario　*m* cosigner.

coste　*m* cost, price.

coste absorbido　absorbed cost.

coste adicional　additional cost.

coste administrado　managed cost.

coste alternativo　alternative cost.

coste amortizado　amortized cost.

coste anticipado　anticipated cost.

coste básico　basic cost.

coste capitalizado　capitalized cost.

coste comparativo　comparative cost.

coste común　common cost.

coste conjunto　joint cost.

coste constante　constant cost.

coste contingente　contingent cost.

coste controlable　controllable cost.

coste corriente　current cost.

coste de capital　cost of capital.

coste de capital incremental　incremental cost of capital.

coste de compromiso　commitment cost.

coste de constitución　organization cost.

coste de conversión　conversion cost.

coste de distribución　distribution cost.

coste de emisión　issue cost.

coste de emisión de bonos　bond issue cost.

coste de entrega　cost of delivery.

coste de fabricación　manufacturing cost.

coste de factores　factor cost.

coste de financiamiento　financing cost.

coste de intereses neto   net interest cost.

coste de mantenimiento maintenance cost.

coste de manufactura   manufacturing cost.

coste de materiales   materials cost.

coste de mercancía   cost of merchandise.

coste de mercancía vendida   cost of merchandise sold.

coste de mercancías   cost of goods.

coste de mercancías vendidas   cost of goods sold.

coste de negocios directo   direct business cost.

coste de operación   operating cost.

coste de oportunidad   opportunity cost.

coste de organización   organization cost.

coste de personal directo   direct labor.

coste de posesión   carrying cost, cost of possession.

coste de producción   production cost.

coste de producto   product cost.

coste de reemplazo   replacement cost.

coste de reposición   replacement cost

coste de reproducción   reproduction cost, replacement cost.

coste de servicio   service cost.

coste de sustitución   substitution cost.

coste de transferencia   transfer cost.

coste de transporte   transportation cost.

coste de ventas   cost of sales.

coste de vida   cost of living.

coste depreciable   depreciable cost.

coste depreciado   depreciated cost.

coste diferencial   differential cost.

coste diferido   deferred cost.

coste directo   direct cost.

coste discrecional   discretionary cost.

coste económico   economic cost.

coste entregado   delivered cost.

coste especial   special cost.

coste específico   specific cost.

coste estándar   standard cost.

coste estimado   estimated cost.

coste estipulado   stipulated cost.

coste fijo   fixed cost.

coste histórico   historical cost.

coste implícito   implied cost.

coste imputado   imputed cost.

coste incidental   incidental cost.

coste incontrolable   uncontrollable cost.

coste incremental   incremental cost.

coste indirecto   indirect cost.

coste inevitable   inevitable cost.

coste inicial   initial cost.

coste laboral   labor cost.

coste marginal   marginal cost.

coste marginal de capital   marginal cost of capital.

coste marginal de fondos   marginal cost of funds.

coste máximo   maximum cost.

coste medio   average cost.

coste mínimo   minimum cost.

coste misceláneo   miscellaneous cost.

coste mixto   mixed cost.

coste neto   net cost.

coste no controlable   noncontrollable cost.

coste no recuperado   unrecovered cost.

coste nominal   nominal cost.

coste objeto   target cost.

coste original   original cost.

coste periódico   periodic cost.

coste por financiamiento   finance cost.

coste por pieza   cost per piece.

coste predeterminado   predetermined cost.

coste prevaleciente   prevailing cost.

coste privado   private cost.

coste prohibitivo   prohibitive cost.

coste promedio   average cost.

coste razonable   reasonable cost.

coste real   real cost.

coste recurrente   recurring cost.

coste reducido   reduced cost.

coste relacionado   related cost.

coste repetitivo   repetitive cost.

coste residual   residual cost.

coste semivariable   semivariable cost.

coste tangible   tangible cost.

coste total   total cost, full cost.

coste trimestral   quarterly cost.

coste unitario   unit cost.

coste unitario medio average unit cost.

coste variable variable cost.

coste y flete cost and freight.

costear finance, pay for.

costeo de proceso process costing.

costeo de producto product costing.

costeo directo direct costing.

costeo marginal marginal costing.

costeo por absorción absorption costing.

costeo total full costing.

costero coastal.

costes aumentados increased costs.

costes constantes constant costs.

costes controlables controllable costs.

costes crecientes increasing costs.

costes de capacidad capacity costs.

costes de colocación de emisión underwriting costs.

costes de construcción building costs.

costes de distribución distribution costs.

costes de embarque shipping costs.

costes de fábrica factory costs.

costes de investigación y desarrollo research and development costs.

costes de mercadeo marketing costs.

costes de personal personnel costs.

costes de promoción promotional costs.

costes de quiebra bankruptcy costs.

costes de ventas selling costs.

costes decrecientes decreasing costs.

costes del desarrollo development costs.

costes especificados specified costs.

costes esperados expected costs.

costes estables stable costs.

costes explícitos explicit costs.

costes fijos fixed costs.

costes fijos comprometidos committed fixed costs.

costes fijos totales total fixed costs.

costes financieros financial costs.

costes generales fijos overhead costs.

costes incontrolables uncontrollable costs.

costes indeterminados undetermined costs.

costes inevitables unavoidable costs.

costes mensuales monthly costs.

costes no asignados unallocated costs.

costes no de manufactura nonmanufacturing costs.

costes no distribuidos undistributed costs.

costes normales normal costs.

costes operacionales operational costs.

costes operativos operating costs.

costes preliminares preliminary costs.

costes prepagados prepaid costs.

costes progresivos progressive costs.

costes prorrateados apportioned costs.

costes relevantes relevant costs.

costes suplementarios supplemental costs.

costo *m* cost, price.

costo absorbido absorbed cost.

costo adicional additional cost.

costo administrado managed cost.

costo alternativo alternative cost.

costo amortizado amortized cost.

costo anticipado anticipated cost.

costo básico basic cost.

costo capitalizado capitalized cost.

costo comparativo comparative cost.

costo común common cost.

costo conjunto joint cost.

costo constante constant cost.

costo contingente contingent cost.

costo controlable controllable cost.

costo corriente current cost.

costo de capital cost of capital.

costo de capital incremental incremental cost of capital.

costo de cobros collection cost.

costo de compromiso commitment cost.

costo de constitución organization cost.

costo de conversión conversion cost.

costo de distribución distribution cost.

costo de emisión issue cost.

costo de emisión de bonos bond issue cost.

costo de emitir acciones flotation cost.

costo de entrega cost of delivery.

costo de fabricación manufacturing cost.

costo de factores factor cost.

costo de financiamiento financing cost.

costo de fondos cost of funds.

costo de intereses neto net interest cost.

costo de la pérdida cost of loss.

costo de mantenimiento maintenance cost.

costo de manufactura manufacturing cost.

costo de materiales materials cost.

costo de mercancía cost of merchandise.

costo de mercancía vendida cost of merchandise sold.

costo de mercancías cost of goods.

costo de mercancías manufacturadas cost of goods manufactured.

costo de mercancías vendidas cost of goods sold.

costo de negocios directo direct business cost.

costo de ocupación cost of occupancy.

costo de operación operating cost.

costo de oportunidad opportunity cost.

costo de organización organization cost.

costo de personal directo direct labor.

costo de personal indirecto indirect labor.

costo de posesión carrying cost, cost of possession.

costo de producción cost of production.

costo de producto product cost.

costo de reemplazo replacement cost.

costo de reposición replacement cost

costo de reproducción reproduction cost, replacement cost, cost of reproduction.

costo de seguro de vida life insurance cost.

costo de servicio service cost.

costo de sustitución substitution cost.

costo de transacción transaction cost.

costo de transferencia transfer cost.

costo de transporte transportation cost.

costo de ventas cost of sales.

costo de vida cost of living.

costo del dinero cost of money.

costo del riesgo cost of risk.

costo del seguro cost of insurance.

costo depreciable depreciable cost.

costo depreciado depreciated cost.

costo diferencial differential cost.

costo diferido deferred cost.

costo directo direct cost.

costo discrecional discretionary cost.

costo económico economic cost.

costo entregado delivered cost.

costo especial special cost.

costo específico specific cost.

costo estándar standard cost.

costo estimado estimated cost.

costo estipulado stipulated cost.

costo fijo fixed cost.

costo histórico historical cost.

costo implícito implied cost.

costo imputado imputed cost.

costo incidental incidental cost.

costo incontrolable uncontrollable cost.

costo incremental incremental cost.

costo indirecto indirect cost.

costo inevitable inevitable cost.

costo inicial initial cost.

costo intangible intangible cost.

costo laboral labor cost.

costo marginal marginal cost.

costo marginal de adquisición marginal cost of acquisition.

costo marginal de capital marginal cost of capital.

costo marginal de fondos marginal cost of funds.

costo máximo maximum cost.

costo medio average cost.

costo mínimo minimum cost.

costo misceláneo miscellaneous cost.

costo mixto mixed cost.

costo neto net cost.

costo no controlable noncontrollable cost.

costo no recuperado unrecovered cost.

costo nominal nominal cost.

costo objeto target cost.

costo original original cost.

costo periódico periodic cost.

costo por financiamiento finance cost.

costo por pieza cost per piece.

costo predeterminado predetermined cost.

costo prevaleciente prevailing cost.

costo privado private cost.

costo prohibitivo prohibitive cost.

costo promedio average cost.

costo razonable reasonable cost.

costo real real cost.

costo recurrente recurring cost.

costo redistribuido redistributed cost.

costo reducido reduced cost.

costo relacionado related cost.

costo repetitivo repetitive cost.

costo residual residual cost.

costo semifijo semifixed cost.

costo semivariable semivariable cost.

costo tangible tangible cost.

costo total total cost, full cost.

costo trimestral quarterly cost.

costo unitario unit cost.

costo unitario medio average unit cost.

costo variable variable cost.

costo y flete cost and freight.

costos adicionales extra costs.

costos aumentados increased costs.

costos constantes constant costs.

costos controlables controllable costs.

costos crecientes increasing costs.

costos de capacidad capacity costs.

costos de colocación de emisión underwriting costs.

costos de construcción building costs.

costos de distribución distribution costs.

costos de embarque shipping costs.

costos de explotación operating costs.

costos de fábrica factory costs.

costos de investigación y desarrollo research and development costs.

costos de mercadeo marketing costs.

costos de personal personnel costs.

costos de promoción promotional costs.

costos de quiebra bankruptcy costs.

costos de ventas selling costs.

costos decrecientes decreasing costs.

costos del desarrollo development costs.

costos especificados specified costs.

costos esperados expected costs.

costos estables stable costs.

costos explícitos explicit costs.

costos fijos fixed costs.

costos fijos comprometidos committed fixed costs.

costos fijos totales total fixed costs.

costos financieros financial costs.

costos generales fijos overhead costs.

costos incontrolables uncontrollable costs.

costos indeterminados undetermined costs.

costos inevitables unavoidable costs.

costos mensuales monthly costs.

costos no asignados unallocated costs.

costos no de manufactura nonmanufacturing costs.

costos no distribuidos undistributed costs.

costos normales normal costs.

costos operacionales operational costs.

costos operativos operating costs.

costos preliminares preliminary costs.

costos prepagados prepaid costs.

costos programados programmed costs.

costos progresivos progressive costs.

costos prorrateados apportioned costs.

costos relevantes relevant costs.

costos suplementarios supplemental costs.

costos variables totales total variable costs.

costumbre *f* custom.

costumbre comercial business practice.

costumbre general general custom.

costumbre inmemorial immemorial custom.

costumbre internacional international custom.

costumbres del comercio customs of the trade.

cotización *f* quotation.

cotización al cierre closing quote.

cotización de bono bond quote.

cotización de cierre closing quote.
cotización en firme firm quote.
cotización firme firm quote.
cotización nominal nominal quotation.
cotizar quote.
creciente increasing.
crecimiento *m* growth.
crecimiento anticipado anticipated growth.
crecimiento cero zero growth.
crecimiento compuesto compound growth.
crecimiento de capital capital growth.
crecimiento direccional directional growth.
crecimiento económico economic growth.
crecimiento económico cero zero economic growth.
crecimiento económico equilibrado balanced economic growth.
crecimiento equilibrado balanced growth.
crecimiento estable stable growth.
crecimiento global overall growth.
credencial *f* credential.
credibilidad *f* credibility.
crédito *m* credit, installment, solvency, reputation.
crédito, a on credit.
crédito a corto plazo short-term credit.
crédito a largo plazo long-term credit.
crédito a medio plazo medium-term credit.
crédito a sola firma unsecured credit.
crédito abierto open credit.
crédito agrícola farm credit.
crédito al descubierto unsecured credit.
crédito al por menor retail credit.
crédito bancario bank credit.
crédito cierto existing debt.
crédito comercial commercial credit.
crédito confirmado confirmed credit.
crédito congelado frozen credit.
crédito contra contribución credit against tax.
crédito contra impuesto credit against tax.
crédito contributivo tax credit.

crédito contributivo extranjero foreign tax credit.
crédito contributivo por inversión investment tax credit.
crédito de aceptación acceptance credit.
crédito de avío loan for a specific business purpose.
crédito de cheques check credit.
crédito de consumidor consumer credit.
crédito de consumo consumer credit.
crédito de descuento discount credit.
crédito de habilitación loan for a specific business purpose.
crédito de importación import credit.
crédito de negocios business credit.
crédito de tercera parte third party credit.
crédito del comprador buyer's credit.
crédito deteriorado impaired credit.
crédito diferido deferred credit.
crédito disponible available credit.
crédito divisible divisible credit.
crédito documentario documentary credit.
crédito en blanco open credit.
crédito especial special credit.
crédito estacional seasonal credit.
crédito extendido extended credit.
crédito ficticio fictitious credit.
crédito garantizado guaranteed credit, secured credit.
crédito hipotecario mortgage credit, mortgage.
crédito ilimitado unlimited credit.
crédito impositivo tax credit.
crédito impositivo extranjero foreign tax credit.
crédito impositivo por inversión investment tax credit.
crédito incobrable uncollectible debt.
crédito incondicional unconditional credit.
crédito inmediato immediate credit.
crédito interino interim credit.
crédito interior domestic credit.
crédito irrevocable irrevocable credit.
crédito libre open credit.
crédito litigioso debt in litigation.
crédito mercantil commercial credit.
crédito mixto mixed credit.

crédito mobiliario   chattel mortgage.

crédito no confirmado   unconfirmed credit.

crédito no utilizado   unused credit.

crédito opcional   optional credit.

crédito pendiente   outstanding credit.

crédito personal   personal credit.

crédito pignoraticio   secured credit.

crédito por cuidado de dependiente   dependent care credit.

crédito por inversión   investment credit.

crédito por seguro médico   health insurance credit.

crédito privado   private credit.

crédito privilegiado   privileged debt.

crédito provisional   provisional credit.

crédito público   public credit, public debt.

crédito quirografario   unsecured credit.

crédito reembolsable   refundable credit.

crédito refaccionario   agricultural loan, commercial loan.

crédito renovable   renewable credit.

crédito restringido   restricted credit.

crédito revocable   revocable credit.

crédito rotatorio   revolving credit.

crédito simple   simple credit.

crédito sin garantía   unsecured credit.

crédito sin restricción   unrestricted credit.

crédito suplementario   supplemental credit.

crédito transferible   transferable credit.

crédito tributario   tax credit.

crédito tributario extranjero   foreign tax credit.

crédito tributario por inversión   investment tax credit.

crédito unificado   unified credit.

creíble   credible.

crimen corporativo   corporate crime.

crisis económica   economic crisis.

crisis laboral   labor crisis.

criterio de valoración   valuation criterion.

criterio de valuación   valuation criterion.

criterios de crédito   credit criteria.

cuadruplicado   quadruplicate.

cuantificación   f quantification.

cuartila   f quartile.

cuasicontrato   m quasi contract.

cuasicorporación   f quasi corporation.

cuasimonopolio   m quasi monopoly.

cuasiposesión   f quasi possession.

cuasipúblico   quasi-public.

cuasirrenta   f quasi rent.

cuasirreorganización   f quasi reorganization.

cuasiservidumbre   f quasi easement.

cuatrimestre   m a four month period.

cubierta   f coverage.

cubierto   covered.

cubrir   cover, cover up, pay.

cuenta   f account, bill, accounting, calculation, report.

cuenta, a   on account.

cuenta a cobrar   bill receivable.

cuenta a comisión   commission account.

cuenta a pagar   bill payable.

cuenta abierta   open account.

cuenta activa   active account.

cuenta adjunta   adjunct account.

cuenta administrada   managed account.

cuenta ajena   the account of another.

cuenta al descubierto   short account, overdrawn account.

cuenta asegurada   insured account.

cuenta asignada   assigned account.

cuenta auxiliar   subsidiary account.

cuenta bancaria   bank account.

cuenta básica   basic account.

cuenta bloqueada   blocked account.

cuenta cancelada   canceled account.

cuenta cedida   assigned account.

cuenta cerrada   closed account.

cuenta clave   key account.

cuenta comercial   commercial account, business account.

cuenta compuesta   compound account.

cuenta congelada   frozen account.

cuenta conjunta   joint account.

cuenta continua   continuing account.

cuenta controlada   controlled account.

cuenta controladora   controlling account.

cuenta convenida   account stated.

cuenta corporativa   corporate account.

cuenta corriente commercial account, current account, checking account.

cuenta corriente bancaria checking account.

cuenta custodial custodial account.

cuenta de, a for the account of, on behalf of.

cuenta de actividad activity account.

cuenta de ahorros savings account.

cuenta de ahorros vinculada linked savings account.

cuenta de alto volumen high-volume account.

cuenta de apropiación appropriation account.

cuenta de arbitraje especial special arbitrage account.

cuenta de balance cero zero-balance account.

cuenta de banco conjunta joint bank account.

cuenta de bonos especial special bond account.

cuenta de caja cash account.

cuenta de capital capital account.

cuenta de certificado certificate account.

cuenta de cheques checking account.

cuenta de club club account.

cuenta de club navideño Christmas club account.

cuenta de comercio commercial account.

cuenta de compensación offset account.

cuenta de compras purchase account.

cuenta de concentración concentration account.

cuenta de consignación consignment account.

cuenta de consumo consumption account.

cuenta de control control account.

cuenta de corporación corporation account.

cuenta de corretaje brokerage account.

cuenta de crédito credit account.

cuenta de crédito renovable revolving charge account.

cuenta de crédito rotatorio revolving charge account.

cuenta de depósito deposit account.

cuenta de depósito del mercado monetario money market deposit account.

cuenta de difunto deceased account.

cuenta de empresa corporate account.

cuenta de explotación working account, operating account.

cuenta de ganancias y pérdidas profit-and-loss account.

cuenta de gastos flexibles flexible spending account.

cuenta de igualación equalization account.

cuenta de ingresos income account.

cuenta de intereses diarios daily interest account.

cuenta de inventario inventory account.

cuenta de inversiones investment account.

cuenta de liquidación settlement account.

cuenta de margen margin account.

cuenta de mercado abierto open market account.

cuenta de negocios business account.

cuenta de no residente nonresident account.

cuenta de nómina payroll account.

cuenta de opciones option account.

cuenta de participación participation account.

cuenta de préstamos loan account.

cuenta de producción production account.

cuenta de regreso protest charges.

cuenta de resaca protest charges.

cuenta de reserva reserve account.

cuenta de residente resident account.

cuenta de retiro individual individual retirement account.

cuenta de saldo cero zero-balance account.

cuenta de tenedor de tarjeta cardholder account.

cuenta de tutela trust account.

cuenta de valoración valuation account.

cuenta de valores securities account.

cuenta de ventas sales account.

cuenta del balance balance sheet account.

cuenta del cierre   closing account.

cuenta del mayor   ledger account.

cuenta del mercado monetario   money market account.

cuenta detallada   itemized account.

cuenta deudora   debit account, account payable.

cuenta diferida   deferred account.

cuenta discrecional   discretionary account.

cuenta dividida   divided account.

cuenta dudosa   doubtful account.

cuenta embargada   attached account.

cuenta en fideicomiso   account in trust.

cuenta en moneda extranjera   foreign currency account.

cuenta en mora   delinquent account, past due account.

cuenta en plica   escrow account.

cuenta entre compañías   intercompany account.

cuenta especial   special account.

cuenta expirada   expired account.

cuenta exterior   foreign account.

cuenta externa   external account.

cuenta fiduciaria   trust account.

cuenta flexible   flexible account.

cuenta garantizada   secured account.

cuenta general   general account.

cuenta inactiva   inactive account, dormant account.

cuenta incobrable   uncollectible account.

cuenta indivisa   undivided account.

cuenta liquidada   liquidated account.

cuenta mala   uncollectible debt.

cuenta miscelánea especial   special miscellaneous account.

cuenta mixta   mixed account.

cuenta morosa   delinquent account, past due account.

cuenta no asegurada   uninsured account.

cuenta no expirada   unexpired account.

cuenta nominal   nominal account.

cuenta nueva   new account.

cuenta para gastos   expense account.

cuenta particional   account to divide.

cuenta pendiente   outstanding account.

cuenta permanente   permanent account.

cuenta pignorada   pledged account.

cuenta por cobrar   account receivable.

cuenta por contrato   contract account.

cuenta por pagar   account payable.

cuenta presentada al deudor   account rendered.

cuenta presupuestaria   budget account.

cuenta primaria   primary account.

cuenta principal   primary account.

cuenta privada   private account.

cuenta provisional   provisional account.

cuenta pública   public account.

cuenta regional   regional account.

cuenta rotatoria   revolving account.

cuenta saldada   account settled.

cuenta secundaria   secondary account.

cuenta segregada   segregated account.

cuenta separada   separate account.

cuenta sin garantía   unsecured account.

cuenta sin movimiento   inactive account.

cuenta sin valor   worthless account.

cuenta sobregirada   overdrawn account.

cuenta telefónica   telephone account.

cuenta temporal   temporary account.

cuenta transferida   transferred account.

cuenta vencida   past due account.

cuentas anuales   annual accounts.

cuentas consolidadas   consolidated accounts.

cuentas de orden   memoranda accounts.

cuentas mezcladas   commingled accounts.

cuentas no consolidadas   unconsolidated accounts.

cuentas por cobrar   accounts receivable.

cuentas por pagar   accounts payable.

cuerpo administrativo   administrative body.

cuerpo de bienes   total assets.

cuestionable   questionable.

cuidado a corto plazo   short-term care.

cuidado a largo plazo   long-term care.

cuidado médico medical care.
cultura corporativa corporate culture.
cumplimiento *m* fulfillment, completion, performance, expiration date.
cumplimiento contributivo tax compliance.
cumplimiento de la obligación performance of an obligation.
cumplimiento específico specific performance.
cumplimiento fiscal tax compliance.
cumplimiento impositivo tax compliance.
cumplimiento parcial partial performance.
cumplimiento total total performance.
cumplimiento tributario tax compliance.
cumplimiento voluntario voluntary compliance.
cumplir fulfill, carry out, comply, perform.
cumplir con abide by.
cumplirse el plazo mature.
cumulativo cumulative.
cuota *f* quota, share, payment, installment, fee.
cuota arancelaria tariff quota.
cuota contributiva tax rate, tax assessment.
cuota de importación import quota.
cuota de impuesto tax rate.
cuota de ventas sales quota.
cuota global global quota.
cuota gravable taxable value.
cuota imponible taxable value.
cuota tributable taxable value.
cuotas de exportación export quotas.
cuotas, en in installments.
cuotas sindicales union dues.
cupo *m* quota, share, tax share.
cupón *m* coupon.
cupón de acción dividend coupon.
cupón de bono bond coupon.
cupón de deuda bond coupon.
cupón de dividendo dividend coupon.
cupón de intereses interest coupon.
cupón de pago payment coupon.
curso de cambio rate of exchange.
curso de los negocios course of business.

curso del empleo course of employment.
curso legal legal tender.
curso normal de los negocios ordinary course of business.
curso ordinario de los negocios ordinary course of business.
curva de coste marginal marginal cost curve.
curva de costes cost curve.
curva de costes totales total cost curve.
curva de costo marginal marginal cost curve.
curva de costos cost curve.
curva de costos totales total cost curve.
curva de crecimiento growth curve.
curva de demanda demand curve.
curva de experiencia experience curve.
curva de ingresos revenue curve.
curva de oferta supply curve.
curva de probabilidad probability curve.
curva de producción output curve.
curva de rendimiento yield curve.
curva de rendimiento decreciente declining-yield curve.
curva de rendimiento invertida inverted yield curve.
curva de rendimiento positiva positive yield curve.
curva de rendimientos negativa negative yield curve.
curva de ventas sales curve.
curva salarial wage curve.
curvas de oferta y demanda supply and demand curves.
custodial custodial.

cheque *m* check.
cheque a la orden order check.
cheque a la orden de check to the order of.
cheque al portador bearer check.
cheque alterado altered check.
cheque antedatado antedated check.
cheque cancelado canceled check.

cheque certificado certified check.

cheque circular cashier's check.

cheque cobrado cashed check.

cheque compensado cleared check.

cheque conformado certified check.

cheque cruzado check for deposit only, crossed check.

cheque de caja cashier's check.

cheque de cajero cashier's check.

cheque de compañía company check.

cheque de dividendo dividend check.

cheque de gerencia cashier's check.

cheque de gerencia bancaria cashier's check.

cheque de gerente cashier's check.

cheque de reembolso refund check.

cheque de tesorería treasury check.

cheque de ventanilla counter check.

cheque de viajero traveler's check.

cheque devuelto returned check.

cheque en blanco blank check.

cheque falsificado forged check.

cheque falso false check.

cheque limitado limited check.

cheque local local check.

cheque mutilado mutilated check.

cheque negociable negotiable check.

cheque no negociable nonnegotiable check.

cheque no pagado unpaid check.

cheque pagado paid check.

cheque para abono en cuenta check for deposit only.

cheque para acreditar en cuenta check for deposit only.

cheque personal personal check.

cheque posfechado post-dated check.

cheque postal postal money order.

cheque preautorizado preauthorized check.

cheque protegido protected check.

cheque rayado check for deposit only.

cheque rehusado dishonored check.

cheque sin fondos bad check.

cheque visado certified check.

chequear check, inspect.

dación dation, delivery.

dación de arras payment of earnest money.

dación en pago dation in payment, payment in lieu of that accorded.

dádiva *f* gift, donation, grant.

dador *m* giver, donor, grantor.

dador a la gruesa lender on bottomry bond.

dador de préstamo lender.

dador de trabajo employer.

dañado damaged.

daño accidental accidental damage.

daño de propiedad property damage.

daño oculto concealed damage.

daños damages.

daños a la propiedad damage to property.

daños especiales special damages.

dar a crédito lend.

dar a la gruesa lend on bottomry bond.

dar aviso give notice.

dar crédito grant credit.

dar en arriendo lease.

dar en prenda pledge.

dar por vencido cause to become due and payable.

dar prestado lend.

dar prórroga grant a time extension.

datos contributivos tax data.

datos de contabilidad accounting data.

datos del censo census data.

datos entre compañías intercompany data.

datos fiscales tax data.

datos impositivos tax data.

datos internos internal data.

datos sin procesar raw data.

datos sin restricciones unrestricted data.

datos tributarios tax data.

de acuerdo a lo convenido as per agreement.

de acuerdo al contrato as per contract.

de mancomún jointly.

de tránsito in transit.

debe *m* debit side.

debe y haber debit and credit.

debenture *m* debenture.

debenturista *m/f* holder of a debenture.

deber *m* duty, obligation, debt.

deber v owe.

deberes duties, obligations.

deberes contributivos tax obligations.

deberes fiscales tax obligations.

deberes impositivos tax obligations.

deberes tibutarios tax obligations.

debida diligencia due diligence.

debidamente calificado duly qualified.

debidamente registrado duly registered.

debitar debit.

debitar de más overdebit.

débito *m* debit.

débito abierto open debit.

débito bancario bank debit.

débito diferido deferred debit.

débito directo direct debit.

débito preautorizado preauthorized debit.

decisión financiera financial decision.

decisiones operativas operating decisions.

decisiones programadas programmed decisions.

declaración *f* declaration, statement, report.

declaración aduanera customs declaration.

declaración arancelaria customs declaration.

declaración contributiva tax return.

declaración de aduana customs declaration.

declaración de bienes statement of property owned.

declaración de concurso declaration of bankruptcy.

declaración de condición statement of condition.

declaración de condominio condominium declaration.

declaración de contribución sobre ingresos income tax return.

declaración de contribuciones estimadas declaration of estimated taxes.

declaración de dividendo dividend declaration.

declaración de entrada customs declaration.

declaración de exportación export declaration.

declaración de fideicomiso declaration of trust.

declaración de impacto impact statement.

declaración de impuesto sobre ingresos income tax return.

declaración de impuestos tax return.

declaración de impuestos estimados declaration of estimated taxes.

declaración de ingresos retenidos retained earnings statement.

declaración de origen declaration of origin.

declaración de póliza policy declaration.

declaración de quiebra declaration of bankruptcy.

declaración de rechazo notice of dishonor.

declaración de renta income statement, income tax return.

declaración de solvencia declaration of solvency.

declaración de utilidades retenidas retained earnings statement.

declaración del cierre closing statement.

declaración del impacto ambiental environmental impact statement.

declaración del impacto social social impact statement.

declaración engañosa deceptive statement.

declaración falsa enjuiciable actionable misrepresentation.

declaración fiscal tax return.

declaración fraudulenta fraudulent representation.

declaración impositiva tax return.

declaración oficial official statement.

declaración tributaria tax return.

declarado declared, manifested.

declarado de más overstated.

declarado de menos understated.

declarar declare.

declarar un dividendo declare a dividend.

declarar una huelga declare a strike.

declaratoria de quiebra declaration of bankruptcy.

declinar decline, refuse.

decomisable confiscable, forfeitable.

decomisar confiscate, forfeit.

decomiso *m* confiscation, forfeit.

decreciente decreasing, falling.

deducción *f* deduction.

deducción admisible admissible deduction.

deducción contributiva tax deduction.

deducción contributiva extranjera foreign tax deduction.

deducción contributiva matrimonial marital deduction.

deducción contributiva por gastos médicos medical expense deduction.

deducción de ingresos deduction from income.

deducción de ingresos brutos deduction from gross income.

deducción de ingresos netos deduction from net income.

deducción de intereses interest deduction.

deducción de intereses hipotecarios mortgage interest deduction.

deducción familiar family allowance.

deducción fiscal matrimonial marital deduction.

deducción impositiva tax deduction.

deducción impositiva extranjera foreign tax deduction.

deducción impositiva matrimonial marital deduction.

deducción impositiva por gastos médicos medical expense deduction.

deducción matrimonial marital deduction.

deducción médica medical deduction.

deducción permisible allowable deduction.

deducción permitida allowed deduction.

deducción por agotamiento depletion allowance.

deducción por contribuciones caritativas charitable contributions deduction.

deducción por dependiente dependent deduction.

deducción por gastos de comidas meal expense deduction.

deducción por gastos de mudanza moving expense deduction.

deducción por gastos de representación entertainment expense deduction.

deducción por gastos educativos education expense deduction.

deducción por gastos médicos medical expense deduction.

deducción por oficina en el hogar home office deduction.

deducción por pérdida de explotación neta net operating loss deduction.

deducción por pérdida operativa neta net operating loss deduction.

deducción tributaria extranjera foreign tax deduction.

deducción tributaria matrimonial marital deduction.

deducción tributaria por gastos médicos medical expense deduction.

deducciones de nómina payroll deductions.

deducciones del ingreso bruto deductions from gross income.

deducciones detalladas itemized deductions.

deducciones detalladas misceláneas miscellaneous itemized deductions.

deducciones en exceso excess deductions.

deducciones por gastos de negocios business expenses deductions.

deducible deductible.

deducible de porcentaje de pérdidas percentage-of-loss deductible.

deducible desvaneciente disappearing deductible.

deducible dividido split deductible.

deducible fijo flat deductible.

deducible integrado integrated deductible.

deducir deduct.

deducir contribuciones deduct taxes.

deducir del salario deduct from wages.

deducir impuestos deduct taxes.
defalcar *m* embezzle, default.
defecto *m* defect, insufficiency.
defecto constitutivo inherent defect.
defecto de título title detect.
defecto inherente inherent defect.
defecto latente latent defect.
defecto oculto hidden defect.
defecto patente patent defect.
defectos aparentes apparent defects.
defectuoso defective.
deficiencia *f* deficiency.
deficiente deficient.
déficit *m* deficit.
déficit acumulativo cumulative deficit.
déficit casual casual deficit.
déficit comercial trade deficit.
déficit de caja cash deficit.
déficit de la balanza trade deficit.
déficit de pagos payments deficit.
déficit en la balanza de pagos balance of payments deficit.
déficit exterior external deficit.
déficit federal federal deficit.
déficit global overall deficit.
déficit presupuestario budgetary deficit.
definición de empleo job definition.
definición de trabajo job definition.
definitivo definitive.
deflación *f* deflation.
deflación moderada moderate deflation.
deflacionador deflator.
deflacionario deflationary.
defraudación *f* fraud, defraudation, defrauding, swindle.
defraudación fiscal tax evasion.
defraudador *m* defrauder, swindler.
defraudar defraud, cheat.
degresión *f* degression.
dejar de cumplir fail to fulfill.
dejar en prenda pledge, pawn.
dejar sin efecto annul.
delegación *f* delegation, agency, authorization.
delegación de autoridad delegation of authority.
delegación de crédito novation.
delegación de deuda novation.
delegado adj delegated, assigned.

delegado *m* delegate, agent, representative, assignee.
delegante *m* principal, assigner.
delegar delegate, assign, authorize.
delegar autoridad delegate authority.
delegatorio delegatory.
delimitación *f* delimitation.
delimitar delimit.
delincuencia *f* delinquency.
delincuente delinquent.
delinear delineate.
delito fiscal tax crime.
delta *f* delta.
demanda *f* demand, claim.
demanda agregada aggregated demand.
demanda aletoria random demand.
demanda cíclica cyclical demand.
demanda combinada composite demand.
demanda complementaria complementary demand.
demanda conjunta joint demand.
demanda de consumidores consumer demand.
demanda de importaciones import demand.
demanda de mercado market demand.
demanda derivada derived demand.
demanda efectiva effective demand.
demanda elástica elastic demand.
demanda en exceso excess demand.
demanda en juicio hipotecario bill for foreclosure.
demanda estacional seasonal demand.
demanda extranjera foreign demand.
demanda global overall demand.
demanda inelástica inelastic demand.
demanda potencial potential demand.
demanda primaria primary demand.
demanda recíproca reciprocal demand.
demanda selectiva selective demand.
demandable demandable.
demandar el pago de un empréstito call a loan.
demandar el pago de un préstamo call a loan.
demarcación *f* demarcation.
demasía *f* excess.
demográfico demographic.

demolición *f* demolition.
demora *f* delay, demurrage.
demora de pago payment delay.
demora en el pago delay in payment.
demora en la entrega delay in delivery.
demora evitable avoidable delay.
demorado delayed.
demorar delay, hold.
demoroso overdue, in default.
demostración *f* demonstration.
denegación *f* denial, refusal.
denegación de crédito credit denial.
denegación de responsabilidad disclaimer of liability.
denegar deny, refuse.
denegatorio denying, rejecting.
denominación *f* denomination, title.
denominación comercial trade name.
densidad *f* density.
densidad de probabilidad probability density.
denuncia *f* report, announcement.
denuncia del contribuyente income tax return.
denunciación *f* report, announcement.
denunciador person who files a report.
denunciante *m/f* person who files a report.
denunciar report, announce.
denunciar un saldo show a balance.
denunciar una mina file a mining claim.
departamentalización *f* departmentalization.
departamento *m* department, branch, district.
departamento arrendado leased department.
departamento de acatamiento compliance department.
departamento de aprobación de crédito credit-approval department.
departamento de auditoría audit department.
departamento de autorizaciones authorization department.
departamento de certificación certification department.
departamento de cobranza collection department.

departamento de cobros collection department.
departamento de compras purchasing department.
departamento de contabilidad accounting department.
departamento de contribuciones tax department.
departamento de corretaje brokerage department.
departamento de crédito credit department.
departamento de cuentas de margen margin department.
departamento de descuento discount department.
departamento de exportación export department.
departamento de facturación billing department.
departamento de hipotecas mortgage department.
departamento de impuestos tax department.
departamento de liquidaciones settlement department.
departamento de nómina payroll department.
departamento de operaciones operations department.
departamento de órdenes order department.
departamento de personal personnel department.
departamento de préstamos loan department.
departamento de producción production department.
departamento de publicidad advertising department.
departamento de reclamaciones claims department.
departamento de relaciones públicas public relations department.
departamento de seguros insurance department.
departamento de servicio service department.
departamento de tránsito transit department.
departamento de ventas sales department.

departamento de ventas a crédito credit sales department.

departamento derivado derivative department.

departamento extranjero foreign department.

departamento fiduciario de banco bank trust department.

departamento financiero finance department.

departamento general general department.

departamento hipotecario mortgage department.

dependencia dependence, branch, agency.

dependiente adj dependent, subordinate.

dependiente m/f agent, employee.

dependiente legal legal dependent.

deponente m/f deponent, depositor, bailor.

depositante m/f depositor, bailor.

depositante asegurado insured depositor.

depositante no asegurado uninsured depositor.

depositar deposit.

depositaría f depository.

depositaría gubernamental government depository.

depositaría nocturna night depository.

depositario m depositary, depository, trustee, bailee.

depositario de plica escrow agent.

depósito m deposit, down payment, warehouse, trust agreement, bailment.

depósito a corto plazo short-term deposit.

depósito a la vista sight deposit, demand deposit.

depósito a largo plazo long-term deposit.

depósito a mediano plazo medium-term deposit.

depósito a plazo time deposit.

depósito a término time deposit.

depósito a título gratuito gratuitous deposit.

depósito accidental involuntary bailment.

depósito aduanero customs deposit.

depósito afianzado bonded warehouse.

depósito anticipado advance deposit.

depósito asegurado insured deposit.

depósito automático automatic deposit.

depósito bancario bank deposit.

depósito bloqueado blocked deposit.

depósito civil gratuitous bailment.

depósito comercial bailment.

depósito comercial business deposit.

depósito conjunto joint deposit.

depósito convencional voluntary deposit.

depósito de garantía guaranty deposit.

depósito de giro demand deposit.

depósito de nómina directo direct payroll deposit.

depósito de plica escrow deposit.

depósito de prima premium deposit.

depósito de reserva reserve deposit.

depósito de títulos de propiedad deposit of title deeds.

depósito de ventanilla counter deposit.

depósito derivado derivative deposit.

depósito directo direct deposit.

depósito directo de nómina direct deposit of payroll.

depósito disponible demand deposit.

depósito dividido split deposit.

depósito efectivo actual bailment.

depósito en avería gruesa general average deposit.

depósito en buena fe good faith deposit.

depósito en mutuo loan for consumption.

depósito especial special deposit.

depósito especificado specified deposit.

depósito específico specific deposit.

depósito estipulado stipulated deposit.

depósito extranjero foreign deposit.

depósito garantizado guaranteed deposit.

depósito general general deposit.

depósito gratuito gratuitous deposit, gratuitous bailment.

depósito gubernamental
government deposit.

depósito interbancario interbank deposit.

depósito involuntario involuntary deposit.

depósito irregular irregular deposit.

depósito mercantil bailment.

depósito mínimo minimum deposit.

depósito necesario necessary deposit.

depósito no asegurado uninsured deposit.

depósito no reembolsable
nonrefundable deposit.

depósito nocturno night deposit.

depósito por correspondencia mail deposit.

depósito previo prior deposit.

depósito privado private deposit.

depósito reembolsable refundable deposit.

depósito regular regular deposit.

depósito requerido required deposit.

depósito voluntario voluntary deposit.

depósitos a la vista netos net demand deposits.

depósitos brutos gross deposits.

depósitos de ahorros savings deposits.

depósitos en tránsito deposits in transit.

depósitos nucleares core deposits.

depósitos primarios primary deposits.

depósitos públicos public deposits.

depósitos reservables reservable deposits.

depreciable depreciable.

depreciación f depreciation.

depreciación acelerada accelerated depreciation.

depreciación acelerada en exceso
excess accelerated depreciation.

depreciación acumulada accrued depreciation.

depreciación anual annual depreciation.

depreciación combinada combined depreciation.

depreciación compensatoria
compensating depreciation.

depreciación curable curable depreciation.

depreciación de componentes
component depreciation.

depreciación de divisa exchange depreciation.

depreciación de la moneda currency depreciation.

depreciación de moneda
depreciation of money.

depreciación de propiedad property depreciation.

depreciación de saldos decrecientes
declining-balance depreciation.

depreciación económica economic depreciation.

depreciación en libros book depreciation.

depreciación excesiva
overdepreciation.

depreciación extraordinaria
extraordinary depreciation.

depreciación futura future depreciation.

depreciación grupal group depreciation.

depreciación incurable incurable depreciation.

depreciación no realizada unrealized depreciation.

depreciación ordinaria ordinary depreciation.

depreciación real real depreciation.

depreciado depreciated.

depreciar depreciate.

depredación f depredation, embezzlement.

depresión f depression.

depresión económica depression.

deprimido depressed.

derecho m right, franchise, law.

derecho a la huelga right to strike.

derecho a trabajar right to work.

derecho bancario banking law.

derecho cambiario rights pertaining to a bill of exchange.

derecho comercial commercial law.

derecho corporativo corporate law.

derecho de arrendamiento leasehold.

derecho de autor copyright.

derecho de capitación poll tax.

derecho de clientela goodwill.

derecho de crédito creditor's right.

derecho de dominio right of fee simple ownership.

derecho de entrada right of entry, import duty.

derecho de exportación export duty.

derecho de hogar seguro homestead right.

derecho de huelga right to strike.

derecho de importación import duty.

derecho de imposición taxing power.

derecho de impresión copyright.

derecho de insolvencia bankruptcy law.

derecho de las sucesiones law of successions.

derecho de los negocios commercial law.

derecho de los riesgos del trabajo worker's compensation law.

derecho de minas mining law, mining right.

derecho de paso right of way, easement of access.

derecho de patente patent right.

derecho de posesión right of possession.

derecho de prelación right of first refusal.

derecho de prioridad right of pre-emption.

derecho de propiedad property rights, real estate law.

derecho de propiedad literaria copyright.

derecho de reproducción copyright.

derecho de rescate right of redemption.

derecho de rescisión right of rescission.

derecho de retención lien.

derecho de retiro right of withdrawal.

derecho de servidumbre right of easement.

derecho de superficie surface rights.

derecho de supervivencia right of survivorship.

derecho de tanteo right of first refusal.

derecho de trabajo labor law.

derecho de tránsito freedom of passage.

derecho de uso right of use.

derecho de venta right of sale.

derecho de vía right of way.

derecho del contrato contract law.

derecho del tanto right of first refusal.

derecho del trabajo labor law.

derecho económico economic law.

derecho exclusivo exclusive right.

derecho exclusivo para vender exclusive right to sell.

derecho fiscal tax law.

derecho hipotecario mortgage law.

derecho imperfecto imperfect right.

derecho indiviso undivided right.

derecho industrial labor law.

derecho inmobiliario real estate law.

derecho intelectual copyright.

derecho internacional international law.

derecho internacional del trabajo international labor law.

derecho laboral labor law.

derecho marcario trademark law, trademark right.

derecho mercantil commercial law.

derecho mobiliario personal property law.

derecho particular franchise.

derecho patentario patent law.

derecho patrimonial property law.

derecho público public law.

derecho tributario tax law.

derechohabiente *m* holder of a right, successor.

derechos taxes, duties, rights, fees, laws.

derechos a negociaciones bargaining rights.

derechos ad valórem ad valorem duties.

derechos administrativos management rights.

derechos aduaneros customs duties.

derechos aduaneros ad valórem ad valorem customs duties.

derechos aduaneros según el valor ad valorem customs duties.

derechos aéreos air rights.

derechos ajustables adjustable tariffs.

derechos al valor ad valorem duties.

derechos arancelarios customs duties.

derechos de aduana customs duties.

derechos de autor copyright.

derechos de contrato contract rights.

derechos de entrada import duties.

derechos de exclusividad exclusive rights.

derechos de exportación export duties.

derechos de fábrica manufacturing royalties.

derechos de importación import duties.

derechos de licencia license fees.

derechos de patente patent rights, patent royalties.

derechos de puerto keelage.

derechos de quilla keelage.

derechos de salida export duties.

derechos de sello stamp taxes.

derechos de sucesión inheritance taxes.

derechos de superficie surface rights.

derechos de suscripción stock rights.

derechos de timbre stamp taxes.

derechos de tránsito transit duties.

derechos de venta selling rights.

derechos del trabajador workers' rights.

derechos estatales government taxes, government fees.

derechos flexibles adjustable tariffs.

derechos impositivos taxes, duties.

derechos para renta pública revenue tariffs.

derechos patronales employer rights.

derechos portuarios port duties.

derechos ribereños riparian rights.

derechos según el valor ad valorem duties.

derechos sucesorios inheritance taxes.

derechos variables adjustable tariffs.

derivado derived.

derogable repealable, annullable.

derogación *f* repeal, annulment.

derogado repealed, annulled.

derogar repeal, annul.

derogatorio repealing, annulling.

derrama *f* apportionment.

derramar apportion.

desadeudar free from debt.

desadeudarse pay debts.

desahogado unencumbered.

desahuciador *m* evictor, dispossessor.

desahuciar evict, dispossess.

desahucio *m* eviction, dispossession, severance pay, notice of termination of lease.

desahucio como represalia retaliatory eviction.

desahucio efectivo actual eviction.

desahucio implícito constructive eviction.

desairar dishonor, refuse.

desalojamiento *m* eviction, dispossession.

desalojar evict, dispossess, move out.

desalojo *m* eviction, dispossession.

desalojo como represalia retaliatory eviction.

desalojo físico actual eviction.

desalojo implícito constructive eviction.

desalojo parcial partial eviction.

desalojo sobreentendido constructive eviction.

desalojo virtual constructive eviction.

desalquilar vacate, evict.

desapoderar cancel a power of attorney, dispossess.

desaposesionar dispossess.

desapropiamiento *m* transfer of property, surrender of property.

desapropiar transfer property.

desapropio *m* transfer of property, surrender of property.

desarrendar terminate a lease.

desarrollado developed.

desarrollador *m* developer.

desarrollar develop, promote.

desarrollo *m* development.

desarrollo de marca brand development.

desarrollo de mercado market development.

desarrollo de producto product development.

desarrollo económico economic development.

desarrollo financiero financial development.

desarrollo industrial industrial development.

desarrollo organizativo organizational development.

desarrollo planificado planned development.

desarrollo urbano   urban development.

desasegurar   cancel insurance.

desautorizado   unauthorized.

desautorizar   deprive of authority.

desbalanceado   unbalanced.

desbloquear   lift a blockade, unfreeze.

desbloqueo   *m* unblocking, unfreezing.

descapitalización   *f* decapitalization.

descarga   *f* unloading, discharge.

descargar   unload, discharge.

descargar la responsabilidad   transfer responsibility.

descargo   *m* unloading, release.

descargo en quiebra   discharge in bankruptcy.

descentralización   *f* decentralization.

descentralizado   decentralized.

descentralizar   decentralize.

descongelar   unfreeze.

desconglomeración   *f* deconglomeration.

desconsolidar   deconsolidate.

descontable   discountable.

descontado   discounted.

descontador   *m* payee of a discounted bill.

descontante   *m* payee of a discounted bill.

descontar   discount, disregard.

descontar una letra   discount a bill.

descontinuación   *f* discontinuance.

descontinuación de contribuciones   discontinuance of contributions.

descontinuación de pagos   discontinuance of payments.

descontinuación de pagos de primas   discontinuance of premium payments.

descontinuación de plan   discontinuance of plan.

descontinuado   discontinued.

descontinuar   discontinue, suspend.

descontinuo   discontinuous.

descorrer el velo corporativo   piercing the corporate veil.

descripción   *f* description.

descripción de empleo   job description.

descripción de trabajo   job description.

descripción legal   legal description.

descriptivo   descriptive.

descubierto   adj uncovered.

descubierto   *m* overdraft, shortage.

descubierto, en   overdrawn, uncovered.

descubierto en cuenta   overdraft.

descuento   *m* discount.

descuento, a   at a discount.

descuento a plazo   forward discount.

descuento a término   forward discount.

descuento bancario   bank discount.

descuento comercial   commercial discount.

descuento compuesto   compound discount.

descuento de adquisición   acquisition discount.

descuento de bono   bond discount.

descuento de bono no amortizado   unamortized bond discount.

descuento de comerciante   merchant discount.

descuento de distribución   distribution allowance.

descuento de precio   price discount.

descuento de prima   premium discount.

descuento especial   special discount.

descuento estacional   seasonal discount.

descuento funcional   functional discount.

descuento grupal   group discount.

descuento hipotecario   mortgage discount.

descuento oculto   concealed discount.

descuento ordinario   ordinary discount.

descuento permitido   allowed discount.

descuento por aplazamiento   backwardation.

descuento por cantidad no acumulativo   noncumulative quantity discount.

descuento por manejo   handling allowance.

descuento por patrocinio   patronage discount.

deseconomías   *f* diseconomies.

desembarcar   disembark, unload.

desembargar   lift an embargo, remove a lien.

desembargo   *m* lifting of an embargo, removal of a lien.

desembolsar disburse, pay.

desembolso *m* disbursement, outlay, expenditure, payment.

desembolso acumulado accumulated expenditure.

desembolso adicional additional expenditure.

desembolso básico basic expenditure.

desembolso capitalizado capitalized expenditure.

desembolso controlado controlled disbursement.

desembolso corriente current disbursement.

desembolso de capital capital outlay.

desembolso de constitución organization expenditure.

desembolso de desarrollo development expenditure.

desembolso de efectivo cash disbursement.

desembolso de explotación operating expenditures.

desembolso de fabricación manufacturing expenditure.

desembolso de intereses interest expenditure.

desembolso de inversión investment expenditure.

desembolso de mantenimiento maintenance expenditure.

desembolso de manufactura manufacturing expenditure.

desembolso de producción production expenditure.

desembolso de transporte transportation expenditure.

desembolso demorado delayed disbursement.

desembolso diferido deferred expenditure.

desembolso directo direct expenditure.

desembolso discrecional discretionary expenditure.

desembolso especial special expenditure.

desembolso estimado estimated expenditure.

desembolso federal federal expenditure.

desembolso financiero financial expenditure.

desembolso flotante floating charge.

desembolso general general expenditure.

desembolso incidental incidental expenditure.

desembolso incurrido expenditure incurred.

desembolso indirecto indirect expenditure.

desembolso misceláneo miscellaneous outlay.

desembolso nacional bruto gross national expenditure.

desembolso necesario necessary expenditure.

desembolso no controlable noncontrollable expenditure.

desembolso no deducible nondeductible expenditure.

desembolso no recurrente nonrecurring expenditure.

desembolso no reembolsable nonrefundable expenditure.

desembolso no repetitivo nonrecurring expenditure.

desembolso periódico periodic outlay.

desembolso por financiamiento finance expenditure.

desembolso presupuestario budget expenditure.

desembolso razonable reasonable expenditure.

desembolso recurrente recurring expenditure.

desembolso total total disbursement.

desembolso trimestral quarterly expenditure.

desempleo *m* unemployment.

desempleo cíclico cyclical unemployment.

desempleo crónico chronic unemployment.

desempleo estructural structural unemployment.

desempleo fluctuante fluctuating unemployment.

desempleo friccional frictional unemployment.

desempleo involuntario involuntary unemployment.

desempleo oculto hidden unemployment.

desempleo por temporada seasonal unemployment.

desempleo tecnológico technological unemployment.

desempleo temporal temporary unemployment.

desequilibrio *m* imbalance.

desestimación de la personalidad societaria piercing the corporate veil.

desfalcador *m* embezzler, defaulter.

desfalcar embezzle, defalcate, default.

desfalco *m* embezzlement, defalcation.

desfavorable unfavorable.

desgravación tax reduction.

desgravar reduce taxes, disencumber, remove a lien.

deshabitado uninhabited.

deshacer el contrato rescind the contract.

deshipotecar pay off a mortgage, cancel a mortgage.

deshonestamente dishonestly.

deshonestidad *f* dishonesty.

deshonesto dishonest.

deshonrar dishonor, disgrace.

desierto deserted.

designación *f* designation.

designación de fiduciario appointment of trustee.

designado designated, specified.

designar designate.

desincorporar dissolve a corporation, divide.

desindustrialización *f* deindustrialization.

desinflación *f* disinflation.

desinflacionario disinflationary.

deslindar delimit.

deslinde *m* survey, delimitation.

deslinde y amojonamiento survey and demarcation.

desmandar revoke, revoke a power of attorney.

desmembrarse dissolve, dissolve a partnership.

desmonetización *f* demonetization.

desmonetizar demonetize.

desocupación *f* unoccupancy, unemployment, eviction.

desocupado unoccupied, unemployed.

desocupar vacate, evict.

desocupar judicialmente evict.

desocuparse quit a job.

desorganización *f* disorganization.

desorganizado disorganized.

despachante de aduanas customs agent.

despachar dispatch, settle, take care of quickly.

despacho *m* dispatch, office, shipment.

despacho aduanal customhouse clearance.

despacho aduanero customs clearance.

despedir dismiss.

despedirse quit.

desperdicios industriales industrial waste.

despido *m* dismissal, layoff.

despido de empleado discharge of employee.

despido injustificado dismissal without grounds.

despido justificado dismissal with grounds.

despignorar release a pledge.

desplazar displace.

despojar despoil, evict, dispossess.

despojo *m* plunder, dispossession, forceful eviction.

desposeedor *m* dispossessor.

desposeer dispossess, evict, divest.

desposeimiento *m* dispossession, divestiture.

desproporcionado disproportionate.

desreglamentación bancaria bank deregulation.

desregulación *f* deregulation.

destajista *m/f* pieceworker.

destajo *m* piecework.

destajo, a by the job.

destinación *f* destination, assignment.

destinar destine, designate, allot.

destinatario *m* addressee, consignee.

destino *m* destination.

desutilidad *f* disutility.

desvaluación *f* devaluation.

desvaluación competitiva competitive devaluation.

desvaluación de moneda currency devaluation.

desviación *f* deviation.

desviación estándar standard deviation.

desviación media   mean deviation.
detallado   detailed.
detallar   itemize, specify in detail.
detalles de pago   details of payment.
detener el pago   stop payment.
deteriorarse   deteriorate.
deterioro   *m* deterioration, impairment.
deterioro de capital   impairment of capital.
deterioro del valor   impairment of value.
deterioro físico   physical deterioration.
deterioro normal   normal spoilage.
determinable   determinable.
determinación   *f* determination.
determinación de precio   price determination.
determinación de riesgo   risk assessment.
determinado   determinate.
determinar   determine, fix.
deuda   *f* debt, indebtedness, obligation.
deuda a corto plazo   short-term debt.
deuda a corto plazo neta   net short-term debt.
deuda a largo plazo   long-term debt.
deuda a largo plazo general   general long-term debt.
deuda a largo plazo neta   net long-term debt.
deuda a medio plazo   medium-term debt.
deuda a plazo breve   short-term debt.
deuda activa   active debt.
deuda amortizable   amortizable debt.
deuda ancestral   ancestral debt.
deuda anulada   canceled debt.
deuda bruta   gross debt.
deuda cancelada   canceled debt.
deuda consolidada   consolidated debt.
deuda contingente   contingent debt.
deuda contributiva   tax debt.
deuda convertible   convertible debt.
deuda corriente   current debt.
deuda de consumidor   consumer debt.
deuda de rango superior   senior debt.
deuda directa   direct debt.
deuda doméstica   domestic debt.
deuda dudosa   doubtful debt.
deuda efectiva   effective debt.
deuda en gestión   debt in the process of collection through legal means.

deuda en libros   book debt.
deuda en moneda extranjera   foreign currency debt.
deuda en mora   delinquent debt.
deuda exigible   exigible debt.
deuda existente   existing debt.
deuda exterior   foreign debt.
deuda externa   foreign debt.
deuda federal   federal debt.
deuda federal bruta   gross federal debt.
deuda ficticia   fictitious debt.
deuda fiduciaria   fiduciary debt.
deuda fija   fixed debt.
deuda fiscal   tax debt.
deuda flotante   floating debt.
deuda fraudulenta   fraudulent debt.
deuda garantizada   guaranteed debt.
deuda general   general debt.
deuda gubernamental   government debt.
deuda hipotecaria   mortgage debt.
deuda ilíquida   unliquidated debt.
deuda impositiva   tax debt.
deuda incobrable   uncollectible debt.
deuda interior   domestic debt.
deuda internacional   international debt.
deuda líquida   liquidated debt.
deuda mala   uncollectible debt.
deuda mancomunada   joint debt.
deuda mancomunada y solidaria   joint and several debt.
deuda nacional   national debt.
deuda nacional bruta   gross national debt.
deuda nacional neta   net national debt.
deuda neta   net debt.
deuda no amortizada   unamortized debt.
deuda no consolidada   unconsolidated debt.
deuda no pagada   unpaid debt.
deuda pasiva   passive debt.
deuda per cápita   per capita debt.
deuda perpetua   perpetual debt.
deuda por juicio   judgment debt.
deuda preferida   preferred debt.
deuda privada   private debt.
deuda privilegiada   preferred debt.
deuda pública   public debt.

deuda pública neta   net public debt.
deuda quirografaria   unsecured debt.
deuda sin garantía   unsecured debt.
deuda solidaria   joint and several debt.
deuda subordinada   subordinated debt.
deuda total   total debt.
deuda tributaria   tax debt.
deuda variable   variable debt.
deuda vencida   matured debt.
deudas hereditarias   decedent's debts.
deudas incobrables de negocio
  business bad debts.
deudas individuales   individual debts.
deudas privilegiadas   privileged debts.
deudor   adj indebted.
deudor   *m* debtor, obligor.
deudor ausente   absent debtor.
deudor concordatario   bankrupt who
  has an agreement with his creditors.
deudor en mora   delinquent debtor.
deudor hipotecario   mortgage debtor,
  mortgagor.
deudor insolvente   insolvent debtor.
deudor mancomunado   joint debtor.
deudor moroso   delinquent debtor.
deudor por fallo   judgment debtor.
deudor por juicio   judgment debtor.
deudor principal   principal debtor.
deudor solidario   joint and several
  debtor.
devaluación   *f* devaluation.
devaluado   devaluated.
devaluar   devalue.
devengado   accrued, earned, due.
devengar   accrue, draw.
devengar intereses   bear interest.
devolución   *f* devolution, return, refund.
devolución contributiva   tax refund.
devolución de impuesto   tax refund.
devolución de prima   premium return.
devolución de venta   sales return.
devolución impositiva   tax refund.
devolución tributaria   tax refund.
devolutivo   returnable.
devolver   return, refund.
día calendario   calendar day.
día cierto   day certain.
día de pago   pay day.
día de trabajo   working day.
día festivo   holiday.
día festivo bancario   bank holiday.

día hábil   working day.
día laborable   working day.
día natural   natural day.
día útil   working day.
diario   adj daily.
diario   *m* journal.
días de cobertura   days of coverage.
días de gracia   days of grace.
días de transacciones   trading days.
dictamen de auditoría   auditor's
  certificate.
diferencia de precios   price difference.
diferencia temporal   temporary
  difference.
diferenciación   *f* differentiation.
diferencial   *f* differential.
diferencial de precios   price
  differential.
diferencial nocturna   night differential.
diferencial regional   regional
  differential.
diferido   deferred.
diferir   defer, delay, adjourn, differ.
difunto   deceased.
dígito de comprobación   check digit.
dilación   *f* delay, procrastination.
dilatar   delay, defer, extend.
dilatorio   dilatory.
diligencia   *f* diligence, task, care.
diligencia de embargo   attachment
  proceedings.
diligencia de lanzamiento   ejectment.
diligencia debida   due diligence.
diligencia necesaria   necessary
  diligence.
diligencia normal   ordinary diligence.
diligencia ordinaria   ordinary
  diligence.
diligenciador   *m* agent, negotiator.
diligencias del protesto   measures
  taken to protest a note, measures taken
  to protest a draft.
diligenciero   *m* agent, representative.
diligente   diligent.
diligentemente   diligently.
dilución   *f* dilution.
dimisión   *f* resignation, waiver.
dimitir   resign, waive.
dinámica económica   economic
  dynamics.
dinero   *m* money.

dinero a corto plazo short-term money.

dinero a la vista demand money.

dinero a largo plazo long-term money.

dinero a plazo time money.

dinero bancario bank money.

dinero del banco central central bank money.

dinero en circulación money in circulation.

dinero en efectivo cash.

dinero extranjero foreign money.

dinero falso counterfeit money.

dinero fiduciario fiduciary money.

dinero inactivo inactive money, idle money.

dinero inconvertible inconvertible money.

dinero lavado laundered money.

dinero pagado money paid.

dinero público public money.

dirección general headquarters.

dirección postal mailing address.

directiva *f* directorate, management, board of directors, guideline.

directivo directive, executive.

directo direct.

director *m* director, executive, representative.

director de ventas sales director.

director ejecutivo executive director.

director ficticio dummy director.

director independiente independent director.

directorio *m* directorate.

directorios encadenados interlocking directorates.

directorios entrelazados interlocking directorates.

dirigir direct, manage.

dirigismo *m* government intervention.

dirigismo estatal government intervention.

dirigismo oficial government intervention.

dirimir settle, annul.

disagio *m* disagio.

discapacidad *f* disability.

discapacidad a corto plazo short-term disability.

discapacidad a largo plazo long-term disability.

discapacidad absoluta total disability.

discapacidad absoluta permanente permanent total disability.

discapacidad absoluta temporal temporary total disability.

discapacidad física physical disability.

discapacidad laboral work disability.

discapacidad no ocupacional nonoccupational disability.

discapacidad para trabajar work disability.

discapacidad parcial partial disability.

discapacidad parcial permanente permanent partial disability.

discapacidad permanente permanent disability.

discapacidad permanente total permanent total disability.

discapacidad perpetua permanent disability.

discapacidad personal personal disability.

discapacidad presunta presumptive disability.

discapacidad recurrente recurrent disability.

discapacidad relativa partial disability.

discapacidad residual residual disability.

discapacidad temporal temporary disability.

discapacidad temporal total temporary total disability.

discapacidad total total disability.

discapacidad total permanente permanent total disability.

discapacidad total temporal temporary total disability.

discapacidad transitoria transitory disability.

discontinuo discontinuous.

discreción *f* discretion.

discreción limitada limited discretion.

discrecional discretionary.

discrepancia *f* discrepancy.

discrimen *m* discrimination.

discriminación *f* discrimination.

discriminación de precios price discrimination.

discriminación económica economic discrimination.

discriminación inversa reverse discrimination.

discriminación por edad age discrimination.

discriminación sexual sex discrimination.

discriminador adj discriminating.

discriminador m discriminator.

discriminar discriminate.

discriminatorio discriminatory.

diseminación f dissemination.

diseñar design.

diseño m design.

diseño de paquete package design.

diseño de proyecto project design.

diseño industrial industrial design.

disfrute m enjoyment, use, benefit, possession.

disintermediación f disintermediation.

disminución f diminution.

disminución contributiva tax reduction.

disminución de capital reduction of capital.

disminución de contribuciones reduction of taxes.

disminución de costes cost reduction.

disminución de costos cost reduction.

disminución de deuda debt reduction.

disminución de dividendo reduction of dividend.

disminución de impuestos tax reduction.

disminución de la tasa bancaria bank rate reduction.

disminución de pérdidas loss reduction.

disminución de precio price reduction.

disminución de riesgos risk reduction.

disminución de salario salary reduction.

disminución de tasa rate decrease.

disminución de tipo rate decrease.

disminución del tipo bancario bank rate reduction.

disminución general general decrease.

disminución impositiva tax reduction.

disminución neta net decrease.

disminución tributaria tax reduction.

disminuir tarifas decrease tariffs.

disolución de sociedad dissolution of corporation, dissolution of partnership.

disolver dissolve, terminate, settle.

disolver la asamblea adjourn the meeting.

disolver la junta adjourn the meeting.

disolver la reunión adjourn the meeting.

disolver la sesión adjourn the meeting.

disolver una compañía dissolve a company.

disolver una corporación dissolve a corporation.

disolver una sociedad dissolve a corporation, dissolve a partnership.

disparidad f disparity.

dispensación f dispensation, exemption.

dispensador de efectivo cash dispenser.

dispensar exempt, pardon.

disponer dispose, order, prepare.

disponibilidad f availability.

disponibilidad de fondos funds availability.

disponibilidad descontinuada discontinued availability.

disponibilidad diferida deferred availability.

disponible available, liquid, disposable.

disponible para trabajo available for work.

disposición f disposition, requirement, clause, disposal.

disposiciones tributarias tax laws.

disputa obrera labor dispute.

distracción f distraction, misappropriation.

distracción de fondos misappropriation.

distracto m annulment of contract by mutual consent.

distraer divert, misappropriate.

distribución f distribution.

distribución a dueños distribution to owners.

distribución abierta open distribution.

distribución de capital capital distribution.

distribución de contribuciones del impuesto sobre la renta income tax allocation.

distribución de contribuciones interperíodo interperiod tax allocation.

distribución de contribuciones intraperíodo intraperiod tax allocation.

distribución de contribuciones sobre ingresos income tax allocation.

distribución de costes cost distribution.

distribución de costos cost distribution.

distribución de frecuencias frequency distribution.

distribución de ganancias de capital capital gains distribution.

distribución de gastos distribution of expenses.

distribución de impuestos interperíodo interperiod tax allocation.

distribución de impuestos intraperíodo intraperiod tax allocation.

distribución de ingresos distribution of income.

distribución de la renta income distribution.

distribución de muestreo sampling distribution.

distribución de probabilidad probability distribution.

distribución de producción production distribution.

distribución del riesgo distribution of risk.

distribución desproporcionada disproportionate distribution.

distribución en especie in-kind distribution.

distribución en exclusiva exclusive distribution.

distribución equitativa equitable distribution.

distribución exclusiva exclusive distribution.

distribución física physical distribution.

distribución funcional functional distribution.

distribución global lump-sum distribution.

distribución limitada limited distribution.

distribución normal normal distribution.

distribución parcial partial distribution.

distribución proporcional proportional distribution.

distribución prorrateada pro rata distribution.

distribución restringida restricted distribution.

distribución secundaria secondary distribution.

distribución selectiva selective distribution.

distribución sin restricciones unrestricted distribution.

distribuído distributed.

distribuidor *m* distributor.

distribuidor en exclusiva exclusive distributor.

distribuidor exclusivo exclusive distributor.

distribuir distribute.

distrito *m* district, region.

distrito aduanero customs district.

distrito comercial business district.

distrito comercial central central business district.

distrito contributivo tax district.

distrito impositivo tax district.

distrito industrial industrial district.

distrito residencial residential district.

distrito tributario tax district.

dita *f* guarantee, debt, guarantor.

diversificable diversifiable.

diversificación *f* diversification.

diversificación concéntrica concentric diversification.

diversificación de liquidez liquidity diversification.

diversificación horizontal horizontal diversification.

diversificación vertical vertical diversification.

diversificado diversified.

dividendo *m* dividend.

dividendo activo dividend.

dividendo acumulado accumulated dividend.

dividendo acumulativo   cumulative dividend.

dividendo adicional   extra dividend.

dividendo atrasado   late dividend.

dividendo bruto   gross dividend.

dividendo casual   irregular dividend.

dividendo de bienes   property dividend.

dividendo de capital   capital dividend.

dividendo de ganancias de capital   capital gains dividend.

dividendo de liquidación   liquidation dividend.

dividendo de póliza   policy dividend.

dividendo de póliza con participación   participating policy dividend.

dividendo de propiedad   property dividend.

dividendo declarado   declared dividend.

dividendo diferido   deferred dividend.

dividendo en acciones   stock dividend.

dividendo en efectivo   cash dividend.

dividendo en especie   property dividend.

dividendo en pagarés   scrip dividend.

dividendo extra   extra dividend.

dividendo extraordinario   extraordinary dividend.

dividendo final   final dividend.

dividendo fiscal   fiscal dividend.

dividendo garantizado   guaranteed dividend.

dividendo igualador   equalizing dividend.

dividendo ilegal   illegal dividend.

dividendo implícito   constructive dividend.

dividendo interino   interim dividend.

dividendo neto   net dividend.

dividendo no gravable   nontaxable dividend.

dividendo no imponible   nontaxable dividend.

dividendo no tributable   nontaxable dividend.

dividendo ocasional   irregular dividend.

dividendo omitido   omitted dividend.

dividendo opcional   optional dividend.

dividendo ordinario   ordinary dividend.

dividendo preferencial   preferred dividend.

dividendo preferente   preferred dividend.

dividendo preferido   preferred dividend.

dividendo privilegiado   preferred dividend.

dividendo provisional   interim dividend.

dividendo provisorio   interim dividend.

dividendo regular   regular dividend.

dividendo trimestral   quarterly dividend.

dividendos a pagar   dividends payable.

dividendos de acciones comunes   common stock dividends.

dividendos por acción   dividends per share.

dividido   divided.

dividido igualmente   equally divided.

dividuo   divisible.

divisa   *f* foreign currency, emblem, slogan, devise.

divisas   foreign currency, foreign exchange.

divisas a plazo   foreign exchange futures.

divisas a término   foreign exchange futures.

divisibilidad   *f* divisibility.

divisible   divisible.

división   *f* division, partition.

división arrendada   leased division.

división de acatamiento   compliance division.

división de aprobación de crédito   credit-approval division.

división de auditoría   audit division.

división de autorizaciones   authorization division.

división de certificación   certification division.

división de cobranza   collection division.

división de cobros   collection division.

división de comisión   commission split.

división de compras   purchasing division.

división de contabilidad accounting division.

división de contribuciones tax division.

división de corretaje brokerage division.

división de crédito credit division.

división de cuentas de margen margin division.

división de descuento discount division.

división de exportación export division.

división de facturación billing division.

división de hipotecas mortgage division.

división de impuestos tax division.

división de ingresos income splitting.

división de la renta income splitting.

división de liquidaciones settlement division.

división de nómina payroll division.

división de operaciones operations division.

división de órdenes order division.

división de personal personnel division.

división de préstamos loan division.

división de producción production division.

división de publicidad advertising division.

división de reclamaciones claims division.

división de relaciones públicas public relations division.

división de seguros insurance division.

división de servicio service division.

división de tránsito transit division.

división de ventas sales division.

división de ventas a crédito credit sales division.

división derivada derivative division.

división extranjera foreign division.

división fiduciaria de banco bank trust division.

división financiera finance division.

división general general division.

división hipotecaria mortgage division.

divulgación *f* disclosure, publication.

divulgación completa full disclosure.

divulgación de interés disclosure of interest.

divulgar disclose.

doble agencia dual agency.

doble asiento double posting.

doble cargo double charge.

doble contrato dual contract.

doble control dual control.

doble disminución de saldo double declining balance.

doble distribución dual distribution.

doble economía dual economy.

doble empleo double employment, moonlighting.

doble endoso double endorsement.

doble entrada double entry.

doble exención double exemption.

doble financiación double financing.

doble financiamiento double financing.

doble imposición double taxation.

doble indemnización double indemnity.

doble opción double option.

doble paga double pay.

doble recuperación double recovery.

doble responsabilidad double liability.

doble supervisión dual supervision.

doctrina *f* doctrine.

doctrina contributiva tax doctrine.

doctrina fiscal tax doctrine.

doctrina impositiva tax doctrine.

doctrina tributaria tax doctrine.

documentación *f* documentation, document, documents.

documentación de empréstito loan documentation.

documentación de préstamo loan documentation.

documentación del buque ship's papers.

documental documentary.

documentar una deuda provide evidence of indebtedness.

documento *m* document.

documento a la orden order paper.

documento al portador bearer paper.

documento cambiario bill of exchange.

documento comercial commercial paper.

documento constitutivo incorporation papers.

documento creditorio credit instrument.

documento de aventura bill of adventure.

documento de comercio commercial paper.

documento de constitución incorporation papers.

documento de crédito credit instrument.

documento de favor accommodation bill.

documento de giro draft.

documento de transacción transaction document.

documento de tránsito bill of lading.

documento de transmisión bill of sale.

documento de venta bill of sale.

documento extranjero foreign document.

documento falsificado forged document.

documento falso false document.

documento fuente source document.

documento interno internal document.

documento negociable negotiable instrument.

documento por cobrar note receivable.

documento por pagar note payable.

documento transmisible negotiable instrument.

documentos aduaneros customs documents.

documentos comerciales commercial documents.

documentos contra aceptación documents against acceptance.

documentos contra pago documents against payment.

documentos de cobros collection documents.

documentos de contabilidad accounting documents.

documentos de embarque shipping documents.

documentos de exportación export documents.

documentos de título title documents.

documentos externos external documents.

dólares constantes constant dollars.

dólares corrientes current dollars.

dolo *m* deceit, fraud.

dolo causante deceit used in securing a contract.

dolo positivo active deceit.

dolo principal deceit used in securing a contract.

dolosamente fraudulently, deceitfully.

doloso fraudulent, deceitful.

doméstico domestic, internal.

domiciliación *f* domiciliation.

domiciliado domiciled.

domicilio *m* domicile.

domicilio comercial commercial domicile.

domicilio corporativo corporate domicile.

domicilio extranjero foreign domicile.

domicilio fiscal domicile for tax purposes.

domicilio social corporate domicile.

dominante dominant.

dominar dominate.

dominar un mercado dominate a market.

dominio *m* dominion, ownership, control.

dominio absoluto fee simple.

dominio aéreo air rights.

dominio del estado state property.

dominio directo legal ownership.

dominio durante la vida life estate.

dominio eminente eminent domain.

dominio fiduciario possession in trust.

dominio fiscal government ownership.

dominio fluvial riparian ownership.

dominio imperfecto imperfect ownership.

dominio perfecto perfect ownership.

dominio pleno fee simple.

dominio por tiempo fijo estate for years.

dominio público public domain.

dominio simple fee simple.

dominio supremo eminent domain.

dominio útil useful ownership, usufruct.

dominio vitalicio   life estate.

donación   *f* donation, gift.

donación irrevocable   absolute gift.

donador   *m* donor, giver.

donante   *m/f* donor, giver.

donar   donate.

donatario   *m* donee, recipient.

donativo   *m* donation, gift, contribution.

dueño   *m* owner, property owner, head of household.

dueño absoluto   absolute owner.

dueño aparente   reputed owner.

dueño ausente   absentee owner.

dueño de hogar   home owner.

dueño de negocio   business owner.

dueño matriculado   registered owner.

dueño sin restricciones   absolute owner.

duopolio   *m* duopoly.

dúplex   duplex.

duplicación   *f* duplication.

duplicación de beneficios   duplication of benefits.

duplicado   *m* duplicate.

duración   *f* duration, life.

duración de beneficios   duration of benefits.

duración de la patente   term of a patent.

duradero   durable.

E

econometría   *f* econometrics.

economía   *f* economy, economics.

economía abierta   open economy.

economía aplicada   applied economics.

economía cerrada   closed economy.

economía clásica   classical economics.

economía colectiva   collective economy.

economía competitiva   competitive economy.

economía controlada   controlled economy.

economía de consumo   consumption economy.

economía de escala   economy of scale.

economía de mercado   market economy.

economía de permutas   barter economy.

economía dinámica   dynamic economy.

economía dirigida   directed economy.

economía doméstica   domestic economy.

economía equilibrada   balanced economy.

economía estática   static economics.

economía global   global economy, overall economy.

economía intervenida   directed economy.

economía local   local economy.

economía madura   mature economy.

economía mixta   mixed economy.

economía mundial   world economy.

economía nacional   national economy, domestic economy.

economía normativa   normative economics.

economía planificada   planned economy.

economía regional   regional economy.

economías de escala   economies of scale.

económico   economic, economical.

economista   *m* economist.

economizar   economize.

ecónomo   *m* trustee, guardian.

ecuación de ajuste   adjustment equation.

ecuación de contabilidad básica   basic accounting equation.

ecuación del balance   balance sheet equation.

ecuación del punto crítico   break-even equation.

edad de retiro   retirement age.

edad de retiro forzado   compulsory retirement age.

edad efectiva   effective age.

edad mínima de empleo   minimum employment age.

edad original   original age.

edades de retiro múltiples   multiple retirement ages.

edicto   *m* edict.

edificación   *f* edification.

edificación auxiliar accessory building.

edificio cooperativo cooperative building.

edificio de oficinas office building.

edificio público public building.

efectivamente effectively.

efectivar cash, negotiate, collect.

efectivo adj effective, actual.

efectivo m cash.

efectivo desembolsado cash disbursed.

efectivo disponible available cash.

efectivo, en in cash.

efectivo en caja cash on hand.

efectivo en la bóveda cash in vault.

efectivo inactivo idle cash.

efecto m effect, negotiable instrument, bill, article of merchandise.

efecto aceptado accepted bill.

efecto acumulativo cumulative effect.

efecto bancario bank bill.

efecto cambiario bill of exchange.

efecto comercial trade bill.

efecto contributivo tax effect.

efecto de complacencia accommodation bill.

efecto de ingreso income effect.

efecto de la renta income effect.

efecto de sustitución substitution effect.

efecto impositivo tax effect.

efecto liberatorio de pago releasing effect of payment.

efecto multiplicador multiplier effect.

efecto neto net effect.

efecto retroactivo retroactive effect.

efecto tributario tax effect.

efectos chattels, merchandise, negotiable instruments, bills, effects.

efectos a corto plazo short-term paper.

efectos al portador bearer paper.

efectos cuasinegociables quasi-negotiable instruments.

efectos de caja cash items.

efectos de comercio negotiable instruments, commercial paper, merchandise.

efectos de cortesía accommodation paper.

efectos de difícil cobro negotiable instruments which are hard to collect.

efectos de favor accommodation paper.

efectos desatendidos dishonored bills.

efectos extranjeros foreign negotiable instruments.

efectos financieros finance bills.

efectos negociables negotiable instruments.

efectos pasivos bills payable.

efectos personales personal property, personal effects.

efectos públicos government securities.

efectos redescontables eligible paper.

efectos timbrados stamped documents.

efectuar effectuate, carry out, comply with.

efectuar cobros collect.

efectuar seguro obtain insurance.

efectuar un asiento make an entry.

efectuar un contrato make a contract.

efectuar un pago make a payment.

efectuar una asamblea hold a meeting.

efectuar una garantía provide a guaranty.

efectuar una junta hold a meeting.

efectuar una reunión hold a meeting.

efectuar una sesión hold a meeting.

efectuar una venta make a sale.

eficacia de costes cost-effectiveness.

eficacia de costos cost-effectiveness.

eficiencia f efficiency.

eficiencia de capital capital efficiency.

eficiencia económica economic efficiency.

eficiencia estimada estimated efficiency.

eficiencia laboral labor efficiency.

eficiencia marginal marginal efficiency.

eficiencia marginal de capital marginal efficiency of capital.

eficiencia marginal de inversión marginal efficiency of investment.

eficiente efficient.

eficientemente efficiently.

egreso m departure, expenditure.

ejecución f execution, enforcement, fulfillment, foreclosure, judgment.

ejecución coactiva foreclosure.

ejecución concursal bankruptcy proceedings.

ejecución de hipoteca mortgage foreclosure.

ejecución general bankruptcy proceedings.

ejecución hipotecaria mortgage foreclosure.

ejecución hipotecaria estatutaria statutory foreclosure.

ejecución individual foreclosure by a single creditor.

ejecución universal bankruptcy proceedings.

ejecutable executable, enforceable, workable.

ejecutado adj executed, carried out, complied with, perfect.

ejecutado m a debtor whose property is attached.

ejecutante m/f executant, performer.

ejecutar execute, perform, foreclose.

ejecutar bienes attach property.

ejecutar un ajuste make an adjustment, work out a settlement.

ejecutar un contrato perform a contract.

ejecutar un pedido execute an order, fill an order.

ejecutar una hipoteca foreclose a mortgage.

ejecutar una orden execute an order.

ejecutivamente promptly, efficiently, summarily, executively.

ejecutividad f right of foreclosure, right of execution.

ejecutivo adj executory, executive, prompt.

ejecutivo m executive.

ejecutor m executor, performer.

ejecutor testamentario executor.

ejecutorio executory, executable, final, enforceable.

ejemplar m sample, copy.

ejemplar de firma specimen signature.

ejercer exercise, practice.

ejercer el comercio engage in commerce.

ejercer una profesión practice a profession.

ejercicio m exercise, practice, fiscal year.

ejercicio contable fiscal year.

ejercicio económico fiscal year.

ejercicio financiero fiscal year.

ejercicio gravable tax year.

ejercicio impositivo tax year.

ejercicio profesional practice of a profession.

ejercicio social fiscal year.

ejercitable enforceable.

ejercitar exercise, practice.

elaboración f manufacture.

elaborar manufacture, elaborate.

elástica elastic.

elasticidad f elasticity.

elasticidad de demanda elasticity of demand.

elasticidad de oferta elasticity of supply.

elasticidad de oferta y demanda elasticity of supply and demand.

elasticidad de producción elasticity of production.

elasticidad negativa negative elasticity.

elasticidad unilateral unitary elasticity.

elegibilidad f eligibility.

elegible eligible.

elegir elect.

elemento de ahorros savings element.

elementos comunes common elements.

eliminación f elimination.

eliminación arancelaria tariff elimination.

eliminación de aranceles tariff elimination.

eliminación de aranceles acelerada accelerated tariff elimination.

eliminación de tarifas tariff elimination.

eliminación entre compañías intercompany elimination.

eludir impuestos evade taxes.

elusión f avoidance, evasion.

emancipación f emancipation.

emancipar emancipate.

embalaje m packing, package.

embarcación f vessel.

embargable attachable.

embargado adj attached, garnished.

embargado m garnishee, lienee.

embargador m garnishor, lienor.

embargante m/f garnishor, lienor.

embargar embargo, attach, garnish.

embargo *m* embargo, attachment, garnishment.

embargo de bienes attachment of assets.

embargo de buques embargo of vessels.

embargo de ingresos attachment of earnings.

embargo de propiedad attachment of property.

embargo precautorio attachment of property to ensure the satisfaction of a judgment.

embargo preventivo attachment of property to ensure the satisfaction of a judgment.

embargo provisional temporary attachment.

embargo provisorio temporary attachment.

embargo subsecuente attachment of property after a judgment.

embaucador *m* swindler, cheat.

embaucar swindle, cheat.

emisible issuable.

emisión *f* emission, issuance.

emisión autorizada authorized issue.

emisión colocada pre-sold issue.

emisión consolidada consolidated bond issuance.

emisión corporativa corporate issue.

emisión de acciones stock issue.

emisión de billetes de banco bank note issue.

emisión de tarjeta card issue.

emisión de títulos issuance of securities.

emisión no autorizada unauthorized issue.

emisión prevendida pre-sold issue.

emisor *m* issuer.

emisor de tarjetas card issuer.

emitente *m/f* drawer of a check, drawer of a bill.

emitir issue, emit.

emitir acciones issue shares.

emitir un cheque issue a check.

emitir una póliza issue a policy.

emolumento *m* emolument.

empadronamiento *m* tax list, census, census-taking.

empaque engañoso deceptive packaging.

empaquetado packaged.

empaquetamiento *m* packaging.

empeñado pledged, pawned.

empeñar pledge, pawn, undertake.

empeño *m* pledge, pawn, pledge contract, pawnshop, commitment.

emplazamiento a huelga strike call.

empleable employable.

empleado adj employed.

empleado *m* employee.

empleado a corto plazo short-term employee.

empleado a largo plazo long-term employee.

empleado a tiempo completo full-time employee.

empleado a tiempo parcial part-time employee.

empleado clave key employee.

empleado de banco bank employee.

empleado de campo field employee.

empleado de mostrador counter employee.

empleado exento exempt employee.

empleado ficticio dummy employee.

empleado permanente permanent employee.

empleado probatorio probationary employee.

empleado público public employee.

empleado temporal temporary employee, casual employee.

empleador *m* employer.

emplear employ, utilize.

empleo *m* employment, occupation, position, use.

empleo a corto plazo short-term employment.

empleo a largo plazo long-term employment.

empleo a tiempo completo full-time employment.

empleo a tiempo parcial part-time employment.

empleo clave key job.

empleo peligroso hazardous employment.

empleo permanente permanent employment.

empleo provechoso gainful employment.

empleo temporal temporary employment.

emporio *m* emporium.

empresa *f* enterprise, undertaking, intention, company, firm.

empresa afiliada affiliated enterprise.

empresa agrícola farm enterprise.

empresa aseguradora insurance firm.

empresa colectiva joint venture, partnership.

empresa común joint venture.

empresa conductora common carrier.

empresa conjunta joint venture.

empresa conjunta corporativa corporate joint venture.

empresa constructora construction firm.

empresa corporativa corporate enterprise.

empresa de alto crecimiento high-growth venture.

empresa de construcción building firm.

empresa de depósitos en seguridad safety-deposit company.

empresa de explotación operating company.

empresa de negocios business enterprise.

empresa de seguros insurance firm.

empresa de servicios públicos public utility company.

empresa de transporte afianzada bonded carrier.

empresa de transporte particular private carrier.

empresa de transporte por ajuste contract carrier.

empresa de transporte privada private carrier.

empresa de transportes carrier.

empresa de utilidad pública public utility company.

empresa de ventas por correo mail order firm.

empresa de ventas por correspondencia mail order firm.

empresa dominante dominant firm.

empresa en marcha going concern.

empresa especulativa commercial enterprise.

empresa extranjera foreign enterprise.

empresa familiar family enterprise.

empresa filial subsidiary company.

empresa fiscal government enterprise.

empresa global global firm.

empresa gubernamental government enterprise.

empresa individual individual enterprise, sole proprietorship.

empresa industrial industrial enterprise.

empresa lucrativa commercial enterprise.

empresa marginal marginal enterprise.

empresa marítima maritime enterprise.

empresa mixta mixed enterprise.

empresa multinacional multinational enterprise.

empresa no lucrativa nonprofit organization.

empresa no miembro nonmember firm.

empresa operadora operating company.

empresa porteadora carrier.

empresa privada private enterprise.

empresa pública public enterprise.

empresa quebrada bankrupt firm.

empresa subsidiaria subsidiary company.

empresa tenedora holding company.

empresa vertical vertical combination.

empresarial entrepreneurial.

empresario *m* entrepreneur, businessperson, contractor, employer.

emprestar loan.

empréstito *m* loan, loan contract.

empréstito a corto plazo short-term loan.

empréstito a la demanda demand loan, call loan.

empréstito a la gruesa bottomry.

empréstito a la vista demand loan.

empréstito a largo plazo long-term loan.

empréstito a medio plazo medium-term loan.

empréstito a plazo fijo time loan.

empréstito a riesgo marítimo bottomry.

empréstito a tasa de interés variable variable-rate loan.

empréstito agrícola   agricultural loan.

empréstito amortizable   amortizable loan.

empréstito amortizado   amortized loan.

empréstito asegurado   insured loan.

empréstito asumible   assumable loan.

empréstito autoliquidante self-liquidating loan.

empréstito bancario   bank loan.

empréstito basado en flujo de efectivo   cash-flow loan.

empréstito basado en inventario inventory loan.

empréstito bisemanal   biweekly loan.

empréstito clasificado   classified loan.

empréstito colateralizado collateralized loan.

empréstito colectivo   blanket loan.

empréstito comercial   commercial loan.

empréstito comercial e industrial commercial and industrial loan.

empréstito completamente amortizado   fully amortized loan.

empréstito con garantía   guaranteed loan.

empréstito con interés   loan with interest.

empréstito con pago único al final bullet loan.

empréstito con participación participation loan.

empréstito conforme   conforming loan.

empréstito consolidado   consolidated loan.

empréstito contingente   contingent loan.

empréstito convencional conventional loan.

empréstito convertible   convertible loan.

empréstito de acciones   stock loan.

empréstito de consolidación consolidation loan.

empréstito de construcción construction loan.

empréstito de consumo   consumer loan, consumption loan.

empréstito de corredor   broker loan.

empréstito de depósito   deposit loan.

empréstito de desarrollo development loan.

empréstito de día a día   day-to-day loan.

empréstito de diferencia   gap loan.

empréstito de dinero   monetary loan.

empréstito de interés fijo   fixed-rate loan.

empréstito de inversión   investment loan.

empréstito de pago único single-payment loan.

empréstito de pagos constantes constant-payment loan.

empréstito de pagos parejos level-payment loan.

empréstito de ratio alto   high-ratio loan.

empréstito de razón alta   high-ratio loan.

empréstito de reducción directa direct-reduction loan.

empréstito de renta perpetua perpetual loan.

empréstito de tasa ajustable adjustable-rate loan.

empréstito de tasa constante constant rate loan.

empréstito de tasa de interés fija fixed-rate loan.

empréstito de tasa flexible flexible-rate loan.

empréstito de tasa flotante floating-rate loan.

empréstito de tasa fluctuante fluctuating rate loan.

empréstito de tasa renegociable renegotiable-rate loan.

empréstito de tipo ajustable adjustable-rate loan.

empréstito de tipo constante constant rate loan.

empréstito de tipo de interés fijo fixed-rate loan.

empréstito de tipo flexible flexible-rate loan.

empréstito de tipo flotante floating-rate loan.

empréstito de tipo fluctuante fluctuating rate loan.

empréstito de tipo renegociable renegotiable-rate loan.

empréstito de uso   loan for use.

empréstito de valores   securities loan.

empréstito descontado   discounted loan.

empréstito diario   day loan.

empréstito directo   direct loan.

empréstito dudoso   doubtful loan.

empréstito en divisa   foreign currency loan.

empréstito en efectivo   cash loan.

empréstito en moneda extranjera foreign currency loan.

empréstito en que sólo se pagan intereses   interest-only loan.

empréstito estudiantil   student loan.

empréstito extranjero   foreign loan.

empréstito fiduciario   fiduciary loan.

empréstito forzado   forced loan.

empréstito forzoso   forced loan.

empréstito garantizado   guaranteed loan.

empréstito hipotecario   mortgage loan.

empréstito hipotecario ajustable adjustable mortgage loan.

empréstito hipotecario ajustable de pagos progresivos graduated-payment adjustable mortgage loan.

empréstito hipotecario amortizado amortized mortgage loan.

empréstito hipotecario asegurado insured mortgage loan.

empréstito hipotecario conforme conforming mortgage loan.

empréstito hipotecario garantizado guaranteed mortgage loan.

empréstito hipotecario no amortizado   unamortized mortgage loan.

empréstito hipotecario no asegurado   uninsured mortgage loan.

empréstito hipotecario preaprobado preapproved mortgage loan.

empréstito ilegal   unlawful loan.

empréstito improductivo nonproductive loan.

empréstito incobrable   uncollectible loan.

empréstito indirecto   indirect loan.

empréstito indizado   indexed loan.

empréstito interino   interim loan.

empréstito internacional international loan.

empréstito interno   internal loan.

empréstito libre de intereses interest-free loan.

empréstito local   local loan.

empréstito marítimo   maritime loan.

empréstito mercantil   commercial loan.

empréstito mínimo   floor loan.

empréstito no amortizado unamortized loan.

empréstito no asegurado   uninsured loan.

empréstito no hipotecario nonmortgage loan.

empréstito no pagado   unpaid loan.

empréstito pagadero a la demanda callable loan.

empréstito para adquisición acquisition loan.

empréstito para consumo   loan for consumption.

empréstito para edificación   building loan.

empréstito para gastos educativos education loan.

empréstito para mejoras al hogar home improvement loan.

empréstito para proyecto   project loan.

empréstito para viviendas   housing loan.

empréstito paralelo   parallel loan.

empréstito parcialmente amortizado   partially amortized loan.

empréstito personal   personal loan.

empréstito por un término determinado   time loan.

empréstito por un término fijo term loan.

empréstito preaprobado preapproved loan.

empréstito precario   precarious loan.

empréstito público   public loan.

empréstito puente   bridge loan.

empréstito quirografario   unsecured loan.

empréstito reestructurado restructured loan.

empréstito refinanciado   refinanced loan.

empréstito renegociado renegotiated loan.

empréstito renovable revolving loan.

empréstito rotatorio revolving loan.

empréstito simple loan for consumption.

empréstito sin amortización nonamortizing loan.

empréstito sin garantía unsecured loan.

empréstito sobre póliza policy loan.

empréstito subsidiado subsidized loan.

empréstito temporal temporary loan.

empréstito usurario usurious loan.

empréstito vinculado a un índice index-tied loan.

en atraso in arrears.

en blanco blank.

en común in common.

en consignación on consignment.

en cuotas in installments.

en descubierto overdrawn, uncovered.

en efectivo in cash.

en especie in kind.

en espera in abeyance.

en exceso in excess.

en fideicomiso in trust.

en huelga on strike.

en mora in arrears, delinquent.

en negociación in negotiation.

en nombre de on behalf of.

en perpetuidad in perpetuity.

en posesión in possession.

en quiebra in bankruptcy.

en serie serial.

en suspenso in abeyance.

en tránsito in transit.

en vigencia in force.

enajenación *f* alienation.

enajenador *m* alienor.

enajenante *m/f* alienor.

enajenar alienate, sell.

encadenamiento *f* connection, nexus.

encaje *m* cash reserve, reserve.

encaje bancario bank reserves.

encaje excedente excess reserves.

encaje legal legal reserve.

encante *m* auction.

encargado *m* representative, manager.

encargar entrust, order.

encargo *m* post, entrustment, assignment, order.

encomendero *m* agent.

encomienda postal parcel post.

encubierta *f* fraud, deceit.

encubiertamente clandestinely, fraudulently.

endeudado indebted.

endeudarse to become indebted.

endorsar endorse.

endorso *m* endorsement.

endosable endorsable.

endosado adj endorsed.

endosado *m* endorsee.

endosador *m* endorser, indorser.

endosante *m/f* endorser, indorser.

endosante de favor accommodation endorser.

endosante irregular irregular endorser.

endosante previo prior endorser.

endosante satisfactorio satisfactory endorser.

endosante subsiguiente subsequent endorser.

endosar endorse.

endosatario *m* endorsee.

endosatario para cobro endorsee for collection.

endose *m* endorsement, indorsement.

endoso *m* endorsement, indorsement.

endoso a la orden full endorsement.

endoso absoluto absolute endorsement.

endoso al cobro endorsement granting power of attorney.

endoso al orden del portador bearer endorsement.

endoso antedatado antedated endorsement.

endoso anterior prior endorsement.

endoso bancario bank endorsement.

endoso calificado qualified endorsement.

endoso completo full endorsement.

endoso condicional conditional endorsement, qualified endorsement.

endoso conjunto joint endorsement.

endoso de cobertura extendida extended coverage endorsement.

endoso de costos aumentados increased cost endorsement.

endoso de crimen global
, comprehensive crime endorsement.

endoso de favor accommodation endorsement.

endoso de regreso endorsement to a prior party.

endoso en blanco blank endorsement.

endoso en garantía endorsement pledging as collateral.

endoso en prenda endorsement pledging as collateral.

endoso en procuración endorsement granting power of attorney.

endoso en propiedad endorsement transferring title.

endoso especial special endorsement.

endoso falsificado forged endorsement.

endoso incondicional unconditional endorsement.

endoso irregular irregular endorsement.

endoso limitado qualified endorsement.

endoso para cobro endorsement for collection.

endoso pignoraticio endorsement pledging as collateral.

endoso pleno full endorsement.

endoso por acomodamiento accommodation endorsement.

endoso regular full endorsement.

endoso restrictivo restrictive endorsement.

endoso subsiguiente subsequent endorsement.

enfermedad de trabajo occupational disease.

enfermedad ocupacional occupational disease.

enfiteusis *f* emphyteusis.

enfiteuta *m/f* emphyteuta.

engañar deceive, defraud.

enganche de trabajadores contracting of laborers to work elsewhere.

engaño *m* deception, misunderstanding.

engañosamente deceptively, fraudulently.

engañoso misleading, fraudulent.

enmendable amendable, revisable, correctable.

enmendado amended.

enmendadura *f* amendment, revision, correction.

enmendar amend, revise, correct.

enmendatura *f* amendment, revision, correction.

enmienda *f* amendment, revision, correction.

enriquecimiento *m* enrichment.

enriquecimiento de trabajo job enrichment.

enriquecimiento injusto unjust enrichment.

enriquecimiento sin causa unjust enrichment.

ensamblaje final final assembly.

enseres chattels, fixtures.

entablar juicio hipotecario initiate a foreclosure.

entablar negociaciones begin negotiations.

entablar un protesto protest.

ente *m* entity.

enterar inform, pay, satisfy.

entero adj whole, honest.

entero *m* payment.

entidad *f* entity, agency, company, corporation.

entidad administradora management entity.

entidad administrativa management entity.

entidad afiliada affiliated entity.

entidad aliada allied entity.

entidad armadora shipping entity.

entidad aseguradora insurance company.

entidad asociada associated entity.

entidad bancaria bank, banking entity.

entidad capitalizadora entity for the capitalization of savings.

entidad caritativa charitable entity.

entidad comercial business entity.

entidad contable accounting entity.

entidad controlada controlled entity.

entidad controladora controlling entity.

entidad de banca hipotecaria mortgage banking entity.

entidad de capitalización entity for capitalization of savings.

entidad de comercio business entity.

entidad de contabilidad accounting entity.

entidad de control controlling entity.

entidad de crédito credit entity.

entidad de crédito comercial commercial credit entity.

entidad de derecho privado private corporation.

entidad de derecho público public company.

entidad de fideicomiso trust entity.

entidad de inversiones investment entity.

entidad de negocios business entity.

entidad de responsabilidad limitada limited liability entity.

entidad de seguros insurance entity.

entidad de servicio service entity.

entidad de transporte transport entity.

entidad diversificada diversified entity.

entidad económica economic entity.

entidad exenta exempt entity.

entidad fiduciaria trust entity.

entidad financiera finance entity.

entidad ilícita entity organized for illegal purposes.

entidad inactiva dormant entity.

entidad insolvente insolvent entity.

entidad internacional international entity.

entidad inversionista investment entity.

entidad legal legal entity.

entidad manufacturera manufacturing entity.

entidad multinacional multinational entity.

entidad nacional domestic entity.

entidad no afiliada unaffiliated entity.

entidad no pública nonpublic entity.

entidad porteadora common carrier.

entidad privada private entity.

entidad pública public entity.

entidad quebrada bankrupt entity.

entidad retenedora holding entity.

entidad sin fines de lucro non-profit entity.

entidad sindical labor union.

entidad sobreviviente surviving entity.

entidad social partnership.

entidad subsidiaria subsidiary entity.

entidad tenedora holding entity.

entrada *f* entry, down payment, deposit, cash receipts.

entrada a caja cash receipts.

entrada de capital capital inflow.

entrada mínima minimum down payment.

entradas income, revenue, entries.

entradas brutas gross revenue.

entradas de operación operating revenue.

entradas en caja cash receipts.

entradas netas net income.

entradas totales total receipts.

entrar en vigor take effect.

entre compañías intercompany.

entre industrias interindustry.

entrega *f* delivery, payment.

entrega, a la on delivery.

entrega condicional conditional delivery.

entrega corriente current delivery.

entrega demorada delayed delivery.

entrega diferida deferred delivery.

entrega efectiva actual delivery.

entrega especial special delivery.

entrega futura forward delivery.

entrega incondicional unconditional delivery.

entrega inmediata immediate delivery.

entrega material actual delivery.

entrega parcial partial delivery.

entrega real actual delivery.

entrega simbólica symbolic delivery.

entrega total total delivery.

entregable deliverable.

entregadero deliverable.

entregado delivered.

entregado en la frontera delivered at frontier.

entregador *m* deliverer.

entregamiento *m* delivery.

entregar deliver, pay.

entregar a mano hand deliver.

entregar mercancías deliver goods.

entrenamiento *m* training.

entrenamiento de empleo job training.

entrenamiento de trabajo job training.

entrenamiento vocacional vocational training.

entretener entertain.

entretenimiento *m* entertainment.

entrevista *f* interview.

entrevista de salida exit interview.

enumerado enumerated.

enumerar enumerate.

envase del consumidor consumer package.

enviar send, ship.

época de pago date due.

equidad contributiva tax equity.

equidad fiscal tax equity.

equidad impositiva tax equity.

equidad tributaria tax equity.

equilibrar el presupuesto balance the budget.

equilibrar un presupuesto balance a budget.

equilibrio *m* equilibrium.

equilibrio cooperativo cooperative equilibrium.

equilibrio de mercado market equilibrium.

equilibrio de oferta y demanda supply and demand equilibrium.

equilibrio económico economic equilibrium.

equilibrio en la balanza de pagos balance of payments equilibrium.

equilibrio general general equilibrium.

equipo *m* equipment.

equipo accesorio accessory equipment.

equipo de negocios business equipment.

equitativo equitable.

equivalencia *f* equivalence.

equivalencia de rendimiento yield equivalence.

equivalencia en efectivo cash equivalence.

equivalente equivalent.

equivalente contributivo tax equivalent.

equivalente de acciones comunes common stock equivalent.

equivalente de acciones ordinarias common stock equivalent.

equivalente de certidumbre certainty equivalent.

equivalente de precio de mercado market price equivalent.

equivalente de rendimiento yield equivalent.

equivalente en efectivo cash equivalent.

equivalente fiscal tax equivalent.

equivalente impositivo tax equivalent.

equivalente substancial de cosa patentizada substantial equivalent of patented device.

equivalente tributario tax equivalent.

equivocación bilateral bilateral mistake.

erario *m* public treasury.

erogación *f* distribution.

erogar distribute.

erosión *f* erosion.

erróneo erroneous.

error aparente apparent error.

error compensatorio offsetting error, compensating error.

error de contabilidad accounting error.

error de facturación billing error.

error de muestreo sampling error.

error en buena fe bona fide error.

error estándar standard error.

error inadvertido inadvertent error.

error sistemático systematic error.

escala *f* port of call, stopover, scale.

escala de cargos scale of charges.

escala de costes scale of costs.

escala de costos scale of costs.

escala de precios price scale.

escala de razón ratio scale.

escala de salarios salary scale.

escala de tasas rate scale.

escala fija flat scale.

escala invertida inverted scale.

escala nominal nominal scale.

escala progresiva progressive scale.

escala salarial pay scale.

escasez *f* scarcity.

escasez de inventario inventory shortage.

escasez de liquidez liquidity shortage.

escasez laboral labor shortage.

escritura *f* deed, contract, document, instrument, legal instrument.

escritura a título gratuito gratuitous deed.

escritura con garantía general general warranty deed.

escritura constitutiva articles of incorporation, articles of association.

escritura de cancelación document evidencing the cancellation of a debt.

escritura de cesión deed of assignment.

escritura de compraventa bill of sale, deed, act of sale.

escritura de concordato creditors' agreement with the bankrupt.

escritura de constitución articles of incorporation, articles of association.

escritura de constitución de hipoteca mortgage deed.

escritura de donación deed of gift.

escritura de emisión de bonos bond indenture.

escritura de enajenación deed.

escritura de fideicomiso trust indenture.

escritura de fundación articles of incorporation, articles of association.

escritura de hipoteca mortgage deed.

escritura de organización articles of incorporation, articles of association.

escritura de partición deed of partition.

escritura de pleno dominio deed in fee.

escritura de propiedad title deed.

escritura de reforma amendment.

escritura de satisfacción document evidencing the cancellation of a debt.

escritura de seguro insurance policy.

escritura de sociedad partnership agreement, articles of incorporation.

escritura de traspaso deed of assignment, deed.

escritura de venta bill of sale, deed.

escritura fiduciaria trust deed.

escritura hipotecaria mortgage deed.

escritura maestra master deed.

escritura sin registrar unrecorded deed.

escritura social partnership agreement, articles of incorporation.

escritura suplementaria supplemental deed.

escritura traslativa de dominio deed.

esencial essential.

esencialmente essentially.

especialista *m/f* specialist.

especialización *f* specialization.

especialización horizontal horizontal specialization.

especializado specialized.

especie, en in kind.

especificación *f* specification.

especificación de empleo job specification.

especificación de trabajo job specification.

especificado specified.

especulación *f* speculation.

especulador *m* speculator.

especular speculate.

especulativo speculative.

espera *f* stay, term, grace period, wait.

espera, en in abeyance.

esperado expected.

esperanza de vida life expectancy.

espionaje *m* espionage.

espionaje industrial industrial espionage.

espiral inflacionario inflationary spiral.

esquirol *m* scab.

estabilidad *f* stability.

estabilidad absoluta permanent job security.

estabilidad de precios price stability.

estabilidad económica economic stability.

estabilidad en el empleo job security.

estabilidad relativa temporary job security.

estabilización *f* stabilization.

estabilización de cambio exchange stabilization.

estabilización de mercado market stabilization.

estabilización de precios price stabilization.

estabilización económica economic stabilization.

estabilización salarial wage stabilization.

estabilizado stabilized.

estabilizar stabilize.

estabilizar precios stabilize prices.

establecer establish.

establecer impuestos impose taxes.

establecimiento *m* establishment, resolution, statute, plant.

establecimiento comercial commercial establishment.

establecimiento mercantil mercantile establishment.

estación aduanera customs station.

estadía *f* stay, time in port beyond the necessary.

estadística *f* statistics.

estadística actuarial actuarial statistics.

estadística bayesiana Bayesian statistics.

estadística descriptiva descriptive statistics.

estadística inferencial inferential statistics.

estadística no paramétrica nonparametric statistics.

estadísticas del año calendario calendar-year statistics.

estadísticas laborales labor statistics.

estadístico statistical.

estado *m* state, condition, statement, report.

estado anual annual statement.

estado bancario bank statement.

estado basado en flujo de fondos cash-flow statement.

estado certificado certified statement.

estado combinado combined statement.

estado comparativo comparative statement.

estado con fines contributivos tax statement.

estado condensado condensed statement.

estado consolidado consolidated statement.

estado contabilístico balance sheet.

estado de caja cash statement.

estado de cámara de compensación clearinghouse statement.

estado de casa de liquidación clearinghouse statement.

estado de concurso state of bankruptcy.

estado de contabilidad balance sheet.

estado de continuación continuation statement.

estado de cuenta statement, account status.

estado de ganancias y pérdidas profit and loss statement.

estado de ingresos earnings statement, income statement.

estado de ingresos retenidos statement of retained earnings.

estado de liquidación liquidation statement.

estado de posición financiera statement of financial condition.

estado de producción production statement.

estado de quiebra state of bankruptcy.

estado de reconciliación reconciliation statement.

estado de situación general balance sheet.

estado de superávit surplus statement.

estado de tenedor de tarjeta cardholder statement.

estado del cierre closing statement.

estado descriptivo descriptive statement.

estado diario daily statement.

estado exento exempt status.

estado falsificado falsified statement.

estado financiero financial statement.

estado financiero anual annual financial statement.

estado financiero certificado certified financial statement.

estado financiero combinado combined financial statement.

estado financiero comparativo comparative financial statement.

estado financiero condensado condensed financial statement.

estado financiero consolidado consolidated financial statement.

estado financiero de conglomerado conglomerate financial statement.

estado financiero grupal group financial statement.

estado financiero no consolidado unconsolidated financial statement.

estado financiero personal personal financial statement.

estado financiero proyectado projected financial statement.

estado interino interim statement.

estado mensual monthly statement.

estado no consolidado unconsolidated statement.

estado periódico periodic statement.

estado pro forma pro forma statement.

estado suplementario supplemental statement.

estado trimestral quarterly statement.

estampilla f stamp, rubber stamp.

estampilla fiscal revenue stamp.

estanco m monopoly, state monopoly.

estandarización f standardization.

estandarizado standardized.

estandarizar standardize.

estanflación f stagflation.

estanquero m retailer of goods under state monopoly.

estático static.

estatutario statutory.

estatuto m statute, by-law, ordinance, charter.

estatutos de sociedades by-laws.

estelionato m stellionate.

estimación f estimation, estimate, appraisal.

estimación de coste cost estimate.

estimación de costo cost estimate.

estimación de gastos estimate of expenses.

estimación de valor final final value estimate.

estimación del valor estimate of value.

estimación presupuestario budget estimate.

estimación suplementario supplemental estimate.

estimado m estimate.

estimado de coste cost estimate.

estimado de costo cost estimate.

estimado de gastos estimate of expenses.

estimado de valor final final value estimate.

estimado del valor estimate of value.

estimado presupuestario budget estimate.

estimado suplementario supplemental estimate.

estimar estimate, appraise.

estimatoria f action by the buyer against the seller to obtain a reduction in price due to defects.

estimular stimulate.

estimular la economía stimulate the economy.

estímulo m stimulation.

estipendio m stipend, compensation.

estipulación f stipulation, specification, agreement, covenant.

estipulación condicionada conditional stipulation.

estipulación de control de costos cost-containment provision.

estipulación de póliza policy stipulation.

estipulación incondicional absolute covenant.

estipulaciones estatutarias statutory provisions.

estipulaciones generales general provisions.

estipulado stipulated.

estipulante adj stipulating.

estipulante m/f stipulator.

estipular stipulate, specify, agree.

estocástico stochastic.

estorbo atractivo attractive nuisance.

estraperlo m black market.

estrategia competitiva competitive strategy.

estrategia de comprar y retener buy and hold strategy.

estrategia de diferenciación differentiation strategy.

estrategia de inversiones investment strategy.

estrategia de marca brand strategy.

estrategia de mercado market strategy.

estratificación de pérdidas stratification of losses.

estrés de trabajo job stress.

estructura f structure.

estructura capital capital structure.

estructura cerrada closed structure.

estructura contributiva tax structure.

estructura corporativa corporate structure.

estructura de capital capital structure.
estructura de capital compleja complex capital structure.
estructura de capital simple simple capital structure.
estructura de compañía company structure.
estructura de control control structure.
estructura de mercado market structure.
estructura de organización organization structure.
estructura de precios price structure.
estructura económica economic structure.
estructura financiera financial structure.
estructura fiscal tax structure.
estructura histórica historical structure.
estructura impositiva tax structure.
estructura organizativa organizational structure.
estructura salarial wage structure.
estructura tributaria tax structure.
estudio de caso case study.
estudio de comercialibidad marketability study.
estudio de mercado market study.
estudio de título title search.
etapa *f* stage.
etapa de carrera career stage.
etapa de crecimiento growth stage.
etapa de madurez maturity stage.
ética *f* ethics.
ética de los negocios business ethics.
ética en los negocios business ethics.
ética profesional professional ethics.
éticamente ethically.
ético ethical.
etiqueta en los negocios business etiquette.
eurobanca *f* Eurobanking.
eurocheque *m* Eurocheck.
eurocrédito *m* Eurocredit.
eurodivisa *f* Eurocurrency.
eurodólares *m* Eurodollars.
evacuar un informe make a report.
evacuar un negocio liquidate a business.
evadir evade.

evadir impuestos evade taxes.
evaluación *f* evaluation, assessment.
evaluación actuarial actuarial evaluation.
evaluación de calidad quality assessment.
evaluación de proyecto project evaluation.
evaluación de rendimiento performance evaluation.
evaluación de trabajo job evaluation.
evaluación del control interno evaluation of internal control.
evaluación del riesgo del país country risk assessment.
evaluación tecnológica technological assessment.
evaluador *m* evaluator.
evaluar evaluate.
evasión *f* evasion.
evasión contributiva tax evasion.
evasión de contribuciones tax evasion.
evasión de impuestos tax evasion.
evasión de responsabilidad evasion of liability.
evasión del impuesto tax evasion.
evasión fiscal tax evasion.
evasión impositiva tax evasion.
evasión tributaria tax evasion.
evasor *m* evader.
evento *m* event.
evento fortuito fortuitous event.
evento subsiguiente subsequent event.
eventos independientes independent events.
evicción *f* eviction, dispossession.
evicción como represalia retaliatory eviction.
evicción efectiva actual eviction.
evidencia de cancelación cancellation evidence.
evidente evident.
evitable avoidable.
evitación *f* avoidance.
evitación de impuestos avoidance of taxes.
evitación de pérdidas loss avoidance.
exacción *f* exaction, levy.
exacción ilegal illegal exaction.
exactor *m* tax collector.

examinación *f* examination.
examinación de acatamiento compliance examination.
examinación de auditoría audit examination.
examinación de banco bank examination.
examinación de bancos nacionales national bank examination.
examinación general general examination.
examinador *m* examiner.
examinador bancario bank examiner.
examinador de bancos bank examiner.
examinador de bancos nacionales national bank examiner.
examinador de seguros insurance examiner.
examinar cuentas audit.
excedente *m* excess, surplus.
excedente acumulado accumulated surplus.
excedente capitalizado capitalized surplus.
excedente comercial trade surplus.
excedente contribuido contributed surplus.
excedente corporativo corporate surplus.
excedente de capital capital surplus.
excedente de contingencia contingency surplus.
excedente de explotación operating surplus.
excedente de exportación export surplus.
excedente de inversión investment surplus.
excedente de la balanza trade surplus.
excedente de operación operating surplus, earned surplus.
excedente de pagos payments surplus.
excedente de recapitalización recapitalization surplus.
excedente disponible available surplus.
excedente divisible divisible surplus.
excedente donado donated surplus.
excedente exterior external surplus.
excedente externo external surplus.
excedente ganado earned surplus.

excedente neto net surplus.
excedente pagado paid-in surplus.
excedente restringido restricted surplus.
exceder exceed.
excepción *f* exception.
excepcional exceptional.
excesivamente excessively.
excesivo excessive.
exceso *m* excess, overage.
exceso de capacidad excess capacity.
exceso de deducciones excess deductions.
exceso de demanda excess demand.
exceso de liquidez excess liquidity.
exceso de oferta excess supply.
exceso de pérdida excess loss.
exceso de seguro overinsurance.
exceso de siniestralidad excess loss.
exceso, en in excess.
excluido excluded.
excluir exclude.
exclusión *f* exclusion.
exclusión contributiva tax exclusion.
exclusión de ingresos income exclusion.
exclusión fiscal tax exclusion.
exclusión impositiva tax exclusion.
exclusión por contaminación pollution exclusion.
exclusión por dividendos dividend exclusion.
exclusión por falla de producto product failure exclusion.
exclusión por vicios inherentes inherent vice exclusion.
exclusión tributaria tax exclusion.
exclusiones de la póliza exclusions of policy.
exclusividad *f* exclusivity.
exclusividad laboral exclusive employment.
exclusivista monopolistic.
exclusivo exclusive.
exención *f* exemption, immunity.
exención absoluta absolute exemption.
exención arancelaria exemption from customs duties.
exención contributiva tax exemption.
exención de responsabilidad exemption from liability.

exención fiscal tax exemption.
exención impositiva tax exemption.
exención personal personal exemption.
exención por dependencia dependency exemption.
exención por personas a cargo exemption for dependents.
exención tributaria tax exemption.
exencionar exempt.
exentar exempt.
exento *m* exempt, immune.
exento de contribuciones tax exempt.
exento de derechos duty-free.
exento de impuestos tax exempt.
exhibición íntegra full payment.
exigencia *f* exigency, demand, requirement.
exigible exigible, demandable, due.
exigir demand, charge, levy.
eximente exempting.
eximir exempt.
eximir de derechos exempt from duties.
existencias inventory.
existencias base base stock.
existencias reales actual stock.
exoneración *f* exoneration, exemption, release.
exonerar exonerate, exempt, release.
exonerar de impuestos exempt from taxes.
exonerar de responsabilidad release from liability.
exorbitante exorbitant.
expansión *f* expansion.
expansión de crédito credit expansion.
expansión de depósitos deposit expansion.
expansión diagonal diagonal expansion.
expansión económica economic expansion.
expansión horizontal horizontal expansion.
expansión industrial industrial expansion.
expansión interna internal expansion.
expectativa *f* expectation.

expectativa de pérdida expectation of loss.
expectativa de vida expectancy of life.
expectativas de precios price expectations.
expedición *f* expedition, remittance, shipment, issuance.
expedición de aduana customhouse clearance.
expedido sent, issued.
expedidor *m* shipper, drawer.
expediente *f* file.
expediente de apremio proceeding for collection.
expediente de construcción file pertaining to a request for a building permit.
expedir ship, send, issue.
expedir un cheque issue a check.
expedir una factura make out a bill.
expedir una patente issue a patent.
expedito y claro free and clear.
expendedor *m* dealer, vendor.
expender expend, sell, circulate counterfeit money.
expendición de moneda falsa circulation of counterfeit money.
expensas costs.
experiencia *f* experience.
experiencia del año calendario calendar-year experience.
expiración de póliza policy expiration.
expirado expired.
expirar expire.
explícitamente explicitly.
explícito explicit.
exploración por máquina machine scanning.
explotación *f* exploitation, use, operation.
explotación de una patente use of a patent.
explotar exploit, use.
expoliación *f* violent dispossession.
exportación *f* exportation.
exportación directa direct exporting.
exportación indirecta indirect export.
exportación paralela parallel exporting.
exportación temporal temporary exportation.

exportaciones de capital capital exports.

exportaciones nacionales national exports.

exportaciones netas net exports.

exportaciones paralelas parallel exports.

exportaciones totales aggregate exports.

exportador *m* exporter.

exportadores cooperativos cooperative exporters.

exportar *m* export.

exposición *f* exposure.

exposición a pérdida loss exposure.

exposición a riesgo homogénea homogeneous exposure.

exposición económica economic exposure.

expreso aéreo air express.

expropiación *f* expropriation.

expulsar expel.

extender extend.

extender el plazo extend the term.

extender las actas write up the minutes.

extender los asientos make the entries.

extender un cheque draw a check.

extender un contrato prepare a contract.

extender una patente issue a patent.

extensión *f* extension, scope, length.

extensión de línea line extension.

extensión de marca brand extension.

extensión del plazo extension of the term.

extensión retroactiva retroactive extension.

extinción extinguishment, termination, liquidation, paying off.

extinción de deudas extinguishment of debts.

extinción de los contratos termination of contracts.

extinción temprana de deuda early extinguishment of debt.

extinguir *m* extinguish, terminate, pay off.

extinguirse expire, lapse.

extorno *m* refund, drawback.

extorsión *f* extortion.

extracontable not in the books.

extracontractual not in the contract.

extracto *m* excerpt, statement, summary.

extracto de balance condensed balance sheet.

extracto de cuenta statement of account.

extraoficial unofficial, off-the-record.

extraordinario extraordinary.

extrapolación *f* extrapolation.

fábrica *f* factory.

fabricación *f* fabrication.

fabricado fabricated, manufactured.

fabricante *m/f* manufacturer.

facilidades facilities.

facilidades de crédito credit facilities.

facilitar facilitate, furnish.

facsímil *m* facsimile.

factible feasible.

factor *m* factor, agent.

factor de actividad activity factor.

factor de acumulación accumulation factor.

factor de ajuste de divisa currency adjustment factor.

factor de capacidad capacity factor.

factor de carga load factor.

factor de conversión conversion factor.

factor de coste cost factor.

factor de costo cost factor.

factor de descuento discount factor.

factor de diversidad diversity factor.

factor de inflación inflation factor.

factor de producción factor of production.

factor de productividad productivity factor.

factor de riesgo risk factor.

factor de seguridad safety factor.

factor de utilización utilization factor.

factor de valor actual present value factor.

factor de valoración valuation factor.

factor de valuación valuation factor.

factor de verificación verification factor.

factor determinante determining factor.

factor limitante limiting factor.

factor negativo negative factor.

factor reversionario reversionary factor.

factoraje *m* factorage, agency.

factores cíclicos cyclical factors.

factores cualitativos qualitative factors.

factores cuantitativos quantitative factors.

factores de costes cost factors.

factores de costos cost factors.

factores de proyección projection factors.

factores fijos fixed factors.

factores humanos human factors.

factores incontrolables uncontrollable factors.

factoría *f* factorage, factory, agency.

factura *f* invoice, bill.

factura anticipada advance bill.

factura comercial commercial invoice.

factura común invoice.

factura corregida corrected invoice.

factura de aduana customs invoice.

factura de compra purchase invoice.

factura de consignación consignment invoice.

factura de venta sales invoice, bill of sale.

factura detallada itemized invoice.

factura en cuadruplicado quadruplicate invoice.

factura en quintuplicado quintuplicate invoice.

factura final final invoice.

factura no pagada unpaid invoice.

factura original original invoice.

factura provisional provisional invoice.

facturación *f* billing.

facturación descriptiva descriptive billing.

facturación diferida deferred billing.

facturación por ciclos cycle billing..

facturación progresiva progressive billing.

facturación separada separate billing.

facturado billed.

facturador *m* biller.

facturar invoice, bill.

facturero *m* invoice book.

facultades implícitas del agente agent's implied authority.

facultar empower, authorize.

facultativo facultative, optional, concerning a power.

falencia *f* deceit, bankruptcy.

falla *f* fault, failure, defect.

falla de causa failure of consideration.

falla de mercado market failure.

falla en caja cash shortage.

fallido adj bankrupt, frustrated.

fallido *m* bankrupt.

fallido culpable bankrupt due to negligence.

fallido fraudulento fraudulent bankrupt.

fallido rehabilitado discharged bankrupt.

fallir fail.

falsa representación false representation.

falsamente falsely.

falsedad *f* falsehood, misrepresentation.

falsificación *f* forgery, falsification.

falsificación comercial commercial counterfeiting.

falsificación de cheques check forgery.

falsificación de documentos forgery.

falsificación de libros falsification of books.

falsificación de moneda counterfeiting.

falsificado forged, falsified.

falsificador *m* forger, falsifier.

falsificador de moneda counterfeiter.

falsificar forge, falsify.

falso false, counterfeit.

falso flete dead freight.

falso y fraudulento false and fraudulent.

falta de aceptación nonacceptance.

falta de asistencia absenteeism.

falta de causa want of consideration.

falta de competencia lack of competition.

falta de contraprestación want of consideration.

falta de cumplimiento failure of consideration, nonperformance, noncompliance, nonfeasance.

falta de ejecución failure of consideration, nonperformance, noncompliance, nonfeasance.

falta de entrega nondelivery.

falta de pago nonpayment, dishonor.

falta de trabajo unemployment.

falta de uso nonuse.

faltante de efectivo cash shortage.

faltar fail, default, breach, to be short.

faltista habitually defaulting.

familia de fondos mutuos family of funds.

familia de marcas family of brands.

familia inmediata immediate family.

fatiga laboral industrial fatigue.

favor *m* favor, accommodation.

favor de, a in favor of.

favorable favorable.

favorecedor *m* indorser of an accommodation bill, client.

favorecido adj favored.

favorecido *m* maker of an accommodation bill.

favoritismo *m* favoritism.

fecha cierta date certain.

fecha de aceptación acceptance date.

fecha de acumulación accrual date.

fecha de adquisición acquisition date.

fecha de anuncio announcement date.

fecha de apertura opening date.

fecha de asiento posting date.

fecha de caducidad expiration date.

fecha de cierre closing date.

fecha de corte cut-off date.

fecha de declaración declaration date.

fecha de depósito deposit date.

fecha de desembolso payout date.

fecha de disponibilidad availability date.

fecha de distribución distribution date.

fecha de efectividad effective date.

fecha de elegibilidad eligibility date.

fecha de embarque shipping date.

fecha de emisión date of issue.

fecha de endoso endorsement date.

fecha de entrada posting date.

fecha de entrega delivery date.

fecha de expiración expiration date.

fecha de expiración de contrato contract expiration date.

fecha de expiración de póliza policy expiration date.

fecha de factura invoice date.

fecha de facturación billing date.

fecha de letra draft date.

fecha de ofrecimiento offering date.

fecha de pago payment date.

fecha de pago de dividendo payment date of dividend.

fecha de póliza policy date.

fecha de publicación publication date.

fecha de radicación filing date.

fecha de redención call date.

fecha de registro record date.

fecha de tasación appraisal date.

fecha de terminación termination date.

fecha de terminación de plan termination date of plan.

fecha de transacción transaction date.

fecha de valor effective date.

fecha de vencimiento expiration date, due date, deadline, maturity date.

fecha de vigencia effective date.

fecha efectiva effective date.

fecha límite final date.

fecha opcional optional date.

fechado dated.

fechar date.

fecho executed, issued.

federal federal.

feria comercial trade fair.

feriado *m* holiday.

feriado nacional national holiday.

fiado purchased on credit.

fiador *m* surety, bailor, guarantor.

fiador mancomunado co-surety.

fiador solidario joint and several surety.

fianza *f* bond, guaranty, bail.

fianza de aduana customs bond.

fianza de almacén warehouse bond.

fianza de averías average bond.

fianza de caución surety bond.

fianza de contratista contract bond.

fianza de cumplimiento performance bond.

fianza de depósito warehouse bond.

fianza de desembarque landing bond.
fianza de embargo attachment bond.
fianza de empresa porteadora
carrier's bond.
fianza de exportación export bond.
fianza de fidelidad fidelity bond.
fianza de garantía surety bond.
fianza de licencia license bond.
fianza de licitador bid bond.
fianza de oferta bid bond.
fianza de pago payment bond.
fianza de postura bid bond.
fianza de propiedad title bond.
fianza de seguridad surety bond.
fianza de título title bond.
fianza en avería gruesa general
average bond.
fianza estatutaria statutory bond.
fianza hipotecaria mortgage.
fianza mercantil performance bond.
fianza pignoraticia pledge.
fianza prendaria pledge.
fiar grant credit, bond for, guarantee.
fichero *m* file.
fichero activo active file.
fichero confidencial confidential file.
fichero de crédito credit file.
fichero de información del cliente
customer-information file.
**fichero maestro de tenedores de
tarjeta** cardholder master file.
fichero negativo negative file.
fichero permanente permanent file.
fichero temporal temporary file.
fideicomisario *m* trustee, beneficiary of
a trust, legal representative of debenture
holders.
fideicomisario en la quiebra trustee
in bankruptcy.
fideicomisario público public trustee.
fideicomiso *m* trust.
fideicomiso activo active trust.
fideicomiso caritativo charitable
trust.
fideicomiso comercial business trust.
fideicomiso complejo complex trust.
fideicomiso condicional contingent
trust.
fideicomiso conservatorio
testamentary trust.
fideicomiso constructivo
constructive trust.

fideicomiso de acumulación
accumulation trust.
fideicomiso de beneficencia
charitable trust.
fideicomiso de fondos depositados
funded trust.
fideicomiso de pensiones pension
trust.
fideicomiso de seguro de vida life
insurance trust.
fideicomiso de sociedad anónima
corporate trust.
fideicomiso de tierras land trust.
fideicomiso definido express trust.
fideicomiso directivo directory trust.
fideicomiso directo direct trust.
fideicomiso discrecional
discretionary trust.
fideicomiso, en in trust.
fideicomiso especial special trust.
fideicomiso expreso express trust.
fideicomiso familiar testamentary
trust.
fideicomiso fijo fixed trust.
fideicomiso formalizado executed
trust.
fideicomiso forzoso constructive trust.
fideicomiso imperfecto imperfect
trust.
fideicomiso implícito implied trust.
fideicomiso impuesto constructive
trust.
fideicomiso indestructible
indestructible trust.
fideicomiso involuntario involuntary
trust.
fideicomiso irrevocable irrevocable
trust.
fideicomiso limitado limited trust.
fideicomiso matrimonial marital
trust.
fideicomiso múltiple multiple trust.
fideicomiso nominal nominal trust.
fideicomiso para votación voting
trust.
fideicomiso particular private trust.
fideicomiso pasivo passive trust.
fideicomiso perfecto perfect trust.
fideicomiso perpetuo perpetual trust.
fideicomiso personal personal trust.
fideicomiso por formalizar
executory trust.

fideicomiso presunto presumptive trust.

fideicomiso privado private trust.

fideicomiso público public trust.

fideicomiso puro simple trust.

fideicomiso revocable revocable trust.

fideicomiso secreto secret trust.

fideicomiso sencillo simple trust.

fideicomiso simple simple trust.

fideicomiso sin depósito de fondos unfunded trust.

fideicomiso sucesivo testamentary trust.

fideicomiso testamentario testamentary trust.

fideicomiso universal trust encompassing an entire estate.

fideicomiso voluntario voluntary trust.

fideicomisor *m* trustee.

fideicomisos recíprocos reciprocal trusts.

fideicomitente *m/f* trustor.

fidelidad *f* fidelity.

fiduciante *m/f* trustor.

fiduciario adj fiduciary.

fiduciario *m* trustee.

fiduciario condicional contingent trustee.

fiduciario corporativo corporate trustee.

fiduciario interino acting trustee.

fiduciario judicial judicial trustee.

fiduciario testamentario testamentary trustee.

fiel cumplimiento faithful performance.

fieldad *f* surety, guaranty.

fijación de precios price-fixing.

fijación de tasa rate lock.

fijación de tasas rate setting.

fijación de tipo rate lock.

fijación de tipos rate setting.

fijación del precio de oro gold fixing.

fijar determine, fix.

fijar precios fix prices.

fijar un precio fix a price.

fijo fixed.

fin de año end of year.

fin de mes end of month.

fin de trimestre end of quarter.

final final.

finalidad de pago finality of payment.

financiación *f* financing.

financiación a corto plazo short-term financing.

financiación a interés fijo fixed-rate financing.

financiación a largo plazo long-term financing.

financiación a medio plazo medium-term financing.

financiación a tasa de interés fija fixed-rate financing.

financiación a tasa de interés variable variable-rate financing.

financiación a tasa fija fixed-rate financing.

financiación a tipo de interés fijo fixed-rate financing.

financiación a tipo de interés variable variable-rate financing.

financiación a tipo fijo fixed-rate financing.

financiación basada en inventario inventory financing.

financiación combinada combined financing.

financiación comercial commercial financing.

financiación compensatoria compensatory financing.

financiación conjunta joint financing.

financiación creativa creative financing.

financiación de arrendamientos lease financing.

financiación de bienes inmuebles real estate financing.

financiación de bienes raíces real estate financing.

financiación de inversiones investment financing.

financiación de plan de pensiones pension plan funding.

financiación de riesgos risk financing.

financiación directa direct financing.

financiación hipotecaria mortgage financing.

financiación innovadora creative financing.

financiación interina interim financing.

financiación interna internal financing.

financiación mediante acciones
stock financing.

financiación mediante déficit deficit
financing.

financiación mediante deuda debt
financing.

financiación mixta mixed financing.

financiación paralela parallel
financing.

financiación permanente permanent
financing.

financiación por el dueño owner
financing.

financiación por vendedor seller
financing.

financiación puente bridge financing.

financiación retroactiva retroactive
financing.

financiación secundaria secondary
financing.

financiación suplementaria
supplemental financing.

financiación temporal temporary
financing.

financiado financed.

financiamiento *m* financing.

financiamiento a corto plazo
short-term financing.

financiamiento a interés fijo
fixed-rate financing.

financiamiento a largo plazo
long-term financing.

financiamiento a medio plazo
medium-term financing.

financiamiento a tasa de interés fija
fixed-rate financing.

**financiamiento a tasa de interés
variable** variable-rate financing.

financiamiento a tasa fija fixed-rate
financing.

financiamiento a tipo de interés fijo
fixed-rate financing.

**financiamiento a tipo de interés
variable** variable-rate financing.

financiamiento a tipo fijo fixed-rate
financing.

**financiamiento basado en
inventario** inventory financing.

financiamiento combinado
combined financing.

financiamiento comercial
commercial financing.

financiamiento compensatorio
compensatory financing.

financiamiento conjunto joint
financing.

financiamiento creativo creative
financing.

financiamiento de arrendamientos
lease financing.

financiamiento de bienes inmuebles
real estate financing.

financiamiento de bienes raíces
real estate financing.

financiamiento de inversiones
investment financing.

**financiamiento de plan de
pensiones** pension plan funding.

financiamiento de riesgos risk
financing.

financiamiento directo direct
financing.

financiamiento hipotecario
mortgage financing.

financiamiento innovador creative
financing.

financiamiento interino interim
financing.

financiamiento interno internal
financing.

financiamiento mediante acciones
stock financing.

financiamiento mediante déficit
deficit financing.

financiamiento mediante deuda
debt financing.

financiamiento mixto mixed
financing.

financiamiento paralelo parallel
financing.

financiamiento permanente
permanent financing.

financiamiento por el dueño owner
financing.

financiamiento por vendedor seller
financing.

financiamiento puente bridge
financing.

financiamiento retroactivo
retroactive financing.

financiamiento secundario
secondary financing.

financiamiento suplementario
supplemental financing.

financiamiento temporal temporary financing.

financiar finance.

financiera *f* finance company.

financiero adj financial.

financiero *m* financier.

finanzas *f* finance, finances.

finanzas públicas public finances.

finca *f* plot, farm, real estate.

finca colindante adjoining property.

finca raíz real estate.

finca rústica rural property.

finca urbana urban property.

fincar purchase real estate.

fines caritativos charitable purpose.

fines de contabilidad accounting purposes.

finiquitar extinguish, close an account.

finiquito *m* extinction, release, closing of an account, quitclaim.

firma *f* signature, firm, company, company name.

firma autorizada authorized signature.

firma comercial company, company name.

firma corresponsal correspondent firm.

firma de corretaje brokerage firm.

firma de favor accommodation endorsement.

firma falsificada falsified signature.

firma miembro member firm.

firma obligante binding signature.

firma social company signature, company name.

firmador de cheques check signer.

firmante *m/f* signer, maker of a document.

firmante conjunto cosigner.

firmante por acomodación accommodation maker.

firmar sign, execute.

firme final, firm.

fiscal fiscal, financial.

fiscal de cuentas auditor.

fiscalista fiscal.

fisco *m* fisc.

fisco municipal municipal treasury, municipal government.

fletador *m* charterer.

fletamento *m* charter party, affreightment.

fletamento a plazo time charter.

fletamento con operación por cuenta del arrendador gross charter.

fletamento con operación por cuenta del arrendatario net charter.

fletamento por tiempo time charter.

fletamento por viaje trip charter.

fletamento por viaje redondo voyage charter.

fletamiento *m* charter party, affreightment.

fletante *m* charterer, owner of a means of transport for hire.

fletar charter, freight, hire.

flete *m* freight.

flete adicional additional freight.

flete base base freight.

flete bruto gross freight.

flete en exceso excess freight.

flete eventual freight contingency.

flete marítimo ocean freight.

flete neto net freight.

fletear charter, freight, hire.

fletero *m* freighter, freight carrier.

flexibilidad de precios price flexibility.

flota *f* fleet.

flotante floating.

flotar un empréstito float a loan.

fluctuación *f* fluctuation.

fluctuación económica economic fluctuation.

fluctuaciones cíclicas cyclical fluctuations.

fluctuaciones de mercado market fluctuations.

fluctuaciones de precios price fluctuations.

fluctuaciones estacionales seasonal fluctuations.

fluctuante fluctuating.

flujo bilateral bilateral flow.

flujo de caja cash flow.

flujo de capital capital flow.

flujo de consumo consumption flow.

flujo de costes flow of costs.

flujo de costos flow of costs.

flujo de efectivo cash flow.

flujo de fondos cash flow, flow of funds.

flujo de fondos antes de impuestos before-tax cash flow.

flujo de fondos bruto gross cash flow.

flujo de fondos en exceso excess cash flow.

flujo de fondos incremental incremental cash flow.

flujo de fondos negativo negative cash flow.

flujo de fondos neto net cash flow.

flujo de fondos positivo positive cash flow.

flujo de fondos uniforme uniform cash flow.

flujo del trabajo flow of work.

flujo financiero financial flow.

flujo monetario monetary flow.

flujo unilateral unilateral flow.

folio *m* folio.

folleto informativo brochure.

fomentador *m* promoter, developer.

fomentar promote, develop.

fomento *m* development, promotion.

fondo *m* fund.

fondo acumulativo sinking fund.

fondo amortizante sinking fund.

fondo central central fund.

fondo común general fund.

fondo común de inversión mutual fund.

fondo consolidado consolidated fund.

fondo de acciones comunes common stock fund.

fondo de acciones ordinarias common stock fund.

fondo de amortización amortization fund, sinking fund.

fondo de amortización de bonos bond sinking fund.

fondo de anualidad annuity fund.

fondo de bonos bond fund.

fondo de bonos municipales municipal bond fund.

fondo de comercio combined tangible and intangible assets of a business establishment.

fondo de contingencia contingency fund.

fondo de depreciación depreciation fund.

fondo de doble propósito dual purpose fund.

fondo de estabilización stabilization fund.

fondo de fideicomiso trust fund.

fondo de garantía guaranty fund.

fondo de gastos finales final expense fund.

fondo de igualación equalization fund.

fondo de ingresos corporativos corporate income fund.

fondo de insolvencia insolvency fund.

fondo de inversión mutual fund.

fondo de inversión a base de índice index mutual fund.

fondo de inversión a corto plazo short-term investment fund.

fondo de inversión a largo plazo long-term investment fund.

fondo de inversión con comisión load fund.

fondo de inversión con comisión baja low-load fund.

fondo de inversión de acciones limitadas closed-end mutual fund.

fondo de inversión de bonos bond mutual fund.

fondo de inversión de doble propósito dual purpose mutual fund.

fondo de inversión de sector sector fund.

fondo de inversión del mercado monetario money market fund.

fondo de inversión equilibrado balanced mutual fund.

fondo de inversión especializado specialized mutual fund.

fondo de inversión mezclado commingled investment fund.

fondo de inversión sin comisión no-load fund.

fondo de inversiones investment fund.

fondo de inversiones colectivo collective investment fund.

fondo de pérdidas central central loss fund.

fondo de previsión reserve fund, pension fund.

fondo de protección hedge fund.

fondo de reserva reserve fund.

fondo de retiro retirement fund.

fondo de servicio de la deuda debt service fund.

fondo discrecional discretionary fund.
fondo equilibrado balanced fund.
fondo especial special fund.
fondo estatal state fund.
fondo fiduciario irrevocable irrevocable trust fund.
fondo fijo fixed fund.
fondo garantizado por banco bank-guaranteed fund.
fondo general general fund.
fondo gubernamental government fund.
fondo jubilatorio pension fund.
fondo mutualista mutual fund.
fondo mutuo mutual fund.
fondo mutuo a base de índice index mutual fund.
fondo mutuo con comisión load fund.
fondo mutuo con comisión baja low-load fund.
fondo mutuo de acciones limitadas closed-end mutual fund.
fondo mutuo de bonos bond mutual fund.
fondo mutuo de doble propósito dual purpose mutual fund.
fondo mutuo de sector sector fund.
fondo mutuo equilibrado balanced mutual fund.
fondo mutuo especializado specialized mutual fund.
fondo mutuo sin comisión no-load fund.
fondo no asegurado noninsured fund.
fondo para emergencias emergency fund.
fondo para gastos expense fund.
fondo para la educación educational fund.
fondo para préstamos loan fund.
fondo renovable revolving fund.
fondo reservado reserved fund.
fondo restringido restricted fund.
fondo rotatorio revolving fund.
fondo social capital stock, partnership's capital.
fondos funds.
fondos administrados managed funds.
fondos bloqueados blocked funds, frozen funds.

fondos cobrados collected funds.
fondos comprometidos committed funds.
fondos congelados frozen funds.
fondos de ahorros savings funds.
fondos de cámara de compensación clearinghouse funds.
fondos de casa de liquidación clearinghouse funds.
fondos de construcción building funds.
fondos de depósitos deposit funds.
fondos de fideicomiso trust funds.
fondos disponibles available funds.
fondos en fideicomiso comunes common trust fund.
fondos en fideicomiso mezclados commingled trust fund.
fondos en plica escrow funds.
fondos externos external funds.
fondos federales federal funds.
fondos fiduciarios trust funds.
fondos gravables taxable funds.
fondos ilíquidos illiquid funds.
fondos imponibles taxable funds.
fondos inactivos inactive funds.
fondos insuficientes insufficient funds.
fondos invertidos invested funds.
fondos líquidos liquid funds.
fondos mezclados commingled funds.
fondos no asignados unappropriated funds.
fondos no cobrados uncollected funds.
fondos prestados borrowed funds.
fondos presupuestados budgeted funds.
fondos productivos productive funds.
fondos públicos public funds.
fondos restringidos restricted funds.
fondos sin restricciones unrestricted funds.
forma estándar standard form.
formación f formation.
formación de capital capital formation.
formación de fideicomiso formation of trust.
formalizar protesta protest.
formas de los contratos contractual formalities.

fórmula de beneficios benefit formula.

fórmula de coaseguro coinsurance formula.

fórmula de coste-volumen cost-volume formula.

fórmula de costo-volumen cost-volume formula.

fórmula de presupuesto flexible flexible budget formula.

fórmula de propuesta proposal.

formulario *m* form.

formulario abierto open form.

formulario de ajuste de prima premium adjustment form.

formulario de contrato contract form.

formulario de crédito credit form.

formulario de ingresos earnings form.

formulario de orden order form.

formulario de pedido order form.

formulario de póliza perdida lost policy receipt.

formulario de propuesta proposal form.

formulario de seguros insurance form.

formulario de solicitud application form.

formulario en blanco blank form.

formulario en cuadruplicado quadruplicate form.

formulario en quintuplicado quintuplicate form.

formulario especial special form.

formularios comerciales commercial forms.

formularios de seguro comerciales commercial insurance forms.

foro *m* lease, leasehold.

fortuito fortuitous.

forzoso compulsory, unavoidable.

fracción *f* fraction.

fraguar falsify, plot.

fraguar una firma forge a signature.

franco free, duty-free, exempt.

franco a bordo free on board.

franco al costado free alongside.

franco al costado de buque free alongside ship.

franco al costado vapor free alongside.

franco de avería simple free of particular average.

franco de derechos duty-free.

franco en el muelle free on dock.

franja magnética magnetic stripe.

franquear prepay, pay postage, clear, exempt.

franqueo *m* postage, prepayment, clearance.

franquicia *f* franchise, exemption.

franquicia aduanera exemption from customs duties.

franquicia arancelaria exemption from customs duties.

franquicia impositiva tax exemption.

franquicia tributaria tax exemption.

fraude *m* fraud, deceit.

fraude cometido usando el correo mail fraud.

fraude contributivo tax fraud.

fraude de acreedores fraud committed against creditors.

fraude de comerciante merchant fraud.

fraude efectivo actual fraud.

fraude fiscal tax fraud.

fraude impositivo tax fraud.

fraude intrínseco intrinsic fraud.

fraude procesable actionable fraud.

fraude tributario tax fraud.

fraudulencia *f* fraudulence.

fraudulentamente fraudulently.

fraudulento fraudulent.

frecuencia *f* frequency.

frecuencia de pérdidas loss frequency.

frecuencia relativa relative frequency.

frente obrero labor association.

fructuoso successful, productive.

frustración de contrato frustration of contract.

frutos industriales industrial products, emblements.

fuente de ganancia source of profit.

fuente de ingresos source of income.

fuente rentística source of revenue.

fuentes de beneficios sources of profits.

fuentes de capital sources of capital.

fuentes de fondos sources of funds.

fuentes de ganancias sources of profits.

fuera de inventario out of stock.

fuero comercial commercial code.
fuero de los concursos bankruptcy court.
fuerza de negociación bargaining strength.
fuerza laboral labor force.
fuerzas de mercado market forces.
fuerzas del mercado forces of the market.
fuga de capitales capital flight.
función de auditoría audit function.
función de costos cost function.
función de densidad de probabilidad probability density function.
función de depósito deposit function.
función de liquidez liquidity function.
función del consumo consumption function.
funcionario *m* functionary, officer.
funcionario administrativo administrative officer.
funcionario corporativo corporate officer.
funcionario de operaciones principal chief operating officer.
funcionario de plica escrow officer.
funcionario de préstamos loan officer.
funcionario ejecutivo executive officer.
funcionario ejecutivo principal chief executive officer.
funcionario financiero principal chief financial officer.
funcionario fiscal financial officer.
funcionario interino acting officer.
funciones de mercado market functions.
funciones del dinero money functions.
fundación *f* foundation.
fundación caritativa charitable foundation.
fundación privada private foundation.
fundado founded.
fundamental fundamental.
fundirse go bankrupt, fail, merge.
fundo dominante dominant tenement.
fundo sirviente servient tenement.
fungibilidad *f* fungibility.
fungible fungible.
fusión *f* merger.

fusión bancaria bank merger.
fusión conglomerada conglomerate merger.
fusión corporativa corporate merger.
fusión de contratos merger of contracts.
fusión de corporaciones corporate merger.
fusión de títulos confusion of titles.
fusión horizontal horizontal merger.
fusión parcial partial merger.
fusión vertical vertical merger.
fusionar merge, unite.
futuro future.
futuros de divisas foreign currency futures.
futuros de índices de acciones stock index futures.
futuros de monedas currency futures.
futuros de tasas de intereses interest rate futures.
futuros de tipos de intereses interest rate futures.
futuros financieros financial futures.

G

gabela *f* tax.
gabela de consumo excise tax.
gaje *m* remuneration.
ganado adj earned, won.
ganado *m* livestock.
ganancia *f* profit, gain, earnings.
ganancia a corto plazo short-term gain.
ganancia a largo plazo long-term gain.
ganancia anticipada anticipated profit.
ganancia bruta gross profit.
ganancia bruta de ventas gross profit on sales.
ganancia de capital a corto plazo short-term capital gain.
ganancia de capital a largo plazo long-term capital gain.
ganancia diferida deferred gain.
ganancia en bruto gross profit.

ganancia entre compañías intercompany profit.

ganancia extraordinaria extraordinary gain.

ganancia neta net profit, clear profit.

ganancia no recurrente nonrecurring gain.

ganancia no repetitivo nonrecurring gain.

ganancia normal normal profit.

ganancia ordinaria ordinary gain.

ganancia privada private gain.

ganancia realizable realizable gain.

ganancia realizada realized gain.

ganancial pertaining to profit, pertaining to community property.

ganancias acumuladas accumulated profits.

ganancias antes de contribuciones pretax profits.

ganancias antes de impuestos pretax profits.

ganancias brutas diferidas deferred gross profit.

ganancias corrientes current profits.

ganancias de capital capital gains.

ganancias de negocios business gains.

ganancias diferidas deferred profits.

ganancias en libros book profit.

ganancias excesivas excessive profits.

ganancias extraordinarias extraordinary profits.

ganancias gravables taxable profits.

ganancias imponibles taxable profits.

ganancias marginales marginal profits.

ganancias no realizadas unrealized profits.

ganancias retenidas retained profits.

ganancias tributables taxable profits.

ganancias y pérdidas profit and loss.

gananioso profitable.

ganar earn, gain, win.

ganar dinero earn money.

ganar interés earn interest.

ganarse la vida earn a living.

garante *m* guarantor, surety, guarantee.

garantía *f* guarantee, guaranty, warranty, security, collateral, bond.

garantía absoluta absolute guaranty.

garantía afirmativa affirmative warranty.

garantía bancaria bank guaranty.

garantía colateral collateral warranty.

garantía completa full warranty.

garantía condicional conditional guaranty.

garantía continua continuing guaranty.

garantía de cheque check guarantee.

garantía de crédito guaranty of a loan.

garantía de empréstito loan guarantee.

garantía de firma guaranty of a signature.

garantía de inversión investment guaranty.

garantía de pago payment guarantee.

garantía de persona positive identification.

garantía de precio price guarantee.

garantía de préstamo loan guaranty.

garantía de verificación de cheque check verification guarantee.

garantía del constructor builder's warranty.

garantía en avería gruesa general average guaranty.

garantía en efectivo cash guarantee.

garantía escrita written warranty.

garantía especial special warranty.

garantía eventual conditional guaranty.

garantía expresa express warranty.

garantía financiera financial guarantee.

garantía flotante floating collateral.

garantía formal collateral.

garantía general general warranty.

garantía hipotecaria mortgage security.

garantía implícita implied warranty.

garantía incondicional unconditional guaranty, absolute guaranty, absolute warranty.

garantía limitada limited guaranty, limited warranty.

garantía mancomunada joint guaranty.

garantía particular special guaranty.

garantía personal personal guaranty.

garantía pignoraticia pledge.

garantía por escrito written warranty.

garantía prendaria pledge, collateral.

garantía promisoria   promissory warranty.

garantía provisional   binder.

garantía real   collateral.

garantía solidaria   joint and several guaranty.

garantías concurrentes   concurrent guaranties.

garantías escritas   written warranties.

garantías implícitas   implied warranties.

garantir   guarantee.

garantizado   guaranteed, warranted.

garantizado por banco   bank-guaranteed.

garantizador   *m* guarantor, surety.

garantizar   guarantee, warrant.

garito   *m* gambling house.

gastar   expend, spend.

gasto   *m* expense, expenditure.

gasto acumulado   accumulated expenditure.

gasto adicional   additional expenditure.

gasto básico   basic expense.

gasto capitalizado   capitalized expense.

gasto corriente   current expenditure.

gasto de ajuste de pérdidas   loss adjustment expense.

gasto de capital   capital expenditure.

gasto de constitución   organization expense.

gasto de desarrollo   development expense.

gasto de explotación   operating expenses.

gasto de fabricación   manufacturing expense.

gasto de intereses   interest expense.

gasto de inversión   investment expense.

gasto de mantenimiento   maintenance expense.

gasto de manufactura   manufacturing expense.

gasto de producción   production expense.

gasto de transporte   transportation expense.

gasto diferido   deferred expense.

gasto directo   direct expense.

gasto discrecional   discretionary expense.

gasto doméstico bruto   gross domestic expenditure.

gasto especial   special expense.

gasto estimado   estimated expense.

gasto federal   federal expenditure.

gasto financiero   financial expense.

gasto flotante   floating charge.

gasto general   general expense.

gasto incidental   incidental expense.

gasto incurrido   expense incurred.

gasto indirecto   indirect expense.

gasto misceláneo   miscellaneous expense.

gasto nacional bruto   gross national expenditure.

gasto necesario   necessary expense.

gasto no controlable   noncontrollable expense.

gasto no deducible   nondeductible expense.

gasto no recurrente   nonrecurring expense.

gasto no reembolsable   nonrefundable expense.

gasto no repetitivo   nonrecurring expense.

gasto periódico   periodic expense.

gasto por financiamiento   finance expense.

gasto presupuestario   budget expenditure.

gasto razonable   reasonable expense.

gasto recurrente   recurring expense.

gasto trimestral   quarterly expense.

gastos   expenses, expenditures, charges, costs.

gastos a repartir   undistributed expenses.

gastos accesorios   accessory expenses.

gastos adicionales   additional expenses.

gastos administrativos   administrative expenses.

gastos aduanales   customs expenses.

gastos compensatorios   compensating expenditures.

gastos constantes   constant expenses.

gastos controlables   controllable expenses.

gastos crecientes   increasing expenses.

gastos cubiertos   covered expenses.

gastos de administración
administration expenses.

gastos de aduana customs expenses.

gastos de bolsillo out-of-pocket
expenses.

gastos de capital capital expenses.

gastos de cierre closing costs.

gastos de cobranza costs of collection.

gastos de cobros collection expenses.

gastos de conservación maintenance
expenses.

gastos de constitución organization
expenses.

gastos de depreciación depreciation
expenses.

gastos de desarrollo development
expenses.

gastos de dirección administration
expenses.

gastos de distribución distribution
expenses.

gastos de embarque shipping
expenses.

gastos de entrega delivery expenses.

gastos de explotación operating
expenses.

gastos de fábrica factory expenses.

gastos de financiación financing
expenses.

gastos de financiamiento financing
expenses.

gastos de fomento development costs.

gastos de funcionamiento operating
expenses.

gastos de fusión merger expenses.

gastos de gerencia management
expenses.

gastos de iniciación organization
expenses.

gastos de mantenimiento
maintenance expenses.

gastos de manufactura indirectos
indirect manufacturing expenses.

gastos de mercadeo marketing
expense.

gastos de negocios business expenses.

gastos de negocios ordinarios
ordinary business expenses.

**gastos de negocios ordinarios y
necesarios** ordinary and necessary
business expenses.

gastos de oficina office expenses.

gastos de operación operating costs.

gastos de organización organization
expenses.

gastos de producción production
expenses.

gastos de promoción promotion
expenses.

gastos de protesto protest charges.

gastos de publicidad advertising
expenses.

gastos de puro lujo sumptuary
expenses.

gastos de rectificación registral
expenses involved in rectifying data at a
property registry.

gastos de rehabilitación
rehabilitation expenditures.

gastos de representación
representation expenses.

gastos de ventas selling expenses.

gastos diferidos deferred expenses.

gastos directos direct expenses.

gastos elegibles eligible expenses.

gastos especificados specified
expenses.

gastos esperados expected expenses.

gastos estimados estimated expenses.

gastos fijos fixed charges, fixed
expenses.

gastos fijos de fábrica factory
overhead.

gastos financieros finance charges.

gastos funerarios burial expenses.

gastos generales overhead, general
expenses.

gastos generales comerciales
commercial overhead.

gastos generales de fabricación
manufacturing overhead.

gastos generales de manufactura
manufacturing overhead.

gastos generales directos direct
overhead.

gastos generales fijos overhead
expenses.

gastos generales indirectos indirect
overhead.

gastos generales reducidos reduced
overhead.

gastos generales variables variable
overhead.

gastos gubernamentales
government expenditures.

gastos incontrolables uncontrollable expenses.

gastos incurridos incurred expenses.

gastos indirectos indirect costs.

gastos inevitables unavoidable expenses.

gastos iniciales initial expenses.

gastos médicos medical expenses.

gastos mensuales monthly expenses.

gastos necesarios ordinary expenses.

gastos netos net expenses.

gastos no distribuidos undistributed expenses.

gastos normales normal expenses.

gastos operacionales operating expenses.

gastos operativos generales general operating expenses.

gastos ordinarios ordinary expenses.

gastos ordinarios y necesarios ordinary and necessary expenses.

gastos pendientes de pago outstanding expenses.

gastos personales personal expenses.

gastos preliminares preliminary expenses.

gastos prepagados prepaid expenses.

gastos presupuestados budgeted expenses.

gastos programados programmed expenses.

gastos progresivos progressive expenses.

gastos publicitarios advertising expenses.

gastos públicos public spending.

gastos reducidos reduced expenses.

gastos suntuarios sumptuary expenses.

gastos suplementarios supplemental expenses.

gastos totales total expenses.

gastos variables variable expenditures.

generador de ingreso pasivo passive income generator.

generador de números aleatorios random-number generator.

genérico generic.

géneros goods, merchandise.

géneros textiles soft goods.

genuino genuine.

genuino y válido genuine and valid.

geodemográfico geodemographic.

gerencia *f* management.

gerencia de línea line management.

gerencia vertical vertical management.

gerente *m* manager.

gerente activo active manager.

gerente adaptivo adaptive manager.

gerente de banco bank manager.

gerente de departamento department manager.

gerente de empresa business manager.

gerente de fondos funds manager.

gerente de línea line manager.

gerente de marca brand manager.

gerente de mercadeo marketing manager.

gerente de mercancías merchandise manager.

gerente de operaciones operations manager.

gerente de personal personnel manager.

gerente de producto product manager.

gerente de recursos humanos human resources manager.

gerente de sindicato syndicate manager.

gerente de sucursal branch manager.

gerente de ventas sales manager.

gerente del departamento de acatamiento compliance manager.

gerente general general manager.

gerente intermedio middle manager.

gerente presupuestario budgeting manager.

gerente regional regional manager.

gestión *f* action, effort, administration, management, handling, negotiation.

gestión activa active management.

gestión centralizada centralized management.

gestión científica scientific management.

gestión de bienes del ausente administration of property of an absentee.

gestión de bienes inmuebles real estate management.

gestión de cartera de valores portfolio administration, money management.

gestión de compañía company administration.

gestión de deudas debt management.

gestión de efectivo cash management.

gestión de empresas business administration, business management.

gestión de fondos money management, funds management.

gestión de impuestos tax administration.

gestión de la cosa común administration of something owned jointly.

gestión de la deuda debt administration.

gestión de la herencia estate administration.

gestión de la quiebra administration of a bankrupt's estate.

gestión de la sociedad administration of a partnership, administration of a corporation.

gestión de mercadeo marketing management.

gestión de mercancías merchandise management.

gestión de negocios ajenos handling of another's business affairs without a written contract.

gestión de oficina office management.

gestión de operaciones operations management.

gestión de personal personnel administration.

gestión de plan plan administration.

gestión de producción production management.

gestión de programa program management.

gestión de proyecto project management.

gestión de registros records management.

gestión de riesgos risk management.

gestión de salario salary administration.

gestión de tierras land management.

gestión de ventas sales management.

gestión financiera financial management.

gestión fiscal fiscal management.

gestión general general management.

gestión monetaria monetary management.

gestión tributaria tax administration.

gestión vertical vertical management.

gestionar negotiate, take measures, handle.

gestionar el pago demand payment.

gestionar en nombre de act in the name of.

gestionar fondos raise money.

gestionar un empréstito arrange a loan.

gestionar una patente apply for a patent.

gestor adj negotiating, promoting, managing.

gestor m negotiator, promoter, manager, agent.

gestor de negocios ajenos handler of another's business affairs without a written contract, one who acts for another without authority.

gestor oficioso one who acts for another without authority.

girado adj drawn.

girado m drawee.

girador m drawer, maker.

girante m/f drawer, maker.

girar draw, write, remit, do business.

girar a cargo de draw against.

girar dinero withdraw cash.

girar en descubierto overdraw.

girar un cheque write a check, draw a check.

giro m draft, money order, turnover, line of business, turn.

giro a la vista sight draft, demand draft.

giro a plazo time draft.

giro bancario bank draft.

giro comercial commercial draft.

giro de capital capital turnover.

giro de cortesía accommodation paper.

giro de favor accommodation paper.

giro de inventario inventory turnover.

giro de inversiones investment turnover.

giro de mercancías merchandise turnover.

giro documentario documentary draft.

giro en descubierto overdraft.

giro laboral labor turnover.

giro postal money order.
giro simple clean draft.
giro telegráfico wire transfer.
globalización *f* globalization.
goce *m* enjoyment, possession.
gozar enjoy, have possession.
gozar de una renta receive an income.
gozar intereses draw interest.
gracia *f* grace period, favor, gift.
gracioso gratuitous.
gradación *f* classification, marshaling assets.
grado *m* degree, grade, step.
grado de monopolio degree of monopoly.
grado de riesgo degree of risk.
graduación *f* classification.
graduación de acreedores ordering of creditors' priority.
graduación de créditos marshaling assets.
graduado graded.
gradual gradual.
gráfico de control de calidad quality control chart.
granel, a in bulk.
gratis gratuitous.
gratuito gratuitous.
gravable taxable, liable.
gravado taxed, encumbered.
gravamen *m* encumbrance, lien, tax.
gravamen bancario banker's lien, bank lien.
gravamen cancelado satisfied lien.
gravamen de aduana customs duty.
gravamen de valorización special assessment.
gravamen del agente agent's lien.
gravamen del constructor mechanic's lien.
gravamen del factor factor's lien.
gravamen del timbre stamp tax.
gravamen del transportador carrier's lien.
gravamen del transportista carrier's lien.
gravamen del vendedor vendor's lien.
gravamen equitativo equitable lien.
gravamen específico specific lien.
gravamen fiscal tax.

gravamen fiscal general general tax lien.
gravamen general general lien.
gravamen hipotecario mortgage lien, mortgage.
gravamen involuntario involuntary lien.
gravamen judicial judicial lien.
gravamen liquidado satisfied lien.
gravamen perfeccionado perfected lien.
gravamen por fallo judgment lien.
gravamen por fallo judicial judgment lien.
gravamen previo prior lien.
gravamen subyacente underlying lien.
gravamen sucesorio inheritance tax, estate tax.
gravamen voluntario voluntary lien.
gravámenes concurrentes concurrent liens.
gravar tax, encumber, assess, pledge.
gravar con impuestos burden with taxes.
gremial pertaining to labor unions, pertaining to guilds.
gremializar unionize.
gremio *m* labor union, guild.
gremio independiente independent union.
gremio industrial industrial union.
gremio internacional international union.
gremio local local union.
gremio nacional national union.
gremio no afiliado unaffiliated union.
gremio vertical vertical union.
gruesa, a la bottomry.
grupo bancario banking group.
grupo controlado controlled group.
grupo de compañías group of companies.
grupo de compras purchasing group.
grupo de control control group.
grupo de edades age group.
grupo de fondos fund group.
grupo de ingresos similares income group.
grupo de ventas selling group.
grupo equilibrado balanced group.
grupo estándar standard group.
grupo ficticio fictitious group.

grupo mínimo minimum group.
grupo objeto target group.
gubernamental governmental.
guerra arancelaria tariff war.
guerra de precios price war.
guerra de tarifas tariff war.
guerra de tasas rate war.
guerra de tipos rate war.
guía *f* guide, waybill, customs permit, directory.
guía *m/f* guide, advisor.
guía administrativa management guide.
guía aérea air waybill.
guía de carga waybill.
guía de carga aérea air waybill.
guía de depósito warehouse receipt.
guía de embarque ship's bill of lading, bill of lading.
guía de exportación export permit, export waybill.
guía de internación import permit.
guía de transporte waybill.

haber *m* property, credit, credit side, estate, salary.
haber jubilatorio pension.
haber social corporate capital, partnership's assets.
haberes property, assets, wages.
habiente possessing.
hábil competent, working day.
habilitación *f* authorization, qualification, profit sharing.
habilitación de bandera authorization for a foreign vessel to engage in coastal trade.
habilitado employee sharing in the profits, representative, official who handles money.
habilitar authorize, share in the profits, enable, validate.
habilitar los libros affix the required revenue stamps to the books.
habitabilidad *f* habitability.
habitable habitable.
habitualmente habitually.

hacendístico fiscal.
hacer balance balance.
hacer bancarrota go into bankruptcy.
hacer cesión assign.
hacer efectivo cash, collect.
hacer empeño pawn.
hacer inventario take inventory.
hacer pago pay.
hacer partes divide.
hacer protestar protest.
hacer quiebra go into bankruptcy.
hacer un empréstito make a loan.
hacer un pedido place an order.
hacer una oferta make an offer, make a bid.
hacer una transferencia make a transfer.
hacerse garante de become surety for.
hacienda *f* treasury, finance, estate, property, rural property, livestock.
hacienda particular private property.
hacienda pública treasury, public revenues, public assets.
hacienda social corporate property, partnership's property.
hectárea *f* hectare.
hecho falso false fact.
heredad *f* estate, plot, property, rural property.
heredad ajena rural property belonging to another.
heredad cerrada enclosed property.
heredad dominante dominant tenement.
heredad sirviente servient tenement.
heredamiento *m* tenement, bequest.
heredar inherit.
heredero *m* heir, owner of rural property.
herederos y cesionarios heirs and assigns.
hereditable inheritable.
hereditario hereditary.
herencia *f* inheritance, estate, hereditaments.
heterogéneo heterogeneous.
heurístico heuristic.
hiperinflación *f* hyperinflation.
hipoteca *f* mortgage, hypothecation.
hipoteca a corto plazo short-term mortgage.
hipoteca a la gruesa bottomry bond.

hipoteca a la vista demand mortgage.

hipoteca a largo plazo long-term mortgage.

hipoteca abierta open mortgage.

hipoteca ajustable adjustable mortgage.

hipoteca ajustable de pagos progresivos graduated-payment adjustable mortgage.

hipoteca alternativa alternative mortgage.

hipoteca amortizada amortized mortgage.

hipoteca ampliable open mortgage.

hipoteca asegurada insured mortgage.

hipoteca asumible assumable mortgage.

hipoteca autoamortizante self-amortizing mortgage.

hipoteca bisemanal biweekly mortgage.

hipoteca cerrada closed-end mortgage, closed mortgage.

hipoteca colectiva blanket mortgage.

hipoteca comercial commercial mortgage.

hipoteca con pago final mayor balloon mortgage.

hipoteca con pago único al final bullet mortgage.

hipoteca con tasa de interés variable variable rate mortgage.

hipoteca con tipo de interés variable variable rate mortgage.

hipoteca conforme conforming mortgage.

hipoteca convencional conventional mortgage.

hipoteca convertible convertible mortgage.

hipoteca de ajuste adjustment mortgage.

hipoteca de anualida invertida reverse annuity mortgage.

hipoteca de bienes muebles chattel mortgage.

hipoteca de construcción construction mortgage.

hipoteca de cuenta pignorada pledged account mortgage.

hipoteca de hogar home mortgage.

hipoteca de inquilinato leasehold mortgage.

hipoteca de interés fijo fixed-rate mortgage.

hipoteca de pagos constantes constant-payment mortgage.

hipoteca de pagos fijos fixed-payment mortgage.

hipoteca de pagos flexibles flexible-payment mortgage.

hipoteca de pagos parejos level-payment mortgage.

hipoteca de pagos progresivos graduated-payment mortgage.

hipoteca de participación participation mortgage.

hipoteca de propiedad que produce renta income property mortgage.

hipoteca de quince años fifteen-year mortgage.

hipoteca de reducción directa direct-reduction mortgage.

hipoteca de tasa ajustable adjustable-rate mortgage.

hipoteca de tasa ajustable convertible convertible adjustable-rate mortgage.

hipoteca de tasa constante constant rate mortgage.

hipoteca de tasa de interés fija fixed-rate mortgage.

hipoteca de tasa fija convencional conventional fixed-rate mortgage.

hipoteca de tasa flexible flexible-rate mortgage.

hipoteca de tasa flotante floating-rate mortgage.

hipoteca de tasa fluctuante fluctuating rate mortgage.

hipoteca de tasa renegociable renegotiable-rate mortgage.

hipoteca de tipo ajustable adjustable-rate mortgage.

hipoteca de tipo ajustable convertible convertible adjustable-rate mortgage.

hipoteca de tipo constante constant rate mortgage.

hipoteca de tipo de interés fijo fixed-rate mortgage.

hipoteca de tipo fijo convencional conventional fixed-rate mortgage.

hipoteca de tipo flexible flexible-rate mortgage.

hipoteca de tipo flotante
floating-rate mortgage.

hipoteca de tipo fluctuante
fluctuating rate mortgage.

hipoteca de tipo renegociable
renegotiable-rate mortgage.

hipoteca de treinta años thirty-year
mortgage.

hipoteca en primer grado first
mortgage.

hipoteca en primer lugar first
mortgage.

hipoteca en segundo grado second
mortgage.

hipoteca especial special mortgage.

hipoteca fija closed-end mortgage.

hipoteca flexible flexible mortgage.

hipoteca garantizada guaranteed
mortgage.

hipoteca general general mortgage.

hipoteca ilimitada unlimited
mortgage.

hipoteca indeterminada open-end
mortgage.

hipoteca inversa reverse mortgage.

hipoteca legal legal mortgage.

hipoteca marítima maritime mortgage.

hipoteca naval ship mortgage.

hipoteca no amortizada unamortized
mortgage.

hipoteca no asegurada uninsured
mortgage.

hipoteca permanente permanent
mortgage.

hipoteca posterior junior mortgage,
second mortgage.

hipoteca preaprobada preapproved
mortgage.

hipoteca precedente prior mortgage,
first mortgage.

hipoteca prendaria chattel mortgage.

hipoteca principal first mortgage.

hipoteca residencial residential
mortgage.

hipoteca secundaria junior mortgage,
second mortgage.

hipoteca subordinada subordinated
mortgage.

hipoteca subsidiada subsidized
mortgage.

hipoteca superior prior mortgage,
first mortgage.

hipoteca tácita legal mortgage.

hipoteca voluntaria conventional
mortgage.

hipotecable mortgageable.

hipotecado mortgaged.

hipotecante *m/f* mortgagor.

hipotecar mortgage.

hipotecario adj pertaining to mortgages.

hipotecario *m* mortgagee.

hipotecas consolidadas consolidated
mortgages.

hipotecas no consolidadas
unconsolidated mortgages.

hipótesis de mercado eficiente
efficient market hypothesis.

hipótesis nula null hypothesis.

histograma *m* histogram.

historial de crédito credit history.

historial de cuenta account history.

historial de inversiones investment
history.

historial de tenedor de tarjeta
cardholder history.

historial personal personal history.

hito *m* landmark.

hogar *m* homestead, home.

hoja de confirmación confirmation
slip.

hoja de corrección de depósito
deposit correction slip.

hoja de costes cost sheet.

hoja de costos cost sheet.

hoja de crédito credit slip.

hoja de depósito deposit slip.

hoja de información de préstamos
loan information sheet.

hoja de orden order sheet.

hoja de pedido order sheet.

hoja de ruta waybill.

hoja sellada stamped sheet.

hoja timbrada stamped sheet.

homogéneo homogeneous.

homoscedasticidad *f*
homoscedasticity.

honorario condicional contingent fee.

honorario de agencia agency fee.

honorario de agente agent's fee.

honorario definido fixed fee.

honorario fijo fixed fee.

honorarios fees, honorariums.

honorarios contingentes contingent
fees.

honorarios de los directores
  directors' fees, directors' honorariums.
honrar honor, meet, pay.
hora de apertura opening time.
hora de cierre closing time.
hora de expiración expiration time.
horario de trabajo work schedule.
horario flexible flexible hours.
horas bancarias banking hours.
horas de oficina office hours, business
  hours.
horas de trabajo working hours.
horas de transacciones trading hours.
horas extraordinarias overtime.
horas extras overtime.
horas laborables working hours.
hostigamiento *m* harassment.
hostigamiento sexual sexual
  harassment.
hostigar harass.
huelga *f* strike.
huelga de brazos caídos sit-down
  strike.
huelga de brazos cruzados sit-down
  strike.
huelga de solidaridad sympathy
  strike.
huelga del comprador buyer's strike.
huelga directa direct strike.
huelga, en on strike.
huelga general general strike.
huelga ilegal illegal strike.
huelga no autorizada unauthorized
  strike.
huelga organizada organized strike.
huelga pasiva sit-down strike.
huelga patronal lockout.
huelga secundaria secondary strike.
huida de capitales capital flight.
hurtado stolen, robbed.
hurto *m* larceny.

identificación *f* identification.
identificación bancaria bank
  identification.
identificación de bienes
  identification of goods.

identificación de riesgos risk
  identification.
identificación específica specific
  identification.
identificación genérica generic
  identification.
identificador de beneficiario
  beneficiary identifier.
identificador de remitente remitter
  identifier.
**identificador del banco del
  beneficiario** beneficiary's bank
  identifier.
igual equal.
iguala *f* retainer, fee, contract for
  services, agreement.
igualación *f* equalization.
igualación contributiva tax
  equalization.
igualación fiscal tax equalization.
igualación impositiva tax
  equalization.
igualación tributaria tax equalization.
igualar equalize, adjust, agree.
igualdad *f* equality.
igualdad de salario equal pay for
  equal work.
igualmente equally.
ilegal illegal.
ilícito illegal.
ilíquido illiquid, unliquidated.
imagen de marca brand image.
imagen de producto product image.
imitación *f* imitation.
imitación de marca imitation of a
  trademark.
imitación de nombre comercial
  imitation of a trade name.
imitado imitated.
imitar imitate.
impacto contributivo tax impact.
impagable unpayable.
impagado unpaid.
impago unpaid.
impedimento *m* estoppel.
impedimento por actos propios
  estoppel.
impedir impede.
impensa *f* expense.
imperfecto imperfect.
impignorable that which cannot be
  pledged.

implementación *f* implementation.
implicación *f* implication.
implícito implicit.
imponedor *m* assessor.
imponente adj imposing, obligating.
imponente *m* depositor, investor.
imponer impose, invest, deposit, obligate.
imponer contribuciones impose taxes.
imponer impuestos impose taxes.
imponer una multa impose a fine.
imponibilidad *f* taxability.
imponible taxable, dutiable.
importable importable.
importación *f* importation, imports.
importación directa direct importing.
importación libre de derechos duty-free importation, duty-free import.
importación paralela parallel importing.
importación temporal temporary importation.
importaciones de capital capital imports.
importaciones nacionales national imports.
importaciones netas net imports.
importaciones paralelas parallel imports.
importaciones totales aggregate imports.
importado imported.
importador adj importing.
importador *m* importer.
importadores cooperativos cooperative importers.
importante important.
importar import, to be important.
importe *m* amount, price, value.
importe de factura invoice amount.
imposibilidad de pago impossibility of payment.
imposibilidad práctica practical impossibility.
imposición *f* imposition.
imposición clasificada classified taxation.
imposición comercial business taxation.
imposición de la renta income tax.

imposición de permuta barter taxation.
imposición degresiva degressive taxation.
imposición directa direct taxation.
imposición discriminatoria discriminatory taxation.
imposición federal federal taxation.
imposición fiscal taxation, national taxation.
imposición indirecta indirect taxation.
imposición múltiple multiple taxation.
imposición progresiva progressive taxation.
imposición proporcional proportional taxation.
imposición real ad valorem tax.
imposición regresiva regressive taxation.
imposición sobre capitales capital tax.
impositivas taxes.
impositivo pertaining to taxation, tax.
impostergable not postponable.
imprevistos incidental expenses.
improductivo nonproductive.
imprudencia *f* imprudence, negligence.
imprudencia profesional malpractice.
imprudente imprudent, negligent.
impuesto *m* tax, assessment.
impuesto a la exportación export tax.
impuesto a la herencia inheritance tax.
impuesto a la renta income tax.
impuesto a las ganancias income tax.
impuesto a las rentas income tax.
impuesto a las transacciones excise tax.
impuesto a las utilidades income tax.
impuesto a las ventas sales tax.
impuesto a los capitales capital stock tax.
impuesto a los predios ad valorem tax.
impuesto a los réditos income tax.
impuesto acumulativo cumulative tax.
impuesto ad valórem ad valorem tax.
impuesto adelantado advance tax.
impuesto adicional surtax.
impuesto aduanal customs duty.

impuesto al consumo consumption tax.

impuesto al valor agregado value added tax.

impuesto anticipado advance tax.

impuesto arancelario customs duty.

impuesto básico basic tax.

impuesto compensatorio compensatory tax.

impuesto complementario complementary tax, surtax.

impuesto comunitario community tax.

impuesto corporativo corporate tax.

impuesto de ausentismo absentee tax.

impuesto de base amplia broad-base tax.

impuesto de capitación capitation tax, poll tax.

impuesto de consumo excise tax, consumption tax.

impuesto de derechos reales tax on real estate transfers.

impuesto de emergencia emergency tax.

impuesto de estampillado stamp tax.

impuesto de exportación export tax.

impuesto de fabricación manufacturing tax.

impuesto de herencias inheritance tax.

impuesto de igualación equalization tax.

impuesto de importación import tax.

impuesto de inmuebles ad valorem tax.

impuesto de internación import duty.

impuesto de legado inheritance tax.

impuesto de lujo luxury tax.

impuesto de manufactura manufacturing tax.

impuesto de mejora special assessment.

impuesto de mercancía commodity tax.

impuesto de no residentes nonresident tax.

impuesto de patrimonio capital tax.

impuesto de privilegio franchise tax.

impuesto de producto commodity tax.

impuesto de seguro social social security tax.

impuesto de sellos stamp tax.

impuesto de soltería tax on unmarried persons.

impuesto de sucesión inheritance tax.

impuesto de superposición surtax.

impuesto de testamentaría inheritance tax.

impuesto de timbres stamp tax.

impuesto de tonelaje tonnage-duty.

impuesto de transferencia transfer tax.

impuesto de valorización special assessment.

impuesto debido tax due.

impuesto degresivo degressive tax.

impuesto directo direct tax.

impuesto doble double tax.

impuesto electoral poll tax.

impuesto en la frontera border tax.

impuesto escalonado graduated tax, progressive tax.

impuesto especial special tax.

impuesto específico specific tax.

impuesto estatal state tax.

impuesto estimado estimated tax.

impuesto excesivo excessive tax.

impuesto extranjero foreign tax.

impuesto extraordinario surtax.

impuesto federal federal tax.

impuesto fijo fixed tax, flat tax.

impuesto fiscal tax, national tax.

impuesto general general tax.

impuesto hereditario inheritance tax.

impuesto hipotecario mortgage tax.

impuesto ilegal illegal tax.

impuesto indirecto indirect tax.

impuesto individual sobre la renta individual's income tax.

impuesto industrial professional services tax.

impuesto inmobiliario real estate tax, ad valorem tax.

impuesto interno internal tax.

impuesto local local tax.

impuesto máximo maximum tax.

impuesto mínimo minimum tax.

impuesto mínimo alternativo corporativo corporate alternative minimum tax.

impuesto municipal municipal tax.

impuesto negativo   negative tax.

impuesto no deducible nondeductible tax.

impuesto normal   tax, normal tax.

impuesto oculto   hidden tax.

impuesto opcional   optional tax.

impuesto ordinario   tax.

impuesto pagado   tax paid.

impuesto para previsión social social security tax.

impuesto patrimonial   capital tax.

impuesto per cápita   per capita tax.

impuesto personal   personal tax.

impuesto por cabeza   poll tax.

impuesto portuario   port charges.

impuesto predial   ad valorem tax.

impuesto profesional   occupational tax.

impuesto progresivo   progressive tax.

impuesto proporcional   proportional tax.

impuesto público   public tax.

impuesto real   ad valorem tax.

impuesto regresivo   regressive tax.

impuesto represivo   repressive tax.

impuesto retenido   retained tax.

impuesto según el valor   ad valorem tax.

impuesto sobre beneficios   profits tax.

impuesto sobre beneficios extraordinarios   excess profits tax.

impuesto sobre bienes   property tax.

impuesto sobre bienes inmuebles ad valorem tax.

impuesto sobre bienes muebles personal property tax.

impuesto sobre compras   purchase tax.

impuesto sobre compraventa   sales tax.

impuesto sobre concesiones franchise tax.

impuesto sobre diversiones amusement tax.

impuesto sobre dividendos   dividend tax.

impuesto sobre donaciones   gift tax.

impuesto sobre el consumo   excise tax.

impuesto sobre el ingreso   income tax.

impuesto sobre el juego   gambling tax.

impuesto sobre el lujo   luxury tax.

impuesto sobre el patrimonio property tax, capital tax, net worth tax.

impuesto sobre el patrimonio neto net worth tax.

impuesto sobre el valor agregado value-added tax.

impuesto sobre el valor añadido value-added tax.

impuesto sobre empleo   employment tax.

impuesto sobre entradas   admissions tax.

impuesto sobre exceso de ganancias excess profits tax.

impuesto sobre franquicias franchise tax.

impuesto sobre ganancias   profit tax.

impuesto sobre ganancias a corto plazo   short-term gains tax.

impuesto sobre ganancias a largo plazo   long-term gains tax.

impuesto sobre ganancias de capital capital gains tax.

impuesto sobre herencias inheritance tax.

impuesto sobre ingresos   income tax.

impuesto sobre ingresos de sociedades   corporate income tax.

impuesto sobre ingresos diferido deferred income tax.

impuesto sobre ingresos individuales   individual's income tax.

impuesto sobre ingresos negativo negative income tax.

impuesto sobre ingresos progresivo progressive income tax.

impuesto sobre inmuebles   property tax.

impuesto sobre la producción production tax.

impuesto sobre la propiedad property tax.

impuesto sobre la propiedad clasificado   classified property tax.

impuesto sobre la propiedad general   general property tax.

impuesto sobre la propiedad inmueble   real property tax.

impuesto sobre la renta   income tax.

impuesto sobre la renta corporativa corporate income tax.

impuesto sobre la renta individual individual's income tax.

impuesto sobre la renta personal individual's income tax.

impuesto sobre las importaciones import tax.

impuesto sobre las nóminas payroll tax.

impuesto sobre las sociedades corporate tax.

impuesto sobre las ventas sales tax.

impuesto sobre los beneficios profit tax.

impuesto sobre los bienes property tax.

impuesto sobre los ingresos income tax.

impuesto sobre los ingresos brutos gross receipts tax.

impuesto sobre producción production tax.

impuesto sobre riqueza mueble personal property tax.

impuesto sobre salarios salary tax.

impuesto sobre transacciones de capital capital transactions tax.

impuesto sobre transferencias transfer tax.

impuesto sobre transmisión de bienes transfer tax.

impuesto sobre transmisiones transfer tax.

impuesto sobre ventas sales tax.

impuesto sobre ventas al por menor retail sales tax.

impuesto sobre ventas general general sales tax.

impuesto sucesorio inheritance tax.

impuesto suntuario luxury tax.

impuesto suplementario supplemental tax.

impuesto terrestre ad valorem tax.

impuesto territorial land tax, ad valorem tax.

impuesto único nonrecurrent tax, single tax.

impuestos acumulados accrued taxes.

impuestos acumulativos cumulative taxes.

impuestos atrasados back taxes.

impuestos comerciales business taxes.

impuestos corporativos corporate taxes.

impuestos de aduanas customs duties.

impuestos de compañía company taxes.

impuestos de rentas internas internal revenue taxes.

impuestos diferidos deferred taxes.

impuestos federales federal taxes.

impuestos ilegales illegal taxes.

impuestos locales local taxes.

impuestos morosos delinquent taxes.

impuestos nacionales national taxes.

impuestos prepagados prepaid taxes.

impuestos proporcionales proportional taxes.

impuestos prorrateados apportioned taxes.

impuestos retenidos withheld taxes.

impuestos sobre ingresos corporativos corporate income tax.

impuestos sobre ingresos federales federal income taxes.

imputación *f* imputation.

imputación del pago debtor's choice of which debt a payment should be credited to.

imputado imputed.

imputar impute.

inaceptable unacceptable.

inaceptado unaccepted.

inactivo inactive.

inacumulativo noncumulative.

inadecuado inadequate.

inajenable inalienable.

inalienabilidad *f* inalienability.

inalienable inalienable.

inamovible unremovable, irremovable.

inamovilidad *f* unremovability, irremovability.

inaplazable not postponable.

inaplicabilidad *f* inapplicability.

inaplicable inapplicable.

inapreciable invaluable, imperceptible.

inasistente *m/f* absentee.

incaducable unforfeitable, not voidable.

incapacidad *f* incapacity, disability.

incapacidad absoluta total disability.

incapacidad absoluta permanente permanent total disability.

incapacidad absoluta temporal temporary total disability.

incapacidad física physical disability.

incapacidad laboral work disability.

incapacidad para contratar lack of capacity to contract.

incapacidad para trabajar work disability.

incapacidad parcial partial disability.

incapacidad permanente permanent disability.

incapacidad permanente total permanent total disability.

incapacidad perpetua permanent disability.

incapacidad relativa partial disability.

incapacidad temporal total temporary total disability.

incapacidad total total disability.

incapacidad transitoria transitory disability.

incapacitado incapacitated, disabled.

incapacitar incapacitate, disable.

incapacitarse become disabled.

incapaz incapable, not qualified.

incautación *f* attachment, expropriation, confiscation.

incautar attach, expropriate, confiscate.

incendio intencional arson.

incentivo *m* incentive.

incentivo contributivo tax incentive.

incentivo de ventas sales incentive.

incentivo impositivo tax incentive.

incentivo no financiero nonfinancial incentive.

incentivo salarial wage incentive.

incentivo tributario tax incentive.

incentivos de producción production incentives.

incentivos para la exportación export incentives.

incentivos por bonificaciones bonus incentives.

incertidumbre financiera financial uncertainty.

incesible inalienable.

incidencia contributiva tax incidence.

incidencia de contribuciones incidence of taxes.

incidencia de impuestos incidence of taxes.

incidencia del impuesto incidence of taxation.

incidencia impositiva tax incidence.

incidencia tributaria tax incidence.

incidental incidental.

incidentalmente incidentally.

incierto uncertain, untrue.

inciso *m* paragraph, clause, section.

inclusión por referencia incorporation by reference.

incluso including.

incoación *f* initiation.

incoado inchoate.

incoar initiate.

incobrable uncollectible.

incomerciable unmarketable.

incondicionado unconditional.

incondicional unconditional, absolute.

incondicionalmente unconditionally.

inconducente useless.

inconfirmado unconfirmed.

inconsistente inconsistent.

incontestabilidad *f* incontestability.

incontinuo discontinuous.

incontrolable uncontrollable.

inconvertible inconvertible.

incorporable that which can be incorporated.

incorporación *f* incorporation, joining.

incorporación por referencia incorporation by reference.

incorporado a built-in.

incorporal incorporeal.

incorporar incorporate, join.

incorporarse incorporate, join.

incorpóreo incorporeal.

incosteable that which is too expensive.

incremental incremental.

incrementar increase.

incremento *m* increase.

incremento de tasa rate increase.

incremento de tasa anual annual rate increase.

incremento de tipo rate increase.

incremento de tipo anual annual rate increase.

incremento salarial wage increment.

incumplimiento *m* breach, nonfulfillment, noncompliance, default.

incumplimiento con anticipación anticipatory breach of contract.

incumplimiento de condición
breach of condition.

incumplimiento de contrato breach
of contract.

incumplimiento de deberes breach
of duty.

incumplimiento de garantía breach
of warranty.

incumplimiento de pago default of
payment.

incumplimiento de pago de prima
premium default.

incumplimiento de promesa breach
of promise.

incumplimiento de representación
breach of representation.

**incumplimiento en el pago de
contribuciones** failure to pay taxes.

**incumplimiento en el pago de
impuestos** failure to pay taxes.

incumplimiento parcial partial
breach.

**incumplimiento reiterado de
contrato** continuing breach of
contract.

incumplimiento total total breach.

incumplir breach, fail to comply,
default.

incurrido incurred.

incurrir incur.

incurrir en mora to be late in a
payment, to become delinquent on a
loan.

incurrir en responsabilidad to
become responsible.

incurrir en una deuda incur a debt.

incurrir en una multa to be subject to
a fine.

incurrir una pérdida incur a loss.

incurso liable.

indagación de crédito credit inquiry.

indefinido undefined.

indelegable unable to be delegated.

indemnidad *f* indemnity.

indemnización *f* indemnification.

indemnización compensatoria
compensatory damages.

indemnización de preaviso
indemnity for dismissal without advance
notice.

indemnización global lump-sum
settlement.

indemnización monetaria monetary
indemnity.

indemnización múltiple multiple
indemnity.

indemnización obrera workers'
compensation.

indemnización por accidente
accident benefits.

indemnización por cesantía
severance pay.

indemnización por desahucio
severance pay.

indemnización por despido
severance pay, severance indemnity.

indemnización por enfermedad
sick benefits.

indemnización por falta de preaviso
indemnity for dismissal without advance
notice.

indemnización por muerte death
benefits.

indemnización razonable adequate
damages.

indemnizado adj indemnified.

indemnizado *m* indemnitee.

indemnizador indemnitor.

indemnizar indemnify.

indemnizatorio indemnifying.

independencia *f* independence.

independencia económica economic
independence.

independiente independent.

indeterminado indeterminate.

indexación *f* indexation.

indicación *f* indication.

indicación de interés indication of
interest.

indicado indicated.

indicador *m* indicator.

indicador de mercado market
indicator.

indicador monetario monetary
indicator.

indicadores anticipados leading
indicators.

indicadores atrasados lagging
indicators.

indicadores económicos economic
indicators.

índice *m* index.

índice de acciones index of stocks,
stock index.

índice de acciones comunes common stock index.

índice de correlación index of correlation.

índice de costo de fondos cost-of-funds index.

índice de indicadores anticipados index of leading indicators.

índice de liquidez liquidity index.

índice de mercado market index.

índice de precio específico specific price index.

índice de precios price index.

índice de precios al consumidor consumer price index.

índice de precios al por mayor wholesale price index.

índice de precios al por menor retail price index.

índice de precios de productores producer price index.

índice de precios general general price index.

índice de producción production index.

índice de producción industrial industrial production index.

índice de rentabilidad profitability index.

índice del coste de vida cost of living index.

índice del costo de vida cost of living index.

índice del desarrollo de mercado market development index.

índice estacional seasonal index.

índice ponderado weighted index.

índice salarial wage index.

indiligencia *f* carelessness, negligence.

indirecto indirect.

indispensable indispensable.

individualmente individually.

individuo adj individual, indivisible.

individuo *m* individual.

indivisibilidad *f* indivisibility.

indivisible indivisible.

indivisiblemente indivisibly.

indivisión *f* indivision.

indiviso undivided.

indización *f* indexing.

indizado indexed.

inducido induced.

inducir induce.

inductor *m* inducer.

indultado pardoned.

indultar pardon, grant amnesty.

indulto *m* pardon, amnesty.

industria *f* industry.

industria cíclica cyclical industry.

industria clave key industry.

industria de construcción building industry.

industria de costes constantes constant-cost industry.

industria de costes crecientes increasing costs industry.

industria de costos constantes constant-cost industry.

industria de costos crecientes increasing costs industry.

industria de mucha mano de obra labor-intensive industry.

industria esencial essential industry.

industria especializada specialized industry.

industria estacional seasonal industry.

industria impactada impacted industry.

industria intensiva en capital capital-intensive industry.

industria local local industry.

industria nacional national industry.

industria pesada heavy industry.

industria regulada regulated industry.

industrial industrial.

ineficiencia *f* inefficiency.

ineficiencia económica economic inefficiency.

ineficiencias en el mercado inefficiencies in the market.

inejecución *f* nonperformance.

inelasticidad *f* inelasticity.

inelasticidad de demanda inelasticity of demand.

inelasticidad de oferta inelasticity of supply.

inelasticidad de oferta y demanda inelasticity of supply and demand.

inelasticidad de precios price inelasticity.

inelasticidad de producción inelasticity of production.

inelástico inelastic.

inelegible ineligible.

inembargabilidad *f* unattachability.
inembargable that which cannot be attached.
inenajenabilidad *f* inalienability.
inenajenable inalienable.
inestabilidad *f* instability.
inestable unstable.
inevitable unavoidable.
inferencia estadística statistical inference.
inferior inferior.
infirmación *f* invalidation.
infirmar invalidate.
inflación *f* inflation.
inflación abierta open inflation.
inflación cíclica cyclical inflation.
inflación continua continuous inflation.
inflación controlada controlled inflation.
inflación de costes cost inflation.
inflación de costos cost inflation.
inflación de moneda currency inflation.
inflación de precios price inflation.
inflación estructural structural inflation.
inflación impulsada por costes cost-push inflation.
inflación impulsada por costos cost-push inflation.
inflación impulsada por demanda demand-pull inflation.
inflación lentamente progresiva creeping inflation.
inflación moderada moderate inflation.
inflación oculta hidden inflation.
inflacionario inflationary.
inflar un cheque raise a check.
infligir inflict, impose.
infligir una multa impose a fine.
influencia *f* influence.
información *f* information, investigation, report.
información confidencial confidential information.
información de crédito credit report.
información de trabajo occupational information.
información del cliente customer information.

información despectiva derogatory information.
información financiera financial information.
información no pública nonpublic information.
información ocupacional occupational information.
información para consumidores consumer information.
informar inform, advise.
informativo informative.
informe *m* report, opinion, information.
informe anual annual report.
informe anual a los accionistas annual report to stockholders.
informe comercial business report, commercial report.
informe crediticio credit report.
informe de auditoría audit report.
informe de caja cash report.
informe de crédito credit report.
informe de cuenta nueva new account report.
informe de excepción exception report.
informe de gastos expense report.
informe de gastos funcional functional reporting of expenses.
informe de ingresos earnings report.
informe de inspección inspection report.
informe de inspección de acatamiento compliance inspection report.
informe de la directiva directors' report.
informe de mercado market report.
informe de pérdidas loss report.
informe de préstamos hipotecarios mortgage loan report.
informe de reclamación claim report.
informe de rendimiento performance report.
informe de título title report.
informe de transacción transaction report.
informe de transacción de moneda currency transaction report.
informe del contador accountant's report.
informe diario daily report.

informe especial special report.
informe externo external report.
informe final final report.
informe financiero financial report.
informe financiero anual global
comprehensive annual financial report.
informe interino interim report.
informe interno internal report.
informe mensual monthly report.
informe provisional provisional
report.
informe semanal weekly report.
informe sobre actividad activity
report.
informe trimestral quarterly report.
informes comparativos comparative
reports.
infraasegurado underinsured.
infracción *f* infraction.
infracción de patente patent
infringement.
infracción tributaria tax law violation.
infractor *m* infringer.
infractorio infringing.
infraestructura *f* infrastructure.
infraseguro *m* underinsurance.
ingresar enter.
ingreso *m* income, entry, admission.
ingreso acumulado accrued income.
ingreso antes de contribuciones
income before taxes.
ingreso anual annual income.
ingreso bruto gross income.
ingreso bruto ajustado adjusted
gross income.
ingreso bruto ajustado modificado
modified adjusted gross income.
ingreso bruto efectivo effective gross
income.
ingreso bruto no gravable
nontaxable gross income.
ingreso bruto no imponible
nontaxable gross income.
ingreso bruto no tributable
nontaxable gross income.
ingreso corporativo corporate income.
ingreso de inversiones pasivo
passive investment income.
ingreso devengado earned income.
ingreso diferido deferred income.
ingreso disponible income available.

ingreso disponible personal
personal disposable income.
ingreso doméstico bruto gross
domestic income.
ingreso exento de contribuciones
tax-exempt income.
ingreso exento de impuestos
tax-exempt income.
ingreso fijo fixed income.
ingreso garantizado guaranteed
income.
ingreso global comprehensive income.
ingreso gravable taxable income.
ingreso ilegal illegal income.
ingreso imponible taxable income.
ingreso imputado imputed income.
ingreso individual individual income.
ingreso libre de contribuciones
tax-free income.
ingreso libre de impuestos tax-free
income.
ingreso marginal marginal revenue.
ingreso medio average income.
ingreso monetario money income.
ingreso nacional national income.
ingreso nacional bruto gross national
income.
ingreso nacional neto net national
income.
ingreso nacional real real national
income.
ingreso neto net income.
ingreso neto ajustado adjusted net
income.
ingreso neto objeto target net income.
ingreso neto por acción net income
per share.
ingreso no gravable nontaxable
income.
ingreso no imponible nontaxable
income.
ingreso no tributable nontaxable
income.
ingreso nominal nominal income.
ingreso objeto target income.
ingreso operativo neto net operating
income.
ingreso ordinario ordinary income.
ingreso pasivo passive income.
ingreso per cápita per capita income.
ingreso percibido earned income.
ingreso periódico periodic income.

ingreso personal   personal income.

ingreso por dividendos   dividend income.

ingreso por intereses   interest income.

ingreso residual   residual income.

ingreso semianual   semiannual income.

ingreso suplementario   supplemental income.

ingreso temporal   temporary income.

ingreso total   total income.

ingreso tras contribuciones   income after taxes.

ingreso tras impuestos   income after taxes.

ingreso tributable   taxable income.

ingreso variable   variable income.

ingresos   receipts, income.

ingresos administrativos   administrative revenues.

ingresos agrícolas   farm income.

ingresos antes de contribuciones   pretax earnings.

ingresos antes de impuestos   pretax earnings, pretax income.

ingresos bancarios   bank income.

ingresos contributivos   tax receipts.

ingresos corregidos   corrected earnings.

ingresos corrientes   current earnings, current revenues.

ingresos de bono   bond income.

ingresos de compañía   company income.

ingresos de explotación   operating income.

ingresos de explotación netos   net operating income.

ingresos de exportación   export earnings.

ingresos de negocios   business income.

ingresos de operación   operating income.

ingresos de reajuste   readjustment income.

ingresos de retiro   retirement income.

ingresos devengados   earned income.

ingresos discrecionales   discretionary income.

ingresos disponibles   disposable income.

ingresos divididos   split income.

ingresos efectivos   effective income.

ingresos en efectivo   cash earnings.

ingresos estables   stable income.

ingresos estatutarios   statutory earnings.

ingresos exentos   exempt income.

ingresos extranjeros   foreign income.

ingresos federales   federal revenue.

ingresos financieros   financial income.

ingresos fiscales   fiscal revenues.

ingresos generales   general revenue.

ingresos gubernamentales   government revenues.

ingresos imponibles   taxable income.

ingresos impositivos   tax receipts.

ingresos interiores   internal revenue.

ingresos laborales   occupational earnings.

ingresos netos   net earnings.

ingresos no distribuidos   undistributed earnings.

ingresos ocupacionales   occupational earnings.

ingresos operacionales   operational income.

ingresos permanentes   permanent income.

ingresos personales   personal earnings.

ingresos personales disponibles   disposable personal income.

ingresos por acción   earnings per share.

ingresos por actividad pasiva   passive activity income.

ingresos por inversiones   investment income.

ingresos por inversiones netos   net investment income.

ingresos por inversiones no gravables   nontaxable investment income.

ingresos por inversiones no imponibles   nontaxable investment income.

ingresos por inversiones no tributables   nontaxable investment income.

ingresos prepagados   prepaid income.

ingresos públicos   public revenue.

ingresos reales   real earnings, real income.

ingresos retenidos   retained income, retained earnings.

ingresos totales total income, total revenue.

ingresos tras discapacidad disability income.

ingresos tras tributos after-tax income.

ingresos tributarios tax receipts.

inhábil unable, unqualified, non-working.

inhabilidad *f* inability, incompetence.

inhabilitación *f* disablement, disqualification.

inhabitable uninhabitable.

inhabitado uninhabited.

inherente inherent.

inherentemente peligroso inherently dangerous.

ininterrumpido uninterrupted.

inmediato immediate.

inmemorial immemorial.

inmobiliario real estate.

inmoral immoral.

inmoralidad *f* immorality.

inmueble real estate.

inmune immune.

inmunidad *f* immunity.

inmunidad fiscal tax exemption.

inmunización *f* immunization.

innegociable nonnegotiable.

innominado unnamed.

innovación *f* innovation.

innovación financiera financial innovation.

innovar innovate.

inobservancia *f* nonobservance.

inquilinato *m* lease, leasehold.

inquilino *m* tenant, lessee, sharecropper.

insalubridad *f* insalubrity, unsanitariness.

insatisfecho unsatisfied.

inscribible registrable, recordable.

inscribir register, record.

inscribirse register.

inscripción *f* inscription.

inscripción de buques registration of vessels.

inscripción de hipoteca recording of mortgage.

inscripción de la posesión registration of possession.

inscripción de la traslación de dominio recording of a transfer of ownership.

inscripto registered, recorded.

inscrito registered, recorded.

insecuestrable not attachable.

inseparabilidad *f* inseparability.

inseparable inseparable.

insoluto unpaid.

insolvencia *f* insolvency.

insolvencia bancaria bank insolvency.

insolvencia comercial commercial insolvency.

insolvencia culpable negligent bankruptcy.

insolvencia fraudulenta fraudulent bankruptcy.

insolvencia notoria notorious insolvency.

insolvente insolvent.

inspección *f* inspection.

inspección aduanera customs inspection.

inspección de acatamiento compliance inspection.

inspección de proceso process inspection.

inspección física physical inspection.

inspección por aduana inspection by customs.

inspeccionar inspect.

inspector *m* inspector.

inspector de aduana customs inspector.

inspector de hogares home inspector.

instalación *f* installation.

instalaciones permanentes permanent fixtures.

institución *f* institution.

institución bancaria banking institution.

institución caritativa charitable institution.

institución de crédito credit institution.

institución de fianzas bonding company.

institución de fideicomiso trust company.

institución de préstamos lending institution.

institución fiduciaria trust company.

institución financiera financial institution.

institución financiera asegurada insured financial institution.

institución financiera no asegurada uninsured financial institution.

institución financiera pública public financial institution.

institución hipotecaria mortgage company.

institución monetaria central central monetary institution.

institución pública public institution.

institución sin fines de lucro nonprofit institution.

institucional institutional.

instituto *m* institution.

instituto de emisión bank of issue.

instituto financiero financial institution.

instrucciones de embarque shipping instructions.

instrucciones de empaque packing instructions.

instrumental instrumental.

instrumento *m* instrument.

instrumento al portador bearer instrument.

instrumento constitutivo articles of incorporation, partnership's agreement.

instrumento de crédito credit instrument.

instrumento de deuda debt instrument.

instrumento de deuda de tasa flotante floating-rate note.

instrumento de deuda de tipo flotante floating-rate note.

instrumento de título document of title.

instrumento de venta bill of sale.

instrumento del mercado monetario money market instrument.

instrumento derivado derivative instrument.

instrumento falsificado false instrument.

instrumento financiero financial instrument.

instrumento negociable negotiable instrument.

instrumento no negociable nonnegotiable instrument.

instrumento por escrito instrument in writing.

instrumento privado private document.

instrumento público public document.

instrumentos de crédito credit instruments.

instrumentos de trabajo tools of the trade.

instrumentos financieros a plazo financial futures.

instrumentos negociables commercial paper, negotiable instruments.

insuficiencia *f* insufficiency.

insuficiente insufficient.

intangible intangible.

integración *f* integration, payment.

integración económica economic integration.

integración horizontal horizontal integration.

integración lateral lateral integration.

integración vertical vertical integration.

integrado integrated.

integrantes members, partners.

integrar integrate, pay, reimburse.

integridad *f* integrity.

intención de compra purchase intention.

intención de los contratantes intent of the contracting parties.

intención fraudulenta fraudulent intent.

intencionado intended.

intencional intentional.

intencionalidad *f* premeditation.

intencionalmente intentionally.

intensidad de utilización de tierras land-use intensity.

intensivo en capital capital intensive.

intento de monopolizar attempt to monopolize.

interbancario interbank.

intercambiable interchangeable.

intercambiar exchange.

intercambio *m* interchange, exchange, swap.

intercambio de bonos bond swap.

intercambio de crédito credit interchange.

intercambio de deudas debt-debt swap.

intercambio de divisas currency exchange.

intercambio de monedas currency swap.

intercambio de tasas de interés interest rate swap.

intercambio de tipos de interés interest rate swap.

intercambio doméstico domestic exchange.

intercambio hipotecario mortgage swap.

intercambio involuntario involuntary exchange.

intercambio libre de contribuciones tax-free exchange.

intercambio libre de impuestos tax-free exchange.

intercambio no monetario nonmonetary exchange.

intercambio pecuniario pecuniary exchange.

intercambio recíproco reciprocal exchange.

intercambio voluntario voluntary exchange.

intercepción de comunicaciones interception of communications.

interdependencia *f* interdependence.

interdicción *f* interdiction, prohibition.

interdicto de obra nueva action against further construction.

interdicto de obra ruinosa action against maintaining a dangerous structure.

interés *m* interest.

interés absoluto absolute interest.

interés acumulado accrued interest.

interés anual annual interest.

interés asegurable insurable interest.

interés beneficioso beneficial interest.

interés compuesto compound interest.

interés común joint interest.

interés condicional contingent interest.

interés convencional conventional interest.

interés corriente current interest.

interés de bono bond interest.

interés de demora interest charged for late payment.

interés de gracia interest charged for late payment.

interés de mora interest charged for late payment.

interés de plaza going interest rate.

interés demorado interest charged for late payment.

interés deudor debit interest.

interés dominante controlling interest.

interés fijo fixed interest.

interés financiero financial interest.

interés futuro future interest.

interés garantizado guaranteed interest.

interés hipotecario mortgage interest.

interés ilegal illegal interest.

interés imputado imputed interest.

interés inalienable inalienable interest.

interés indiviso undivided interest.

interés legal legal interest.

interés mayoritario majority interest.

interés minoritario minority interest.

interés neto net interest.

interés no asegurable uninsurable interest.

interés nominal nominal interest.

interés ordinario ordinary interest.

interés parcial partial interest.

interés predominante majority interest.

interés privado private interest.

interés público public interest.

interés real real interest.

interés residual residual interest.

interés reversionario reversionary interest.

interés simple simple interest.

interés usurario usury.

interés variable variable interest.

interesado *m* party, interested party, contracting party.

intereses acumulados interest accrued.

intereses anuales constantes constant annual interest.

intereses atrasados belated interest.

intereses concurrentes concurrent interests.

intereses de bono corporativo corporate bond interest.

intereses de consumo consumer interest.

intereses de empréstito loan interest.
intereses de préstamo loan interest.
intereses diarios daily interest.
intereses diferidos deferred interest.
intereses en exceso excess interest.
intereses en mora defaulted interest.
intereses exactos exact interest.
intereses explícitos explicit interest.
intereses hipotecarios mortgage
  interest.
intereses hipotecarios de hogar
  home mortgage interest.
intereses mensuales monthly interest.
intereses no gravables nontaxable
  interest.
intereses no imponibles nontaxable
  interest.
intereses no tributables nontaxable
  interest.
intereses ordinarios ordinary interest.
intereses pagados interest paid.
intereses precomputados
  precomputed interest.
intereses prepagados prepaid interest.
intereses puros pure interest.
intereses reembolsables refundable
  interest.
intereses semestrales semiannual
  interest.
intereses semianuales semiannual
  interest.
interestadal interstate.
interestadual interstate.
interestatal interstate.
interferencia patronal employer
  interference.
ínterin *m* interim.
interinamente provisionally.
interinario provisional.
interinidad *f* temporariness.
interino provisional, interim, acting.
interior internal, domestic.
interiormente internally, domestically.
intermediación *f* intermediation.
**intermediación en el mercado de
  valores** securities brokerage.
intermediar intermediate, mediate.
intermediario *m* intermediary,
  mediator.
intermediario financiero financial
  intermediary.

intermediarios de mercadeo
  marketing intermediaries.
intermedio intermediate.
intermitente intermittent.
internacional international.
internacionalización *f*
  internationalization.
internacionalizar internationalize.
internacionalmente internationally.
internamente internally, domestically.
interno internal, domestic.
internuncio *m* envoy.
interpelación *f* interpellation, order to
  pay a debt, request.
interpelado *m* recipient of an order to
  pay a debt, recipient of a request.
interpelador *m* interpolator, the person
  who orders the payment of a debt,
  requester.
interpelante *m/f* interpolator, the
  person who orders the payment of a
  debt, requester.
interpelar interpellate, order to pay a
  debt, request.
interperíodo interperiod.
interpolación *f* interpolation.
interponer intervene, file, present.
interposición *f* intervention,
  interference, mediation.
interpósita persona agent, apparent
  agent.
interpretación *f* interpretation.
interpretación del contrato
  interpretation of the contract.
interpretación técnica technical
  interpretation.
interpretación usual usual
  interpretation.
interpuesta persona agent,
  intermediary.
interrupción de negocios business
  interruption.
**interrupción de negocios
  contingente** contingent business
  interruption.
interrupción en servicio break in
  service.
interrupción temporal temporary
  interruption.
intervalo *m* interval.
intervalo de confianza confidence
  interval.

intervalo de fluctuación fluctuation interval.

intervalo de precios price range.

intervención *f* intervention.

intervención del banco central central bank intervention.

intervención económica economic intervention.

intervención gubernamental government intervention.

intervención monetaria monetary intervention.

intervenidor *m* intervener, auditor, supervisor.

intervenir intervene, mediate, audit, supervise.

intervenir el pago stop payment.

interventor *m* intervener, auditor, supervisor.

intestado intestate.

intimación de pago demand for payment.

intimación judicial de pago court order to pay.

intraestatal intrastate.

intransferible nontransferable.

intransmisible untransmissible.

intraperíodo intraperiod.

intrasmisible untransmissible.

intraspasable nontransferable.

intrínseco intrinsic.

introductorio introductory.

intrusarse encroach.

invalidación *f* invalidation.

invalidado invalidated.

invalidar invalidate, quash.

invalidez *f* invalidity, disability.

invalidez absoluta total disability.

invalidez definitiva permanent disability.

invalidez laboral work disability.

invalidez parcial partial disability, partial invalidity.

invalidez permanente permanent disability.

invalidez provisional temporary disability.

invalidez relativa partial disability.

invalidez total total disability.

invalidez transitoria temporary disability.

inválido invalid.

invención *f* invention.

invendible unsalable.

inventar invent.

inventario *m* inventory.

inventario abierto open inventory.

inventario combinado composite inventory.

inventario de cierre closing inventory.

inventario de fabricación manufacturing inventory.

inventario de final de período ending inventory.

inventario de manufactura manufacturing inventory.

inventario de materias primas raw materials inventory.

inventario de mercancías merchandise inventory.

inventario de productos terminados finished goods inventory.

inventario de seguridad buffer inventory.

inventario en libros book inventory.

inventario físico physical inventory.

inventario inicial beginning inventory.

inventario mínimo minimum inventory.

inventario periódico periodic inventory.

inventario perpetuo perpetual inventory.

inventario predeterminado predetermined inventory.

invento *m* invention.

inventor *m* inventor.

inventor original original inventor.

inversión *f* investment, inversion.

inversión a corto plazo short-term investment.

inversión a largo plazo long-term investment.

inversión a medio plazo medium-term investment.

inversión amortizable amortizable investment.

inversión autónoma autonomous investment.

inversión bruta gross investment.

inversión continua continuing investment.

inversión cruzada cross-investment.

inversión cubierta covered investment.

inversión de capital capital investment.

inversión de fondos investment of funds.

inversión de ingreso fijo fixed-income investment.

inversión del mercado monetario money market investment.

inversión derivada derivative investment.

inversión deseada desired investment.

inversión directa direct investment.

inversión directa extranjera foreign direct investment.

inversión dominante controlling interest.

inversión elegible eligible investment.

inversión en bonos bond investment.

inversión extranjera foreign investment.

inversión extranjera neta net foreign investment.

inversión financiera financial investment.

inversión indizada indexed investment.

inversión inicial initial investment.

inversión internacional international investment.

inversión nacional bruta gross national investment.

inversión negativa negative investment.

inversión neta net investment.

inversión no autorizada unauthorized investment.

inversión no negociable nonmarketable investment.

inversión no tributable nontaxable investment.

inversión original original investment.

inversión pasiva passive investment.

inversión planificada planned investment.

inversión privada private investment.

inversión productiva productive investment.

inversión prudente prudent investment.

inversión pública public investment.

inversión razonable reasonable investment.

inversión real real investment.

inversión realizada realized investment.

inversión regulada regulated investment.

inversión respaldada por hipotecas mortgage-backed investment.

inversión segura defensive investment.

inversión temporal temporary investment.

inversión total total investment, aggregate investment.

inversiones inactivas inactive investments.

inversiones negociables negotiable investments.

inversiones sin certificado certificateless investments.

inversionista m/f investor.

inversionista prudente prudent investor.

inversionista razonable reasonable investor.

inversionistas institucionales institutional investors.

inversor m investor.

invertido invested, inverted.

invertir invest.

investidura f investiture.

investigación f investigation.

investigación cualitativa qualitative research.

investigación cuantitativa quantitative research.

investigación de campo field research.

investigación de crédito credit investigation.

investigación de mercadeo marketing research.

investigación de mercado market research.

investigación de operaciones operations research.

investigación de título title search.

investigación de trasfondo background investigation.

investigación del consumidor consumer research.

investigación económica economic research.

investigación motivacional motivational research.

investigación sobre la conducta de consumidores consumer behavior research.

investigación y desarrollo research and development.

investir vest, confer.

inviolabilidad *f* inviolability.

inviolable inviolable.

invocar invoke.

involuntario involuntary.

ir a la bancarrota go into bankruptcy.

ir a la quiebra go into bankruptcy.

irrazonable unreasonable.

irrecuperable irrecoverable.

irredimible irredeemable.

irregular irregular.

irreivindicable irrecoverable.

irremplazable irreplaceable.

irrenunciable unrenounceable.

irrescindible unrescindable.

irretroactividad *f* non-retroactivity.

irretroactivo not retroactive.

irrevisable not revisable.

irrevocabilidad *f* irrevocability.

irrevocable irrevocable.

irritable voidable.

irritar void.

írrito void.

irrogar gastos incur expenses.

iteración *f* iteration.

jefatura *f* headquarters, division, directorship.

jefe *m* boss.

jefe de departamento head of department.

jefe de familia head of household.

jefe de ventas head of sales.

jefe ejecutivo chief executive.

jerarquía *f* hierarchy.

jerárquico hierarchical.

jornada *f* work period, work day.

jornada de trabajo work period, work day.

jornal *m* daily pay.

jornalero *m* day laborer, laborer.

jubilación *f* retirement, pension.

jubilación obligatoria mandatory retirement.

jubilación por discapacidad disability retirement.

jubilación por invalidez disability pension.

jubilación por vejez old-age pension.

jubilación temprana early retirement.

jubilado adj retired.

jubilado *m* retiree, pensioner.

jubilar retire, pension.

jubilarse retire, retire with a pension.

jubilatorio pertaining to retirement.

juicio de apremio suit for debt collection, suit for collection of a judgment.

juicio de árbitros arbitration proceedings

juicio de avenencia arbitration proceedings.

juicio de concurso bankruptcy proceedings.

juicio de consignación action to place money in escrow.

juicio de convocatoria action to have a creditors' meeting.

juicio de convocatoria de acreedores action to have a creditors' meeting.

juicio de desahucio eviction proceedings, dispossess proceedings.

juicio de desalojo eviction proceedings, dispossess proceedings.

juicio de embargo attachment proceedings.

juicio de enajenación forzosa condemnation proceedings.

juicio de insolvencia bankruptcy proceedings.

juicio de lanzamiento dispossess proceedings, eviction proceedings.

juicio de mayor cuantía proceedings concerning a large claim.

juicio de menor cuantía proceedings concerning a small claim.

juicio de mensura, deslinde, y amojonamiento action to determine boundaries.

juicio de quiebra bankruptcy proceedings.

juicio de rehabilitación discharge proceedings.

juicio hipotecario foreclosure on a mortgage.

junta *f* board, meeting.

junta administrativa management board.

junta anual annual meeting.

junta arbitral arbitration board.

junta asesora consulting board.

junta constitutiva organizational meeting.

junta consultiva consulting board.

junta de accionistas shareholders' meeting.

junta de accionistas anual annual shareholders' meeting.

junta de accionistas general general shareholders' meeting.

junta de acreedores creditors' meeting.

junta de apelación de impuestos board of tax appeals.

junta de arbitraje board of arbitration.

junta de aseguradores board of underwriters.

junta de comercio board of trade.

junta de dirección board of governors.

junta de directores board of directors.

junta de fiduciarios board of trustees.

junta de gobernadores board of governors.

junta de gobierno board of governors.

junta de planificación planning board.

junta de planificación económica economic planning board.

junta de retiro pension board.

junta de revisión board of review, board of audit.

junta de síndicos board of trustees.

junta directiva board of directors.

junta especial special meeting.

junta examinadora examining board.

junta extraordinaria special meeting.

junta general general meeting.

junta general de accionistas shareholders' meeting.

junta general ordinaria shareholders' meeting.

junta ordinaria regular meeting.

junta planificadora planning board.

jurídico-laboral pertaining to labor law.

jurisdicción laboral jurisdiction over matters concerning labor law.

jurisdicción mercantil jurisdiction over matters concerning commercial law.

justa compensación just compensation.

justipreciación *f* appraisal.

justipreciador *m* appraiser.

justipreciar appraise.

justiprecio *m* appraisal.

justo precio fair price.

justo título just title.

justo valor just value.

juzgado de aduanas custom's court.

juzgado de trabajo labor court.

kiosco kiosk.

labor *f* labor.

laborable workable, work.

laboral pertaining to labor.

laborante laboring.

laborar labor.

laborío *m* labor.

laborioso laborious.

labrar farm, work.

labrar un acta draw up a document.

laguna contributiva tax loophole.

laguna fiscal tax loophole.

laguna impositiva tax loophole.

laguna tributaria tax loophole.

laissez faire political philosophy of not interfering, laissez-faire.

lanchada *f* full load of a vessel.

lanchaje *m* lighterage.

lanzamiento *m* eviction, ouster.

lanzar evict, oust.

lapso *m* lapse.

lapso de espera waiting period.

largo plazo long term.

largo plazo, a long term.

lastar pay for another.

lasto *m* receipt given to the person who pays for another.

lateral lateral.

latifundio *m* very large property.

laudar award.

laudo *m* award, decision.

laudo arbitral arbitration award, arbitration decision.

lavado de dinero money laundering.

lealtad de marca brand loyalty.

lectora de caracteres en relieve embossed character reader.

lectora de código de barras bar-code reader.

legado *m* legacy, devise, bequeathment.

legajo *m* file, bundle of papers.

legalmente legally.

legar bequeath, devise, delegate.

legatario *m* legatee, devisee, beneficiary.

legibilidad *f* legibility.

legible por máquina machine readable.

legislación antimonopolio antitrust legislation.

legislación del trabajo labor legislation.

legislación laboral labor legislation.

legislación obrera labor law.

legislación recíproca reciprocal legislation.

legislación tributaria tax legislation.

legitimidad *f* legitimacy, genuineness.

legítimo legitimate.

lesión *f* injury, damage.

lesión corporal bodily injury.

lesión de trabajo occupational injury.

lesión laboral occupational injury.

lesión ocupacional occupational injury.

lesión personal personal injury.

lesión relacionada al empleo job-related injury.

lesión relacionada al trabajo job-related injury.

lesionado adj injured.

lesionado *m* injured person.

lesionar injure, damage.

lesiones injuries, damage.

letra *f* draft, bill, letter, handwriting.

letra a cobrar bill receivable.

letra a corto plazo short-term draft, short bill.

letra a día fijo time bill.

letra a la vista demand bill, sight draft.

letra a largo plazo long-term draft, long bill.

letra a pagar bill payable.

letra a plazo time bill.

letra a plazo fijo time bill.

letra a presentación sight draft.

letra a término time bill.

letra abierta open letter of credit.

letra aceptada accepted draft.

letra al cobro bill for collection.

letra bancaria bank draft.

letra cambiaria bill of exchange.

letra comercial trade bill.

letra de acomodación accommodation letter.

letra de banco bank draft.

letra de cambio bill of exchange, bill.

letra de cambio a la vista sight draft.

letra de cambio a plazo fijo time bill.

letra de cambio aceptada accepted bill of exchange.

letra de cambio al portador bearer bill of exchange.

letra de cambio comercial commercial bill.

letra de cambio documentada documentary bill of exchange.

letra de cambio documentaria documentary draft.

letra de cambio doméstica domestic bill of exchange.

letra de cambio domiciliada domiciled bill of exchange.

letra de cambio endosada endorsed bill of exchange.

letra de cambio extranjera foreign bill of exchange.

letra de cambio negociable negotiable bill of exchange.

letra de cambio no domiciliada non-domiciled bill of exchange.

letra de cambio protestada protested bill of exchange.

letra de cambio vencida due draft.

letra de crédito letter of credit, credit bill.

letra de recambio redraft.

letra de resaca redraft.

letra descontable discountable bill.
letra documentaria documentary bill.
letra doméstica domestic bill.
letra domiciliada domiciled draft.
letra en blanco blank bill.
letra financiera finance bill.
letra limpia clean bill of exchange.
letra menuda small print.
letra muerta dead letter.
letra no atendida dishonored bill.
letra protestada protested bill.
letra rechazada dishonored bill.
letras patentes letters patent.
levantamiento *m* lifting, survey.
levantar lift, adjourn, build.
levantar capital raise capital.
levantar el embargo release the attachment.
levantar la sesión adjourn.
levantar un pagaré pay a note.
levantar un protesto prepare a notice of protest.
ley cambiaria law pertaining to negotiable instruments.
ley comercial commercial law, commercial statute, commercial code.
ley contributiva tax law.
ley de edificación building code.
ley de fraudes statute of frauds.
ley de la demanda law of demand.
ley de la proporcionalidad law of proportionality.
ley de los costes crecientes law of increasing costs.
ley de los costos crecientes law of increasing costs.
ley de los números grandes law of large numbers.
ley de los números pequeños law of small numbers.
ley de oferta y demanda law of supply and demand.
ley de patentes patent law, patent statute.
ley de quiebras bankruptcy law, bankruptcy code.
ley de refrendación countersignature law.
ley de sociedades corporate law, partnership law.
ley del hogar seguro homestead exemption law.

ley del lugar del contrato the law of the place the contract was made.
ley del timbre stamp-tax law.
ley del trabajo labor law, labor statute.
ley fiscal tax law, tax statute.
ley hipotecaria law of mortgages.
ley mercantil commercial law, commercial statute, commercial code.
ley uniforme uniform law.
leyes antimonopolio antitrust acts.
leyes bancarias banking laws.
leyes de compañías de inversiones investment company laws.
leyes de crédito justo fair credit acts.
leyes de etiquetado labeling laws.
leyes de impuestos internal revenue laws.
leyes de quiebra bankruptcy laws.
leyes de rentas internas internal revenue laws.
leyes de valores securities laws.
leyes de ventas a granel bulk sales laws.
leyes de zonificación zoning laws.
leyes impositivas tax laws.
leyes laborales labor laws.
leyes obreras labor laws.
leyes recíprocas reciprocal laws.
leyes sobre competencia justa y razonable fair trade acts.
leyes sobre contribuciones sobre ingresos income tax laws.
leyes sobre la propiedad horizontal horizontal property laws.
leyes sobre la protección del crédito del consumidor consumer credit protection laws.
leyes tributarias tax laws.
leyes uniformes uniform laws.
liberación *f* liberation, exemption, release.
liberación aduanera customs release.
liberación de gravamen release of lien.
liberado liberated, exempt, released.
liberador liberating.
liberar free, exempt, issue.
liberar acciones issue stock.
liberar de derechos exempt from duties.
liberar de responsabilidad free from liability.

liberatorio releasing, exempting.
libertad *f* liberty, right, license.
libertad contractual freedom of contract.
libertad de contratación freedom of contract.
libertad de contratar freedom of contract.
libertad de industria right to work.
libertad de la propiedad right to own property.
libertad de pactar freedom of contract.
libertad de trabajar right to work.
libertad de trabajo right to work.
libertad económica economic freedom.
libertad industrial right to work.
libertar liberate, exempt.
librado *m* drawee.
librado alternativo alternative drawee.
librador *m* drawer.
libramiento *m* order of payment, draft.
librancista *m* issuer of an order of payment.
librante *m/f* drawer.
libranza *f* order of payment, draft.
librar liberate, draw, issue.
libre free, exempt.
libre a bordo free on board.
libre al costado free alongside ship.
libre amortización free depreciation.
libre cambio free trade.
libre comercio free trade.
libre competencia free competition.
libre de contribuciones tax-free.
libre de derechos duty-free.
libre de gastos free of charges.
libre de gastos a bordo free on board.
libre de gravamen free and clear.
libre de impuestos tax-free.
libre de impuestos aduaneros free of customs.
libre depreciación free depreciation.
libre empresa free enterprise.
librecambio *f* free trade.
librecambista free trading.
libreta *f* bank book, agenda.
libreta de ahorros bank book.
libreta de banco bank book.
libreta de cheques checkbook.
libreta de depósitos deposit book.

libro *m* book.
libro de acciones stock ledger.
libro de accionistas stock ledger.
libro de actas minutes book.
libro de asiento memorandum book, account book.
libro de asiento original book containing the original entry.
libro de caja cash book.
libro de calificaciones crediticias credit rating book.
libro de cobros collection book.
libro de contabilidad account book.
libro de cuenta y razón account book.
libro de cuentas account book.
libro de cupones coupon book.
libro de desembolsos de efectivo cash disbursement journal.
libro de entradas en caja cash receipts journal.
libro de facturas invoice book.
libro de inventarios y balances inventory and balance book.
libro de letras bill book.
libro de minutas minutes book.
libro de navegación ship's logbook.
libro de órdenes order book.
libro de pagos al contado cash-payment journal.
libro de pedidos order book.
libro de primera entrada book containing the original entry.
libro de recibos receipt book.
libro de ventas sales book.
libro del cajero cashier's book.
libro diario journal.
libro general general journal.
libro maestro ledger.
libro mayor ledger.
libro mayor auxiliar subsidiary ledger.
libro mayor de costes cost ledger.
libro mayor de costos cost ledger.
libro mayor de ventas sales ledger.
libro mayor general general ledger.
libro talonario stub book.
libros de a bordo ship's papers.
libros de comercio corporate books.
libros de contabilidad books of account.
libros del registro de la propiedad register of real estate, register of deeds.

libros facultativos books not required by law.

libros obligatorios books required by law.

libros y registros de contabilidad accounting books and records.

licencia *f* license, leave of absence.

licencia autorizada authorized leave of absence.

licencia de alijo unloading permit.

licencia de construcción building permit.

licencia de fabricación manufacturing rights, manufacturing license.

licencia de importación import license.

licencia de manufactura manufacturing license.

licencia de patente patent license.

licencia de venta selling license.

licencia en exclusiva exclusive license.

licencia especial special license.

licencia exclusiva exclusive license.

licencia expresa express license.

licencia gratuita gratuitous license.

licencia para edificar building permit.

licencia para operar license to operate.

licencia profesional professional license.

licenciado *m* licentiate, licensee, attorney.

licenciado en comercio certified public accountant.

licenciante *m/f* licensor.

licenciatario en exclusiva exclusive licensee.

licenciatario exclusivo exclusive licensee.

licitación *f* licitation, bidding.

licitador *m* bidder.

lícitamente legally.

licitante *m/f* bidder.

licitar bid, auction.

lícito legal.

licitud *f* lawfulness.

líder de mercado market leader.

líder en pérdida loss leader.

liderazgo de precios price leadership.

ligar link.

limitable limitable.

limitación *f* limitation.

limitación contingente contingent limitation.

limitación de deducciones detalladas itemized deduction limitation.

limitación de gastos expense limitation.

limitación de responsabilidad limitation of liability.

limitación parcial partial limitation.

limitación presupuestaria budgetary constraint.

limitaciones de deuda debt limitations.

limitadamente limitedly.

limitado limited.

limitar limit.

limitativo limiting.

límite *m* limit, end.

límite básico basic limit.

límite básico de responsabilidad basic limit of liability.

límite combinado combined limit.

límite contributivo tax limit.

límite convenido agreed limit.

límite de coaseguro coinsurance limit.

límite de crédito credit limit.

límite de crédito bilateral bilateral credit limit.

límite de deuda debt limit.

límite de deuda federal federal debt limit.

límite de ejecuciones de opciones exercise limit.

límite de fluctuación fluctuation limit.

límite de ingresos income limit.

límite de póliza policy limit.

límite de posición position limit.

límite de precio price limit.

límite de préstamos loan limit.

límite de préstamos legal legal lending limit.

límite de producción production limit.

límite de responsabilidad limit of liability.

límite de responsabilidad total aggregate limit of liability.

límite de seguros insurance limit.

límite de tiempo time limit.

límite de tipo de interés interest rate limit.

límite del país country limit.

límite diario daily limit.
límite dividido split limit.
límite en exceso excess limit.
límite específico specific limit.
límite estándar standard limit.
límite impositivo tax limit.
límite legal legal limit.
límite por accidente per accident limit.
límite por persona per person limit.
límite superior convenido agreed higher limit.
límite tributario tax limit.
límite variable variable limit.
límites de confianza confidence limits.
límites de control control limits.
límites de seguro de vida life insurance limits.
limítrofe bordering.
lindar adjoin, abut.
linde m boundary, abutment, landmark.
lindero m boundary, abutment, landmark.
lindero adj adjoining.
línea f line, boundary.
línea aérea airline, air route.
línea base baseline.
línea de carga load line.
línea de coste-factor factor-cost line.
línea de costo-factor factor-cost line.
línea de crédito credit line.
línea de crédito bancaria bank line.
línea de crédito de apoyo backup line.
línea de crédito especificada specified credit line.
línea de crédito estipulada stipulated credit line.
línea de crédito fija fixed credit line.
línea de crédito renovable revolving line of credit.
línea de crédito rotatorio revolving credit line.
línea de crédito variable variable credit line.
línea de descuento line of discount.
línea de edificación building line.
línea de navegación navigation route, shipping company.
línea de negocios line of business.
línea de productos product line.
línea de regresión regression line.

línea férrea railroad line, railroad company.
línea fluvial navigation route.
línea presupuestaria budget line.
línea telefónica telephone line.
lineal linear.
linealidad f linearity.
líneas comerciales commercial lines.
líneas de comunicaciones lines of communication.
líneas de seguro comerciales commercial insurance lines.
lingote m ingot.
liquidable liquefiable.
liquidación f liquidation.
liquidación completa complete liquidation.
liquidación de averías liquidation of ship's average.
liquidación de corporación dissolution of corporation.
liquidación de cuentas settlement of accounts.
liquidación de sociedad liquidation of partnership, liquidation of corporation, dissolution of corporation.
liquidación de una reclamación adjustment of a claim.
liquidación en efectivo cash settlement.
liquidación forzosa forced liquidation.
liquidación neta net settlement.
liquidación parcial partial liquidation.
liquidado liquidated.
liquidador m liquidator.
liquidador de averías average adjuster, claims adjuster.
liquidador judicial judicial liquidator.
liquidar liquidate.
liquidar un giro honor a draft.
liquidar un negocio liquidate a business.
liquidar una cuenta settle an account.
liquidez f liquidity.
liquidez bancaria bank liquidity.
liquidez de mercado market liquidity.
liquidez en exceso excess liquidity.
liquidez internacional international liquidity.
liquidez nacional national liquidity.
líquido liquid.
líquido gravable taxable income.

líquido imponible　taxable income.
líquido tributable　taxable income.
lisiado　disabled, injured.
lisiar　disable, injure.
lista　*f* list.
lista de acreedores　list of creditors.
lista de autorización negativa
　negative authorization list.
lista de cotejo　checklist.
lista de morosos　delinquent list.
lista de tarjetas sin restricciones
　unrestricted card list.
lista de valores sin restricciones
　unrestricted list.
lista final　final list.
lista legal　legal list.
lista legal modificada　modified legal
　list.
lista negra　black list.
literal　literal.
literalmente　literally.
litoral　*m* littoral.
locación　*f* lease, employment.
locación concurrente　concurrent lease.
locación de cosas　lease of goods.
locación de fincas rústicas　lease of
　rural property.
locación de fincas urbanas　lease of
　urban property.
locación de servicios　employment.
locación informal　parol lease.
locación-venta　lease with option to
　buy.
locador　*m* lessor, employer.
locador de servicios　employer.
local　*m* locale.
local　adj local.
locales de trabajo　work sites.
localidad　*f* locality.
localización　*f* location.
localización cubierta　covered location.
localizar　locate.
locatario　*m* lessee.
locativo　pertaining to leasing, pertaining
　to employment.
lograr　achieve, possess, enjoy.
logrear　profiteer, lend money.
logrería　*f* profiteering, usury,
　moneylending.
logrero　*m* profiteer, usurer,
　moneylender.
longuería　*f* dilatoriness.

lonja　*f* market, commodities exchange.
lonja de mercancías　commodities
　exchange.
lonja de productos　commodities
　exchange.
lote　*m* lot.
lotear　parcel.
loteo　*m* parceling.
lotería　*f* lottery.
lucrar　profit.
lucrarse　profit.
lucrativo　lucrative.
lucro　*m* profit.
lucro cesante　lost profits.
lucro esperado　anticipated profits.
lucro naciente　profit on borrowed
　funds.
lucros y daños　profit and loss.
lugar de constitución　place of
　incorporation.
lugar de cumplimiento　place of
　performance.
lugar de ejecución　place of
　performance.
lugar de empleo　place of employment.
lugar de entrega　place of delivery.
lugar de incorporación　place of
　incorporation.
lugar de pago　place of payment.
lugar de partida　place of departure.
lugar de registro　place of registration.
lugar de residencia　place of residence.
lugar de salida　place of departure.
lugar de trabajo　work place.
lugar en los contratos　place of the
　contract.

llamada　*f* call.
llamada a licitación　call for bids.
llamada a propuestas　call for bids.
llamada en conferencia　conference
　call.
llamamiento　*m* call.
llamamiento a licitación　call for bids.
llamar　call.
llamar a asamblea　call a meeting.
llamar a concurso　call for bids.

llamar a junta call a meeting.
llamar a reunión call a meeting.
llamar a sesión call a meeting.
llamar al orden call to order.
llave *f* goodwill, key.
llave maestra master key.
llegada *f* arrival.
llegar arrive.
llegar a un acuerdo reach an
  agreement.
llenar comply with, fill.
llenar una vacante fill a vacancy.
llenero entire, complete.
llevanza *f* leasing.
llevar carry, transfer, manage, lease.
llevar a cabo carry out.
llevar a efecto put into effect.
llevar a protesto protest.
llevar a remate put up for auction.
llevar a término complete.
llevar intereses bear interest.
llevar un registro keep a record.

macroambiente *m* macroenvironment.
macroeconomía *f* macroeconomics.
madurar mature.
maestro de obras foreperson.
magancería *f* trickery.
magancia *f* trick.
magnitud *f* magnitude.
magullar batter and bruise.
mal carácter bad character.
mal codificado misencoded.
mal nombre bad reputation.
mal riesgo bad risk.
mala declaración false statement.
mala fama bad reputation.
mala fe bad faith.
mala firma illegible signature.
mala paga credit risk.
malaventura *f* misfortune.
malaventurado unfortunate.
malaventuranza *f* misfortune.
malbaratador *m* spendthrift,
  underseller.
malbaratar squander, dump, undersell.

malbarato *m* squandering, dumping,
  underselling.
malfuncionamiento *m* malfunction.
malicia *f* malice.
malogramiento *m* failure, frustration.
malograr waste, spoil.
malograrse fail, to be frustrated.
malogro *m* failure, frustration.
malsano noxious.
maltratar maltreat.
maltrato *m* maltreatment.
malversación *f* misappropriation,
  embezzlement, peculation.
malversador *m* embezzler, peculator.
malversar misappropriate, embezzle,
  peculate.
mamandurria *f* sinecure.
maña *f* cunning, custom.
mancipación *f* conveyance, transfer.
mancomunada y solidariamente
  joint and severally.
mancomunadamente jointly.
mancomunado joint.
mancomunar compel joint obligation,
  join.
mancomunarse become jointly
  obligated, join.
mancomunidad *f* joint liability,
  association.
mancomunidad a prorrata joint
  liability on a proportional basis.
mancomunidad simple joint liability
  on a proportional basis.
mancomunidad solidaria joint and
  several liability.
mancomunidad total joint and
  several liability.
mandante *m/f* mandator.
mandar order, offer, send.
mandar a pagar order payment.
mandar a protestar order protest.
mandatario *m* mandatary, agent, proxy.
mandatario en la compraventa
  agent for a party in a sale.
mandatario general general agent.
mandatario singular special agent.
mandato *m* mandate, agency, power of
  attorney.
mandato aparente apparent agency.
mandato condicional conditional
  agency.
mandato de hecho actual agency.

mandato de pago order of payment.
mandato delegable delegable agency.
mandato escrito written agency.
mandato especial special agency.
mandato expreso express agency.
mandato general general agency.
mandato gratuito gratuitous agency.
mandato ilícito illegal agency.
mandato irrevocable irrevocable
agency.
mandato mancomunado joint
agency.
mandato oneroso paid agency.
mandato ostensible ostensible agency.
mandato particular special agency.
mandato personal personal agency.
mandato presunto implied agency.
mandato retribuido paid agency.
mandato revocable revocable agency.
mandato tácito implied agency.
mandato verbal oral agency.
mandatorio mandatory.
mando *m* command, authority.
manejar direct, manage, drive.
manejar bajo estado de embriaguez
driving while intoxicated.
manejo *m* direction, driving.
manejo de materiales materials
handling.
mañero cunning.
manferir assay weights and measures.
manganilla *f* ruse, stratagem.
manifestación *f* manifestation.
manifestación de impuestos tax
return.
manifestación de quiebra
declaration of bankruptcy.
manifiesto manifest.
manifiesto de embarque ship's
manifest.
maniobra *f* maneuver.
maniobrar maneuver.
manipulación *f* manipulation.
manipulador *m* manipulator.
manipulante *m/f* manipulator.
manipular manipulate.
manipular la bolsa manipulation.
manipuleo *m* manipulation.
mano de obra labor.
manos limpias integrity.
mañosamente cunningly.

mañoso cunning.
mansalva without risk.
mantención *f* maintenance.
mantenencia *f* maintenance.
mantener maintain, sustain.
mantenido dependent.
mantenimiento *m* maintenance.
mantenimiento del valor
maintenance of value.
mantenimiento diferido deferred
maintenance.
mantenimiento mínimo minimum
maintenance.
mantenimiento preventivo
preventive maintenance.
manual *m* manual.
manual de ventas sales manual.
manufactura *f* manufacture,
manufactured article.
manufactura flexible flexible
manufacturing.
manufactura repetitiva repetitive
manufacturing.
manufacturación *f* manufacturing.
manufacturar manufacture.
manufacturero *m* manufacturer.
manufacturero adj manufacturing.
manutención *f* maintenance.
manutener maintain.
manzana *f* block.
mapa de cobertura coverage map.
mapa de zonificación zoning map.
máquina *f* machine.
máquina de cancelación canceling
machine.
maquinación *f* machination.
maquinador *m* machinator.
maquinalmente mechanically.
maquinar scheme.
maquinaria *f* machinery.
maraña *f* trick, scheme.
marañero *m* trickster, schemer.
marbete *m* tag, label, sticker.
marca *f* mark.
marca colectiva collective mark.
marca comercial trademark, trade
brand.
marca de comercio trademark.
marca de fábrica trademark.
marca de la casa house brand.
marca de timbre official stamp.
marca descriptiva descriptive mark.

marca figurativa logo.
marca genérica generic brand.
marca industrial trademark.
marca líder brand leader.
marca nacional national brand.
marca privada private brand.
marca registrada registered trademark.
marcado marked.
marcar mark.
marcario pertaining to trademarks.
marchamar stamp.
marchamero *m* customs official who stamps.
marchamo *m* customs stamp.
marchante *m* merchant, customer.
marchante adj mercantile.
mareaje *m* ship's route.
marear navigate, sell, confuse.
marfuz deceiving.
margen *m* margin, border.
margen bruto gross margin.
margen cubierto covered margin.
margen de beneficio margin of profit.
margen de beneficio bruto gross profit margin.
margen de caja cash margin.
margen de cierre closing range.
margen de contribución contribution margin.
margen de error margin of error.
margen de ganancia margin of profit.
margen de ganancia bruta gross profit margin.
margen de ganancia de negocio business profit margin.
margen de ganancias netas net profit margin.
margen de intereses neto net interest margin.
margen de mantenimiento maintenance margin.
margen de préstamos lending margin.
margen de renta neta net profit margin.
margen de seguridad safety margin.
margen en exceso excess margin.
margen inicial initial margin.
margen original original margin.
marginal marginal.
martillar auction.
martillero *m* auctioneer.
martillo *m* auction house.

martingala *f* stratagem.
masa *f* mass, estate, assets.
masa de averías general average.
masa de bienes estate.
masa de la quiebra bankrupt's estate.
masa fallida bankrupt's estate.
masa gravable total taxable value.
masa imponible total taxable value.
masa social corporate assets, partnership assets.
masa tributable total taxable value.
matasellos *m* postal canceling stamp.
materia *f* matter.
materia de registro matter of record.
materia impositiva tax matter.
materia monetaria monetary matter.
materia prima raw material.
material material.
material inflamable flammable substance.
materiales de construcción construction materials.
materiales directos direct materials.
materialidad *f* materiality.
materializar materialize.
matrícula *f* matriculation, register, registration.
matrícula de automóviles automobile registration.
matrícula de buques ship registration.
matriculado matriculated, registered.
matriculador *m* matriculator, registrar.
matricular matriculate, register.
matriz *f* matrix.
matriz adj principal, original.
matriz de decisión decision matrix.
matute *m* smuggling, smuggled goods.
matutear smuggle.
matutero *m* smuggler.
maximización *f* maximization.
maximización de beneficios profit maximization.
maximización de ganancias profit maximization.
maximizar maximize.
máximo *m* maximum.
mayor *m* ledger.
mayor adj greater, older.
mayor cuantía involving a large amount.
mayor valía appreciation.

mayoría *f* majority.
mayoría absoluta absolute majority.
mayoría calificada qualified majority.
mayoría relativa relative majority.
mayoridad *f* majority.
mayorista *m* wholesaler.
mayorista adj wholesale.
mayoritario pertaining to a majority.
mecanismo de crédito credit mechanism.
mecanismo de precios price mechanism.
mecanización *f* mechanization.
mechero *m* shoplifter.
media aritmética arithmetic mean.
media móvil moving average.
media ponderada weighted average.
mediación *f* mediation.
mediación internacional international mediation.
mediación laboral labor mediation.
mediador *m* mediator, intermediary.
mediana *f* median.
medianería *f* party wall.
medianero *m* one of the owners of a party wall, one of the owners of adjoining properties, mediator.
mediante escritura by deed.
mediar mediate, intervene.
mediatamente mediately.
mediato mediate.
medible measurable, appraisable.
medición *f* measurement.
medida *f* measure, measurement.
medida provisional provisional measure.
medidas de estabilidad stability measures.
medidas de reducción de costes cost-reduction measures.
medidas de reducción de costos cost-reduction measures.
medidas preventivas preventive measures.
medidor de tierras surveyor.
mediería *f* sharecropping.
medio de intercambio medium of change.
medio plazo, a medium term.
medios de comunicación means of communication, mass media.
medios de vida means of livelihood.

medios económicos financial resources.
medios fraudulentos false pretenses.
medios publicitarios advertising media.
medios y arbitrios ways and means.
medir measure.
medra *f* increase, improvement.
medrar thrive.
medro *m* increase, improvement.
mejor better, best.
mejor oferta best offer.
mejor postor best bidder.
mejora *f* improvement, better bid.
mejora de capital capital improvement.
mejora permanente permanent improvement.
mejorable improvable.
mejorado improved, increased.
mejorador *m* improver.
mejoramiento *m* improvement.
mejorante *m/f* improver.
mejorar improve, increase.
mejorar un embargo extend an attachment to additional property.
mejoras internas internal improvements.
mejoría *f* improvement.
membrete *m* letterhead, heading, memo.
memorando de crédito credit memorandum.
memorando de débito debit memorandum.
memorando descriptivo descriptive memorandum.
memorándum *m* memorandum, memo book.
memoria *f* memory, report.
memoria anual annual report.
mención *f* mention.
mencionar mention.
menester *m* necessity, occupation.
mengua *f* decrease, decay, discredit.
menguante decreasing, decaying.
menguar decrease, decay, discredit.
menor cuantía, de involving a small amount.
menoría *f* minority.
menorista *m* retailer.
menorista adj retail.

menos　less, least.

menoscabador　damaging, reducing, discrediting.

menoscabar　damage, reduce, discredit.

menoscabo　*m* damage, reduction, discredit.

menoscuenta　*f* partial payment.

menospreciar　undervalue.

menosprecio　*m* undervaluation.

menosprecio de mercancías　disparagement of goods.

mensaje　*m* message, communication.

mensajero　*m* messenger, carrier.

mensual　monthly.

mensualidad　*f* monthly installment, monthly salary.

mensualmente　monthly.

mensura　*f* measurement.

mensurable　measurable.

mensurador　*m* surveyor, measurer.

mensurar　measure.

menudear　retail, go into detail.

menudeo　*m* retail, detailed account.

menudero　*m* retailer.

mera posesión　naked possession.

mercachifle　*m* peddler.

mercadear　market, do business.

mercadeo　*m* marketing, business.

mercadeo concentrado　concentrated marketing.

mercadeo convergente　convergent marketing.

mercadeo cooperativo　cooperative marketing.

mercadeo de prueba　test marketing.

mercadeo de respuesta directa　direct-response marketing.

mercadeo diferenciado　differentiated marketing.

mercadeo directo　direct marketing.

mercadeo en masa　mass marketing.

mercadeo geodemográfico　geodemographic marketing.

mercadeo global　global marketing.

mercadeo selectivo　selective marketing.

mercadeo vertical　vertical marketing.

mercader　*m* merchant, dealer.

mercader de calle　street vendor.

mercader de grueso　wholesaler.

mercadería　*f* merchandise, commodity, goods, commerce.

mercado　*m* market.

mercado a plazo　forward market.

mercado a término　forward market, futures market.

mercado abierto　open market.

mercado acaparado　cornered market.

mercado activo　brisk market.

mercado al contado　cash market.

mercado al por mayor　wholesale market.

mercado al por menor　retail market.

mercado alcista　bull market.

mercado amplio　broad market.

mercado bajista　bear market.

mercado cautivo　captive market.

mercado central　central market.

mercado competitivo　competitive market.

mercado común　common market.

mercado continuo　continuous market.

mercado de bienes inmuebles　real estate market.

mercado de bonos　bond market.

mercado de calidad　quality market.

mercado de cambios　exchange market.

mercado de capitales　capital market.

mercado de consumidores　consumer market.

mercado de corredores　brokers' market.

mercado de crédito　credit market.

mercado de descuento　discount market.

mercado de dinero　money market.

mercado de divisas　foreign exchange market.

mercado de doble subasta　double auction market.

mercado de fondos federales　federal funds market.

mercado de futuros　futures market.

mercado de hipotecas primario　primary mortgage market.

mercado de mercancías　commodities exchange.

mercado de nuevas emisiones　new issue market.

mercado de opciones　options market.

mercado de oro　gold market.

mercado de préstamos　loan market.

mercado de productos commodities exchange.

mercado de productos agrícolas agricultural commodities market.

mercado de prueba test market.

mercado de valores stock market, securities market.

mercado débil weak market.

mercado del comprador buyer's market.

mercado deprimido depressed market.

mercado derivado derivative market.

mercado descontinuo discontinuous market.

mercado doméstico domestic market.

mercado eficiente efficient market.

mercado especulativo speculative market.

mercado financiero financial market.

mercado genérico generic market.

mercado gris gray market.

mercado gubernamental government market.

mercado hipotecario mortgage market.

mercado hipotecario secundario secondary mortgage market.

mercado ideal ideal market.

mercado impactado impacted market.

mercado imperfecto imperfect market.

mercado inestable unstable market.

mercado infravalorado oversold market.

mercado interbancario interbank market.

mercado internacional international market.

mercado invertido inverted market.

mercado libre free market.

mercado monetario money market.

mercado nacional national market.

mercado negro black market.

mercado objeto target market.

mercado oficial official market.

mercado organizado organized market.

mercado perfecto perfect market.

mercado primario primary market.

mercado principal principal market.

mercado público public market.

mercado residual residual market.

mercado restringido restricted market.

mercado secundario secondary market.

mercado sensible sensitive market.

mercado sin restricciones unrestricted market.

mercado sobrevalorado overbought market.

mercancía *f* merchandise, commodity, goods, commerce.

mercancía de efectivo cash commodity.

mercancía exenta exempt commodity.

mercancías a prueba goods on approval.

mercancías complementarias complementary goods.

mercancías consignadas goods on consignment.

mercancías controladas controlled commodities.

mercancías de importación import goods.

mercancías del mercado gris gray market goods.

mercancías devueltas returned goods.

mercancías duraderas durable merchandise.

mercancías empaquetadas packaged goods.

mercancías en tránsito goods in transit.

mercancías industriales industrial goods.

mercancías peligrosas dangerous goods.

mercancías reguladas regulated commodities.

mercancías y servicios goods and services.

mercante *m* merchant.

mercante adj mercantile.

mercantil mercantile.

mercantilismo *m* mercantilism.

mercantilista *m/f* mercantilist.

mercantilizar commercialize.

mercantilmente commercially.

mercantivo mercantile.

mercar purchase, trade.

merchante *m* merchant, jobber.

merma *f* diminution.

mermar diminish.

mes *m* month, month's pay.

mes calendario calendar month.

mes de entrega delivery month.

mes del contrato contract month.

mes natural natural month.

mesa directiva board of directors.

mesa ejecutiva board of directors.

mesada *f* monthly payment.

meter put into, invest, smuggle.

método *m* method.

método cuantitativo quantitative method.

método de acciones de tesorería treasury stock method.

método de acumulación accrual method.

método de amortización depreciation method.

método de amortización lineal straight-line method of depreciation.

método de asignación directa direct allocation method.

método de beneficio bruto gross profit method.

método de bonificación bonus method.

método de clasificación classification method.

método de comparación comparison method.

método de comparación de factores factor comparison method.

método de compra purchase method.

método de contabilidad accounting method, bookkeeping method.

método de contabilidad híbrido hybrid accounting method.

método de contrado completo completed contract method.

método de coste inverso reverse cost method.

método de coste neto net cost method.

método de coste total full cost method.

método de costes cost method.

método de costo inverso reverse cost method.

método de costo neto net cost method.

método de costo total full cost method.

método de costos cost method.

método de cuadrados mínimos least-squares method.

método de depreciación depreciation method.

método de depreciación de interés compuesto compound interest method of depreciation.

método de depreciación de saldos decrecientes declining-balance method.

método de depreciación lineal straight-line method of depreciation.

método de efectivo cash method.

método de financiación financing method.

método de financiación de plan de pensiones pension plan funding method.

método de financiamiento financing method.

método de financiamiento de plan de pensiones pension plan funding method.

método de flujo de efectivo descontado discounted cash flow method.

método de ganancia bruta gross profit method.

método de intereses interest method.

método de inventario periódico periodic inventory method.

método de mantenimiento maintenance method.

método de margen de contribución contribution margin method.

método de Monte Carlo Monte Carlo method.

método de pago payment method.

método de precio bruto gross price method.

método de precio neto net price method.

método de ratio de pérdidas loss ratio method.

método de razón de pérdidas loss ratio method.

método de recuperación de costos cost-recovery method.

método de reembolso reimbursement method.

método de reserva reserve method.

método de saldo previo previous balance method.

método de saldos decrecientes declining-balance method.

método de tasación appraisal method.

método de tendencias acumulativas cumulative trend method.

método de unidades comparativas comparative unit method.

método de valor en el mercado market value method.

método de valor presente neto net present value method.

método de valoración valuation method.

método de valuación valuation method.

método de ventas comparativas comparative sales method.

método de vía crítica critical path method.

método directo direct method.

método estadístico statistical method.

método gráfico graphical method.

método símplex simplex method.

métodos administrativos administrative methods.

métodos de competencia injustas unfair methods of competition.

mezcla de ventas sales mix.

mezclado commingled.

mezclar fondos commingling of funds.

microeconomía *f* microeconomics.

micropelícula *f* microfilm.

miembro *m* member.

miembro asociado associate member.

miembro constituyente founding member.

miembro de cámara de compensación clearinghouse member.

miembro de casa de liquidación clearinghouse member.

miembro de gremio union member.

miembro de la firma member of the firm.

miembro de sindicato union member.

miembro de una corporación corporator.

miembro de una sociedad corporator.

miembro de unión union member.

miembro en propiedad regular member.

miembro fundador founding member.

miembro nato member by virtue of office.

miembro originario founding member.

miembro principal regular member.

miembro propietario regular member.

miembro subrogante alternate member.

miembro suplente alternate member.

miembro titular regular member.

miembro vitalicio life member.

millaje *m* mileage.

millaje implícito constructive mileage.

mina *f* mine.

mineraje *m* mining.

minería *f* mining.

minero *m* miner.

minifundio *m* small farmstead.

minimización *f* minimization.

mínimo minimum.

mínimo de mantenimiento maintenance minimum.

ministrador *m* professional.

ministrar administer, practice a profession, provide.

minoración *f* diminution.

minorar diminish.

minorativo diminishing.

minoría *f* minority.

minoría de edad minority.

minoridad *f* minority.

minorista *m/f* retailer.

minorista adj retail.

minoritario minority.

minuta *f* minute, note, rough draft.

minutar take the minutes of, make a rough draft of.

minutario *m* minutes book.

minutas minutes.

mitin *m* meeting.

mixto mixed.

mobiliario *m* furniture, chattel.

mobiliario y equipo furniture and fixtures.

mobiliario y útiles furniture and fixtures.

moblaje *m* furniture and fixtures.

moción *f* motion.

moción para levantar la sesión motion to adjourn.

mocionante *m/f* person who presents a motion.

mocionar present a motion.

modelado modeling.

modelo *m* model, blank form.

modelo de decisiones decision model.

modelo de descuento de dividendos dividend discount model.

modelo de descuento sobre cantidad quantity discount model.

modelo de la firma specimen signature.

modelo de planificación corporativa corporate planning model.

modelo de proposición bidding form.

modelo econométrico econometric model.

modelo económico economic model.

modelo financiero financial model.

modelo impreso blank form.

modelo industrial industrial model.

modelo matemático mathematical model.

moderado moderate.

modernización *f* modernization.

modernizar modernize.

modificable modifiable, amendable.

modificación *f* modification, amendment.

modificación de contrato modification of contract.

modificado modified.

modificar modify, amend.

modificativo modifying, amending.

modificatorio modifying, amending.

modo *m* manner, mode.

mohatra *f* fraud.

mohatrar defraud.

mohatrero *m* defrauder.

mojón *m* landmark.

mojona *f* surveying.

mojonación *f* delimitation, demarcation.

mojonar delimit, mark the boundaries of.

mojonera *f* landmark site.

momentáneo momentary.

moneda *f* coin, currency.

moneda administrada managed currency.

moneda ajustable adjustable currency.

moneda bloqueada blocked currency.

moneda clave key currency.

moneda controlada managed currency.

moneda convertible convertible currency.

moneda de curso legal legal tender.

moneda de fuerza liberatoria legal tender.

moneda de liquidación settlement currency.

moneda de poder liberatorio legal tender.

moneda de referencia reference currency.

moneda de reserva reserve currency.

moneda débil weak currency.

moneda depreciada depreciated currency.

moneda devaluada devaluated currency.

moneda dirigida managed currency.

moneda elástica elastic currency.

moneda en circulación currency in circulation.

moneda escasa scarce currency.

moneda estable stable currency.

moneda extranjera foreign currency.

moneda falsa counterfeit money.

moneda flotante floating currency.

moneda fraccionada fractional currency.

moneda inconvertible inconvertible currency.

moneda inelástica inelastic currency.

moneda legal legal tender.

moneda legítima legal tender.

moneda metálica specie.

moneda mixta mixed currency.

moneda nacional national currency, domestic currency.

moneda sonante specie.

moneda vinculada al oro gold-pegged currency.

monedaje *m* coinage.

monedería *f* mintage.

monedero falso counterfeiter.

monetario monetary.

monetización *f* monetization.

monetizar mint.

monipodio *m* illegal agreement.

monometalismo *m* monometallism.

monopólico monopolistic.

monopolio *m* monopoly.

monopolio absoluto absolute monopoly.

monopolio del comprador buyer's monopoly.

monopolio fiscal government monopoly.

monopolio gubernamental government monopoly.

monopolio laboral labor monopoly.

monopolio legal legal monopoly.

monopolio natural natural monopoly.

monopolio parcial partial monopoly.

monopolio perfecto perfect monopoly.

monopolio público public monopoly.

monopolio puro pure monopoly.

monopolio temporal temporary monopoly.

monopolista *m/f* monopolist.

monopolista adj monopolistic.

monopolístico monopolistic.

monopolización *f* monopolization.

monopolizador *m* monopolizer.

monopolizador adj monopolizing.

monopolizar monopolize.

monopsonio *m* monopsony.

monta *f* sum.

montante *m* sum.

montante cierto sum certain.

monto *m* amount, sum.

monto a pagar amount payable.

monto a riesgo neto net amount at risk.

monto acumulado accumulated amount.

monto alzado agreed sum.

monto asegurado amount covered.

monto constante constant amount.

monto de la pérdida amount of loss.

monto de seguro primario primary insurance amount.

monto debido amount due.

monto determinado determined amount.

monto en riesgo amount at risk.

monto financiado amount financed.

monto garantizado guaranteed amount.

monto indeterminado sum uncertain.

monto líquido liquid assets.

monto retenido amount withheld.

mora *f* delay, default.

mora, en in arrears, delinquent.

moratoria *f* moratorium.

mordida *f* bribe.

morosamente tardily.

morosidad *f* delay, delinquency.

moroso tardy, delinquent.

mortalidad esperada expected mortality.

mortalidad experimentada experienced mortality.

motete *m* parcel.

motivación *f* motivation.

motivado motivated.

motivar motivate.

movilidad horizontal horizontal mobility.

movilidad laboral labor mobility.

movilización *f* mobilization.

movilizar mobilize.

movimiento *m* movement.

movimiento de capital capital movement.

movimiento de inversiones investment turnover.

movimiento de mercancías merchandise turnover.

movimiento de precios price movement.

movimiento de precios horizontal horizontal price movement.

movimiento laboral labor movement.

mueblaje *m* furniture.

muebles furniture, moveables.

muebles corporales personal property.

muebles y enseres furniture and fixtures.

muebles y útiles furniture and fixtures.

muellaje *m* wharfage.

muelle *m* pier.

muerte accidental accidental death.

muerte relacionada al trabajo job-related death.

muestra *f* sample, model.

muestra aletoria random sample.

muestra de referencia reference sample.

muestra representativa representative sample.

muestrario *m* sample book.

muestreo *m* sampling.

muestreo aleatorio random sampling.

muestreo aleatorio estratificado stratified random sampling.

muestreo de hogar en hogar house-to-house sampling.

muestreo estadístico statistical sampling.

muestreo estratificado stratified sampling.

muestreo fijo fixed sampling.

muestreo por atributos attribute sampling.

muestreo por descubrimiento discovery sampling.

muestreo por grupos cluster sampling.

muestreo sistemático systematic sampling.

multa *f* fine.

multa aduanera customs fine.

multa fiscal tax penalty.

multable finable.

multar fine.

multicolinealidad *f* multicolinearity.

multilateral multilateral.

multilateralismo *m* multilateralism.

multinacional multinational.

múltiple multiple.

multiplicador *m* multiplier.

multiplicador de beneficio neto net income multiplier.

multiplicador de dinero money multiplier.

multiplicador de ingreso bruto gross income multiplier.

multiplicador de ingreso neto net income multiplier.

multiplicador de renta bruto gross rent multiplier.

multiplicador de renta neta net income multiplier.

multiplicador monetario monetary multiplier.

muro medianero party wall.

mutación *f* transfer.

mutual *f* mutual company, mutual benefit association.

mutual adj mutual.

mutualidad *f* mutuality, mutual company, mutual benefit association.

mutualista *m* member of a mutual company, member of a mutual benefit association.

mutuamente mutually.

mutuante *m/f* lender.

mutuario *m* mutuary, borrower.

mutuatario *m* mutuary, borrower.

mutuo *m* loan for consumption, mutuum.

mutuo adj mutual.

mutuo disenso mutual rescission.

N

nación acreedora creditor nation.

nación dependiente dependent nation.

nación deudora debtor nation.

nación exportadora exporting nation.

nación más favorecida most favored nation.

nación miembro member nation.

nacional national.

nacionalidad del buque nationality of the ship.

nacionalización *f* nationalization.

narcotráfico *m* drug trafficking.

naturaleza de las obligaciones nature of the obligations.

naufragante shipwrecked, sinking.

naufragar to be shipwrecked, to be wrecked.

naufragio *m* shipwreck, wreck.

nave de carga cargo ship.

navegabilidad *f* navigability.

navegable navigable.

navegación *f* navigation.

navegación aérea air navigation.

navegación costanera cabotage.

navegación de alta mar navigation on the open seas.

navegación de cabotaje cabotage.

navegación fluvial river navigation.

naviero *m* shipowner.

naviero adj pertaining to shipping.

navío *m* ship, vessel.

navío de carga freighter.

navío de transporte transport ship.

navío mercante merchant ship.

navío mercantil merchant ship.

necesariamente necessarily.

necesario necessary.

necesidad *f* necessity.
negable deniable.
negación *f* negation, denial.
negador *m* denier, disclaimer.
negante *m/f* denier.
negar negate, deny, disclaim, prohibit.
negarse decline to do.
negativa *f* negative, refusal.
negativa a firmar refusal to sign.
negatoria *f* action to quiet title.
negligencia *f* negligence, neglect, carelessness.
negligencia comparada comparative negligence.
negligencia comparativa comparative negligence.
negligencia concurrente concurrent negligence.
negligencia conjunta joint negligence.
negligencia contribuyente contributory negligence.
negligencia en el abordaje collision of ships caused by negligence.
negligencia inexcusable inexcusable negligence.
negligencia procesable actionable negligence.
negligencia profesional malpractice, professional negligence.
negligente *m* neglecter.
negligente adj negligent, careless.
negligentemente negligently, carelessly.
negociabilidad *f* negotiability.
negociable negotiable.
negociación *f* negotiation, transaction, clearance.
negociación, en in negotiation.
negociación individual individual bargaining.
negociaciones colectivas collective bargaining.
negociaciones en buena fe good faith bargaining.
negociado adj negotiated.
negociado *m* bureau, department, transaction, illegal transaction.
negociado de aduanas bureau of customs.
negociado de patentes patent office.
negociador *m* negotiator.
negociar negotiate.

negociar colectivamente bargain collectively.
negociar documentos discount negotiable instruments.
negociar un empréstito negotiate a loan.
negocio *m* business, occupation, transaction.
negocio ajeno another's business.
negocio bancario banking business.
negocio con el extranjero foreign trade.
negocio de construcción building business.
negocio de corretaje brokerage business.
negocio de financiamiento financing business.
negocio de seguros insurance business.
negocio de ventas por correo mail order business.
negocio en marcha going concern.
negocio estacional seasonal business.
negocio fiduciario fiduciary transaction.
negocio pequeño small business.
negocio propio sole proprietorship, personal business.
negocio sucio dirty business.
negocio u ocupación business or occupation.
nepotismo *m* nepotism.
neto net, genuine.
neutralidad *f* neutrality.
nexo *m* nexus.
nicho *m* niche.
nicho de mercado market niche.
nitidez *f* clarity.
nítido clear.
nivel *m* level.
nivel de aprobación approval level.
nivel de centralización level of centralization.
nivel de cobertura coverage level.
nivel de confianza confidence level.
nivel de costes cost level.
nivel de costos cost level.
nivel de empleo level of employment.
nivel de inventario base base inventory level.
nivel de ocupación occupancy level.

nivel de pleno empleo full employment level.

nivel de precios price level.

nivel de precios general general price level.

nivel de salario salary level.

nivel de servicio service level.

nivel de vida standard of living.

nivel neto net level.

nivel organizativo organizational level.

nivel periódico periodic level.

nivel salarial wage level.

nivelar level.

no acumulativo noncumulative.

no admitido nonadmitted.

no ajustado unadjusted.

no amortizado unamortized.

no asegurable noninsurable.

no asegurado uninsured, noninsured.

no asumible nonassumable.

no cancelable noncancelable.

no cobrado uncollected.

no comercial noncommercial.

no confirmado unconfirmed.

no consolidado unconsolidated.

no consumible nonconsumable.

no corporativo noncorporate.

no cotizado unlisted.

no cruzado uncrossed.

no de producción nonproduction.

no de reserva nonreserve.

no declarado undeclared.

no deducible nondeductible.

no distribuido undistributed.

no duradero nondurable.

no estocástico nonstochastic.

no expirado unexpired.

no facturado unbilled.

no financiero nonfinancial.

no fungible nonfungible.

no gravable nontaxable.

no imponible nontaxable.

no incorporado unincorporated.

no inflacionario noninflationary.

no inscrito unrecorded.

no intervención nonintervention.

no lucrativo nonprofit.

no monetario nonmonetary.

no negociable nonnegotiable, nonmarketable, unnegotiable.

no ocupacional nonoccupational.

no participante nonparticipating.

no prestado nonborrowed.

no proporcional nonproportional.

no público nonpublic.

no recíproco nonreciprocal.

no reclamado unclaimed.

no recurrente nonrecurring.

no reembolsable nonrefundable.

no registrado unrecorded.

no renovable nonrenewable.

no residencial nonresidential.

no residente nonresident.

no restringido unrestricted.

no retirable noncallable.

no solicitado unsolicited.

no transferible nontransferable.

no tributable nontaxable.

no valorado nonvalued.

nocente noxious.

nocible noxious.

nocividad f noxiousness.

nocivo noxious.

nombrado m appointee.

nombrado adj named, renowned.

nombramiento m naming.

nombrar name, elect.

nombrar nuevamente reappoint.

nombrar un agente appoint an agent.

nombre m name, renown.

nombre comercial commercial name.

nombre corporativo corporate name.

nombre de comercio trade name.

nombre de, en on behalf of.

nombre de fábrica trade name.

nombre de marca trade name.

nombre distintivo distinctive name.

nombre ficticio fictitious name.

nombre genérico generic name.

nombre legal legal name.

nombre postizo fictitious name.

nombre social firm name.

nombre supuesto fictitious name.

nómina f payroll, list.

nómina acumulada accrued payroll.

nómina de pagos payroll.

nómina ordinaria ordinary payroll.

nominal nominal.

nominalmente nominally.

nominilla f voucher.

norma f norm, regulation, model.

norma corriente current practice.

norma de valor measure of value.
normalizar normalize.
normalmente normally.
normas aceptadas accepted standards.
normas contables accounting standards.
normas contables generalmente aceptadas generally accepted accounting principles.
normas de auditoría auditing standards.
normas de auditoría generalmente aceptadas generally accepted auditing standards.
normas de contabilidad accounting standards.
normas de industria industry standards.
normas de trabajo labor standards.
nota bancaria bank note, bank bill.
nota de capital capital note.
nota de crédito credit note.
nota de débito debit note, debit ticket.
nota de entrega delivery note.
nota de envío dispatch note.
nota de excepciones bill of exceptions.
nota de pago note.
nota de protesto note of protest.
nota promisoria promissory note.
notariado notarized.
notarial notarial.
notariato *m* certificate of a notary public.
notario *m* notary public.
notario autorizante attesting notary.
notario fedante attesting notary.
notario público notary public.
notario que subscribe signing notary.
notarizar notarize.
notas notes, records of a notary public.
noticia de rechazo notice of dishonor.
noticiar notify.
notificación *f* notification, notice.
notificación a acreedores notice to creditors.
notificación adecuada adequate notice.
notificación de aceptación notice of acceptance.
notificación de asamblea notice of meeting.

notificación de cambio notice of change.
notificación de cancelación notice of cancelation.
notificación de deficiencia notice of deficiency.
notificación de derechos de autor notice of copyright.
notificación de embarque notice of shipment.
notificación de huelga notice of strike.
notificación de incumplimiento notice of default.
notificación de junta notice of meeting.
notificación de llegada notice of arrival.
notificación de mora notice of arrears.
notificación de no aceptación notice of nonacceptance.
notificación de protesto notice of protest.
notificación de quiebra notice of bankruptcy.
notificación de rechazo notice of dishonor.
notificación de rechazo de un pagaré notice of dishonor.
notificación de renovación notice of renewal.
notificación de retiro notice of withdrawal.
notificación de reunión notice of meeting.
notificación de vencimiento notice of due date, notice of date of maturity.
notificación implícita constructive notice.
notificación para dejar vacante notice to quit.
notificado notified.
novación *f* novation.
novar novate.
nube sobre título cloud on title.
nuda propiedad bare legal title.
nudo pacto nude pact.
nudo propietario bare owner.
nueva adquisición new acquisition.
nueva emisión new issue.
nueva empresa new enterprise.
nueva orden new order.
nuevo contrato new contract.

nuevo pedido new order.

nuevo saldo new balance.

nuevo y útil new and useful.

nulamente invalidly.

nulidad *f* nullity.

nulidad absoluta absolute nullity.

nulidad de los contratos nullity of the contracts.

nulo y sin valor null and void.

numerar number, express in numbers.

número de autorización authorization number.

número de cesión cession number.

número de cheque check number.

número de comerciante merchant number.

número de cuenta account number.

número de cuenta principal primary account number.

número de factura invoice number.

número de identificación bancaria bank identification number.

número de identificación de contribuyente taxpayer identification number.

número de identificación patronal employer identification number.

número de identificación personal personal identification number.

número de orden order number.

número de pedido order number.

número de póliza policy number.

número de referencia reference number.

número de seguridad de tarjeta card security number.

número de serie de cheque check serial number.

número de tránsito transit number.

numo *m* money.

ñapa *f* bonus, tip.

objetividad *f* objectivity.

objetivo de coste cost objective.

objetivo de costo cost objective.

objetivo de ganancia profit objective.

objetivos operacionales operational objectives.

objeto *m* object, subject matter.

objeto del contrato subject matter of the contract.

objeto social corporate purpose, partnership purpose.

oblación *f* payment.

oblar pay off.

obligación *f* obligation, liability, bond.

obligación a corto plazo short-term liability.

obligación a día obligation which must be fulfilled within a certain period.

obligación a largo plazo long-term liability.

obligación a plazo obligation which must be fulfilled within a certain period.

obligación absoluta absolute obligation.

obligación accesoria accessory obligation.

obligación al portador bearer debenture.

obligación amortizable amortizable obligation.

obligación bilateral bilateral obligation.

obligación colateralizada collateralized obligation.

obligación colectiva joint obligation.

obligación comercial commercial obligation.

obligación con cláusula penal obligation with a penalty clause.

obligación condicional conditional obligation.

obligación conjunta joint obligation.

obligación conjuntiva conjunctive obligation.

obligación consensual consensual obligation.

obligación contingente contingent obligation.

obligación contractual contractual obligation.

obligación contributiva tax liability.

obligación convencional contractual obligation.

obligación convertible convertible debenture.

obligación copulativa conjunctive obligation.

obligación crediticia debt obligation.

obligación cuasicontractual quasi-contractual obligation.

obligación de bonos colateralizados collateralized bond obligation.

obligación de comercio commercial obligation.

obligación de dar obligation to turn over.

obligación de dar cosa cierta determinate obligation.

obligación de dar cosa incierta indeterminate obligation.

obligación de entrega obligation to deliver.

obligación de fideicomiso trust bond.

obligación de hacer obligation to do.

obligación de reparación obligation of reparation.

obligación de tracto sucesivo obligation which is fulfilled in installments.

obligación de tracto único obligation which is fulfilled all at once.

obligación determinada determinate obligation.

obligación directa direct obligation.

obligación divisible divisible obligation.

obligación específica determinate obligation.

obligación estatutaria statutory obligation.

obligación ética moral obligation.

obligación expresa express obligation.

obligación extracontractual noncontractual obligation.

obligación facultativa alternative obligation.

obligación fija fixed obligation.

obligación financiera financial obligation.

obligación fiscal tax duty.

obligación fiscal tax liability.

obligación garantizada secured obligation.

obligación genérica indeterminate obligation.

obligación gubernamental government obligation.

obligación hipotecaria colateralizada collateralized mortgage obligation.

obligación ilícita illegal obligation.

obligación implícita implied obligation.

obligación impositiva tax liability.

obligación incondicional unconditional obligation.

obligación incumplida unfulfilled obligation.

obligación indeterminada indeterminate obligation.

obligación indivisible indivisible obligation.

obligación legal legal obligation.

obligación mancomunada joint obligation.

obligación mercantil commercial obligation.

obligación moral moral obligation.

obligación pecuniaria monetary obligation.

obligación pendiente outstanding obligation.

obligación personal personal obligation.

obligación principal principal obligation.

obligación privilegiada preferred obligation.

obligación profesional professional obligation.

obligación pura pure obligation.

obligación real real obligation.

obligación simple simple obligation.

obligación sin garantía unsecured obligation.

obligación sinalagmática synallagmatic obligation.

obligación solidaria joint and several obligation.

obligación subsidiaria accessory obligation.

obligación tributaria tax liability.

obligación unilateral unilateral obligation.

obligacional obligational.

obligaciones a la vista sight liabilities.

obligaciones al portador bearer instruments.

obligaciones cambiarias de favor accommodation bills.

obligaciones conexas related obligations.

obligaciones contingentes contingent liabilities.

obligaciones de capital capital liabilities.

obligaciones de deudas debt obligations.

obligaciones de renta fixed-income securities.

obligaciones del tesoro treasury debt instruments.

obligaciones nominativas registered debt instruments.

obligaciones seriadas serial bonds.

obligacionista *m/f* bondholder.

obligado *m* obligor, debtor.

obligado adj obligated.

obligador *m* binder.

obligante obligating.

obligar oblige, obligate, force.

obligarse oblige oneself, undertake.

obligativo obligatory.

obligatoriamente obligatorily.

obligatoriedad *f* obligatoriness.

obligatorio obligatory.

obra *f* work, construction.

obra nueva new construction.

obra por piezas piecework.

obrador *m* worker.

obraje *m* manufacturing.

obrar work, construct.

obras públicas public works.

obrepción *f* obreption.

obrerismo *m* labor, laborism.

obrero *m* worker.

obscuridad de los contratos contractual vagueness.

obsequiador *m* giver.

obsequiar give.

obsequio *m* gift.

observación de inventario inventory observation.

observancia *f* observance.

obsolescencia *f* obsolescence.

obsolescencia de producto product obsolescence.

obsolescencia económica economic obsolescence.

obsolescencia planificada planned obsolescence.

obsolescencia tecnológica technological obsolescence.

obsolescente obsolescent.

obsoleto obsolete.

obstaculizar obstruct.

obstáculo *m* obstacle.

obstar obstruct.

obstrucción *f* obstruction.

obstructor *m* obstructor.

obstruir obstruct.

obtención *f* obtaining.

obtener obtain.

obtener crédito obtain credit.

obvención *f* perquisite.

ocasional occasional, accidental.

ocasionalmente occasionally, accidentally.

ocio *m* inactivity, leisure.

ocultación *f* concealment.

ocultación de bienes concealment of property.

ocultación de identidad concealment of identity.

ocultación fraudulenta fraudulent concealment.

ocultador *m* concealer.

ocultamente stealthily.

ocultar conceal.

oculto hidden.

ocupable occupiable, employable.

ocupación *f* occupation, occupancy.

ocupación efectiva actual occupancy.

ocupación remunerada gainful employment.

ocupacional occupational.

ocupado occupied.

ocupador *m* occupier.

ocupante *m/f* occupant.

ocupar occupy, employ.

ocurrencia *f* occurrence.

ocurrencia de acreedores creditors' meeting.

ocurrir occur, appear.

ocurso *m* petition, demand.

ofender offend, infringe.

oferente *m* offerer.
oferta *f* offer, proposal, bid.
oferta combinada composite supply.
oferta competitiva competitive bid.
oferta complementaria complementary supply.
oferta de compra condicional conditional offer to purchase.
oferta de compra incondicional unconditional offer to purchase.
oferta de mercado market supply.
oferta de trabajo offer of employment.
oferta de valores securities offering.
oferta efectiva effective supply.
oferta elástica elastic supply.
oferta en exceso excess supply.
oferta en firme firm offer.
oferta especial special offer.
oferta estacional seasonal supply.
oferta firme firm offer.
oferta global overall supply.
oferta incondicional unconditional offer.
oferta inelástica inelastic supply.
oferta irrevocable irrevocable offer.
oferta más baja lowest offer.
oferta monetaria money supply.
oferta no competitiva noncompetitive bid.
oferta oculta hidden offer.
oferta oral oral offer.
oferta por escrito offer in writing.
oferta pública de adquisición takeover bid.
oferta pública de valores public offering of securities.
oferta pública inicial initial public offering.
oferta razonable fair offer.
oferta total aggregate supply.
oferta y aceptación offer and acceptance.
oferta y demanda supply and demand.
ofertar offer at a reduced price, offer.
oficial *m* official, officer.
oficial adj official.
oficial administrativo administrative officer.
oficial corporativo corporate officer.
oficial de aduana customs officer.
oficial de operaciones principal chief operating officer.

oficial de plica escrow officer.
oficial de préstamos loan officer.
oficial ejecutivo executive officer.
oficial ejecutivo principal chief executive officer.
oficial financiero principal chief financial officer.
oficial fiscal financial officer.
oficial interino acting officer.
oficial responsable accountable official.
oficialidad *f* body of officers.
oficializar make official.
oficialmente officially.
oficiar officiate, communicate officially.
oficina *f* office.
oficina arrendada leased office.
oficina bancaria banking office.
oficina central headquarters, head office.
oficina de acatamiento compliance office.
oficina de aprobación de crédito credit-approval office.
oficina de auditoría audit office.
oficina de autorizaciones authorization office.
oficina de certificación certification office.
oficina de cobranza collection office.
oficina de cobros collection office.
oficina de colocación obrera employment office.
oficina de compensaciones clearinghouse.
oficina de compras purchasing office.
oficina de contabilidad accounting office.
oficina de contribuciones tax office.
oficina de crédito credit office.
oficina de exportación export office.
oficina de facturación billing office.
oficina de hipotecas mortgage office.
oficina de impuestos tax office.
oficina de marcas trademark office.
oficina de negocios business office.
oficina de nómina payroll office.
oficina de operaciones operations office.
oficina de órdenes order office.
oficina de patentes patent office.
oficina de personal personnel office.

oficina de préstamos　loan office.
oficina de producción　production office.
oficina de producción de préstamos　loan production office.
oficina de publicidad　advertising office.
oficina de reclamaciones　claims office.
oficina de relaciones públicas　public relations office.
oficina de seguros　insurance office.
oficina de servicio　service office.
oficina de tránsito　transit office.
oficina de ventas　sales office.
oficina de ventas a crédito　credit sales office.
oficina extranjera　foreign office.
oficina fiduciaria de banco　bank trust office.
oficina financiera　finance office.
oficina general　general office.
oficina hipotecaria　mortgage office.
oficina postal　post office.
oficina regional　regional office.
oficinista　m/f office worker.
oficio　m occupation, office, trade.
ofrecedor　m offerer.
ofrecer　offer, bid.
ofrecido　m offeree.
ofreciente　m/f offerer.
ofreciente　adj offering.
ofrecimiento　m offer, proposal.
ofrecimiento de pago　offer of payment.
ofrecimiento especial　special offering.
ofrecimiento privado　private offering.
ofrecimiento público　public offering.
ofrecimiento secundario　secondary offering.
ofrecimiento secundario registrado　registered secondary offering.
oligopolio　m oligopoly.
oligopolio homogéneo　homogeneous oligopoly.
oligopolio imperfecto　imperfect oligopoly.
oligopolio parcial　partial oligopoly.
oligopolísitco　oligopolistic.
oligopsonio　m oligopsony.
ombudsman　m ombudsman.
omisible　omissible.

omisión　f omission, neglect.
omitido　omitted.
omitir　omit.
omnímodo　all-embracing.
oneroso　onerous.
opción　f option.
opción a base de índice　index option.
opción convencional　conventional option.
opción cotizada　listed option.
opción cubierta　covered option.
opción de compra　option to purchase, call option.
opción de compra de acciones compensatoria　compensatory stock option.
opción de compra de acciones de empleados　employee stock option.
opción de compra de acciones sin restricciones　unrestricted stock option.
opción de compra garantizada　guaranteed purchase option.
opción de conversión　conversion option.
opción de dividendos　dividend option.
opción de renovación　renewal option.
opción del comprador　buyer's option.
opción del vendedor　seller's option.
opción descubierta　uncovered option.
opción no cubierta　naked option.
opcional　optional.
opciones de monedas　currency options.
opciones de tasas de intereses　interest rate options.
opciones de tipos de intereses　interest rate options.
opciones en circulación　outstanding options.
operación　f operation, transaction.
operación bancaria　banking transaction.
operación de bolsa　stock exchange transaction.
operación de crédito　credit transaction.
operación descontinuada　discontinued operation.
operación financiera　financial operation.

operacional operational.
operaciones bancarias banking operations.
operaciones especulativas speculative operations.
operaciones gravables taxable operations.
operaciones imponibles taxable operations.
operaciones regionales regional operations.
operar operate.
operativo operative.
opinión *f* opinion.
opinión de título opinion of title.
opinión del contador accountant's opinion.
opinión legal legal opinion.
oportunamente opportunely.
oportunidad *f* opportunity.
oportunidad comercial business opportunity.
oportunidad de empleo sin discrimen equal employment opportunity.
oportunista *m/f* opportunist.
oportunista adj opportunistic.
oportuno opportune.
oposición *f* opposition.
opositor *m* opponent.
optante *m/f* chooser.
optar choose.
optativo optional.
optimización de cartera de valores portfolio optimization.
óptimo optimal, optimum.
optmización *f* optimization.
orden *f* order.
orden a crédito credit order.
orden abierta open order.
orden al contado cash order.
orden al precio de mercado market order.
orden con combinaciones combination order.
orden con precio límite limit order.
orden condicional conditional order, contingent order.
orden de, a la to the order of.
orden de cambio change order.
orden de compra purchase order, buy order.

orden de entrega delivery order.
orden de estafeta money order.
orden de fabricación manufacturing order.
orden de manufactura manufacturing order.
orden de pago payment order.
orden de precio limitado limited price order.
orden de prueba trial order.
orden de trabajo work order, job order.
orden de transferencia transfer order.
orden de un día day order.
orden del día agenda.
orden designada designated order.
orden discrecional discretionary order.
orden dividida split order.
orden en firme firm order.
orden en vigor esta semana good-this-week order.
orden en vigor este mes good-this-month order.
orden especial special order.
orden firme firm order.
orden incondicional unconditional order.
orden inmediata immediate order.
orden judicial judicial order.
orden limitada limited order.
orden oral oral order.
orden original original order.
orden para cesar alguna actividad cease and desist order.
orden por escrito order in writing.
orden telefónica telephone order.
ordenación *f* order, arrangement.
ordenador *m* controller, arranger.
ordenamiento *m* ordering, order.
ordenanza *f* ordinance, order.
ordenanzas de construcción building code.
ordenar order, regulate.
ordenar bienes marshal assets
ordenar por correo order by mail.
órdenes apareadas matched orders.
ordinariamente ordinarily.
ordinario ordinary.
organigrama *m* organizational chart, flowchart.
organismo *m* organization, entity.
organismo rector board of directors.

organización *f* organization.

organización autorreguladora self-regulatory organization.

organización calificada qualified organization.

organización caritativa charitable organization.

organización comercial business organization.

organización de compañía company organization.

organización de mantenimiento de salud health maintenance organization.

organización de proveedores preferidos preferred provider organization.

organización de ventas sales organization.

organización del negocio business organization.

organización económica economic organization.

organización exenta exempt organization.

organización exenta de contribuciones tax-exempt organization.

organización exenta de impuestos tax-exempt organization.

organización formal formal organization.

organización funcional functional organization.

organización internacional international organization.

organización lineal line organization.

organización patronal employers' organization.

organización sin fines de lucro nonprofit organization.

organización vertical vertical organization.

organizado organized.

organizar organize.

organizarse to be organized.

organizativo organizational.

órgano *m* organ, agency.

órgano de dirección executive committee.

órgano directivo executive committee.

órgano ejecutivo executive committee.

orientación *f* orientation.

originación *f* origination.

originación de empréstito loan origination.

originación de préstamo loan origination.

originación de préstamos computerizada computerized loan origination.

originación hipotecaria mortgage origination.

originador *m* originator.

original original, authentic.

oro papel paper gold.

ostensible ostensible.

ostensiblemente ostensibly.

otorgador *m* grantor.

otorgador adj granting.

otorgamiento *m* granting, authorization.

otorgamiento de contrato contract awarding.

otorgamiento de crédito extension of credit.

otorgante *m/f* grantor.

otorgar grant, award, agree to, execute.

otorgar ante notario execute before a notary.

otorgar crédito grant credit.

otorgar un contrato award a contract.

otorgar una patente grant a patent.

otros activos other assets.

otros cargos other charges.

otros costes other costs.

otros costos other costs.

pactado agreed to.

pactante *m/f* contracting party.

pactar contract, agree to.

pacto *m* pact, agreement, contract.

pacto accesorio accessory agreement.

pacto ambiguo ambiguous agreement.

pacto comisorio agreement that may be rescinded under certain conditions.

pacto de adición sale in which the seller may rescind the agreement if there is a better offer.

pacto de comercio commerce treaty.

pacto de mejor comprador sale in which the seller may rescind the agreement if there is a better offer.

pacto de preferencia agreement to grant a right of first refusal.

pacto de recompra repurchase agreement.

pacto de retraer repurchase agreement.

pacto de retro repurchase agreement.

pacto de retroventa repurchase agreement.

pacto de reventa repurchase agreement.

pacto de trabajo employment contract.

pacto en contrario agreement to the contrary.

pacto legítimo legal agreement.

pacto leonino unconscionable agreement, unconscionable covenant.

pacto penal penalty clause.

pacto prohibido illegal agreement.

pacto restrictivo restrictive covenant.

pacto social partnership agreement.

pactos usuales usual covenants.

paga f pay, payment, compensation.

paga básica basic pay.

paga efectiva net pay.

paga indebida wrongful payment.

paga inicial initial pay.

paga mínima minimum wage.

paga neta net pay.

paga por cesantía severance pay.

paga por días festivos holiday pay.

paga por tiempo y medio time-and-a-half pay.

paga retenida retained wages.

paga retenida condicionalmente holdback pay.

paga retroactiva retroactive pay.

paga suplementaria supplemental pay.

paga viciosa inappropriate payment.

pagable payable, owing.

pagadero payable, owing.

pagadero a la demanda payable on demand.

pagadero a la entrega payable on delivery.

pagadero a la orden payable on order.

pagadero a la vista payable on sight.

pagadero a plazos payable in installments.

pagadero a presentación payable on sight.

pagadero al portador payable to bearer.

pagado m stamp indicating payment.

pagado adj paid.

pagado totalmente paid in full.

pagador m payer.

pagador de dividendos dividend payer.

pagador de impuestos taxpayer.

pagaduría f disbursement office.

pagamento m payment.

pagamiento m payment.

pagar pay, return.

pagar, a payable, outstanding.

pagar a cuenta pay on account.

pagar a la vista pay at sight.

pagar a plazos pay in installments.

pagar al contado pay cash.

pagar bajo protesta pay under protest.

pagar totalmente pay in full.

pagaré m promissory note, note.

pagaré a la vista demand note.

pagaré al portador bearer note.

pagaré con garantía prendaria collateral note.

pagaré conjunto joint promissory note.

pagaré de favor accommodation note.

pagaré fiscal short-term government debt instrument.

pagaré garantizado secured note.

pagaré hipotecario mortgage note.

pagaré mancomunado joint note.

pagaré negociable negotiable note.

pagaré no negociable nonnegotiable note.

pagaré nominativo nominative note.

pagaré pasivo passive note.

pagaré prendario collateral note.

pagaré quirografario unsecured note.

pagaré solidario joint and several note.

pagarés a cobrar notes receivable.

pagarés a pagar notes payable.

pago m payment.

pago a cuenta payment on account.

pago a plazos payment in installments.

pago adicional garantizado guaranteed additional payment.

pago adicional por despido dismissal pay.

pago al contado cash payment.

pago antes de entrega cash before delivery.

pago antes del vencimiento payment before maturity.

pago anticipado prepayment, advance payment.

pago automático automatic payment.

pago bajo protesta payment under protest.

pago bisemanal biweekly payment.

pago compensatorio compensating payment.

pago con la orden cash with order.

pago con subrogación subrogation payment.

pago condicional conditional payment.

pago conjunto copayment.

pago constante constant payment.

pago contra documentos payment against documents, cash against documents.

pago contra entrega cash on delivery.

pago cuestionable questionable payment.

pago de arrendamiento mínimo minimum lease payment.

pago de banquero banker's payment.

pago de contribuciones tax payment.

pago de cuentas telefónico telephone bill payment.

pago de deuda debt payment.

pago de deudas ajenas payment of the debts of another.

pago de dividendo dividend payment.

pago de entrada down payment.

pago de facturas bill payment.

pago de impuestos tax payment.

pago de impuestos anticipado advance tax payment.

pago de incentivo incentive fee.

pago de las obligaciones payment of obligations.

pago de lo indebido wrongful payment.

pago de servicios payment of services.

pago de vacaciones vacation pay.

pago del arrendamiento rent payment.

pago demorado delayed payment.

pago detenido stopped payment.

pago diferido deferred payment, late payment.

pago directo direct payment.

pago en cuotas payment in installments.

pago en el arrendamiento rent payment.

pago en especie payment in kind.

pago en exceso overpayment.

pago en moneda extranjera payment in foreign currency.

pago en mora overdue payment.

pago especificado specified payment.

pago estipulado stipulated payment.

pago extraviado missing payment.

pago ficticio fictitious payment.

pago forzoso forced payment.

pago global lump-sum payment.

pago hipotecario mortgage payment.

pago imposible impossible payment.

pago incondicional unconditional payment.

pago indebido wrongful payment.

pago inicial down payment.

pago inicial mínimo minimum down payment.

pago inmediato immediate payment.

pago insuficiente underpayment.

pago interino interim payment.

pago internacional international payment.

pago involuntario involuntary payment.

pago judicial forced payment.

pago liberatorio liberating payment.

pago máximo maximum payment.

pago mensual monthly payment.

pago mínimo minimum payment.

pago obligatorio mandatory payment.

pago ordinario ordinary payment.

pago parcial partial payment.

pago perdido missing payment.

pago periódico periodic payment.

pago por adelantado payment in advance.

pago por cheque payment by check.

pago por comparecencia call pay.

pago por cuenta ajena payment on behalf of another.

pago por entrega de bienes payment in kind.

pago por error wrongful payment.

pago por otro   payment of the debts of another.

pago por tercera parte   third party payment.

pago preautorizado   preauthorized payment.

pago preferencial   preferential payment.

pago recibido   payment received.

pago recurrente   recurring payment.

pago reembolsable   refundable payment.

pago subsidiado   subsidized payment.

pago suspendido   stopped payment.

pago tardío   late payment.

pago total   full payment.

pago trimestral   quarterly payment.

pago único   single payment.

pago vencido   overdue payment.

pago voluntario   voluntary payment.

pagos anticipados   anticipated payments.

pagos con cheques preautorizados   preauthorized-check payments.

pagos corrientes   current payments.

pagos escalonados   graduated payments.

pagos fijos   fixed payments.

pagos garantizados   guaranteed payments.

pagos internacionales corrientes   current international payments.

pagos netos   net payments.

pagos parejos   level payments.

pagos programados   programmed payments.

pagos progresivos   graduated payments.

pagos suplementarios   supplemental payments.

pagos variables   variable payments.

páguese a la orden de   pay to the order of.

país de destino   country of destination.

país de origen   country of origin.

país deudor   debtor country.

país exportador   exporting nation.

país importador   importing nation.

país miembro   member country.

país participante   participating country.

palabras comprometedoras   compromising words.

palabras negociables   negotiable words.

panfleto   *m* pamphlet.

papel   *m* paper.

papel al portador   bearer paper.

papel bancario   bank paper.

papel comercial   commercial paper.

papel de comercio   commercial paper.

papel de crédito   credit instrument.

papel de renta   securities.

papel de seguridad   safety paper.

papel del estado   government debt instrument.

papel financiero   financial paper.

papel gubernamental   government paper.

papel mojado   worthless document.

papel moneda   paper money.

papel redescontable   eligible paper.

papel sellado   stamped paper.

papel simple   unstamped paper.

papel timbrado   stamped paper.

papeleo   *m* red tape, paperwork.

papeles de cobros   collection papers.

papeles del buque   ship's papers.

papeleta de empeño   pawn ticket.

papelote   *m* worthless document.

papelucho   *m* worthless document.

paquete   *m* package.

paquete comercial   commercial package.

paquete de seguro comercial   commercial insurance package.

paquete postal   postal package.

par   *m* pair.

par   *f* par.

par, a la   at par.

parada   *f* stop.

parado   unemployed, idle.

paraíso contributivo   tax haven.

paraíso fiscal   tax haven.

paraíso impositivo   tax haven.

paraíso tributario   tax haven.

paralización   *f* paralyzation, blockage.

parámetro   *m* parameter.

parámetros de elegibilidad   eligibility parameters.

parar   stop.

parcela   *f* parcel.

parcelación   *f* parceling.

parcelar   parcel.

parcial partial.
parcialidad *f* partiality.
parcialmente partially.
parcionero *m* partner.
pared ajena neighboring wall.
pared común party wall.
pared divisoria division wall.
pared medianera party wall.
parejo even, alike.
paridad *f* parity.
paridad cambiaria par of exchange.
paridad de cambio par of exchange.
paridad de conversión conversion parity.
paridad fija fixed parity.
paro *m* stop, strike, lockout, unemployment.
paro de brazos caídos sit-down strike.
paro forzoso layoff, lockout.
paro general general strike.
paro obrero strike.
paro patronal lockout.
parque industrial industrial park.
párrafo *m* paragraph.
parte *f* part, party.
parte acomodada accommodated party.
parte acomodante accommodating party.
parte beneficiada accommodated party.
parte contratante contracting party.
parte del crédito credit party.
parte en un contrato party to a contract.
parte incumplidora delinquent party.
parte por acomodación accommodation party.
partes competentes competent parties.
partible divisible.
partición *f* partition, division.
participación *f* participation, communication.
participación de contol controlling interest.
participación del prestador lender participation.
participación del prestamista lender participation.
participación directa direct participation.

participación en las ganancias profit sharing.
participación en las ganancias de empleados employee profit sharing.
participación en las ganancias diferida deferred profit sharing.
participación en las utilidades profit sharing.
participación en los beneficios profit sharing.
participación en préstamo loan participation.
participación financiera financial participation.
participación hipotecaria mortgage participation.
participación material material participation.
participante adj participating.
participante *m/f* participant.
participantes de plan plan participants.
participar participate, inform.
partícipe *m/f* participant, partner.
partícipe adj participating.
particular adj particular, private.
particular *m* individual.
partida *f* departure, entry, shipment, certificate.
partida de gastos expense item.
partida del balance balance sheet item.
partida doble double entry.
partida simple single entry.
partida única single entry.
partidamente separately.
partido *m* pact, contract.
partido adj divided.
partija *f* partition, division.
partimiento *m* partition, division.
partir divide, depart.
parvifundio *m* small farmstead.
pasador *m* smuggler.
pasador adj smuggling.
pasaje *m* passage, fare.
pasajero *m* passenger.
pasajero adj passing.
pasaporte del buque ship's passport.
pasar debidamente por aduana clear customs.
pasivo *m* liabilities.
pasivo a plazo time deposits.
pasivo acumulado accrued liability.

pasivo administrado managed liabilities.

pasivo consolidado funded debt.

pasivo contingente contingent liability.

pasivo corriente current liabilities.

pasivo de apertura opening liabilities.

pasivo de capital capital liabilities.

pasivo de contingencia contingent liability.

pasivo diferido deferred liabilities.

pasivo eventual contingent liability.

pasivo exigible current liabilities.

pasivo exigible a la vista demand deposits.

pasivo exterior foreign liabilities.

pasivo fijo fixed liabilities, capital liabilities.

pasivo financiero financial liabilities.

pasivo futuro future liability.

pasivo real actual liabilities.

pasivo social partnership liabilities.

patentable patentable.

patentado *m* patentee.

patentado adj patented.

patentar patent.

patentario pertaining to patents.

patente *f* patent, license, permit.

patente adj patent.

patente acordada patent granted.

patente básica basic patent.

patente concedida patent granted.

patente conjunta joint patent.

patente de diseño design patent.

patente de ejercicio profesional professional license.

patente de invención patent, letters patent.

patente de mejora patent on an improvement.

patente de navegación ship's papers.

patente de sanidad bill of health.

patente de vehículo vehicle license.

patente en trámite patent pending.

patente industrial professional license.

patente original basic patent.

patente pendiente patent pending.

patente pionera pioneer patent.

patente precaucional provisional patent.

patente primitiva basic patent.

patente solicitada patent pending.

patentes y marcas patents and trademarks.

patentizar patent.

patrimonio *m* patrimony, estate, net assets, inheritance.

patrimonio bruto gross estate, gross assets.

patrimonio de la explotación working capital.

patrimonio líquido net assets.

patrimonio neto net assets.

patrimonio social corporate assets.

patrocinador *m* sponsor.

patrocinar sponsor.

patrocinio *m* sponsorship.

patrón *m* patron, employer, lessor, standard.

patrón de cambio oro gold exchange standard.

patrón de conducta de coste cost-behavior pattern.

patrón de conducta de costos cost-behavior pattern.

patrón económico economic pattern.

patrón laboral labor standard.

patrón monetario monetary standard.

patrón oro gold standard.

patrón paralelo parallel standard.

patrón plata silver standard.

patronal pertaining to employers.

patronato *m* trusteeship, trust, employers' association, association.

patronazgo *m* trusteeship, trust, employers' association, association.

patrono *m* patron, employer, lessor.

peaje *m* toll.

peculado *m* peculation, embezzlement, graft.

peculio *m* private money, private property, peculium.

pecuniariamente pecuniarily.

pecuniario pecuniary.

pechar pay a tax, assume a responsibility.

pecho *m* tax.

pedido *m* petition, order, purchase.

pedido a crédito credit order.

pedido abierto open order.

pedido al contado cash order.

pedido al precio de mercado market order.

pedido con combinaciones combination order.

pedido con precio límite limit order.

pedido condicional conditional order, contingent order.

pedido de cambio change order.

pedido de compra purchase order, buy order.

pedido de entrega delivery order.

pedido de estafeta money order.

pedido de fabricación manufacturing order.

pedido de manufactura manufacturing order.

pedido de pago payment order.

pedido de precio limitado limited price order.

pedido de prueba trial order.

pedido de trabajo work order, job order.

pedido de transferencia transfer order.

pedido de un día day order.

pedido del día agenda.

pedido designado designated order.

pedido discrecional discretionary order.

pedido dividido split order.

pedido en firme firm order.

pedido en vigor esta semana good-this-week order.

pedido en vigor este mes good-this-month order.

pedido especial special order.

pedido firme firm order.

pedido incondicional unconditional order.

pedido inmediato immediate order.

pedido limitado limited order.

pedido oral oral order.

pedido original original order.

pedido para cesar alguna actividad cease and desist order.

pedido por escrito order in writing.

pedido telefónico telephone order.

pedimento *m* petition, request, motion, claim.

pedimento, a on request.

pedimento de aduana customs declaration.

pedimento de importación customs declaration.

pedir ask, order, demand.

pedir licitaciones call for bids.

pedir por correo order by mail.

pedir prestado borrow.

pedir propuestas call for bids.

peligro aparente apparent danger.

peligro asegurado insured peril.

peligro catastrófico catastrophic hazard.

peligro común common peril.

peligro de catástrofe catastrophe hazard.

peligro excluido excluded peril.

peligro no asegurado uninsured peril.

peligro personal personal danger.

peligros mixtos mixed perils.

peligroso dangerous.

pena *f* penalty.

pena contractual contractual penalty.

pena convencional contractual penalty.

pena pecuniaria fine.

penalidad *f* penalty.

penalidad contributiva tax penalty.

penalidad de coaseguro coinsurance penalty.

penalidad impositiva tax penalty.

penalidad por pago tardío late payment penalty.

penalidad por prepago prepayment penalty.

penalidad por radicación tardía late filing penalty.

penalidad por retiro withdrawal penalty.

penalidad por retiro temprano penalty for early withdrawal.

penalidad tributaria tax penalty.

penalizable penalizable.

penalizar penalize.

pendiente pending, outstanding.

pendiente de pago unpaid.

penetración de mercado market penetration.

pensión *f* pension, annuity, support, board.

pensión a la vejez old-age pension.

pensión de arrendamiento rent.

pensión de invalidez disability benefits.

pensión de jubilación pension.

pensión de retiro pension.

pensión de vejez old-age pension.
pensión perpetua permanent pension.
pensión por discapacidad disability pension.
pensión tras divorcio alimony.
pensión vitalicia life pension, annuity.
pensionado adj pensioned.
pensionado m pensioner.
pensionado contingente contingent annuitant.
pensionar pension.
pensionario m payer of a pension.
pensionista m/f pensioner, boarder.
pequeña empresa small business.
percentil m percentile.
percepción f perception, collection.
percepción del salario receipt of salary.
perceptible perceptible, collectible.
perceptor m perceiver, collector.
percibir perceive, collect.
percibo m collecting.
pérdida f loss, waste, damage.
pérdida a corto plazo short-term loss.
pérdida a largo plazo long-term loss.
pérdida accidental accidental loss.
pérdida consecuente consequential loss.
pérdida de buque loss of a vessel.
pérdida de capital capital loss.
pérdida de capital a corto plazo short-term capital loss.
pérdida de capital a largo plazo long-term capital loss.
pérdida de empleo loss of employment.
pérdida de explotación neta net operating loss.
pérdida de ingresos loss of income.
pérdida de utilidad loss of utility.
pérdida definitiva definite loss.
pérdida directa direct loss.
pérdida económica economic loss.
pérdida en libros book loss.
pérdida esperada expected loss.
pérdida extraordinaria extraordinary loss.
pérdida fortuita fortuitous loss.
pérdida implícita constructive loss.
pérdida indirecta indirect loss.
pérdida máxima maximum loss.

pérdida máxima posible maximum possible loss.
pérdida máxima previsible maximum foreseeable loss.
pérdida máxima probable maximum probable loss.
pérdida neta net loss.
pérdida no recurrente nonrecurring loss.
pérdida no repetitiva nonrecurring loss.
pérdida normal normal loss.
pérdida operativa neta net operating loss.
pérdida ordinaria ordinary loss.
pérdida parcial partial loss.
pérdida pasiva passive loss.
pérdida pecuniaria pecuniary loss.
pérdida personal personal loss.
pérdida por catástrofe catastrophe loss.
pérdida por desastre disaster loss.
pérdida previsible normal normal foreseeable loss.
pérdida real actual loss.
pérdida realizable realizable loss.
pérdida realizada realized loss.
pérdida total total loss.
pérdida total absoluta absolute total loss.
pérdida total implícita constructive total loss.
pérdidas cubiertas covered losses.
pérdidas de crédito credit losses.
pérdidas de explotación operating losses.
pérdidas de negocios business losses.
pérdidas deducibles deductible losses.
pérdidas financieras financial loss.
pérdidas incurridas incurred losses.
pérdidas naturales natural losses.
pérdidas no realizadas unrealized losses.
pérdidas operativas operating losses.
pérdidas pagadas losses paid.
pérdidas pendientes de pagar losses outstanding.
pérdidas permisibles permissible losses.
pérdidas y ganancias profit and loss.
perdido durante el tránsito lost in transit.

perdón de la deuda forgiveness of the debt.

perdonar *m* pardon, grant amnesty, exempt.

perecedero perishable.

perenne perennial.

perennidad perpetuity.

perfección del contrato perfection of contract.

perfeccionado perfected.

perfil de cliente customer profile.

perfil de mercado market profile.

perfil de tenedor de tarjeta cardholder profile.

periódicamente periodically.

periodicidad *f* periodicity.

periódico periodic.

período *m* period.

período base base period.

período contable accounting period.

período de acumulación accumulation period.

período de auditoría audit period.

período de beneficios benefit period.

período de cobro collection period.

período de cobro medio average collection period.

período de compensación compensation period.

período de cómputo de interés compuesto compounding period.

período de contabilidad accounting period.

período de crédito credit period.

período de crédito neto net credit period.

período de desarrollo development period.

período de descuento discount period.

período de elegibilidad eligibility period.

período de eliminación elimination period.

período de entrega period of delivery.

período de espera waiting period.

período de facturación billing period.

período de garantía guarantee period.

período de gracia grace period.

período de interés compuesto compound interest period.

período de liquidación liquidation period.

período de nómina payroll period.

período de pago pay period.

período de póliza policy period.

período de prescripción prescription period.

período de producción period of production.

período de prueba trial period.

período de redención redemption period.

período de reinversión reinvestment period.

período de repago payback period.

período de reposición replacement period.

período de rescate redemption period.

período de tenencia holding period.

período de validación validation period.

período del ciclo cycle period.

período especificado specified period.

período estipulado stipulated period.

período excluido excluded period.

período fijo fixed period.

período fiscal fiscal period.

período inflacionario inflationary period.

período preliminar preliminary period.

período presupuestario budget period.

período probatorio probationary period.

perito *m* expert, appraiser.

perito en averías expert in average.

perito tasador expert appraiser.

perito valuador expert appraiser.

perjuicio de propiedad property damage.

perjuicio económico monetary loss.

permanente permanent.

permanentemente permanently.

permisible permissible.

permisión *f* permission, permit, license, leave.

permiso *m* permission, permit, license, leave.

permiso condicional conditional permit.

permiso de construcción building permit.

permiso de divisas foreign exchange permit.

permiso de edificación building permit.

permiso de exportación export permit.

permiso de importación import permit.

permiso de paso right of way.

permiso de salida departure permit.

permiso de trabajo work permit.

permiso de uso condicional conditional-use permit.

permiso de uso especial special-use permit.

permiso expreso express permission.

permiso incondicional unconditional permit.

permitido permitted.

permitir permit.

permitir un descuento allow a discount.

permuta *f* permutation.

permutable permutable.

permutación *f* permutation.

permutar permute, barter.

perpetuidad *f* perpetuity.

perpetuidad, en in perpetuity.

perpetuo perpetual.

persona a cargo dependent.

persona abstracta artificial person.

persona artificial artificial person.

persona asociada associated person.

persona clave key person.

persona cubierta covered person.

persona de control control person.

persona de existencia ideal artificial person.

persona de existencia real natural person.

persona ficticia artificial person, fictitious person.

persona incapacitada incapacitated person.

persona incorporal artificial person.

persona individual natural person.

persona informada corporativa corporate insider.

persona interpuesta intermediary.

persona jurídica artificial person.

persona legal artificial person.

persona moral artificial person.

persona natural natural person.

persona no física artificial person.

persona razonable reasonable person.

persona responsable accountable person.

personal *m* personnel.

personal adj personal, private.

personal de campo field staff.

personería *f* representation, capacity.

personero *m* representative.

perspectiva *f* perspective.

persuasión *f* persuasion.

pertenencia *f* property, ownership, mining claim, accessory, membership.

perturbación *f* disturbance.

perturbación de mercado market disruption.

pesas y medidas weights and measures.

peso *m* weight, influence.

peso bruto gross weight.

peso estimado estimated weight.

peso máximo maximum weight.

peso neto net weight.

peso troy troy weight.

petición *f* petition, claim.

petición de autorización authorization request.

petición de patente patent application.

petición de propuestas call for bids.

petición de quiebra bankruptcy petition.

peticionante *m/f* petitioner.

peticionario *m* petitioner.

petrodólares *m* petrodollars.

petrolero *m* oil tanker.

pignoración *f* pignoration, pawning.

pignorar pignorate, hypothecate, pledge.

pignoraticio pignorative.

piquete *m* picket.

pirámide financiera financial pyramid.

piratear pirate.

piratería *f* piracy, robbery.

piratería laboral labor piracy.

plan *m* plan.

plan autoadministrado self-administered plan.

plan basado en flujo de fondos cash-flow plan.

plan calificado qualified plan.

plan con ajuste por costo de vida
cost of living plan.

plan contractual contractual plan.

plan de acumulación accumulation
plan.

plan de acumulación voluntario
voluntary accumulation plan.

plan de ahorros de empleados
employee savings plan.

plan de beneficios flexible
flexible-benefit plan.

plan de beneficios variables
variable-benefit plan.

plan de bonificaciones bonus plan.

plan de compensación diferida
deferred compensation plan.

plan de compra de acciones stock
purchase plan.

**plan de compra de acciones
corporativas** corporate stock
purchase plan.

**plan de compra de acciones de
corporación** corporation stock
purchase plan.

**plan de compra de acciones
individual** individual stock purchase
plan.

plan de contribuciones contribution
plan.

plan de contribuciones definidas
defined-contribution plan.

plan de contribuciones diferidas
deferred contribution plan.

plan de contribuciones negociado
negotiated contribution plan.

plan de corporación cerrada close
corporation plan.

plan de crédito de cheques check
credit plan.

plan de cheques preautorizados
preauthorized-check plan.

plan de depósitos automático
automatic deposit plan.

plan de desarrollo development plan.

plan de descuentos de prima
premium discount plan.

plan de dólares constantes
constant-dollar plan.

plan de estabilización cronológica
chronological stabilization plan.

plan de financiamiento financing
plan.

plan de incentivos grupal group
incentive plan.

plan de inversiones investment plan.

plan de inversiones mensual
monthly investment plan.

plan de mercadeo marketing plan.

plan de pagos payment plan.

plan de pagos parejos level-payment
plan.

plan de pagos periódicos periodic
payment plan.

plan de pagos variables
variable-payment plan.

**plan de participación en las
ganancias** profit-sharing plan.

**plan de pensión basado en
beneficios** benefit-based pension
plan.

**plan de pensión con fondos
asignados** funded pension plan.

plan de pensión contribuyente
contributory pension plan.

**plan de pensión de beneficios
definidos** defined-benefit pension
plan.

**plan de pensión de contribuciones
definidas** defined-contribution
pension plan.

plan de pensión no calificado
nonqualified pension plan.

plan de pensiones calificado
qualified pension plan.

plan de pensiones privado private
pension plan.

plan de ratio constante
constant-ratio plan.

plan de razón constante
constant-ratio plan.

plan de reajuste readjustment plan.

plan de recompra de acciones share
repurchase plan.

plan de redención de acciones
stock-redemption plan.

plan de reducción limitada
limited-reduction plan.

plan de reinversión de dividendos
dividend reinvestment plan.

plan de retiro retirement plan.

plan de retiro con fondos asignados
funded retirement plan.

plan de retiro de negocio propio
self-employment retirement plan.

plan de retiro patronal employer retirement plan.

plan de seguro de beneficios de empleados employee benefit insurance plan.

plan de seguros insurance plan.

plan de servicios service plan.

plan del negocio business plan.

plan doble de ahorros dual savings plan.

plan económico nacional national economic plan.

plan financiero financial plan.

plan operacional operational plan.

plan primario primary plan.

planes de pensión pension plans.

planificación *f* planning.

planificación a largo plazo long-range planning.

planificación centralizada central planning.

planificación contributiva tax planning.

planificación corporativa corporate planning.

planificación de carrera career planning.

planificación de compañía company planning.

planificación de inventario inventory planning.

planificación de personal personnel planning.

planificación de producción production planning.

planificación de proyecto project planning.

planificación de retiro retirement planning.

planificación del desarrollo development planning.

planificación económica economic planning.

planificación económica centralizada centralized economic planning.

planificación estratégica strategic planning.

planificación estratégica corporativa corporate strategic planning.

planificación financiera financial planning.

planificación financiera personal personal financial planning.

planificación fiscal tax planning.

planificación global comprehensive planning.

planificación impositiva tax planning.

planificación organizativa organizational planning.

planificación para contingencias contingency planning.

planificación tributaria tax planning.

planificado planned.

planificar plan.

planilla *f* tax return, payroll, list.

planilla conjunta joint tax return.

planilla consolidada consolidated tax return.

planilla contributiva falsa false return.

planilla contributiva frívola frivolous tax return.

planilla de contribución sobre ingresos individual individual income tax return.

planilla de contribuciones sobre ingresos income tax return.

planilla de impuestos sobre la renta income tax return.

planilla de sueldos payroll.

planilla frívola frivolous tax return.

planilla individual individual income tax return.

planilla morosa delinquent return.

planilla no consolidada unconsolidated tax return.

planillas trimestrales quarterly returns.

plano *m* plan, plane.

planta *f* plant.

planta piloto pilot plant.

plantar establish.

plantificar establish.

plata *f* silver, money.

playa de estacionamiento parking lot.

plaza *f* plaza, market, place, post, vacancy.

plazo *m* period, term, installment.

plazo cierto established term.

plazo continuo continuous time period.

plazo contractual contract term.

plazo de favor grace period.

plazo de gracia grace period.

plazo de las obligaciones term within which to fulfill an obligation.

plazo de patente patent term.

plazo del contrato contract term.

plazo determinado established term.

plazo fatal deadline.

plazo fijo established term, fixed term.

plazo final deadline.

plazo improrrogable deadline.

plazo incierto uncertain term.

plazo indefinido uncertain term.

plazo indeterminado uncertain term.

plazo intermedio, a intermediate term.

plazo límite deadline.

plazo perentorio deadline.

plazo probatorio trial period.

plazo prorrogable extendible deadline.

plazo prudencial reasonable time.

plazo suplementario extension.

plazo útil term which only includes working periods.

plazos, a in installments.

plena capacidad full capacity.

pleno dominio fee simple.

pleno empleo full employment.

plica *f* escrow.

pliego de aduana bill of entry.

pliego de cargos list of charges.

pliego de condiciones specifications, bid specifications, list of conditions.

pliego de licitación bid form.

pliego de propuestas bid form, proposal.

pluralidad *f* plurality, majority.

pluralidad absoluta majority.

pluralidad relativa plurality.

pluriempleo *m* moonlighting.

plurilateral plurilateral.

plus *m* bonus, extra pay.

plusvalía *f* increased value, goodwill.

plusvalía negativa negative goodwill.

población *f* population.

poder aparente apparent authority.

poder bancario banking power.

poder beneficioso beneficial power.

poder de imposición taxing power.

poder de tomar prestado borrowing power.

poder de tomar prestado de acciones borrowing power of stocks.

poder de tomar prestado de valores borrowing power of securities.

poder discrecional discretionary power.

poder especial special power of attorney.

poder general general power of attorney.

poder implícito implied power.

poder impositivo taxing power.

poder para compras buying power.

poder para compras discrecional discretionary buying power.

poderhabiente *m/f* proxy holder.

policía aduanera customs police.

policía sanitaria health inspectors.

polipolio *m* polypoly.

política a corto plazo short-term policy.

política a largo plazo long-term policy.

política aduanera tariff policy.

política arancelaria tariff policy.

política cambiaria foreign exchange policy.

política comercial trade policy.

política contributiva tax policy.

política de comercio exterior foreign trade policy.

política de compras buying policy.

política de descuentos discount policy.

política de devoluciones liberal liberal return policy.

política de dividendos dividend policy.

política de estabilidad stability policy.

política de estabilización stabilization policy.

política de imposición taxation policy.

política de mercadeo marketing policy.

política de mercado abierto open market policy.

política de precio único single-price policy.

política de precios price policy.

política de préstamos loan policy.

política de puerta abierta open door policy.

política de tributación taxation policy.

política discrecional discretionary policy.

política económica economic policy.

política financiera financial policy.

política fiscal fiscal policy, tax policy.

política impositiva tax policy.

política laboral labor policy.

política monetaria monetary policy.

política monetaria clásica classical monetary policy.

política presupuestaria budget policy.

política publicitaria advertising policy.

política sobre competencia justa y razonable fair trade policy.

política sobre desviaciones deviation policy.

política tributaria tax policy.

póliza *f* policy, customs clearance certificate, tax stamp, contract, draft.

póliza a corto plazo short-term policy.

póliza a largo plazo long-term policy.

póliza abierta floater policy, open policy.

póliza anual annual policy.

póliza avaluada valued policy.

póliza caducada lapsed policy.

póliza comercial commercial policy.

póliza completamente pagada fully paid policy.

póliza con combinación combination policy.

póliza con cupones coupon policy.

póliza conjunta joint policy.

póliza contra accidentes accident policy.

póliza contra falsificación comercial commercial forgery policy.

póliza de anualidad annuity policy.

póliza de automóvil comercial business automobile policy.

póliza de automóvil personal personal automobile policy.

póliza de cantidad mínima minimum amount policy.

póliza de carga bill of lading, cargo policy.

póliza de cobertura múltiple blanket policy.

póliza de doble protección double-protection policy.

póliza de dueño de negocio business owner's policy.

póliza de embarque export permit.

póliza de fianza surety bond.

póliza de fletamiento charter-party.

póliza de ingresos income policy.

póliza de ingresos de retiro retirement income policy.

póliza de ingresos familiares family income policy.

póliza de locales múltiples multiple location policy.

póliza de paquete comercial commercial package policy.

póliza de propiedad comercial commercial property policy.

póliza de seguro comercial business insurance policy.

póliza de seguro de ingresos income insurance policy.

póliza de seguro de vida life insurance policy.

póliza de seguro de vivienda dwelling insurance policy.

póliza de seguro especial special insurance policy.

póliza de seguro expirada expired insurance policy.

póliza de seguro hipotecario mortgage insurance policy.

póliza de seguro marítimo marine insurance policy.

póliza de seguro no expirada unexpired insurance policy.

póliza de seguros insurance policy.

póliza de seguros abierta open insurance policy.

póliza de seguros con participación participating insurance policy.

póliza de seguros conjunta joint insurance policy.

póliza de valor declarado valued policy.

póliza dotal endowment policy.

póliza especial special policy.

póliza estándar standard policy.

póliza expirada expired policy.

póliza familiar family policy.

póliza flotante floater policy.

póliza global comprehensive policy.

póliza graduada graded policy.

póliza incontestable incontestable policy.

póliza individual individual policy.

póliza indizada indexed policy.

póliza limitada limited policy.

póliza mixta mixed policy.

póliza no expirada unexpired policy.

póliza no transferible nonassignable policy.

póliza perdida lost policy.

póliza renovable renewable policy.

póliza sin participación nonparticipating policy.

póliza suplementaria supplemental policy.

póliza valorada valued policy.

polución *f* pollution.

poluto polluted.

poner en cuenta deposit into account.

poner en libertad de una obligación liberate from an obligation.

poner una orden place an order.

ponerse de acuerdo come to an agreement.

por ciento percent.

por contrato by contract.

por cuenta de alguien in someone's name.

por cuenta y riesgo de for account and risk of.

por el libro by the book.

por gracia by favor.

por menor retail.

por poder by proxy.

porcentaje *m* percentage.

porcentaje anual constante constant annual percent.

porcentaje de agotamiento percentage depletion.

porcentaje de coaseguro coinsurance percentage.

porcentaje de cobros collection percentage.

porcentaje de morosidad delinquency percentage.

porcentaje de participación percentage participation.

porcentaje de ventas percentage of sales.

porcentaje del mercado de una marca brand share.

porciento *m* percentage.

porción *f* portion, share.

porcionero adj participating.

porcionero *m* participant.

porcionista *m/f* shareholder.

pormenor *m* detail.

pormenorizar itemize, go into detail.

portador *m* bearer, carrier.

portador de destino destination carrier.

portador por contrato contract carrier.

portavoz *m/f* speaker.

portazgar charge a toll.

portazgo *m* toll, tollhouse.

portazguero *m* toll collector.

porte *m* transporting, transport charge, capacity, postage.

porte bruto tonnage.

porte debido freight owing.

porte pagado freight prepaid.

porte total tonnage.

porteador *m* carrier.

porteador inicial initial carrier.

porteador marítimo marine carrier.

porteador público common carrier.

portear carry, transport.

porteo *m* carrying.

portuario pertaining to a port.

posdatar postdate.

poseedor *m* possessor.

poseedor de buena fe holder in good faith.

poseedor de mala fe holder in bad faith.

poseedor de patente patentee.

poseer possess.

poseído possessed.

posesión *f* possession, property, enjoyment.

posesión actual actual possession.

posesión adversa adverse possession.

posesión aparente apparent possession.

posesión artificial constructive possession.

posesión artificiosa constructive possession.

posesión continua continuous possession.

posesión de buena fe possession in good faith.

posesión de cosas muebles
possession of personal property.

posesión de mala fe possession in
bad faith.

posesión directa direct possession.

posesión efectiva actual possession.

posesión, en in possession.

posesión en común joint possession.

posesión en exclusiva exclusive
possession.

posesión exclusiva exclusive
possession.

posesión fingida constructive
possession.

posesión implícita constructive
possession.

posesión incompleta incomplete
possession.

posesión indirecta indirect possession.

posesión inmemorial immemorial
possession.

posesión justa rightful possession.

posesión legal legal possession.

posesión manifiesta open possession.

posesión no interrumpida
continuous possession.

posesión notoria notorious possession.

posesión nuda naked possession.

posesión pacífica peaceable possession.

posesión patente open possession.

posesión por años determinados
estate for years.

posesión por tolerancia tenancy at
sufferance.

posesión precaria precarious
possession.

posesión pública open and notorious
possession.

posesión real actual possession.

posesión simbólica symbolic
possession.

posesorio possessory.

posfecha *f* postdate.

posfechado post-dated.

posfechar post-date.

posibilidad de pérdida chance of loss.

posición de liquidez liquidity position.

posición de negociación bargaining
position.

posición financiera financial position.

posición neta net position.

posponer postpone, place after.

posposición *f* postponement.

postal postal.

postdatar postdate.

postergación *f* postponement, passing
over, holding back.

postergado postponed, passed over,
held back.

postergar postpone, pass over, hold
back.

postor *m* bidder.

postor favorecido successful bidder.

postor más alto highest bidder.

postor mayor highest bidder.

postor responsable responsible bidder.

póstula *f* request, application,
nomination.

postulación *f* request, application,
nomination.

postulante *m/f* requester, applicant,
nominee.

postular request, apply, nominate.

postura *f* bid, stake.

potencia económica economic power.

potencial de apreciación
appreciation potential.

potencial de ingresos earnings
potential.

potestad *f* authority.

potestativo facultative.

práctica *f* practice, custom.

práctica comercial trade practice.

práctica de inversión normal
normal investment practice.

práctica desleal unfair competition.

práctica engañosa deceptive practice.

práctica laboral injusta unfair labor
practice.

práctica profesional professional
practice.

practicante practicing.

practicar practice, carry out.

practicar una liquidación settle.

practicar una tasación appraise.

prácticas colusorias collusive
practices.

prácticas comerciales business
practices.

prácticas contables accounting
practices.

prácticas de competencia injustas
unfair trade practices.

prácticas injustas unfair practices.

prácticas laborales labor practices.
preaprobado preapproved.
prearrendamiento *m* prelease.
preautorizado preauthorized.
precario precarious.
precedencia *f* precedence.
preciado esteemed, valuable.
preciador *m* appraiser.
preciar appraise, price.
precierre *m* preclosing.
precinta *f* revenue stamp.
precio *m* price, worth, consideration.
precio a plazo forward price.
precio a término forward price.
precio abierto open price.
precio abusivo abusive price.
precio aceptable acceptable price.
precio administrado administered price.
precio afectivo sentimental value.
precio al consumidor consumer price.
precio al contado cash price.
precio al por mayor wholesale price.
precio al por menor sugerido suggested retail price.
precio alzado fixed price.
precio anticipado anticipated price.
precio base base price.
precio básico basic price.
precio callejero street price, fair market value.
precio cierto set price.
precio competitivo competitive price.
precio completo full price.
precio constante constant price.
precio construido constructed price.
precio contractual contract price.
precio convenido agreed price.
precio corriente current price.
precio cotizado quoted price.
precio de adquisición purchase price.
precio de apertura opening price.
precio de avalúo assessed price.
precio de bono bond price.
precio de cierre closing price.
precio de clase class price.
precio de compra purchase price.
precio de contrato contract price.
precio de conversión conversion price.
precio de coste cost price.
precio de costo cost price.

precio de demanda demand price.
precio de entrega delivery price.
precio de equilibrio equilibrium price.
precio de fábrica cost price.
precio de factura invoice price.
precio de liquidación liquidation price.
precio de lista list price.
precio de mercado market price, fair market value.
precio de mercado, a at market price.
precio de mercado negociado negotiated market price.
precio de mercancía commodity price.
precio de monopolio monopoly price.
precio de oferta bid price, offering price.
precio de oferta de compra bid price.
precio de oferta de venta ask price.
precio de ofrecimiento público public offering price.
precio de oligopolio oligopoly price.
precio de oligopsonio oligopsony price.
precio de opción option price.
precio de paridad parity price.
precio de plaza fair market value.
precio de redención redemption price.
precio de reposición replacement price.
precio de reventa resale price.
precio de suscripción subscription price.
precio de transferencia transfer price.
precio de unidad unit price.
precio de venta sales price.
precio de venta ajustado adjusted sales price.
precio de venta estipulado stipulated selling price.
precio de venta fijo fixed selling price.
precio deprimido depressed price.
precio diario de cierre closing daily price.
precio efectivo effective price.
precio en el mercado fair market value.
precio en el mercado negro black market price.
precio en la frontera border price.
precio especial special price.
precio especificado specified price.

precio específico specific price.
precio estable stable price.
precio estipulado stipulated price.
precio favorable favorable price.
precio fijo set price, fixed price.
precio fraudulento fraudulent price.
precio futuro future price.
precio garantizado guaranteed price.
precio global lump sum.
precio implícito implicit price.
precio inadecuado inadequate price.
precio incierto indeterminate price.
precio inicial beginning price.
precio introductorio introductory price.
precio justificado justified price.
precio justo fair price.
precio justo en el mercado fair market price.
precio justo y razonable fair and reasonable value.
precio legal price set by law.
precio líquido net price, cash price.
precio máximo maximum price, ceiling price.
precio medio average price.
precio mínimo minimum price, upset price.
precio mínimo fijado upset price.
precio negociado negotiated price.
precio neto net price.
precio no flexible nonflexible price.
precio nominal nominal price, par value.
precio normal normal price.
precio objeto target price.
precio oficial official price.
precio ordinario fair market value.
precio pagado purchase price.
precio predeterminado predetermined price.
precio preestablecido preset price.
precio prevaleciente prevailing price.
precio prohibitivo prohibitive price.
precio razonable reasonable price.
precio real actual price.
precio reducido reduced price.
precio relativo relative price.
precio renegociable renegotiable price.
precio sombra shadow price.

precio sostenido support price.
precio subsidiado subsidized price.
precio sugerido suggested price.
precio techo ceiling price.
precio tope ceiling price.
precio total full price.
precio umbral threshold price.
precio único single price.
precio vil dumping price.
precios flexibles flexible prices.
precios intervenidos controlled prices.
precios múltiples multiple prices.
precisamente precisely.
precisar state precisely, compel.
precisión *f* precision.
precisión del ajuste goodness of fit.
preciso precise, indispensable.
precomputado precomputed.
precomputar precompute.
precondición *f* precondition.
precontractual precontractual.
precontrato *m* precontract, letter of intent.
precontribuciones pretax.
predeterminado predetermined.
predicción de costes cost prediction.
predicción de costos cost prediction.
predicción de quiebra bankruptcy prediction.
predio *m* real estate, estate, lot.
predio ajeno another's real estate.
predio dominante dominant tenement.
predio edificado improved property.
predio enclavado landlocked property.
predio rural rural property.
predio rústico rural property.
predio sirviente servient tenement.
predio suburbano suburban property.
predio superior dominant tenement.
predio urbano urban property.
preestablecido preestablished, preset.
preexistencia *f* preexistence.
preexistente preexistent.
prefabricado prefabricated.
prefabricar prefabricate.
preferencia *f* preference.
preferencia anulable voidable preference.
preferencia contributiva tax preference.

preferencia de liquidez liquidity preference.

preferencia en el paso right of way.

preferencia fiscal tax preference.

preferencia impositiva tax preference.

preferencia tributaria tax preference.

preferencial preferential.

preferente preferred, preferential.

prefijar prearrange.

prefinanciación *f* prefinancing.

prefinanciamiento *m* prefinancing.

prefinir set a term for.

pregonero *m* street vendor.

preimpuestos pretax.

prelación *f* priority, marshaling.

prelación de créditos marshaling assets.

preliminar preliminary.

preliminarmente preliminarily.

premiar award.

premio *m* prize, award, premium, bonus.

premio del seguro insurance premium.

prenda *f* pledge, pledge agreement, security, guaranty, chattel mortgage, household article.

prenda agraria pledge of agricultural equipment.

prenda agrícola pledge of agricultural equipment.

prenda fija pledge.

prenda sobre valores pledge of securities.

prendado pledged.

prendador *m* pledger.

prendamiento *m* pledging.

prendar pledge, give as security.

prendario pertaining to a pledge.

prenotificación *f* prenotification.

prepagado prepaid.

prepagar prepay.

prepago *m* prepayment.

prepago de cargos prepayment of fees.

prepago de contribuciones prepayment of taxes.

prepago de impuestos prepayment of taxes.

prepago de intereses prepayment of interest.

prepago de primas prepayment of premiums.

prepago de principal prepayment of principal.

prepago de seguro prepayment of insurance.

preparar prepare.

prerrefinanciación *f* prerefunding.

prerrequisito *m* prerequisite.

prerrogativas administrativas management prerogatives.

prescindible dispensable.

prescindir omit.

prescribir prescribe, acquire by prescription, acquire by adverse possession, lapse.

prescripción *f* prescription, extinguishment, adverse possession, lapsing.

prescripción en las obligaciones lapse of obligations.

prescripción extintiva extinction of an obligation through prescription.

prescripto prescribed, lapsed.

prescrito prescribed, lapsed.

presencia en un mercado market presence.

presentación *f* presentation.

presentación, a on presentation.

presentación, a la at sight, on presentation.

presentación, a su on presentation.

presentación de la letra de cambio presentation of the bill of exchange.

presentar al cobro present for collection.

presentar una oferta present an offer.

presidencia *f* presidency, office of a chairperson.

presidencial presidential.

presidente *m* president, chairperson, presiding officer, speaker.

presidente actuante acting president.

presidente de la junta presiding officer, chairperson of the board.

presidente de la junta directiva chair of the board.

presidente de mesa presiding officer.

presidente del consejo presiding officer, chairperson of the board.

presidente interino interim president.

presidir preside.

prestación *f* lending, consideration, loan, payment, rendering.

prestación a título gratuito gratuitous consideration.

prestación anterior past consideration.

prestación concurrente concurrent consideration.

prestación continua continuing consideration.

prestación de servicios rendering of services.

prestación debida due consideration.

prestación específica specific performance.

prestación expresa express consideration.

prestación ilegal illegal consideration.

prestación implícita implied consideration.

prestación inadecuada inadequate consideration.

prestación inmoral immoral consideration.

prestación insuficiente inadequate consideration.

prestación justa fair consideration.

prestación justa y adecuada fair and valuable consideration.

prestación justa y razonable fair and reasonable consideration.

prestación legal legal consideration.

prestación moral moral consideration.

prestación nominal nominal consideration.

prestación pecuniaria pecuniary consideration.

prestación razonable adequate consideration.

prestación suficiente sufficient consideration.

prestado loaned, borrowed.

prestado sin intereses loaned flat.

prestador *m* lender.

prestador adj lending.

prestador a la gruesa lender on bottomry.

prestador autorizado licensed lender.

prestador elegible eligible lender.

prestador marginal marginal lender.

prestador privado private lender.

prestamista *m/f* lender.

prestamista autorizado licensed lender.

prestamista elegible eligible lender.

prestamista marginal marginal lender.

préstamo *m* loan, loan contract.

préstamo a corto plazo short-term loan.

préstamo a la demanda demand loan, call loan.

préstamo a la gruesa bottomry.

préstamo a la vista demand loan.

préstamo a largo plazo long-term loan.

préstamo a medio plazo medium-term loan.

préstamo a plazo fijo time loan.

préstamo a riesgo marítimo bottomry.

préstamo a tasa de interés variable variable-rate loan.

préstamo agrícola agricultural loan.

préstamo amortizable amortizable loan.

préstamo amortizado amortized loan.

préstamo asegurado insured loan.

préstamo asumible assumable loan.

préstamo autoliquidante self-liquidating loan.

préstamo bancario bank loan.

préstamo basado en flujo de efectivo cash-flow loan.

préstamo basado en inventario inventory loan.

préstamo bisemanal biweekly loan.

préstamo clasificado classified loan.

préstamo colateralizado collateralized loan.

préstamo colectivo blanket loan.

préstamo comercial commercial loan.

préstamo comercial e industrial commercial and industrial loan.

préstamo completamente amortizado fully amortized loan.

préstamo con garantía guaranteed loan.

préstamo con interés loan with interest.

préstamo con pago único al final bullet loan.

préstamo con participación participation loan.

préstamo conforme conforming loan.

préstamo consolidado consolidated loan.

préstamo contingente contingent loan.

préstamo convencional conventional loan.

préstamo convertible convertible loan.

préstamo de acciones stock loan.

préstamo de consolidación consolidation loan.

préstamo de construcción construction loan.

préstamo de consumo consumer loan, consumption loan.

préstamo de corredor broker loan.

préstamo de depósito deposit loan.

préstamo de desarrollo development loan.

préstamo de día a día day-to-day loan.

préstamo de diferencia gap loan.

préstamo de dinero monetary loan.

préstamo de interés fijo fixed-rate loan.

préstamo de inversión investment loan.

préstamo de pago único single-payment loan.

préstamo de pagos constantes constant-payment loan.

préstamo de pagos parejos level-payment loan.

préstamo de ratio alto high-ratio loan.

préstamo de razón alta high-ratio loan.

préstamo de reducción directa direct-reduction loan.

préstamo de renta perpetua perpetual loan.

préstamo de tasa ajustable adjustable-rate loan.

préstamo de tasa constante constant-rate loan.

préstamo de tasa de interés fija fixed-rate loan.

préstamo de tasa flexible flexible-rate loan.

préstamo de tasa flotante floating-rate loan.

préstamo de tasa fluctuante fluctuating rate loan.

préstamo de tasa renegociable renegotiable-rate loan.

préstamo de tipo ajustable adjustable-rate loan.

préstamo de tipo constante constant-rate loan.

préstamo de tipo de interés fijo fixed-rate loan.

préstamo de tipo flexible flexible-rate loan.

préstamo de tipo flotante floating-rate loan.

préstamo de tipo fluctuante fluctuating-rate loan.

préstamo de tipo renegociable renegotiable-rate loan.

préstamo de uso loan for use.

préstamo de valores securities loan.

préstamo descontado discounted loan.

préstamo diario day loan.

préstamo directo direct loan.

préstamo dudoso doubtful loan.

préstamo en divisa foreign currency loan.

préstamo en efectivo cash loan.

préstamo en moneda extranjera foreign currency loan.

préstamo en que sólo se pagan intereses interest-only loan.

préstamo estudiantil student loan.

préstamo extranjero foreign loan.

préstamo fiduciario fiduciary loan.

préstamo forzado forced loan.

préstamo forzoso forced loan.

préstamo garantizado guaranteed loan.

préstamo hipotecario mortgage loan.

préstamo hipotecario ajustable adjustable mortgage loan.

préstamo hipotecario ajustable de pagos progresivos graduated-payment adjustable mortgage loan.

préstamo hipotecario amortizado amortized mortgage loan.

préstamo hipotecario asegurado insured mortgage loan.

préstamo hipotecario conforme conforming mortgage loan.

préstamo hipotecario garantizado guaranteed mortgage loan.

préstamo hipotecario no amortizado unamortized mortgage loan.

préstamo hipotecario no asegurado
uninsured mortgage loan.
préstamo hipotecario preaprobado
preapproved mortgage loan.
préstamo ilegal   unlawful loan.
préstamo improductivo
nonproductive loan.
préstamo incobrable   uncollectible
loan.
préstamo indirecto   indirect loan.
préstamo indizado   indexed loan.
préstamo interino   interim loan.
préstamo internacional   international
loan.
préstamo interno   internal loan.
préstamo libre de intereses
interest-free loan.
préstamo local   local loan.
préstamo marítimo   maritime loan.
préstamo mercantil   commercial loan.
préstamo mínimo   floor loan.
préstamo no amortizado
unamortized loan.
préstamo no asegurado   uninsured
loan.
préstamo no hipotecario
nonmortgage loan.
préstamo no pagado   unpaid loan.
préstamo pagadero a la demanda
callable loan.
préstamo para adquisición
acquisition loan.
préstamo para consumo   loan for
consumption.
préstamo para edificación   building
loan.
préstamo para gastos educativos
education loan.
préstamo para mejoras al hogar
home improvement loan.
préstamo para proyecto   project loan.
préstamo para viviendas   housing
loan.
préstamo paralelo   parallel loan.
préstamo parcialmente amortizado
partially amortized loan.
préstamo personal   personal loan.
préstamo preaprobado   preapproved
loan.
préstamo precario   precarious loan.
préstamo público   public loan.
préstamo puente   bridge loan.

préstamo quirografario   unsecured
loan.
préstamo reestructurado
restructured loan.
préstamo refinanciado   refinanced
loan.
préstamo renegociado   renegotiated
loan.
préstamo rotatorio   revolving loan.
préstamo simple   loan for
consumption.
préstamo sin amortización
nonamortizing loan.
préstamo sin garantía   unsecured
loan.
préstamo sobre póliza   policy loan.
préstamo subsidiado   subsidized loan.
préstamo temporal   temporary loan.
préstamo usurario   usurious loan.
préstamo vinculado a un índice
index-tied loan.
préstamos consolidados
consolidated loans.
préstamos de negocios   business
loans.
préstamos en exceso   excess loans.
prestanombre   *m* straw party.
prestar   loan, render, borrow.
prestar con prima   lending at a
premium.
prestar garantía   offer a guaranty.
prestar valores   lending securities.
prestatario   *m* borrower.
prestatario   adj borrowing.
prestatario conjunto   joint borrower.
prestatario contra colateral
collateral borrower.
prestatario elegible   eligible borrower.
prestatario marginal   marginal
borrower.
prestigio   *m* prestige, deception.
prestigioso   prestigious, deceptive.
presunción   *f* presumption.
presunción de pago   presumption of
payment.
presunciones en el arrendamiento
presumptions pertaining to the lease.
presunciones en el seguro
presumptions pertaining to the insurance.
presunciones en la donación
presumptions pertaining to the donation.

presunciones en los contratos
presumptions pertaining to contracts.

presuntamente presumably.

presuntivamente conjecturally.

presuntivo presumed.

presunto presumed.

presuponer presuppose, budget.

presupuestación *f* budgeting.

presupuestación completa full
budgeting.

presupuestación de base cero
zero-base budgeting.

presupuestación de capital capital
budgeting.

presupuestación de operaciones
operations budgeting.

presupuestación de producción
production budgeting.

presupuestación de proyecto
project budgeting.

presupuestación de recursos
resource budgeting.

presupuestación desbalanceada
unbalanced budgeting.

presupuestación estratégica
strategic budgeting.

presupuestación financiera financial
budgeting.

presupuestación flexible flexible
budgeting.

presupuestación global
comprehensive budgeting.

presupuestación unificada unified
budgeting.

presupuestación variable variable
budgeting.

presupuestado budgeted.

presupuestar budget.

presupuestario budgetary.

presupuesto *m* budget, supposition.

presupuesto apretado tight budget.

presupuesto aprobado approved
budget.

presupuesto continuo continuous
budget.

presupuesto corriente current budget.

presupuesto de base cero zero-base
budget.

presupuesto de caja cash budget.

presupuesto de capital capital
budget.

**presupuesto de coste de personal
directo** direct labor budget.

**presupuesto de costo de personal
directo** direct labor budget.

presupuesto de gastos de capital
capital-expenditure budget.

**presupuesto de gastos fijos de
fábrica** factory overhead budget.

presupuesto de inversiones
investment budget.

presupuesto de materiales directos
direct materials budget.

presupuesto de producción
production budget.

presupuesto de proyecto project
budget.

presupuesto de recursos resource
budget.

presupuesto de ventas sales budget.

presupuesto desbalanceado
unbalanced budget.

presupuesto discrecional
discretionary budget.

presupuesto doméstico household
budget.

presupuesto económico economic
budget.

presupuesto equilibrado balanced
budget.

presupuesto estático static budget.

presupuesto extraordinario
extraordinary budget.

presupuesto federal federal budget.

presupuesto fijo fixed budget.

presupuesto financiero financial
budget.

presupuesto flexible flexible budget.

presupuesto global overall budget.

presupuesto interino interim budget.

presupuesto maestro master budget.

presupuesto múltiple multiple
budget.

presupuesto nacional national
budget.

presupuesto operacional operational
budget.

presupuesto operativo operating
budget.

presupuesto ordinario ordinary
budget.

presupuesto para gastos expense
budget.

presupuesto predeterminado
predetermined budget.

presupuesto publicitario advertising budget.

presupuesto reducido reduced budget.

presupuesto restringido tight budget.

presupuesto semianual semiannual budget.

presupuesto suplementario supplemental budget.

presupuesto unificado unified budget.

presupuesto variable variable budget.

pretributaciones pretax.

prevaleciente prevailing.

prevaricación *f* prevarication, breach of duty, breach of trust.

prevaricador *m* prevaricator, person who commits a breach of duty, person who commits a breach of trust.

prevaricar prevaricate, commit a breach of duty, commit a breach of trust.

prevaricato *m* prevarication, breach of duty, breach of trust.

prevención de accidentes accident prevention.

prevención de pérdidas loss prevention.

prevender presell.

preventa presale.

previa inscripción prior registration.

previamente previously.

previo previous, subject to.

previo acuerdo subject to agreement.

previo pago against payment.

prima *f* premium, bonus.

prima a la producción productivity bonus.

prima a plazo forward premium.

prima a término forward premium.

prima adicional extra premium.

prima ajustable adjustable premium.

prima amortizada amortized premium.

prima anticipada advance premium.

prima anual annual premium.

prima base base premium.

prima básica basic premium.

prima bruta gross premium.

prima de adquisición acquisition premium.

prima de bono bond premium.

prima de bono amortizada amortized bond premium.

prima de bono no amortizada unamortized bond premium.

prima de cobertura múltiple blanket rate.

prima de conversión conversion premium.

prima de depósito deposit premium.

prima de inversión investment premium.

prima de opción option premium.

prima de reaseguro reinsurance premium.

prima de redención redemption premium.

prima de seguro básica basic insurance premium.

prima de seguro hipotecario mortgage insurance premium.

prima de seguros insurance premium.

prima de valoración valuation premium.

prima del seguro insurance premium.

prima devengada earned premium.

prima diferida deferred premium.

prima estimada estimated premium.

prima estipulada stipulated premium.

prima extra extra premium.

prima fija fixed premium.

prima financiada financed premium.

prima flexible flexible premium.

prima graduada graded premium.

prima hipotecaria mortgage premium.

prima inicial initial premium.

prima mínima minimum premium.

prima natural natural premium.

prima negativa negative premium.

prima neta net premium.

prima nivelada neta net level premium.

prima no amortizada unamortized premium.

prima pendiente de pago outstanding premium.

prima por aceleración acceleration premium.

prima por aplazamiento contango.

prima por inflación inflation premium.

prima por reinstalación reinstatement premium.

prima por renovación renewal premium.

prima por restauración restoration premium.

prima por riesgo risk premium.

prima provisional provisional premium.

prima pura pure premium.

prima razonable reasonable premium.

prima semianual semiannual premium.

prima semivariable semivariable premium.

prima trimestral quarterly premium.

prima única single premium.

prima única neta net single premium.

prima variable variable premium.

primas indeterminadas indeterminate premiums.

primas parejas level premiums.

primer gravamen first lien, first encumbrance.

primer pedido first order.

primera fecha de redención first call date.

primera hipoteca first mortgage.

primera opción first option.

primera orden first order.

primera prima first premium.

primeramente firstly, before.

primero first, foremost, original.

principal principal.

principal comprometido committed principal.

principal facturado billed principal.

principio de beneficios benefit principle.

principio de la conformidad conformity principle.

principio de pérdidas grandes large loss principle.

principio del esfuerzo mínimo least-effort principle.

principios de contabilidad accounting principles.

prioridad *f* priority, seniority.

prioridad de gravámenes priority of liens.

prioridad de paso right of way.

privacidad *f* privacy.

privacidad de datos data privacy.

privacidad financiera financial privacy.

privativamente privately, exclusively, personally.

privativo privative, exclusive, personal.

privatización *f* privatization.

privilegiado privileged, patented.

privilegiar privilege, grant a privilege, grant a patent, create a lien.

privilegio *m* privilege, patent, copyright.

privilegio de acreedores creditors' privilege.

privilegio de cambio exchange privilege.

privilegio de industria professional license.

privilegio de introducción rights on a foreign product.

privilegio de invención patent.

privilegio de prepago prepayment privilege.

privilegio de reinversión reinvestment privilege.

privilegio de retención de título title retention.

privilegio de suscripción subscription privilege.

privilegios sobre bienes inmuebles creditors' privileges concerning real property.

privilegios sobre bienes muebles creditors' privileges concerning personal property.

pro forma pro forma.

pro rata proportionately, pro rata.

proactivo proactive.

probabilidad *f* probability.

probabilidad bayesiana Bayesian probability.

probabilidad clásica classical probability.

probabilidad de pérdida probability of loss.

probabilidad empírica empirical probability.

probabilidad objetiva objective probability.

probabilidad subjetiva subjective probability.

probabilístico probabilistic.

probatorio probationary.

procedencia *f* origin.

procedente originating, according to custom.

procedimental procedural.

procedimiento *m* procedure, process.

procedimiento arbitral arbitration
proceeding.
procedimiento de aceptación
acceptance procedure.
procedimiento de distribución
distribution procedure.
procedimiento periódico periodic
procedure.
procedimientos administrativos
administrative procedures.
procedimientos de aduana customs
procedures.
procedimientos de auditoría
auditing procedures.
procesamiento *m* processing.
procesamiento de cheques check
processing.
procesamiento de datos
automatizado automated data
processing.
procesamiento de datos electrónico
electronic data processing.
procesamiento de información
information processing.
procesamiento de préstamos loan
processing.
procesamiento de trasfondo
background processing.
procesar process.
proceso *m* process, lapse of time.
proceso comercial commercial action.
proceso concursal bankruptcy
proceeding.
proceso continuo continuous process.
proceso de ajuste adjustment process.
proceso de auditoría auditing process.
proceso de cambio change process.
proceso de consolidación
consolidation process.
proceso hipotecario foreclosure
proceeding.
proceso patentado patented process.
procuración *f* procuration, proxy,
power of attorney, diligent management.
procurar procure, represent, manage for
another.
prodigalidad *f* prodigality, lavishness.
pródigamente prodigally, lavishly.
prodigar squander, lavish.
pródigo prodigal, lavish.
producción *f* production.
producción anual annual production.

producción bruta gross output.
producción continua continuous
production.
producción corriente current
production.
producción de oro gold production.
producción directa direct production.
producción en gran escala
large-scale production.
producción en masa mass production.
producción indirecta indirect
production.
producción industrial industrial
production, industrial output.
producción intermitente intermittent
production.
producción óptima optimum
production.
producción predeterminada
predetermined production.
producción preestablecida preset
production.
producción semianual semiannual
production.
producción total total output.
producente producing.
producidor producing.
producir produce, yield.
producir interés bear interest.
producir un beneficio yield a profit.
productividad *f* productivity.
productividad creciente increasing
productivity.
productividad de capital capital
productivity.
productividad decreciente
diminishing productivity.
productividad laboral labor
productivity.
productividad marginal marginal
productivity.
productividad marginal de capital
marginal productivity of capital.
productividad media average
productivity.
productivo productive.
producto *m* product, yield.
producto bruto nacional gross
national product.
producto compensatorio
compensating product.
producto de consumo consumer
product.

producto descontinuado discontinued product.

producto doméstico bruto gross domestic product.

producto emulador emulative product.

producto equitativo fair return.

producto exento exempt commodity.

producto final final product.

producto físico physical product.

producto genérico generic product.

producto marginal marginal product.

producto nacional national product, domestic product.

producto nacional bruto gross national product.

producto nacional neto net national product, net domestic product.

producto primario primary product.

productor *m* producer.

productor adj producing.

productor marginal marginal producer.

productor primario primary producer.

productos agrícolas agricultural products, farm products, agricultural commodities.

productos aliados allied products.

productos complementarios complementary products.

productos controlados controlled commodities.

productos de calidad quality products.

productos empaquetados packaged goods.

productos extranjeros foreign goods.

productos industriales industrial goods.

productos intermedios intermediate goods.

productos regulados regulated commodities.

productos terminados finished goods.

profesión *f* profession.

profesional professional.

profesionalidad *f* professionalism.

profesionalidad delictiva professional criminality, illegal exercise of a profession.

profesionalismo *m* professionalism.

profundidad del mercado depth of the market.

programa de apoyo de precios price support program.

programa de auditoría audit program.

programa de beneficios estilo cafetería cafeteria benefit program.

programa de entrenamiento training program.

programa de mantenimiento de precios price support program.

programa de mejoras de capital capital improvement program.

programa de participación directa direct participation program.

programa de reducción de costes cost-reduction program.

programa de reducción de costos cost-reduction program.

programado programmed.

progresivo progressive.

prohibición *f* prohibition.

prohibición de comerciar prohibition against trading.

prohibición de enajenar prohibition against transferring.

prohibido prohibited.

prohibir prohibit, ban, impede.

prohibitivo prohibitive.

prohibitorio prohibitory.

proindivisión *f* state of being undivided.

projecto de construcción building project.

prolongación *f* prolongation.

prolongado prolonged.

prolongamiento prolongation.

prolongar prolong.

promediación de ingresos income averaging.

promediación de precios price averaging.

promediación de rentas income averaging.

promediar average, mediate, divide equally.

promedio *m* average.

promedio de bonos bond average.

promedio de vida average life span.

promedio simple simple average.

promesa *f* promise, offer.

promesa colateral collateral promise.

promesa condicional conditional promise.

promesa de compra promise to purchase.

promesa de compra y venta purchase agreement.

promesa de compraventa purchase agreement.

promesa de contrato letter of intent.

promesa de pagar promise to pay.

promesa de pago promise to pay.

promesa de venta promise to sell, option.

promesa dependiente dependent promise.

promesa ficticia fictitious promise.

promesa formal formal promise.

promesa implícita implied promise.

promesa incondicional unconditional promise.

promesa pura simple promise.

promesa simple simple promise.

promesa sin causa naked promise.

promesa unilateral unilateral contract.

promesas recíprocas reciprocal promises.

prometer promise, offer.

prometido promised, offered.

prometiente *m/f* promisor, offeror.

prometiente adj promising, offering.

prometimiento *m* promise, offer.

promisorio promissory.

promoción *f* promotion.

promoción comercial trade promotion.

promoción de empleado employee promotion.

promoción de ventas sales promotion.

promoción horizontal horizontal promotion.

promoción vertical vertical promotion.

promotor promoter.

promovedor *m* promoter.

promover promote.

pronosticación *f* forecasting.

pronosticación cualitativa qualitative forecasting.

pronosticación de precios price forecasting.

pronosticación de producción production forecasting.

pronosticación de ventas sales forecasting.

pronóstico *m* prognostication, forecast.

pronóstico a corto plazo short-term forecast.

pronóstico a largo plazo long-term forecast.

pronóstico a medio plazo medium-term forecast.

pronóstico cíclico cyclical forecast.

pronóstico de tendencia trend forecast.

pronóstico de ventas sales forecast.

prontamente promptly.

pronto pago down payment.

pronto pago mínimo minimum down payment.

propaganda *f* propaganda.

propensión marginal a ahorrar marginal propensity to save.

propensión marginal a consumir marginal propensity to consume.

propensión marginal a invertir marginal propensity to invest.

propia orden, a su to his own order.

propiedad *f* property, proprietorship, estate.

propiedad abandonada abandoned property.

propiedad absoluta absolute ownership.

propiedad adyacente adjacent property.

propiedad amortizable depreciable property.

propiedad aparente ostensible ownership.

propiedad asegurada insured property.

propiedad colectiva collective ownership.

propiedad colindante abutting property.

propiedad comercial commercial property.

propiedad comunal common property, joint ownership.

propiedad condicional qualified estate, conditional ownership.

propiedad contingente contingent estate.

propiedad convencional conventional estate.

propiedad cubierta covered property.

propiedad de negocio business property.

propiedad de renta income property.
propiedad depreciable depreciable property.
propiedad dominante dominant tenement.
propiedad en condominio condominium property, condominium ownership.
propiedad en expectativa expectant estate.
propiedad en juicio hipotecario distressed property.
propiedad en peligro de juicio hipotecario distressed property.
propiedad exclusiva exclusive ownership.
propiedad exenta de contribuciones tax-exempt property.
propiedad exenta de impuestos tax-exempt property.
propiedad ganancial community property.
propiedad horizontal condominium property, condominium ownership, horizontal property.
propiedad imperfecta imperfect ownership.
propiedad incorporal intangible property.
propiedad incorpórea incorporeal property.
propiedad individual individual ownership.
propiedad industrial industrial property.
propiedad inmaterial intangible property.
propiedad inmobiliaria real estate, real estate ownership.
propiedad inmueble real estate, real estate ownership.
propiedad intangible intangible property.
propiedad intelectual intellectual property, copyright.
propiedad limítrofe abutting property.
propiedad literaria literary property, copyright.
propiedad mancomunada joint ownership, common property.
propiedad marginal marginal property.
propiedad mixta mixed property.

propiedad mueble personal property.
propiedad no asegurable uninsurable property.
propiedad no asegurada uninsured property.
propiedad para alquiler residencial residential rental property.
propiedad personal personal property.
propiedad personal tangible tangible personal property.
propiedad privada private property, private ownership.
propiedad pública public property.
propiedad que produce renta income property.
propiedad raíz real estate, real estate ownership.
propiedad raíz sin mejorar unimproved real estate.
propiedad real real estate, real estate ownership.
propiedad residencial residential property.
propiedad rural rural property, rural ownership.
propiedad rústica rural property, rural ownership.
propiedad sin mejoras unimproved property.
propiedad sirviente servient tenement.
propiedad tangible tangible property.
propiedad urbana urban property, urban ownership.
propiedad vitalicia life estate.
propiedades comparables comparable properties.
propietario *m* proprietor, owner.
propietario adj proprietary.
propietario absoluto absolute owner.
propietario aparente reputed owner.
propietario ausente absentee owner.
propietario beneficioso beneficial owner.
propietario conjunto joint owner.
propietario de hogar home owner.
propietario de negocio business owner.
propietario inscrito record owner.
propietario matriculado registered owner.
propietario registrado record owner.
propietario sin restricciones absolute owner.

proponer propose, offer.

proponer una moción offer a motion.

proponer una transacción offer a settlement.

proporción *f* proportion, ratio.

proporción clave key ratio.

proporción combinada combined ratio.

proporción contributiva tax ratio.

proporción corriente current ratio.

proporción coste-beneficio cost-benefit ratio.

proporción costo-beneficio cost-benefit ratio.

proporción de acciones comunes common stock ratio.

proporción de acciones ordinarias common stock ratio.

proporción de acciones preferenciales preferred stock ratio.

proporción de acciones preferidas preferred stock ratio.

proporción de activo tangible neto net tangible assets ratio.

proporción de aprobaciones approval ratio.

proporción de beneficio bruto gross profit ratio.

proporción de bonos bond ratio.

proporción de caducidad lapse ratio.

proporción de capital capital ratio.

proporción de capital neto net capital ratio.

proporción de capitalización capitalization ratio.

proporción de cobertura coverage ratio.

proporción de cobertura de costos fijos fixed-charge coverage ratio.

proporción de cobertura de deudas debt coverage ratio.

proporción de cobertura de intereses interest coverage ratio.

proporción de cobertura de préstamos loan coverage ratio.

proporción de cobros collection ratio.

proporción de colocación placement ratio.

proporción de concentración concentration ratio.

proporción de conversión conversion ratio.

proporción de correlación correlation ratio.

proporción de costes variables variable-cost ratio.

proporción de costos variables variable-cost ratio.

proporción de deuda a corto plazo short-term debt ratio.

proporción de deuda a equidad debit-equity ratio.

proporción de deuda a largo plazo long-term debt ratio.

proporción de dividendos a ganancias payout ratio.

proporción de efectivo cash ratio.

proporción de efectivo mínimo minimum cash ratio.

proporción de eficiencia efficiency ratio.

proporción de ejecución exercise ratio.

proporción de encaje bank cash ratio.

proporción de endeudamiento debt-to-equity ratio.

proporción de explotación operating ratio.

proporción de ganancia bruta gross profit ratio.

proporción de gastos expense ratio.

proporción de ingresos a precio earnings-price ratio.

proporción de liquidez liquidity ratio.

proporción de margen bruto gross margin ratio.

proporción de margen de contribución contribution margin ratio.

proporción de mercado market ratio.

proporción de morosidad delinquency ratio.

proporción de mortalidad mortality ratio.

proporción de pagos de dividendos dividend payout ratio.

proporción de pasivo y activo neto debt-to-net worth ratio.

proporción de pérdidas loss ratio.

proporción de pérdidas esperadas expected loss ratio.

proporción de pérdidas incurridas incurred-loss ratio.

proporción de pérdidas permisible permissible loss ratio.

proporción de salida de capital
capital output ratio.

proporción de selección selection
ratio.

proporción de servicio de la deuda
debt service ratio.

proporción de suscripción
subscription ratio.

proporción de valor neto net worth
ratio.

proporción de ventas a activo fijo
fixed asset turnover.

proporción dividendo-precio
dividend-price ratio.

proporción financiera financial ratio.

proporción impositiva tax ratio.

proporción ingresos-gastos
income-expense ratio.

proporción mínima de encaje
minimum reserve ratio.

proporción operativa operating ratio.

proporción precio-dividendo
price-dividend ratio.

proporción precio-ganancias
price-earnings ratio.

proporción precio-ingresos
price-earnings ratio.

proporcionablemente proportionally.

proporcionadamente proportionally.

proporcionado proportioned, suitable.

proporcional proportional.

proporcionalidad *f* proportionality.

proporcionalmente proportionally.

proporcionar provide, apportion, make
proportionate.

proposición *f* proposition, offer,
motion.

propósito *m* purpose.

propósito comercial business purpose.

propósito corporativo corporate
purpose.

propósito especial special purpose.

propósito legal legal purpose.

propuesta *f* proposal, offer.

propuesta en firme firm offer.

propuesta presupuestaria budget
proposal.

propuesta y aceptación offer and
acceptance.

propuestas selladas sealed bids.

propuesto proposed.

prorrata *f* prorate.

prorrateado prorated.

prorratear prorate.

prorrateo proration.

prórroga *f* prorogation.

prórroga de plazo extension of time.

prorrogable prorogable.

prorrogación *f* prorogation.

prorrogar prorogue, extend, postpone.

prorrogativo prorogative.

proscribir proscribe, annul.

proscripción *f* proscription, annulment.

proscripto proscribed, annulled.

proscriptor proscribing, annulling.

prospección *f* prospecting, survey.

prospectivo prospective.

prospecto *m* prospectus, booklet.

prospecto preliminar preliminary
prospectus.

protección *f* protection.

protección contra redención call
protection.

protección de datos data protection.

protección del consumidor
consumer protection.

**protección del crédito de
consumidor** consumer credit
protection.

proteccionismo *m* protectionism.

protector de cheques check protector.

proteger protect.

protegido protected.

protesta *f* protest.

protestable protestable.

protestado protested.

protestar protest.

protestar un giro protest a draft.

protestar una letra protest a draft.

protesto *m* protest.

protocolar adj protocolar, formal.

protocolar (v) protocolize, register
formally, notarize.

protocolario protocolar, formal.

protocolización *f* protocolization,
formal registration, notarization.

protocolizar protocolize, register
formally, notarize.

protocolo *m* protocol, formal registry,
formal registry of a notary public.

provecho benefit, profit.

provechosamente beneficially,
profitably.

provechoso beneficial, profitable.

proveeduría *f* post of a provider, warehouse.

proveer provide, grant, decide.

provisión *f* provision, precautionary measure, measure, warehouse.

provisión de fondos provision of funds.

provisión para cuentas dudosas bad debt reserve.

provisión para depreciación depreciation reserve.

provisional provisional.

provisorio provisional.

provisto provided.

proximidad *f* proximity.

próximo proximate, near, next.

proyección *f* projection.

proyección financiera financial projection.

proyectado projected.

proyectar project.

proyecto *m* project.

proyecto de contrato draft of a contract.

proyecto de mejoras improvement project.

prueba *f* proof, sample, test.

prueba, a on approval.

prueba de acatamiento compliance test.

prueba de antes y después before-and-after test.

prueba de asegurabilidad evidence of insurability.

prueba de beneficio bruto gross profit test.

prueba de contabilidad accounting proof.

prueba de depósito proof of deposit.

prueba de deuda proof of debt.

prueba de dos colas two-tailed test.

prueba de empleo employment test.

prueba de fuego acid test.

prueba de ganancia bruta gross profit test.

prueba de mercado market test.

prueba de pérdida proof of loss.

prueba de reclamación proof of claim.

prueba de transacción test of transaction.

prueba de validez validity test.

prueba para colocación placement test.

psicología industrial industrial psychology.

psicología organizativa organizational psychology.

publicación *f* publication.

publicación comercial trade publication.

públicamente publicly.

publicar publish.

publicidad *f* publicity.

publicidad cooperativa cooperative advertising.

publicidad de acción directa direct-action advertising.

publicidad de imagen image advertising.

publicidad de producto product advertising.

publicidad de respuesta directa direct-response advertising.

publicidad de servicio público public service advertising.

publicidad directa direct advertising.

publicidad engañosa false advertising, deceptive advertising.

publicidad industrial industrial advertising.

publicidad informativa informative advertising.

publicidad institucional institutional advertising.

publicidad nacional national advertising.

publicidad selectiva selective advertising.

público *m* public, open.

público cautivo captive audience.

puerta abierta open door, free trade.

puerto *m* port.

puerto a puerto port-to-port.

puerto abierto open port.

puerto aduanero port of entry.

puerto aéreo airport.

puerto de aduana port of entry.

puerto de amarre home port.

puerto de descarga port of discharge.

puerto de destino port of destination.

puerto de embarque port of departure.

puerto de entrada port of entry.

puerto de entrega   port of delivery.
puerto de escala   port of call.
puerto de matrícula   home port.
puerto de origen   port of departure.
puerto de partida   port of departure.
puerto de salida   port of departure.
puerto de tránsito   port of transit.
puerto extranjero   foreign port.
puerto final   port of delivery.
puerto franco   free port.
puerto libre   free port.
puerto terminal   port of delivery.
puesta   *f* higher bid.
puesto   *m* post, position.
puja   *f* bid, higher bid.
pujador   *m* bidder, outbidder.
pujar   bid, outbid.
punto común   common point.
punto crítico   break-even point.
punto crítico combinado   composite
   break-even point.
punto crítico financiero   financial
   break-even point.
punto de concentración
   concentration point.
punto de conversión   conversion point.
punto de corte   cut-off point.
punto de equilibrio   point of
   equilibrium.
punto de origen   point of origin.
punto de saturación   saturation point.
punto de venta   point of sale.
punto porcentual   percentage point.
puntos de descuento   discount points.
puntuación de crédito   credit scoring.
puntual   punctual, exact.
puntualidad   *f* punctuality, exactness.
puntualizar   detail, stamp, finish.
puntualmente   punctually, exactly.
pureza   *f* purity, genuineness.
puro   pure.
puro y claro   free and clear.
putativo   putative.

quebradizo   fragile.
quebrado   *m* bankrupt person.

quebrado   adj bankrupt, broken.
quebrado culpable   bankrupt due to
   negligence.
quebrado fraudulento   fraudulent
   bankrupt.
quebrador   adj breaking.
quebrador   *m* breaker, violator.
quebrantable   fragile.
quebrantado   broken, violated.
quebrantador   *m* breaker, violator.
quebrantadura   *f* breaking, violation,
   breach.
quebrantamiento   *m* breaking,
   violation, breach.
quebrantar   break, violate, breach.
quebranto   *m* breaking, violation,
   breach.
quebrar   go bankrupt, break, interrupt.
quedar obsoleto   become obsolete.
quehacer   *m* work, occupation, chore.
queja   *f* complaint.
quejarse   complain.
quemar   burn, sell cheaply.
querella   *f* complaint.
quid pro quo   quid pro quo.
quiebra   *f* bankruptcy, break, damage.
quiebra bancaria   bank failure.
quiebra culpable   bankruptcy due to
   negligence.
quiebra culposa   bankruptcy due to
   negligence.
quiebra de negocio   business failure.
quiebra, en   in bankruptcy.
quiebra fraudulenta   fraudulent
   bankruptcy.
quiebra involuntaria   involuntary
   bankruptcy.
quiebra voluntaria   voluntary
   bankruptcy.
quien toma decisiones   decision
   maker.
quillaje   *m* keelage.
quincena   *f* fifteen days, pay for fifteen
   days of work, half-month, half-month's
   pay.
quintuplicado   quintuplicate.
quiñón   *m* share, plot of land.
quirografario   *m* unsecured debt,
   general creditor.
quirografario   adj unsecured.
quirógrafo   *m* promissory note,
   acknowledgment of debt.

quirógrafo adj unsecured.
quita f release, reduction of a debt.
quita y espera arrangement with creditors.
quitación f release, quitclaim, income.
quitamiento m release, reduction of a debt.
quitanza f release.
quitar remove, exempt.
quitarse withdraw, remove.
quito free, exempt.
quórum m quorum.

R

racionamiento m rationing.
racionamiento de capital capital rationing.
racionamiento de crédito credit rationing.
racionar ration.
radiación f radiation, radio broadcast.
radiado radiated, broadcast.
radiar broadcast.
radicación electrónica electronic filing.
radicación tardía late filing.
radicar live, settle, to be located, file.
radicar conjuntamente file jointly.
radicar separadamente file separately.
radicar una planilla file a return.
radicar una planilla contributiva file a tax return.
rama f branch.
ramificación f ramification.
rango m rank, class.
rango hipotecario mortgage rank.
rápidamente rapidly.
rapidez f rapidity.
raqueterismo m racketeering.
raquetero m racketeer.
ratear distribute proportionally, reduce proportionally, steal.
rateo m proration, apportionment.
ratería de tiendas shoplifting.
ratificación f ratification, confirmation.
ratificación de contratos ratification of contracts.

ratificar ratify, confirm.
ratificatorio ratifying, confirming.
ratihabición f ratification, confirmation.
ratio m ratio.
ratio clave key ratio.
ratio combinado combined ratio.
ratio comercial firm name, trade name.
ratio contributivo tax ratio.
ratio corriente current ratio.
ratio coste-beneficio cost-benefit ratio.
ratio costo-beneficio cost-benefit ratio.
ratio de acciones comunes common stock ratio.
ratio de acciones ordinarias common stock ratio.
ratio de acciones preferenciales preferred stock ratio.
ratio de acciones preferidas preferred stock ratio.
ratio de activo tangible neto net tangible assets ratio.
ratio de aprobaciones approval ratio.
ratio de beneficio bruto gross profit ratio.
ratio de bonos bond ratio.
ratio de caducidad lapse ratio.
ratio de capital capital ratio.
ratio de capital neto net capital ratio.
ratio de capitalización capitalization ratio.
ratio de cobertura coverage ratio.
ratio de cobertura de costos fijos fixed-charge coverage ratio.
ratio de cobertura de deudas debt coverage ratio.
ratio de cobertura de intereses interest coverage ratio.
ratio de cobertura de préstamos loan coverage ratio.
ratio de cobros collection ratio.
ratio de colocación placement ratio.
ratio de concentración concentration ratio.
ratio de conversión conversion ratio.
ratio de correlación correlation ratio.
ratio de costes variables variable-cost ratio.
ratio de costos variables variable-cost ratio.

ratio de deuda a corto plazo
short-term debt ratio.

ratio de deuda a equidad
debit-equity ratio.

ratio de deuda a largo plazo
long-term debt ratio.

ratio de dividendos a ganancias
payout ratio.

ratio de efectivo cash ratio.

ratio de efectivo mínimo minimum
cash ratio.

ratio de eficiencia efficiency ratio.

ratio de ejecución exercise ratio.

ratio de encaje bank cash ratio.

ratio de endeudamiento
debt-to-equity ratio.

ratio de explotación operating ratio.

ratio de ganancia bruta gross profit
ratio.

ratio de gastos expense ratio.

ratio de ingresos a precio
earnings-price ratio.

ratio de liquidez liquidity ratio.

ratio de margen bruto gross margin
ratio.

ratio de margen de contribución
contribution margin ratio.

ratio de mercado market ratio.

ratio de morosidad delinquency ratio.

ratio de mortalidad mortality ratio.

ratio de pagos de dividendos
dividend payout ratio.

ratio de pasivo y activo neto
debt-to-net worth ratio.

ratio de pérdidas loss ratio.

ratio de pérdidas esperadas
expected loss ratio.

ratio de pérdidas incurridas
incurred-loss ratio.

ratio de pérdidas permisibles
permissible loss ratio.

ratio de salida de capital capital
output ratio.

ratio de selección selection ratio.

ratio de servicio de la deuda debt
service ratio.

ratio de suscripción subscription ratio.

ratio de valor neto net worth ratio.

ratio de ventas a activo fijo fixed
asset turnover.

ratio dividendo-precio dividend-price
ration.

ratio financiero financial ratio.

ratio impositivo tax ratio.

ratio ingresos-gastos income-expense
ratio.

ratio mínimo de encaje minimum
reserve ratio.

ratio operativo operating ratio.

ratio precio-dividendo price-dividend
ratio.

ratio precio-ganancias price-earnings
ratio.

ratio precio-ingresos price-earnings
ratio.

ratio social firm name, trade name.

ratio tributario tax ratio.

razón f reason, ratio, information.

razón clave key ratio.

razón combinada combined ratio.

razón comercial firm name, trade
name.

razón contributiva tax ratio.

razón corriente current ratio.

razón coste-beneficio cost-benefit
ratio.

razón costo-beneficio cost-benefit
ratio.

razón de acciones comunes common
stock ratio.

razón de acciones ordinarias
common stock ratio.

razón de acciones preferenciales
preferred stock ratio.

razón de acciones preferidas
preferred stock ratio.

razón de activo tangible neto net
tangible assets ratio.

razón de aprobaciones approval ratio.

razón de beneficio bruto gross profit
ratio.

razón de bonos bond ratio.

razón de caducidad lapse ratio.

razón de capital capital ratio.

razón de capital neto net capital ratio.

razón de capitalización capitalization
ratio.

razón de cobertura coverage ratio.

razón de cobertura de costos fijos
fixed-charge coverage ratio.

razón de cobertura de deudas debt
coverage ratio.

razón de cobertura de intereses
interest coverage ratio.

razón de cobertura de préstamos
loan coverage ratio.

razón de cobros   collection ratio.

razón de colocación   placement ratio.

razón de concentración concentration ratio.

razón de conversión   conversion ratio.

razón de correlación   correlation ratio.

razón de costes variables variable-cost ratio.

razón de costos variables variable-cost ratio.

razón de deuda a corto plazo short-term debt ratio.

razón de deuda a equidad debit-equity ratio.

razón de deuda a largo plazo long-term debt ratio.

razón de dividendos a ganancias payout ratio.

razón de efectivo   cash ratio.

razón de efectivo mínimo   minimum cash ratio.

razón de eficiencia   efficiency ratio.

razón de ejecución   exercise ratio.

razón de encaje   bank cash ratio.

razón de endeudamiento debt-to-equity ratio.

razón de explotación   operating ratio.

razón de ganancia bruta   gross profit ratio.

razón de gastos   expense ratio.

razón de ingresos a precio earnings-price ratio.

razón de liquidez   liquidity ratio.

razón de margen bruto   gross margin ratio.

razón de margen de contribución contribution margin ratio.

razón de mercado   market ratio.

razón de morosidad   delinquency ratio.

razón de mortalidad   mortality ratio.

razón de pagos de dividendos dividend payout ratio.

razón de pasivo y activo neto debt-to-net worth ratio.

razón de pérdidas   loss ratio.

razón de pérdidas esperadas expected loss ratio.

razón de pérdidas incurridas incurred-loss ratio.

razón de pérdidas permisibles permissible loss ratio.

razón de salida de capital   capital output ratio.

razón de selección   selection ratio.

razón de servicio de la deuda   debt service ratio.

razón de suscripción   subscription ratio.

razón de valor neto   net worth ratio.

razón de ventas a activo fijo   fixed asset turnover.

razón dividendo-precio dividend-price ration.

razón financiera   financial ratio.

razón impositiva   tax ratio.

razón ingresos-gastos income-expense ratio.

razón mínima de encaje   minimum reserve ratio.

razón operativa   operating ratio.

razón precio-dividendo price-dividend ratio.

razón precio-ganancias price-earnings ratio.

razón precio-ingresos   price-earnings ratio.

razón social   firm name, trade name.

razón tributaria   tax ratio.

razonable   reasonable.

razonablemente   reasonably.

razones de industria   industry ratios.

razones del balance   balance sheet ratios.

reaceptación   *f* reacceptance.

reactivación   *f* reactivation.

reactivar   reactivate.

readquirido   reacquired.

readquirir   reacquire.

readquisición corporativa   corporate reacquisition.

reafirmación   *f* reaffirmation.

reafirmar   reaffirm.

reajustar   readjust.

reajuste   *m* readjustment.

reajuste de capital   capital readjustment.

realista   realistic.

realizable   realizable, salable.

realización   *f* realization, carrying out, sale.

realizado   realized.

realizar   realize, carry out, sell.

realquilar   sublease.

realzado de crédito   credit enhancement.

reanudar renew, resume.
reanudar pagos resume payments.
reapertura *f* reopening.
reasegurado reinsured.
reasegurador *m* reinsurer.
reasegurar reinsure.
reaseguro *m* reinsurance.
reaseguro automático automatic reinsurance.
reaseguro con participación participating reinsurance.
reaseguro de catástrofe catastrophe reinsurance.
reaseguro en exceso excess reinsurance.
reaseguro facultativo facultative reinsurance.
reaseguro no proporcional nonproportional reinsurance.
reaseguro no tradicional nontraditional reinsurance.
reaseguro obligatorio obligatory reinsurance.
reaseguro proporcional proportional reinsurance.
reaseguro prorrateado pro rata reinsurance.
reasumir resume.
reasunción *f* resumption.
rebaja *f* reduction, rebate.
rebaja de deudas abatement of debts.
rebaja de impuestos abatement of taxes.
rebaja del impuesto tax reduction.
rebajado reduced.
rebajamiento *m* reduction.
rebajar reduce.
rebasar exceed.
rebatir refute, deduct, reinforce.
rebelde *m* defaulter.
rebelde adj defaulting.
rebeldía, en in default.
recabar request, obtain.
recadero *m* messenger.
recado *m* message, errand, gift.
recaer fall again, relapse.
recaída *f* relapse.
recalcar emphasize, emphasize repeatedly.
recambiar redraw, change again.
recambio *m* reexchange, redraft.
recapitalización *f* recapitalization.

recapitalizar recapitalize.
recaptura *f* recapture.
recaptura de amortización depreciation recapture.
recaptura de depreciación depreciation recapture.
recargar reload, overload, load, surcharge, overcharge, charge again.
recargo *m* surcharge, additional load, surtax, overcharge, markup.
recargo a la importación import surcharge.
recargo contributivo surtax, surcharge for late tax payment.
recargo fiscal surtax, surcharge for late tax payment.
recargo impositivo surtax, surcharge for late tax payment.
recargo tributario surtax, surcharge for late tax payment.
recatón *m* retailer.
recatón adj retail.
recaudable collectible.
recaudación *f* collection, office of a collector.
recaudación de contribuciones collection of taxes.
recaudación de impuestos collection of taxes.
recaudaciones fiscales tax collections.
recaudador *m* collector, tax collector.
recaudador de contribuciones tax collector.
recaudador de impuestos tax collector.
recaudador de rentas internas collector of internal revenue.
recaudamiento *m* collection, post of a collector, office of a collector.
recaudar collect, collect taxes.
recaudar fondos raise funds.
recaudar impuestos collect taxes.
recaudatorio pertaining to collections.
recaudo *m* collection, bond.
recepción de mercaderías receipt of merchandise.
receptor *m* receiver.
receptor de rentas tax collector.
receptoría *f* receiver's office, collector's office, receivership.
recesar recess, adjourn, withdraw.
recesión *f* recession.

receso *m* recess, adjournment, withdrawal.

recetoría *f* receiver's office, collector's office.

recibí payment received.

recibido received.

recibidor *m* receiver, receiving teller.

recibimiento *m* receipt, reception, acceptance.

recibir receive, accept, admit.

recibir por la cuenta de accept for the account of.

recibo *m* receipt, receiving.

recibo condicional conditional receipt.

recibo de almacén warehouse receipt.

recibo de carga freight receipt.

recibo de depósito deposit receipt.

recibo de depósito al portador bearer depository receipt.

recibo de empréstito loan receipt.

recibo de entrega delivery receipt.

recibo de inspección inspection receipt.

recibo de muelle dock receipt.

recibo de pago de prima premium receipt.

recibo de préstamo loan receipt.

recibo ficticio fictitious receipt.

recibo incondicional unconditional receipt.

recibo obligante binding receipt.

recibo obligante condicional conditional binding receipt.

recibo obligante incondicional unconditional binding receipt.

recibo obligatorio binder.

reciclado recycled.

reciclaje *m* recycling.

reciclar recycle.

recientemente recently.

recíprocamente reciprocally.

reciprocidad *f* reciprocity.

recíproco reciprocal.

reclamable claimable.

reclamación *f* claim.

reclamación aceptada accepted claim.

reclamación admitida admitted claim.

reclamación de dividendo dividend claim.

reclamación del acreedor creditor's claim.

reclamación fraudulenta fraudulent claim.

reclamación inicial initial claim.

reclamación pagada claim paid.

reclamaciones sometidas claims made.

reclamador *m* claimant.

reclamante *m/f* claimer.

reclamar reclaim, claim.

reclamo *m* claim, advertisement.

reclasificación *f* reclassification.

reclasificación de acciones reclassification of stock.

recobrable recoverable.

recobrar recover.

recobrarse recover.

recobro *m* recovery.

recogedor *m* collector.

recoger collect, withdraw, retrieve.

recogida *f* collecting, withdrawal.

recolección *f* collection.

recolectar collect.

recolector *m* collector.

recomendación *f* recommendation, request.

recomendación colectiva blanket recommendation.

recomendante *m/f* recommender.

recomendar recommend, advise, request.

recompensa *f* recompense, remuneration, award.

recompensable recompensable.

recompensación *f* recompense, remuneration, award.

recomponer repair again.

recompra *f* repurchase, buyback.

recompra anticipada advance repurchase.

recompra de acciones stock buyback.

recompra de bonos bond buy-back.

recompra temprana early repurchase.

recomprar repurchase.

recómputo *m* recomputation.

reconciliable reconcilable.

reconciliación *f* reconciliation.

reconciliar reconcile.

reconducción *f* reconduction, extension, renewal.

reconducir extend, renew.

reconocedor *m* recognizer, admitter, inspector.

reconocer recognize, admit, inspect.

reconocer una firma acknowledge a signature.

reconocer una orden acknowledge an order.

reconocimiento *m* recognition, admission, inspection.

reconocimiento aduanal customs inspection.

reconocimiento de cuentas audit of accounts.

reconocimiento de deuda acknowledgment of debt.

reconocimiento de firma authentication of signature.

reconocimiento de ingresos revenue recognition.

reconocimiento de las obligaciones acknowledgment of the obligations.

reconocimiento de marca brand recognition.

reconocimiento de orden acknowledgement of order.

reconocimiento de pago acknowledgement of payment.

reconocimiento de pago en efectivo cash acknowledgement.

reconocimiento directo direct recognition.

reconocimiento implícito implied acknowledgment.

reconsideración *f* reconsideration.

reconsiderar reconsider.

reconstitución *f* reconstitution, reorganization.

reconstituir reconstitute, reorganize.

reconstrucción *f* reconstruction.

reconstruir reconstruct.

récord *m* record.

recordatorio *m* reminder.

recorte *m* cutback.

recorte de precios price cutting.

recorte de tasa rate cut.

recorte de tipo rate cut.

recorte presupuestario budget cut.

recortes de personal personnel cuts.

rectamente honestly.

rectificable rectifiable.

rectificación *f* rectification, amendment.

rectificación de asientos de los registros correction of entries in the registries.

rectificador *m* rectifier.

rectificar rectify, amend.

rectitud *f* rectitude.

recto straight, honest.

recuento *m* recount, count, inventory.

recuperable recoverable.

recuperación *f* recuperation.

recuperación de costes cost recovery.

recuperación de costos cost recovery.

recuperación económica economic recovery.

recuperar recuperate.

recurrente recurring.

recurso *m* recourse, resource, remedy, means.

recurso natural renovable renewable natural resource.

recursos agrícolas agricultural resources.

recursos de capital capital resources.

recursos disponibles available resources.

recursos económicos economic resources.

recursos financieros financial resources.

recursos humanos human resources.

recursos naturales natural resources.

recursos naturales no renovables nonrenewable natural resources.

recursos no utilizados idle resources.

rechazable rejectable.

rechazado rejected.

rechazamiento *m* rejection.

rechazar reject.

rechazar un cheque reject a check.

rechazo *m* rejection.

rechazo de mercancías refusal of goods.

rechazo de oferta rejection of offer.

rechazo de pago refusal of payment.

red *f* net, network.

red bancaria banking network.

red compartida shared network.

red de computadoras computer network.

red de comunicaciones communications network.

red de intercambio swap network.

red de tarjetas card network.

redactar un contrato draw up a contract.

redención *f* redemption.
redención de deuda debt redemption.
redención de servidumbres lifting of easements.
redención especial special redemption.
redentor redeeming.
redesarrollar redevelop.
redesarrollo *m* redevelopment.
redescuento *m* rediscount.
redespachar resend.
redimible redeemable.
redimir redeem, free, exempt, call in, pay off.
redistribución *f* redistribution.
redistribución de ingresos income redistribution.
redistribuido redistributed.
redistribuir redistribute.
rédito *m* revenue, return, profit, interest.
rédito gravable taxable income.
rédito imponible taxable income.
rédito tributable taxable income.
redituable revenue-yielding, profitable, interest bearing.
reditual revenue-yielding, profitable, interest bearing.
redituar yield, draw.
redondear *m* round off, complete.
redondearse clear oneself of all debts.
redondeo *m* rounding.
reducción *f* reduction.
reducción contributiva tax reduction.
reducción de capital reduction of capital.
reducción de contribuciones reduction of taxes.
reducción de costes cost reduction.
reducción de costos cost reduction.
reducción de deuda debt reduction.
reducción de dividendo reduction of dividend.
reducción de impuestos tax reduction.
reducción de la tasa bancaria bank rate reduction.
reducción de pérdidas loss reduction.
reducción de precio price reduction.
reducción de riesgos risk reduction.
reducción de salario salary reduction.
reducción de tasa rate decrease.
reducción de tipo rate decrease.

reducción del tipo bancario bank rate reduction.
reducción impositiva tax reduction.
reducción tributaria tax reduction.
reducciones de personal personnel reductions.
reducible reducible.
reducido reduced.
reducir reduce.
reducir contribuciones reduce taxes.
reducir costes reduce costs.
reducir costos reduce costs.
reducir gastos reduce expenses.
reducir gastos generales reduce overhead.
reducir impuestos reduce taxes.
reducir precios reduce prices.
reducir tasas reduce rates.
reducir tipos reduce rates.
reductible reducible.
reedificación *f* rebuilding.
reedificar rebuild.
reembarcar reembark.
reembargar reattach.
reembargo *m* reattachment.
reembarque *m* reembarcation.
reembolsable reimbursable, refundable.
reembolsar reimburse.
reembolso *m* reimbursement, drawback.
reembolso contributivo tax refund.
reembolso de contribuciones tax refund.
reembolso de gastos expense reimbursement.
reembolso de impuestos tax refund.
reembolso de ingresos income reimbursement.
reembolso de prima premium refund.
reembolso en efectivo cash refund.
reembolso impositivo tax refund.
reembolso por experiencia experience refund.
reembolso previo prior redemption.
reembolso tributario tax refund.
reemisión de tarjeta card reissue.
reemplazable replaceable.
reemplazar replace.
reemplazo *m* replacement.
reemplazo de ingresos income replacement.
reemplear reemploy.

reempleo *m* reemployment.
reendosar reendorse.
reendoso *m* reendorsement.
reentrenamiento *m* retraining.
reenviar return, forward.
reenvío *m* return, forwarding.
reestructuración de deuda restructuring of debt.
reestructurado restructured.
reestructurar restructure.
reexpedición *f* reshipment, forwarding.
reexpedir reship, forward.
reexportación *f* reexportation.
reexportar reexport.
refacción *f* bonus, repair, maintenance expense.
refaccionador *m* financial backer.
refaccionar finance, renovate, repair, maintain.
referencia *f* reference, report.
referencia bancaria bank reference.
referencia comercial trade reference.
referencia de coste cost reference.
referencia de costo cost reference.
referencia de crédito credit reference.
refinanciación *f* refinancing.
refinanciado refinanced.
refinanciamiento *m* refinancing.
refinanciar refinance.
reforma *f* reform, amendment, revision.
reforma contributiva tax reform.
reforma fiscal tax reform.
reforma impositiva tax reform.
reforma monetaria monetary reform.
reforma tributaria tax reform.
reformado reformed, amended.
reformar reform, amend, revise, repair.
reformatorio reforming, amending.
refrendación *f* countersignature, authentication, stamping.
refrendar countersign, authenticate, stamp.
refrendario *m* countersigner, authenticator.
refrendata *f* countersignature, authentication.
refrendo countersignature, authentication, stamp.
refugio contributivo tax haven.
refugio fiscal tax haven.
refugio impositivo tax haven.
refugio tributario tax haven.
regalía *f* royalty, privilege, exemption, perquisite, goodwill.
regatear haggle, deny.
regateo *m* haggling.
regencia *f* management.
regentar manage.
regente *m/f* manager, foreperson.
regentear manage.
región *f* region.
regional regional.
regir manage, to be in force.
registrable registrable.
registración *f* registration.
registrado registered.
registrador *m* register, registrar, inspector.
registrador de la propiedad register of real estate, register of deeds.
registral pertaining to registry.
registrante *m/f* registrant.
registrar register, inspect, enter.
registrar una hipoteca record a mortgage.
registro *m* registry, register, registration, inspection, entry, tonnage.
registro bruto gross tonnage.
registro de actas minute book.
registro de bonos bond register.
registro de buques registry of ships.
registro de crédito credit record.
registro de cheques check register.
registro de gravamen recording of lien.
registro de hipoteca recording of mortgage.
registro de hipotecas mortgage registry.
registro de la propiedad registry of real estate.
registro de la propiedad industrial registry of industrial property.
registro de la propiedad intelectual registry of intellectual property.
registro de letras bill register.
registro de navíos register of ships.
registro de nómina payroll register.
registro de pago payment record.
registro de patentes register of patents.
registro de préstamos loan register.
registro ficticio fictitious registration.

registro múltiple multiple recording.
registro múltiple de transacciones
multiple recording of transactions.
registro público public record.
registros corporativos corporate
records.
registros de contabilidad accounting
records.
registros de costos cost records.
registros financieros financial records.
regla de antes y después
before-and-after rule.
reglamentación ƒ regulation,
regulations.
reglamentación urbanística zoning
rules.
reglamentaciones de trabajo work
guidelines, labor laws.
reglamentar regulate, rule, establish
rules.
reglamentario regulatory, regulation.
reglamento *m* regulation, regulations,
by-laws.
reglamento aduanero customs
regulations.
reglamento de edificación building
code.
reglamento de trabajo work
guidelines, labor laws.
reglamentos de aduana customs
regulations.
reglamentos de zonificación zoning
regulations.
reglamentos interiores by-laws.
reglamentos laborales labor
regulations.
reglar regulate.
reglas de aduana customs rules.
reglas de capitalización
capitalization rules.
reglas de suficiencia de capital
capital adequacy rules.
reglas del debe y haber debit and
credit conventions.
regresión lineal linear regression.
regresión lineal simple simple linear
regression.
regresión múltiple multiple regression.
regresión simple simple regression.
regulación ƒ regulation.
regulación de precios price
regulation.
regulación de tasas rate regulation.

regulación de tipos rate regulation.
regulación monetaria monetary
regulation.
regulaciones contributivas tax
regulations.
regulaciones fiscales tax regulations.
regulaciones impositivas tax
regulations.
regulaciones tributarias tax
regulations.
regulado regulated.
regulador *m* regulator.
regulador adj regulating.
regular v regulate.
regular adj regular, average.
regularidad ƒ regularity.
regularizar regulate, regularize.
regularmente regularly.
regulativo regulative.
rehabilitación ƒ rehabilitation,
discharge.
rehabilitación del fallido discharge
of a bankrupt.
rehabilitación del quebrado
discharge of a bankrupt.
rehabilitación vocacional vocational
rehabilitation.
rehabilitar rehabilitate, discharge.
rehipotecar rehypothecate.
rehusar refuse.
rehusar el pago refuse payment.
rehusar pago de un cheque
dishonor a check.
reimportación ƒ reimportation.
reimportar reimport.
reincorporación ƒ reincorporation.
reincorporar reincorporate.
reincorporarse to become
reincorporated.
reiniciar reopen.
reinstalación ƒ reinstatement.
reinstalación de una póliza
reinstatement of policy.
reinstalar reinstall.
reintegrable refundable, restorable.
reintegración ƒ restoration, refund.
reintegrar reintegrate, refund.
reintegro *m* reintegration, refund.
reintegro contributivo tax refund.
reintegro de contribuciones tax
refund.
reintegro de impuestos tax refund.

reintegro en efectivo cash refund.
reintegro fiscal tax refund.
reintegro impositivo tax refund.
reintegro tributario tax refund.
reintermediación *f* reintermediation.
reinversión *f* reinvestment.
reinversión automática automatic reinvestment.
reinversión comunitaria community reinvestment.
reinversión de dividendos dividend reinvestment.
reinversión de dividendos automática automatic dividend reinvestment.
reivindicable repleviable, recoverable.
reivindicación *f* replevin, recovery.
reivindicador *m* replevisor.
reivindicante *m/f* replevisor.
reivindicar replevy, recover.
reivindicativo pertaining to replevin, pertaining to recovery.
reivindicatorio replevying, recovering.
relación *f* relationship, ratio, report.
relación clave key ratio.
relación combinada combined ratio.
relación contributiva tax ratio.
relación corriente current ratio.
relación coste-beneficio cost-benefit ratio.
relación costo-beneficio cost-benefit ratio.
relación de acciones comunes common stock ratio.
relación de acciones ordinarias common stock ratio.
relación de acciones preferenciales preferred stock ratio.
relación de acciones preferidas preferred stock ratio.
relación de activo tangible neto net tangible assets ratio.
relación de agencia agency relationship.
relación de aprobaciones approval ratio.
relación de beneficio bruto gross profit ratio.
relación de bonos bond ratio.
relación de caducidad lapse ratio.
relación de capital capital ratio.

relación de capital neto net capital ratio.
relación de capitalización capitalization ratio.
relación de cobertura coverage ratio.
relación de cobertura de costos fijos fixed-charge coverage ratio.
relación de cobertura de deudas debt coverage ratio.
relación de cobertura de intereses interest coverage ratio.
relación de cobertura de préstamos loan coverage ratio.
relación de cobros collection ratio.
relación de colocación placement ratio.
relación de concentración concentration ratio.
relación de conversión conversion ratio.
relación de correlación correlation ratio.
relación de costes variables variable-cost ratio.
relación de costos variables variable-cost ratio.
relación de deuda a corto plazo short-term debt ratio.
relación de deuda a equidad debit-equity ratio.
relación de deuda a largo plazo long-term debt ratio.
relación de dividendos a ganancias payout ratio.
relación de efectivo cash ratio.
relación de efectivo mínimo minimum cash ratio.
relación de eficiencia efficiency ratio.
relación de ejecución exercise ratio.
relación de encaje bank cash ratio.
relación de endeudamiento debt-to-equity ratio.
relación de explotación operating ratio.
relación de ganancia bruta gross profit ratio.
relación de gastos expense ratio.
relación de ingresos a precio earnings-price ratio.
relación de liquidez liquidity ratio.
relación de margen bruto gross margin ratio.

relación de margen de contribución contribution margin ratio.

relación de mercado market ratio.

relación de morosidad delinquency ratio.

relación de mortalidad mortality ratio.

relación de pagos de dividendos dividend payout ratio.

relación de pasivo y activo neto debt-to-net worth ratio.

relación de pérdidas loss ratio.

relación de pérdidas esperadas expected loss ratio.

relación de pérdidas incurridas incurred-loss ratio.

relación de pérdidas permisibles permissible loss ratio.

relación de salida de capital capital output ratio.

relación de selección selection ratio.

relación de servicio de la deuda debt service ratio.

relación de suscripción subscription ratio.

relación de valor neto net worth ratio.

relación de ventas a activo fijo fixed asset turnover.

relación dividendo-precio dividend-price ratio.

relación fiduciaria fiduciary relation.

relación financiera financial ratio.

relación impositiva tax ratio.

relación ingresos-gastos income-expense ratio.

relación mínima de encaje minimum reserve ratio.

relación operativa operating ratio.

relación precio-dividendo price-dividend ratio.

relación precio-ganancias price-earnings ratio.

relación precio-ingresos price-earnings ratio.

relacionado al empleo job related.

relacionado al trabajo job related.

relaciones comerciales business relations.

relaciones de negocios business relations.

relaciones humanas human relations.

relaciones laborales labor relations.

relaciones profesionales professional relations.

relaciones públicas public relations.

relato m report.

relevación f release, exemption.

relevante relevant, outstanding.

relevar relieve, exempt.

remandar send repeatedly.

rematado auctioned.

rematador m auctioneer.

rematante m successful bidder.

rematar auction, terminate.

remate m auction, termination.

remate judicial judicial auction.

remediable remediable.

remesa f remittance.

remesar remit.

remisión de deuda cancellation of debt.

remisor m sender.

remisor adj remitting.

remisorio remissory, remitting.

remitente m/f remitter.

remitido remitted.

remitir remit, refer.

remoción f removal, dismissal.

remodelar remodel.

remonetización f remonetization.

remoto remote.

remover restricciones remove restrictions.

remover tarifas remove tariffs.

removimiento m removal.

remuneración f remuneration.

remuneración acumulada accumulated remuneration.

remuneración anual annual remuneration.

remuneración anual garantizada guaranteed annual remuneration.

remuneración básica base remuneration.

remuneración contractual contractual remuneration.

remuneración diaria daily remuneration.

remuneración diferida deferred remuneration.

remuneración efectiva net remuneration, remuneration paid in cash.

remuneración especificada specified remuneration.

remuneración estipulada stipulated remuneration.

remuneración fija fixed remuneration.

remuneración garantizada guaranteed remuneration.

remuneración igual equal remuneration.

remuneración inicial initial remuneration.

remuneración justa just compensation.

remuneración máxima maximum remuneration.

remuneración media average remuneration.

remuneración mensual monthly remuneration.

remuneración mínima minimum remuneration.

remuneración neta net remuneration.

remuneración nominal nominal remuneration.

remuneración real real remuneration.

remuneración retroactiva retroactive remuneration.

remuneración suplementaria supplemental remuneration.

remunerado remunerated.

remunerador remunerating.

remunerar remunerate.

remunerativo remunerative.

remuneratorio remunerative.

rendición *f* rendition, rendering, yield.

rendición de cuentas rendering of accounts.

rendimiento *m* yield, earnings, performance.

rendimiento al punto crítico break-even yield.

rendimiento al vencimiento yield to maturity.

rendimiento al vencimiento de bono bond yield to maturity.

rendimiento antes de contribuciones pretax yield.

rendimiento antes de impuestos pretax yield.

rendimiento anticipado anticipated yield.

rendimiento anual annual yield.

rendimiento anual efectivo effective annual yield.

rendimiento anual medio average annual yield.

rendimiento anualizado annualized return.

rendimiento basado en flujo de fondos cash-flow yield.

rendimiento bruto gross yield.

rendimiento creciente increasing return.

rendimiento de bono bond yield.

rendimiento de bono corporativo corporate bond yield.

rendimiento de capital return on capital.

rendimiento de dividendos dividend yield.

rendimiento de intereses neto net interest yield.

rendimiento de inversión investment yield.

rendimiento de inversiones de mínimo riesgo risk-free yield.

rendimiento de valor vendido a descuento discount yield.

rendimiento decreciente diminishing returns.

rendimiento del capital capital yield.

rendimiento efectivo effective yield.

rendimiento equivalente equivalent yield.

rendimiento equivalente de bono bond equivalent yield.

rendimiento equivalente de bono corporativo corporate bond equivalent yield.

rendimiento equivalente de bonos corporativos corporate equivalent yield.

rendimiento equivalente imponible taxable equivalent yield.

rendimiento equivalente tributable taxable equivalent yield.

rendimiento especificado specified yield.

rendimiento esperado expected return.

rendimiento histórico historical return.

rendimiento imponible taxable yield.

rendimiento imponible equivalente equivalent taxable yield.

rendimiento indicado indicated yield.

rendimiento marginal marginal yield.

rendimiento medio average return.
rendimiento mínimo minimum yield.
rendimiento neto net yield.
rendimiento nominal nominal yield.
rendimiento predeterminado
  predetermined yield.
rendimiento prevaleciente
  prevailing yield.
rendimiento razonable fair return.
rendimiento realizado realized yield.
rendimiento requerido required
  return.
rendimiento semianual semiannual
  yield.
rendimiento simple simple yield.
rendimiento sin riesgo risk-free yield.
rendimiento total total return.
rendimiento variable variable yield.
rendir render, yield, return.
rendir cuentas render accounts.
rendir interés bear interest.
rendir un informe submit a report.
renegociable renegotiable.
renegociación *f* renegotiation.
renegociado renegotiated.
renegociar renegotiate.
renombre *m* surname, fame.
renovabilidad de seguro de vida
  life insurance renewability.
renovable renewable.
renovación *f* renovation, renewal,
  replacement.
renovación automática automatic
  renewal.
renovación de contrato renewal of
  contract.
renovación de un pagaré renewal of
  a note.
renovación urbana urban renewal.
renovar renovate, renew.
renovar un arrendamiento renew a
  lease.
renovar un contrato renew a contract.
renovar una letra renew a bill.
renovar una póliza renew a policy.
renta *f* rent, income, annuity, public
  debt, government debt obligation.
renta acumulada accrued income.
renta antes de contribuciones
  income before taxes, pretax earnings.
renta antes de impuestos income
  before taxes, pretax earnings.

renta anticipada advance rent.
renta anual annual rent, annual income.
renta bruta gross rent, gross income.
renta bruta ajustada adjusted gross
  income.
renta bruta ajustada modificada
  modified adjusted gross income.
renta bruta efectiva effective gross
  income.
renta bruta no gravable nontaxable
  gross income.
renta bruta no imponible
  nontaxable gross income.
renta bruta no tributable
  nontaxable gross income.
renta corporativa corporate income.
renta de capital capital rent.
renta de contrato contract rent.
renta de explotación neta net
  operating income.
renta de inversiones investment
  income.
renta de inversiones pasiva passive
  investment income.
renta de la tierra ground rent.
renta de reajuste readjustment income.
renta de retiro retirement income.
renta decreciente diminishing returns.
renta devengada earned income.
renta diferida deferred income.
renta disponible income available.
renta disponible personal personal
  disposable income.
renta doméstica bruta gross
  domestic income.
renta económica economic rent.
renta en exceso excess rent.
renta estable stable income.
renta exenta de contribuciones
  tax-exempt income.
renta exenta de impuestos
  tax-exempt income.
renta fija fixed income, fixed rent.
renta ganada earned income.
renta garantizada guaranteed income.
renta global comprehensive income.
renta gravable taxable income.
renta ilegal illegal income.
renta imponible taxable income.
renta imputada imputed income.
renta individual individual income.
renta justa de mercado market rent.

renta justa en el mercado fair market rent.

renta libre de contribuciones tax-free income.

renta libre de impuestos tax-free income.

renta líquida net income.

renta marginal marginal revenue.

renta media average income.

renta monetaria money income.

renta nacional national revenue, national income.

renta nacional bruta gross national income.

renta nacional neta net national income.

renta nacional real real national income.

renta neta net income.

renta neta ajustada adjusted net income.

renta neta por acción net income per share.

renta no gravable nontaxable income.

renta no imponible nontaxable income.

renta no tributable nontaxable income.

renta nominal nominal income.

renta operativa neta net operating income.

renta ordinaria ordinary income.

renta pasiva passive income.

renta per cápita per capita income.

renta percibida earned income.

renta periódica periodic income.

renta permanente permanent income.

renta personal personal income.

renta por dividendos dividend income.

renta por intereses interest income.

renta por inversiones income from investments.

renta por inversiones neta net investment income.

renta por inversiones no gravable nontaxable investment income.

renta por inversiones no imponible nontaxable investment income.

renta por inversiones no tributable nontaxable investment income.

renta por ventas income from sales.

renta prepagada prepaid rent.

renta razonable fair rent.

renta real real income, real earnings.

renta redimible redeemable rent.

renta residual residual income.

renta semianual semiannual income.

renta subsidiada subsidized rent.

renta suplementaria supplemental income.

renta temporal temporary income.

renta total total income.

renta tras contribuciones income after taxes.

renta tras impuestos income after taxes.

renta tributable taxable income.

renta variable variable income.

renta vitalicia life annuity.

rentabilidad *f* rentability, capability of producing an income, profitability.

rentable rentable, income-producing, profitable.

rentar rent, yield.

rentas receipts, income.

rentas administrativas administrative revenues.

rentas agrícolas farm income.

rentas antes de contribuciones pretax earnings.

rentas antes de impuestos pretax earnings, pretax income.

rentas atrasadas back rent.

rentas contributivas tax receipts.

rentas corrientes current earnings, current revenues.

rentas de aduanas customs receipts.

rentas de bono bond income.

rentas de compañía company income.

rentas de explotación operating income.

rentas de explotación netas net operating income.

rentas de exportación export earnings.

rentas de negocios business income.

rentas de operación operating income.

rentas de reajuste readjustment income.

rentas de retiro retirement income.

rentas del trabajo earned income.

rentas devengadas earned income.

rentas discrecionales discretionary income.

rentas disponibles disposable income.

rentas divididas split income.

rentas en efectivo cash earnings.

rentas estables stable income.

rentas exentas exempt income.

rentas extranjeras foreign income.

rentas federales federal revenue.

rentas financieras financial income.

rentas fiscales fiscal revenues.

rentas generales general revenue.

rentas gubernamentales government revenues.

rentas imponibles taxable income.

rentas impositivas tax receipts.

rentas interiores internal revenue.

rentas internas internal revenue.

rentas laborales occupational earnings.

rentas netas net earnings.

rentas no distribuidas undistributed earnings.

rentas ocupacionales occupational earnings.

rentas operacionales operational income.

rentas permanentes permanent income.

rentas personales personal earnings.

rentas personales disponibles disposable personal income.

rentas por acción earnings per share.

rentas por actividad pasiva passive activity income.

rentas por inversiones investment income.

rentas por inversiones netas net investment income.

rentas por inversiones no gravables nontaxable investment income.

rentas por inversiones no imponibles nontaxable investment income.

rentas por inversiones no tributables nontaxable investment income.

rentas prepagadas prepaid income.

rentas públicas public revenues.

rentas reales real earnings, real income.

rentas retenidas retained income, retained earnings.

rentas totales total income, total revenue.

rentas tras discapacidad disability income.

rentas tras tributos after-tax income.

rentas tributarias tax receipts.

rentero *m* lessee, farm lessee.

rentero adj taxpaying.

rentista *m/f* bondholder, annuitant, person who lives off personal investments, financier.

rentista contingente contingent annuitant.

rentístico pertaining to revenues, financial.

rentoso income-producing.

renuncia *f* renunciation, resignation, waiver, disclaimer.

renunciable renounceable, that which can be waived, that which can be disclaimed.

renunciación *f* renunciation, resignation, waiver, disclaimer.

renunciamiento *m* renunciation, resignation, waiver, disclaimer.

renunciante *m/f* renouncer, resigner, waiver, disclaimer.

renunciar renounce, resign, waive, disclaim.

renunciatario *m* beneficiary of something that is renounced.

reorganización *f* reorganization.

reorganización corporativa corporate reorganization.

reorganización económica economic reorganization.

reorganizaión no divisible nondivisible reorganization.

reorganizar reorganize.

repagable repayable.

repagar repay.

reparable repairable, indemnifiable.

reparación *f* repair, indemnity.

reparaciones necesarias necessary repairs.

reparaciones ordinarias maintenance.

reparado repaired, indemnified.

reparador *m* repairer, indemnifier.

reparamiento *m* repair, indemnity.

reparar repair, indemnify.

reparativo reparative.

reparo *m* objection, repair.

repartición *f* distribution, partition.

repartido distributed, partitioned.

repartidor *m* distributor, partitioner.

repartimiento *m* distribution, partition.

repartir distribute, partition.

reparto *m* distribution, partition, delivery.

repatriación *f* repatriation.

repercusión *f* repercussion.

repetición *f* repetition, action for unjust enrichment, action for recovery.

repetido repeated.

repetir repeat, bring an action for unjust enrichment, bring an action for recovery.

repetitivo repetitive.

reponer replace, reinstate, reply, object.

reportar report, produce.

reporte *m* report, news.

reporte anual annual report.

reporte anual a los accionistas annual report to stockholders.

reporte comercial business report, commercial report.

reporte crediticio credit report.

reporte de auditoría audit report.

reporte de caja cash report.

reporte de crédito credit report.

reporte de cuenta nueva new account report.

reporte de excepción exception report.

reporte de gastos expense report.

reporte de gastos funcional functional reporting of expenses.

reporte de ingresos. earnings report.

reporte de inspección inspection report.

reporte de inspección de acatamiento compliance inspection report.

reporte de la directiva directors' report.

reporte de mercado market report.

reporte de pérdidas loss report.

reporte de préstamos hipotecarios mortgage loan report.

reporte de reclamación claim report.

reporte de rendimiento performance report.

reporte de título title report.

reporte de transacción transaction report.

reporte de transacción de moneda currency transaction report.

reporte del contador accountant's report.

reporte diario daily report.

reporte especial special report.

reporte externo external report.

reporte final final report.

reporte financiero financial report.

reporte financiero anual global comprehensive annual financial report.

reporte interino interim report.

reporte interno internal report.

reporte mensual monthly report.

reporte provisional provisional report.

reporte semanal weekly report.

reporte sobre actividad activity report.

reporte trimestral quarterly report.

reporto *m* repurchase agreement.

reposesión *f* repossession.

reposición *f* replacement, recovery.

representación *f* representation.

representación de accionistas proporcional proportional shareholder representation.

representación falsa false representation.

representación importante material representation.

representación material material representation.

representación proporcional proportional representation.

representante *m/f* representative.

representante autorizado authorized representative.

representante comercial trade representative.

representante de campo field representative.

representante de clientes customer representative.

representante de comercio commercial agent.

representante de mercado market representative.

representante de personal personnel representative.

representante de servicio al cliente customer service representative.

representante de ventas   sales representative.

representante del fabricante manufacturer's representative.

representante en exclusiva   exclusive representative.

representante exclusivo   exclusive representative.

representante legal   legal representative.

representante no autorizado unauthorized representative.

representante sindical   union representative.

representar   represent, appear to be.

representativo   representative.

repulsa   *f* repulse, refusal.

repulsar   repulse, refuse.

repulsión   *f* repulsion, refusal.

requerido   required.

requeridor   *m* requirer.

requeridor   adj requiring.

requerimiento   *m* requirement, demand, request.

requerimiento de pago   demand for payment.

requerir   require, demand.

requirente   *m/f* requirer.

requirente   adj requiring.

requisito   *m* requirement.

requisito de capital neto   net capital requirement.

requisito de coaseguro   coinsurance requirement.

requisito de depósito anticipado advance deposit requirement.

requisito de póliza   policy requirement.

requisito de reservas   reserve requirement.

requisito de retención   retention requirement.

requisito de servicio de la deuda debt service requirement.

requisito para dividendos   dividend requirement.

requisitos de capital   capital requirements.

requisitos de crédito   credit requirements.

requisitos de divulgación   disclosure requirements.

requisitos de elegibilidad   eligibility requirements.

requisitos de mantenimiento maintenance requirements.

requisitos del fondo de servicio de la deuda   debt service fund requirements.

requisitos estatutarios   statutory requirements.

resaca   *f* redraft.

resacar   redraw.

resarcible   indemnifiable, compensable.

resarcimiento   *m* indemnification, compensation.

resarcir   indemnify, compensate.

rescatar   rescue, exchange.

rescate   *m* rescue, exchange.

rescindible   rescindable.

rescindir   rescind.

rescisión   *f* rescission.

rescisión de contrato   rescission of contract.

rescisorio   rescissory.

rescontrar   offset.

rescuentro   offset.

reserva   *f* reserve, reservation.

reserva actuarial   actuarial reserve.

reserva central   central reserve.

reserva contingente   contingent reserve.

reserva de amortización   depreciation allowance.

reserva de contingencia   contingency reserve.

reserva de contingencia general general contingency reserve.

reserva de contribuciones sobre ingresos   income tax reserve.

reserva de depreciación   depreciation allowance.

reserva de divisas   foreign exchange reserves.

reserva de efectivo   cash reserve.

reserva de garantía   guarantee reserve.

reserva de igualación   equalization reserve.

reserva de impuestos sobre la renta income tax reserve.

reserva de inventario   inventory reserve.

reserva de póliza   policy reserve.

reserva de seguro de vida   life insurance reserves.

reserva de valoración valuation reserve.

reserva de valuación valuation reserve.

reserva diaria daily reserve.

reserva disponible available reserve.

reserva disponible neta net free reserves.

reserva en efectivo marginal marginal cash reserve.

reserva en exceso excess reserves.

reserva estatutaria reserve required by law.

reserva facultativa reserve not required by law.

reserva federal federal reserve.

reserva fraccionaria fractional reserves.

reserva inicial initial reserve.

reserva legal legal reserve.

reserva media mean reserve.

reserva modificada modified reserve.

reserva monetaria monetary reserve.

reserva obligatoria mandatory reserve.

reserva oculta hidden reserve.

reserva oficial official reserves.

reserva para amortización reserve for depreciation.

reserva para contingencias reserve for contingencies.

reserva para cuentas dudosas allowance for doubtful accounts.

reserva para deficiencias deficiency reserve.

reserva para depreciación reserve for depreciation.

reserva para deudas incobrables bad-debt reserve.

reserva para gastos expense reserve.

reserva para pérdidas de préstamos loan loss reserve.

reserva para reclamaciones claims reserve.

reserva parcial fractional reserves.

reserva prestada borrowed reserve.

reserva prospectiva prospective reserve.

reserva requerida required reserve.

reserva voluntaria voluntary reserve.

reservación f reservation.

reservado reserved.

reservados todos los derechos all rights reserved.

reservar reserve, exempt, postpone.

reservar derechos reserve rights.

reservas asignadas earmarked reserves.

reservas bancarias bank reserves.

reservas contemporáneas contemporaneous reserves.

reservas de banco miembro member bank reserves.

reservas de capital capital reserves.

reservas de compañía company reserves.

reservas de crédito credit reserves.

reservas del balance balance sheet reserves.

reservas estatutarias statutory reserves.

reservas generales general reserves.

reservas internacionales international reserves.

reservas no prestadas nonborrowed reserves.

reservas prestadas netas net borrowed reserves.

reservas primarias primary reserves.

reservas secundarias secondary reserves.

reservas totales total reserves.

resguardo m protection, security, guarantee, receipt.

resguardo de almacén warehouse receipt.

resguardo de depósito certificate of deposit.

resguardo provisional binder.

residencia f residence.

residencia habitual habitual residence.

residencia permanente permanent residence.

residencia personal personal residence.

residencia principal principal residence.

residencia temporal temporary home.

residencial residential.

residente m/f resident.

residir reside.

residual residual.

residuo m residue.

resolución *f* resolution, decision, cancellation, termination.

resolución corporativa corporate resolution.

resolución de error error resolution.

resolución de los contratos rescission of contracts.

resolver resolve, solve, decide, annul.

respaldado por hipotecas mortgage-backed.

respaldar endorse.

respaldo *m* backing.

respetabilidad *f* respectability.

respetable respectable, considerable.

respiro *m* extension of time.

responder respond, answer, correspond, to be responsible.

responder a answer, react, to be responsible to.

responder a una obligación meet an obligation.

responder por to be responsible for.

responder por otro to be responsible for another.

respondiente *m/f* responder.

respondiente adj responding.

responsabilidad *f* responsibility, liability.

responsabilidad a corto plazo short-term liability.

responsabilidad a largo plazo long-term liability.

responsabilidad absoluta absolute liability.

responsabilidad acumulativa cumulative liability.

responsabilidad asumida assumed liability.

responsabilidad central central liability.

responsabilidad civil civil liability, public liability.

responsabilidad comercial business liability.

responsabilidad contingente contingent liability.

responsabilidad contingente patronal employers' contingent liability.

responsabilidad contractual contractual liability.

responsabilidad contributiva neta net tax liability.

responsabilidad cruzada cross-liability.

responsabilidad cuasicontractual quasi-contractual liability.

responsabilidad de depósitos deposit liability.

responsabilidad de operaciones operations liability.

responsabilidad de pensión mínima minimum pension liability.

responsabilidad del almacenero warehouser's liability.

responsabilidad del cargador carrier's liability.

responsabilidad del naviero shipowner's liability.

responsabilidad del prestador lender liability.

responsabilidad del prestamista lender liability.

responsabilidad del transportista carrier's liability.

responsabilidad diferida deferred liability.

responsabilidad directa direct liability.

responsabilidad estatutaria statutory liability.

responsabilidad estimada estimated liability.

responsabilidad exclusiva exclusive liability.

responsabilidad financiera financial responsibility.

responsabilidad ilimitada unlimited liability.

responsabilidad impositiva neta net tax liability.

responsabilidad indirecta indirect liability.

responsabilidad internacional international liability.

responsabilidad legal legal liability.

responsabilidad limitada limited liability.

responsabilidad monetaria monetary liability.

responsabilidad objetiva strict liability.

responsabilidad patronal employer's liability.

responsabilidad personal personal liability.

responsabilidad profesional professional liability.

responsabilidad pública public liability, public responsibility.

responsabilidad social social responsibility.

responsabilidad solidaria joint and several liability.

responsabilidad total aggregate liability.

responsabilidad tributaria neta net tax liability.

responsabilidad vicaria vicarious liability.

responsabilizarse take the responsibility.

responsable *m/f* person responsible, person liable.

responsable adj responsible, liable.

restablecer reestablish, reinstate.

restante remaining.

restauración *f* restoration, reinstatement.

restauración de plan restoration of plan.

restaurar restore, reinstate.

restitución *f* restitution, return.

restitución de depósito return of deposit, return of bailed goods.

restituible restorable, returnable.

restituidor restoring, returning.

restituir restore, return.

restitutorio restitutive.

restricción *f* restriction.

restricción comercial trade restriction.

restricción de escritura deed restriction.

restricción estatutaria statutory restriction.

restricciones cuantitativas quantitative restrictions.

restricciones de cantidad quantity restrictions.

restricciones de comercio restraint of trade.

restricciones de crédito credit restrictions.

restricciones de divisas foreign exchange restrictions.

restricciones de edificación building restrictions.

restricciones de exportación export restrictions.

restricciones residuales residual restrictions.

restricciones y limitaciones del dominio limitations on ownership rights.

restrictivo restrictive.

restringido restricted.

restringir restrict.

resultados financieros financial results.

resultando *m* clause, whereas clause.

resumen de ingresos income summary.

resumen de título abstract of title.

resumen histórico historical summary.

retasa *f* reappraisal.

retasación *f* reappraisal.

retasar reappraise, reduce the price of unauctioned items.

retención *f* retention, withholding.

retención de cheque check hold.

retención neta net retention.

retenedor *m* retainer, withholder.

retener retain, withhold.

retenido retained, withheld.

retentor *m* withholding agent.

retirable callable.

retirada *f* withdrawal, retreat.

retirado *m* retiree.

retirado adj retired, pensioned, remote.

retiramiento *m* withdrawal, retirement, pension.

retirar retire, withdraw, call, draw.

retirar una oferta withdraw an offer.

retiro *m* retirement, withdrawal, pension.

retiro compensatorio compensatory withdrawal.

retiro de bonos bond retirement.

retiro de deuda debt retirement.

retiro de efectivo cash withdrawal.

retiro diferido deferred retirement.

retiro forzado compulsory retirement.

retiro obligatorio mandatory retirement.

retiro temprano early withdrawal, early retirement.

retorcer twist, distort.

retornar return.

retorno *m* return, reward, exchange.

retorsión *f* retorsion, twisting.

retracción *f* retraction.

retractable retractable.

retractación *f* retraction.
retractar retract, redeem.
retractarse retract oneself.
retracto *m* right of repurchase.
retracto de autorización withdrawal of authorization.
retraer bring back, repurchase, exercise the right of repurchase.
retransferir retransfer.
retransmisión *f* retransfer, rebroadcast.
retrasado in arrears.
retrasar delay, lag.
retraso *m* delay, lag.
retrato *m* photograph, right of repurchase, description.
retrayente *m/f* exerciser of the right of repurchase.
retribución *f* remuneration, reward.
retribuir remunerate, reward.
retributivo retributory, rewarding.
retroacción *f* retroaction.
retroactivamente retroactively.
retroactividad *f* retroactivity.
retroactivo retroactive.
retroalimentación *f* feedback.
retrocesión *f* retrocession.
retrotracción *f* antedating.
retrotraer antedate.
retrovender sell back to the original vendor.
retrovendición *f* repurchase by the original seller.
retroventa *f* repurchase by the original seller.
reubicación *f* relocation.
reubicar relocate.
reunión *f* reunion, meeting.
reunión anual annual meeting.
reunión constitutiva organizational meeting.
reunión convocada called meeting.
reunión de accionistas shareholders' meeting.
reunión de accionistas anual annual shareholders' meeting.
reunión de accionistas general general shareholders' meeting.
reunión de acreedores creditors' meeting.
reunión de diligencia debida due diligence meeting.

reunión de la directiva directors' meeting.
reunión especial special meeting.
reunión extraordinaria special meeting.
reunión general general meeting.
reunión general de accionistas shareholders' meeting.
reunión general ordinaria shareholders' meeting.
reunión ordinaria regular meeting.
reunir unite, reunite.
reunir los requisitos meet the requirements.
reválida *f* revalidation, exam required to obtain a professional license.
revalidación *f* revalidation, confirmation.
revalidar revalidate, pass an exam required to obtain a professional license.
revalorar revalue, reappraise.
revalorización *f* revalorization, revaluation, reappraisal.
revalorizar revalue, reappraise.
revaluación *f* revaluation, reappraisal.
revaluar revalue, reappraise.
revalúo *m* reappraisal.
revendedor *m* reseller, retailer.
revender resell, retail.
reventa *f* resale, retail.
reversibilidad *f* reversibility.
reversible reversible, reversionary.
reversión *f* reversion.
reversión al estado escheat.
reverso *m* reverse, reverse of a sheet.
revertir revert.
revisable revisable, reviewable.
revisar revise, audit, inspect.
revisar las cuentas audit accounts.
revisión *f* revision, review, auditing, inspection.
revisión administrativa management review.
revisión contable audit.
revisión de calidad quality review.
revisión de crédito credit review.
revisión de cuota quota review.
revisión de empréstito loan review.
revisión de precios price review.
revisión de préstamo loan review.
revisión de proyecto project review.

revisión de título   examination of title, title search.
revisión limitada   limited review.
revisión por grupo paritario   peer review.
revisión trimestral   quarterly review.
revisor   *m* revisor, auditor, inspector.
revisor   adj revising, auditing, inspecting.
revisoría   *f* inspector's office, auditor's office.
revocabilidad   *f* revocability.
revocable   revocable, abrogable, reversible.
revocablemente   revocably.
revocación   *f* revocation, abrogation, reversal.
revocación de agencia   revocation of agency.
revocación de contratos   rescission of contracts.
revocación de oferta   revocation of offer.
revocador   *m* revoker, abrogator, reverser.
revocador   adj revoking, abrogating, reversing.
revocante   revoking, abrogating, reversing.
revocar   revoke, abrogate, reverse.
revocatorio   revocatory, abrogating, reversing.
rezonificación   *f* rezoning.
rezonificar   rezone.
ribereño   riparian.
riesgo   *m* risk.
riesgo alfa   alpha risk.
riesgo asegurable   insurable risk.
riesgo asegurado   insured risk.
riesgo asumido   assumed risk.
riesgo aumentado   increased risk.
riesgo beta   beta risk.
riesgo bilateral   bilateral risk.
riesgo calculado   calculated risk.
riesgo comercial   business risk.
riesgo cubierto   covered risk.
riesgo de cambio   exchange risk.
riesgo de capital   capital risk.
riesgo de crédito   credit risk.
riesgo de divisas   foreign exchange risk.
riesgo de entrega   delivery risk.
riesgo de incumplimiento   default risk.

riesgo de liquidez   liquidity risk.
riesgo de mercado   market risk.
riesgo de poder para compras   purchasing power risk.
riesgo de reinversión   reinvestment risk.
riesgo de seguros   insurance risk.
riesgo de tasa de cambio   exchange rate risk.
riesgo de tasa de interés   interest rate risk.
riesgo de tipo de cambio   exchange rate risk.
riesgo de tipo de interés   interest rate risk.
riesgo de trabajo   occupational risk.
riesgo de transacción   transaction risk.
riesgo del comprador   buyer's risk.
riesgo del país   country risk.
riesgo del vendedor   vendor's risk.
riesgo deteriorado   impaired risk.
riesgo diversificable   diversifiable risk.
riesgo especial   special risk.
riesgo especulativo   speculative risk.
riesgo estacional   seasonal risk.
riesgo estático   static risk.
riesgo extraordinario   extraordinary risk.
riesgo financiero   financial risk.
riesgo físico   physical hazard.
riesgo hipotecario   mortgage risk.
riesgo irregular   abnormal risk.
riesgo limitado   limited risk.
riesgo marginal   marginal risk.
riesgo marítimo   marine risk.
riesgo moral   moral hazard.
riesgo no asegurable   uninsurable risk.
riesgo no asegurado   uninsured risk.
riesgo no controlable   noncontrollable risk.
riesgo no diversificable   nondiversifiable risk.
riesgo objeto   target risk.
riesgo ocupacional   occupational hazard, occupational risk.
riesgo operativo   operating risk.
riesgo político   political risk.
riesgo preferido   preferred risk.
riesgo profesional   occupational hazard.
riesgo prohibido   prohibited risk.
riesgo puro   pure risk.

riesgo sistemático systematic risk.
riesgo sistémico systemic risk.
riesgo subjetivo subjective risk.
riesgo total aggregate risk.
riesgos del mar perils of the sea.
riesgos ordinarios ordinary risks.
rigidez de precios price rigidity.
rigor rigor, exactness.
riguroso rigorous, exact.
robo *m* robbery.
rompehuelgas *m* strikebreaker.
romper break.
romper el contrato breach the contract.
rotación *f* rotation, shift.
rotación de empleo job rotation.
rotación de inventario inventory turnover.
rotación de inversiones investment turnover.
rotación de mercancías merchandise turnover.
rotación de trabajo job rotation.
rotación laboral labor turnover.
rótulo *m* sign, title.
rotura *f* breakage, breaking.
rotura del contrato breach of contract.
rueda de prensa press conference.
ruptura *f* rupture, break.
ruptura de negociaciones rupture of negotiations.
rural rural.
ruralmente rurally.
ruta de carrera career path.
rutina *f* routine.
rutinario routine.

S

sabido *m* fixed salary.
sabotaje *m* sabotage.
saboteador *m* saboteur.
sabotear sabotage.
sacar patente take out a patent.
sala de sesiones board room.
salariado salaried.
salariar pay a salary, assign a salary.
salario *m* salary, wage, pay.

salario acumulado accrued salary.
salario anual annual salary.
salario anual garantizado guaranteed annual wage.
salario básico base salary.
salario contractual contractual salary.
salario diario daily salary.
salario diferido deferred compensation.
salario efectivo net salary, salary paid in cash.
salario especificado specified salary.
salario estipulado stipulated salary.
salario fijo fixed salary.
salario garantizado guaranteed wage.
salario igual equal salary.
salario inicial initial salary.
salario legal salary established by law.
salario máximo maximum salary.
salario medio average wage.
salario mensual monthly salary.
salario mínimo minimum wage.
salario monetario money wage.
salario neto net salary.
salario nominal nominal wage.
salario por pieza piece rate.
salario prevaleciente prevailing salary.
salario real real salary.
salario retroactivo retroactive wages.
salario suplementario supplemental salary.
salario vital living wage.
salarios escalonados graduated wages.
saldado paid, settled.
saldar pay off, sell off, settle.
saldar una cuenta balance an account.
saldista *m/f* remnant seller.
saldo *m* payment, balance, settlement, amount outstanding, remnant.
saldo acreedor credit balance.
saldo de adelanto de efectivo cash advance balance.
saldo de apertura opening balance.
saldo de caja cash balance.
saldo de cuenta account balance.
saldo de principal principal balance.
saldo deudor debit balance, balance due.
saldo diario medio average daily balance.
saldo disponible available balance.

saldo en cuenta corriente current account balance.

saldo en efectivo cash balance.

saldo en efectivo mínimo minimum cash balance.

saldo externo external balance.

saldo global overall balance.

saldo inactivo idle balance, unclaimed balance.

saldo inicial original balance.

saldo medio average balance.

saldo no reclamado unclaimed balance.

saldo pendiente outstanding balance, balance due.

saldo previo previous balance.

saldo sin pagar unpaid balance.

saldo total total balance.

saldos bloqueados blocked balances.

salida *f* exit, expenditure, market, publication.

salida de capital capital outflow.

salida óptima optimum output.

salida total total output.

salidizo *m* projection.

saliente salient.

salón de sesiones board room.

salón de ventas salesroom.

salubridad pública public health.

salud ocupacional occupational health.

salud pública public health.

salvedad *f* proviso, reservation.

salvo error u omisión errors and omissions excepted.

sanciones económicas economic sanctions.

saneado unencumbered, cured.

saneamiento *m* disencumbrance, clearing title, guaranty, warranty, indemnification, reparation.

saneamiento de título clearing title.

sanear disencumber, clear title, guarantee, warrant, indemnify, repair.

sanidad *f* health.

sanidad pública public health.

sanitario sanitary.

satélite satellite.

satisdación *f* bond, guaranty, bail.

satisfacción *f* satisfaction.

satisfacer satisfy, reply.

satisfactoriamente satisfactorily.

satisfactorio satisfactory.

satisfecho satisfied.

saturación *f* saturation.

saturación del mercado market saturation.

saturación ilegal dumping.

sección *f* section.

sección arrendada leased division.

sección de aprobación de crédito credit-approval division.

sección de autorizaciones authorization division.

sección de compras purchasing division.

sección de contabilidad accounting division.

sección de contribuciones tax division.

sección de corretaje brokerage division.

sección de crédito credit division.

sección de declaraciones declarations section.

sección de exportación export division.

sección de facturación billing division.

sección de hipotecas mortgage division.

sección de órdenes order division.

sección de personal personnel division.

sección de préstamos loan division.

sección de producción production division.

sección de publicidad advertising division.

sección de reclamaciones claims division.

sección de seguros insurance division.

sección de servicio service division.

sección de ventas sales division.

sección hipotecaria mortgage division.

seccionar section.

secreto comercial trade secret.

secreto profesional professional secret, trade secret.

sector *m* sector.

sector de la economía sector of the economy.

sector privado private sector.

sector público public sector.

secuencia *f* sequence.

secuestrable sequestrable, attachable.

secuestración *f* sequestration, attachment.

secuestrador *m* sequestrator.

secuestrar sequester, attach.

secuestro *m* sequestration, attachment.

secuestro de bienes sequestration of goods, attachment of goods.

secular secular.

secundar second.

secundariamente secondarily.

secundario secondary.

sede *f* seat, headquarters.

sede central headquarters.

sede principal headquarters.

sede provisional temporary headquarters.

sede social headquarters, corporate domicile, partnership domicile.

segmentación *f* segmentation.

segmentación de mercado market segmentation.

segmento *m* segment.

segmento de mercado market segment.

segregación *f* segregation.

segregación de valores segregation of securities.

segregado segregated.

seguimiento *m* follow-up.

segunda hipoteca second mortgage.

segunda ronda second round.

seguramente surely, securely.

seguridad *f* security, certainty, guaranty, warranty.

seguridad de computadoras computer security.

seguridad de datos data security.

seguridad de empleo job security.

seguridad de tarjeta card security.

seguridad de trabajo job security.

seguridad del principal safety of principal.

seguridad laboral occupational safety, employment security.

seguridad ocupacional occupational safety.

seguridad personal personal security.

seguro *m* insurance, insurance policy, security.

seguro adj safe, certain, reliable.

seguro abierto open insurance.

seguro aéreo flight insurance.

seguro catastrófico catastrophic insurance.

seguro clasificado classified insurance.

seguro comercial business insurance, commercial insurance.

seguro compulsorio compulsory insurance.

seguro con participación participating insurance.

seguro con primas parejas level premium insurance.

seguro con todo incluido all-inclusive insurance.

seguro condicional conditional insurance.

seguro conjunto joint insurance.

seguro contra accidentes accident insurance.

seguro contra casualidades casualty insurance.

seguro contra crímenes crime insurance.

seguro contra crímenes comerciales business crime insurance.

seguro contra demolición demolition insurance.

seguro contra desempleo unemployment insurance.

seguro contra enfermedad health insurance.

seguro contra explosiones explosion insurance.

seguro contra falsificación forgery insurance.

seguro contra falsificaciones de depositantes depositors forgery insurance.

seguro contra granizo hail insurance.

seguro contra huracanes hurricane insurance.

seguro contra incendios fire insurance.

seguro contra interrupción de negocios contingente contingent business interruption insurance.

seguro contra inundaciones flood insurance.

seguro contra peligros múltiples multiple peril insurance.

seguro contra pérdida de ingresos loss of income insurance.

seguro contra pérdida de uso loss of income use.

seguro contra riesgos hazard insurance.

seguro contra robos insurance against theft, burglary insurance.

seguro contra terremotos earthquake insurance.

seguro contra todo riesgo all risk insurance.

seguro convertible convertible insurance.

seguro cooperativo cooperative insurance.

seguro de amortización de propiedad property depreciation insurance.

seguro de automóvil automobile insurance.

seguro de aviación aviation insurance.

seguro de carga cargo insurance.

seguro de catástrofe catastrophe insurance.

seguro de comerciante dealer's insurance.

seguro de condominio condominium insurance.

seguro de construcción construction insurance.

seguro de continuación de ingresos income continuation insurance.

seguro de contratistas independientes independent contractor's insurance.

seguro de cosecha crop insurance.

seguro de crédito comercial commercial credit insurance.

seguro de crédito grupal group credit insurance.

seguro de cuota-parte assessment insurance.

seguro de daño de propiedad property damage insurance.

seguro de depreciación depreciation insurance.

seguro de depreciación de propiedad property depreciation insurance.

seguro de desempleo unemployment insurance.

seguro de discapacidad disability insurance.

seguro de discapacidad a corto plazo short-term disability insurance.

seguro de discapacidad a largo plazo long-term disability insurance.

seguro de discapacidad grupal group disability insurance.

seguro de enfermedad health insurance.

seguro de equipaje baggage insurance.

seguro de exportación export insurance.

seguro de fabricación manufacturing insurance.

seguro de fidelidad fidelity insurance.

seguro de flete freight insurance.

seguro de fondo mutuo mutual fund insurance.

seguro de ganado livestock insurance.

seguro de gastos de cobros collection expense insurance.

seguro de gastos familiares family expense insurance.

seguro de gastos generales overhead insurance.

seguro de gastos hospitalarios hospital expense insurance.

seguro de gastos legales legal expense insurance.

seguro de gastos médicos medical expense insurance.

seguro de hospitalización hospitalization insurance.

seguro de incendios fire insurance.

seguro de indemnización indemnity insurance.

seguro de ingresos income insurance.

seguro de ingresos tras discapacidad disability income insurance.

seguro de invalidez disability insurance.

seguro de manufactura manufacturing insurance.

seguro de muerte life insurance.

seguro de nómina ordinaria ordinary payroll insurance.

seguro de pagos médicos medical payments insurance.

seguro de peligro especificado specified peril insurance.

seguro de prima estipulada stipulated premium insurance.

seguro de primas graduadas graded premium insurance.

seguro de primas indeterminadas indeterminate premiums insurance.

seguro de procesamiento de datos data processing insurance.

seguro de propiedad property insurance.

seguro de propiedad y responsabilidad property and liability insurance.

seguro de reembolso de ingresos income reimbursement insurance.

seguro de reemplazo de ingresos income replacement insurance.

seguro de responsabilidad civil liability insurance.

seguro de responsabilidad contingente contingent liability insurance.

seguro de responsabilidad de ascensor elevator liability insurance.

seguro de responsabilidad de director director's liability insurance.

seguro de responsabilidad de directores y funcionarios directors' and officers' liability insurance.

seguro de responsabilidad de hospital hospital liability insurance.

seguro de responsabilidad de negocios business liability insurance.

seguro de responsabilidad del contratista contractor's liability insurance.

seguro de responsabilidad del fabricante manufacturer's liability insurance.

seguro de responsabilidad general general liability insurance.

seguro de responsabilidad patronal employers' liability insurance.

seguro de responsabilidad personal personal liability insurance.

seguro de responsabilidad personal global comprehensive personal liability insurance.

seguro de responsabilidad por daño de propiedad property damage liability insurance.

seguro de responsabilidad por errores y omisiones errors and omissions liability insurance.

seguro de responsabilidad profesional professional liability insurance.

seguro de responsabilidad pública public liability insurance.

seguro de responsabilidad pública de automóvil automobile liability insurance.

seguro de responsabilidad pública de automóvil compulsorio compulsory automobile liability insurance.

seguro de responsabilidad pública de automóvil global comprehensive automobile liability insurance.

seguro de responsabilidad retroactivo retroactive liability insurance.

seguro de responsabilidad suplementario supplemental liability insurance.

seguro de riesgo especial special risk insurance.

seguro de riesgos de constructor builder's risk insurance.

seguro de salud comercial business health insurance.

seguro de salud condicional conditional health insurance.

seguro de salud grupal group health insurance.

seguro de salud incondicional unconditional health insurance.

seguro de salud mental mental health insurance.

seguro de salud no cancelable noncancelable health insurance.

seguro de salud renovable renewable health insurance.

seguro de salud renovable condicional conditional renewable health insurance.

seguro de salud renovable garantizado guaranteed renewable health insurance.

seguro de salud renovable incondicional unconditional renewable health insurance.

seguro de tarjeta de crédito credit card insurance.

seguro de terminación de operaciones completed-operations insurance.

seguro de término term insurance.

seguro de término convertible convertible term insurance.

seguro de término decreciente decreasing term life insurance.

seguro de término extendido extended term insurance.

seguro de término renovable renewable term insurance.

seguro de título title insurance.

seguro de transporte transportation insurance.

seguro de vida life insurance.

seguro de vida ajustable adjustable life insurance.

seguro de vida comercial business life insurance.

seguro de vida con valor en efectivo cash-value life insurance.

seguro de vida convertible convertible life insurance.

seguro de vida creciente increasing life insurance.

seguro de vida de prima única single-premium life insurance.

seguro de vida de primas graduadas graded premium life insurance.

seguro de vida de término grupal group term life insurance.

seguro de vida en vigor life insurance in force.

seguro de vida grupal group life insurance.

seguro de vida hipotecario mortgage life insurance.

seguro de vida individual individual life insurance.

seguro de vida indizado indexed life insurance.

seguro de vida industrial industrial life insurance, debit life insurance.

seguro de vida modificado modified life insurance.

seguro de vida no cancelable noncancelable life insurance.

seguro de vida ordinario ordinary life insurance.

seguro de vida permanente permanent life insurance.

seguro de vida permanente grupal group permanent life insurance.

seguro de vida renovable renewable life insurance.

seguro de vida renovable garantizado guaranteed renewable life insurance.

seguro de vida universal universal life insurance.

seguro de vida variable variable life insurance.

seguro de vida y salud life and health insurance.

seguro de vivienda dwelling insurance.

seguro dental dental insurance.

seguro doble double insurance.

seguro dotal endowment insurance.

seguro en exceso excess insurance.

seguro especial special insurance.

seguro específico specific insurance.

seguro expirado expired insurance.

seguro facultativo optional insurance.

seguro general general insurance.

seguro grupal group insurance.

seguro grupal prepagado prepaid group insurance.

seguro gubernamental government insurance.

seguro hipotecario mortgage insurance.

seguro hipotecario privado private mortgage insurance.

seguro incondicional unconditional insurance.

seguro individual individual insurance.

seguro industrial industrial insurance, debit insurance.

seguro limitado limited insurance.

seguro marítimo maritime insurance.

seguro médico medical insurance, health insurance.

seguro médico de hospital hospital medical insurance.

seguro médico suplementario supplemental medical insurance.

seguro mercantil commercial insurance.

seguro múltiple blanket insurance.

seguro municipal municipal insurance.

seguro mutuo mutual insurance.

seguro nacional national insurance.

seguro no cancelable noncancelable insurance.

seguro no expirado unexpired insurance.

seguro obligatorio compulsory insurance.

seguro ordinario ordinary insurance.

seguro original original insurance.

seguro para artículos en consignación consignment insurance.

seguro para gastos adicionales extra expense insurance.

seguro para gastos médicos mayores global comprehensive major medical insurance.

seguro parcial partial insurance.

seguro patronal employers' insurance.

seguro permanente permanent insurance.

seguro perpetuo perpetual insurance.

seguro personal personal insurance.

seguro prepagado prepaid insurance.

seguro primario primary insurance.

seguro privado private insurance.

seguro provisional provisional insurance.

seguro puente bridge insurance.

seguro recíproco reciprocal insurance.

seguro renovable renewable insurance.

seguro renovable garantizado guaranteed renewable insurance.

seguro requerido required insurance.

seguro retroactivo retroactive insurance.

seguro sobre artículos personales personal articles insurance.

seguro sobre el valor del colateral collateral-value insurance.

seguro sobre la vida life insurance.

seguro social social security, social insurance.

seguro temporal temporary insurance.

seguro voluntario voluntary insurance.

seguros solapantes overlapping insurance.

seguros vendidos por correspondencia mail order insurance.

selección *f* selection.

selección de riesgos risk selection.

selectivo selective.

sello *m* stamp, seal.

sello bancario bank stamp.

sello corporativo corporate seal.

sello de aprobación seal of approval.

sello de cajero teller's stamp.

sello de correos postage stamp.

sello de la corporación corporate seal.

sello de la sociedad corporate seal.

sello de rentas internas internal revenue stamp.

sello de timbre internal revenue stamp.

sello postal postage stamp.

sello social corporate seal.

semana *f* week, work week, a week's pay.

semana calendario calendar week.

semana de trabajo comprimido compressed work week.

semana inglesa work week from Monday to Saturday at noon.

semanal weekly.

semanalmente weekly.

semanario weekly.

semanería *f* work by the week.

semanero *m* worker on a weekly basis.

semestral semestral.

semestralmente semiannually.

semestre *m* semester, semester's pay.

semiduradero semidurable.

semifijo semifixed.

semivariable semivariable.

seña *f* sign, mark.

señal *f* signal, landmark, earnest money, down payment.

señaladamente particularly.

señalamiento *m* designation.

señalar point out, designate, mark.

señales de fraude badges of fraud.

sensibilidad a la tasa de interés interest rate sensitivity.

sensibilidad al tipo de interés interest rate sensitivity.

sentencia *f* judgment, award.

sentencia arbitral arbitrium.

separable separable.

separación *f* separation, division, removal.

separación de cupones coupon stripping.

separación de puesto resignation.

separación del cargo removal.

separadamente separately.

separado separated.

separante separating.

separar separate, divide, remove.

separarse separate, withdraw, waive.

serie *f* series.

serie de opciones option series.

serie, en serial.

serventía *f* public road passing through private property.

servicarro *m* drive-in.

servicio *m* service.

servicio al cliente customer service.

servicio de aduana customs service.

servicio de cobros collection service.

servicio de compras shopping service.

servicio de deuda parejo level debt service.

servicio de empleos employment service.

servicio del préstamo loan service.

servicio descontinuado discontinued service.

servicio fiduciario fiduciary service.

servicio hipotecario mortgage service.

servicio postal postal service.

servicio público public service.

servicios bancarios banking services.

servicios de campo field services.

servicios de seguros insurance services.

servicios financieros financial services.

servicios gratuitos gratuitous services.

servicios ordinarios ordinary services.

servicios personales personal services.

servicios profesionales professional services.

servidero serviceable.

servidumbre *f* servitude, easement, right of way.

servidumbre accesoria appurtenant easement.

servidumbre activa positive servitude.

servidumbre aérea air easement.

servidumbre afirmativa positive servitude, affirmative easement.

servidumbre anexa appurtenant easement.

servidumbre aparente apparent easement.

servidumbre continua continuous easement.

servidumbre convencional easement by agreement.

servidumbre de acceso easement of access.

servidumbre de aguas water rights.

servidumbre de camino right of way.

servidumbre de conveniencia easement of convenience.

servidumbre de desagüe drainage rights.

servidumbre de luces light and air easement.

servidumbre de luces y vistas light and air easement.

servidumbre de paso right of way.

servidumbre de sacar agua easement to draw water.

servidumbre de tránsito right of way.

servidumbre de utilidad pública easement prescribed by law, public easement.

servidumbre de vía right of way.

servidumbre de vistas light and air easement.

servidumbre descontinua discontinuous servitude.

servidumbre discontinua discontinuous easement.

servidumbre implícita implied easement.

servidumbre intermitente intermittent easement.

servidumbre necesaria necessary easement.

servidumbre negativa negative easement, negative servitude.

servidumbre por necesidad easement of necessity.

servidumbre por prescripción easement by prescription.

servidumbre positiva affirmative easement, positive servitude.

servidumbre predial appurtenant easement, real servitude.

servidumbre privada private easement.

servidumbre pública public easement.

servidumbre real appurtenant easement, real servitude.

servidumbre recíproca reciprocal easement.

servidumbre rural rural servitude.

servidumbre rústica rural servitude.

servidumbre tácita implied easement.
servidumbre urbana urban servitude.
servidumbre visible apparent easement.
servidumbre voluntaria easement by agreement.
sesión *f* session, meeting.
sesión a puerta cerrada closed session, closed meeting.
sesión anual annual meeting.
sesión constitutiva organizational meeting.
sesión de accionistas shareholders' meeting.
sesión de accionistas anual annual shareholders' meeting.
sesión de acreedores creditors' meeting.
sesión de diligencia debida due diligence session.
sesión de la directiva board meeting.
sesión ejecutiva executive session, executive meeting.
sesión especial special session, special meeting.
sesión extraordinaria special session, special meeting.
sesión general general session, general meeting.
sesión general de accionistas shareholders' meeting.
sesión general ordinaria shareholders' meeting.
sesión ordinaria regular session, regular meeting.
sesión plenaria full session, full meeting.
sigilación *f* concealment, sealing, stamping, seal, stamp.
sigilar conceal, seal, stamp.
sigilo *m* concealment, prudence, seal.
sigilo profesional professional secrecy.
sigla *f* acronym.
signar sign.
signatario signatory.
signatura *f* signature.
significación *f* significance.
significado *m* meaning.
significar signify, indicate.
significativo significant.
símbolo de encaminamiento routing symbol.

símbolo de encaminamiento de cheques check routing symbol.
símbolo de enrutamiento routing symbol.
símbolo de enrutamiento de cheques check routing symbol.
simple simple, absolute, single.
simple tenedor sole holder.
simple tenencia simple holding.
simplemente simply, absolutely.
simulación *f* simulation.
simulado simulated.
simultáneamente simultaneously.
simultáneo simultaneous.
sin certificado certificateless.
sin certificado de derechos de compra ex warrant.
sin cheques checkless.
sin derechos de suscripción ex rights.
sin dividendo ex dividend, without dividend.
sin entrada no money down.
sin fines de lucro nonprofit.
sin pagar unpaid.
sin pago inicial no money down.
sin participación nonparticipating.
sin pronto pago no money down.
sin recurso without recourse.
sin reserva without reserve.
sin restricción unrestricted.
sin riesgo riskless.
sindicación *f* syndication, unionization.
sindicación obligatoria obligatory unionization.
sindicado *m* syndicate.
sindicado adj syndicated, unionized.
sindicador *m* syndicator.
sindical syndical.
sindicalismo *m* syndicalism, unionism.
sindicalista *m/f* syndicalist, unionist.
sindicar syndicate, unionize.
sindicato *m* syndicate, union, labor union, trade union, labor organization.
sindicato abierto open union.
sindicato bancario banking syndicate.
sindicato de distribución distributing syndicate.
sindicato de industria industrial union.
sindicato de oficio trade union.

sindicato de patronos employers' association.

sindicato de suscripción underwriting syndicate.

sindicato de ventas selling syndicate.

sindicato gremial trade union.

sindicato horizontal horizontal union.

sindicato independiente independent union.

sindicato industrial industrial union.

sindicato internacional international union.

sindicato local local union.

sindicato nacional national union.

sindicato no afiliado unaffiliated union.

sindicato obrero trade union.

sindicato patronal employers' association.

sindicato vertical vertical union.

sindicatura *f* trusteeship, receivership.

síndico *m* trustee, receiver, shareholders' representative, comptroller.

síndico auxiliar ancillary receiver.

síndico de quiebra receiver.

síndico en la quiebra receiver.

sinecura *f* sinecure.

siniestro *m* loss, disaster, accident.

siniestro mayor total loss.

siniestro menor partial loss.

sistema abierto open system.

sistema acelerado de recuperación de costes accelerated cost recovery system.

sistema acelerado de recuperación de costes modificado modified accelerated cost recovery system.

sistema acelerado de recuperación de costos accelerated cost recovery system.

sistema acelerado de recuperación de costos modificado modified accelerated cost recovery system.

sistema administrativo management system.

sistema arancelario tariff system.

sistema bancario banking system.

sistema contributivo tax system.

sistema de agencia general general agency system.

sistema de agencias independientes independent agency system.

sistema de amortización depreciation system.

sistema de amortización general general depreciation system.

sistema de auditoría auditing system.

sistema de bonificaciones bonus system.

sistema de clasificación contributiva bracket system.

sistema de clasificación numérica numerical rating system.

sistema de comisiones commission system.

sistema de compras purchasing system.

sistema de comunicaciones communications system.

sistema de contabilidad accounting system.

sistema de contabilidad uniforme uniform accounting system.

sistema de control administrativo management control system.

sistema de costes estándar standard cost system.

sistema de costos estándar standard cost system.

sistema de crédito credit system.

sistema de cheques preautorizados preauthorized-check system.

sistema de depreciación depreciation system.

sistema de depreciación general general depreciation system.

sistema de doble subasta double auction system.

sistema de imposición taxation system.

sistema de información information system.

sistema de información de mercadeo marketing information system.

sistema de inventario periódico periodic inventory system.

sistema de inventario perpetuo perpetual inventory system.

sistema de pagos payment system.

sistema de precios price system.

sistema de retiro retirement system.

sistema de retiro contribuyente contributory retirement system.

sistema de retiro general general retirement system.

sistema de transferencia de fondos electrónico electronic funds transfer system.

sistema de transferencias de crédito credit transfer system.

sistema de tránsito numérico numerical transit system.

sistema de tributación taxation system.

sistema de ventas directas direct selling system.

sistema del seguro social social security system.

sistema económico economic system.

sistema económico mixto mixed economic system.

sistema financiero financial system.

sistema fiscal fiscal system, tax system.

sistema impositivo tax system.

sistema monetario monetary system.

sistema numérico universal universal numerical system.

sistema organizativo organizational system.

Sistema Torrens Torrens System.

sistema tributario tax system.

sistemático systematic.

sistematizar systematize.

situación *f* situation, condition, assignment of funds, fixed income.

situación económica economic situation.

situación especial special situation.

situación financiera financial position.

situado *m* fixed income.

situado adj situated.

situar situate, assign funds.

sobordo *m* comparison of a ship's cargo with the freight list, freight list, bonus.

sobornable able to be suborned, bribable.

sobornación *f* suborning, bribing, subornation, bribery, overload.

sobornado suborned, bribed.

sobornador *m* suborner, briber.

sobornador adj suborning, bribing.

sobornar suborn, bribe.

soborno *m* suborning, bribing, subornation, bribery, overload.

sobrancero unemployed, surplus.

sobrante *m* surplus, remainder.

sobrante adj surplus, remaining.

sobrante acumulado accumulated surplus.

sobrante capitalizado capitalized surplus.

sobrante comercial trade surplus.

sobrante contribuido contributed surplus.

sobrante corporativo corporate surplus.

sobrante de capital capital surplus.

sobrante de contingencia contingency surplus.

sobrante de efectivo cash surplus, cash overage.

sobrante de explotación operating surplus.

sobrante de exportación export surplus.

sobrante de inversión investment surplus.

sobrante de la balanza trade surplus.

sobrante de operación operating surplus, earned surplus.

sobrante de pagos payments surplus.

sobrante de recapitalización recapitalization surplus.

sobrante disponible available surplus.

sobrante divisible divisible surplus.

sobrante donado donated surplus.

sobrante exterior external surplus.

sobrante externo external surplus.

sobrante ganado earned surplus.

sobrante neto net surplus.

sobrante pagado paid-in surplus.

sobrante restringido restricted surplus.

sobrar to be surplus, remain, exceed.

sobre la cuota above quota.

sobre la par above par.

sobreabsorción *f* overabsorption.

sobreamortización *f* overdepreciation.

sobrecapacidad *f* overcapacity.

sobrecapitalización *f* overcapitalization.

sobrecapitalizado overcapitalized.

sobrecapitalizar overcapitalize.

sobrecarga *f* overload, extra load, overcharge, extra charge.

sobrecargar overload, overcharge.

sobrecertificación *f* overcertification.

sobrecomprado overbought.

sobreconsumo *m* overconsumption.

sobredepreciación *f* overdepreciation.

sobreemisión *f* overissue.

sobreempleo *m* overemployment.

sobreestadía *f* demurrage.

sobreestimar overestimate.

sobreextensión *f* overextension.

sobrefinanciación *f* overfinancing.

sobrefinanciamiento *m* overfinancing.

sobregirado overdrawn.

sobregirar overdraw.

sobregiro *m* overdraft.

sobregiro aparente technical overdraft.

sobregiro bancario bank overdraft.

sobregiro diurno daylight overdraft.

sobregiro real actual overdraft.

sobregiro técnico technical overdraft.

sobreimposición *f* surtax.

sobreimpuesto *m* surtax.

sobreoferta *f* oversupply.

sobrepaga *f* increased pay, extra pay.

sobreplazo *m* extension of time.

sobreprecio *m* surcharge, overcharge.

sobreprima *f* extra premium.

sobreproducción *f* overproduction.

sobrepujar surpass, outbid.

sobresaliente outstanding, conspicuous, projecting.

sobresaturación *f* oversaturation.

sobreseer supersede, acquit, dismiss, abandon, desist, yield.

sobreseguro *m* overinsurance.

sobrestadía *f* demurrage.

sobresueldo *m* extra pay.

sobresuscrito oversubscribed.

sobretasa *f* surtax, surcharge.

sobrevalorado overvalued.

sobrevalorar overvalue.

sobrevaluación *f* overvaluation.

sobrevencido overdue.

sobrevender oversell.

sobrevendido oversold.

sobrinazgo *m* nepotism.

social social, pertaining to a partnership, pertaining to a corporation.

sociedad *f* company, partnership, corporation, society.

sociedad accidental joint adventure.

sociedad afiliada affiliated company.

sociedad anónima company, corporation, stock company, stock corporation.

sociedad armadora shipping company.

sociedad asociada associated company.

sociedad bancaria banking corporation.

sociedad caritativa charitable organization, charitable corporation.

sociedad cerrada close corporation.

sociedad civil civil partnership, civil corporation.

sociedad colectiva general partnership.

sociedad comanditaria limited partnership.

sociedad comanditaria especial special partnership.

sociedad comercial business association.

sociedad controlada controlled corporation, subsidiary.

sociedad controladora holding company.

sociedad cooperativa cooperative.

sociedad cooperativa de edificación y préstamos building and loan association.

sociedad de ahorro y préstamo savings and loan association.

sociedad de arrendamiento de equipo equipment leasing partnership.

sociedad de beneficencia benefit society.

sociedad de capital e industria partnership where some parties provide services while others furnish funds.

sociedad de capitalización company for capitalization of savings.

sociedad de cartera investment trust.

sociedad de comercio business association.

sociedad de control holding company.

sociedad de crédito credit union.

sociedad de derecho corporation created fulfilling all legal requirements.

sociedad de fideicomiso trust company.

sociedad de gananciales community property.

sociedad de habilitación partnership where some parties provide services while others furnish funds.

sociedad de hecho corporation in fact.

sociedad de inversión investment company.

sociedad de negocios business company.

sociedad de responsabilidad limitada limited liability company.

sociedad de seguros insurance company.

sociedad de seguros mutuos mutual insurance company.

sociedad de socorros mutuos mutual benefit association.

sociedad en comandita limited partnership.

sociedad en comandita de ingresos income limited partnership.

sociedad en comandita por acciones joint-stock association.

sociedad en comandita privada private limited partnership.

sociedad en comandita pública public limited partnership.

sociedad en comandita simple limited partnership, partnership where some parties provide services while others furnish funds.

sociedad en participación joint adventure.

sociedad exenta exempt company.

sociedad extranjera alien corporation, foreign company.

sociedad familiar family corporation, family partnership.

sociedad fiduciaria trust company.

sociedad filial sister company, subsidiary.

sociedad financiera finance company.

sociedad gremial trade union, labor organization.

sociedad hipotecaria mortgage company.

sociedad ilícita company organized for illegal purposes.

sociedad implícita implied partnership.

sociedad inactiva dormant corporation.

sociedad insolvente insolvent company.

sociedad internacional international company.

sociedad inversionista investment company.

sociedad irregular joint adventure.

sociedad leonina leonine partnership.

sociedad local domestic partnership.

sociedad manufacturera manufacturing company.

sociedad matriz parent company.

sociedad mercantil business association.

sociedad multinacional multinational corporation.

sociedad nacional domestic company.

sociedad no especulativa non-profit company.

sociedad para fines no pecuniarios non-profit company.

sociedad por acciones stock company.

sociedad privada private corporation, private company.

sociedad propietaria close corporation.

sociedad pública public corporation.

sociedad quebrada bankrupt corporation.

sociedad sin cheques checkless society.

sociedad sin fines de lucro non-profit company.

sociedad subsidiaria subsidiary corporation.

sociedad tenedora holding company.

sociedad vinculada affiliate.

socio *m* partner, member.

socio accionista shareholder.

socio activo active partner.

socio administrador general partner.

socio aparente ostensible partner.

socio capitalista capital partner.

socio colectivo general partner.

socio comanditado general partner.

socio comanditario limited partner.

socio de industria partner who provides services.

socio general general partner.

socio gerente general partner.

socio gestor managing partner, general partner.

socio inactivo dormant partner.

socio industrial partner who provides services.

socio liquidador liquidating partner.

socio no gestor limited partner.

socio nominal nominal partner.

socio oculto silent partner.

socio ostensible ostensible partner.

socio principal senior partner.

socio quebrado bankrupt partner.

socio regular general partner.

socio responsable general partner.

socio secreto secret partner, silent partner.

socio vitalicio life member.

solapar overlap, conceal.

solar *m* lot, tenement.

solariego held in fee simple.

soldada *f* salary.

solicitado solicited.

solicitador *m* petitioner, applicant.

solicitante *m/f* petitioner, applicant.

solicitar petition, apply.

solicitar un empréstito apply for a loan.

solicitar un préstamo apply for a loan.

solicitar un trabajo apply for a job.

solicitar una patente apply for a patent.

solicitud *f* solicitude, application, petition.

solicitud de comerciante merchant application.

solicitud de crédito credit application.

solicitud de empréstito loan application.

solicitud de patente patent application.

solicitud de préstamo loan application.

solicitud de registro application for registration.

solicitud de retiro application for withdrawal.

solidaria y mancomunadamente jointly and severally.

solidariamente jointly and severally.

solidaridad *f* solidarity.

solidario solidary, jointly, jointly and severally.

solidarismo *m* solidarism, solidarity.

solidarizar make jointly liable, make jointly and severally liable.

solución *f* solution, satisfaction.

solución óptima optimum solution.

solvencia *f* solvency, payment, settlement, reliability.

solvencia financiera financial solvency.

solventar satisfy, settle, pay, solve.

solvente solvent, reliable.

someter submit.

someter a votación put to a vote.

someter al arbitraje submit to arbitration.

someter una oferta submit an offer.

someterse a arbitraje submit to arbitration.

sometido submitted.

sondear sound.

sondeo *m* sounding.

sostener support.

sostenimiento *m* support.

subagente *m* subagent.

subalquilar sublease.

subalquiler *m* sublease.

subarrendador *m* sublessor.

subarrendamiento *m* sublease, under-lease.

subarrendar sublease.

subarrendatario *m* sublessee, subtenant.

subarriendo *m* sublease, subleasing, under-lease, underleasing.

subasta *f* auction.

subasta a la baja dutch auction.

subasta absoluta absolute auction.

subasta extrajudicial extrajudicial auction.

subasta judicial judicial auction.

subasta legal legal auction.

subasta privada private auction.

subasta pública public auction.

subastación *f* auction.

subastador *m* auctioneer.

subastar auction.

subcapitalización *f* undercapitalization.

subcapitalizado undercapitalized.

subcapitalizar undercapitalize.

subcontratar subcontract.

subcontratista *m/f* subcontractor.

subcontrato *m* subcontract.

subdelegado *m* subdelegate.

subdelegar subdelegate.
subdesarrollo *m* underdevelopment.
subdirector *m* assistant director.
subdividir subdivide.
subdivisión *f* subdivision.
subejecutor *m* subagent.
subempleado underemployed.
subempleo *m* underemployment.
subestimar underestimate.
subfletamento *m* subcharter.
subfletar subcharter.
subhipoteca *f* submortgage.
subida *f* rise.
subinquilino *m* subtenant.
subir rise, raise.
sublicencia *f* sublicense.
sublicenciar sublicense.
sublocación *f* sublease.
sublocador *m* sublessor.
sublocatario *m* sublessee.
suboptimización *f* suboptimization.
suboptimizar suboptimize.
subordinación *f* subordination.
subordinado subordinated.
subrogación *f* subrogation.
subrogado subrogated.
subrogar subrogate.
subscribir subscribe.
subscribirse subscribe.
subscripción *f* subscription.
subscriptor *m* subscriber, underwriter.
subsección *f* subsection.
subsecuente subsequent.
subsidiado subsidized.
subsidiar subsidize.
subsidiaria *f* subsidiary.
subsidiariamente subsidiarily.
subsidiario subsidiary.
subsidio *m* subsidy.
subsidio agrícola farm subsidy.
subsidio específico specific subsidy.
subsidio oculto concealed subsidy.
subsidios de exportación export subsidies.
subsiguiente subsequent.
subsistema *m* subsystem.
subsistencia *f* subsistence.
subsistir subsist.
substancialmente substantially.
substitución *f* substitution.
substituible substitutable.

substituir substitute.
substracción *f* substraction, removal, theft, robbery.
substraer subtract, remove, steal, rob, misappropriate.
subsuelo *m* subsoil.
subtotal *m* subtotal.
suburbano suburban.
suburbio *m* suburb.
subutilización *f* underutilization.
subvalorado undervalued.
subvalorar undervalue.
subyacente underlying.
sucesión *f* succession.
suceso *m* event, outcome, lapse.
sucesor *m* successor.
sucesores y cesionarios successors and assigns.
sucursal *f* subsidiary, branch.
sucursal de banco bank branch.
sucursal extranjera foreign branch.
sueldo *m* salary, wage.
sueldo acumulado accrued salary.
sueldo anual annual salary.
sueldo anual garantizado guaranteed annual wage.
sueldo básico base salary.
sueldo contractual contractual salary.
sueldo diario daily salary.
sueldo diferido deferred compensation.
sueldo efectivo net salary, salary paid in cash.
sueldo especificado specified salary.
sueldo estipulado stipulated salary.
sueldo fijo fixed salary.
sueldo garantizado guaranteed wage.
sueldo igual equal salary.
sueldo inicial initial salary.
sueldo legal salary established by law.
sueldo máximo maximum salary.
sueldo medio average wage.
sueldo mensual monthly salary.
sueldo mínimo minimum wage.
sueldo monetario money wage.
sueldo neto net salary.
sueldo nominal nominal wage.
sueldo por pieza piece rate.
sueldo prevaleciente prevailing salary.
sueldo real real salary.
sueldo retroactivo retroactive wages.

sueldo suplementario supplemental salary.

sueldo vital living wage.

suficiencia *f* adequacy.

suficiencia de capital capital adequacy.

suficiencia de financiamiento adequacy of financing.

suficiencia de reservas adequacy of reserves.

suficiente sufficient.

suficientemente sufficiently.

sufragar pay.

sujeto a cambio subject to change.

sujeto a comprobación subject to check.

sujeto a impuesto subject to tax.

sujeto a opinión subject to opinion.

sujeto a recompra subject to repurchase.

sujeto a redención subject to redemption.

sujeto a restricción subject to restriction.

sujeto a verificación subject to verification.

suma *f* sum.

suma de capital capital sum.

suma global lump sum.

sumar add, amount to.

sumar horizontalmente crossfoot.

sumas horizontales crossfooting.

suministración *f* supply.

suministrador *m* supplier.

suministrar supply.

suministro *m* supply.

suntuario luxury.

superávit *m* surplus.

superávit acumulado accumulated surplus.

superávit capitalizado capitalized surplus.

superávit comercial trade surplus.

superávit contribuido contributed surplus.

superávit corporativo corporate surplus.

superávit de capital capital surplus.

superávit de contingencia contingency surplus.

superávit de explotación operating surplus.

superávit de exportación export surplus.

superávit de inversión investment surplus.

superávit de la balanza trade surplus.

superávit de operación operating surplus, earned surplus.

superávit de pagos payments surplus.

superávit de recapitalización recapitalization surplus.

superávit disponible available surplus.

superávit divisible divisible surplus.

superávit donado donated surplus.

superávit en la balanza de pagos balance of payments surplus.

superávit exterior external surplus.

superávit externo external surplus.

superávit ganado earned surplus.

superávit neto net surplus.

superávit pagado paid-in surplus.

superávit restringido restricted surplus.

superficial superficial.

superficiario superficiary.

superficie *f* surface, area.

superintendente *m* superintendent.

superior superior.

superproducción *f* overproduction.

supervisar supervise.

supervisión *f* supervision.

supervisión bancaria bank supervision.

supervisión de proyecto project supervision.

supervisor *m* supervisor.

supervisor adj supervising.

suplantador *m* supplanter, falsifier.

suplantador adj supplanting, falsifying.

suplantar supplant, falsify.

suplementar supplement.

suplementario supplementary.

suplemento *m* supplement.

suplente *m/f* substitute.

suplente adj substituting.

surtir supply.

surtir efecto take effect, have the desired effect.

suscribir subscribe.

suscripción *f* subscription.

suscripción de acciones stock subscription.

suscripción negociada negotiated underwriting.

suscriptor *m* subscriber, underwriter.

suscriptor administrador managing underwriter.

suscriptor principal principal underwriter.

suscritor *m* subscriber, underwriter.

suspender suspend, adjourn.

suspender pago stop payment.

suspendido suspended.

suspensión *f* suspension, adjournment, abeyance.

suspensión arancelaria tariff suspension.

suspensión compensatoria compensatory suspension.

suspensión de cobertura suspension of coverage.

suspensión de pagos suspension of payments.

suspensión de póliza suspension of policy.

suspensión de tarifa tariff suspension.

suspensión en el trabajo suspension from work.

suspenso, en in abeyance.

sustancial substantial.

sustancialmente substantially.

sustentación *f* sustenance, support.

sustentador *m* sustainer, supporter.

sustentador adj sustaining, supporting.

sustentar sustain, support.

sustento *m* sustenance, support.

sustitución *f* substitution.

sustituible substitutable.

sustituidor substitute.

sustituir substitute.

sustitutivo substitutive.

sustituto *m* substitute.

sustracción *f* substraction, removal, theft, robbery, misappropriation.

sustraer subtract, remove, steal, rob, misappropriate.

T

tabla actuarial actuarial table.

tabla de bono bond table.

tabla de demanda demand schedule.

tabla de desembolsos disbursement schedule.

tabla de morbilidad morbidity table.

tabla de mortalidad especial special mortality table.

tabla de mortalidad selecta select mortality table.

tabla de pago de deuda debt repayment schedule.

tabla de pagos de préstamo loan schedule.

tabla de tasas impositivas tax-rate schedule.

tabla de tipos impositivos tax-rate schedule.

tablas de mortalidad mortality tables.

tablas de vida life expectancy tables.

tablón de anuncios bulletin board.

tácita reconducción tacit relocation.

tácitamente tacitly.

tacha *f* flaw.

tachadura *f* erasure, crossing out.

tachar cross out.

tachón *m* crossing out.

talón *m* check, receipt, coupon, stub.

talón de cheque check stub.

talón de venta sales slip.

talón en descubierto bad check.

talonario *m* stub book.

taller *m* workshop, factory.

taller abierto open shop.

taller cerrado closed shop.

taller unionado union shop.

tamaño crítico critical size.

tan pronto como sea posible as soon as possible.

tan pronto como sea razonablemente posible as soon as practicable.

tanda *f* shift, task, lot.

tangible tangible.

tantear size up, compare, estimate.

tanteo *m* sizing up, comparison, estimate.

tapar cover, conceal, obstruct.

tara *f* tare.

tarar tare.

tardíamente belatedly.

tardío late, slow.

tardo late, slow.

tarea *f* task, employment.

tarifa *f* tariff, rate schedule, toll.
tarifa ad valórem ad valorem tariff.
tarifa aduanera customs tariff, tariff.
tarifa autónoma autonomous tariff.
tarifa compensatoria compensatory tariff.
tarifa compuesta compound duty.
tarifa común common tariff.
tarifa conjunta joint fare.
tarifa convencional conventional tariff.
tarifa de aduana tariff.
tarifa de avalúo tariff.
tarifa de exportación export tariff.
tarifa de represalia retaliatory duty.
tarifa de tributación tax rates.
tarifa diferencial differential duty.
tarifa discriminadora discriminating tariff.
tarifa flexible flexible tariff.
tarifa general general tariff.
tarifa mixta mixed tariff.
tarifa múltiple multiple tariff.
tarifa preferencial preferential tariff.
tarifa prohibitiva prohibitive tariff.
tarifa según el valor ad valorem tariff.
tarifar set a tariff.
tarifas de importación import tariffs.
tarjeta *f* card.
tarjeta bancaria bank card.
tarjeta de control control card.
tarjeta de crédito credit card.
tarjeta de crédito bancaria bank credit card.
tarjeta de crédito expirada expired credit card.
tarjeta de crédito no expirada unexpired credit card.
tarjeta de cuenta account card.
tarjeta de débito debit card.
tarjeta de efectivo cash card.
tarjeta de firmas signature card.
tarjeta de identificación identification card.
tarjeta de identificación de comerciante merchant identification card.
tarjeta de respuesta comercial business reply card.
tarjeta de transacciones transaction card.
tarjeta expirada expired card.

tarjeta falsificada counterfeit card.
tarjeta mal codificada misencoded card.
tarjeta no expirada unexpired card.
tarjeta no transferible nontransferable card.
tarjeta perdida lost card.
tarjeta postal postcard.
tarjeta preaprobada preapproved card.
tarjeta transferible transferable card.
tasa *f* rate, measure, assessment.
tasa a corto plazo short-term rate.
tasa a largo plazo long-term rate.
tasa a plazo forward rate.
tasa a término forward rate.
tasa abierta open rate.
tasa aduanera customs rate.
tasa ajustable adjustable rate.
tasa ajustada adjusted rate.
tasa ajustada por riesgo risk-adjusted rate.
tasa al contado spot rate.
tasa alternativa alternative rate.
tasa anual annual rate.
tasa anual constante constant annual rate.
tasa anualizada annualized rate.
tasa arancelaria tariff rate.
tasa bancaria bank rate.
tasa base base rate.
tasa base de sueldo base rate of pay.
tasa básica basic rate.
tasa bisemanal biweekly rate.
tasa central central rate.
tasa cero zero rate.
tasa clave key rate.
tasa combinada combined rate.
tasa comercial commercial rate.
tasa competitiva competitive rate.
tasa conjunta joint rate.
tasa constante constant rate.
tasa contable accounting rate.
tasa contributiva combinada composite tax rate.
tasa contributiva de no residentes nonresident tax rate.
tasa contributiva efectiva effective tax rate.
tasa contributiva marginal marginal tax rate.

tasa contributiva máxima maximum tax rate.

tasa contributiva mínima minimum tax rate.

tasa convenida agreed rate.

tasa corriente current rate.

tasa cruzada cross-rate.

tasa de absentismo absenteeism rate.

tasa de accidentes accident rate.

tasa de actividad activity rate.

tasa de adelanto de efectivo cash advance rate.

tasa de alquiler rental rate.

tasa de amortización rate of depreciation.

tasa de apreciación appreciation rate.

tasa de bono corporativo corporate bond rate.

tasa de cambio exchange rate.

tasa de cambio a término forward exchange rate.

tasa de cambio administrada managed exchange rate.

tasa de cambio al contado spot exchange rate.

tasa de cambio de divisas foreign exchange rate.

tasa de cambio de moneda flotante floating currency exchange rate.

tasa de cambio efectiva effective exchange rate.

tasa de cambio especificada specified exchange rate.

tasa de cambio estable stable exchange rate.

tasa de cambio fija fixed exchange rate.

tasa de cambio flexible flexible exchange rate.

tasa de cambio flotante floating exchange rate.

tasa de cambio múltiple multiple exchange rate.

tasa de cambio nominal nominal exchange rate.

tasa de cambio oficial official exchange rate.

tasa de cambio única single-exchange rate.

tasa de cambio variable variable exchange rate.

tasa de capitalización capitalization rate.

tasa de clase class rate.

tasa de cobros collection rate.

tasa de combinación combination rate.

tasa de contrato contract rate.

tasa de conversión conversion rate.

tasa de crecimiento growth rate.

tasa de crecimiento anticipada anticipated growth rate.

tasa de crecimiento compuesto compound growth rate.

tasa de crecimiento económico economic growth rate.

tasa de demanda demand rate.

tasa de depreciación rate of depreciation.

tasa de descuento discount rate.

tasa de descuento bancaria bank discount rate.

tasa de desempleo unemployment rate.

tasa de dividendos dividend rate.

tasa de empréstito loan rate.

tasa de empréstito comercial commercial loan rate.

tasa de empréstito pagadero a la demanda call loan rate.

tasa de empréstito puente bridge loan rate.

tasa de exportación export rate.

tasa de fondos federales federal funds rate.

tasa de hipoteca bisemanal biweekly mortgage rate.

tasa de hipoteca comercial commercial mortgage rate.

tasa de imposición rate of taxation.

tasa de impuesto tax rate.

tasa de inflación inflation rate.

tasa de intercambio interchange rate.

tasa de interés interest rate.

tasa de interés a corto plazo short-term interest rate.

tasa de interés a largo plazo long-term interest rate.

tasa de interés a plazo forward interest rate.

tasa de interés a término forward interest rate.

tasa de interés anual constante constant annual interest rate.

tasa de interés bajo del mercado below market-interest rate.

tasa de interés base base interest rate.

tasa de interés compuesto compound interest rate.

tasa de interés constante constant interest rate.

tasa de interés corriente current interest rate.

tasa de interés de adelanto de efectivo cash advance interest rate.

tasa de interés de bono corporativo corporate bond interest rate.

tasa de interés de contrato contract interest rate.

tasa de interés de depósitos deposit interest rate.

tasa de interés de empréstito loan interest rate.

tasa de interés de equilibrio equilibrium interest rate.

tasa de interés de mercado market interest rate.

tasa de interés de préstamo loan interest rate.

tasa de interés de préstamo hipotecario mortgage loan interest rate.

tasa de interés de referencia reference interest rate.

tasa de interés de tarjeta de crédito credit card interest rate.

tasa de interés del mercado monetario money market interest rate.

tasa de interés efectiva effective interest rate.

tasa de interés específica specific interest rate.

tasa de interés especificada specified interest rate.

tasa de interés estable stable interest rate.

tasa de interés estipulada stipulated interest rate.

tasa de interés fija fixed interest rate.

tasa de interés flexible flexible interest rate.

tasa de interés flotante floating interest rate.

tasa de interés fluctuante fluctuating interest rate.

tasa de interés inicial initial interest rate.

tasa de interés legal legal interest rate.

tasa de interés máxima maximum interest rate.

tasa de interés mínima minimum interest rate.

tasa de interés natural natural interest rate.

tasa de interés nominal nominal interest rate, face interest rate.

tasa de interés ofrecida a casas de corretaje broker loan rate.

tasa de interés periódica periodic interest rate.

tasa de interés preaprobada preapproved interest rate.

tasa de interés preferencial prime rate.

tasa de interés prevaleciente prevailing interest rate.

tasa de interés razonable reasonable interest rate.

tasa de interés real real interest rate.

tasa de interés renegociable renegotiable interest rate.

tasa de interés tope ceiling interest rate.

tasa de interés usuraria usurious rate of interest.

tasa de interés variable variable interest rate.

tasa de interés vinculada a un índice index-tied interest rate.

tasa de inversión investment rate.

tasa de mejoras improvement ratio.

tasa de mercado market rate.

tasa de mercado abierto open market rate.

tasa de miembro member's rate.

tasa de morbilidad morbidity rate.

tasa de morosidad delinquency rate.

tasa de mortalidad mortality rate.

tasa de nación más favorecida most favored nation rate.

tasa de pérdidas loss rate.

tasa de porcentaje anual constante constant annual percent rate.

tasa de préstamo loan rate.

tasa de préstamo comercial commercial loan rate.

tasa de préstamo hipotecario mortgage loan rate.

tasa de préstamo mínima minimum lending rate.

tasa de préstamo nominal nominal loan rate.

tasa de préstamo pagadero a la demanda call loan rate.

tasa de préstamo puente bridge loan rate.

tasa de préstamos lending rate.

tasa de prima premium rate.

tasa de prima de clase class premium rate.

tasa de producción production rate.

tasa de producción corriente current production rate.

tasa de redescuento rediscount rate.

tasa de referencia reference rate.

tasa de reinversión reinvestment rate.

tasa de rendimiento rate of return.

tasa de rendimiento antes de impuestos pretax rate of return.

tasa de rendimiento descontada discounted rate of return.

tasa de rendimiento global overall rate of return.

tasa de rendimiento incremental incremental rate of return.

tasa de rendimiento interno internal rate of return.

tasa de rendimiento justa fair rate of return.

tasa de rendimiento no ajustada unadjusted rate of return.

tasa de rendimiento real real rate of return.

tasa de rendimiento requerida required rate of return.

tasa de rendimiento simple simple rate of return.

tasa de retención retention rate.

tasa de seguros insurance rate.

tasa de sueldo base base pay rate.

tasa de tarifas tariff rate.

tasa de tarjeta de crédito credit card rate.

tasa de tránsito transit rate.

tasa de utilización utilization rate.

tasa de vacantes vacancy rate.

tasa de vacantes natural natural vacancy rate.

tasa debajo del mercado below-market rate.

tasa decreciente falling rate.

tasa del cupón coupon rate.

tasa del mercado monetario money market rate.

tasa del mercado prevaleciente prevailing market rate.

tasa departamental departmental rate.

tasa devengada rate earned.

tasa diferencial differential rate.

tasa efectiva effective rate.

tasa especial special rate.

tasa específica specific rate.

tasa especificada specified rate.

tasa estabilizada stabilized rate.

tasa estable stable rate.

tasa estándar standard rate.

tasa estatal state rate.

tasa estipulada stipulated rate.

tasa fija fixed rate.

tasa fiscal tax rate.

tasa flexible flexible rate.

tasa flotante floating rate.

tasa fluctuante fluctuating rate.

tasa garantizada guaranteed rate.

tasa hipotecaria mortgage rate.

tasa hipotecaria ajustable adjustable mortgage rate.

tasa hipotecaria preaprobada preapproved mortgage rate.

tasa histórica historical rate.

tasa impositiva tax rate.

tasa impositiva combinada composite tax rate.

tasa impositiva de no residentes nonresident tax rate.

tasa impositiva efectiva effective tax rate.

tasa impositiva marginal marginal tax rate.

tasa impositiva máxima maximum tax rate.

tasa impositiva mínima minimum tax rate.

tasa incierta uncertain rate.

tasa incremental incremental rate.

tasa indizada indexed rate.

tasa inicial initial rate.

tasa interbancaria interbank rate.

tasa intermedia middle rate.

tasa introductoria introductory rate.

tasa legal legal rate.

tasa límite rate cap.

tasa límite de interés   interest rate cap.

tasa máxima   maximum rate.

tasa mínima   minimum rate.

tasa natural   natural rate.

tasa negociada   negotiated rate.

tasa neta   net rate.

tasa no ajustada   unadjusted rate.

tasa nominal   nominal rate.

tasa objeto   target rate.

tasa oficial   official rate.

tasa periódica   periodic rate.

tasa por trabajo   job rate.

tasa porcentual anual   annual percentage rate.

tasa preaprobada   preapproved rate.

tasa predeterminada   predetermined rate.

tasa prevaleciente   prevailing rate.

tasa promedia   blended rate.

tasa proporcional   proportional rate.

tasa provisional   provisional rate.

tasa puente   bridge rate.

tasa razonable   reasonable rate.

tasa real   real rate.

tasa reducida   reduced rate.

tasa renegociable   renegotiable rate.

tasa representativa   representative rate.

tasa requerida   required rate.

tasa retroactiva   retroactive rate.

tasa salarial   wage rate.

tasa semianual   semiannual rate.

tasa semivariable   semivariable rate.

tasa subsidiada   subsidized rate.

tasa tope   ceiling rate.

tasa tributaria   tax rate.

tasa tributaria combinada   composite tax rate.

tasa tributaria de no residentes   nonresident tax rate.

tasa tributaria efectiva   effective tax rate.

tasa tributaria máxima   maximum tax rate.

tasa tributaria mínima   minimum tax rate.

tasa trimestral   quarterly rate.

tasa usuraria   usurious rate.

tasa variable   variable rate.

tasa variable de tarjeta de crédito   credit card variable rate.

tasa vigente   going rate.

tasa vinculada a un índice   index-tied rate.

tasable   appraisable, taxable.

tasación   *f* appraisal, price regulation.

tasación certificada   certified appraisal.

tasación de propiedad   property appraisal.

tasación en masa   mass appraising.

tasación independiente   independent appraisal.

tasado   appraised, assessed.

tasador   *m* appraiser.

tasador   adj appraising.

tasador certificado   certified appraiser.

tasador de avería   average adjuster.

tasar   appraise, regulate, tax.

tasar en exceso   overappraise.

tasar en menos   underappraise.

tasas contributivas progresivas   progressive tax rates.

tasas impositivas progresivas   progressive tax rates.

tasas progresivas   progressive rates.

tasas tributarias progresivas   progressive tax rates.

taxabilidad   *f* taxability.

técnica de Monte Carlo   Monte Carlo technique.

técnicas de auditoría   audit techniques.

técnicas de flujo de efectivo descontado   discounted cash flow techniques.

tecnológico   technological.

telecomunicaciones   telecommunications.

telecomunicación   *f* telecommunication.

telefónicamente   telephonically.

telefónico   telephonic.

teléfono celular   cellular phone.

telemercadeo   *m* telemarketing.

televisar   televise.

televisión de antena comunitaria   community antenna television.

temario   *m* agenda.

temporada   *f* season, period.

temporal   temporary, temporal.

temporalmente   temporarily, temporally.

temporáneo   temporary, temporal.

temporero   temporary, seasonal.

tendencia a corto plazo short-term trend.

tendencia a largo plazo long-term trend.

tendencia de mercado market trend.

tendencia económica economic trend.

tenedor *m* holder, possessor, owner.

tenedor de acciones stockholder.

tenedor de bonos bondholder.

tenedor de buena fe holder in due course.

tenedor de contrato contract holder.

tenedor de letra bill holder.

tenedor de libros bookkeeper.

tenedor de pagaré noteholder.

tenedor de patente patent holder.

tenedor de póliza policyholder.

tenedor de prenda pledgee.

tenedor de tarjeta cardholder.

tenedor de un pagaré noteholder.

tenedor de valor holder for value.

tenedor en debido curso holder in due course.

tenedor inscrito registered holder.

tenedor registrado holder of record.

teneduría de libros bookkeeping.

tenencia *f* tenancy, holding, possession.

tenencia conjunta joint tenancy, cotenancy.

tenencia en común tenancy in common.

tener have, possess, own, take, receive.

tener y poseer to have and to hold.

tenido en fideicomiso held in trust.

teniente possessing, holding, owning.

teorema del límite central central limit theorem.

teorético theoretical.

teoría contributiva de beneficios benefit tax theory.

teoría de beneficios benefit theory.

teoría de decisiones decision theory.

teoría de equilibrio parcial partial-equilibrium theory.

teoría de la demanda theory of demand.

teoría de la oferta theory of supply.

teoría de segmentación de mercado market segmentation theory.

tercena *f* state monopoly store.

tercer mercado third market.

tercer turno third shift.

tercera hipoteca third mortgage.

tercerear mediate, arbitrate.

tercería *f* mediation, arbitration, intervention.

tercería de dominio intervention in a suit by a third party claiming ownership.

tercerista *m/f* intervenor.

tercero *m* third party, mediator, arbitrator, intervenor.

tercero en discordia mediator, arbitrator.

tercero interviniente intervenor.

terceros en el proceso intervenors.

terciador *m* mediator, arbitrator.

terciador *adj* mediating, arbitrating.

terciar mediate, arbitrate, intervene.

tergiversable that which can be misrepresented, that which can be twisted.

tergiversación *f* misrepresentation, twisting.

tergiversar misrepresent, twist.

terminabilidad *f* terminability.

terminable terminable.

terminación *f* termination.

terminación del sindicato syndicate termination.

terminal terminal.

terminal activado por cliente customer activated terminal.

terminal de cajero teller terminal.

terminal de punto de venta point-of-sale terminal.

terminante definite.

terminantemente definitely.

terminar terminate.

término *m* term, boundary, condition.

término cierto fixed term.

término convencional term which has been agreed to.

término de gracia grace period.

término de póliza policy terms.

término del arrendamiento term of lease.

término del préstamo loan term.

término extintivo expiration date.

término fatal deadline.

término improrrogable deadline.

término incierto uncertain term.

término medio compromise.

término perentorio deadline.

término preliminar preliminary term.

término prorrogable extendible term.

término renovable renewable term.

término tácito implied term.

términos convencionales conventional terms.

términos corrientes current terms.

términos de aceptación terms of acceptance.

términos de comercio terms of trade.

términos de consignación consignment terms.

términos de crédito terms of credit.

términos de embarque terms of shipment.

términos de entrega terms of delivery.

términos de pago terms of payment.

términos de préstamo terms of loan.

términos de transporte terms of shipment.

términos de venta terms of sale.

términos estipulados stipulated terms.

términos expresos express terms.

términos negociados negotiated terms.

términos preestablecidos preset terms.

términos prevalecientes prevailing terms.

términos renegociables renegotiable terms.

términos renegociados renegotiated terms.

terrateniente *m/f* landowner.

terreno *m* land, plot, field.

terreno abierto open space.

terreno cerrado enclosed space.

terreno edificado developed plot.

terreno lindante abutting land.

terreno yermo wasteland, uninhabited land.

territorio *m* territory, zone.

tesorería *f* treasury, post of a treasurer.

tesorería nacional national treasury.

tesorero *m* treasurer.

tesoro *m* treasury.

tesoro nacional national treasury.

testamento *m* testament, will.

testificante testifying, witnessing, attesting.

testificar testify, witness, attest.

testigo *m* witness, attestor.

testigo certificador attesting witness.

testimoniar testify, bear witness to, attest.

tiempo, a on time.

tiempo base base time.

tiempo compensatorio compensatory time.

tiempo completo, a full time.

tiempo continuo continuous period.

tiempo de corte cut-off time.

tiempo de efectividad effective period.

tiempo de reposición replacement time.

tiempo de viaje travel time.

tiempo doble double time.

tiempo extra overtime.

tiempo inmemorial time immemorial.

tiempo muerto dead time.

tiempo normal normal time.

tiempo parcial, a part time.

tiempo razonable reasonable time.

tiempo suficiente sufficient time.

tienda *f* store.

tienda de compañía company store.

tienda de conveniencia convenience store.

tienda de descuentos discount store.

tienda de una cadena chain store.

tienda independiente independent store.

tienda libre de impuestos duty-free shop.

tienda por departamentos department store.

tierra marginal marginal land.

tierra vacante vacant land.

tierras mejoradas improved land.

tierras públicas public lands.

timbre stamp, tax stamp, tax stamp revenue, seal.

timbre de correo postage stamp.

timbre de impuesto revenue stamp.

timbre fiscal revenue stamp.

timo *m* swindle.

típico typical.

tipo *m* type, rate, standard.

tipo a corto plazo short-term rate.

tipo a largo plazo long-term rate.

tipo a plazo forward rate.

tipo a término forward rate.

tipo abierto open rate.

tipo aduanero customs rate.

tipo ajustable adjustable rate.
tipo ajustado adjusted rate.
tipo ajustado por riesgo
  risk-adjusted rate.
tipo al contado spot rate.
tipo alternativo alternative rate.
tipo anual annual rate.
tipo anual constante constant annual
  rate.
tipo anualizado annualized rate.
tipo arancelario tariff rate.
tipo bajo la del mercado below
  market rate.
tipo bancario bank rate.
tipo base base rate.
tipo base de sueldo base rate of pay.
tipo básico basic rate.
tipo bisemanal biweekly rate.
tipo cambiario exchange rate.
tipo central central rate.
tipo cero zero rate.
tipo clave key rate.
tipo combinado combined rate.
tipo comercial commercial rate.
tipo competitivo competitive rate.
tipo conjunto joint rate.
tipo constante constant rate.
tipo contable accounting rate.
tipo contributivo combinado
  composite tax rate.
tipo contributivo de no residentes
  nonresident tax rate.
tipo contributivo efectivo effective
  tax rate.
tipo contributivo marginal marginal
  tax rate.
tipo contributivo máximo maximum
  tax rate.
tipo contributivo mínimo minimum
  tax rate.
tipo convenido agreed rate.
tipo corriente current rate.
tipo cruzado cross-rate.
tipo de adelanto de efectivo cash
  advance rate.
tipo de alquiler rental rate.
tipo de amortización rate of
  depreciation.
tipo de apreciación appreciation rate.
tipo de bono corporativo corporate
  bond rate.
tipo de cambio exchange rate.

tipo de cambio a término forward
  exchange rate.
tipo de cambio administrado
  managed exchange rate.
tipo de cambio al contado spot
  exchange rate.
tipo de cambio de divisas foreign
  exchange rate.
tipo de cambio de moneda flotante
  floating currency exchange rate.
tipo de cambio efectivo effective
  exchange rate.
tipo de cambio especificado
  specified exchange rate.
tipo de cambio estable stable
  exchange rate.
tipo de cambio fijo fixed exchange
  rate.
tipo de cambio flexible flexible
  exchange rate.
tipo de cambio flotante floating
  exchange rate.
tipo de cambio múltiple multiple
  exchange rate.
tipo de cambio nominal nominal
  exchange rate.
tipo de cambio oficial official
  exchange rate.
tipo de cambio único single-exchange
  rate.
tipo de cambio variable variable
  exchange rate.
tipo de clase class rate.
tipo de cobros collection rate.
tipo de combinación combination
  rate.
tipo de contrato contract rate.
tipo de conversión conversion rate.
tipo de depreciación rate of
  depreciation, type of depreciation.
tipo de descuento discount rate.
tipo de descuento bancario bank
  discount rate.
tipo de dividendos dividend rate.
tipo de empréstito loan rate.
tipo de empréstito comercial
  commercial loan rate.
tipo de empréstito pagadero a la
  demanda call loan rate.
tipo de empréstito puente bridge
  loan rate.
tipo de exportación export rate.

tipo de fondos federales federal funds rate.

tipo de hipoteca bisemanal biweekly mortgage rate.

tipo de hipoteca comercial commercial mortgage rate.

tipo de imposición rate of taxation.

tipo de impuesto tax rate.

tipo de inflación inflation rate.

tipo de intercambio interchange rate.

tipo de interés interest rate.

tipo de interés a corto plazo short-term interest rate.

tipo de interés a largo plazo long-term interest rate.

tipo de interés a plazo forward interest rate.

tipo de interés a término forward interest rate.

tipo de interés anual constante constant annual interest rate.

tipo de interés base base interest rate.

tipo de interés compuesto compound interest rate.

tipo de interés constante constant interest rate.

tipo de interés corriente current interest rate.

tipo de interés de adelanto de efectivo cash advance interest rate.

tipo de interés de bono corporativo corporate bond interest rate.

tipo de interés de contrato contract interest rate.

tipo de interés de depósitos deposit interest rate.

tipo de interés de empréstito loan interest rate.

tipo de interés de equilibrio equilibrium interest rate.

tipo de interés de mercado market interest rate.

tipo de interés de préstamo loan interest rate.

tipo de interés de préstamo hipotecario mortgage loan interest rate.

tipo de interés de referencia reference interest rate.

tipo de interés de tarjeta de crédito credit card interest rate.

tipo de interés debajo del mercado below market interest rate.

tipo de interés del mercado monetario money market interest rate.

tipo de interés efectivo effective interest rate.

tipo de interés especificado specified interest rate.

tipo de interés específico specific interest rate.

tipo de interés estable stable interest rate.

tipo de interés estipulado stipulated interest rate.

tipo de interés fijo fixed interest rate.

tipo de interés flexible flexible interest rate.

tipo de interés flotante floating interest rate.

tipo de interés fluctuante fluctuating interest rate.

tipo de interés inicial initial interest rate.

tipo de interés legal legal interest rate.

tipo de interés máximo maximum interest rate.

tipo de interés mínimo minimum interest rate.

tipo de interés natural natural interest rate.

tipo de interés nominal nominal interest rate, face interest rate.

tipo de interés ofrecido a casas de corretaje broker loan rate.

tipo de interés periódico periodic interest rate.

tipo de interés preaprobado preapproved interest rate.

tipo de interés preferencial prime rate.

tipo de interés prevaleciente prevailing interest rate.

tipo de interés razonable reasonable interest rate.

tipo de interés real real interest rate.

tipo de interés renegociable renegotiable interest rate.

tipo de interés tope ceiling interest rate.

tipo de interés usurario usurious rate of interest.

tipo de interés variable variable interest rate.

tipo de interés vinculado a un índice
index-tied interest rate.
tipo de mercado   market rate.
tipo de mercado abierto   open
market rate.
tipo de miembro   member's rate.
tipo de nación más favorecida   most
favored nation rate.
tipo de porcentaje anual constante
constant annual percent rate.
tipo de préstamo   loan rate.
tipo de préstamo comercial
commercial loan rate.
tipo de préstamo hipotecario
mortgage loan rate.
tipo de préstamo mínimo   minimum
lending rate.
tipo de préstamo nominal   nominal
loan rate.
**tipo de préstamo pagadero a la
demanda**   call loan rate.
tipo de préstamo puente   bridge loan
rate.
tipo de préstamos   lending rate.
tipo de prima   premium rate.
tipo de prima de clase   class premium
rate.
tipo de redescuento   rediscount rate.
tipo de referencia   reference rate.
tipo de reinversión   reinvestment rate.
tipo de rendimiento   rate of return.
**tipo de rendimiento antes de
impuestos**   pretax rate of return.
tipo de rendimiento descontado
discounted rate of return.
tipo de rendimiento global   overall
rate of return.
tipo de rendimiento incremental
incremental rate of return.
tipo de rendimiento interno
internal rate of return.
tipo de rendimiento justo   fair rate
of return.
tipo de rendimiento no ajustado
unadjusted rate of return.
tipo de rendimiento real   real rate of
return.
tipo de rendimiento requerido
required rate of return.
tipo de rendimiento simple   simple
rate of return.
tipo de retención   retention rate.
tipo de seguros   insurance rate.

tipo de sueldo base   base pay rate.
tipo de tarifas   tariff rate.
tipo de tarjeta de crédito   credit card
rate.
tipo de tránsito   transit rate.
tipo decreciente   falling rate.
tipo del cupón   coupon rate.
tipo del mercado monetario   money
market rate.
tipo del mercado prevaleciente
prevailing market rate.
tipo departamental   departmental rate.
tipo devengado   rate earned.
tipo diferencial   differential rate.
tipo efectivo   effective rate.
tipo especial   special rate.
tipo especificado   specified rate.
tipo específico   specific rate.
tipo estabilizado   stabilized rate.
tipo estable   stable rate.
tipo estándar   standard rate.
tipo estatal   state rate.
tipo estipulado   stipulated rate.
tipo fijo   fixed rate.
tipo fiscal   tax rate.
tipo flexible   flexible rate.
tipo flotante   floating rate.
tipo fluctuante   fluctuating rate.
tipo garantizado   guaranteed rate.
tipo hipotecario   mortgage rate.
tipo hipotecario ajustable   adjustable
mortgage rate.
tipo hipotecario preaprobado
preapproved mortgage rate.
tipo histórico   historical rate.
tipo impositivo   tax rate.
tipo impositivo combinado
composite tax rate.
tipo impositivo de no residentes
nonresident tax rate.
tipo impositivo efectivo   effective tax
rate.
tipo impositivo marginal   marginal
tax rate.
tipo impositivo máximo   maximum
tax rate.
tipo impositivo mínimo   minimum
tax rate.
tipo incierto   uncertain rate.
tipo incremental   incremental rate.
tipo indizado   indexed rate.
tipo inicial   initial rate.

tipo interbancario interbank rate.
tipo intermedio middle rate.
tipo introductorio introductory rate.
tipo legal legal rate.
tipo límite rate cap.
tipo límite de interés interest rate cap.
tipo máximo maximum rate.
tipo mínimo minimum rate.
tipo natural natural rate.
tipo negociado negotiated rate.
tipo neto net rate.
tipo no ajustado unadjusted rate.
tipo nominal nominal rate.
tipo objeto target rate.
tipo oficial official rate.
tipo periódico periodic rate.
tipo por trabajo job rate.
tipo porcentual anual annual percentage rate.
tipo preaprobado preapproved rate.
tipo predeterminado predetermined rate.
tipo prevaleciente prevailing rate.
tipo promedio blended rate.
tipo proporcional proportional rate.
tipo provisional provisional rate.
tipo puente bridge rate.
tipo razonable reasonable rate.
tipo real real rate.
tipo reducido reduced rate.
tipo renegociable renegotiable rate.
tipo representativo representative rate.
tipo requerido required rate.
tipo retroactivo retroactive rate.
tipo salarial wage rate.
tipo semianual semiannual rate.
tipo semivariable semivariable rate.
tipo subsidiado subsidized rate.
tipo tope ceiling rate.
tipo tributario tax rate.
tipo tributario combinado composite tax rate.
tipo tributario de no residentes nonresident tax rate.
tipo tributario efectivo effective tax rate.
tipo tributario máximo maximum tax rate.
tipo tributario mínimo minimum tax rate.

tipo trimestral quarterly rate.
tipo usurario usurious rate.
tipo variable variable rate.
tipo variable de tarjeta de crédito credit card variable rate.
tipo vigente going rate.
tipo vinculado a un índice index-tied rate.
tipos contributivos progresivos progressive tax rates.
tipos impositivos progresivos progressive tax rates.
tipos progresivos progressive rates.
tipos tributarios progresivos progressive tax rates.
titulación *f* title documents.
titulado *m* titled person.
titular *m* owner of record, holder of title, holder.
titular adj titular, regular.
titular (v) title.
título *m* title, certificate of title, certificate, bond, license.
título absoluto absolute title.
título al portador bearer instrument, bearer bond.
título aparente apparent title.
título asegurable insurable title.
título auténtico authentic title.
título colorado color of title.
título comerciable marketable title.
título de acciones stock certificate.
título de adquisición bill of sale.
título de crédito credit instrument.
título de deuda debt instrument, evidence of indebtedness.
título de dominio title, title deed.
título de la deuda pública public bond.
título de patente letters patent.
título de propiedad title, title deed.
título defectuoso defective title.
título dudoso doubtful title.
título ejecutivo document which grants a right of execution.
título en equidad equitable title.
título endosable endorsable instrument.
título equitativo equitable title.
título gratuito gratuitous title.
título gratuito, a gratuitous.
título hábil perfect title.

título hipotecario mortgage bond.
título imperfecto imperfect title.
título impugnable exceptionable title.
título incomerciable unmarketable title.
título incondicional absolute fee simple, absolute deed.
título inscribible registerable title.
título justo just title.
título legal legal title.
título limpio clear title.
título lucrativo lucrative title.
título no asegurable uninsurable title.
título no garantizado uninsured title.
título no traslativo de dominio unmarketable title.
título nominativo registered instrument, registered bond.
título nulo void title.
título oneroso onerous title.
título oneroso, a based on valuable consideration.
título originario original title.
título perfecto perfect title.
título por prescripción title by prescription.
título posesorio possessory title.
título precario, a for temporary use and enjoyment.
título presunto presumptive title.
título primordial original title.
título profesional professional license.
título putativo presumptive title.
título registrado title of record.
título satisfactorio satisfactory title.
título seguro marketable title.
título singular singular title.
título superior superior title.
título traslativo de dominio marketable title.
título válido valid title.
título valor credit instrument.
título viciado defective title, imperfect title.
título vicioso defective title, imperfect title.
títulos negociables negotiable paper.
toma de decisiones decision making.
toma de posesión taking of possession.
toma del control apalancada leveraged takeover.

tomador *m* taker, drawee, payee.
tomador de crédito borrower.
tomar take, take on.
tomar el acuerdo decide.
tomar posesión take possession.
tonelaje *m* tonnage.
tonelaje bruto gross tonnage.
tonelaje neto net tonnage.
tonelaje registrado registered tonnage.
tono de mercado market tone.
tontina *f* tontine.
tope de precios price ceiling.
tope de tasa rate ceiling.
tope de tipo rate ceiling.
torcer twist, corrupt.
torno *m* turn, granting of auctioned property to the second highest bidder upon the first failing to meet the stipulated conditions.
torsión *f* twisting.
tortuguismo *m* slowdown.
total de control hash total.
totalidad *f* totality.
totalidad del contrato entirety of contract.
totalmente totally, fully.
totalmente nulo absolutely void.
toxicidad *f* toxicity.
tóxico toxic.
traba *f* tie, obstacle, attachment.
trabacuenta *f* error in an account, dispute.
trabajador *m* worker, employee.
trabajador adj working.
trabajador a tiempo completo full-time worker.
trabajador agrícola farm worker.
trabajador ambulante transient worker.
trabajador asalariado salaried employee.
trabajador asociado co-worker.
trabajador del estado government employee.
trabajador dependiente employee.
trabajador eventual temporary worker.
trabajador extranjero foreign worker.
trabajador independiente independent contractor.
trabajador industrial industrial worker.

trabajador itinerante itinerant worker.

trabajador migratorio migrant worker.

trabajar work, to be employed.

trabajar a destajo do piecework.

trabajo *m* work, job, employment, report.

trabajo a destajo piecework.

trabajo a tiempo completo full-time work.

trabajo a tiempo parcial part-time work.

trabajo clave key job.

trabajo continuo continuous work.

trabajo de oficina clerical work.

trabajo diurno day work.

trabajo estacional seasonal work.

trabajo manual manual labor.

trabajo nocturno night work.

trabajo peligroso dangerous work.

trabajo profesional professional work.

trabajoso laborious, labored.

tracto *m* space, interval.

tradición *f* tradition, delivery, transfer.

tradición absoluta absolute delivery.

tradición condicional conditional delivery.

tradición corporal actual delivery.

tradición de derechos transfer of rights.

tradición de inmuebles transfer of real property.

tradición de la posesión transfer of possession.

tradición de la propiedad transfer of property.

tradición de muebles transfer of personal property.

tradición efectiva actual delivery.

tradición ficticia feigned delivery.

tradición fingida feigned delivery.

tradición real actual delivery.

tradición simbólica symbolic delivery.

traducción *f* translation.

traducción de divisas foreign currency translation.

traducir translate.

traficante *m/f* trafficker.

traficar traffic, travel.

tráfico *m* traffic.

trajín *m* hectic activity, transport.

tramitación *f* procedure, transaction, negotiation.

tramitación de un préstamo processing of a loan.

tramitación de una solicitud processing of an application.

tramitador *m* transactor, negotiator.

tramitar transact, negotiate, proceed with.

trámite *m* step, procedure, proceeding, negotiation.

tramo *m* section, passage.

trampa *f* trap, cheating.

trampear cheat.

trampería *f* cheating.

tramposo adj cheating.

tramposo *m* cheat.

transacción *f* transaction, settlement.

transacción a plazo forward transaction.

transacción a término forward transaction.

transacción aleatoria aleatory transaction.

transacción apareada matched transaction.

transacción comercial business transaction.

transacción compensatoria compensatory trade.

transacción completada completed transaction.

transacción con entrega inmediata cash trade.

transacción cruzada crossed trade.

transacción de apertura opening transaction.

transacción de bloque block transaction.

transacción de capital capital transaction.

transacción de crédito credit transaction.

transacción de divisas foreign exchange transaction.

transacción de mercancía commodity transaction.

transacción de negocios business deal.

transacción de permuta barter transaction.

transacción en divisa foreign currency transaction.

transacción en efectivo cash trade.

transacción en oro gold transaction.

transacción especulativa speculative transaction.

transacción ficticia dummy transaction.

transacción imponible taxable transaction.

transacción monetaria monetary transaction.

transacción neta net transaction.

transacción no comercial noncommercial transaction.

transacción no gravable nontaxable transaction.

transacción no imponible nontaxable transaction.

transacción no monetaria nonmonetary transaction.

transacción no tributable nontaxable transaction.

transacción nula void transaction.

transacción ocasional occasional transaction.

transacción omitida omitted transaction.

transacción pecuniaria pecuniary transaction.

transacción periódica periodic transaction.

transacción preautorizada preauthorized transaction.

transacción recíproca reciprocal transaction.

transacción sin garantía unsecured transaction.

transacción sin riesgo riskless transaction.

transacción telefónica telephone transaction.

transaccional transactional.

transaccionar valores usando crédito en una firma bursátil trade on margin.

transacciones entre compañías intercompany transactions.

transacciones sin certificados certificateless transactions.

transar settle.

transbordar transfer, switch.

transbordo *m* transfer, switch.

transcurrir elapse.

transcurso *m* passage.

transferencia *f* transference, transfer.

transferencia automática automatic transfer.

transferencia automática de fondos automatic transfer of funds.

transferencia autorizada authorized transfer.

transferencia bancaria banking transfer.

transferencia cablegráfica cable transfer.

transferencia condicional conditional transfer.

transferencia de acciones stock transfer.

transferencia de arrendamiento assignment of lease.

transferencia de beneficios electrónica electronic benefits transfer.

transferencia de capital capital transfer.

transferencia de certificado de depósito certificate of deposit rollover.

transferencia de contrato assignment of contract.

transferencia de crédito credit transfer.

transferencia de cuenta assignment of account.

transferencia de cuenta de retiro individual individual retirement account rollover.

transferencia de débito debit transfer.

transferencia de deudas assignment of debts.

transferencia de fondos transfer of funds.

transferencia de fondos electrónica electronic funds transfer.

transferencia de hipoteca transfer of mortgage.

transferencia de ingresos income shifting.

transferencia de mercancías merchandise transfer.

transferencia de propiedad transfer of property.

transferencia de riesgo risk transfer.

transferencia de salario assignment of wages.

transferencia de título transfer of title.

transferencia del dominio transfer of ownership.

transferencia electrónica electronic transfer.

transferencia electrónica preautorizada preauthorized electronic transfer.

transferencia en los contratos assignment of contracts.

transferencia fraudulenta fraudulent transfer.

transferencia incompleta incomplete transfer.

transferencia incondicional unconditional transfer.

transferencia inversa reverse transfer.

transferencia legal legal transfer.

transferencia monetaria money transfer.

transferencia no autorizada unauthorized transfer.

transferencia no recíproca nonreciprocal transfer.

transferencia por tercera parte third party transfer.

transferencia preautorizada preauthorized transfer.

transferencia revocable revocable transfer.

transferencia telegráfica telegraphic transfer.

transferencia voluntaria voluntary conveyance.

transferibilidad *f* transferability.

transferible transferable.

transferido transferred.

transferidor *m* transferrer.

transferidor adj transferring.

transferir transfer, postpone.

transformación *f* transformation.

transgresión *f* transgression.

transición *f* transition.

transigencia *f* compromise, tolerance.

transigente compromising, tolerant.

transigir compromise, settle.

transitar transit.

tránsito *m* transit, traffic, transition.

tránsito aéreo air traffic.

tránsito, en in transit.

transitoriamente transitorily.

transitoriedad *f* transitoriness.

transitorio transitory.

translación *f* transfer, translation, transcription.

transmisibilidad *f* transmissibility, transferability.

transmisible transmissible, transferable.

transmisión *f* transmission, transfer, communication.

transmisión de propiedad transfer of ownership.

transmisión por telefacsímil facsimile transmission.

transmisor *m* transmitter.

transmitir transmit, transfer, communicate.

transnacional transnational.

transponer transfer.

transportable transportable.

transportación *f* transportation.

transportador *m* transporter.

transportador intermedio intermediate carrier.

transportador privado private carrier.

transportar transport.

transporte *m* transport, transportation.

transporte aéreo air transport.

transporte comercial commercial transportation.

transporte de personas transportation of people.

transporte de puerta a puerta door-to-door delivery.

transporte fluvial river transportation.

transporte interior inland transport.

transporte marítimo maritime transportation.

transporte mercantil commercial transportation.

transporte por agua water transportation.

transporte terrestre ground transportation.

transportista *m/f* carrier.

transportista de destino destination carrier.

transportista público public carrier.

tranza *f* attachment.

trasbordar transfer, switch.

trasbordo *m* transfer, switch.

trascurrir elapse.

trascurso *m* passage.

trasferencia _f_ transference, transfer.
trasferible transferable.
trasferir transfer, assign.
trasfondo _m_ background.
trasformación _f_ transformation.
traslación _f_ transfer, translation, transcription.
traslación de dominio transfer of ownership.
trasladar transfer, translate, transcribe.
traslado _m_ transfer, change, communication, transcript.
trasmisible transmissible, transferable.
trasmisión _f_ transmission, transfer, communication.
trasmitir transmit, transfer, communicate.
traspapelar misplace among papers.
traspapelarse get misplaced among papers.
traspasable transferable, transportable, passable.
traspasar transfer, transgress, go beyond limits.
traspaso _m_ conveyance, transfer, transgression, trick.
traspaso absoluto absolute transfer, absolute conveyance.
traspaso automático automatic transfer.
traspaso automático de fondos automatic transfer of funds.
traspaso autorizado authorized transfer.
traspaso bancario banking transfer.
traspaso cablegráfico cable transfer.
traspaso condicional conditional transfer.
traspaso de acciones stock transfer.
traspaso de arrendamiento assignment of lease.
traspaso de capital capital transfer.
traspaso de certificado de depósito certificate of deposit rollover.
traspaso de contrato assignment of contract.
traspaso de crédito credit transfer.
traspaso de cuenta assignment of account.
traspaso de cuenta de retiro individual individual retirement account rollover.
traspaso de débito debit transfer.

traspaso de deudas assignment of debts.
traspaso de fondos transfer of funds.
traspaso de fondos electrónico electronic funds transfer.
traspaso de hipoteca transfer of mortgage.
traspaso de ingresos income shifting.
traspaso de mercancías merchandise transfer.
traspaso de propiedad conveyance of ownership, transfer of property.
traspaso de riesgo risk transfer.
traspaso de salario assignment of wages.
traspaso de título transfer of title.
traspaso del dominio transfer of ownership.
traspaso electrónico electronic transfer.
traspaso electrónico preautorizado preauthorized electronic transfer.
traspaso fraudulento fraudulent transfer.
traspaso incompleto incomplete transfer.
traspaso incondicional absolute transfer, absolute conveyance.
traspaso legal legal transfer.
traspaso monetario money transfer.
traspaso no autorizado unauthorized transfer.
traspaso no recíproco nonreciprocal transfer.
traspaso por tercera parte third party transfer.
traspaso preautorizado preauthorized transfer.
traspaso revocable revocable transfer.
traspaso voluntario voluntary conveyance.
trasponer transfer.
trasportable transportable.
trasportación _f_ transportation.
trasportador _m_ transporter.
trasportar transport.
trasporte _m_ transport, transportation.
tratado _m_ treaty, agreement.
tratado contributivo tax treaty.
tratado de pagos bilateral bilateral payments agreement.
tratado de permuta barter agreement.

tratado económico economic treaty.
tratado fiscal tax treaty.
tratado impositivo tax treaty.
tratado internacional treaty.
tratado multilateral multilateral agreement.
tratado tributario tax treaty.
tratamiento contributivo tax treatment.
tratamiento fiscal tax treatment.
tratamiento impositivo tax treatment.
tratamiento tributario tax treatment.
tratante *m* dealer.
tratar treat, deal with.
trato *m* treatment, agreement, contract, trade, treaty.
trato colectivo collective bargaining.
trato de nación más favorecida most favored nation treatment.
trato desigual unequal treatment.
trato doble double-dealing.
trato preferencial preferential treatment.
trayectoria *f* trajectory.
trecho *m* stretch, period.
treintañal of thirty years.
tresdoblar triple.
tresdoble triple.
treta *f* trick.
tribunal aduanal customs court.
tribunal de comercio commercial court.
tribunal de quiebras bankruptcy court.
tribunal de trabajo labor court.
tributable taxable.
tributación *f* tax, tax payment, tax system.
tributación a la exportación export tax.
tributación a la herencia inheritance tax.
tributación a las ganancias income tax.
tributación a las rentas income tax.
tributación a las transacciones excise tax.
tributación a las utilidades income tax.
tributación a las ventas sales tax.

tributación a los capitales capital stock tax.
tributación a los predios ad valorem tax.
tributación a los réditos income tax.
tributación a ocupaciones occupational tax.
tributación acumulativa cumulative tax.
tributación ad valórem ad valorem tax.
tributación adelantada advance tax.
tributación adicional surtax.
tributación aduanal customs duty.
tributación al capital contribution to capital.
tributación al consumo consumption tax.
tributación al valor agregado value added tax.
tributación anticipada advance tax.
tributación arancelaria customs duty.
tributación básica basic tax.
tributación compensatoria compensatory tax.
tributación complementaria complementary tax, surtax.
tributación comunitaria community tax.
tributación corporativa corporate tax.
tributación de ausentismo absentee tax.
tributación de base amplia broad-base tax.
tributación de capitación capitation tax, poll tax.
tributación de capital capital contribution.
tributación de consumo excise tax, consumption tax.
tributación de derechos reales tax on real estate transfers.
tributación de emergencia emergency tax.
tributación de estampillado stamp tax.
tributación de exportación export tax.
tributación de fabricación manufacturing tax.
tributación de herencias inheritance tax.

tributación de igualación equalization tax.

tributación de importación import tax.

tributación de inmuebles real estate tax, ad valorem tax.

tributación de internación import duty.

tributación de legado inheritance tax.

tributación de lujo luxury tax.

tributación de manufactura manufacturing tax.

tributación de mejoras special assessment, tax assessment.

tributación de mercancía commodity tax.

tributación de no residentes nonresident tax.

tributación de patrimonio capital tax.

tributación de privilegio franchise tax.

tributación de producto commodity tax.

tributación de seguro social social security tax.

tributación de sellos stamp tax.

tributación de soltería tax on unmarried persons.

tributación de sucesión inheritance tax.

tributación de superposición surtax.

tributación de testamentaría inheritance tax.

tributación de timbres stamp tax.

tributación de tonelaje tonnage-duty.

tributación de transferencia transfer tax.

tributación de valorización special assessment.

tributación debida tax due.

tributación degresiva degressive tax.

tributación directa direct tax.

tributación doble double taxation.

tributación electoral poll-tax.

tributación en la frontera border tax.

tributación escalonada progressive tax.

tributación especial special tax, extraordinary tax.

tributación específica specific tax.

tributación estatal state tax.

tributación estimada estimated tax.

tributación excesiva excessive tax.

tributación extranjera foreign tax.

tributación extraordinaria surtax.

tributación federal federal tax.

tributación fija fixed tax.

tributación fiscal tax, national tax.

tributación general general tax.

tributación hereditaria inheritance tax.

tributación hipotecaria mortgage tax.

tributación ilegal illegal tax.

tributación indirecta indirect tax.

tributación individual sobre la renta individual's income tax.

tributación industrial professional services tax.

tributación inmobiliaria real estate tax, ad valorem tax.

tributación interna internal tax.

tributación local local tax.

tributación máxima maximum contribution, maximum tax.

tributación máxima deducible maximum deductible contribution.

tributación mínima minimum contribution, minimum tax.

tributación mínima alternativa corporativa corporate alternative minimum tax.

tributación múltiple multiple taxation.

tributación municipal municipal tax.

tributación negativa negative tax.

tributación neta net contribution.

tributación no deducible nondeductible tax.

tributación normal tax, normal tax.

tributación oculta hidden tax.

tributación opcional optional tax.

tributación ordinaria tax.

tributación pagada tax paid.

tributación para mejoras contribution for improvements.

tributación para previsión social social security tax.

tributación patrimonial capital tax.

tributación per cápita per capita tax.

tributación personal personal tax.

tributación por cabeza poll tax.

tributación portuaria port charges.

tributación predial ad valorem tax.

tributación profesional occupational tax.

tributación progresiva progressive tax.

tributación proporcional proportional tax.

tributación pública public tax.

tributación real ad valorem tax.

tributación regresiva regressive tax.

tributación represiva repressive tax.

tributación retenida retained tax.

tributación según el valor ad valorem tax.

tributación sobre beneficios profits tax.

tributación sobre beneficios extraordinarios excess profits tax.

tributación sobre bienes property tax.

tributación sobre bienes inmuebles ad valorem tax.

tributación sobre bienes muebles personal property tax.

tributación sobre compras purchase tax.

tributación sobre compraventa sales tax.

tributación sobre concesiones franchise tax.

tributación sobre diversiones amusement tax.

tributación sobre dividendos dividend tax.

tributación sobre donaciones gift tax.

tributación sobre el consumo excise tax.

tributación sobre el ingreso income tax.

tributación sobre el juego gambling tax.

tributación sobre el lujo luxury tax.

tributación sobre el patrimonio property tax, capital tax, net worth tax.

tributación sobre el patrimonio neto net worth tax.

tributación sobre el valor agregado value-added tax.

tributación sobre el valor añadido value-added tax.

tributación sobre empleo employment tax.

tributación sobre entradas admissions tax.

tributación sobre exceso de ganancias excess profits tax.

tributación sobre franquicias franchise tax.

tributación sobre ganancias profit tax.

tributación sobre ganancias a corto plazo short-term gains tax.

tributación sobre ganancias a largo plazo long-term gains tax.

tributación sobre ganancias de capital capital gains tax.

tributación sobre herencias inheritance tax.

tributación sobre ingresos income tax.

tributación sobre ingresos acumulados accumulated earnings tax.

tributación sobre ingresos de sociedades corporate income tax.

tributación sobre ingresos diferida deferred income tax.

tributación sobre ingresos individual individual income tax.

tributación sobre ingresos negativa negative income tax.

tributación sobre ingresos progresiva progressive income tax.

tributación sobre inmuebles real property tax.

tributación sobre la nómina payroll tax.

tributación sobre la propiedad property tax.

tributación sobre la propiedad general general property tax.

tributación sobre la renta income tax.

tributación sobre la renta corporativa corporate income tax.

tributación sobre la renta individual individual's income tax.

tributación sobre las sociedades corporate tax.

tributación sobre las ventas sales tax.

tributación sobre los beneficios profit tax.

tributación sobre los ingresos brutos gross receipts tax.

tributación sobre producción production tax.

tributación sobre riqueza mueble personal property tax.

tributación sobre salarios salary tax.

tributación sobre transacciones de capital capital transactions tax.

tributación sobre transferencias transfer tax.

tributación sobre transmisión de bienes transfer tax.

tributación sobre transmisiones transfer tax.

tributación sobre ventas sales tax.

tributación sobre ventas al por menor retail sales tax.

tributación sobre ventas general general sales tax.

tributación sucesoria inheritance tax.

tributación suntuaria luxury tax.

tributación suplementaria supplemental tax.

tributación terrestre ad valorem tax.

tributación territorial land tax.

tributación única nonrecurrent tax, single tax.

tributaciones acumuladas accrued taxes.

tributaciones acumulativas cumulative taxes.

tributaciones atrasadas back taxes.

tributaciones comerciales business taxes.

tributaciones corporativas corporate taxes.

tributaciones de aduanas customs duties.

tributaciones de empleados employee contributions.

tributaciones de rentas internas internal revenue taxes.

tributaciones diferidas deferred taxes.

tributaciones en exceso excess contributions.

tributaciones federales federal taxes.

tributaciones ilegales illegal taxes.

tributaciones locales local taxes.

tributaciones morosas delinquent taxes.

tributaciones nacionales national taxes.

tributaciones prepagadas prepaid taxes.

tributaciones proporcionales proportional taxes.

tributaciones prorrateadas apportioned taxes.

tributaciones retenidas withheld taxes.

tributaciones sobre ingresos corporativos corporate income tax.

tributaciones sobre ingresos federales federal income taxes.

tributante *m/f* taxpayer.

tributante adj taxpaying.

tributar pay taxes, pay.

tributario tax, tributary.

tributo *m* tribute, tax.

tributo a la herencia inheritance tax.

tributo a las ganancias income tax.

tributo a las rentas income tax.

tributo a las transacciones excise tax.

tributo a las utilidades income tax.

tributo a las ventas sales tax.

tributo a los capitales capital stock tax.

tributo a los predios ad valorem tax.

tributo a los réditos income tax.

tributo a ocupaciones occupational tax.

tributo ad valórem ad valorem tax.

tributo adicional surtax.

tributo aduanal customs duty.

tributo al capital contribution to capital.

tributo al consumo consumption tax.

tributo al valor agregado value added tax.

tributo anticipado advance tax.

tributo básico basic tax.

tributo compensatorio compensatory tax.

tributo complementario complementary tax, surtax.

tributo comunitario community tax.

tributo de ausentismo absentee tax.

tributo de base amplia broad-base tax.

tributo de capitación capitation tax, poll tax.

tributo de capital   capital contribution.

tributo de derechos reales   tax on real estate transfers.

tributo de emergencia   emergency tax.

tributo de estampillado   stamp tax.

tributo de exportación   export tax.

tributo de fabricación   manufacturing tax.

tributo de herencias   inheritance tax.

tributo de igualación   equalization tax.

tributo de importación   import tax.

tributo de inmuebles   real estate tax, ad valorem tax.

tributo de legado   inheritance tax.

tributo de manufactura   manufacturing tax.

tributo de mejoras   special assessment, tax assessment.

tributo de mercancía   commodity tax.

tributo de no residentes   nonresident tax.

tributo de patrimonio   capital tax.

tributo de privilegio   franchise tax.

tributo de seguro social   social security tax.

tributo de sellos   stamp tax.

tributo de soltería   tax on unmarried persons.

tributo de sucesión   inheritance tax.

tributo de superposición   surtax.

tributo de testamentaría   inheritance tax.

tributo de timbres   stamp tax.

tributo de transferencia   transfer tax.

tributo de valorización   special assessment.

tributo debido   tax due.

tributo degresivo   degressive tax.

tributo directo   direct tax.

tributo doble   double taxation.

tributo electoral   poll tax.

tributo en la frontera   border tax.

tributo escalonado   progressive tax.

tributo especial   special tax, extraordinary tax.

tributo estatal   state tax.

tributo estimado   estimated tax.

tributo excesivo   excessive tax.

tributo extraordinario   surtax.

tributo fijo   fixed tax.

tributo fiscal   tax, national tax.

tributo general   general tax.

tributo hereditario   inheritance tax.

tributo hipotecario   mortgage tax.

tributo ilegal   illegal tax.

tributo indirecto   indirect tax.

tributo individual sobre la renta   individual's income tax.

tributo industrial   professional services tax.

tributo inmobiliario   real estate tax, ad valorem tax.

tributo máximo   maximum contribution, maximum tax.

tributo máximo deducible   maximum deductible contribution.

tributo mínimo   minimum contribution, minimum tax.

tributo mínimo alternativo corporativo   corporate alternative minimum tax.

tributo múltiple   multiple taxation.

tributo negativo   negative tax.

tributo neto   net contribution.

tributo no deducible   nondeductible tax.

tributo normal   tax, normal tax.

tributo oculto   hidden tax.

tributo opcional   optional tax.

tributo ordinario   tax.

tributo pagado   tax paid.

tributo para mejoras   contribution for improvements.

tributo para previsión social   social security tax.

tributo patrimonial   capital tax.

tributo per cápita   per capita tax.

tributo personal   personal tax.

tributo por cabeza   poll tax.

tributo predial   ad valorem tax.

tributo progresivo   progressive tax.

tributo proporcional   proportional tax.

tributo público   public tax.

tributo real   ad valorem tax.

tributo regresivo   regressive tax.

tributo represivo   repressive tax.

tributo según el valor   ad valorem tax.

tributo sobre beneficios   profits tax.

tributo sobre beneficios extraordinarios   excess profits tax.

tributo sobre bienes   property tax.

tributo sobre bienes inmuebles   ad valorem tax.

tributo sobre bienes muebles
personal property tax.

tributo sobre compras purchase tax.

tributo sobre compraventa sales tax.

tributo sobre concesiones franchise tax.

tributo sobre diversiones
amusement tax.

tributo sobre dividendos dividend tax.

tributo sobre donaciones gift tax.

tributo sobre el consumo excise tax.

tributo sobre el ingreso income tax.

tributo sobre el lujo luxury tax.

tributo sobre entradas admissions tax.

tributo sobre exceso de ganancias
excess profits tax.

tributo sobre franquicias franchise tax.

tributo sobre ganancias profit tax.

tributo sobre ganancias de capital
capital gains tax.

tributo sobre ingresos income tax.

tributo sobre ingresos acumulados
accumulated earnings tax.

tributo sobre ingresos de sociedades corporate income tax.

tributo sobre ingresos diferido
deferred income tax.

tributo sobre ingresos individual
individual income tax.

tributo sobre ingresos negativo
negative income tax.

tributo sobre ingresos progresivo
progressive income tax.

tributo sobre la nómina payroll tax.

tributo sobre la propiedad property tax.

tributo sobre la propiedad general
general property tax.

tributo sobre la renta income tax.

tributo sobre la renta corporativa
corporate income tax.

tributo sobre la renta individual
individual's income tax.

tributo sobre las sociedades
corporate tax.

tributo sobre las ventas sales tax.

tributo sobre los ingresos brutos
gross receipts tax.

tributo sobre producción production tax.

tributo sobre riqueza mueble
personal property tax.

tributo sobre salarios salary tax.

tributo sobre transacciones de capital capital transactions tax.

tributo sobre transferencias
transfer tax.

tributo sobre transmisión de bienes
transfer tax.

tributo sobre transmisiones transfer tax.

tributo sobre ventas sales tax.

tributo sobre ventas al por menor
retail sales tax.

tributo sucesorio inheritance tax.

tributo suntuario luxury tax.

tributo suplementario supplemental tax.

tributo terrestre ad valorem tax.

tributo territorial land tax.

tributo único nonrecurrent tax, single tax.

tributos acumulados accrued taxes.

tributos acumulativos cumulative taxes.

tributos atrasados back taxes.

tributos comerciales business taxes.

tributos corporativos corporate taxes.

tributos de aduanas customs duties.

tributos de empleados employee contributions.

tributos de rentas internas internal revenue taxes.

tributos diferidos deferred taxes.

tributos en exceso excess contributions.

tributos federales federal taxes.

tributos ilegales illegal taxes.

tributos locales local taxes.

tributos morosos delinquent taxes.

tributos nacionales national taxes.

tributos prepagados prepaid taxes.

tributos proporcionales proportional taxes.

tributos prorrateados apportioned taxes.

tributos retenidos withheld taxes.

tributos sobre ingresos corporativos
corporate income tax.

tributos sobre ingresos federales
federal income taxes.

trimestral trimestrial.

trimestralmente trimestrially.
trimestre *m* trimester, trimestrial payment.
trimestre adj trimestrial.
tripartición *f* tripartition.
tripartir tripart.
triple indemnización triple indemnity.
triple protección triple protection.
triplicado triplicate.
trisemanal triweekly.
trocable exchangeable.
trocado distorted, changed.
trocador *m* exchanger, changer.
trocamiento *m* exchange, change, distortion.
trocante exchanging, changing.
trocar exchange, change, confuse.
trueque *m* barter, exchange.
truhán *m* cheat, knave.
truhán adj cheating, knavish.
truhanamente deceitfully, knavishly.
truhanear cheat.
truhanería *f* cheating, gang of cheats.
truncamiento *m* truncation.
turnar alternate.
turno de media noche graveyard shift.
turno rotante rotating shift.
turno rotatorio rotating shift.

ubicación *f* location.
ubicación permanente permanent location.
ubicación temporal temporary location.
ubicar locate, to be located.
último last, latest, best, farthest.
último pago last payment.
último precio last price.
unánime unanimous.
unánimemente unanimously.
unanimidad *f* unanimity.
únicamente only, solely.
unidad *f* unity, unit.
unidad de acatamiento compliance unit.

unidad de acumulación accumulation unit.
unidad de cuenta unit of account.
unidad de intereses unity of interest.
unidad de medida unit of measurement.
unidad de muestreo unit of sampling.
unidad de negociaciones bargaining unit.
unidad de posesión unity of possession.
unidad de producción unit of production.
unidad de tiempo unity of time.
unidad de título unity of title.
unidad de valor unit of value.
unidad económica economic unity.
unidad modelo model unit.
unidad monetaria monetary unit.
unidades equivalentes equivalent units.
unificado unified.
uniformar standardize.
uniforme *m* uniform.
uniformemente uniformly.
uniformidad *f* uniformity.
unilateral unilateral.
unión *f* union.
unión abierta open union.
unión aduanera customs union.
unión arancelaria customs union.
unión bancaria banking syndicate.
unión cerrada closed union.
unión de crédito credit union.
unión de industria industrial union.
unión de oficio trade union.
unión económica economic community.
unión gremial labor union, trade union.
unión horizontal horizontal union.
unión independiente independent union.
unión industrial industrial union.
unión internacional international union.
unión laboral labor union.
unión local local union.
unión no afiliada unaffiliated union.
unión obrera trade union.
unión profesional professional organization.
unión sindical labor union.

unión vertical vertical union.
unipersonal unipersonal.
unir unite, confuse.
universal universal.
universalmente universally.
urbanismo *m* city planning.
urbanización *f* urbanization, city planning.
urbanizar urbanize.
urbano urban.
urbe *f* metropolis.
urgente urgent.
urgentemente urgently.
usado used, customary.
usanza *f* custom.
usar use, to be accustomed.
uso *m* use, custom.
uso autorizado authorized use.
uso beneficioso beneficial use.
uso comercial business usage.
uso especial special use.
uso indebido improper use.
uso no autorizado unauthorized use.
uso preexistente preexisting use.
uso provechoso beneficial use.
uso público public use.
uso y desgaste wear and tear.
uso y ocupación use and occupation.
usos comerciales commercial customs.
usos convencionales customs.
usos locales local customs.
usual usual.
usualmente usually.
usuario *m* user, usufructuary.
usuario final final user.
usufructo *m* usufruct, use.
usufructo imperfecto imperfect usufruct.
usufructo perfecto perfect usufruct.
usufructuario usufructuary.
usura *f* usury, profiteering, interest, profit.
usurar practice usury, profiteer, charge interest, profit.
usurariamente usuriously.
usurario usurious.
usurear practice usury, profiteer, charge interest, profit.
usurero *m* usurer, profiteer, moneylender, pawnbroker.

útil useful, working, interest-bearing, legal.
utilidad *f* utility, profit, interest.
utilidad bruta gross profit.
utilidad de explotación operating profit.
utilidad decreciente diminishing returns.
utilidad marginal marginal utility.
utilidad neta net profit.
utilidades earnings, returns, profits.
utilidades a distribuir undivided profits.
utilidades anticipadas anticipated profits.
utilidades de capital capital gains.
utilidades esperadas anticipated profits.
utilidades gravables taxable profits.
utilidades imponibles taxable profits.
utilidades marginales marginal profits.
utilidades tributables taxable profits.
utilizable utilizable, available.
utilización *f* utilization.
utilizado utilized.
utilizar utilize.
útilmente usefully, profitably.

vacación *f* vacation, holiday.
vacaciones pagadas paid vacation.
vacancia *f* vacancy.
vacante adj vacant.
vacante *f* vacancy, vacation.
vacar to become vacant, to be unoccupied, to be unemployed.
vaciar empty, excavate.
vacío empty, vacant, uninhabited, useless, idle.
vacío inflacionario inflationary gap.
vaco vacant.
vaguedad *f* vagueness.
vaivén *m* fluctuation, changeableness, risk.
vale *m* promissory note, IOU, voucher.
vale al portador bearer scrip.
valedero valid, binding.

valer to be worth, to be of value, to be valid, cost.

valía *f* value, influence.

validación *f* validation, validity.

válidamente validly.

validar validate.

validez *f* validity.

validez de los contratos validity of contracts.

válido valid, strong.

valija *f* valise, mailbag, mail.

valioso valuable.

valor *m* value, importance, effectiveness, yield.

valor a la par par value.

valor activo asset.

valor actual actual value.

valor actual de anualidad present value of annuity.

valor acumulado accumulated value.

valor adquisitivo purchasing power.

valor agregado value added.

valor agregado bruto gross added value.

valor agregado neto net value added.

valor ajustado adjusted value.

valor añadido value added.

valor añadido neto net value added.

valor aparente apparent value.

valor aproximado approximate value.

valor asegurable insurable value.

valor base base value.

valor bruto gross value.

valor capitalizado capitalized value.

valor catastral cadastral value, assessed valuation.

valor cierto fixed value.

valor comercial fair market value.

valor comparable comparable worth.

valor comparativo comparative value.

valor condicional conditional value.

valor contable book value.

valor contable bruto gross book value.

valor contable por acción book value per share.

valor contable por acción común book value per common share.

valor convenido agreed value.

valor corriente current value.

valor corriente de mercado current market value.

valor de afección sentimental value.

valor de alquiler rental value.

valor de cambio exchange value.

valor de conversión conversion value.

valor de denominación denomination value.

valor de disolución breakup value.

valor de empresa en marcha going concern value.

valor de equivalente en efectivo cash equivalent value.

valor de inversión investment value.

valor de liquidación liquidation value.

valor de mercado market value.

valor de mercado base base market value.

valor de mercado privado private market value.

valor de negocio en marcha going concern value.

valor de paridad par value.

valor de posesión carrying value.

valor de préstamo loan value.

valor de redención redemption value.

valor de reemplazo replacement value.

valor de reposición replacement cost.

valor de reproducción reproduction value.

valor de salida exit value.

valor de salida esperado expected exit value.

valor de tasación appraisal value.

valor de transacción transaction value.

valor declarado declared value.

valor decreciente decreasing value.

valor del capital capital value.

valor del colateral collateral value.

valor del dinero value of money.

valor del mercado fair market value.

valor depreciado depreciated value.

valor descontado discounted value.

valor económico economic value.

valor efectivo cash value.

valor en cuenta value in account.

valor en efectivo cash value.

valor en el mercado fair market value.

valor en el mercado actual actual market value.

valor en el mercado al contado cash market value.

valor en libros book value.

valor en plaza fair market value.

valor en uso   value in use.
valor esperado   expected value.
valor estimado   estimated value.
valor extrínseco   extrinsic value.
valor futuro de una anualidad   future value of an annuity.
valor gravable   taxable value.
valor imponible   taxable value.
valor impositivo   taxable value.
valor imputado   imputed value.
valor inmobiliario   real estate value.
valor intangible   intangible value.
valor intrínseco   intrinsic value.
valor justo   fair value.
valor justo en el mercado   fair market value.
valor justo y razonable   fair and reasonable value.
valor locativo   rental value.
valor marginal   marginal value.
valor medio   mean value.
valor monetario   monetary value.
valor monetario esperado   expected monetary value.
valor negativo   negative value.
valor neto   net value, net worth.
valor neto efectivo   effective net worth.
valor neto negativo   negative net worth.
valor no amortizado   unamortized value.
valor no declarado   undeclared value.
valor nominal   nominal value, face amount, face value.
valor nominal de un bono   face amount of bond.
valor nominal de una póliza   face amount of policy.
valor normal   normal value.
valor objetivo   objective value.
valor oficial   official value.
valor pasivo   liability.
valor por escasez   scarcity value.
valor presente descontado   discounted present value.
valor presente neto   net present value.
valor promedio   blended value.
valor razonable   reasonable value.
valor real   real value.
valor real del dinero   real value of money.

valor realizable   realizable value.
valor realizable neto   net realizable value.
valor recibido   value received.
valor residual   residual value.
valor reversionario   reversionary value.
valor según libros   book value.
valor sentimental   sentimental value.
valor tasado   appraised value.
valor teorético   theoretical value.
valor total   aggregate value.
valor tributable   taxable value.
valor unitario   unit value.
valor venal   sales price.
valoración   *f* valuation, appraisal, increase in the value.
valoración de la pérdida   valuation of loss.
valoración de la póliza   valuation of policy.
valoración de propiedad   property appraisal.
valoración del activo   valuation of assets.
valoración en masa   mass appraising.
valorado   valued, assessed.
valorar   value, appraise, increase the value of, mark-up.
valorear   value, appraise, increase the value of, mark-up.
valores   *m* securities, values, assets.
valores a corto plazo   short-term securities.
valores al portador   bearer securities.
valores bancarios   bank securities.
valores barométricos   barometer securities.
valores convertibles   convertible securities.
valores de agencia   agency securities.
valores de agencias federales   federal agency securities.
valores de bolsa   listed securities.
valores de gobierno federal   federal government securities.
valores de ingreso fijo   fixed-income securities.
valores de primera calidad   blue-chip securities.
valores de renta fija   fixed-income securities.

valores del mercado monetario money market securities.

valores derivados de otros derivative securities.

valores elegibles eligible securities.

valores en cartera portfolio.

valores especulativos speculative securities.

valores exentos exempt securities.

valores exentos de contribuciones tax-exempt securities.

valores exentos de impuestos tax-exempt securities.

valores extranjeros foreign securities.

valores garantizados guaranteed securities.

valores garantizados por el gobierno government securities.

valores gubernamentales government securities.

valores hipotecarios mortgage securities.

valores inactivos inactive securities.

valores indicativos de tendencias bellwether securities.

valores líquidos liquid securities.

valores mutilados mutilated securities.

valores negociables negotiable securities.

valores no gravables nontaxable securities.

valores no imponibles nontaxable securities.

valores no tributables nontaxable securities.

valores pignorados pledged securities.

valores preferidos de tasa flotante floating-rate preferred securities.

valores preferidos de tipo flotante floating-rate preferred securities.

valores prestados loaned securities.

valores realizables liquid assets.

valores redimibles redeemable securities.

valores registrados registered securities.

valores regulados regulated securities.

valores respaldados por hipotecas mortgage-backed securities.

valores retirados retired securities.

valores sin certificado certificateless securities.

valores subordinados junior securities.

valores transferibles transferable securities.

valores transmisibles negotiable securities.

valoría *f* value, appraised value.

valorización *f* valuation, appraisal, increase in the value.

valorización independiente independent appraisal.

valorizar value, appraise, increase the value of, mark-up.

valuación *f* valuation, appraisal, increase in the value.

valuación aduanera customs valuation.

valuación alterna alternate valuation.

valuación contable accounting valuation.

valuación de inventario inventory valuation.

valuación de la póliza valuation of policy.

valuación prospectiva prospective valuation.

valuar value, appraise.

vandalismo *m* vandalism.

varadero *m* dry dock.

variabilidad *f* variability.

variabilidad de producto product variability.

variabilidad estacional seasonal variability.

variable variable.

variable aletoria random variable.

variable dependiente dependent variable.

variable independiente independent variable.

variable inducida induced variable.

variablemente variably.

variables incontrolables uncontrollable variables.

variación *f* variation.

variación cíclica cyclical variation.

variación de precios price variation.

variación estacional seasonal variation.

variación estándar standard variation.

variación mínima minimum variation.

variaciones aletorias random variances.

variante variant.
varianza *f* variance.
varianza de cantidad quantity variance.
varianza de capacidad no utilizada idle capacity variance.
varianza de eficiencia efficiency variance.
varianza de ganancias profit variance.
varianza de la eficiencia laboral labor efficiency variance.
varianza de materiales materials variance.
varianza de mezcla de ventas sales mix variance.
varianza de precio price variance.
varianza de precio de compra purchase price variance.
varianza de precios de materiales materials price variance.
varianza de presupuesto flexible flexible budget variance.
varianza de volumen de ventas sales volume variance.
varianza favorable favorable variance.
varianza laboral labor variance.
variar vary.
vecinal vicinal.
vecinamente nearby, contiguously.
vecindad *f* vicinity, neighborhood, legal residence.
vecindario *m* vicinity, neighborhood.
vecino *m* neighbor, resident, tenant.
vecino adj neighboring, similar.
veda *f* prohibition.
vedado prohibited.
vedamiento *m* prohibition.
vedar prohibit, hinder.
veedor *m* supervisor, inspector.
vehículo *m* vehicle, carrier, means.
vehículo de motor motor vehicle.
vehículos misceláneos miscellaneous vehicles.
velo corporativo corporate veil.
velocidad de circulación velocity of circulation.
veloz rapid.
velozmente rapidly.
vencer mature, expire.
vencido due, expired.
vencido y pagadero due and payable.
vencimiento *m* maturity, expiration.

vencimiento acelerado accelerated maturity.
vencimiento anticipado accelerated maturity.
vencimiento corriente current maturity.
vencimiento de empréstito loan maturity.
vencimiento de préstamo loan maturity.
vencimiento medio ponderado weighted average maturity.
vencimiento obligatorio obligatory maturity.
vencimiento original original maturity.
vencimientos apareados matched maturities.
vendedor *m* seller.
vendedor ambulante traveling seller.
vendedor de opción cubierta covered option writer.
vendedor directo direct seller.
vendedor en firme firm seller.
vendedor firme firm seller.
vendedor marginal marginal seller.
vendeja *f* public sale.
vender sell, sell out.
vender a crédito sell on credit.
vender al contado sell for cash.
vender en remate auction.
vendí *m* bill of sale.
vendible salable, marketable.
vendido sold.
venduta *f* auction.
vendutero *m* auctioneer.
venideros successors, heirs.
venta *f* sale, sales contract.
venta a crédito credit sale.
venta a ensayo sale on approval.
venta a plazos installment sale.
venta a prueba sale on approval.
venta aislada isolated sale.
venta al contado cash sale.
venta al descubierto short sale.
venta al martillo auction.
venta al por mayor wholesale.
venta al por menor retail.
venta apareada matched sale.
venta comercial commercial sale.
venta compulsiva forced sale.
venta con garantía sale with warranty.

venta condicional conditional sale.
venta cruzada crossed sale.
venta de apertura opening sale.
venta de bloque block sale.
venta de cierre closing sale.
venta de liquidación clearance sale.
venta de pagos diferidos
  deferred-payment sale.
venta directa direct sale.
venta efectiva effective sale.
venta en almoneda auction.
venta en bloque bulk sale.
venta en consignación consignment
  sale.
venta en remate auction.
venta ficticia simulated sale.
venta firme firm sale.
venta forzada forced sale.
venta forzosa forced sale.
venta fraudulenta fraudulent sale.
venta hipotecaria foreclosure sale.
venta incondicional unconditional
  sale.
venta judicial judicial sale.
venta libre de impuestos duty-free
  sale.
venta negociada negotiated sale.
venta normal normal sale.
venta ocasional occasional sale.
venta parcial partial sale.
venta privada private sale.
venta pública public sale, public
  auction.
venta pura y simple absolute sale.
venta simulada simulated sale.
venta sujeta a aprobación sale on
  approval.
venta voluntaria voluntary sale.
ventaja f advantage, profit, additional
  pay.
ventaja absoluta absolute advantage.
ventaja comparativa comparative
  advantage.
ventaja competitiva competitive
  advantage.
ventaja competitiva desleal unfair
  competitive advantage.
ventaja competitiva injusta unfair
  competitive advantage.
ventaja de rendimiento yield
  advantage.
ventaja desleal unfair advantage.

ventaja diferencial differential
  advantage.
ventaja injusta unfair advantage.
ventajosamente advantageously.
ventajoso advantageous, profitable.
ventana de descuento discount
  window.
ventana de oportunidad window of
  opportunity.
ventanilla f window.
ventas a crédito charge sales.
ventas al por mayor wholesaling.
ventas al punto crítico break-even
  sales.
ventas brutas gross sales.
ventas comparables comparable sales.
ventas comparativas comparative
  sales.
ventas creativas creative selling.
ventas de hogar en hogar
  house-to-house selling.
ventas de préstamos loan sales.
ventas de puerta en puerta
  door-to-door selling.
ventas directas direct sales.
ventas en apuro distress selling.
ventas especulativas speculative
  selling.
ventas finales final sales.
ventas múltiples multiple sales.
ventas netas net sales.
ventas por correo mail order selling.
verbal verbal.
verbalmente verbally.
verdadero true, genuine.
verificable verifiable.
verificación f verification, inspection,
  fulfillment.
verificación de cheque check
  verification.
verificación de crédito credit
  verification.
verificación de firma signature
  verification.
verificación directa direct verification.
verificación física physical verification.
verificación negativa negative
  verification.
verificado verified, inspected, fulfilled.
verificador m verifier, inspector.
verificador adj verifying, inspecting.
verificar verify, inspect, fulfill.

verificar el pago make the payment.
verificativo verificative.
vía crítica critical path.
vía de apremio legal procedure for debt collection.
vía pública public thoroughfare.
viabilidad *f* viability.
viabilidad financiera financial feasibility.
viable viable.
viajante *m/f* traveler, traveling seller.
viajante adj traveling.
viajante de comercio traveling seller.
viajero *m* traveler, passenger.
vicepresidencia *f* vice-presidency.
vicepresidente *m* vice-president.
vicesecretaría *f* assistant secretaryship.
vicesecretario *m* assistant secretary.
vicetesorero *m* vice-treasurer.
viciado vitiated, polluted.
viciar vitiate, pollute, falsify, misconstrue.
vicio *m* defect.
vicio aparente apparent defect.
vicio de construcción construction defect.
vicio inherente inherent defect.
vicio intrínseco inherent defect.
vicio manifiesto apparent defect.
vicio oculto latent defect.
vicio patente patent defect.
vicioso defective.
vida amortizable depreciable life.
vida depreciable depreciable life.
vida económica economic life.
vida económica esperada expected economic life.
vida esperada expected life.
vida estimada estimated life.
vida limitada limited life.
vida media ponderada weighted average life.
vida útil useful life.
vida útil estimada estimated useful life.
vigencia *f* force, legal effect, duration.
vigencia de la garantía duration of the guaranty.
vigencia de la póliza term of the policy.
vigencia, en in force.
vigente in force, prevailing.

vinculable that which can be linked.
vinculación *f* link.
vinculado a un índice index-tied.
vincular link.
vínculo *m* link.
violación *f* violation, infringement, transgression.
violación de contrato breach of contract.
violación de garantía breach of warranty.
violación de patente infringement of patent.
violación de promesa breach of promise.
violador *m* violator, infringer, transgressor.
violar violate, infringe, transgress.
visita *f* visit, inspection.
visita de sanidad health inspection.
visitador *m* visitor, inspector.
visitar visit, inspect.
vista *m* customs official.
vista, a la at sight.
vistas meeting.
visto bueno approval.
visura *f* visual inspection.
vitalicio *m* life annuity, life insurance policy.
vitalicio adj for life.
vitalicista *m/f* holder of a life annuity, holder of a life insurance policy.
vividero habitable.
vivienda *f* housing, dwelling.
vivienda de familia única single-family housing.
vivienda manufacturada manufactured housing.
vivienda modular modular housing.
vivienda multifamiliar multifamily housing.
vivienda prefabricada prefabricated housing.
vivienda pública public housing.
vivienda subsidiada subsidized housing.
viviendas desprendidas detached housing.
vocal *m/f* board member.
volátil volatile.
volatilidad *f* volatility.
volatilidad implícita implied volatility.

volumen *m* volume.
volumen bruto gross volume.
volumen de comerciante merchant volume.
volumen de exportación export volume.
volumen de transacciones trading volume.
volumen de ventas sales volume.
volumen deprimido depressed volume.
volumen esperado expected volume.
volumen total total volume.
voluntad común meeting of minds.
voluntariamente voluntarily.
voluntario voluntary.
volver turn, return.
volver a girar redraw.
votación *f* voting, vote.
votación acumulativa cumulative voting.
votación cumulativa cumulative voting.
votación no acumulativa noncumulative voting.
votación ordinaria ordinary voting.
votación por representación vote by proxy.
votador *m* voter.
votador adj voting.
votante *m/f* voter.
votar vote.
voto *m* vote, voter.
voto acumulado cumulative vote.
voto de calidad casting vote.
voto decisivo casting vote.
voto por poder vote by proxy.
vuelta *f* turn, return, restitution, change, compensation.

warrant certificate of deposit.

xenomoneda *f* xenocurrency.

yacimiento mineral mineral deposit.
yapa *f* bonus, tip.
yerro *m* error.
yerro de cuenta accounting error.

zona *f* zone.
zona de comercio exterior foreign trade zone.
zona de empleo zone of employment.
zona de ensanche development zone.
zona de libre cambio duty-free zone.
zona de libre comercio free-trade zone.
zona de operaciones zone of operations.
zona fiscal tax district.
zona franca duty-free zone, customs-free area.
zona industrial industrial zone.
zona libre de impuestos duty-free zone.
zonal zonal.
zonificación *f* zoning.
zonificar zone.